フランス・ユダヤの歴史 上

古代から
ドレフュス事件まで

菅野賢治 *Kenji Kanno*

慶應義塾大学出版会

目次

【下巻　二〇世紀から今日まで　目次】

凡　例

（　）　著者、引用者による丸括弧、ならびに出典を示す場合
［　］　引用者による補足、引用文中の省略など

・聖書からの引用は以下の例にならう。「創世記」第二六章第一三節　→「創世記」（二六の13）。ただし、ユダヤ教の聖書（タナハ）とキリスト教の旧約聖書とでは節の番号づけが異なっている場合があるので注意を要する。本書ではユダヤ教聖書の番号づけに従う。

・ヘブライ語（固有名詞、普通名詞）のカタカナ表記については――
①有音シェヴァを「エ」音で反映させる
②母音の長短や強ダゲシュによる子音の重複は完全には反映させない（例――「ラッビー・シェローモー・イツハーキー」→「ラビ・シェロモ・イツハキ」、「イェフーダー・ハン＝ナーシー」→「イェフダー・ハ＝ナシ」）
③聖書の人名表記として広く定着しているものは踏襲する（例――「アヴラーハーム」→「アブラハム」）

・ギリシア語、ラテン語、アラビア語などについても母音の長短を完全には反映させない。

・ユダヤ教起源の人名のカタカナ表記については――
①一六世紀以降、イベリア半島から「新キリスト教徒」たちが洗礼名をもってフランス南西部に流入し、その後、世代を経て、なんらかの仕方でモーセ信仰に回帰し、ふたたびユダヤ教起源の名を名乗るようになった場合は、ヘブライ語ではなくフランス語の読み方を採用する（例――「ジャコブ・ロドリゲス＝ペレール」）。
②一七九〇、九一年、フランス革命政府による市民権の確認、ならびにナポレオン時代の一八〇八年、ユダヤ教徒の姓名に関する政令（いずれも本書後述）以前の時代を生きたユダヤ教徒の名前にはヘブライ語の読み方を適用し（例――「アハロン・ヴォルムス」）、それ以後の時代（一九～二一世紀）については、Léon Warnant, *Dictionnaire de la prononciation française dans sa norme actuelle* (Duclos, 1987) の「固有名詞」の章に掲げられた発音記号に従ってフランス語発音を採用する。ただし、過渡期の人物について、両方を併記する場合もある（例――「ベール・イツハク（イザーク）・ベール」）。

・文献指示は、巻末の「文献」と連動させながら、以下の例にならう。
例――Schwarzfuchs 1975 : 24–25
⇒巻末の「文献」中、
Schwarzfuchs 1975 : Simon Schwarzfuchs, *Les Juifs de France*, Albin Michel, 1975.
の二四～二五頁を見よ。
同じ文献が続けて指示される場合は Ibid、同じ文献の同じ箇所が続けて指示される場合は Idem の記号を用いる。

序――フランス史のなかの〈ユダヤ〉、ユダヤ史のなかの〈ツァレファト〉

フランスの「ユダヤ人」とは

「先生、フランスにもユダヤ人がいるんですか」――以前、東京都内のある大学で「フランス・ユダヤ文化史」を講義題目に掲げたところ、初回、導入の授業のあと、一人の学生が怪訝そうな表情とともにこのような問いを教壇の筆者のもとに届けてくれた。三色旗《トリコロール》、エッフェル塔、モード、美食……、学び始めたフランス語の教科書にもふんだんに散りばめられているこうした国のイメージに、「ユダヤ」という言葉がいかにも突飛な印象を醸したのかもしれない。だが、こういった第一歩の、直截な疑問こそ大切にされなければならない。実際、その問いに対する答えは決して一筋縄では行かず、厳密に応じようとすると、すでに以下のような――一〇分の業間ではとても間に合わない――込み入った解説を余儀なくされるのだ。

「まずもってフランスという地名を〝フランス王の統べる土地〟と解するならば、フランク王国の成立以来、一三九四年、シャルル六世による追放令まで、フランスにもユダヤ人（Juif, Juive）がいました。ただし、その場合は、はっきりとユダヤ教徒（juif, juive）というべきでしょう。

ちなみにフランス語には、民族・国民名を大文字、宗教的帰属と言語名を小文字で書き始めるという綴字法上の慣習がありますが、「ユダヤ人（Juif）」と「ユダヤ教徒（juif）」についてそれが励行されているとは限らず、また、その厳密な書き分けが常に可能とも限りません。実はここにこそ、一般に私たちが「ユダヤ」を論じる時に陥りがちな大きな混乱と誤解の種もあるのですが……。

それはさておき、一三九四年の追放令はその後も更新され続け、フランス革命によって王政が廃止されるまでの約四〇〇年間、フランス王領には原則として（つまり特別な居住・滞在許可でもない限り）ユダヤ教徒が存在してはならないことになっていました。一七九〇～九一年に事態は一転し、激しい議論と駆け引きの末、新しい共和国政府によってユダヤ教を信仰する住民に市民権が授けられましたが、その時点でも、フランスの地に存在し始めたのは〝モーセ宗旨のフランス市民（les citoyens français de confession mosaïque）〟であって、〝ユダヤ人〟ではなかったといえるかもしれません。実際、一九世紀初頭から二〇世紀後半にかけて、フランスのユダヤ教徒、あるいは宗教との関係を弛緩ないし欠落させるにいたったユダヤ教出自の人々は、自分たちのことを〝イスラエリート（Israélite）〟と呼び、また周囲からもそう呼ばれることを望み、自称としては〝ジュイフ〟の語を忌避するのが普通でした。そして、その後長らくフランス語の「ジュイフ」という言葉は、〝イスラエリート〟を名乗ろうとする人々に対して周囲から（とくに言葉以前の「反ユダヤ主義者」たちによって）負の意味合いとともに当てはめられる蔑称であり、同時に、その〝イスラエリート〟を名乗る人々を含め、フランス人が、東ヨーロッパや地中海地域に住む「未解放」のユダヤ教徒、あるいはフランス国内にあっていまだ「同化」の途につくことができていない前＝近代的なユダヤ教徒に差し向ける軽蔑語（péjoratif）だったわけです。それが、第二次大戦後、主として北アフリカから移り住んできたセファラディ系ユダヤ人たちにより、逆に誇らしげな自称として取り戻されることになるのは——ちょうどエメ・セゼールが「ニグロ」という蔑称を裏返し、「ニグロ性（négritude）」として積極的に引き受けようとしたように——一九六〇年代半ば以降のことにすぎないのです……。」

つまり、各時代の語義を忠実になぞりながら「フランス」における「ジュイフ」の存在を公式に語ることができるのは、一四世紀以前、ならびに二〇世紀最後の三分の一以降にすぎない、という理屈にもなる。ならば、なぜ一九世紀末に「ユダヤ人」将校アルフレッド・ドレフュスを悲劇の主人公とする一大事件が発生し、二〇世紀、ナチス占領期にはフランスの地からもユダヤ教徒・ユダヤ人を対象とする絶滅政策の犠牲者が出なければならなかったのか？　アンリ・ベルクソン、マルセル・プルースト、シモーヌ・ヴェイユは、一体いかなる意味において「ジュイフ／ジュイヴ」だったのか？

「フランスにもユダヤ人がいるのか」——先の一学生にこの疑問を抱かせた背景には、従来の日本、そして明治以来、歴史観や世界観においてその常なる参照項であり続けてきた欧米におけるユダヤ史の構成も一枚噛んでいるに違いない。長らく日本人にとっての「ユダヤ人」とは、まずもって「屋根の上のバイオリン弾き」、アルベルト・アインシュタイン、アンネ・フランクなど、東・中央ヨーロッパに由来するアシュケナジ・ユダヤ人であった。それはまた、古くからシャイロックでもあったが、ヴェニス（ヴェネツィア）のユダヤ教徒商人の後背地をなしている地中海地域のセファラディ・ユダヤ教世界に、これまで日本の地から相応の関心が向けられることはほとんどなかったといってよい。さらにいえば、古来、中東一帯に不動のまま根を下ろしてきたミズラヒ・ユダヤ教徒については、いまだ、その存在すら十分に認知されないままである（臼杵 1998 : 15）。いきおい、ユダヤ史の太い縦軸が、東・中央ヨーロッパにおける迫害（ロシアのポグロム、ドイツのナチズム）を起点とし、アメリカ合衆国への移住、ないしパレスティナ（一九四八年以降にはイスラエル国）への「アリヤー」（ヘブライ語で「上り行くこと」、転じて「〈聖地〉への移住」）をもって完結するかのごとき、追放・流謫・亡命の物語に収斂し、そのなかにあってフランスならびにフランス語圏の占める位置が大分かすんで見えたとしても無理はない。管見ながら、研究や出版の世界でも、日本における翻訳・紹介されてきた英語表現の著者たちによるユダヤ通史においては、フランスを含むラテン語文化圏に関する言及が一般に手薄であり、フランスを中心として地中海地域の西部にぽっかりと虚空が開いたままとなっている印象が否めなかった。しかし現実として、フランスにも、ユダヤ教徒・ユダヤ人がいるどころではない。二〇世紀末、ロシアほか旧ソ連諸国から多くのユダヤ系住民がイスラエル国へ「アリヤー」を果たした結果、フランスは、いわゆる〈ディアスポラ（離散地）〉のユダヤ人口においてアメリカに次ぐ世界第二位を占めることとなった。現代世界において「ユダヤ」を語る際、フランスは、むしろ代表的な地位さえ占めているのだ。

第三共和政期（一八七〇〜一九四〇年）以来、フランスは、住民の宗教的信条や民族的出自を国勢調査の対象にすることをみずからに禁じてきたため、以下はすべて間接的な指標にもとづく推定値にすぎないのだが、現在、フランスの地には五〇万〜六〇万人のユダヤ教徒・ユダヤ人が住み（総人口の一パーセント弱）、半数が地中海・北アフリカ起源のセファラディ、三〜四割がドイツ・東欧起源のアシュケナジによって占められ、残りはそのいずれにも自己同一化し得ない人々であるという。おおまかに三分の一の人々がユダヤ教――リベラルな改革派から、時に「超」の接頭辞を冠せられる正統派まで――との絆を自己のユダヤ性の中心に位置づけ、同じく三分の一が、俗にいう「キプールのユダヤ教徒」として、冠婚葬祭のほか、年に一度、「ヨム・キプール（大贖罪の日）」にユダヤ教の会堂（ベート・ケネセト、シナゴーグ）に足を運ぶかどうかという程度にとどめ、むしろ歴史・文化的実体としてのユダヤ「共同体」に身を重ね合わせている。こうした人々が、信徒を地域ごとに統括するコンシストワール（長老会議）、ならびに宗教系・非宗教系を問わずユダヤの名を冠する諸団体をまとめ上げる「フランス・ユダヤ組織代表評議会（ＣＲＩＦ）」の二大組織と直接・間接の関係を維持しながら、フランス・ユダヤ「共同体」を積極的に構成していると考えてよい。残る三分の一は、完全なる無信仰者にして「共同体」との関係も稀薄であり、いわば「非ユダヤ教徒のユダヤ人（Juif non juif）」（この表現自体、本来、途方もない語義矛盾なのであるが）として、もっぱら家系と姓に出自の痕跡をとどめているにすぎない人々であるが、こうした人々のあいだにも、第二次大戦期のナチス・ドイツによるジェノサイド――いわゆる「ホロコースト」ないし「ショアー」――の記憶、さらには現代イスラエル国の存在にみずからのアイデンティティーを強固に根づかせている人が少なくない(Schnapper 1980 : 38 以下 ; 菅野 2008a)。

文化史上の意味づけ

しかも、フランス・ユダヤ世界の存在感は、単なる数の次元を越え、文化と精神性の次元で力強く示されている。

第二次大戦中の流出・抑留・絶滅による人口減はもとより、ユダヤ教の棄教、キリスト教出自の相手との婚姻、ユダヤ教徒の伝統的な姓名からフランス的なそれへの改変など、非ユダヤ教化の一途を辿るかに見えたフランス・イスラエリートの世界に、一九五〇〜六〇年代、旧植民地のマグリブ三国(チュニジア、アルジェリア、モロッコ)、その他の地中海地域から流入した二十数万人規模のユダヤ移民が、「セファラディ・ルネサンス」とも呼ぶべき復興のエネルギーを注ぎ込んだ(本書第23章)。「イスラエリート」の呼び名を好んだそれまでのユダヤ教徒、ユダヤ教出自の人々とは異なり、彼らはみずから「ジュイフ」であることの意味を積極的にとらえ返し、ユダヤ教信仰に由来する食餌規定(カシュルート)、服飾(キパーの着用)など、可視的な差異もことさら包み隠そうとはしない。この「セファラディ・ルネサンス」に鼓舞されたかのようにアシュケナジ文化復興の機運も高まり、古い歴史をもつメデム図書館(一九二九年設立)の附属組織「イディーシュ文化の家」を中心に六万〜八万人のイディーシュ語人口を擁するとされるフランスは、いまや西欧最大のイディーシュ文化の拠点をも形成している。近年の新たな動向としては、北アフリカ出自のセファラディ・ユダヤ教徒が、ハシディズム(ヘブライ語で「ハシドゥート」、一八世紀のロシアに興った神秘主義的なユダヤ教刷新運動)をはじめとする東欧ユダヤ教の伝統を再発見し、イディーシュ語を一から学び直して、典礼や生活習慣の面で「アシュケナジ化」を果たすという現象も見られる(本書第25章)。

二〇世紀後半には、フランスのユダヤ系知識人の活躍にもめざましいものがあった。ロシアからの亡命ユダヤ人ジャコブ・ゴルディン、その他の人々によって、戦前、戦中のフランスで細々と灯され続けたユダヤ教研究の火が、次の世代の碩学たち――エマニュエル・レヴィナス、アンドレ・ネヘル(ネエール)、レオン・アスケナジ(通称「マニトゥー」)ら――に受け継がれ、一九五七年以降、「フランス語ユダヤ知識人コロキウム」を舞台として壮麗なユダヤ思想の火花を散らした。また、一九六八年の「五月革命」期、極左活動家としてユダヤ教出自の青年たちが多く活躍したのは、ナチス時代、忍び寄る社会悪との対決姿勢が十分ではなかった(と彼らの目に映る)親の世代の轍を踏むまいとの意識(ないし無意識)の表れであったともいわれる(これらの点についても本書第25章を参照)。

逆に、時間を遡って仮想してみてもよい。一一〜一三世紀、もしもラシとその後継たる「加筆者」(バアル・トサフォート、トサフィスト）たち（本書第2章）が北フランスに出現しなかったならば、あるいは一二世紀、南フランスにカバラーの神秘主義（本書第5章）が勃興しなかったならば、その後のユダヤ教はどのような歩みを辿ったことであろう。たしかに一三九四年の追放令から、一七九〇～九一年、フランス革命政府による市民権の認定まで、王領としてのフランスには原則としてユダヤ教徒は不在であったが、ボルドーを中心とする南西部の居住許可地域、アヴィニョンを中心とするローマ教皇領、そして西方イディーシュ語文化の拠点たるアルザス・ロレーヌ、その三地域に花開いたユダヤ教文化は、それぞれ独自の光輝とともにヨーロッパ・ユダヤ教史の重要な一郭を形作っている。そして、いわゆる「近代」にいたり、ヨーロッパにおいて初めてユダヤ教徒を「人権」の名のもとに遇そうとしたのが〈大革命〉のフランスであり（それがいかなる意味で「解放（émancipation）」の名に値するものであったか、本書第10章で注意深く検討しよう）、ユダヤ教のラビに初めて宗教省直属の公僕の地位を付与したのもナポレオン体制下のフランスであった（本書第11章）。さらに、一九世紀をつうじてユダヤ教徒住民の「同化（assimilation）」と呼ばれる現象の先頭を突き進んだのもフランスであれば、同世紀末、アルザスの古いユダヤ教徒の血筋に連なる陸軍将校アルフレッド・ドレフュスの身に降りかかった悲劇として、その「同化」が最初の蹉跌をきたしたのもやはりフランスであった（本書第16章）。広大な時空にわたるユダヤ史にあって、フランスのユダヤ教徒・ユダヤ人の集団が、しばしば——そして多くの場合、みずから意図せずして——最先端、最前衛の位置を占めてきたことは間違いないのである。

　すべてこうした歴史事象と人物群像は、フランス史、フランス文化の枠内に「ユダヤ」と銘打つ「囲み記事」的な場所を見出すべきなのか、あるいは、ユダヤ史、ユダヤ文化の文脈全体のなかに「ツァレファト」（ヘブライ語で「フランス」）[1]に割かれた一章として落ち着き先を見出すべきものなのか。

　おそらく、ここで求められているのは、土地（王領、あるいは植民地を含む近代国家の国土）ならびに言語（フランス語）という、国民国家に不可欠な二要素を柱として歴史空間に比較的明瞭な輪郭を描いてきた「フランス」の実体に対し、特定の物理的な場所と地政学上の絆で結ばれているわけでもなく（少なくとも一九四八年のイスラエル国建国までは）、時代、地域、また各人の社会的立場に応じて多重の言語的現実

（1）「立ちてシドンに属するツァレファトに行きて、そこに住め」（「列王紀略上」一七の9）、「かの囚われ行きしイスラエルの軍旅は、カナン人に属する地をツァレファトまで取らん」（「オバデヤ書」20）として聖書に見える「ツァレファト」の地名は、現レバノンのサラファンドに呼応しているとされるが、のちに「ガリラヤ」（ヘブライ語で「ガリール」）と「ガリア」の音の類似から、「ガリア」の北部に興ったフランク王国に「ツァレファト」の名が適用されたとする説が一般的である。

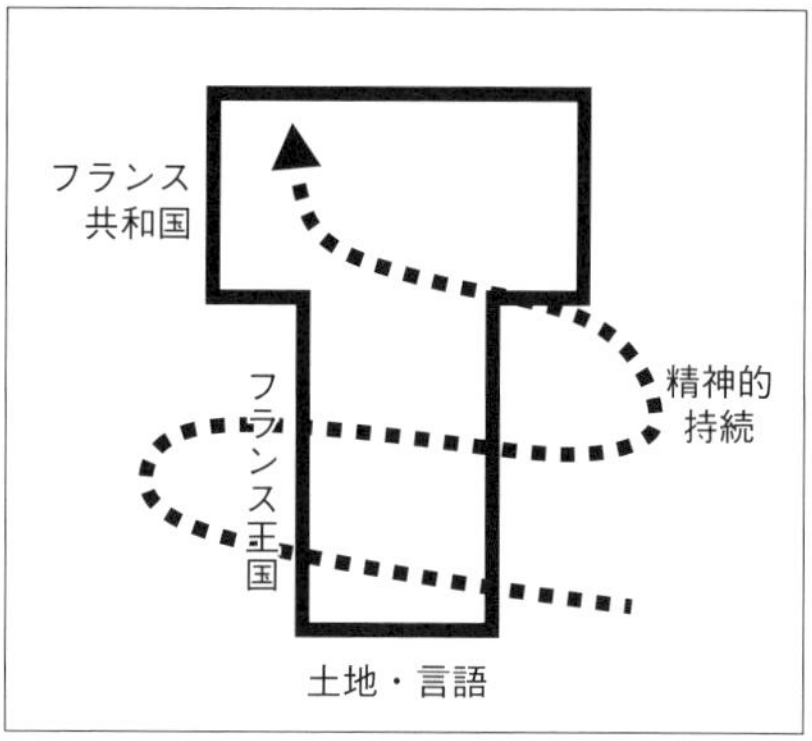

を常としながら（ヘブライ語、ラテン語、アラビア語、スペイン語（カスティーリャ語）、ポルトガル語、プロヴァンス語、ドイツ語、イディーシュ語、アルザス語、そして、いうまでもなくフランス語）、最終的にはユダヤ教という宗教とその精神的価値（いわゆる「非宗教化」を経たとされる様態のもとであろうとも）によって特徴づけられる以外にない「ユダヤの人々」における無形文化の持続――それをもってフランス語「ジュダイズム」の最広義とすることができるだろう――の曲線を丁寧に絡めてやりながら、同時に、そのいずれか一方の基準によって他方の価値を裁断することのない、むしろ一方への視線によって他方に関する盲点をよりよく浮かび上がらせることができるような、いわば三角測量にも似た作業なのであろう。

一般に、ヨーロッパ・ユダヤ史の総体を、そのジグザグをなす人間集団の移住の軌跡――現実として、また願望として――に即し、以下の三期に分けてとらえることができる。

第一期（一一世紀まで）――地中海東部からユダヤ教徒の集団が西漸し、ヨーロッパ各地に原初の居住地を築いた時期。

第二期（一二世紀〜一七世紀中葉）――十字軍やペストによって迫害熱が鼓舞された結果、西欧の諸王国、諸侯領、諸都市でユダヤ教徒の追放令が相次ぎ、信徒集団がヨーロッパの東へ東へと安住の地を求めた時期。

第三期（一七世紀中葉以降）――コサックらによる反ユダヤ暴動（一六四八年）を皮切りに、一時はエルサレム第二神殿の破壊（紀元七〇年）以来の理想郷とも目された東欧での生活環境が急速に悪化し、移住のヴェクトルがふたたび西向きに転じた時期。

そして、この第三期の人口移動の方向が、ユダヤ教信仰の住民をも市民として「解放」したといわれる近代西欧諸国の吸引力、一九世紀末以降のロシア・東欧におけるポグロムの激化、南北アメリカならびに（地理的には「西向き」とはいえないが）パレスティナへの新たな移住可能性、ナチス・ドイツとその占領地からの脱出（あくまでもそれが可能であった場合）、脱＝植民地化とイスラエル＝アラブ紛争にともなうイスラーム諸国からのユダヤ教徒住民の流出、その他、近現代史のさまざまな要素と相俟って、二〇世紀末まで保たれることとなった。本書においても、このヨーロッパと地中海世界のユダヤ史全体のうねりに常に目を遣りながら、フランス・ユダヤ史の流れを素描していくこととなる。

歴史記述における主体性の問題

その際、われわれが常に脳裏に去来させておかなければならないものとして、歴史記述における主体性の問題がある。ほかでもない、右のように「ユダヤ」の名を冠する人々の生活が、古来、周囲の世界からの迫害によって大きく翻弄されてきたことから、従来、『ユダヤ人の歴史』と銘打たれた書き物のなかで、ユダヤ教徒やユダヤ人の集団よりも、むしろキリスト教世界における反ユダヤ教（antijudaïsme）の伝統、あるいは近代の非宗教性（世俗性）を標榜する反ユダヤ主義（antisémitisme）のイデオロギーの方に歴史の動作主としての地位が保証されてしまうという倒錯的な現象が見られたからだ。たしかに、キリスト教世界におけるユダヤ教徒・ユダヤ人の歴史には、いわれなき中傷のレッテル貼りと血なまぐさい虐待の光景が、いやというほどまでに散りばめられている。しかし、この被虐の文脈を歴史記述の中心軸として固定してしまうと、「ユダヤ史」をいつしか「ユダヤ迫害史」「反ユダヤ主義史」として主客転倒させ、結果的に、ユダヤ教徒・ユダヤ人の集団から歴史における主体性を二重に奪い取ることになりはしないか。「ユダヤ人とは他者がユダヤ人とみなす人間のことである」というジャン＝ポール・サルトルの有名な一節（サルトル 1946 :82）をもじって、「ユダヤ史とは、ユダヤ教徒・ユダヤ人を、それとみなして対象化する人々が繰り出した言説の総体である」ということになってしまわないか。同じことを今日の論者たちの表現を借りて言い直すなら、「分析が反ユダヤ主義者のそれに帰着し、そこから〈ユダヤ人＝犠牲者〉の構図が加害者の歴史（物語）に収斂して」しまわないか（Meschonnic 2001 : 33）。あるいは、ユダヤ教徒・ユダヤ人の歴史をもっぱら悪の受動態で描くことにより、最終的に彼らの存在を対他的アイデンティティーのなかに閉じ込め、彼らの精神性に関する考察や評価を、ユダヤ教の伝統やユダヤ文化の内実ではなく、「ひたすら加害者の存在を介して作動する犠牲と苦悩のアイデンティティー構成機能」に譲り渡すことになってしまわないか（ラブキン 2012 : 39, 273, 281）。つまり、反ユダヤ主義とは、本来、非ユダヤ世界の問題であり、非ユダヤ人――時に「元」ユダヤ人――の病理であるはずのところ、まずもってそれを「ユダヤ問題」（la question juive）と呼び換えることで何かの核心に触れているかのように思わせ、次いで、その問題と病理を扱い、論じることこそが「ユダヤ」の歴史を学ぶ意義であり、必要性であると思わせてしまう、一種の言説の罠に嵌り込みはしないか。

大著『反ユダヤ主義の歴史』（一九五五〜九四年）の著者レオン・ポリアコフは、とりわけ十字軍以降、誹謗と暴力の犠牲譚に染め抜かれることとなったヨーロッパ・ユダヤ史の叙述の合間にも、たとえば一六世紀、安息日の戒律だけは厳格に守りながら荒稼ぎをし、キリスト教徒の同業者たちに範さえ示していたユダヤ教徒の強盗団の存在を、あたかも暗黒の森のなかでしばし日の光が降り注ぐ林間地に出た時のように、いかにも痛快そうに採り上げている。「キリスト教徒の強盗団は、法の外に身を置くことによって一般社会とその道徳価値、ひいては宗教そのものに挑戦を投げつけていた。他方、ユダヤ教はといえば、それがユダヤ教として存続するというだけですでに同じ社会に対する挑戦の意味をもつものであったわけだ」（ポリアコフ 1955：292）。むろん、それが強盗団であり、犯罪集団であるから痛快なわけではない。このように、「される」よりも「する」、凹よりも凸を感じさせる人間史の断片が、被虐、犠牲、呻吟、哀号の暗澹たるつづれ織りを垂直に貫くようにして、ユダヤ教の精神的持続を根本に据えた対自的アイデンティティーの所在をうかがわせ、ユダヤ教徒・ユダヤ人が、歴史の統辞上、なにも消極的な受動態に徹していたわけではなく、むしろはっきりとした能動態の主格に立っていたことを示してくれるからである。何者かが世界に対してもつ意味は、まず一次において、その者が世界に向けて「なす」ことによって量られるのであって、その者が世界から「なされ」てしまったこと――それがいかに悲痛、残酷であり、加害者に対する指弾に人を駆り立てるものであろうとも――は、あくまでも二次として凝視されるべきではなかろうか。すべてこうした問題の所在は、アメリカにおけるユダヤ歴史学の草分け、サロー・ウィットメイア・バロンにより、「ユダヤ史のお涙頂戴式の概念化」に対する批判、警鐘として、すでに第二次大戦前から指摘されていたところである（Baron 1928：515-526）。

以下、本書においても、主にフランス語と英語で書き継がれてきた先行研究に依拠しながらフランス・ユダヤの全体史を再構成するに際し、〈この〉歴史の主語は、キリスト教西洋でも、ましてや反ユダヤ主義でもなく、あくまでもユダヤ教徒・ユダヤ人の〈彼ら・彼女ら〉である、という視点を決して見失うことなく、著述の歩を進めていこうと思う。

第 *1* 部

前＝国境的世界

第1章　前史

史料と伝説

フランスに限らず、ヨーロッパにおけるユダヤ史を実証の水準で語ることができるのは、せいぜい一〇世紀末以降の時代についてである。たしかに、それ以前のガロ＝ロマン時代（紀元前一世紀〜五世紀）、メロヴィング朝時代（五〜八世紀）、カロリング朝時代（八〜一〇世紀）についても、のちにフランスと呼ばれることとなるヨーロッパの一郭にユダヤ教徒が絶えず渡来し、居住していたことが、考古学、文献学の次元ではっきりと確認されている（Iancu-Agou 2011）。

フランスの地におけるユダヤ教の存在を示す最古の考古学遺物は、南仏プロヴァンス地方、デュランス川沿いのオルゴンで発掘され、遅くとも一世紀後半のものと推定されている七枝のメノラー（燭台）を象った油灯であるが、作られてから相当の時間を経てそこに持ち込まれた可能性も否定できない（Blumenkranz 1969 : 171-172）。他方、文字資料として、のちにフランスと呼ばれることとなる土地とユダヤ史の接点を記した最古のものは、フラウィウス・ヨセフスの『ユダヤ古代誌』である。その記述によれば、紀元六年、カエサルの怒りを買ってローマに呼び出されたユデアの王アルケラオスが、そのままローヌ川東岸のウィエンナ（現ヴィエーヌ）への流罪を言い渡され、三九年には、その弟にしてガリラヤの王、ヘロデ・アンティパスが、やはりガイウス（カリグラ）の不興を買ってルグドゥヌム（おそらく現在のリヨンを指す）に流されたというのだ（ヨセフス V-359, VI-89）。むろん、ヘロデ大王の息子たちを指して「ユダヤ教徒」という言い方は不適切であろうし、彼らの流刑によって——たとえば付き人たちがその土地に根を下ろすなどして——イェホヴァー信仰がガリアの地にもたらされたとも考えにくいが、キリスト教暦の第一世紀にあって、ユダヤ教発祥の地とガリアのあいだに人の往来があったことだけは確かである。その先、フランスの地におけるユダヤ教徒の存在を確証する文字情報に接するためには、四二五年、ローマ皇帝ウァレンティニアヌス三世が、ユダヤ教徒が軍職と司法職につくこと、ならびにキリス

ローマ時代の地方区分

ト教徒の奴隷を所有することを禁じさせようと、アルルの大司教に書き送った勅令（その命は結局実行に移されなかったようである）を待たなければならない。

ユダヤ教の側で遅くとも一三世紀には成立していたことが確認されている伝説によれば、フランスの地に最初のユダヤ教徒が到来したのは、ユダヤ教暦三八三〇年（キリスト教暦七〇年）にエルサレム第二神殿が破壊されてほどなくのことであったという。その時、ローマ軍が、捕虜としたユダヤ教徒らを船頭のいない三艘の船に乗せて地中海に放逐したところ、船は風と潮に運ばれるまま、それぞれボルドー、アルル、リヨンに漂着したというのだ（Lewy 1938 : 251-253）。地中海に彷徨《さまよ》い出た船が流れ着く場所としてはいかにも不自然な、その三つの地名を掲げる伝説の真意は、おそらく往時のローマ帝国の地方区分に即して、地中海沿岸のナルボネンシス（ナルボネーズ）、南西部のアクイタニア（アキテーヌ）、北部のルグドゥネンシス（リヨネーズ）という、のちの西フランク王国領におおよそ重なり合う三つの地方に、ユダヤ教の先人たちが満遍なく腰を落ち着けたという点を強調することにあったと考えられる（上図）。

しかしながら、こうした遠い過去の痕跡は、広大な時空にわたってあまりに間歇的、散発的であり、また、あまりの伝説色に塗り込められているため、ローマによるガリア平定の時代から（つまり、のちのフランス人の主たる祖先になったとされるフランク族の南下にもはるかに先行して）、フランスの土地にユダヤ共同体が種族《エトノス》としての一貫性を保ちながら断絶なく存在してきたと主張するための根拠としては、なお脆弱といわざるを得ない。むしろ、そうした主張が、のちの時代、迫害に見舞われたユダヤ教徒・ユダヤ人たちのあいだで、みずからのフランスへの根づきの強度を確認するために好んでなされるようになったこと自体を、史実性とは別に、心性の水準で考察の対象とせねばならないのであろう（たとえばAnchel 1946 : 17 ——刊行年に留意されたい——には、「ユダヤ人が、ローマによる征服以来、常時フランスに居住してきた[…]という事実を忘れてはならない」との断言が見られる）。

事実としては、たしかにヘブライ語で「イェフダー」、ギリシア語で「イウダイア」、ラテン語で「ユデア」と呼ばれるパレスティナ南部の山岳地帯に源流を発する一神教の信徒集団が、多くの場合、すでにパレスティナ以外の土地（北アフリカ、イベリア半島、バルカン半島、イタリア半島など）における一定の逗留期間を経て、幾度にもわたり、さざ波のよ

ユダヤ教徒の移住経路（推定）
出典：*The World History of the Jewish people*（1966）

うにガリアに渡り来て、地中海沿岸とローヌ川に沿って点々と腰を落ち着け、そこからさらにソーヌ川を北上してライン川流域にまで定住地を拡散させていったと考えられる。途上、西に向きを変えてセーヌ川やロワール川を下り、今日の地方区分でいうシャンパーニュ、イル＝ド＝フランス、さらにはアンジュー、ブルターニュまで達する流れもあっただろう。また、きわめて難所ながら、ローマ時代以来、交通の要衝となっていたアルプスの峠をイタリア側から越え、直接、ライン川流域に達する経路もあったようだ（左図）。そして、時には先住者や他の移住民族の集団から完全に独立した居住地を永らえさせることに成功したり、時にはラテン系、ケルト系、ゲルマン系の先住集団、あるいは新たにキリスト教に改宗したフランク人の集団に融け込んだりしながら、新興、衰亡、融合、途絶を繰り返したのであろう。むろん、逆に周囲の異教徒集団のなかからイェホヴァー信仰への新規改宗者を迎え入れることも、決して珍しくなかったはずである。こうして、「ユダヤ教の民」といえどもそれは決して閉ざされた「人種」「種族」ではなく、紀元後一千年間におよぶほぼ全面的な「パンミクシー（無選択的交配）」をつうじて形成されたと考えるのが自然なのである（ポリアコフ 1955：352）。

　また、一口に「ユダヤ教」といっても、いまだタルムードの学知がもたらされていない八世紀以前の段階において、それは、同時代のパレスティナやバビロニアにおけるユダヤ教、ましてや続く中世（いわゆるリショニーム（先駆者たち）の時代）のユダヤ教とは比較すべくもない、もっぱらトーラー（成文律法）と一部の口伝律法を中心とする素朴な信仰実践にとどまっていたであろう。信徒たちは、俗名として「…ウス」「…エラ」といったラテン的響きのものを冠し、おそらく言語の水準でも、文語たる聖書ヘブライ語の伝統をかろうじて維持しながら、日常の口語としてはそれぞれの土地でラテン語から変形・発展しつつあった俗語を、周囲の異教徒たちと同様に操りながら暮らしていたと考えられる。たとえば七世紀末、南仏ナルボンヌのユダヤ教徒たちが残したとおぼ

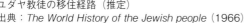

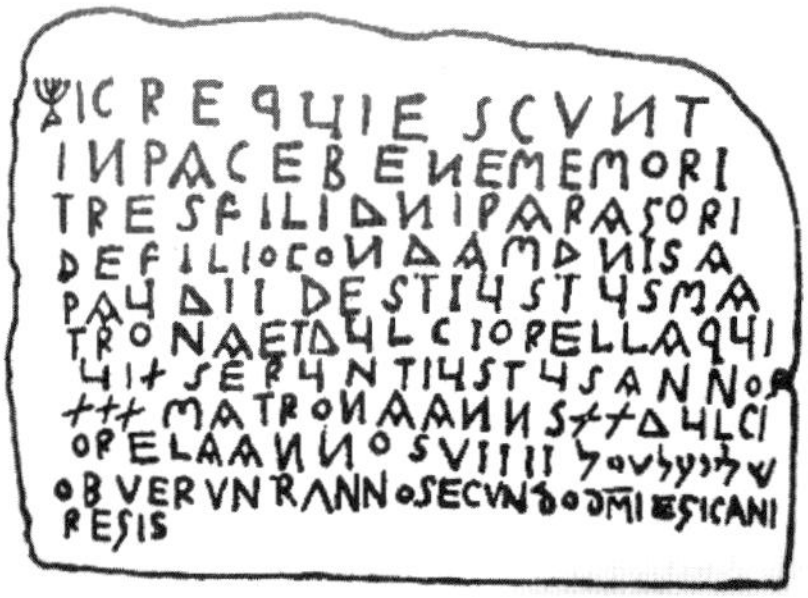

７世紀末、ナルボンヌのユダヤ教墓碑

しき墓碑（上図）には、簡素な五枝の燭台が象られ（左上隅）、「シャローム・アル・イスラエル（イスラエルの上に平和あれ）」の三語だけがヘブライ文字で刻まれている（右下方）ほかは、すべてラテン語で記されている（Reinach, Th. 1889 : 299-300）。

まだしも南仏のユダヤ教徒たちは、イベリア半島、北アフリカのユダヤ教世界と一続きの地盤を構成しながら、ローマ時代以来の居住地を細々と維持したと考えられるのに対し、北部のユダヤ教徒居住地について、その歴史的連続性を主張するための根拠はかなり乏しいといわざるを得ない。たとえば、ローマによるゲルマニア侵攻のあとを追うようにして今日のドイツ西部に移り住んだとおぼしきユダヤ教徒たちの痕跡は、四世紀末、ローマ帝国の東西分裂とともにふつと途切れ、九世紀までふたたび見出されることがない（Blumenkranz 1966 : 163）。もちろん、「幸福な民とは歴史をもたない民の謂いである」という格言どおり、記録の欠如をもって平和裏の生存の証拠と解することもできなくはないが、逆に、これが単なる記録の遺失ではなく本当に彼らの不在、もしくはほとんど消え入らんばかりの衰微を証立てるものであった場合、その不在、衰微が、キリスト教公会議による相次ぐ禁制、ダゴベール一世による追放令（後述）といった外的要因ばかりでなく、ユダヤ教徒たちの自主的な立ち退き、出立の結果であった可能性にも想像の余地を残しておくべきだろう。五世紀のゲルマニア、あるいは八世紀のフランク王国に住まうユダヤ教徒たちは、西ローマ帝国の瓦解や諸民族の大移動、あるいはイスラーム勢力の北進によって混乱を極め、生活環境が急激に悪化したヨーロッパ北部をみずから見限り、南部、地中海沿岸への「撤収」（彼ら自身、かつて地中海地方から北進してきた人々であったという意味において）を選び取った可能性も否定できないのである（Schwarzfuchs 1980 : 137）。実際、後代（一六世紀）のヨセフ・ハ＝コヘンによる年代記『涙の谷』には、キリスト教徒とイスラーム教徒が戦争を始めると、ユダヤ教徒らは「アシュケナズ（ドイツ）からセファラド（イベリア半島）とイングラテラー（イングランド）に逃れた」と記されている（Ha-Kohen : 12）。つまり、いくらゲルーシュ（追放）、ガルート（流謫）、ミクラート（亡命）といったヘブライ語がユダヤ史の鍵語であるからといって、彼らの移動の軌跡をことさら外因による受動性のみに帰着させる必要はないということだ（あたかも、いったん〈聖地〉から追われた彼らのことであるから、次なる流謫地でも、周囲からの迫害や地元権力による追放令がない限り、永久にそこに留まり続ける以外に能がなかったはず、といわんばかりに)。「追放」「流謫」「亡命」という日本語自体が、すでに被虐と受苦の語感を強度に漂わせるものであるためかもしれないが、いずこかの土地をみずから見限って、より良き――むしろ、より悪しからぬ――新天地を志向し、しかも、その時々の居住地に決して物的執着心を抱かないという人間の姿勢は、すぐれて自発的な選択の結果でもあり得る。実際、ヘブライ語の「イヴリー(ヘブライ人《びと》)」の原義は「向こうの人間、通り過ぎていく者」であったし、神がアブラハムに呼びかけた言葉、「レフ・レハー」(「創世記」一二の1)を直訳すれば、「汝に向かって歩め」となる。「亡命」「逃れ」「避難地」といった訳語が当てられるヘブライ語「ミクラート」は、本来、「受け入れられること」を意味する。そもそも「亡命」(フランス語 exil)の語源となったラテン語 exsilire 自体、「外へ飛ぶこと」を意味する自動詞ではなかったか。

タルムードの伝播以前

いずれにせよ、一〇世紀以前のフランス(とりわけ北部)におけるユダヤ教世界の形成過程については、史料の欠乏に苦しみつつ、想像力をもって補うほかないのが実状である。しかし、間歇的、散発的にしか辿ることのできない痕跡のなかにも、フランク王国史、キリスト教会史との兼ね合いにおいて注目に値するものは決して少なくない。

四九六年、アタナシウス派キリスト教(カトリック)に改宗したメロヴィング朝のクロヴィス一世は、支配下の諸部族にも同様の帰依を求めたが、それによってガリアの宗教的統一が一気に成し遂げられたわけではなく、ユダヤ教信仰も、アリウス派キリスト教やさまざまな土着信仰と並んでつつがなく存続し得たものと思われる。たしかにキリスト教会は、ローマ時代末期、とりわけ教父アウグスティヌスのユダヤ教観を基礎として確立された対=ユダヤ教の基本綱領――つまりユダヤ教徒とは、みずからの誤謬をもってキリスト教の正しさを陰画として保証する「証人」であり、この世の終末を待って改宗に導くために温存しなければならない人々である、という考え方――を公会議の場で追認、具体化させながら、キリスト教徒とユダヤ教徒が同じ食卓につくことを禁じたり、異宗派間の結婚、奴隷売買、下僕の雇用に目を光らせたり、主日(キリスト教の安息日)にシャバト(ユダヤ教の安息日)に由来する禁忌を遵守しないよう警告を発したりする一方、ユダヤ教徒に対しても、復活祭の期間中、キリスト教徒との行き来を控えるよう勧告するなどしている。しかし、こうした措置を積極的に実行に移した教区が存在したという記録を、その時代のキリスト教の版図全体に拡大的に適用することには慎重であるべきだろう。むしろ、その種の禁制が、以後、長きにわたって繰り返し公布されなければならなかったということ自体、段階的なキリスト教化の途上にあった一般民衆にモーセ信仰が及ぼし続けた吸引力の強さ、あるいは、日頃、ユダヤ教徒がキリスト教徒の集団に自由に入り交じって築き得ていた関係の良好さを裏づける逆証ととらえることも可能なのだ（ポリアコフ 1955 : 48）。

六世紀、トゥールのグレゴリウスが残した『フランク史』では、「ユダヤ教徒から多くの珍品を手に入れ［…］王に献上した」、「王の商品購入を任されていた（ユダヤ教徒の）プリスクス」といった記述から（グレゴリウス : 176, 280――一部訳語を改変）、当時のユダヤ教徒たちが持ち前の多言語主義と水陸両路による可動性を活かし、地中海貿易の領域で「シリア人」（当時、ビザンティン人を指して用いられた言葉）と覇を競いながら、フランク王国の実力者たちの御用商人として活躍していた姿が仄見えてくる。実際、アラビア語最古の地理書といわれるイブン・フルダーズベの『諸道と諸国の書』（九世紀後半）には、「アッ＝ラザニーヤ（ar-Raḏaniyya）」と呼ばれるユダヤ教徒の商人たちが、西はフランク王国から、東はペルシア、インドを越えて中国にいたるまで、ユーラシア大陸を縦横に行き来していた様が描かれている（ヘブライ語で「ラドハニー」、フランス語で「ラダニット」（Radhanite）と転記されるこの名称は、元来、「ローヌ川（ラテン語でRhodanus）流域の人々」の意であったという語源説もある）（Schwarzfuchs 1975 : 24-25, Benbassa 1997a : 25）。彼らの商業活動は、西地中海のユダヤ教徒居住地を、当時、ユダヤ教の中心地であったバビロニアの威光に結びつける情報網としても重要な意味をもっていたに違いない。

このように、西洋の歴史用語で「中世初期」と呼ばれる時代、一般に想像されるよりもはるかに活発な東西の交通が成り立っていたことを示す指標が散見するなか、早くも七世紀、同じアブラハムに由来する三つの一神教（ユダヤ教、キリスト教、イスラーム）のあいだに、いわば「伝言ゲーム」的に恐怖心と敵愾心を産み落とす仕組みが出来上がっていたことをうかがわせる逸話が残っている。東ローマ（ビザンティン）皇帝ヘラクレイオスは、六二八年、ササン朝ペルシアとの戦いに勝利してシリア・パレスティナの領土の奪回に成功するが、ほどなく、当時、破竹の勢いで勃興しつつあったイスラーム勢力に敗れ、ササン朝から奪い返した土地を再び喪失してしまう。そのヘラクレイオス帝が占星術から導き出した未来予測に、「キリスト教の王国は、近い将来、割礼をほどこされた民の手で滅ぼされるであろう」というものがあった。皇帝は、急ぎ、西のキリスト教国フランクのダゴベール（ダゴベルトゥス）一世に使節を送り、この禍々しい予言の内容を伝えた。「割礼の民」とは、新興のイスラーム教徒であると同時に古参のユダヤ教徒をも指し得る。そこでダゴベールは、王国内のユダヤ教徒に、キリスト教への即時改宗か、さもなくば領外への退去を命じることにより、この凶兆の実現を回避しようとしたという（Ha-Kohen : 9）。この勅令が現実に実行に移されたのかどうか、仮に実行されたとして強制改宗や領外退去の規模がどの程度であったのか、うかがい知るための手がかりは残されていない。しかし、遠いオリエントの〈聖地〉の動向が、玉突き的に西方のユダヤ教徒住民の境遇を悪化に向かわせるという構図は、四世紀後の十字軍にともなう反ユダヤ熱の噴出を予想させるばかりか、ヨーロッパ史を一貫して呪縛することとなるオリエンタリズム、ひいてはイスラーム、アラブ、ユダヤに対する無知、恐怖、憎悪の綯い交ぜからなる（語の本来の意味における）「反セム」（antisémite）感情の根幹をも垣間見せるものとして興味深い（「反セム主義（antisémitisme）」という言葉の根源的な再定義の試みとして Anidjar 2008 を参照）。

ただ、ポリアコフも『反ユダヤ主義の歴史』のなかでしばしば注意を喚起しているように、一一世紀末以降、十字軍の時代に一般民衆をも巻き込んで燃え上がることとなる反ユダヤ（教）主義の文脈を、遡って一〇世紀以前の歴史にも自動的に拡大適用することには慎重であるべきなのかもしれない。たしかに八世紀初め、ウマイヤ朝のイスラーム勢力がジブラルタル海峡を渡ってイベリア半島に攻め入り、西ゴート王国を滅ぼしてピレネー山脈の北側をもうかがい始めた時のことについて、キリスト教側の記録には、ユダヤ教徒が、キリスト教体制による永年の差別待遇に対する怨嗟からイスラームの征服者たちを進んで導き入れ、ヨーロッパ南西部のイスラーム化に手を貸そうとしたとの告発が見られる（そして、そこには一定程度の歴史的真実も含まれているのだろう）（ポリアコフ 1961 : 113）。しかし他方では、この時、いったんイスラームの勢力圏内に取り込まれたユダヤ教徒たちが、続いてフランク王国が失地回復の反撃に出た際には加勢に回り、のちにフランク王国側からの褒賞にあずかった形跡もある。実際、七三二年、シャルル（カルル）・マルテルがトゥール＝ポワティエ間の戦いでイスラーム勢力の北進を押しとどめることに成功したのち、ユダヤ教徒の集団がポワティエに定住を許され、以後、東方世界との交易係として厚遇されているし、七五九年には、カロリング朝の祖ペパン（ピピン）三世が、セプティマニアの要衝ナルボンヌをイスラーム教徒の手から奪回する際に大きな功績をあげた地元のユダヤ教徒たちの要求に応じ、町の三分の一を彼らの居住地として確保してやり、その代表に「ユダヤの王」なる称号を名乗ることを許可している（Schwarzfuchs 1975 : 19-20）。

続くシャルルマーニュ（カルル大帝）は、アッバース朝のハリーファ（カリフ）、ハールーン・アッ＝ラシードとのあいだでウマイヤ朝に対する共闘態勢の構築を模索し、七九七年、イツハクというユダヤ教徒を特使としてバグダードに派遣したとされる（帰路、イツハクは、ハリーファから土産として賜った一頭の象をエクス＝ラ＝シャペル（アーヘン）のシャルルマーニュのもとまで届けるべく、豪雪のアルプス越えに非常に難儀したという逸話まで伝えられている）（Ibid : 23）。また別の言い伝えによると、シャルルマーニュは、地中海地域との交易を奨励する目的で、ルッカのカロニモスという人物を筆頭にユダヤ教徒商人の数家族をイタリアから招き、当時カロリング朝の中枢であったライン・モーゼル川流域に住まわせたという（Ha-Kohen : 12-13）。これが呼び水となって、続く九世紀、イタリア半島から、のちにドイツ（ヘブライ語で「アシュケナズ」）と呼ばれることとなる土地へのユダヤ教徒移民の流入が盛んとなり、シュパイヤー、ヴォルムス、マインツの三大ユダヤ教共同体（ヘブライ語では三市の頭文字を繋げて「シューム（Sh-W-M）の会衆」と呼ばれる）が成立したのみならず、ボンやケルンにもユダヤ教徒の入植地が築かれたのだから、ライン川流域におけるアシュケナジ系ユダヤ教共同体の一大飛躍は、実のところ、イタリア半島出自のユダヤ教徒たちの接ぎ木によって可能となったといえよう。

五世紀末にタルムードの編纂を完了させ、ゲオニーム（学院長たち）のもとで頂点に達したバビロニア・ユダヤ教の隆盛ぶりは、随時、「ラダニット」の交易網をつうじて西方のユダヤ教徒たちの耳にも届いていたにちがいないが、タルムードの学知そのものは、ゲマラー部分のアラム語が障壁となり、ラテン語圏のユダヤ教徒たちには、なおしばらく未知のまま据え置かれたものと推察される。トレドのイブン・ダウードによる『伝統の書』（一二世紀）によれば、八世紀末、シャルルマーニュは、上述のとおりライン・モーゼル地方へイタリア・ユダヤ教徒の商人たちの移住を奨励するのみならず、バビロニアからマヒールというユダヤ教の賢者を南仏のナルボンヌに呼び寄せ、先王ペパン三世が認可した「ユダヤの王」の称号を名乗らせた上、彼を学院長とするイェシヴァー（タルムード学院）の開設を許可したという。これが西ヨーロッパにおけるタルムード学の嚆矢であったとすれば、それは中世スペイン・ユダヤ教世界の礎を築いたコルドバのハスダイ・イブン・シャプルート（一〇世紀）によるイベリア半島への本格的タルムード学移入に一〇〇年以上も先駆けていたことになる。このナルボンヌを中心とするフランス南部のユダヤ教の伝統が、のちの一二世紀、ラングドック地方（とりわけリュネルとポスキエールの二市）をカバラー学の一大中心地たらしめることにもなるだろう（本書第5章参照）。

他方、やや遅れて一〇世紀半ば、ライン川流域のユダヤ教徒居住地にタルムードの学知を伝えたのは、上述の移住の流れを引き継ぐイタリア半島出自のユダヤ教徒たちであったと考えられる。とりわけマインツの町には、一〇世紀末から一一世紀初めにかけて、メシュラム・ベン・カロニモス、イェフダー・ベン・メイール・ハ＝コヘン（通称「ラヴ・レオン」）といった学者たちがイタリアから渡り来て、ラインラントにおけるユダヤ教聖典研究の礎を築いた。地元出の碩学としては、メッス（古名メッティス）に生まれ、「ラヴ・レオン」に師事したゲルショム・ベン・イェフダー（通称「ラベーヌー・ゲルショム」）がいる。彼は、マインツのイェシヴァーの名を西方随一のタルムード学の拠点として高めた功績により、後世から「メオール・ハ＝ゴラー（流謫地の光）」との尊称を冠せられることになる。

二つの伝統、二本の矢印

すでに本書でも何度か用いてきた「アシュケナジ」という言葉は、「創世記」(一〇の3)に、ノアの曾孫、ヤペテの孫、ゴメルの子として掲げられたアシュケナズの名に由来する。まず『タルムード』「ヨーマ」篇(10a)において、「ゴメル」の名が音の類似からラテン語の「ゲルマニア」に近づけられ、その子「アシュケナズ(aShKeNaZ)」が、やはり綴りの類似からラテン語の saxones(サクソン人)になぞらえられたことから、中世初期、ヨーロッパ北部(北フランス、ロレーヌ地方、フランドル、ラインラント)とその周辺地域(ドイツ西部、イングランド、オランダ、スイス、イタリア北部)に定住したユダヤ教徒の集団と、さらにそこからポーランド、ロシアにまで東漸していった彼らの末裔を指すようになった。他方、「セファラディ」の語は、「セファラドにあるエルサレムの俘虜人は南の町々を得ん」として「オバデヤ書」(20)に登場する地名セファラドに由来する。小アジア、リディア(現トルコ西部)の首都サルディス(リディア語で「スファルド」)のヘブライ語名「セファラド」が、ヨナタンのタルグム(聖書のアラム語訳)において、子音 SPRD の類似によりラテン語「ヘスペリス(日の沈む土地、西方)」の複数形「ヘスペリデス(イタリア以西の諸地域)」に近づけられたことから、すでにローマ時代、イベリア半島に定住を始めたユダヤ教徒たちとその末裔を指すようになり、一五世紀末以降は、イベリア半島から追放され、北アフリカ、イタリア、バルカン半島、トルコ、シリア、パレスティナ、新大陸などに移り住んだユダヤ教徒の系譜を指すことになるだろう。今日の一般的な語用では、必ずしもイベリア半島に系譜を遡らせているわけではない人々(たとえば中東のミズラヒ・ユダヤ教徒やインドのユダヤ教徒たち)まで含めて、単にアシュケナジではないユダヤ教徒・ユダヤ人を漠然と指すものとなっている(Poirier 1998 : 19)。

この用語法を踏まえた上で、近世以降のヨーロッパ各国が国境とともに身に備えることとなった統一性を遡及的に前=国境的世界へ持ち込むことのないよう(ひいては、その統一性をフランス・ユダヤ世界の統一性へと、やはり遡及的に転位させてしまわないよう)、九～一〇世紀における西ヨーロッパの地政図を再確認しながら、そこに生まれつつあったユダヤ教の二つの異なる系譜を区別しておく必要がある。

八〇〇年、シャルルマーニュが再興に成功した西ローマ帝国は、九～一〇世紀をつうじて西フランク王国、東フランク王国、イタリア王国、ブルグント王国(アルル王国)に四分され、後者の三王国は、最終的に神聖ローマ帝国として再編されることとなる(九六二年)。残る西フランク王国では、九八七年、ロベール家の血を引くユーグ・カペーによってカペー朝が開かれるが、王の実権はパリを中心とするイル=ド=フランス地方に限られ、各地に割拠する諸侯たちに対してはほとんど実効的な支配力を及ぼすことができなかった。この間、ユダヤ教の世界では、バビロニアの一大中心地が衰退に向かい（九〜一〇世紀）、代わって地中海西方（マグリブ、イベリア半島、南フランス）とヨーロッパ（イタリア、ラインラント、北東フランス）の新たな二大文化圏――おおまかに「セファラド」と「アシュケナズ」に対応――が形成に向かうという、歴史的にきわめて重大な転換期を迎えている。それまで大方オリエント（とりわけバビロニア）に集中していたユダヤ教徒人口が、この時、一気に西方に流れ、以後、全体の四分の三がヨーロッパに住まうようになったのではないか、とも推測されている（Schwarzfuchs 2005 : 11-13）。

ならば、これら二つの新しい文化圏の輪がちょうど重なる場所に位置することとなった西フランク王国のユダヤ教徒たちは、南部と北部のあいだでいかなる視線を交わし合っていたものか。この点を明らかにするためには、少しくユダヤ教の歴史を遡り、アモライーム（伝達者たち）の時代（三〜五世紀）に由来するパレスティナ流ユダヤ教とバビロニア流ユダヤ教の分化に着目する必要がある。

キリスト教紀元二〇〇年頃、パレスティナの地でイェフダー・ハ＝ナシによりミシュナー（口伝律法）が成文化されると、以後、それにアラム語で注解（ゲマラー）を加える作業が、パレスティナ、バビロニア双方のアモライームの手で行われるようになる。当初、権威の中心はあくまでもパレスティナにあるとされ、バビロニアの学知は一段下に見られるのが常であった。たとえば、パレスティナのサンヘドリンに相当する司法機関をバビロニアに設置することは許されず、「ラビ（わが師）」という尊称の使用もパレスティナの地に限られ、バビロニアでは単に「ラヴ（師）」といわなければならなかった。しかし、ローマ支配下のパレスティナは、三世紀半ば、セウェルス家による統治の終焉とともに不安定な軍人皇帝時代に入り、四世紀にはキリスト教の国教化にともなって、ユダヤ教を標的とするさまざまな禁制が敷かれるようになる。たまりかねた多くの信徒が東方のバビロニアや西方の地中海一帯に流出し、それまで口伝律法研究の中枢として機能してきたティベリアの学塾も急速に衰退に向かう。結果的に「エルサレム・タルムード（タルムード・イェルシャルミ）」（四世紀末）が、全体の分量のみならず、語法の厳密さ、文体の洗練度において「バビロニア・タルムード（タルムード・バヴリ）」（五世紀末）に見劣りするものとなったのは、四世紀、パレスティナの学者たちが、周囲の状況の悪化によって編纂と清書の作業に十分な時間をかけることができなかったためである、と説明されている（Steinsaltz 2002 : 64-66）。その後、引き続き東ローマ（ビザンティン）帝国のもとで厳しい禁制下に置かれたパレスティナのユダヤ教社会は、シナゴーグ内部での祈禱に重きを置き、新たな典礼詩「ピユート」を創作するなど独自の道を歩みながら、七世紀、新興のイスラーム帝国の版図に呑まれていく（市川 2009 : 52-54）。

他方、バビロニアのユダヤ教社会は、パルティア王国、ついでササン朝ペルシアの支配下にあって、時に宗教的な抑圧を受けながらも、その境遇は、仇敵ローマの手先として迫害されたキリスト教徒たちのそれと比べてはるかに良好であり、「捕囚民の長（レシュ・ガルータ）」と呼ばれる代表者のもとで一定の自治体制を維持しながら、おおよそ一一世紀まで、スーラとプンベディータの学塾を中心にユダヤ教世界の中枢としての光輝を放ち続けることができた。ユダヤ法（ハラハー）解釈の権威において、常にパレスティナ・ユダヤ教に一歩譲るとされながらも、バビロニアのユダヤ教徒たちのもとには、みずからの系譜を原初の「追放」（つまりアブラハムの出立）に遡らせる自負、ならびにタルムードの学知と生活水準の「実」においてパレスティナの「名」を上回っているとの優越感も見受けられた（ポリアコフ 1961 : 21-22）。続いてイスラーム帝国の版図に入り、ゲオニーム（学院長たち）のもとで隆盛を極めたバビロニア・ユダヤ教世界が、一〇世紀、とりわけブワイフ朝によるバビロニア掌握とともに陰りを見せ始めた時、その伝統が、実際に信徒と学者たちの流出をともなって北アフリカ（とりわけカイラワーン）、ならびにイベリア半島に移植される。

こうしてオリエントのユダヤ教世界の伝統は、地中海の南岸と北岸を回る二本の異なる矢印として西ヨーロッパ地域に流れ込むこととなった。一方には、北アフリカからイベリア半島にかけて、イスラーム帝国が分裂状態に入ったのちもアラビア語使用の絆で結ばれ、カイラワーンを中心としてバビロニアのゲオニームの伝統に連なるイスラーム圏のユダヤ教文化が形成される。他方、ラインラントに「飛び地」のように形成されたユダヤ教世界は、アルプス越しにイタリア、さらにギリシアを経由してパレスティナの地に結ばれ、教義や典礼の面でもパレスティナ様式の影響下に置かれた。そして、この二潮流の差異が、典礼の内容、聖典解釈の方法、あるいは服飾や食文化といった具体的な生活様式の面で、そのままセファラディ様式とアシュケナジ様式の差異を産み出していくこととなるのだ（Poirier 1998 : 21-22）。今日のタルムード学の権威、アディン・シュテインザルツの表現によれば、「アラビア世界のユダヤ教徒は、当時、最盛期を迎えたアラビアの哲学、科学、詩学、言語学から強い影響を受けていた。それに対してヨーロッパは、いまだ無知蒙昧のなかに閉ざされており、そこに住まうユダヤ教徒は、周囲の諸邦から学ぶべきものなど何もなかった。当時、ユダヤ教の学知の中心として知られていた場所から遠く隔たり、そこからの支援などほとんど当てにすることのできなかったヨーロッパのユダヤ教徒たちは、自分たちの手で固有の精神生活を生み出していくほかなかったのである。こうして、タルムード注解の面でセファラディ学派とアシュケナジ学派という並行する二潮流が生まれたのはいたって当然の成り行きであった」（Steinsaltz 2002 : 78-79）。単純化の誹りを恐れずにいえば、教義の正統性への気遣い、字義を重んじる聖典解釈の厳密さを特徴とするアシュケナジ系と、哲学や自然科学の領域にも広く開かれ、合理と神秘、そのいずれへの傾斜もあえて自制しない奔放さを特徴とするセファラディ系の二潮流が分かれて成立を見たのである。そして一〇〜一三世紀のフランスは、形をなしつつあったこれら二つのユダヤ教文化圏のまさに緩衝地帯に当たっていた。

現代フランスのユダヤ史家にしてラビ、シモン・シュヴァルズフュックスによれば、この頃、西フランク王国の南部とブルグンド王国にまたがる地中海沿岸に居住していたユダヤ教徒たちは、みずからの土地をヘブライ語で「プロヴィンツィア」（今日の地方区分でいうプロヴァンス、ラングドック、ルシヨンを合わせたものにおおよそ相当）と呼んで、北の「ツァレファト」（のちに「フランス」を指す語として定着）から明確に区分し、たとえ北の同宗者「ツァレファティ」たちの存在を知っていたとしても、彼らとの関係はきわめて疎遠だったのではないかと推測する（Schwarzfuchs 1980 : 145）。「プロヴィンツィア」のユダヤ教徒たちは、また、西の「セファラド（イベリア半島）」の同宗者たちからも一線を画そうとしていたが、地理的には、「ツァレファティ」たちよりも「セファラディ」たちの方により強い同宗者意識をもっていたのではないか、というのだ（そもそもプロヴァンス地方は、八世紀以前、西ゴート王国で反ユダヤ教熱が高まった時、イベリア半島とセプティマニアのユダヤ教徒たちの避難地となったこともある）。

翻って、北の「ツァレファト」に住むユダヤ教徒たちの方でも、西フランクと東フランクの分裂（八四三年）を経てなお、ライン・モーゼル川流域の同宗者たち（いわゆる「アシュケナジ」たち）と緊密な関係を維持する反面、南部、地中海沿岸のユダヤ教徒居住地や、さらに西方にあってイスラームの支配圏に繰り込まれたイベリア半島のユダヤ教世界とは、ある時期以降、完全な音信不通の状態に入ったのではないか（ここには、かつて広範囲にわたって居住地間の連絡係の役割も果たしていた上記「ラダニット」たちが、一〇世紀頃、急速に凋落に向かったことも関係していよう）。その傍証として、一二世紀、コルドバに生まれて北アフリカに移り住んだモシェ・ベン・マイモン（マイモニデス）が、一一〇五年に世を去ったトロワのラシ（次章参照）の著作に触れた形跡がほとんど見られない一方、モシェ・ベン・マイモン自身の著作は、その生前から「プロヴィンツィア」のユダヤ教徒たちのあいだで広く知られるところとなっていた点を挙げることができる（Schwarzfuchs 1975 : 21）。

このように、かなり早い時期から「プロヴィンツィア＝セファラド」と「ツァレファト＝アシュケナズ」のあいだを南北に分かつ境界線を想定しようとするシュワルズフュックスの見方に対して、その後、イスラエルの歴史家アヴラハム・グロスマンなどから新たな文献考証にもとづく修正論が提出されている（Grossman 1988）。それによれば、「ツァレファト」のユダヤ教徒たちは、少なくとも一一世紀末（ラシの時代）まで、「アシュケナズ」よりも、むしろ「プロヴィンツィア」や「セファラド」のユダヤ教世界の方と、より強い文化的絆で結ばれていた可能性が高いというのだ。たとえば、一一世紀前半、南仏ナルボンヌ生まれのラビ、ヨセフ・ベン・シェムエル（通称「トーヴ・エレム」）が、フランス西部のリモージュ、ついでアンジュー地方に移り住み、周辺各地のユダヤ教徒集団を指導し、ハラハー（ユダヤ法）解釈の範を示したという記録が残されている。そして、そのヨセフ・ベン・シェムエルと交友があったエリヤフ・ベン・メナヘムとその二人の兄弟イツハク、イェクティエルが、それぞれル・マン、オルレアン、ジョワニーのユダヤ教の会衆をまとめ上げていたこともわかっている（Grossman 1995）。また、一一世紀、モロッコのファース（フェズ）からイベリア半島に移り住んだタルムードの碩学、イツハク・アル＝ファーシーの筆のもとには、ある時、「ツァレファト（フランス）」から来て「セファラド（イベリア半島）」を旅していた学者が、立ち寄った町の同宗者たちから会衆の指導者になって欲しいと懇願され、「ツァレファト」の故郷から妻子を呼び寄せてその町に住むようになったという逸話が書き留められているという（Serfaty 1997 : 34-37）。すべてこうした事態は、南仏・イベリア半島とフランス北部とのあいだで、バビロニア系のユダヤ法（ハラハー）解釈がかなりの程度まで共有されていたのでなければ考えにくいことである。そのほかにも一一世紀の時点でフランス北部のユダヤ教徒たちを「プロヴィンツィア」と「セファラド」に強く結びつけていたことを示すいくつかの指標から判断して、「ツァレファト」がアシュケナジ化したのは（つまり、従来、イベリア半島・南仏を経由して伝えられていたバビロニア様式を抑えて、イタリアからラインラントに移植されて独自色を打ち出しつつあったパレスティナ様式の方を正統として採用するようになったのは）、まさにラシとその後継者たち（次章）が、ラインラントの「シュームの会衆」から学び、発展させた聖典解釈の流儀と日々の典礼が、一二世紀以降、フランス北東部から北西部のユダヤ教徒たちに広く受け入れられるようになった結果ではないか、というのだ。

少なくとも、九〜一〇世紀、カロリング朝末期とカペー朝初期について確かにいえるのは、今日のフランスを構成している各地方の主だった都市には、すでに小規模のユダヤ教徒居住区が形成されており（個々の起源は、なお時間の厚い闇に覆われて判然としないものの）、それぞれの土地で世俗権力やキリスト教会権力とのあいだに折り合いをつけながら存続していたこと、そして、南部・地中海沿岸の「プロヴィンツィア」に住むユダヤ教徒がイベリア半島や北アフリカなどイスラーム圏の「セファラディ」たちとの連絡を密にする一方、北部「ツァレファト」のユダヤ教徒居住地は、少なくともある時期以降、ラインラントの「アシュケナジ」たちの方に強く結びつき、シュパイヤー、ヴォルムス、マインツの三都市に新たに興隆したタルムード学の影響圏に入っていったということである。当時、フランス北部とラインラントにはほぼ共通のロマンス系言語（古フランス語）が通用していたため、

「ツァレファト」と「アシュケナズ」のユダヤ教徒たちは、帝国や言語の境界を越えるという意識もほとんどないまま、自由に移動と交流を行うことができていたと想像される（Schwarzfuchs 2005 : 17）。

一一世紀まで

そこからさらに踏み込んで、十字軍開始以前のヨーロッパ・ユダヤ教徒たちの生活環境を具体的に推し量るための史料は決して豊富とはいえない。しかも、のちに「フランス」と呼ばれることとなる土地については、一〇世紀末、ユダヤ教徒たち自身による（現存する限り）最古のヘブライ語年代記（後出）が現れるまで、彼らに関する情報は、すべてキリスト教側の、とりわけユダヤ教を異端として貶めようとする聖職者が書き記した文献から引き出さざるを得ないのが実状である。

たとえば九世紀前半、リヨンの二人の大司教アゴバールとアモロンが、ユダヤ教の害悪を世俗権力の代表者たちに理解させる目的で著した文書から反照のように映し出されてくるのは、ユダヤ教徒が、日頃、一般民衆と自由に行き来しながら生活していたこと、誰でも分け隔てなく食卓に招き、饗応していたこと、なかには権力者の宮殿に頻繁に出入りしたり、徴税官としての公職を任されたりする者もいたこと、奴隷を所有し（つまり商業のみならず、農業、畜産など、広い土地と多くの人手を要する職種にも従事し）、そして大司教たちからの度重なる要求にもかかわらず、その奴隷をキリスト教の洗礼に譲り渡すことを頑なに拒否していたこと、またキリスト教徒たちのなかにも、ユダヤ教の知者たちの方がキリスト教の聖職者連よりも説教が巧みなのではないか、と思う人々がいたり、さらには（八三九年、ボドンという王室付き助祭のように）キリスト教からユダヤ教への改宗に踏み切ったりする人々もいた、ということである（ポリアコフ 1955 : 51, Schwarzfuchs 1975 : 29-33）。

リヨン以外の町についても、古くから反ユダヤ教熱の噴出の形跡を記録の上に辿ることができる。八四八年、ボルドーの町がデーン人のヴァイキングに占拠された時には、その背後にユダヤ教徒の裏切り者による手引きがあったとされた。八七六年には、サンスのユダヤ教徒らが、地元の修道女たちとあまりに親密な関係をもったとして追放処分にあっている。九九六年、ユーグ・カペーが息を引き取った土地の名が「ジュイ」ないし「ジュエ」であったことから、その死の原因をユダヤ教徒らに帰する伝説も生まれている（Schwarzfuchs 1975 : 35）。トゥールーズには、かなり古い時代から、復活祭前の聖金曜日に一人のユダヤ教徒を選び出して大聖堂の前に立たせ、大勢の観衆の前で平手打ちを喰らわせるという蛮習があったし（一二世紀に禁止）、ベジエでは、枝の主日（復活祭直前の日曜）に、司教が直々に許可を下すというかたちで、ユダヤ教徒居住区への襲撃——武器として石しか用いてはならないという制約つきではあったが――が励行されていた（一一六一年に禁止）（Ibid : 28）。

　のちにフランスと呼ばれることとなる土地について、現存する限り最古のヘブライ語年代記（Habermann 1945 : 11-15）には、九九二年、リモージュないしル・マン（ヘブライ文字表記により両者の読みが可能）で起きた事件の詳細が記されている。ある時、ブロワに住むセホクという男が、リモージュ（ないしル・マン）のユダヤ教徒居住区内にある実家に里帰りをした。実のところ、セホクは、ブロワでキリスト教に改宗し、もはやユダヤ教徒ではなくなっていた。しかも彼は、ブロワのあるユダヤ教徒とのあいだに諍いを起こした末、一二人のキリスト教徒を金で雇い、そのユダヤ教徒を殺害させるという犯罪歴をもっていたが、帰省先の家族には、みずからの背教の事実も、その過去の罪もひた隠しにしていた。しかし、ほどなくそれらの事実が地元のユダヤ教会衆の知るところとなり、彼は故郷から放逐されてしまう。これに怨みを抱いたセホクは、ある腹いせを思いつく。彼は、まず小さな蠟人形を作り、リモージュ（ないしル・マン）のシナゴーグの聖櫃（トーラーを収めた箱）のなかにそれを隠した。その上で地元の領主のもとに駆け込み、「ユダヤ教徒どもがあなたの似姿を作り、かつて彼らの祖先があなた方の神に対して行ったように、それを茨の棘で刺し、あなたの失墜を祈る儀式を、年に三度、執り行っている」と讒言するのであった。調べてみると、はたしてシナゴーグの聖櫃から蠟人形が発見される。ユダヤ教徒らは、それがセホクによる見え透いた奸計であると主張したが、セホクは、「ならば、それが私の奸計であるという事実を法廷で証明してみるがよい」として、あくまでも訴訟に持ち込む構えを見せる。これに対してユダヤ教徒らは、「諸邦の民が行っているように、この種の争いを受けて立つことはイスラエルの法に反する」として、セホクの挑発には応じなかったという（Chazan 1970 : 217-221）。

　残念ながら年代記はここで途切れており、事件の結末は不明である。われわれとしては、ポリアコフが『反ユダヤ主義の歴史』の全巻をつうじて指摘しているように、「改宗ユダヤ人」――そもそも、この juif converti という表現自体、撞着語法の最たるものといわねばならないのだが――の存在が、往々にして反ユダヤ（教）主義の触媒、起爆剤になり得るという構図の最古の例をここに見て取った上で、あらぬ告発にも超然と応じるユダヤ教会衆の凛々しさ、さらには、軽々しく人を殺めることはおろか、すべてを訴訟の勝ち負けに持ち込もうとしたりする挙など、「諸邦の民」ならばいざ知らず、イスラエルの民の美風にはそぐわないものとして一蹴する誇り高さにも目を留めておくべきだろう（さらに、金で雇われた「一二人」のキリスト者という細部に「一二使徒」への皮肉な暗示を見て取るのは深読みに過ぎるだろうか）。

　いま一つ、別のヘブライ語年代記には、キリスト教暦の第二千年期に入った一〇〇七年頃、ローマの教皇庁を巻き込む大がかりな政治劇の顚末が事細かに記されている（事のスケールにもかかわらず、フランス王国とキリスト教会の側に一切記録が残されていないため、その史実性を疑う向きもある）(Schwarzfuchs 1975 : 36)。記述によれば、カペー朝第二代の王、ロベール二世（敬虔王）が、ある時、王領内の全ユダヤ教徒の強制改宗を思い立ち、従わない者は片端から剣の刃にかけよ、との命を下した。事態を憂慮したルーアンのヤアコヴ・ベン・イェクティエルというユダヤ教徒は、「ローマ教皇の号令もないままユダヤ教徒に改宗を強制したり、その生命を奪ったりする権限が、フランスの王に備わっているはずがない」として、はるばるローマに出向いて教皇（この逸話が史実だとすればヨアンネス一八世）に直訴した。ローマ教皇は、顧問連と一五日間にわたって協議した末、フランス王のもとに一人の司教を遣わし、虐殺の実行を思い留まらせたという(Habermann 1945 : 19-21)。仮にこれが史実でなかったとしても、当時のユダヤ教徒たちが、キリスト教側の世界観によって自分たちにあてがわれることとなった立場を正確に理解し、むしろ、それを逆手にとって世俗権力の専横、暴虐を未然に防ぐ率先行動に出るという物語の構図がきわめて興味深い。

一〇〇九年頃、一つの噂がキリスト教世界に広まる。それによれば、オルレアンのユダヤ教徒たちが密使を雇って「バビロニアの君主」に一通のヘブライ語の書簡を届け、そのなかでエルサレムにあるキリストの聖墳墓の破壊を強く要請した結果、実際に聖墳墓が取り壊されたというのだ。これを真に受けた民衆が復讐を叫び、ルーアン、オルレアン、リモージュ、そしてライン川流域のいくつかの町で、ユダヤ教徒らが、強制改宗、虐殺、追放の対象とされた。この出来事を伝えるキリスト教修道士ラウル・グラベールは、「世界中のすべてのキリスト教徒が、自分たちの土地と町から全ユダヤ教徒を追放するという点で意見の一致をみた」と記しているが（ポリアコフ 1955 : 58）、ここからも、彼方の〈聖地〉にあって不可視の敵（イスラーム）に対する怒りの鉄槌を、此方にあって可視の異分子（ユダヤ教）の頭上に振り下ろす所作をつうじてこそ、「キリスト教世界」という宗教的かつ地政学的アイデンティティーが形をなしたのではないかという仮説の構図が浮かび上がってくるように思う。

その他、のちのモシェ・ベン・マイモン（マイモニデス）の記述にも、一〇六〇〜七〇年頃、リヨン（もしくはラオン）の町で、なんらかの出来事をきっかけとして大規模なユダヤ教徒の虐殺が行われたことをうかがわせる箇所があり、別の記録には、一〇六三年、ナルボンヌのユダヤ教の会衆が、イベリア半島のイスラーム掃討を叫ぶ（言葉以前の）十字軍の試みによって大いに不安をかき立てられることとなった経緯が記されている(Schwarzfuchs 1975 : 37)。しかしながら、これ以上、古記録の上で（しかも先述のとおり、大部分がユダヤ教の存在を否定視するキリスト教聖職者層の手による記述にもとづいて）ユダヤ教徒たちが嘗めさせられた辛酸の事例を列挙していくことは、「ユダヤ史」として書き始められたものを、いつしか「ユダヤ迫害史」へと主客転倒させることにもなりかねない。そうした迫害の事実をつぶさに検証し、「いつから」、そして「なぜ」の疑問に答えを導き出すことは、まずもってキリスト教史、中世ヨーロッパ史の作業責任なのだ。よって、ここでは一〇九六年、十字軍開始以前のヨーロッパ・ユダヤ教徒の境遇について鮮明な対立を見せる二つの史観を紹介しながら、その差異の超克のために取り組まなければならない課題の所在を指し示すにとどめよう。

反ユダヤ（教）主義のとらえ方

一方には、『反ユダヤ主義の歴史』（第一巻、原著一九五五年）の著者レオン・ポリアコフのように、十字軍開始の一〇九六年という年号を中世ヨーロッパ・ユダヤ史にとっての「運命の年」、決定的な断絶の時ととらえる史観がある。この場合、それ以前の時代における反ユダヤ（教）主義は、いまだキリスト教における対＝ユダヤ教の教義を一定方向に先鋭化させようとする教会人たちに限られ、一般民衆の想像力を根底から鷲づかみにするほどのイデオロギーを構成するにはいたっていなかった、とみなされる。右のように古記録の上で確認することのできるユダヤ教徒迫害の事例も、「続く時代、中世キリスト教の伽藍を根底から支えると同時に、数々の大規模な迫害の火付け役ともなる宗教熱の昂揚を一足早く先取りする前触れにすぎなかった」（ポリアコフ 1955 : 58）とされるのだ。

他方には、シモン・シュヴァルズフュックスの『フランスのユダヤ人』（一九七五年）に代表されるように、「かつてキリスト教会はユダヤ教徒との関係において穏健な姿勢を示しており、それが十字軍の騒擾によって根底から塗り替えられることになった」という見方を「伝説」として退け、実際は、十字軍などを待たずして「類い希なる野蛮さをともなうキリスト教古来の風習」が厳然として存在したとして、キリスト教世界における反ユダヤ（教）主義の永続性、永遠性を強調する立場がある（Schwarzfuchs 1975 : 28）。

繰り返すが、この二つの史観のあいだで是非を論ずるためには、頼りとなる史料があまりに乏しく、間歇的にすぎる。また、ユダヤ教徒とキリスト教徒という二集団のあいだの関係を想像として再構成しようにも、一一世紀まで（あるいは、それ以降もなおしばらくのあいだ）、伝えられた記録の著述主体があまりに後者に偏りすぎている。加えて、キリスト教会側の書き手の多くが、ユダヤ教徒に対する迫害の事実を、行き過ぎ、蛮習としてではなく、綱紀粛正の手柄として誇示するために筆を執っているという点にも留意しなければならない。こうした史料の欠如、不均衡については、カイロのゲニザー（シナゴーグ内の古文書保存室）に相当するものがヨーロッパには不在である――あるいは、のちの迫害時代をつうじて徹底的に破壊された――ことを恨みつつ、今後の新たな史料発掘にわずかな望みをつなぐ以外にないわけであるが、その間も、右の二つの史観のあいだを揺れ動きながら、ユダヤ教徒という少数集団の存在をいわば内視鏡のように用いて、キリスト教世界、あるいはヨーロッパという宗教・地政学上のまとまりに関する既成観念の再検証に役立てることは十分に可能であるように思われる。

たとえば、一一世紀以前のキリスト教世界における反ユダヤ（教）主義が、一部の教会人たちのユダヤ教観を中心に渦巻く星雲状のイデオロギーであったのか、あるいは、すでに一般民衆を自然発生的な反ユダヤ暴動に駆り立てる力を秘めたリゾーム構造を形成し終えていたのか、という議論を戦わせる前に、まずもってキリスト教の信仰心や教義に対する理解が、ある時代、ある地域の「一般民衆」と呼ばれる人々のあいだにどの程度まで浸透していたのか、という点が真剣に問われなくてはなるまい。これについて、近年、歴史家たちのあいだでキリスト教心性史の見直しが行われるようになったように、一般に「中世」と呼ばれる時代は、少なくともある時期まで、われわれがのちの啓蒙主義やロマン主義のパラダイムを介在させて思い描くほどキリスト教の信仰に染め抜かれたものではなかったのかもしれず、イエスを信じ、マリアを崇める心性、そしてキリスト教の基本的な教義に対する理解が都市部の下層民や農村部の住民の隅々にまで浸透し終えたのも、意外に遅く、ペストの大流行を経た一四世紀後半以降のことであったかもしれない（この点についてはDelumeau 1971、とりわけ第三章「恐怖から希望へ――キリスト教徒としての多様なあり方」のなか、「キリスト教の中世？」と題された箇所を参照）。そして、それ以前の段階、つまり「イエス殺し」「ユダの裏切り」といったキリスト教における反ユダヤ教思想の紋切り型に親しむ段階にさえ到達していなかった「一般民衆」の目に、ユダヤ教徒とは、なによりも地中海の商業網を介して東方の「先進」地域に結ばれた「国際人」であり、どうやらラテン語とはまったく別系統とおぼしき古典語と、ローマ・アルファベットとは似ても似つかない文字で記されているらしい巻冊を大切に守りながら、いくつもの厳しい掟によって日常生活を律しながら暮らしている、ややもすればキリスト教会の聖職者たちよりも統制がとれ、洗練度も高い人々の集団と映っていたかもしれないのだ。

よって、実のところ「われわれ」という主語をもって、大方、教会人や王侯貴族の立ち振る舞いが描かれ、「彼ら」として内部の異人たるユダヤ教徒が指し示されている古記録の上で「キリスト教中世」を考えるに当たっては、「十人のユダヤ教徒＝対＝千人のキリスト教徒」という二元構造より、むしろ、「十人のユダヤ教徒、百人の自覚的なキリスト教徒、そして、王領や教区への帰属によってキリスト者とみなされるが、ユダヤ教徒や自覚的なキリスト教徒ほど〝宗旨〟との関係を濃密に生きているわけではない数百人の一般民衆」といった緩やかな三極構造で社会関係をとらえた上で（むろん、これら十、百、千といった数に人口統計学的な意味はない）、キリスト教内部にその成立以来存在した反ユダヤ教思想が、いつ頃、何を契機としてキリスト教社会に属する大多数の人々の心性を根底から規定するようになったのかを冷静に見極め、同時に当のユダヤ教徒たちが、その周囲のキリスト教社会の変化をどのようにとらえ、咀嚼していったのか、史料・証言の決定的な欠乏に苦しみながら、想像、推論していく作業が求められるのであろう。その際、キリスト教における反ユダヤ教思想の発展・普及と並んで（それと密接な関係を保ちながら）重要な意味を帯びているのは、ヨーロッパ中世の初期から中期への移行期（おおまかに一〇～一一世紀）、とりわけ貨幣経済の開始（ないし再開）によってユダヤ教徒とキリスト教徒のあいだの経済関係にもたらされた一大変化であるが、これを通史のなかで余談的に扱うことは危険であり、他日、中世ヨーロッパ経済史の専門家諸氏が「フランス・ユダヤ経済史」として論を立て直してくれることを期待したい（管見によれば、この点に関する最良の研究書は Chazan 1974 と Shatzmiller 1990 の二著である）。

第2章
ラシの閃光

ラシとトサフィストたち

一〇四〇年（異説によれば四一年）、シャンパーニュ（古名カンパニア）地方のトロワ（古名トレカシス、トレカサディエンス）に、のちに「ラシ」との略称をもって、ユダヤ教の聖書解釈、タルムード解釈のみならず、キリスト教聖書研究の世界にも燦然たる光輝を放つこととなるシェロモ・ベン・イツハクが生まれた。「ラシ」の名は「ラビ・シェロモ・イツハキ（イツハクの息子、ラビ・シェロモ）」の頭字語であるが、ほかに「ラバン・シェル・イスラエル（イスラエルの師）」、あるいは「ラベーヌー・シェイフイェ（我らのラビ、彼が［長く］生きますように）」の頭字語とする解釈もある。

父親がイツハク・ハ＝ツァレファティ（フランス人イツハク）と呼ばれるラビであったこと、母方の伯父ないし叔父もまた、シムオン・ハ＝ザケン（老シメオン）と呼ばれるラビで、マインツの高名なゲルショム・ベン・イェフダー（既出）に師事したタルムード学者であったこと、家業は非ユダヤ教徒を相手とする商い、あるいは当時、近隣のユダヤ教徒家庭に多く見られた葡萄栽培であったと推察されることを除き、彼の出自や家庭環境に関する情報はきわめて乏しい（以下、本章の記述はすべて Schwarzfuchs 1991 ならびに Grossman 2006 による）。

七二〇年、イベリア半島から北上してきたイスラームの軍勢によって一時征服されたこともあるトロワとその一帯は、西ローマ皇帝ルイ一世（敬虔王）の時代、伯領として勇将アルランに授けられた。その後、ノルマン人の侵略を受け、封土をめぐるキリスト教会権力との衝突も繰り返しながら、一二世紀、二十数代にわたるトロワ伯による統治を経て、シャンパーニュ伯領として再編されることとなる。

ラシの時代、トロワの町全体として三〜四千人の住民を数えるなか、ユダヤ教徒は、今日サン＝フロベール街と呼ばれている通りにあったシナゴーグの周囲に、二、三〇家族、一〇〇名強の会衆を構成していたのではないかと推測される。その起源は、近隣のランス、シャロン、サンス、オセールなどの居住地と同様、時間の闇に閉ざされて判然としないが、信徒たちは、それぞれの土地における会衆の始祖のことを「カドモニーム（先人たち）」と呼んで崇敬し、彼らの手によるとされた個々の慣習法を厳格に守りながら居住区を維持していた。ユダヤ教の学知の面では、前述のとおり一〇世紀末以降、ライン・モーゼル川流域の諸都市（とくにマインツ）に新興したタルムード学の名声が、帝国間の国境を越えてシャンパーニュ地方まで轟いていたことは間違いない。

　当時、トロワやその近隣の町において、ユダヤ教徒とキリスト教徒の関係は必ずしも険悪ではなく、むしろかなり緊密にして良好だったのではないかと思わせる多くの指標が残されている。たとえば、ユダヤ教徒の家庭にキリスト教徒の使用人が雇われていることが多く、彼らは食物や葡萄酒に関するユダヤ教の禁忌をきちんと心得た上で用務をこなしていた。雇い主のユダヤ教徒は、毎年、プリーム祭（アダル月（西洋暦の二〜三月）一四日、「エステル記」に記されたユダヤ殲滅の試みの失敗を記念する祭日）の頃にキリスト教徒の使用人に贈り物をすることを習わしとし、逆にキリスト教徒は、過越祭明けの八日目に親しいユダヤ教徒に卵とパンを送り届ける習慣があったという。畜殺に関するユダヤ教の法（シェヒター）に則ってさばかれたはずのカシェール肉に事後になって不備があることがわかった際には、それをキリスト教徒の肉屋に買い取ってもらう流通ルートが用意されていた。またユダヤ教の戒律では、「申命記」（一五の19）の記述に従い、雌羊や雌牛が初産で雄を産んだ場合、それをエルサレムの神殿に奉納することが義務づけられているが、当然のことながらその都度エルサレムまで出向くことなどできないユダヤ教徒の畜産家は、この戒律に背馳しないようにするため、初産を迎えた雌羊、雌牛を一時的にキリスト教徒に引き取ってもらい、産後にふたたび買い戻すという契約を結んでいた。すべてこうした事例は、ほかならぬラシと各地のユダヤ教指導者たちのあいだで交わされたレスポンサ（ユダヤ法の解釈などをめぐってラビのあいだに交わされる書簡文学の形式。ヘブライ語では「シェエロット・ウテシュヴォット」（質問と回答）と呼ばれる）の記述から浮かび上がってくるものである。

ラシ（16 世紀の版画）

　父と伯父（叔父）からの直接の感化はもとより、当時、トロワのユダヤ教会衆は、若きシェロモをしてユダヤ教の本格的な学知に目覚めさせるには十分なヘブライ語やアラム語の写本（バビロニア・タルムードのほぼ完全な揃いを含め）をすでに所蔵していたと推測される。その上なお満ち足りない知の欲求に駆られたシェロモは、一七歳で妻を娶ったのち

（妻の出自、人となりについても記録は皆無に近い）、単身、ラインラントに一度目の遊学を行う。まずマインツに赴いた彼は、先述「ラベーヌー・ゲルショム」の愛弟子、ヤアコヴ・ベン・ヤカールに師事し、聖典釈義の方法について大きな啓発を受ける。続いてヴォルムスに移り、イツハク・ベン・エルアザル・ハ＝レヴィのもとで研鑽を積んだのち、トロワに戻った（その後、ヴォルムスに二度目の遊学をした形跡があるが、詳細は判然としない）。

その間、三人の娘（ミルヤム、ヨヘヴェド、ラヘル）の父となったラシは、一〇七〇年頃、トロワにみずからのイェシヴァー（タルムード学院）を開設する。「学院」といっても、それは志をもって各地から集まってくる貧しいユダヤ教徒の子弟を自宅に居候させ、食事も家族と同じ食卓でとらせるという、ほとんど慈善事業に近いものであっただろう。しかし、この「学院」にはほどなく多くの優秀な弟子たちが集い来て師の教えを吸収し、そのなかから「加筆者（バアル・トサフォート、トサフィスト）」と呼ばれる、ユダヤ教史上、重要きわまりない人物群が輩出することとなる。直近の弟子としては、とくにラシの遺稿の整理・保存に功績があったとされるシェマイヤ、弟子というよりも同僚として時にラシの解釈に真っ向から異議を唱えることもあったというヨセフ・カラ、そして、最古のユダヤ教祈禱書の一つ「マハゾル・ヴィトリー」の編者として知られるヴィトリーのシムハ・ベン・シェムエルの名が挙げられる。また、姻戚関係も含めた家族のなかからは、ミルヤムの婿、イェフダー・ベン・ナタン（通称「リバン」）と、ヨヘヴェドの婿、メイール・ベン・シェムエル（通称「ラム」）、そして、そのメイールの三人の息子（つまりラシの孫）、シェムエル・ベン・メイール（通称「ラシュバム」）、イツハク・ベン・メイール（通称「リバム」）、ヤアコヴ・ベン・メイール（通称「ラベーヌー・ターム」）、さらにメイールの娘婿とヴィトリーのシムハ・ベン・シェムエルの息子のあいだに生まれたダンピエールのイツハク・ベン・シェムエル（通称「リ・ハ＝ザケン」）などが有名である。

ラシの後半生は、トロワのユダヤ教会衆の統括、イェシヴァーでの後進の育成、膨大な量におよぶ聖書とタルムードの注解執筆、そして各地のラビたちとの書簡による質疑応答（レスポンサ）——ラシの名声の高まりとともに、質問状は、遠く東欧、ロシアを含めヨーロッパ全土から寄せられるようになった——に費やされたものと思われる。日頃、家計をいかに支え、学院を運営するための糧をどのようにして得ていたのか、知的作業の合間を縫って家業の一つと目される葡萄栽培にもみずから携わっていたのかなど、彼の私生活に関する詳細はほとんどわかっていない。

一〇九六年、前年のクレルモン＝フェラン公会議における教皇ウルバヌス二世の呼びかけに応じて聖地奪回の旅に出た第一回十字軍の兵士たちが、途上、ラインラント一帯を荒らし回り、三大ユダヤ教会衆（シュパイヤー、マインツ、ヴォルムス）に壊滅的な被害を与えた年（次章参照）、ラシは五五ないし五六歳に達していた計算になる（その九年後、一一〇五年に六四ないし六五歳で世を去る）。幸いトロワとその一帯は、第一回十字軍の段階では直接の被害を受けずに済んだものの、かつてみずから研鑽を積んだラインラントの学びの地、そして、その後も書簡による連絡を絶やすことがなかった当地の恩師や同僚たちを襲った苛酷な状況について、晩年のラシが無関心でいられたはずはない。彼の聖典注解やレスポンサのなかに同時代の出来事への直接的な言及はいっさい見当たらないが、今日のラシ伝の書き手たちが示唆しているように（Grossman 2006 : 101-104）、とりわけ十字軍の暴力性、残虐性によってかき立てられた彼のキリスト教に対する反感、嫌悪感は、聖書注解の行間、たとえばヤコブの双子の兄エサウに関することさら否定的な言葉のなかに塗り込められていると見ることができるのかもしれない。すなわち、「創世記」（二五の29）の一節、「エサウ、野より帰り来たりて、疲れおり」に用いられている形容詞「疲れた、憔悴した（עיף）」の語義について、ラシは、それはエサウが、その日、野で人を殺めてきたことを暗に意味していると説く。先行するミドラシュ(1)（「ベレシート・ラバー」）のなかに、この箇所を「エレミヤ記」（四の31）の「わが魂、殺す者のために疲れ果てぬ」という一句に引きつけて解釈するものがあり、一見、ラシもここでその解釈を踏襲しているにすぎないようにも見える。しかし、日頃、なによりも語義解釈の明快さと素直さ（ペシャト）を重んじ、たとえ先行するミドラシュ的解釈（デラシュ）に依拠する場合でも、曖昧であったり不明であったりする語義を明らかにする目的に限ることをもって宗としていたラシが、ここでエサウの疲労・憔悴の原因を、単なる野良仕事ではなく殺人行為に帰するためにことさらミドラシュを援用していること自体、きわめて例外的であり、意味深長であるというのだ。

その業績

ラシがヘブライ語で書き表し、以来、今日まで世界中のユダヤ教徒たちにとって不可欠の参照項を構成してきた業績は、（一）聖書注解、（二）タルムード注解、（三）レスポンサ、（四）典礼詩ならびに先行典礼詩への注釈の四つに大別される。

聖書注解の領域でラシの偉業に先行するものとしては、オンケロスによるモーセ五書のアラム語訳（タルグム、二世紀

（1）ヘブライ語で「探求」の意。狭義では、二〇〇年頃、イェフダー・ハ＝ナシによって口伝トーラーがミシュナーとして成文化される以前の紀元一、二世紀、ラビたちによってなされた聖書解釈の集成を指し、その内部は、成文トーラーの法的解釈「ミドラーシュ・ハラハー」と成文トーラーの物語的解釈「ミドラーシュ・アガダー」に分類される。広義では、ミシュナーの成立後もさまざまなラビによって書かれ続けた、聖書、ミシュナー、タルムードへの注解を意味する。

初め)、ヨナタン・ベン・ウジエルによる預言書のアラム語訳(ヨナタンは一世紀の人物であるが、そのタルグムは後世の編纂を経て三世紀以降の成立とされる)、エジプト生まれのサアディア・ガオンがバビロニアで完成させた聖書のアラビア語訳『タフシール』(一〇世紀)、アラビアの文法学に感化されたイベリア半島の聖書研究、とりわけメナヘム・イブン・サルークによる聖書ヘブライ語辞典(一〇世紀)と、それに対するドゥナシュ・ベン・ラヴラート(一〇世紀)による批判的考察、さらにはナルボンヌのモシェ・ハ＝ダルシャン(「説教師モシェ」)によるミドラシュ(一一世紀)などが挙げられる。

むろん、これらの先行文献は、エルサレム、バビロニア両タルムード、ならびにそれらに対する後世のさらなる注釈とともに、ラシの学びの地、マインツ、ヴォルムスでもすでにさかんな研究の対象とされていたわけであるが、アヴラハム・グロスマンの評価によれば、聖典注解におけるラシの革新性は、なによりもその旺盛な好奇心と文化的視野の広さにあったという(Ibid : 21, 69-70)。つまり、ラインラントにおける彼の師や同僚たちが、一一、三世紀来、地中海北岸を経由して接ぎ木され、アシュケナズ独自のものとして発展を遂げてきたパレスティナ様式を墨守し、ややもすればその内部に閉じこもりがちであったのに対し、ラシの目は、南仏とイベリア半島、さらにはボヘミアやビザンティン帝国の同宗者たちのもとで形成されつつあった同根異葉の聖典注解やユダヤ法(ハラハー)解釈の伝統にも、広く、公平に見開かれていた(近年の研究によれば、タルムード解釈のある側面において、ラシが東方イスラーム世界のユダヤ教会衆に直接由来する手稿を参照していたことも明らかになってきたという)。その際、彼は、既成の文字資料のみならず、遠方から彼のイェシヴァーの名声に吸い寄せられてくる若き学徒たち、さらには偶然、トロワの市(当時、トロワの町はシャンパーニュ地方最大の市を擁していた)を通りかかったユダヤ教徒の遍歴商人たちをも情報提供者として活用し、そのために不自由しない程度のギリシア語とアラビア語を操っていたのではないかと考えられる。一一世紀の昔、今日と同様「地方小都市」の名が似つかわしかったであろうフランス東部のトロワの町が、ラシの知的好奇心をつうじて広く世界に発していた国際性の閃光に注目しておきたい。

ラシはおそらくヘブライ語聖書の全体にわたって注解を残したと思われるが、後世に伝えられた写本(現存する最古のものでも彼の没後一〇〇年以上を経た一三世紀中葉のものである)のうち、「エズラ書」「ネヘミア書」「歴代志上・下」ならびに「ヨブ記」の末部に対する注釈は、彼自身の文ではなく、「加筆者(バアル・トサフォート)」と呼ばれる弟子たちが、師の教えを忠実になぞりながら書き記したものであることがわかっている。また、ラシの筆に帰されるほかの書に対する注解も、「加筆者」たち、ならびに北フランスとラインラントに拡散しながら師の衣鉢を継いでいった後世のほかのユダヤ教指導者たちが、その都度、欄外に記したメモ書きを徐々に本文中に繰り込みながら膨張を続けた一種の共同作品である。むろん、どの章句がラシ自身のもので、いずれの章句が後世による加筆なのか、厳密に判別することはもはや不可能となっているが、その全体からは、ラシ流「テクスト批評」の真髄ともいうべき特徴がはっきりと浮かび上がってくる。それは、意味の平易さを追い求めながら決して単なるパラフレーズ（意訳、言い換え）に堕することなく、かといって意味の厳密さを重んじるあまり無味乾燥な語彙記述に陥ることもなく、むしろその両者の中間に踏みとどまりながら、一語一句がトーラー（成文律法）の全体――ひいては口伝律法と後続のミドラシュを合わせたテクスト宇宙の総体――のなかに占める位置を厳密に見定めようとする解釈の手法ということができるだろう。

一例として、「創世記」第六章、有名なノアの洪水の箇所を採り上げてみる。

（六）ここにおいて、主、地の上に人を造りしことを悔いて、心に憂えたまえり。（七）主、言いたまいけるは、「我が造りし人を、我、地の面より拭い去らん［…］」。（八）されど、ノアは主の目に恵みを見出したり。（九）ノアの系図はこれなり。ノアは義の人にして、その世のまったき者なりき。ノアは神とともに歩めり。（一〇）ノアは、三人の子、セム、ハム、ヤペテを生ませけり。

この一節を注釈するとして単純なパラフレーズに走るならば、「セム、ハム、ヤペテの父たるノアは、まったき義の人であったために、主の目に恵みを見出し、洪水による人類の滅亡から救われた」という読み方にもなりかねない。しかし、ラシは、あくまでもテクストの構造を重んじ、なぜ、第九節の「これらがノアの系図である」という一文の直後に、第一〇節、「ノアは、セム、ハム、ヤペテを……」が直に続かないのか、つまり、ノアが「主の目に恵みを見出した」ことの理由の説明が求められる第九節中、なぜ、彼が義の人であった事実よりも先に、彼の系図のことが述べられているのかを問題にする。そして、「その世のまったき者」という表現に、あえて否定的な意味を読み取る先行解釈、つまり、ノアが別の時代に生まれていたならば、必ずしも「まったき者」とは呼ばれなかったかもしれないとするタルムードの解釈（「サンヘドリン」（一〇八 a）、「ベレシート・ラバー」（三〇9））を睨みながら、「ノアは神とともに歩めり」という後続句に注目し、それを同じ「創世記」中、アブラハムが「主の前を歩めり」と記されている箇所（二四の40）と対比させる。すなわち、ノアは義の道を歩むためにいまだ主の支えを必要としているのに対し、その遠い末裔たるアブラハムは、将来、義の道を自分一人の力で歩むことができるようになるという筋書きが、すでにこの段階で見通されている、ととらえるのだ。こうしてノアは、みずからが義の人である程度によってよりも、その末裔――みずから思い描くことすらできない一〇世代後の子孫――がさらに義の人たる度合いを高める役割を担っていることによって、今ここで、主の「恵み」に与っているというのだ。この解釈を敷衍するならば、人がみずからの時代において、個の資格で「義」であることをもってしても「救い」に与るための十分条件とはならず、人間の「救い」とは、最終的には、限られた時空にとらわれた個の資格・思惑などをはるかに越えた絶対者の「恵み」(ヨ)によるもの以外にないことを示唆するものとなる(Askénazi 1999 : 386-388)。

ラシ以前の時代、ヘブライ語から他言語(ギリシア語、アラム語、アラビア語)へと行われてきた聖書の翻訳は、そのまま章句の解釈を提示する注釈書の役割を果たしてきたわけであり、成文トーラーに対するミドラシュ的解釈も、時代から時代へ、地域から地域へと受け継がれながら、すでに相当量の蓄積をたたえていた。しかし、ラシという一人物とその後継者たちにより、一一~一二世紀時点において可能な限りの「間テクスト性」を網羅した読みの手法がヘブライ語聖書の総体にわたって示されたことの意義は計り知れないものであった。すでにラシの生前から、北フランス、ラインラントのアシュケナジ系ユダヤ教徒を中心に人気を博した彼の聖書注解は、相応の時間差をもって、南仏、イベリア半島のセファラディ系ユダヤ教徒のもとでも権威を発揮し始める。こうして、ラシの注釈を導き手として、一つ一つのパラシャー(聖書を内容のまとまりによって数節単位に区切ったもの)を熟読玩味することが、いつしかユダヤ教の学徒の第一の義務とされるまでになっていくのだ。

時を経て、活版による最初のヘブライ語聖書(モーセ五書のみ)が印刷されたのは、一四八二年、ボローニャでのことであったといわれているが、それに七年先立つ一四七五年、ラシによるモーセ五書の注解が(いまだ聖書の本文はともなわずに)レッジョ・ディ・カラブリアのアヴラハム・ベン・ガルトンによって印刷されている。そして、ヴェネツィアの印刷業者ダニエル・ボンベルグによる『ミクラオート・ゲドロート(大聖書)』(全四巻、一五一七~一八年)を嚆矢として、大型判のヘブライ語聖書には、オンケロスのタルグム(アラム語訳)と並んで必ずラシの注釈が(聖書の本文と明確に区別するため、一般に「ラシの字体」と称される別種の活字セットを用いて)掲載されるのが習わしとなった(それはラシ本人が用いた字体ではなく、当時、イタリアのラビ文書で一般に用いられていた筆記体に近い字体である)。こうしてユダヤ教世界全体に普及することとなったラシの聖書注解が、読む者をして絶えず聖句のより深い滋味へと導いてくれるものであることは、のちの「ハバド・ルバヴィチ派」ハシディズムの創始者、リアディのシュネウル・ザルマンによる「ラシの注解はトーラーの葡萄酒である」という評言に尽くされている。

さらに、聖書注解をも上回るラシの偉業として後世に受け継がれたのは、広範なバビロニア・タムルードのほぼ全篇にわたる注解であった。むろんラシの出現を待たずして、タルムード注解の作業は各地のユダヤ教会衆において不断になされてきたわけであり、とりわけラシの遊学の地、マインツ、ヴォルムスでは、すでにゲルショム・ベン・イェフダーの時代、師が口頭で行うタルムード解説を学徒らが書き留め、「クントラス」（ラテン語「コメンタリウス」より）と呼ばれる覚書に整理して受け継いでいく習慣が定着していた。その意味では、ラシとその後継たる「加筆者」たちも、この習慣をトロワに移植して実践したにすぎない。しかし、彼らが成し遂げた偉業は、先行「クントラス」の存在意義をほとんど無に帰さんばかりか、その後の世代にも新しい注釈の試みに乗り出す意気を阻喪させるほどの網羅性と質の高さを見せつけるものであった。

バビロニア・タルムード全三七篇のうち、「タアニート」篇、「ネダリーム」篇、「ナズィール」篇についてはラシの注釈は残されておらず（のちの活字版においてラシの注釈としてこれら三篇に充当されているのは、実のところマインツ学派によるものである）、また、「バーバー・バトゥラ」篇と「マコット」篇について、ある箇所以降はラシ自身ではなく、後継者たちの手によるものであることがわかっている（その該当箇所に、「起草のこの箇所で師が身罷《みまか》ったため、以降の記述は別人による」との記載がある）。ほかの篇についても本当にラシの筆によるものか疑問視されている箇所があり、また、間違いなくラシ自身に帰される部分にも、先の聖書注解の場合と同様、後世の写筆者たちによる加筆が少なからず紛れ込んでいることは疑えない。さらに、後世に伝えられた写本のあいだには、聖書注解の場合以上に頻繁な字句の異同や表現の異型（ヴァリアント）が見出され、その一部は、すでにラシの生前、推敲に推敲が重ねられる過程で発生したものと考えられるという。よって、タルムード注解の著者たる「ラシ」の名は、聖書注解の場合以上に巨大なテクスト星雲の共同筆名としてとらえられるべきものであるが、しかし、やはりその全体からは、タルムード注解に当たって彼が一個の書き手として明確に意識していたにちがいない特徴が浮かび上がってくる。

とりわけ後世の研究者たちが説明に苦慮しながら一様に驚嘆を隠せずにいるのは、注解が想定している読者層の水準、あるいは文体と語彙の選択の水準でラシが見せている絶妙の平衡感覚である（Grossman 2006 : 137-139）。たとえば、彼がタルムード注解を書き記す際、元となるタルムード（ミシュナーとゲマラー）が書かれた時代のヘブライ語——一般にラビ・ヘブライ語、あるいは「賢者の言葉」（レション・ハハミーム）[2]と呼ばれる——の文体を再現しようとする意識的な努力の跡が認められる一方、時代の違いによって理解が困難

（2）紀元前後〜三世紀のタナイーム、ならびに四〜六世紀、パレスティナ、バビロニアのアモライームが用いたヘブライ語の総称。

となった事物、語句、概念については、身の回りの卑近な相似物への言及や、同時代の異言語（ラアズ）[3]――当時のシャンパーニュ地方のフランス語を中心とするロマンス系言語――による大胆な言い換えも辞さないのだ。この配慮によって、原テクストと注釈のあいだ、古典への忠誠と同時代の読み手の要請のあいだに乖離・断絶が生じる危険を回避しながら、アラム語使用の障壁のせいで決して取りつきやすいものではなかった口伝律法の巨岩への接近路を、初学者にも馴染みやすい既知の要素をリフェランスとしながら整えるという離れ業が可能となった。この意味において、「ラシがいなければ、イスラエルの民のもとでタルムードはとうに忘れ去られていたであろう」という、一四世紀スペインのラビ、メナヘム・ベン・ゼラーの言葉も決して誇張の産物ではない。

聖書注解の場合と同様、ラシのタルムード注解は、まず写本として（先述のとおり、夥しい異型、異本をともなって）広く流布し、一三世紀以降、南仏とイベリア半島も含め、ラシの名に言及せずタルムードを論ずる者はほぼ皆無となった。一四八四年、ロンバルディアのソンチーノで「ベラホット」篇が印刷されたのを皮切りに、ボンベルグによる初の完全版（一五二〇～二三年）を含め、ミシュナーとゲマラーを中心に配して「のど」（冊子の綴じた側）にラシの注解、「小口」の側に「加筆者（トサフィスト）」たちの注解を、やはり本文と区別するため「ラシの字体」で掲載するのが慣わしとなって今日にいたっている。

加えて、ラシの威光は、ユダヤ教のみならず、キリスト教世界における聖典研究の上にも屈折した形で降り注いでいる。

中世初期以来、キリスト教の学識者にとって、ユダヤ教の内実、あるいは「旧約」聖書の原ヘブライ語テクストに関する情報源は、ユダヤ教からキリスト教に転向した改宗者たちであったと考えられる。むろん、その学究の主眼は、キリスト教の真実の名においてユダヤ教の価値を一段下に位置づけ、「旧約」がいかに「新約」の予示、予型にすぎなかったかを示すことに置かれていた。ようやく一三世紀末、改宗者ではなく、キリスト教出自の人間として初めてヘブライ語文献の自在な読みに到達したのは、フランシスコ会修道士、リールのニコラだが、彼の主眼もまた、ユダヤ教の文献に直接依拠しつつキリスト教の正しさを裏づけることであった。しかも、その際、彼が肌身離さぬ「虎の巻」として活用していたのが、ラシの聖書注解、タルムード注解だったのである。ラシの業績が、ほかならぬユダヤ教の毀損作業に動員されたわけだ。また、ニコラの著作が、のちのマルティン・ルターにとりわけ重要な影響力を及ぼしたことは、「もしもリールが竪琴《リール》を弾かなかったならば、ルターは踊りを踊ることができなかったであろう」として広く人口に膾炙した戯言に要約されている。その際、ニコラ自身がラシの名に言及せずその注解を引用し、ルターもまた、ニコラの名に言及せずにそれを転用しているため、のちのルター派による聖書注解の大きな部分が、その実、ラシと「加筆者」たちからの「孫引き」にほかならないという側面が、キリスト教徒たち（プロテスタントのみならず、それを異端として退けようとしたカトリック）の目にも見えにくくされたまま、今日まで長い時間が流れてきた（Schwarzfuchs 1991 : 127-128）。この屈折を屈折として受け止めながら、一一世紀のトロワの町が、その後のユダヤ教のみならず、キリスト教の歴史にとっても計り知れないほど重要な才人の故郷であったことを、今一度、再認識する必要があるのだ。

（3）「詩篇」（一一四の1）、「イスラエルがエジプトを出で、ヤコブの家が異言（ラアズ）の民を離れた時」による。ラシの聖書注解全体を通じて約一五〇〇語、タルムード注解全体を通じて約三五〇〇語、異言語の単語がヘブライ文字で転写されており、一一世紀、トロワ周辺におけるフランス語使用の実態（とりわけ発音）をうかがい知るための貴重な資料となっている。詳細については Hagège 2006 を参照。

第3章 キリスト教世界の思春期——第一回十字軍から一三九四年の追放令まで

「タトヌー」の年

ヘブライ語には「十字軍」の総称として「マセエー・ハ＝ツェラーヴ（十字の旅）」という表現があるが、とくに一〇九六年の第一回十字軍を指して「ゲゼロート・タトヌー（タトヌーの迫害・裁定）」という表現が用いられる。「タトヌー」とは、ヘブライ文字による記数法で「ת（th＝四〇〇）＋ נ（n＝五〇）＋ ו（w＝六）」、すなわちユダヤ暦四八五六年（キリスト暦一〇九五／九六年）の下三桁を表す頭字語である。そして従来のヨーロッパ・ユダヤ史において、この「タトヌー」の年こそが、それ以前の比較的安穏とされた時期と、それ以後の絶えざる受苦の時期を分かつ「運命の年」として位置づけられてきた。もちろん、先述のとおり、「それ以前」の時代の数少ない史料のなかからも、ユダヤ教徒にとって安寧からはほど遠い状況が浮かび上がってこないわけではなく、逆に「それ以後」の時代、多数派のキリスト教徒集団からユダヤ教徒集団に示される理解や庇護の姿勢、あるいは商取引や神学的対話をつうじて両者のあいだに築かれる良好な関係を示す指標が、記録の表面から完全に姿を消してしまうわけでもない。

その上でなお、一〇九六年という年、ならびにそれに続く三〇〇年ほどの期間は、キリスト教世界が、ピレネー山脈の向こう、地中海の水平線上、あるいはボスフォラス海峡の対岸に、不可視ながら不穏な存在として感じられるイスラーム世界との兼ね合いにおいて、現実に可視、可触の存在として同じ空間内を行き来している非キリスト者たるユダヤ教徒に本格的な対他意識を働かせ始める時期として、西洋史上、重要きわまりない意味を有している。まさにその過程のなかで、「ヨーロッパ」「キリスト教世界」が自己同一性の枠を完成させ、最終的には、ローマ帝国やそこから産み落とされた中世最初期の諸政体とは異なり、またユダヤ教徒とキリスト教徒を「啓典の民」「ズィンミー（庇護民）」として内部に位置づける制度を編み出したイスラーム世界とも異なり、ユダヤ教徒をユダヤ教徒として、改宗も同化もさせないまま同一空間のなかに行き来させておくことを根本的に「問題」ととらえる政治主体として自己形成を遂げていくのである。そして、レオン・ポリアコフのいう、このキリスト教世界の「不安定な思春期」（ポリアコフ 1955 : 59）へ先頭を切って突入していったのが、ほかならぬフランス王国であったように思われる。

暗澹たる年代記——一一世紀末〜一四世紀

ここで再び、歴史記述がユダヤ「被虐史」の方へ大きく傾《かし》いでしまうことの避けがたさを認識した上で、まずは、一一世紀末から一四世紀末まで（十字軍の開始からシャルル六世による追放令まで）、フランス王国のユダヤ教徒が辿った境遇悪化の過程を史実の水準で確認しておきたい。

一〇九五年一一月二七日、教皇ウルバヌス二世は、クレルモン＝フェラン公会議の場で、〈聖地〉の奪回、〈聖墳墓〉の解放を目的とする十字軍の結成を呼びかける。その直後から翌年七月にかけて、諸侯の参加を呼びかける行脚の途上で教皇が立ち寄った町々（リモージュ、アンジェ、ル・マン、トゥール、ポワティエ、サント、ボルドー、トゥールーズ、カルカソンヌ、ニーム）のなかには、その時点でユダヤ教徒居住区の成立が確認されている場所も少なくない。地上におけるキリストの代理を自任する人物が乗り出したこの軍事行動について、噂を耳にした当時のユダヤ教徒たちがどのような受け止め方をしたものか、直接うかがい知る手だてはない。ただ、のちのヘブライ語年代記には、クレルモン＝フェランでなされた教皇の呼びかけを指すのに、「明るい山（クレール・モン）」をことさら反転させてヘブライ語に訳した「ハル・アフェル（暗い山）」という表現が用いられている（Schwarzfuchs 2005 : 28, 51）。

翌一〇九六年の初頭、すでにフランスの十字軍志願者のあいだには、自分たちの長旅の目的が〈聖地〉の解放にとどまらず、イエス殺しの末裔たるユダヤ教徒に鉄槌を下し、彼らを正しきキリストの教えに向かわせることも兼ねていなければならない、との意識が共有されつつあった。危険を察した「ツァレファト」のユダヤ教徒たちは、ライン川流域の同宗者に書簡を送り、ただちに断食を行って神の慈悲を請うべきであると勧告している。また、進軍途上での略奪や暴力沙汰を未然に防ぐため、出立の準備をする十字軍指導者たちには、「この方々が貴方の居住地を通過する際には、必要な物資の便宜を図ってやってください」と、「ツァレファト」のユダヤ会衆の名において「アシュケナズ」の会衆の代表者らに要請する、一種の安全弁の役割を備えた紹介状をもたせるなどしていた（Habermann 1945 : 93）。

フランスを発った第一回十字軍が、実際、ラインラントでいかなる残虐行為を働いたか、また、一部のキリスト教高位聖職者がユダヤ教徒らを凶刃から免れさせようといかに果敢な努力を見せたかなど、詳細については他書に譲る（ケラー

オーギュスト・ミジェット作「1095 年、第一次十字軍によるメッスでのユダヤ教徒虐殺」、油絵、1866 年

1966：上 292；ポリアコフ 1955：63）。総じて、被害はラインラントに集中しており、今日フランスに帰属している土地としてはモーゼル渓谷のメッスで、二二名のユダヤ教徒が十字軍兵士の手にかかって殺害されたことがユダヤ教側の年代記に記されている（右絵）。かたや、当時アングロ＝ノルマン王国の支配下にあった北部ルーアンの町で、十字軍兵士らが町のユダヤ教徒を全員、教会に押し込め、老若男女の別なく虐殺したという逸話については、それがノジャンのギベールというキリスト教側の年代記作者の手で記されているのみで、ユダヤ教側の年代記にはまったく言及が見られないことから史実性を疑問視する向きもあれば（Schwarzfuchs 2005：46-47）、ギベールによる叙述の事細かさから判断して史実性に疑いがないとする二つの見方がある（Golb 1985：77）。

一一四六年、教皇エウゲニウス三世とクレルヴォーの聖ベルナールが呼びかけた第二回十字軍（一一四七～四八年）は、フランス王と神聖ローマ皇帝が直接の指揮権をとるものであったため、初回に比べてはるかに規律が整い、一〇九六年のような民衆を巻き込む一大運動に発展することはなかった。ただ、クリューニーの修道院長ピエール（ペトルス・ウェネラビリス）を筆頭とするキリスト教聖職者の熱弁家たちが、遠隔地のイスラーム教徒よりもはるかに罪深いユダヤ教徒がキリスト教世界の内部にあって数々の罪業（とりわけ高利貸し）に手を染めている現実を放置してよいものか、などとして、第一回十字軍に際して自然発生した反ユダヤ（教）主義を神学の水準で追認しようとしたり、あるいは、フランス王ルイ七世の名において、ユダヤ教徒に債務を負っている者が十字軍に参加することによってそれを帳消しにすることができるという趣旨の勅令が出されるなど、十字軍という事業を、神学、政治、経済の複合体として構造化した上で、ユダヤ教徒の存在を必要経費の財源として活用しようとする傾向が見え始めている。一〇九六年と同様、実際にユダヤ教徒の居住地に被害が及んだのは主としてライン川流域であり、フランスでは、ラシの孫にして重要な「加筆者」の一人、ヤアコヴ・ベン・メイール（通称「ラベーヌー・ターム」）が、ラムリュプトで十字軍の襲撃を受けたという記録が残されている以外（Ha-Kohen：39-40）、人命については大きな被害を出さずに済んだようだ（アム、シュリー、カランタンといったフランスの町で虐殺が行われたという説が、ひところ採用されたこともあったが、のちに、それは前掲ヨセフ・ハ＝コヘンによるヘブライ語の年代記上、ボヘミア、ハレ、ケルンテンの地名を誤読したものであったことが判明した）（Schwarzfuchs 2005 : 124）。

この第二回十字軍とほぼ時を同じくして、西ヨーロッパ・キリスト教世界に突如として出現した儀式殺人（meurtre rituel）の迷信がある（フランス語で crime rituel（儀式犯罪）とも。ヘブライ語では aliat dam（血の中傷）、retsah pulhani（儀式殺人）、英語では blood libel（血の中傷）、ritual murder（儀式殺人）、ドイツ語では Blutbeschuldigung（血の中傷）、Blutmärchen（血の伝説）などと呼ばれる）。ユダヤ教徒が、過越祭、その他の祭日に、人間の生き血を採取し、それを典礼にかなった「種なしパン」（マッツァー、酵母を使わないパン）に混ぜるため、非ユダヤ教徒（とくに幼児と処女）の殺害を宗教儀式として実践しているという、この迷信は、一一四四年、イングランドのノーウィッチに発生した殺人事件に端を発していた。聖金曜日の前日、ノーウィッチ近郊の林のなかでウィリアムという見習い職の少年の死体が発見されると、たちまち、少年は主キリストの受難を愚弄してやろうとするユダヤ教徒らによって殺されたのだという風説が広まり、ウィリアムに対する聖者信仰が産み落とされたのだ。『反ユダヤ主義の歴史』の著者ポリアコフは、「一二世紀まで、この種の罪のなすりつけが行われた形跡がまったく見当たらないことから、当初、キリスト教社会はユダヤ教徒に対してこの種の憎悪を抱いてはいなかったと考えなくてはならない。同時に、こうした憎悪が、十字軍によってかき立てられた情熱を助長するようなかたちで生まれてきたものであることも認めなくてはならないだろう」（ポリアコフ 1955 : 82）として、迷信の形成と十字軍の企図のあいだに、実証は困難ながらも確実な因果関係を見て取っている。

シンドローム（症候群、共に走ること）とは、まさにこのような事態を指していうのだろう。ノーウィッチのキリスト教徒集団に取り憑いたこの種の告発願望がフランスにも伝染した結果としかいいようのない事件が、一一七一年、ロワール川沿いのブロワに発生している。ある夜、一人のキリスト教徒の馬丁がロワール川で馬に水を飲ませていたところ、暗闇のなかで偶然、一人のユダヤ教徒に出会った。翌日、馬丁は、そのユダヤ教徒が一人のキリスト教徒の少年を川のなかに投げ入れるのを目撃した、と虚偽の証言を行う。これを真に受けたシャルトルの伯爵テオバルドは、即刻、土地に住む全ユダヤ教徒の監禁を命じる。司教の主導のもとで調査が開始され、判事たちは水による神明裁判で決着をつけることとした。聖水を一杯に満たした小舟に目撃者たる馬丁を乗せ、ロワール川に押し出してみたところ、その小舟が沈まなかったため、彼の話は真実であると結論づけられたのだ。ユダヤ教徒たちは木製の塔のなかに押し込められ、周りには薪束が積まれた。伝達官は、もし洗礼を受けたい者があれば、その者は赦されるだろうと告げた。しかし一人としてそれに応じる者はなかった。一一七一年五月二六日、塔に火が放たれ、三四人の男と一六人の女とが生きながらにして焼かれた。火のなかからは、死に臨んだユダヤ教徒が歌う「アレヌー（讃えることがわれらの義務）」の典礼歌が聞こえてきたという（Ha-Kohen : 40-48）。先述の「ラベーヌー・タ－ム」は、この日を「ツァレファト」のユダヤ教徒全員が断食を励行せねばならない日と定め、その慣例は一三九四年、フランス王国からの追放の年まで保たれることとなった。

一〇年ほどのち、ユダヤ教徒を迫害するためならばことさらその種の迷信などに頼る必要さえない、といわんばかりの対ユダヤ教政策が、フランス王フィリップ・オーギュスト（フィリップ二世）によって実行されている。父王ルイ七世が病床に臥し、政治の実権が弱冠一四歳のフィリップ・オーギュスト（むしろ、その取り巻き連）に移行していた一一八〇年一月一九日（土曜日）、故意にユダヤ教の安息日を選んで、王の直轄領（主としてイル＝ド＝フランス）に住まう全ユダヤ教徒が逮捕され、高い身代金と引き替えに釈放されるという出来事があったのだ。数か月後には、キリスト教徒がユダヤ教徒に負っている借財をすべて帳消しにした上で、債務者から負債額の二割を国庫に収めさせるという、手荒い臨時の徴税制度も実施されている。こうして破産同然となり、通常の税を納めることのできなくなったユダヤ教徒たちに対し、フィリップ・オーギュストは、一一八二年六月二四日を期限とし、わずかの動産だけをもって王領から立ち退くことを命じることで追い打ちをかけた。史実として確認される範囲で、これが、フランスのみならずヨーロッパで行われた組織的なユダヤ教徒追放の最初の例である。パリのいくつかのシナゴーグは、没収の上、キリスト教の教会として改築され、ユダヤ教徒たちの不動産を売却して得た利益はヴァンセンヌ城の大規模な増築に当てられた。この財源をもって第三回十字軍にみずから従軍する費用もまかなうことができたフィリップ・オーギュストであったが、いったん〈聖地〉から帰還し、ふたたび国庫が空になっているのを見るに及び、ユダヤ教徒の追放が大失策であったことに気づき、一一九八年、追放令を解いてユダヤ教徒の王領内への再定住を許可している（Chazan 1974 : 75）。

先述のとおり、シャンパーニュ地方は、一二世紀をつうじ、ラシと「加筆者たち」の威光のもと、「ツァレファト」のみならず「アシュケナズ」をも含んだ北ヨーロッパ・ユダヤ教世界の中枢として機能することとなったが、一二二一年頃、サンスのシムション・ベン・アヴラハム（通称「ラシュ」）のパレスティナ出立をもって、その一時代も幕を閉じることとなった。彼の出立の動機は、教皇インノケンティウス三世が鮮明にしつつあった反ユダヤ教的姿勢に対する抗議であったとされ、しかも、その際、フランスのラビ三〇〇名が行動を共にしたという説もあるが、いずれも史実性は確認できていない。以後、聖典研究とユダヤ法解釈の主役は、パリのイェフダー・ベン・イツハク（通称「パリのレオン卿」）門下のラビたちに移った。上記、一一八二年の追放令にともない、イェフダー・ベン・イツハクもいったん学院を閉鎖してフランス王領外へ立ち退いたが、一一九八年頃、ふたたびパリへ舞い戻り、ラシに連なる「加筆者たち（バアレ・トサフォート）」の伝統の継承に努めた。

一三世紀初頭、実のところ異端アルビ派の征伐という宗教的動機よりも、むしろ王権の南部への伸張という政治的動機の方が主だったのではないか、と今日では考えられるようになっているアルビジョワ十字軍（一二〇九～二九年）に際しても、フランス南部の諸都市でユダヤ教徒の居住区が甚大な損害を被った。一二三六年（第六回（一二二八～二九年）と第七回（一二四八～四九年）の十字軍遠征の狭間）、新たな十字軍結成の気運が高まりながら、結局は沙汰止みになった時にも、異教徒征討を叫ぶ暴徒だけはフランス西部を確実に荒らし回り、推定二五〇〇人のユダヤ教徒の命を奪った。事態を重く見た教皇グレゴリウス九世は、フランス王ルイ九世（聖ルイ王、当時二二歳）に書簡を送り、首謀者らの処罰と、略奪された財のユダヤ教徒への返還を求めている。

そのルイ九世（聖ルイ王）は、久しくキリスト教会によって問題視されてきたユダヤ教徒の金利貸し業について、その抑制、ひいては禁止に向けて、教会権力による御法度ではなく、世俗の行政権を本格的に行使した最初の王である。彼が王位についた一二二六年以降、フランス王国内では、ユダヤ教徒の金融業を統制する施策が矢継ぎ早に打ち出され（証文作成の義務、貸借記録提示の義務、担保の価値についての証人制度など）、一二三五年には、公国から王国に編入されたばかりのノルマンディー地方に限定されたものであったが、当地のユダヤ教徒に金利貸しで生計を立てることを禁じる勅令が出されている。これが、ヨーロッパにおいて、君主の行政権をもってユダヤ教徒の金利貸しが禁止された最初の事例となった（Ibid : 109-112）。

一三世紀、キリスト教の正統的教義の守り手たちは、イスラーム世界を介してもたらされたアリストテレス思想の影響力に頭を悩ませることとなったが、ユダヤ教の神学者たちもまた、モシェ・ベン・マイモン（マイモニデス）を筆頭とする新しい合理主義の台頭に危機感を募らせる点で同様の状況にあった。「ツァレファト」のラビたちのなかには、キリスト教の異端審問所に直訴し、「あなた方の異端の根を絶とうと思うならば、われわれの異端をも同じように扱い、その悪質な書を焚書に付してもらいたい」と要請する者さえいたのである。これを渡りに船と、さっそく巻冊の押収が行われ、一二三四年、モンペリエとパリでモシェ・ベン・マイモンの著作の山積みに火が放たれている（ポリアコフ 1955 : 96-97）。

さらに一二三九年、教皇グレゴリウス九世に謁見し、ユダヤ教のタルムードをキリスト教に対する瀆言が散りばめられた悪書として告発する人物が現れた。大西洋岸のラ・ロシェルに生まれ、ユダヤ教からキリスト教に改宗してドミニコ会士となっていたニコラ・ドナンである。告発を受けた教皇は、各国の王、各地の司教に教書を送り、この元ユダヤ教徒によるタルムード糾弾が当を得たものであるかどうか、調査を行うよう命じた。この命に真摯に応じたのは、実のところ、フランスのルイ九世（聖ルイ王）ただ一人であったらしい。翌一二四〇年、フランス全土でタルムードが押収され、同時にパリにおいて、キリスト教、ユダヤ教双方の神学者たちを対決させる一大公開討論会が開催されることとなった。この時、ユダヤ教側を代表し、毅然たる態度でタルムード擁護の弁を繰り広げたのは、上記、「パリのレオン卿」の弟子、イェヒエル・ベン・ヨセフ（通称「パリのイェヒエル」）、ならびにクーシーのモシェ・ベン・ヤアコヴであったが、彼らの必死の努力も虚《むな》しく、タルムードは一方的に断罪を受ける。こうして一二四二年六月、各地からかき集められ、パリのグレーヴ広場に山積みにされたタルムード、ミシュナー、ミドラシュの巻冊は、数年前のモシェ・ベン・マイモンの著作と同様、大々的な焚書処分に付された。この時、ヴォルムスからパリに遊学中で、焚書を目の当たりにしたメイール・ベン・バルーフ（通称「ローテンブルクのメイール」ないし「マハラム」）が書いたとされるキナー（哀歌）、「シャアリー・セルファー・バ＝エシュ（尋ねよ、汝、火に焼かれし者よ）」が、以後、「ツァレファト」と「アシュケナズ」の会衆で、毎年アヴ月九日、神殿の崩壊を歎き、断食のうちに捧げる祈禱に付け加えられることとなった。その後も断続的に行われた焚書処分がいかに抜かりのないものであったかを示す指標として、この時期以前のフランス王領に由来するタルムードの完全写本がたった一組しか後世に残されていない、という現実がある（Schwarzfuchs 1975 : 84）。

タルムード論争において、当初から織り込み済みの敗北を喫した「パリのイェヒエル」は、一二六〇年頃、多数の弟子たちとともにフランスを棄ててパレスティナのアッコ（アッカー）に移り住み、現地に「パリ大学院」（ミドラシュ・ハ＝ガドール・デパリス）を開設した。クーシーのモシェは、一二四〇年頃、『セフェル・ハ＝ミツヴォート・ハ＝ガドール（戒律大書）』を完成させ、数年後、コルベイユのイツハク・ベン・ヨセフの手でその縮約版『セフェル・ハ＝ミツヴォート・ハ＝カタン（戒律小書）』も編纂されたが、数代続いた北フランスの「加筆者たち」の系譜にとっては、この二著が白鳥の歌となった感がある。

第七回十字軍（一二四八～四九年）に参加したルイ九世（聖ルイ王）が現地で囚われの身になったとの報せがフランスに伝えられると、王の救出、ならびに異教徒への復讐を叫ぶ民衆運動が各地に自然発生する。一二五一年の復活祭には、王国じゅうから数万人規模の農民や羊飼いが、斧や鎌など思い思いの武器を手にしてパリに集結した（第一回「パストゥローたちの十字軍」）。当初、これを好意的に受け止めた摂政ブランシュ・ド・カスティーユも、民衆の暴徒化に恐れをなし、パリからの一刻も早い退去を促すのであった。南部に向けて進軍を再開した「パストゥローたち」は、途上、各地のユダヤ教徒居住地を荒らし回った。

一二五四年、十字軍から無事に帰還したルイ九世は、遠征中の危機体験からますます信心を深めた結果でもあろう、ユダヤ教徒を対象とする条件付きの追放令に踏み切っている。いわく、フランス王国に住まうユダヤ教徒は、今後、利息を取って金銭を貸すという生業から完全に手を洗い、ほかの「より恥ずかしくない」職業に転じなければならない。それを拒む者には、即刻、王国から退去を命じるというのだ（Chazan 1974 : 121-122）。条件付きで追放を予告するものであるという点で先のフィリップ・オーギュストによる追放令とは異なるが、一一八二年の場合、勅令の適用範囲が王の直轄地に限られていたのに対し、今回は、王の実権が行き届き始めた諸侯領まで含め、フランス王国のほぼ全土が射程に収められていた。

一二六七年には、キリスト教会権力とユダヤ教の関係に大きな変化をもたらす教皇クレメンス四世の勅書「掻き乱された心で」が出される。従来、キリスト教会は、公会議決議や教皇勅書をつうじてユダヤ教に関するさまざまな禁制を敷いてきたのであったが、他方では、アウグスティヌス以来の伝統により、教会が定める法はあくまでもキリスト者として生きる者のみに適用されると定められていたため、実質上、異端審問所が手を下すことのできる対象は、キリスト教に改宗したユダヤ教出自の人間、ならびにユダヤ教徒との関係において違法性の疑いのあるキリスト教徒に限られていた。これに対し、一二六七年の勅書は、教会の司法権力の介入が認められる範囲を大幅に拡大し、改宗者をふたたびユダヤ教に回帰させようとしたユダヤ教徒、キリスト教徒をユダヤ教に引きつけようとしたユダヤ教徒、さらにはタルムードの巻冊を所持していたり、聖餅（ホスティア）を盗もうとしたりするなど、キリスト教冒瀆の意図が疑われるユダヤ教徒にも異端審問官の手が及び得るとするものであった。むろん、この取り決め自体が教皇勅書の権限を出るものではなく、それが実効性を発揮するためには、世俗権力（王権、諸侯権）がその趣旨に同意し、行政上の協調体制を敷くことが必要であった（聖餅（ホスティア）冒瀆の嫌疑については、ポリアコフ 1955 : 83 以下を参照）。

ルイ九世（聖ルイ王）は、一二六九年（第八回十字軍の遠征先で死去する前年）、王国内の全ユダヤ教徒に黄色の標章を衣服に縫いつけることを命じている。ユダヤ教徒に一目でそれとわかる記章をつけさせるべきという方針自体は、一二一五年、第四回ラテラノ公会議で採択されたものであったが、それが世俗権力により現実の施策として実行に移されたのは、やはりヨーロッパ初のことであった。

続くフィリップ三世（大胆王）の時代、ユダヤ教徒による金利貸しの禁止こそ有名無実化したものの、ルイ九世（聖ルイ王）時代に打ち出された、それ以外の対ユダヤ教政策は、一二八三年の勅令のなかですべて追認されている。すなわち、黄色い記章着用の義務、キリスト教徒の使用人を雇うことの禁止、シナゴーグと墓地を新設・補修することの禁止、大声で祈禱を行うことの禁止、タルムードほか断罪された書物を所持することの禁止、田園や小村ではなく官吏の目の行き届きやすい都市部に集住することの義務、定期的に改宗を勧めるキリスト教聖職者の説教を聴きに行く義務などである。

シャンパーニュ伯アンリ三世の娘ジャンヌとフィリップ四世（端麗王）の婚姻により、事実上フランス王国に編入されたシャンパーニュ伯領では、一二八八年、前述ラシの輝かしい記憶をとどめるトロワの町で、儀式殺人の嫌疑によるユダヤ教徒の焚刑が行われている。ある時、町のユダヤ教徒居住区の名士イツハク・シャトランの自宅で変死体が見つかると、それを儀式殺人として告発する周囲の住民たちの意見を一方的に聞き入れた異端審問所が、シャトランとその家族、さらにトロワ一帯のユダヤ教会衆の代表者たち、あわせて一三名を焚刑に処したのである。処刑されたユダヤ教徒たちの財は、王国によって抜かりなく没収され、国庫に繰り込まれている（この出来事については、ヘブライ文字で表記されたフランス語の詩文の分析とともに次章で詳述する）。

一二九〇年、パリに住むヨナタスという名のユダヤ教徒が、教会から聖餅（ホスティア）を盗み、刃物で突き刺した事実を、拷問の末、白状したとして、妻ともどもグレーヴ広場で焚刑に処された（この逸話をもとにした「ビエット街の伝説」については、ポリアコフ 1955 : 420-421 を参照）。

同じ年、海峡を挟んだイングランドでエドワード一世によるユダヤ教徒の追放令が出されたのをうけて、翌九一年、フィリップ四世は、カルカソンヌの代官に勅書を送り、フランス南部の王領に断じてイギリス出自のユダヤ教徒を受け入れてはならぬ、と言い渡している。この時、多くのイギリス・ユダヤ教徒が南東部のプロヴァンス伯領に受け入れ先を見出したと考えられている（第5章参照）。

一三世紀末～一四世紀初頭、フィリップ四世の治世下には、表向きこそルイ九世（聖ルイ王）によって打ち出された金利貸し廃絶の方針を引き継ぐかに見えながら、その実、ユダヤ教徒の集団を純粋たる「動産」とみなし、それを財源として限界以上に活用しようとする非情な経済の仕組みが確立された。この点について委細を尽くせば優に一冊の書物にもなろうが、たとえば一二九二年、王は、キリスト教徒とユダヤ教徒のあいだで交わされた金銭借用証書を差し押さえ、貸し借りが利息付きで行われている場合については元金を没収し、国庫に編入する旨、言い渡しておきながら、それによってユダヤ教徒たちが破産し、通常のタイユ税を納付することさえままならなくなることに気づくや、方針を一変させ、逆にユダヤ教徒の債権者が元金を回収する手助けをするよう税吏らに命じた上で、以後、金利が暴利の域に達するとみなされる場合のみ、制裁としてその種の没収を行うという新たな勅令に切り替えている（Chazan 1974 : 163-164）。こうした朝令暮改のなかにこそ、キリスト教の教義に由来する金利貸しの禁制を口実としつつ、その実、ユダヤ教徒たちの懐から、その都度いかに多くの額をいかに効率よく吸い上げることが可能かを探る、冷酷な功利主義の本質が浮かび上がってくる。

ここにいたって、すべては経済効率の問題となる。つまり、ユダヤ教徒は、税や身代金の取り立て対象として価値があるとみなされる限りにおいて領内に住まわせておけばよい存在であり、キリスト教会が目くじらを立てる金利貸しについても、ユダヤ教徒の経済状態に合わせて取り締まりの強度を適宜調整しておけばよいわけだ。たとえば、ユダヤ教徒集団が極度に貧困化した結果、その後も彼らを抱え込みながら手間暇かけて薄い収益を上げていくよりも、彼らを思い切りよく手放し、その動産、不動産を没収してしまう方が得であると判断される場合は、「悪質な金利貸しが絶えない」「周辺のキリスト教徒住民への悪影響が懸念される」といった大義名分のもと、追放令の公布に踏み切ればよい。その際、ユダヤ教徒がいなくなることによる恩恵との引き替えと称し、地域一帯のキリスト教徒の住民から特別税を徴収しやすくなるという副次的効果も得られるだろう（Balasse 2008 : 53-54）。

こうして、町単位、地域単位での小振りな追放令を幾度か繰り返したのち、一三〇六年、フィリップ四世は、フランス王国全土からユダヤ教徒の立ち退きを命じた。ユダヤ教徒であることを示す記章の販売記録（その販売自体が国庫の収入源となっていた！）などから推定して、当時、フランス王国内のユダヤ教徒人口はおよそ一〇万人であったと考えられる（王国全体の推定人口一五〇〇万人に対して）（Ibid : 60, n.14）。一二〇年ほど前、イル゠ド゠フランスを中心とする王の直轄領に限られていたフィリップ・オーギュストによる追放令とは異なり、王国としての中央集権化がかなり進んだ一三〇六年の追放令は、いまだ王権からの独立性を保っていたブルゴーニュ公領、フランドル伯領、ブロワ伯領、ブルターニュ公領、ならびに当時イングランド領であったギュイエンヌを除くフランス全土に及んだ。

しかし、この追放令は、一時的な財政の「健全」化策としては成功を収めたものの、中長期的には王国の経済にとって大打撃であったことがほどなく判明する。続くルイ一〇世は、一三一五年、「民衆からの要求が抑えがたいまでに高まった」として、ユダヤ教徒の王国内への帰還を一時的に許可する。だが、以後数年間、ヨーロッパ史上最悪ともいわれる大飢饉に見舞われ、民衆の生活が悲惨を極めるなか、帰還したユダヤ教徒たちの境遇も悪化の一途を辿る。一三一七年、シノンのユダヤ教徒居住区に儀式殺人の嫌疑が差し向けられ、一三一九年にはリュネルのユダヤ教徒たちが十字架を冒瀆したとして告発されている。同年、トゥールーズの異端審問官により大量のタルムードが焚書処分にされるかと思えば、一三二〇年、ル・ピュイでは儀式殺人の告発に続いて民衆暴動が発生している。同じく一三二〇年には、生活の困窮を十字軍の夢で紛らわそうとする民衆がパリに詰めかけ、シャトレ堡塁を包囲したのち、フランス南西部に下って略奪行為を繰り返し、多くのユダヤ教徒の命を奪った（第二次「パストゥローたちの十字軍」）。一三二一年には、ユダヤ教徒がレプラ病者たちと共謀して毒薬を開発し、キリスト教徒を皆殺しにしようとしているとの噂が、南西部アキテーヌ地方から発して全国に広まる。以後、フランス全土でユダヤ教徒の告発、逮捕が相次ぎ、ヴィトリー＝ル＝フランソワでは四〇名のユダヤ教徒が獄中で自害を遂げ、シノンでは一六〇名が焚刑に処された。

一三一五年に一度再定住を決意したユダヤ教徒たちも、こうした状況に嫌気をさし、ルイ一〇世による一時的帰還許可が期限切れとなる一三二七年を待たずして、大方、フランス王国から姿を消したと考えられる。その後、一三四八年から翌年にかけてペストが猛威を振るうと、災厄の原因をユダヤ教に帰する暴徒らによる残虐行為の暗澹たる記録がヨーロッパ各地に留められることとなる（Wickersheimer 1927）。フランスではトゥールーズ、ナルボンヌなどラングドック＝ルシヨン地方、ならびにシャンパーニュ地方のヴィトリーなど一部の土地のみにその種の血なまぐさい記録が残されているが、それは単に、これらの場所に、一三一五年以後フランス王国領内に舞い戻り、第二次「パストゥローたちの十字軍」を経てなお当地に踏みとどまるユダヤ教徒が、若干数、残っていたためである。他方、フランス王領のその他の場所にペストを口実とする迫害の記録が残っていないのは、被害者となるべきユダヤ教徒が、すでに大方、余所に向けて出立済みであったからにすぎない。

続くジャン二世（善良王）の治世下、王国の財政はふたたび危機的状況に陥る。「百年戦争」でイングランド側の捕虜となり、三〇〇万エキュの身代金と引き替えにようやく自由の身を取り戻したジャン二世は、一三六一年、二〇年の期限付きでユダヤ教徒の召還を決断する。帰還の条件として人頭税が課されたものの、帰還者には家屋と地所の所有が認められ、さらに「ユダヤ人護衛官」が彼らの利益の守り手として特別に任命されることになった。加えて、金貸し業を行う際にも八七パーセントという法外な高利子を課する権利さえ認められた。この勅令の冒頭部に用いられた表現――「世界中、そしてとりわけ我らが王国の境界付近に居住し、商いを行うユダヤ人男女の団体ないし共同体からの恭しき懇願により（par l'umble supplication de l'Université ou Communalté des Juyfs & Juyfves estans & demourans & conversans par le monde, & especialment est mectes & marches de notre Royaume）」――のなかに、「国境」の概念と同時に「異民族」「異種」としてのユダヤ「人」という概念の成立を見て取ろうとする歴史家もいる（Kohn 2004 : 18-19）。

一三六一年の勅令をうけて、実際にフランス王国に再定住（あるいは再々定住）したユダヤ教徒はおそらくごく少数であり、その居住地もイル＝ド＝フランス、シャンパーニュ、ブルゴーニュのいくつかの町（アミアン、パリ、マント、シャルトル、オルレアン、ディジョンなど）に限られていたようだ。しかし、「護衛官」に保護されながら金融業に専念するユダヤ教徒たちの存在は、たちまち社会不満の格好のはけ口となってしまう。シャルル六世の即位（一三八〇年）直後から連発した暴動のなかで、民衆の怒りはユダヤ教徒集団に振り向けられ、虐殺、略奪がフランス各地で頻発した。とりわけ一三八〇年と八二年、パリならびにイル＝ド＝フランスの各都市に発生した暴動の際、ユダヤ教徒たちは、居住区を徹底的に荒らされ、借用証書と質草を根こそぎ略奪されたため、金融業者として、もはや再起不能となる（Ibid : 24）。その後数年間、シャルル六世の周囲でユダヤ教徒の保護派と迫害派の政争が続くが、最終的に後者が主導権を握り、王に新たな追放令の公布を進言する。こうして一三九四年九月一七日、故意にユダヤ教の「贖罪の日（ヨム・キプール）」に合わせて発せられた追放令は、それまでのフランス・ユダヤ教世界、数百年の歴史にすげもなく終止符を打つものであった（むろん、当時、神聖ローマ帝国に帰属していた北東部や南東部は、むしろ追放されたユダヤ教徒の避難地となったのだから、今日のフランスの形状をなす「六角形（エグザゴーヌ）」からユダヤ教世界が消滅したわけではないが）。勅令の文言こそ、「敬虔の心に動かされ、ユダヤ教徒のキリスト教徒に対する悪しき影響を慮った結果」であるとして動機の宗教性を強調していたが、実際の背景は、特別居住区の護衛や暴動対策など、手間暇かけてユダヤ教徒集団を抱え込むほどの収益が彼らの財布から見込めなくなったという、純粋に経済的なものであったことは明白である。

追放されたユダヤ教徒たちは、プロヴァンス（とりわけ教皇領）、ドフィネ、サヴォワ、アルザスといった隣接地域に避難地を見出し（あるいは、すでに一三〇六年の追放令に際し、それらの場所に避難していた同宗者集団に受け入れられ）、以後一八世紀末にかけて、当該地域が徐々にフランス王領、ついでフランス共和国領として併合される時まで、それぞれ別個の地方史を刻んでいくこととなる。

第4章
「美しき殉教」——トロワの詩文

受苦の感受性

第一次十字軍（一一世紀末）からシャルル六世の追放令（一四世紀末）までの三〇〇年間、フランス王国、ならびに十字軍の通り道に当たっていたほかのヨーロッパ地域に住まうユダヤ教徒たちの心性に生じた第一の変化として、『反ユダヤ主義の歴史』の著者ポリアコフは——

強制改宗の試みとともに対話がうち切られ、両者を隔てる溝が越えがたいものとなった。キリスト教の側からの攻撃に対してユダヤ教徒が示す態度は、追いつめられた野獣、あるいは自然災害に直面した人間が示す態度へと移り変わり、ユダヤ教徒一般について周囲の人間が表明する意見など、もはや彼ら自身の耳にはさしたる意味をもたないものになっていく。以後、周囲からの中傷、愚弄に対して、彼らは氷のような沈黙をもってするようになる。

として彼らの「完全なる態度硬化」を描き出し、それにともなって、人間の「苦しみ」に関するユダヤ教独特の感受性が研ぎ澄まされていく過程に着目する。

殉教者信仰、いわゆる「アケダー」（「縛り」、アブラハムによるイサクの供犠）は、さまざまな経路をつうじて伝承され、ユダヤ教文学の主要テーマの一つ、おそらくはユダヤという宗教劇の最初にして長らく唯一の主題を構成してきた（ユダヤ教徒の側にも、彼らなりの「受難の聖史劇」は存在したわけである）。［…］嘗めさせられる辛酸そのものに対する信仰、その体系的かつ合理的な価値づけ、苦しみを神の懲罰としてのみならず神の愛の表れとして受け取ろうとする感受性、すべてそうした姿勢が受苦に深遠なる意味を付与し、それをよりよく克服するための手段となるのだった。いうまでもなく、そうした考え方はすでにタルムードのなかに萌芽として見出される。「苦しみとは尊きものかな！」と、ラビ・アキヴァは唱えていた（「サンヘドリン」一〇一b）。しかし、ユダヤ教徒の苦しみが集団として一定の強度とともに生きられた体験にならないうちは、それも孤立した思想家たちの発想にとどまっていたのである。いまや、一人一人のユダヤ教徒が同じ苦しみの惨劇を体験し、それに与っている。その意味では、中世末期のアシュケナジこそ、正統の名に値する最初のユダヤ教徒であったということができるだろう（ポリアコフ 1955：202-203）。

フランスの地を舞台とするユダヤ精神史の変遷を扱う本書においても、この「ツァレファティ」たちのもとでの「受苦」の心性の変容を正確に把捉することが、とりわけ重要な課題となる。それまで聖書とその注解はもちろん、先行するラビ文学のなかで綿々と練り上げられてきた、地上における人間の「苦」をめぐる思想は、一一～一四世紀のフランス王国において急速な境遇悪化に見舞われたユダヤ教徒たちの手で、いかに鍛え上げられ、いかなる語り方として周辺の離散の地に運び込まれていったのか。そのままユダヤ教における「悪、災禍（ra'）」をめぐる思想に直結し、無限の神学論議に発展する可能性を秘めたこの主題について、ここでは、一二八八年のトロワに発生した殉教劇を描く具体的なテクスト——ユダヤ教文学、フランス文学、その双方にとって貴重この上ないテクスト——を紹介しながら、対象となる心性の解明を試みると同時に、その解明、評価に乗り出すわれわれ後世の解釈者たちが、ともすれば足をすくわれかねない陥穽の所在をも浮かび上がらせてみたい。

トロワの詩文、再読

前章の編年体式の記述のなかでも触れた、一二八八年、トロワを舞台とする一三人のユダヤ教徒の焚刑を描いたものとして、現存する限り、四篇のヘブライ語詩文、ならびに、当時シャンパーニュ地方一帯で用いられていたフランス語をヘブライ文字で表記した一篇の詩文が残されている。とくに後者の資料的価値の大きさは言を俟たない。前述のとおり、それまでもラシと「加筆者」たちにより、聖書注解、タルムード注解のなかに多数の「ラアズ（異言語）」が、語単位、文単位でヘブライ文字表記されており、当時のフランス語の実態（とりわけ発音）をうかがい知るための貴重な資料を構成していた。しかし、フランス語で書かれた韻文が、一篇まるごとヘブライ文字で表記され、後世に伝えられた例としては、これが最初にして、ほとんど唯一といってよい例である。テクスト全体がヘブライ文字で表記された古仏語の作品としては、ほかにわずか四点が残されているのみであり、うち三点は伝統的なヘブライ語の典礼詩をかなり自由にフランス語に置き換えたもので、残る一点は猥雑な婚礼歌であるという（Einbinder 2002：133）。

一九世紀末、ユダヤ出自の著名な言語学者アルセーヌ・ダルメストテールにより、ヴァティカンの古文書のなかからほかのヘブライ語詩文の写本とともに発見されて以来（Darmesteter 1874 ; 1881）、あらゆるフランス・ユダヤ通史に引用されてきたこのトロワの詩文は、同一韻の四行詩を一七聯連ねる体裁をとっている。やはり四行一七聯で綴られた別のヘブライ語詩文に折句（アクロスティシュ）として「ロトラのヤアコヴ・バル・イェフダー」との作者名が刻み込まれており（「ロトラ」とは、おそらく「ロレーヌ」を指す）、両者のあいだに構成や内容の面での明らかな照応が見られることから、ヘブライ文字表記のフランス語詩文も同一の作者によるものと考えられている。

　古来、ユダヤ暦のアヴ月九日（ティシュアー・ベ＝アヴ）にエルサレム神殿の二度の崩壊を歎き、断食のうちに朗唱されてきた「スリホート（赦し）」と「キノート（哀歌）」は、とりわけ十字軍時代以降のアシュケナジ典礼において、近過去の災禍を喚起する新たなテクストを加えて膨張する傾向を示していた（先述、「ローテンブルクのメイール」の作とされる「尋ねよ、汝、火に焼かれし者よ」がその典型である）。このトロワでの惨劇が、ヘブライ語のみならず、ヘブライ文字表記のフランス語でも書き残されたのは、直近の災厄の記憶を集団内で受け継いでいく際、文語たるヘブライ語に必ずしも通暁していない未成年や女性の信徒たちのため、通用語による版も用意しておく必要があったためであると推測される（Einbinder 2002 : 158）。

　詩文はまず、トーラーの学究に日夜を問わず勤しんできた者を含め、実に多くの心正しき人々が、「かくも邪悪な民（la tré male felone jant）」の手で火刑台送りとなってしまったことをイスラエルの民の大きな不幸ととらえ、神（Gé）の憐れみを請うことから始まる（第一〜三聯）。続いて第四聯から第一六聯まで、トロワのユダヤ教徒の名士イツハク・シャトラン、その妻、二人の息子、長男の嫁、その他、咎無くして焚刑場に引き立てられた人々の最期を描き出したのち、最終聯で、ふたたびキリスト教徒を指して「これら邪《よこしま》な者ども（cé felons）」という表現を用い、彼らの上に神の正当な罰が下されることを祈願して終わる。

　わずか七二行の詩文ながら、その個々の表記や語義をめぐっては、一〇〇年来、何人もの研究者がさまざまな説を戦わせてきた。なかでも、われわれの文脈にとって重要なのは、第九聯に用いられた「ケドゥシャー」というヘブライ語の正確な意味内容である。

　ヘブライ文字による原文——

אנפוא אונילמנט קומא חתן פו אמניץ
דפירא שאבילא קדושה. פורמנטש שאיפניץ
טוט ליאטרש אה אהרדיש. דבונא אורא פוניץ
אילאוויט אנון ר׳ שמשון לוגנרא אלאקדמנת

ラテン文字への転記（Fudeman 2008 : 199 の転記に従う）

——

En foe inelement come Hathan fu amenez ;
De fere sa bele qedushah formentes s'é penez ;
Tot lé atres a anhardis ; de bone ore fu nez ;
Il aveit a non R. Shimshon lo Genre e le Qadmeneis.

複数のフランス語訳、英語訳を参考にした日本語試訳——

ほどなく彼が、花婿（ハタン）のように火刑台に連れて来られる
みずからの美しき殉教（ケドゥシャー）を行おうと、彼は大いに奮起した
ただちに彼はほかの人々を勇気づけた。彼は良い時に生まれついた
その名をラビ・シムション、「娘婿」そして「古き者（東方人）」といった

中世フランスにおけるユダヤ教殉教譚を主題とする自著にそのまま『美しき死』との題をほどこしたアメリカの研究者スーザン・エインビンダーは、この「美しき殉教（bele qedushah）」というフランス語＝ヘブライ語の混成表現ほど、中世フランス・ユダヤ教徒の生き様を的確に要約しているものはない、と結論づける（Einbinder 2002 : 11）。たしかに、作品の一次的な意味作用（無垢の同宗者たちに対する讃辞と哀悼、キリスト教世界の専横への憤怒、神に対する慈悲と懲罰の懇願）を超えて、bel（美しい）というフランス語の修飾語とקדושה（聖別、殉教）というヘブライ語実詞の出会いは、一一〜一四世紀、フランス王国におけるイスラエルの民の現存自体を峻烈な仕方で歴史に焼きつけるものといってよいのかもしれない。

古来、ユダヤ教の伝統においては、「レビ記」（二二の31〜32）の「汝ら、わが聖なる名を汚すべからず。我は、イスラエルの子らのうちにあって聖とさるべきなり」という記述にもとづき、「その名を聖なるものにすること（キドゥーシュ・ハ＝シェム）」が信徒の欠かせぬ務めとして、六一三項目の戒律のなかにも数えられてきた。当初、神の名の聖化は、日々の善行と祈りによって達せられるとされていたが、タンナイームの時代（一〜三世紀）、先立つセレウコス朝時代（紀元前二〜一世紀）にヘレニズム化に命を賭して抵抗した先人たちを（とりわけ「第四マカベア書」をつうじて）礼讃・美化する傾向が揺籃期のキリスト教とのあいだで共有されたことも大きく影響して、異教徒、異邦人による棄教・改宗の強制に抗してみずから命を投げ出す殉教の行為によっても「キドゥーシュ・ハ＝シェム」を達成することができると考えられるようになった（*Encyclopaedia judaica*, « Kiddush Ha-Shem and Hillul Ha-Shem » の項を参照）。元来、ユダヤ教徒がみずから命を絶つことが許されているのは、偶像崇拝、殺人、

禁じられた性行為、この三つのいずれかを死の脅迫のもとで強要された場合のみであるとされているが、殉教は、まさに偶像崇拝への鞍替えを武力をもって強いられた際、最後に取るべき手段として容認――ひいては推奨、美化――されるのである（他方、すべての価値の上に人間の生命を位置づけるが故に、殉教の名のもと、いたずらな栄誉のために命を無駄にすることを厳しく断罪するラビの伝統も他方に存在することを忘れてはならない）（ラブキン 2004 : 114, 185）。

さて、一九世紀後半、トロワの詩文の最初の現代語訳を試みたダルメストテールは、まず『ロマニア』誌掲載の論文（一八七四年）において、「ケドゥシャー」の意味を一行目の「花婿（ハタン）」というヘブライ語と関連づけて「婚姻を聖別する祈り」と取り、「彼は死に際に婚礼を完遂しようと努力した」、さらに意訳して「彼は婚礼を完遂できないので非常に心を痛めた」と訳した。ついで『ユダヤ教研究誌』掲載の論文（一八八一年）においては、「ケドゥシャー」の意味を単に「聖別のための祈り」と取り、一行目の「花婿」との関係は必ずしも明瞭ではないとした上で、「シムションは、死に際に、なんとか聖別の祈りを唱えようと試みた」と訳した（その際、「美しい（bele）」の一語は訳文から外されてしまった）（Darmesteter 1881 : 208-209, 216）。

それに対して現代の研究者たちは、この「ケドゥシャー」を、ほかならぬ「殉教」の意味における「キドゥーシュ・ハ＝シェム」と解釈し、一行目の「花婿（ハタン）のように」という箇所は、四行目の「娘婿（genre）」（genre の古形）に間違いなく呼応しているとする。つまり、この「ラビ、シムション」は、ほかの同名人と区別するため、通称として「シムション・ハタン・ハ＝カドメネス（娘婿にして古き人、シムション）」と呼ばれる人物であったと考えられる。そこで、作者の技巧として、その人物の名に言及する前に「花婿のように」（つまり、晴れ晴れと、堂々たる趣で）という表現を掲げ、その殉教がいかに「美しく」「見事な」ものであったか、そして、彼のその態度によってほかの殉教者たちがいかに勇気づけられたかを語った上で、「というのも、そもそも彼の名は『娘婿』であったのだから」と締めくくったのではないか。さらに三行目の「彼は良い時に生まれついた」という、一見、脈絡がないように見える表現も、フランス語の「早い時刻に（de bonne heure）」という熟語表現と、もう一つ付け加えられている通称、「カドメネス（古き人、早い時代に生きた人）」とのあいだで意味を掛け合わせるために配置されているように読める、というのだ（Fudeman 2008 : 212-213）。

いずれにせよ、「婚礼を完遂できないので非常に心を痛めた」、あるいは「なんとか聖別の祈りを唱えようと試みた」から、「美しき殉教を行おうと大いに努力した」へ、意味の落差は僅少とはいえまい。むろん、文献学上、かなりの制約のもとで解釈を試みた先駆者ダルメストテールの業績を、古仏語と当時のヘブライ語文献に関する研究が何段も進歩した現代の解釈者たちとの比較において貶めることは無意味であり、また、後者の読みが唯一絶対に正しいとの保証があるわけでもない。ただ、みずからユダヤ出自をもちながら、エルネスト・ルナンの牽引するユダヤ同化主義の磁場内で、ラビの伝統からはすでに身を隔てていた近代の碩学ダルメステールが、六〇〇年前のユダヤ教徒に加えられた迫害、ならびに彼らのもとにおける受苦の感受性について、あらかじめ用意されたイメージを無意識のうちに詩文の解釈に覆い被せてしまった感はどうしても否めないのだ。
　たとえば、第一聯四行目――

קי פור לור איווירי נורט דוני נוש רשט דארגינט

を、ダルメステールは――

Ki por lor vivre n'oret doné nus rachet d'argent
①　②

とラテン文字に置き換え、下線部①は動詞 avoir の活用形、下線部②は nul（否定辞）の誤記であろうとした上で――

彼らは自分たちの命のために金銭の贖い（身代金）を与えることができなかった（n'ont pu）

と訳す（Darmesteter 1881 : 206, 215）。しかし現代の解釈者（Fudeman 2008 : 197, 201）によれば、この一行は――

Ki por lor vivre ne vorent doner nu as racheit d'argent

と転記するのが自然であり、その場合の意味は――

彼らは自分たちの命のために金銭の贖い（身代金）をいささかも与えることを欲しなかった

になるという。
　また（もはや原文やラテン文字転記は省略するが）、第一四聯の読み方が、ダルメステールによれば――

修道僧たちが、ラビ、イツハク・コヘンを探し求めてやって来た。
彼が自分たちの信仰に転じるように、さもなくば彼は滅びるであろう、と。
彼はいった、「あなた方は私にどうしろというのか。私は神のために死ぬことを望む。私は祭司（コヘン）である。だから、私は自分の体を捧げ物として神に捧げたいのだ。」（傍点引用者）

となるのに対し（Darmesteter 1881 : 217）、現代の解釈者（Fudeman 2008 : 203）によれば、この同じ四行が――

修道僧たちがラビ、イツハク・コヘンに要請しにやって来た。
彼が自分たちの信仰に転じてくれるように、さもなくば彼も死を免れないであろう、と。
彼はいった、「あなた方はなぜそんなに怯えているのか。
私は神のために死ぬことを望む。
私は祭司（コヘン）である。なのに、あなた方は私の体を捧げ物にしようとしているのだ。」

となり、キリスト教の修道僧（おそらくドミニコ会士）たちが、改宗を拒否するユダヤ教徒たちの意志の固さを前にして、むしろ狼狽している様が浮かび上がってくるとする。そして四行目は、イツハクが、その修道僧たちに向かって、「本来、生け贄を神に捧げるのが祭司（コヘン）の役割であるはずなのに、いまや、祭司たる私の体が生け贄にされようとしている」と、皮肉と自嘲を綯い交ぜにして投げ返した台詞であると解釈する。つまり、このラビは、キリスト教の聖職者たちに語りかけ、「ユダヤ教徒が改宗を拒む、その頑固さに、あなた方はいまさらのように驚いているのか。いっておくが、あなた方は、祭司（コヘン）の体を生け贄にするという、アブラハムの主に対する信仰としていかにも筋違いなことをやっておるのだぞ」という叱責、あるいは軽い憎まれ口さえ叩きながら火刑台の炎のなかに消えていったことになるのだ。

加えて、この詩作品には、中世フランス文学における「間テクスト性」を語る上できわめて興味深い表現が埋め込まれているという。

א' הוקשיט גי דבון קאור מנוא א שוואנט
I hucheit Gé de bon cor menu e sovant.
彼は心の底から、細やかに繰り返し神に呼びかけた。
（第一六聯三行目）

この menu e sovant という、何かを「細やかに繰り返し」行う様を表す副詞句が、中世フランス最大の叙事詩『ローランの歌』（一一世紀末成立か）、しかも、その最大の読ませどころともいえるローランの死の場面からの「本歌取り」ではないかというのだ。

Cleimet sa culpe e menut e suvent,
Pur ses pecchez Deu puroffrid le guant.
（『ローランの歌』一七五節）

小刻みに幾度も、胸叩きて罪を謝し、
罪赦されんと、神に向かって、手套を献ぐ。
（有永弘人訳、岩波文庫）

絶え入る力を振りしぼり振りしぼり、幾度かメア・クルパを唱え、その罪の許されてあれと、神の方に手袋を差し出しぬ。

（佐藤輝夫訳、筑摩世界文学大系）

では、この一七聯からなる詩文の末部、最後の「カドーシュ（聖徒、殉教者）」が火刑台に進み出る姿を描き出す場面で、狙い澄ましたように『ローランの歌』を喚起させる作者の意図はどこにあったのか？

ユダヤ（教）文学研究の陥穽——解釈の惰性

少なくとも、このトロワの詩文の新たな精読から浮かび上がってくることは、その作者であり読者層である一三世紀末から一四世紀のユダヤ教徒たちが、周囲のフランス文化、キリスト教文化から孤立し、切断されていたどころか、むしろそれに深く通暁し、そこで展開されていた言語芸術の技法を自家薬籠中のものとして操るくらいの域には優に達していたという事実である。この点を論じるに当たり、『美しき死』の著者エインビンダーは、まず、中世ヨーロッパのユダヤ文化を扱う従来の研究傾向に自省を促すところから始めている。「中世のイスラームの地におけるユダヤ教徒の生活や文化を論じる研究者たちとは対照的に、中世のアシュケナズと北フランスに由来するユダヤ教徒の共同体や文学を研究する人々には、その研究主題を周辺世界の変化・発展から切り離して扱おうとする傾向があった」（Einbinder 2002 : 4）。つまり、中世ヨーロッパのユダヤ教徒たちのもとにおける殉教文学の発展、そして受苦の感受性の形成を、周辺社会からの迫害に対する拒絶反応として、もっぱら先行するラビ文学の延長線上、ユダヤ教の伝統内部への回帰、閉じこもりの産物としてとらえる傾向が、一九世紀末、研究者たちのあいだに定着してしまい、それがサロー・ウィットメイア・バロンのいう「ユダヤ史のお涙頂戴式の概念化」にも、少なからず寄与してしまったのではないかというのだ。

しかし、エインビンダーによれば、トロワの詩文を含め、中世の北ヨーロッパに由来するユダヤ教殉教文学の総体からは、「キリスト教世界の文学や生活様式のうちに確認できる文体の好みや主題的関心の移り変わりに、ユダヤ教徒たちもかなりの程度まで身を合わせていた様」がはっきりと読み取れるという（Ibid : 8）。つまり、ポリアコフが十字軍以降の時代のユダヤ教徒のもとに認めた「完全なる態度硬化」「心性のゲットー化」の傾向が仮に事実であったとしても、それに先立ち、ユダヤ教世界から外部のキリスト教世界に対しては、やはり完全なまでの文化的開放性、精神的透過性が示されていたということだ。エインビンダーの例証によると、たとえば聖なる書物、あるいは義人の肉体が、たとえ燃えさかる炎のなかに投げ入れられようとも、燃えることなく原形を留めるという、中世ヨーロッパにおけるユダヤ教殉教文学の典型的な主題は、先行のラビ文学には典拠を見出すことのできない、明らかにキリスト教世界の殉教文学からの移入物と考えられるという。また、トロワの詩文には、四行単位の同一韻のみならず、一二世紀の武勲詩『アレクサンドル大王物語』で用いられたことから「アレクサンドラン」と呼ばれることとなった一二音綴形式で各行を読ませようとする配慮もうかがえるという（ヘブライ文字表記からは、いわゆる「あいまい母音」をどのように読ませようとしていたのか判然とせず、判断が難しい箇所もあるが）。

主題的関心の透過性は、なにも一方から他方へ、文学的トポスの移植ばかりとは限らない。エインビンダーによれば、トロワの詩文の以下の箇所（第五聯四行目、イツハク・シャトランの妻の焚刑を描く場面）――

D'enfant eteit grosse ; por ce grant poine sofri.
子をもって彼女は身重だった。そのため彼女は大いに苦しんだ。

を含め、中世のユダヤ教殉教文学には、焚刑に処されるユダヤ教徒たちの列に、必ずといってよいほど妊娠中の女性、ないし嬰児を腕に抱えた母親の姿が織り込まれているという。実際にイツハク・シャトランの妻が身重であったか否かに関係なく、それが、中世ヨーロッパ・ユダヤ教殉教文学の決定的トポス、しかも、自分たちの命を奪いにかかってくるキリスト教世界が温めてきた処女殉教者信仰（とりわけ聖ウルスラ崇拝）の向こうを張る「対抗トポス」だった可能性があるというのだ（Ibid : 121 n.45）。つまり、「あなた方のあいだでは、処女が処女のまま信仰に命を捧げる姿がさかんに聖別されているようだが、われわれのもとでは、むしろ母親とその胎児、あるいは嬰児が、信仰のために命を失う姿を、カドーシュ（聖徒）のそれとして重んじたい」という姿勢だ。

その上で、エインビンダーの一般的考察によく耳を傾けておきたい。

［中世ヨーロッパ・ユダヤ教の］殉教詩は、一二、三世紀、北ヨーロッパのユダヤ教徒たちが直面した神学的要求と歴史的現実のあいだの齟齬を真正面から扱った豊かな象徴体系の一部として立ち現れてくる。実際、中世フランス、イングランド、ドイツのユダヤ教徒たちは、敵の手にかかって、日々、侮辱、迫害、そして殺害さえされる現実に、自分たちの〈義〉と〈選び〉に関する深い確信をいかにして調和させることができていたのか。キリスト教文化の危険に警戒を怠らず、なお、その吸引力を是認することがいかにして可能であったのか。また、別の水準において、ユダヤ教の会衆の指導者たち、実力者たちは、いかにして選民たる地位からの脱落に抗いながら、みずからの権威を保つことができていたのか。すべてこうした関心事が、殉教詩のなかに、そして個々の詩が理想的な殉教者とその死に様を表象する仕方の変化そのもののなかに、残響を見出しているのである（Ibid : 9）。

とすれば、中世ヨーロッパにおけるユダヤ教文化を扱うに際して第一に戒めるべきことは、ユダヤ教徒とキリスト教徒、その二集団の関係を「加虐＝対＝被虐」の力学として固定するあまり、「被害者の側は被害についてしか語っておらず、また語れなかったはずである」という予断であり、さらにいえば、「被害者の姿はこうであって欲しいし、死に際の言葉としてはこういう言葉を語って欲しい」という加害者ないし傍観者の立場からの願望をテクストや歴史事象の上にあらかじめ覆い被せてしまうことなのではないか。トロワの詩文の例に則していえば、「彼らは身代金をいささかも与えることを欲しなかった」と書いてあるところを「与えることができなかった」と読み、「美しき殉教に努めた」と書いてあるところを「聖別の祈りを完遂できずに苦しんだ」と読んで、それを「自然」としてしまう解釈の惰性こそ、ユダヤ（教）世界の過去を研究する者がもっとも戒めねばならないものなのではないだろうか。

さらにトロワの詩文に関しては、集団Aと集団Bがあり、Aがもっぱらa語で圧倒的な権力を行使してくる一方、Bの方は、b語のみならず、b文字表記のa語で、密やかに、しかし力強く、Aへの抵抗と異議申し立てのテクストを後世に残しているという、この状況の意味をも正確に受けとめておく必要がある。その時、声高にみずからの優越性と相手方の劣等性、有害性を唱えるAに対し、Bの側が、たしかに内容的には、せいぜい「こちらとて必ずしも負けてはいない」程度の対抗言説しか展開できていないように見えようとも、それをb語のみならず、b文字表記されたAの言葉で、しかもAの宗教文化、言語文化にほとんど等し並みに通暁し、借り物として使える要素を心憎いまで巧妙に操りながら行っているとするならば、ある別の水準において、BはAに対して確実に「勝っている」とはいえまいか。たとえば、トロワの詩文は、日頃、敵陣にあってもっとも高く価値づけられたものを形容する「美しい、見事な（bel）」という言葉を、自陣において、やはり一定の文脈のなかでもっとも高く価値づけられることとなった「殉教（ケドゥシャー）」という実詞にぴたりと貼りつけ、そしてローランの断末魔の祈りを、ほかならぬそのローランの神を崇める人々が焚きつけた火炎にくるまれるユダヤ教の「聖徒（カドーシュ）」の最期にずらして転用してみせることにより、何らかの次元で、疑いのない「勝ち」を印づけてはいないだろうか。翻ってさらに敷延してみるなら、同じアブラハムの一神教に連なる兄弟に対する迫害、虐待という、中世キリスト教世界に汚点として残された記憶は、いずこかのキリスト教徒の詩人が、ありきたりの謝罪、反省の身振りなどではなく、被害者への哀悼、教会権力の残忍さ、行政当局の冷酷さに対する批判といった要素を、ローマ字表記のヘブライ語で綴った一篇の詩として書き上げる日まで、決して相殺され、浄化されることはない、ということだ。

こうして、一見、「加虐＝対＝被虐」の構図に帰着するほかないように見える二集団の関係も、物理的な暴力という一次の水準を超えたところで、文化的な作用・反作用、警戒心と吸引力の「戯れ」を豊かに機能させ得るものであることがわかる。ユダヤ教の伝統のみならず、広く人間一般における「受苦」の主題を、もっぱら被虐の次元に還元してしまうことの貧しさを、そのことは過たずに指摘しているように思う。

第5章　「プロヴィンツィア」のユダヤ教世界

「プロヴァンス」と「プロヴィンツィア」

まずは地名の水準での混乱を避けるため、フランス語で一般に用いられる「プロヴァンス」と、中世のユダヤ教徒たちにとっての「プロヴィンツィア」の異同を今一度、確認しておきたい。

フランス・アルプスとローヌ川に挟まれた地中海沿岸の一帯は、紀元前二世紀、ローマの最初の属州となったことから「プロウィンキア」（「以前より屈服させられた土地」の意、今日の「プロヴァンス」の語源）と呼ばれ、のちに帝国の行政区分として再編されてガリア・ナルボネンシスの一部となった（本書一二頁地図参照）。ナルボネンシスは、西ローマの滅亡後、西ゴート王国の一部となり、ついでローヌ川を境に西部が西フランク王国に組みこまれる。ローヌ川以東の土地は、東ゴート王国、中部フランク王国、ブルグンド王国（アルル王国）の支配を経て、一一世紀、神聖ローマ帝国の枠内でプロヴァンス伯領となった（中心都市エクス＝アン＝プロヴァンス）。以後、プロヴァンスは、伯爵家の姻戚関係によって周辺の諸王国と強い政治関係を結びながらも伯領としての自律性を保ち続け、一五世紀末、正式にフランス王国に併合されて「プロヴァンス州」と呼ばれることとなる。

これに対し、中世のユダヤ教徒たちのいう「プロヴィンツィア」は、ローヌ川以東・以西の別なく、フランス・アルプスからピレネー山脈にまで及ぶ地中海沿岸地方の全体、つまりローマ時代のナルボネンシスにほぼ重なる地域を指していたようだ。フランス中世史の観点からすれば、それはプロヴァンス伯領とトゥールーズ伯領を合わせたものであり、今日のフランスの地理概念からすれば、プロヴァンス、ラングドック、ルシヨンの三地方をまとめたものであるということになろう。結局のところ、今日、厳密な定義もなく漠然と「南仏（ミディ）」と呼ばれている地域がそれに相当すると考えてよいのかもしれない。

「プロヴィンツィア」におけるユダヤ教徒の暮らしぶりをうかがわせるものとして、現存する最古のユダヤ教側の記録は、一〇世紀末、ラビ、ルッカのカロニモスが残したレスポンサであるとされている（既出、九世紀にシャルルマーニュによってイタリアからラインラントに招聘されたと伝えられる同名人物の同族と考えられる）。そのなかで、南仏アルルの町のユダヤ教会衆が規律正しく運営され、町に出入りする異邦の同宗者の商人たちにも良俗の範を示している様が賞賛とともに描かれているのだ（Schwarzfuchs 1975 : 46）。メシュラム・ベン・カロニモス（既出）の筆のもとには、ナルボンヌの領主（大司教ないし子爵）から商業活動の独占権を認められ、交易から両替までを一手に引き受けていた、あるユダヤ教徒の実力者の事例が記されているという（Ibid : 47）。歴史家シュヴァルズフュックスは、こうした古記録から類推して、古来、「プロヴィンツィア」各地におけるユダヤ教徒の会衆は、「ツァレファト」のそれに比して規模が大きく、それでいて代表者たちの統率力を隅々まで行き渡らせた安定ぶりを示していたのではないか、と考える。また、地元の権力（世俗の領主ならびにキリスト教会）との関係もおおむね良好であり、その後もおおよそ一三世紀まで（先述のとおり、ナルボンヌの会衆が、イベリア半島のイスラーム掃討を叫ぶ人々によって、一時、平穏を掻き乱されたという記録（一〇六三年）を唯一の例外として）、北の「ツァレファト」の同宗者たちのように初期十字軍による暴虐の対象となったり、儀式殺人のあらぬ告発に怯えたりする必要もなく、比較的落ち着いた環境のもとで信仰と学究に打ち込むことができたと考えられるという（Ibid : 91-92）。

文化水準の高さ

「プロヴィンツィア」のユダヤ教賢者として、その著作が今日まで伝えられることとなった最初の人物は、一一世紀半ば、ナルボンヌで活躍したモシェ・ハ＝ダルシャン（「説教師モシェ」）である。彼が残した聖書注解は、「ラビ・モシエ・ハ＝ダルシャンのイェソード（基礎、土台）」と呼ばれ、既出トロワのラシをはじめ、後世の注釈者たちに多大な影響を及ぼした。

続く一二世紀、モンペリエに生まれ、やはりナルボンヌで活躍したアヴラハム・ベン・イツハク（通称「アヴ・ベート・ディン（法廷の父）」あるいは「第二ラヴァド」）は、タルムードのほぼ全巻にわたる注釈（今日その一部しか残されていない）のほか、『セフェル・ハ＝エシュコール（房の書）』という重要なハラハー（ユダヤ法）解釈論を残し、これがその後、「プロヴィンツィア」のほとんどの会衆において規範として採用されるにいたった。

アヴラハム・ベン・イツハクの弟子にして娘婿、アヴラハム・ベン・ダヴィド（通称「第三ラヴァド」あるいは単に「ラヴァド」）は、モンペリエとニームのほぼ中間に位置するポスキエール（現ヴォヴェール）を本拠とし、北と西に広がる二大ユダヤ教文化圏の双方に対して睨みを利かせた。ここで「睨み」とは決して言葉の綾ではない。彼が生きた一二世紀後半は、北の「ツァレファト」から「加筆者（バアル・トサフォート）」たちの名声が轟き、そして西の「セファラド（イベリア半島）」からはモシェ・ベン・マイモン（マイモニデス）の高名が、とりわけ一一七〇～八〇年頃にエジプトで書かれたとされる『ミシュネー・トーラー』の写本とともに伝えられ始めた時期であった。しかし「ラヴァド」は、その双方の潮流に見受けられる傲慢不遜を厳しく咎め、あくまでもナルボンヌを中心として、数世紀来、築き上げられてきた「プロヴィンツィア」のタルムード学こそを王道として堅持した。事実、同じ頃、リュネル出身のアヴラハム・ベン・ナタン（通称「ハ＝ヤルヒー」）が著した『セフェル・ハ＝ミンハグ（しきたりの書）』には、当時、「プロヴィンツィア」で行われていた典礼が余すところなく記され、「ツァレファト＝アシュケナズ」流からも「セファラド」流からも一線を画したユダヤ教実践の誇り高さをうかがわせている。

一二世紀、イベリア半島におけるキリスト教勢力の南進（いわゆる「レコンキスタ」）が、「プロヴィンツィア」のユダヤ教世界にとってはむしろ正の方向に作用することとなった。キリスト教勢力とイスラーム勢力の武力衝突による火の粉を避けてイベリア半島から流入してきた同宗者たちの手で、それまでキリスト教圏内に住むユダヤ教徒にはほとんど接近不可能であったアラビア語の学知がもたらされ、信仰と学術の新しい要素がさかんにヘブライ語に翻訳されるようになったのだ。

そうした学識人や翻訳者を多く輩出した代表的な二家族として、キムヒ家とティボン家を挙げることができる。

一二世紀半ば、ムワッヒド朝によるユダヤ教徒の迫害を逃れてイベリア半島南部からナルボンヌに移住したヨセフ・キムヒは、中世最大のユダヤ教詩人イブン・エズラとも交友があり、みずから文法学者、聖書注解者として重要な業績を残した人物である。その学風は、二人の息子、モシェとダヴィドに受け継がれ、さらなる展開を遂げることとなる。他方、一一五〇年、グラナダからリュネルに移り住んだ医師、イェフダー・ベン・サウル・イブン・ティボンは、多くのアラビア語の重要書（とりわけバフヤ・イブン・パクダ『心のつとめ』、イェフダー・ハ＝レヴィ『セフェル・ハ＝クザリ（カザール人の書）』、サアディア・ガオン『信仰と知識の書』）をヘブライ語に翻訳し、後世から「翻訳の父」と称されることとなる。その子、シェムエル・ベン・イェフダー・イブン・ティボンは、リュネルを捨て、アルル、ベジエ、マルセイユを転々としながら父の翻訳業を継承し、とりわけモシェ・ベン・マイモン（マイモニデス）の『迷える者の手引き』を――著者本人と往復書簡で連絡を取りながら――ヘブライ語に置き換えた。そのほかにもティボン一門からは、アリストテレス、エウクレイデス（ユークリッド）、アル＝ファーラービーの翻訳で知られるモシェ・ベン・シェムエル・イブン・ティボン、「新四分儀」なる天体観測器具の発明者として名を馳せたヤアコブ・ベン・メヒール・イブン・ティボン、アリストテレス『オエコノミア』の翻訳者アヴラハム・イブン・ティボンなどが出ている。これらの学識人、翻訳者たちは、当然のことながら、従来のヘブライ語には存在しなかったギリシア哲学やアラビア科学（とりわけ医学と天文学）の専門用語に対応する単語を新たに創出しながら作業を進めねばならなかったわけであり、その意味では中世ヘブライ語そのものの刷新者であった。その地味ながらも重要この上ない業績が、一二〜一三世紀、ナルボンヌ、リュネル、モンペリエといった南フランスの町々で成し遂げられたことの意義は、ユダヤ史の枠を越え、フランス中世文化史のなかでもっと強調されてよいはずだ。

一二世紀から一四世紀初頭にかけて、「プロヴィンツィア」のみならず「ツァレファト」や「セファラド」でも、モシェ・ベン・マイモン（マイモニデス）の哲学的著作の価値をめぐり、ユダヤ教世界を二分して繰り広げられた激しい論争――いわゆる「マイモニデス論争」――については本書での詳述を避ける（Ibid : 96-100）。ただ、モシェ・ベン・マイモンの教えを発展させ、タルムードの近代的解釈に道を開いたペルピニャン生まれのラビ、メナヘム・ベン・シェロモー・ベン・メイール（通称「メイリ」）の名は特筆に値しよう。また、イブン・ルシュド（アウェロエス）の注釈をもって、モシェ・ベン・マイモン以後、中世ユダヤ教最大の哲学者と目されるレヴィ・ベン・ゲルション（ゲルソニデス、通称「ラルバグ」）が、バニョル゠シュール゠セーズ（現ガール県）に生まれ、アヴィニョンとオランジュで活躍した生粋の「プロヴィンツィア」人であったことも記憶に留めておきたい。「マイモニデス論争」の喧しさの傍らで、同時代人の目にはほとんどとまっていなかったと思われるが、その後のユダヤ教の歴史に、より長く、より広範な影響を及ぼすこととなった神秘主義思想、カバラーの隆盛――むしろ「突発」というべきか――が、やはり「プロヴィンツィア」を舞台としていたという事実も、今なお未解明の部分とともに、フランス中世文化史の一頁としてはっきり位置づけておかなければなるまい。

神の属性が流出する一〇の段階を説き明かす「セフィロート（計数）」の概念をはじめ、カバラー思想の特徴を示す最初の書物『セフェル・ハ゠バヒール（清澄の書）』は、一世紀のタンナ、ネフニヤ・ベン・ハ゠カナーの語りを書き写した体裁を採ってはいるものの、実際には、その後の長い歳月をかけて、徐々に構築されたものと考えられる。しかし、それが、なぜ、いかにして一二世紀後半のヨーロッパに突如として出現することとなったのか。あきらかに東方的な起源をうかがわせるカバラー思想が、中間のイスラーム圏を一足飛びにしてキリスト教圏のユダヤ教世界に受容の地を見出していることから、その発展には、先立つ時代のキリスト教異端思想、とりわけカタリ派――その名称自体、ギリシア語の「カタロス（清浄なるもの）」に由来する――の神秘主義とのあいだの相互作用力を見るべきなのか。こうした問いをめぐって、いまだ歴史的に不明の点が数多く残されている。ただ、カバラーの発祥をめぐってさまざまな伝承があるなかで、それを「プロヴィンツィア」に位置づける説によれば、カバラーの奥義は、先述の「アヴ・ベート・ディン」ことアヴラハム・ベン・イツハクとその娘婿アヴラハム・ベン・ダヴィド（通称「ラヴァド」）、さらにその息子であるイツハク・サギ・ナホール（通称「盲人イツハク」）[1]という、ナルボンヌ、ポスキエールで活躍した三代のユダヤ教賢者に、直接、預言者エリヤからの啓示としてもたらされた、とされている。とりわけ三代目の「盲人イツハク」は、神を指して「無限（エン・ソーフ）」という表現を用い、徹底した秘教主義のもと、伝授された内容を手稿や書簡として書き残すことを固く禁じながら、ポスキエールを中心にカバラーの奥義伝授者たちのネットワークを形成した最初の人物と目されている。その教えは、愛弟子、ジローナ（ヘローナ）のアズリエル、さらには孫弟子、モシェ・ベン・ナフマン（ナフマニデス）（通称「ラムバン」）によってカタルーニャに移植され、一大カバラー学派を産み落とす。やや遅れて「セファラド」の地では、モシェ・ベン・シェム・トーヴ（通称「レオンのモシェ」）が『セフェル・ハ＝ゾーハル（光輝の書）』をまとめ上げ、これが、『セフェル・ハ＝バヒール（清澄の書）』をしのぐカバラーの典拠として読み継がれていくこととなる。

哲学、科学、神秘主義に加えて、「プロヴィンツィア」はまた、ユダヤ教の詩人たちが表現の綾と美声を競い合う舞台でもあり、その活躍ぶりは、同時代のイベリア半島にも決して見劣りするものではなかった。なかでも、アキテーヌ地方、エール＝シュール＝ラドゥール出身のイツハク・ベン・アヴラハム・ハ＝ゴルニは、キリスト教徒の吟遊詩人（トゥルバドゥール）たちの顰《ひそ》みにならって町から町へと歌い歩き、各地に庇護者を見出していた。残念なことに彼の詩の大半は失われてしまったが、一部、引用の形で書き留められているところによると、ハ＝ゴルニは、アルル、エクス、アプト、カルパントラなど各地のユダヤ教会衆の生活ぶりを描き出し、時にその悪習（とくに詩人や旅人を遇するに当たっての吝嗇）に対する揶揄、諷刺を得意としていたらしい。

最後に、その多彩な才能と広範な活動領域をもって、のちの「人文主義（ユマニスム）」時代の知識人を先取りするかにも見える「プロヴィンツィア」のラビ、カロニモス・ベン・カロニモス・ベン・メイールの名に言及しておこう。アルルで「ナシ（君主）」の称号を受け継ぐユダヤ教の名家に生まれた彼は、サロニカ（テッサロニキ）に遊学して哲学、ラビ文学、そして医学を学んだ。一三一四年頃、アヴィニョ

（1）「サギ・ナホール」とはアラム語で「光に満ちた者」を意味する（ヘブライ語では「シェファ・オール」）。ユダヤ教の伝統においては盲人が「神の無量の光をすべて吸収する者」ととらえられていることについて、市川 2004：210-211 を参照。

ンに腰を落ち着け、アンジュー家のナポリ王、ロベルト一世の庇護下に入った彼は、王の委嘱を受けてローマに派遣される。目的は、その頃、イタリアで盛んに行われるようになったアラビア語文献のラテン語翻訳作業に助っ人として加わり、王にとって重要、有用と思われる知識を、適宜、持ち帰ることであった。こうして彼は、哲学、科学に関する数多くのアラビア語文献をヘブライ語に訳し、それらがさらに西欧諸語に訳し換えられていく過程で中継ぎの役割を果たした。一般にヨーロッパ史概論の水準では、古代ギリシアとアラビアの学知を西ヨーロッパにもたらしたのは十字軍の功績であったという説明がなされることが多いが、これは、不正確とまではいわずともきわめて一面的な見方であり、その前にカロニモスのようなユダヤ教徒の翻訳家たちによる地道な業績を正しく評価した上で検証されるべきものである。カロニモスの学識は、滞在先のローマでもきわめて高く買われたと見え、ローマ逗留があまりに長きにわたったとして彼を無理矢理帰国させたアルルのユダヤ教会衆の代表者に対し、ローマの詩人イマヌエル・ベン・シェロモーが書き送った抗議の手紙が今日残されている。カロニモスにはまた、同時代のユダヤ教徒たちの矜恃や虚栄心を実例とともに手厳しくあげつらう『エヴェン・ボハン（試金石）』という著作があり、一四世紀初頭、南仏のユダヤ教社会の内実をうかがい知るための一級資料となっている。

しかし、このように同時代の「セファラド」にも決して見劣りのしない文化水準を実現していた「プロヴィンツィア」の豊かなユダヤ教世界にも、分断と流離を余儀なくさせる力が外部からじわりじわりと加えられつつあった。

「プロヴィンツィア」ユダヤ教世界の終焉

前々章で概観したフランス王国ないしキリスト教会主導のユダヤ教抑圧政策は、主として北部「ツァレファト」と南部ラングドック地方に住まうユダヤ教徒たちに関わるものであり、プロヴァンス伯領（ユダヤ教徒たちのいう「プロヴィンツィア」の東半分）の同宗者たちは、当初、その埒外に身を置いていた。むしろ、フランス王国が採用した追放政策（とりわけ一三〇六年のそれ）は、プロヴァンスの先住ユダヤ教徒たちにとって会衆を拡大させる好機ともなり、また、史料の裏づけは必ずしも確かとはいえないが、ユダヤ教徒の流入を黙認した歴代のプロヴァンス伯にも、それによって伯領の経済力を増強しようとの意図があったと考えられる(Godfroy 2004)。

まずは一二九〇年、イングランド王エドワード一世の追放令によってブリテン島を追い出されたユダヤ教徒の一部が、フランス王領を飛び越してプロヴァンス伯領に受け入れ先を見出したものと考えられるが、移流民の数、移動の経路、そしてその後、彼らが地元の会衆にいかに融け込んでいったのかなど、詳細は依然不明のままである(Iancu 1995 : 78-79)。

続いて一三〇六年、フィリップ四世による追放令の際、フランス王領全体から一〇万人規模のユダヤ教徒が流出したと推定される。この時、「ツァレファト」のユダヤ教徒たちの多くが東部「アシュケナズ」への流出したのに対し、ラングドック地方のユダヤ教徒たちは、やはり文化的な親近性ゆえに、西のカタルーニャと東のプロヴァンスを移住先に選んだようだ（プロヴァンスのユダヤ教徒たちの姓に、「リュネル」「ナルボンヌ」「カルカソンヌ」など、ラングドックの都市名が受け継がれていることがそれを証立てている）。その後、いったんフランス王領内への帰還が許可されたものの、第二次「パストゥローたちの十字軍」やペストの流行にともなう迫害が追い打ちをかけたこともあり、大方のユダヤ教徒が一三九四年のシャルル六世による追放令を待たずしてフランス王の土地から姿を消していたらしいことも先述のとおりである。

こうして一四世紀、プロヴァンス伯領のユダヤ教徒集団は急速に数を増し、世帯数にして二〇〇〇から三〇〇〇、人口にして一万から一万五〇〇〇人に達したと見られる（Moulinas 1992 : 19）。この時、ラングドック出自のユダヤ教徒たちがほとんど違和感なく移住先の会衆に融け込み得たのに対し、少数ながら北の「ツァレファト」から移り住んだユダヤ教徒の集団は、プロヴァンスの同宗者たちとのあいだでかなりの不協和音を響かせたらしい。前述のラビ、カロニモス・ベン・カロニモスが家族に宛てた手紙には、マノスク（現アルプ＝ド＝オート＝プロヴァンス県の町）のユダヤ教徒が「みなツァレファティ（フランス人）」であり、しかも彼らの振る舞いがきわめて尊大であるという理由で、その町にだけは断じて足を踏み入れたくないと記されている（Iancu 1995 : 79）。また、アヴィニョンのシナゴーグでは、一八世紀にいたるまで、敷地の一郭が「フランス会堂」として仕切られていた形跡があり、「ツァレファト」流の典礼と「プロヴィンツィア」流の典礼が別々に執り行われていたことをうかがわせているという（Moulinas 1992 : 20-21）。同じユダヤ教徒でありながら、典礼や聖書解釈の流儀のみならず、日常の言語（オイル系とオック系）、さらには食生活や服飾においても相当の開きを見せていたに違いない、これら二集団の同居、雑居は、「アシュケナジ」＝「セファラディ」間の差異・対立という全体の構図を凝縮するものとしてきわめて興味深い。

総じて一三〜一五世紀、プロヴァンスにおけるユダヤ教徒たちの生活環境を指して「平穏」の語がふさわしいかどうか、歴史家たちの評価は微妙に分かれる。たしかに、主として北ヨーロッパに頻発していた儀式殺人事件が、南仏ではほとんど唯一の例ながら、一二四七年、ヴァルレア（現ヴォクリューズ県）でも記録されているし、一三四八年のペスト流行に際しては、プロヴァンスのほとんどすべてのユダヤ教徒居住地がキリスト教徒住民らによる略奪、虐殺の憂き目にあっており、それがその後、ヨーロッパ大陸全体に波及する民衆暴徒化に模範としての意味をもったのではないかとの指摘もある（Shatzmiller 1974）。他方、プロヴァンス伯、ルイ二世ダンジューの后ヨランド・ダラゴンや、その次男にしてプロヴァンス伯を継承したルネ一世が、ユダヤ教徒の権利を臣民に再確認させ、反ユダヤの騒擾扇動には厳罰をもって応じる旨、幾度にもわたって布告を出していることからもうかがわれるように（Schwarzfuchs 1975 : 124）、伯領として、隣接するフランス王国が採用した対ユダヤ教政策の轍だけは踏むまいとする姿勢は一貫していたとの見方もある。

しかし、「プロヴィンツィア」のユダヤ教世界は、まず文化的に、上述のレヴィ・ベン・ゲルション（ゲルソニデス）を最後の光彩として斜陽期に入り、続く一五世紀の末には、その存在そのものに終止符が打たれることとなった。

一四八一年、プロヴァンス伯、シャルル五世ダンジューが世を去ると、その従弟に当たるフランス王、ルイ一一世は、ルネ一世の孫、ロレーヌ公ルネ二世を退けて、プロヴァンスの伯位を襲う。こうして伯領は、事実上、フランス王国に併合されることとなった。ルイ一一世は、先立って王太子領ドーフィネのユダヤ教徒住民に示した宗教的寛容政策を踏襲し、プロヴァンスのユダヤ教徒たちにも、従来、彼らが享受してきた権利をそのまま温存することを約束する。しかし、ルイ一一世の没後ほどなく、プロヴァンス地方にはユダヤ教徒を標的とした民衆暴動が頻発するようになり、若くして王位を継承したシャルル八世は、伯領全体としてのユダヤ教徒保護政策を維持しつつも、局所的な追放令の公布に踏み切らざるを得なくなる。まずは一四九三年、アルルのユダヤ教徒に対し、ついで一四九六年、アルルから一五キロほどローヌ川を遡ったタラスコンのユダヤ教徒に対して、それぞれの町からの退去が命じられた。折しも、一四九二年、イサベル、フェルナンド、カトリック両王のスペインから、続く一四九六年にはポルトガル王国からもユダヤ教徒が大挙して領外に追放されたばかりであり、それら「セファラディ」ユダヤ教徒のプロヴァンス流入によって民衆の反ユダヤ熱がさらにかき立てられ、一層の治安悪化を招きかねないことに対する予防策として、プロヴァンス伯領も退去命令に踏み切らざるを得なかったのかもしれない。しかし、この局所的な追放令が呼び水となって、プロヴァンスの各都市で同様のユダヤ教徒追放措置を求める声が高まり、一四九八年、シャルル八世は、プロヴァンス伯領の全ユダヤ教徒に、改宗か、立ち退きかの二者択一を課す決断を下し、その直後に他界する。続くルイ一二世は、先王の遺志を尊重し、一五〇〇年五月二二日、一五〇一年七月三一日の二度にわたる勅令をもって、プロヴァンス伯領全土からユダヤ教徒の立ち退きを命じた。かくして、ローマ時代以来、一五世紀にわたる「プロヴィンツィア」のユダヤ教世界があえなく終末を迎えたのであった。

ルイ一二世をユダヤ教徒の追放令に踏み切らせた要因として、（一）民衆暴動激化の恐れ、（二）地元の行政当局ないし教会からの要請、（三）従来の王領とのあいだで法適用の一元化の必要、（四）イングランド、フランス王国、スペイン、ポルトガルといった周辺諸国における先例の影響、そのいずれがもっとも重きをなしたのか、判定は難しい。少なくとも、さまざまな禁制のもとで経済的に疲弊し切ったユダヤ教徒を抱えておく意味が薄れつつあった一四世紀のフランス王領とは異なり、行き届いた徴税制度のもと、各地のユダヤ教会衆を重要な税収源として擁していた一五世紀のプロヴァンス伯領においては、追放によって得られる経済的利益（つまり財の没収による一時的な特別収入）が主たる動機たり得なかったことは確かである。

追放されたユダヤ教徒たちは、一部、アヴィニョンとコンタ・ヴネサンの教皇領（次章参照）に受け入れ先を見出したほか、時をほぼ同じくしてイベリア半島から溢れ出た同宗者たちに合流し、イタリア半島（とりわけローマ）、北アフリカ、バルカン半島（とりわけサロニカ（テッサロニキ））へと流れて行った。そのなかには、旧来の姓に「プロヴァンサル」「プロヴァンサリ」といった二つ目の姓を加えることで、後代に家門の由緒を伝え残す者も少なくなかった。

この時、ごく少数ながら、領外への退去よりもキリスト教への改宗を選ぶ人々もいた（Ibid : 125）。これら新規改宗者たちは、やはりイベリア半島の先例にならって「新キリスト教徒」と呼ばれ、旧来のキリスト教徒住民とは異なる差別的な行政体系のもとに置かれたが、隣国スペインとは異なり（本書第7章参照）、プロヴァンス伯領に残留した改宗者たちの「その後」について——たとえば、いわゆる「隠れユダヤ教徒」として秘密裏に先祖伝来の信仰を維持したり、あるいは、周囲から一方的にその嫌疑を差し向けられたりしたのか、など——うかがい知るための資料はほとんど残されていない。

第6章　「教皇のユダヤ教徒」

歴史的経緯

フランス南東部、現ヴォクリューズ県のアヴィニョン、ならびにコンタ・ヴネサン[1]と呼ばれる地域には、一三世紀から一八世紀末まで、ローマ教皇の臣民たる「教皇のユダヤ教徒」たちが暮らし、そのきわめてユニークな存在様態をもって、ユダヤ史上、実際の規模（もっとも多い時で二五〇〇から三〇〇〇人）に釣り合わない関心を引きつけてきた。まずは、その地域に飛び地として形成されたローマ教皇領の歴史を振り返り、その内部にユダヤ教徒たちの存在を正確に位置づけることから始めなくてはならない。

古来、プロヴァンス伯、フォルカルキエ伯、トゥールーズ伯などのもとで比較的大きな自治権を享受してきたローヌ川沿いの古都アヴィニョンは、一二二六年、アルビジョワ十字軍を主導して南部への支配権拡張を図るフランス王ルイ八世によって制圧されてしまう。さらに一二二九年のパリ条約により、トゥールーズ伯レーモン七世は、アヴィニョンの東方に広がるコンタ・ヴネサン（当時の名称ではプロヴァンス侯爵領）を教皇庁に移譲することを余儀なくされてしまった。レーモン七世は、その後も武力によってコンタを実効支配し続けたが、一二四九年、彼が世を去ると、コンタの支配権は、ルイ九世（聖ルイ王）の弟にして、婚姻によりレーモン七世の娘婿となっていたポワティエ伯アルフォンスの手に渡る。その後、フランス王フィリップ三世がコンタの支配権を継承したが、教皇グレゴリウス一〇世が一二二九年のパリ条約の有効性を強く訴えた結果、一二七四年、コンタは名実ともに教皇庁へ移譲されることとなった。

他方、アヴィニョンの町は、ルイ九世の末弟、アンジュー伯シャルル（シチリア王カルロ一世）を経て、その実子でプロヴァンス伯を兼ねるナポリ王カルロ二世の手に渡っていた。一三〇五年、フランス出身の枢機卿ベルトラン・ド・ゴーがクレメンス五世として教皇位につくと、フランス王フィリップ四世（端麗王）は彼に働きかけ、教皇庁をアヴィニョンに移させる（一三〇九年、いわゆる「アヴィニョン捕囚」）。

一三一四年、クレメンス五世の没後も、フランス出身の後継者たち（ヨアンネス二二世、ベネディクトゥス一二世、クレメンス六世）はアヴィニョン移庁を既成事実として定着させていった。そして一三四八年（ペスト大流行の年）、クレメンス六世は、プロヴァンス女伯を兼ねるナポリ女王ジョヴァンナからアヴィニョンを正式に買収し、コンタと並ぶ教皇領とした。以後、教会大分裂（シスマ）時代（一三七八〜一四一七年）も含め、一七九一年、フランス共和国への帰属が宣言される時まで、アヴィニョンとコンタは飛び地としてローマ教皇の管轄下に置かれることとなる。

　前章で見たとおり、一四八一年、プロヴァンス伯領が事実上フランス王国に併合され、一五〇一年にそのプロヴァンス伯領からユダヤ教徒が駆逐された結果、アヴィニョンとコンタの教皇領は、フランス王領に周囲をぐるりと囲まれ、しかもフランス王領内ではもはや姿を見ることのできなくなったユダヤ教徒が、教皇の庇護を受けながら、比較的安寧な日々を送り得るという、まさに森のなかの林間地のような場所になる（少なくとも一六世紀前半、「カトリック改革」の暴風が吹き始める頃までは、「庇護」という表現に偽りも誇張もない）。キリスト教会が、みずからの正統性の証としてユダヤ教を異端視せざるを得ない一方、生身のユダヤ教徒たちがキリスト教会の最高権力者の膝元にうずくまるようにして暮らすという、一見、逆説的、撞着的とも映る状況が、いつしか興趣とともに「教皇のユダヤ教徒（les juifs du Pape）」という表現を産み落とし、好事家たちの興味をさかんに引きつけてきた（以下、本章の記述は Schwarzfuchs 1975 ならびに Moulinas 1992 による）。

　この地域一帯におけるユダヤ教徒の存在について、真偽の定まらぬ伝説ではない最初の史的痕跡は、一一七八年、神聖ローマ皇帝フリードリヒ一世（赤髭王）がモンテリマールから発した勅許状である。そのなかで皇帝は、アヴィニョンのユダヤ教徒たちの身柄を地元の司教ポンスに委ねる旨、言い渡しているという。一二六八年にポワティエ伯アルフォンス

（1）　コンタ・ヴネサン（le Comtat Venaissin）という名称の由来については、地名学の込み入った議論の歴史がある。まず、一九世紀の歴史学の権威アメデ・ティエリーが、venaissin の語を近隣に位置する村、ヴナスク（Venasque）の形容詞ととらえ、それをローマ時代の文献に見える古戦場の名 Vindalium に結びつけたところから、かつてヴナスクを中心とする伯爵領があったかのごとき解釈が一般に流布してしまう（今日なお、仏和辞典などで「ヴナスク伯爵領」との訳が採用されている）。しかし、のちの考古学調査により、Vindalium が同一地域内ながらも別の場所に位置していたことが判明し、venaissin を Venasque の形容詞と解釈するための根拠が失われてしまった。現在では、単に「アヴィニョン（Avennio）伯爵領」を意味するラテン語 Comtatus Avennicinus が、文字を一部欠落させて Comtatus Venicinus などとなり、フランス語で Comtat Venaissin と綴られるようになったという説が有力である。他方、ヴナスクの村名は、リグリア語の Vindasca に発すると考えられるようになった。

が行わせた調査の記録には、アヴィニョンのほか、ボレーヌ、ボニウー、カルパントラ、カヴァイヨン、ラパリュ、リル＝ド＝ヴニス（現リル＝シュール＝ラ＝ソルグ）、マロセーヌ、モントゥー、モルナ、セギュレ、ヴァルレアという、コンタ・ヴネサン内の一一か所にユダヤ教徒が居住していることが記されているが、各居住地の規模など詳細は不明である。

右に述べた領地の移譲、争奪の複雑な過程を経て、初めは名目上、そして一二七四年以降は実をともなって教皇領となったコンタ、そして、当初トゥールーズ伯からフランス王家の傍系の君主たちの手に渡り、一三四八年、正式に教皇領となったアヴィニョンの町も、プロヴァンス伯領と同様、フランス王国による追放令の効力が及ばない土地であったことから、一三～一四世紀、ユダヤ教徒たちの格好の「ミクラート（避難地、受け入れ先）」の一つとなる。一三五八年、インノケンティウス六世の在位期間、アヴィニョンの全住民に教皇への忠誠の宣誓を行うことが求められた時、ユダヤ教徒の集団からは二〇九人の家長が宣誓に立ったという。同じ頃、エクスの町にはユダヤ教徒の二〇三世帯、一二〇五人が住んでいたという記録が残されており、もしも一世帯の平均人数が近似していたとすれば、アヴィニョンのユダヤ教徒人口もほぼ同数の一二〇〇人程度だったことになる。ただ、当時のエクスが人口一万数千人の小都市にすぎなかったのに対し、教皇庁の移転にともない、一夜にしてキリスト教世界の基幹都市に生まれ変わったアヴィニョンは、優に三万、さらにヨーロッパ各地からの商人や学生など一時滞在の人々も加えて四万～五万の人口を擁していたと考えられ、そこに入り交じるユダヤ教徒の姿もさほど人目を引くものではなかったかもしれない。

一五世紀以前

同じ教皇領でも、アヴィニョンとコンタ・ヴネサンでは、当初、別個の統治体制が敷かれていた。アヴィニョンの町は、教皇の逗留期間中は教皇みずからの、そして教皇がローマに帰還したのちは教皇特使（légat）の管轄下に置かれた。それに対し、コンタでは、別途、教皇庁から送り込まれてくる主任司祭（recteur）がカルパントラに駐留し、地元の司教と協同して地域の統括・運営に当たり、初めの頃は、何かにつけて教皇やアヴィニョンの教皇特使とのあいだで覇権争いを繰り返していたようだ。たとえば一三四八年、アヴィニョンの町を教皇庁のものとして正式に買い取ったクレメンス六世が、ペストの流行をユダヤ教徒の責任に帰する妄言を説いて回る人々を厳しくたしなめた時、その効果はアヴィニョンの町に限られ、コンタの司教区は必ずしも教皇の方針に同調する姿勢を見せなかったという。ようやく一五世紀の半ば、カルパントラの司教区と教皇庁とのあいだに折り合いがつき、アヴィニョンのみならずコンタに住むユダヤ教徒の身柄も、地元の司教ではなく教皇特使を介して、直接、教皇庁に帰属することが確認されるにいたった。

アヴィニョンとコンタに限らず、本拠地ローマとイタリア半島の教皇領におけるユダヤ教徒の処遇は、法律上の平等と宗教上の隔離という、二枚重ねの構造を特徴としていた（ある意味で、言葉以前の「政教分離」を実現していたとみなすことができるかもしれない）。つまり、ローマ時代の慣習に則って、ユダヤ教徒も、異邦人や賤民（パーリア）などではなく、同じ法の適用を受ける市民であり、彼らの内部における諍いも、また彼らとキリスト教徒のあいだに持ち上がった係争も、同一の司法機関による同一の法の適用を受けるとされた。不動産売買、金銭貸借、遺言、結婚などに関わる契約書も、キリスト教徒たちと同等の規則に従って作成されることとなっていた。他方、宗教的な見地からは、ユダヤ教徒がイエス・キリストの真実をとらえ損ねた（あるいは、とらえることを頑なに拒み続ける）好ましからぬ異端者であることに変わりはなく、彼らとキリスト教徒との接触は最小限にとどめなければならないとされた。こうして、一二一五年、第四回ラテラノ公会議で採択された弁別記章の着用義務を徹底させ、アヴィニョンならびにコンタのユダヤ教徒も、上着の左胸に円形の記章を着けることが求められた（既婚女性の場合は「オラリア」と呼ばれる一種の被り物がそれに代わるとされた）。ユダヤ教徒はキリスト教徒の使用人を雇ってはならず、キリスト教徒と同じ家屋に住むことはもちろん、同じ食卓についたり、同じ遊戯や儀式に参加したりすることも禁じられた。キリスト教徒がユダヤ教徒の医師の診察を受けることに対する禁則も、それまでの公会議で幾度となく採択され、一三三七年、アヴィニョンの司教会議でも追認されたが、こればかりは、教皇、枢機卿をはじめ最高位の聖職者たちによる侵犯があとを絶たなかったため、空文化を免れなかったようである。

しかし、ユダヤ教徒とキリスト教徒の接触を必要最低限に抑えるためのもっとも効果的な手段は、居住区の分離、いわゆる「棲み分け」である。アヴィニョンとコンタに限らず、一三九四年の追放令以前のフランス王領、あるいは一五〇一年の追放令以前のプロヴァンスでも、多かれ少なかれユダヤ教徒の住民を抱えていた町には必ずといってよいほど「ユダヤ教徒通り（rue des Juifs, rue Juiverie）」――アヴィニョンの場合、「エルサレム広場（place Jérusalem）」――などと呼ばれる地区があり、その多くがユダヤ教徒の追放令や居住地の移転ののちも同じ名称を保ち、過去の痕跡を今日に伝えている。

ただ、『教皇のユダヤ教徒たち』（一九九二年）の著者ルネ・ムリナも注意を喚起しているように（Moulinas 1992 : 26-27）、この「ユダヤ教徒通り」に後代の「ゲットー」という名称、ならびにその陰惨なイメージを遡及的に覆い被せることには慎重でありたい。まず、「ゲットー（ghetto）」という言葉自体、一六世紀前半のヴェネツィアで使われ始めたものであり――やや遅れてローマに作られたユダヤ教徒の指定居住区は、当初、単に「囲い地（serraglio）」と呼ばれた（ポリアコフ 1961 : 378）――、それを手放しで中世の文脈に適用させるアナクロニズムは歴史記述として差し控えるべきである。さらに、「ゲットー」の定義として、（一）そこへの居住が強制されていること、そして、（二）そこから許可なく外へ出ることが禁止されているか、あるいは一日の特定の時間帯（とりわけ夜間）について制限されていること、とするならば、少なくとも一五世紀中葉まで、アヴィニョンとコンタのユダヤ教徒居住区はその定義に該当しないものであった。アヴィニョンの場合、たしかに一三世紀に定められた規定により、ユダヤ教徒は、旧来シナゴーグが位置している界隈に集住することが義務づけられていたが、その規定が必ずしも厳格に守られていたわけではない。また、カルパントラの場合、出入り口が一本の鎖で仕切られた指定居住区に住むことを求められていながら、一定の納付金を支払いさえすれば、ほかの地区に居を構えることも許されていた。そして、この「鎖」という象徴的な境界指標に端的に示されているように、その居住区への出入りは、昼夜を問わず自由であった。ただ、年間をつうじて復活祭の期間中だけ、ユダヤ教徒が居住区の外を出歩くことが禁じられ、禁を侵した者には実際に罰金刑が言い渡されもしたが、これは、キリスト受難の逸話に平常以上に想像力をかき立てられたキリスト教徒住民が、眼前の「ユダの末裔」に暴力を振るったりすることのないようにするための予防・安全措置であった。

つまり、ヨーロッパ中世のある時期まで、そしてフランス南東部の教皇領については近世と呼ばれる時代をとおして、各都市に存在したユダヤ教徒専用の居住区が、その後、強制力をともなって敷設されるようになったヴェネツィアやローマのゲットー（ましてやナチス占領下のワルシャワ・ゲットー）の雛型であり、予型であったとすることは、やはり、アメリカのユダヤ史家サロー・ウィットメイア・バロンのいう「ユダヤ史のお涙頂戴式の概念化」に類しかねないということだ。むしろ、少しく想像力を働かせてみればわかるとおり、十数〜数十家族からなるユダヤ教徒の会衆が、ある都市の一郭に身を寄せ合って暮らすことはきわめて合理的な選択であった。アヴィニョンとコンタでは、ユダヤ教のシナゴーグのことをプロヴァンス語で「エスコーロ（学舎）」――フランス語の école に相当――と呼ぶ習わしとなっていたが、それは、敬虔な者にとって、日に数度、足を運ばねばならない祈りの場であり、会衆の重鎮たちにとっては会合の場であり、子供たちにとっては学舎であり、女性たちにとっては、過越祭のための「マッァー（酵母を使わないパン）」を焼くための専用の窯、そして戒律にかなった沐浴（ミクヴェー）のための浴槽を備えた場所でもある。その「エスコーロ」の周囲に相互扶助の精神をもって集住することは、外部からの強制力以前の問題として自発的選択の結果であった。

さらにルネ・ムリナによれば、弁別記章の着用と一定の界隈での集住を除き、アヴィニョンとコンタのユダヤ教徒を周囲のキリスト教住民から物理的に区別する特徴はなかったと考えられるという。日常の言語として、彼らはキリスト教徒と同じプロヴァンス語を話し、職種としても（行政に関わる公職を除き）、キリスト教徒たちとほとんど変わらない就労分布を示していた。法律上の平等原則に則り、彼らにも土地と家屋の所有権が認められ、実際、かなりの農地を取得して大規模な農場経営（とりわけ葡萄栽培）に乗り出すユダヤ教徒もいた。

　また、ユダヤ教徒の職種として、しばしばその代名詞のように採り上げられる金利貸しについても、中世末期の現実と、その後、長い時間をかけて醸成された「高利貸し」のイメージとのあいだの乖離を正確に測り取っておく必要がある。ここでも第一に注意を払うべきは、やはり特定の単語の使用法であろう。たとえば、今日の仏和辞典で usurier の項を引くと、そこには当然のごとく「高利貸し」との訳語が当てられている。しかし、ラテン語 usura、ならびに古仏語の usure には、「使うこと」という原義から発して「自分の金銭を他人に使わせることによって生じる権利」、つまり「利子」の意味しかなく、その利率の「高低」に関する含意は皆無であった（今日のフランス語でいう intérêt（利子）、ないし prêt à intérêt（利付き貸し）に相当）。そこへ、周知のとおり、キリスト教会が度重なる教会法の制定をつうじ、利子を取って金を貸す行為を禁止しようとしたため、公然と金利貸しを行うことができるのは、理論上、ユダヤ教徒のみであるという状況が作り出され、いつの間にか usurier の意味が「あるまじき金貸し業者」を経て「法外な利子を課して金を貸す者」へと横ずれを起こし（ロベール大辞典によると、この意味で単語が用いられるようになったのは一七世紀中葉のことであるという）、他方、法外とはいえない通常の利子――むろん、どこまでが通常か、という境界線はあやふやなまま――を取って金を貸す業者のことを、prêteur（金貸し業者）、banquier（銀行家）など別の単語で言い換えるようになったにすぎない。

　第二に、歴史の現実として、教会法に縛られたキリスト教徒には金融を生業にする可能性が最初から閉ざされていた、などと考えてはならない。中世の金融の世界は、むしろ、キリスト教の禁制をさまざまな手法でくぐり抜ける術をわきまえた専門業者が大手を振る世界であり（なかでもカオール人とロンバルディア人が有名であった）、ユダヤ教徒の金貸し業者たちの独占が許される状況からはほど遠かったのである。その「さまざまな手法」のなかには、たとえば、金銭の融通そのものは無利子で行いながら、事実上、利子の額に相当する物品を担保の名目で納めさせたり、なにがしかの物品を売りつけた上でそれを安く買い戻し、差額を実質上の利子として回収するといったものがあった。その担保の取り立て方が時にかなり高圧的にして非情だったらしく、一四世紀初頭、パリの一般庶民が、フィリップ四世の追放令をうけて町から立ち退いていったユダヤ教徒の金貸し業者たちの方がよほど慈悲深かった、としてさかんに懐かしむ姿も見られたという（ポリアコフ 1955 : 109）。

アヴィニョンとコンタの場合も、ユダヤ教徒の金貸し業者たちは、小口の貸し付けを数多くこなすことによってかろうじて口に糊していたのみであり、ある額以上の大きな取り引きはすべて、上記のごときキリスト教徒の金融業者たちの独壇場であった。そして、市や教皇庁が直接関与するようなさらに大口の取り引きについては、フィレンツェ、シエーナ、ルッカといったイタリアの諸都市の大金融業者のほぼ独占市場だった。にもかかわらず、「ユダヤ教徒の高利貸し」というイメージがたゆまずに醸成されていったのは、伸張する貨幣経済体制のもとで利付き貸しを禁じようとすること自体、理念と現実のずれ、背反であることが誰の目にも明白であるなか、usurier という言葉の意味を「単なる利付き貸し」から「悪徳な高利貸し」へとずらし、あたかもそれが禁制の外にいるユダヤ教徒だけの職種であったかのごとく思い、思わせることによって、この理念と現実のずれ、背反を覆い隠そうとする言語的操作によるものであったと考えられるのだ。

「カリエーロ」の形成

もちろん、アヴィニョンとコンタのユダヤ教徒たちの境遇が、フランス王領内で見られたような暴力、流血と完全に無縁だったわけではない。ヘブライ文字で記された地名の読み方に不確かなところもあるが、一〇九六年、第一次十字軍の際、カルパントラの東二〇キロほどにあるモニウーのユダヤ教徒たちが進軍途中の十字軍兵士らによって虐殺された事実をうかがわせる年代記の一部が伝えられている。先述のとおり、一二四七年には、記録に残されている限りにおいて南仏唯一の例としてヴァルレアの町で儀式殺人事件が発生しているし、これも先述のとおり、一三四八年、ペスト流行に際しては、アヴィニョンとコンタにもユダヤ教徒を贖罪の山羊に仕立て上げる空気が実際の暴力沙汰をともなって蔓延し、教皇クレメンス六世がそれを厳しく戒めねばならないほどであった。一四二四年から翌二五年にかけては、フランス王領からの追放令以来、ユダヤ教徒の移流民が多く居住していたと見られるマノスクで、居住区の壊滅をもくろむ謀議が一部実行に移され、多くの犠牲者を出した。一四三〇年には、リル＝ド＝ヴニス（現リル＝シュール＝ラ＝ソルグ）でも、町のユダヤ教徒全員を亡きものにしようとする計画が発覚し、一四五九年には、カルパントラのユダヤ教徒居住区に暴徒が押し入り、六十数名の命を奪った（その後、下手人たちは捕縛されたが、教皇特使ピエール・ド・フォワ枢機卿により赦免されている）。

先に見たとおり、一四八一年、ルイ一一世によって事実上フランス王国に併合されたプロヴァンスで、王の没後あたりからユダヤ教徒を標的とした民衆暴動が頻発するようになり、それが最終的に一五〇一年の追放令の引き金の一つになったのであったが、この剣呑な空気がアヴィニョンとコンタでも察知されないはずはなかった。一四八四年、プロヴァンスで繰り返されるようになった暴力事件の主犯格が、毎年、麦と葡萄の収穫期に余所から流れ込んでくる季節労働者たちであるとの報告を受けたコンタの教皇特使は、領内の各市当局に対し、騒擾防止のために必要な措置を講ずるよう命じた。この時、たとえばカルパントラの市当局は、ユダヤ教徒居住区に新たに一二名からなる特別警備隊を配置するという予防体制を敷いたが、翌々年には、一年のうちの限られた時期だけでもユダヤ教徒居住区に特別警護体制を敷くことは市財政にとってあまりに負担が重いとして、教皇特使に苦情を申し入れている。

実際、警護の負担は、ユダヤ教徒人口の急増とも相俟って相当のものとなっていたに違いない。統計的記録がもっともよく伝えられているカルパントラの例で見るならば、この町には、一三四三年の時点で九〇世帯のユダヤ教徒が暮らしており、その後（間違いなくペストの爪痕であろう）、一三五七年で七一世帯、一四〇〇年には四二世帯まで落ち込んだものの、一四七三年には六九世帯以上、人口にして二九八人まで回復している。この時、カルパントラのキリスト教徒は、五二〇世帯、推定人口で三〇〇〇人強にすぎなかったわけであるから、ユダヤ教徒は町の人口の約一割を占めていた計算になる。一四〇〇年から一四七三年までの増加分には、一三九四年の追放令によって締め出されてきた北フランスのユダヤ教徒のほか、急激な環境悪化を懸念して移り住んできたプロヴァンス伯領のユダヤ教徒が含まれていると見てよいだろう。この流入の動きには、一五世紀末から一六世紀初頭にかけて、スペイン、ポルトガルからの追放令、ついでプロヴァンス伯領からの追放令により、さらに拍車がかかったと考えられる。一四八六年、ユダヤ教徒居住区の急激な膨張を懸念したアヴィニョンの市当局は、新参の外国籍のユダヤ教徒を市外へ追放するよう教皇側に申し入れを行い、さらに一四九三年、スペインからのユダヤ教徒追放令の翌年には、スペイン起源のユダヤ教徒を市内に定住させることのないよう、重ねて教皇特使に念を押している。しかし実際には、一部ながらアヴィニョンに腰を落ち着けたスペイン系ユダヤ教徒たちもおり、のちにヘブライ語年代記『涙の谷』の作者として知られることとなるヨセフ・ハ＝コヘンの両親は、一四九五年、スペインから別々に逃れ来て、アヴィニョンで知り合い、結ばれたのであった。

一五世紀後半、まさにこうした環境悪化への対応と警護体制の合理化の必要から、ユダヤ教徒居住区の（なお言葉以前の）「ゲットー化」が押し進められることとなった。

先駆けとなったのは、一四五三年、カヴァイヨンのユダヤ教徒居住区である。従来、教皇特使ピエール・ド・フォワ枢機卿のもとには、カヴァイヨンの町当局から、ユダヤ教徒たちがキリスト教徒住民とあまりに頻繁に行き来をし、日曜の安息日やキリスト教の祭日にこれ見よがしに仕事に勤しむなど、その立ち振る舞いが目に余るようになっているとの陳情がたびたび寄せられていた。そこで枢機卿は、カヴァイヨンの判官に命じて対応策を検討させ、実態解明のための公聴会を開催することにした。一四五三年三月一九日に開かれた公聴会では、日頃、ユダヤ教徒たちの訴訟を担当していた弁護士アメデ・ミカエリスが立って彼らの立場を代弁し、町のユダヤ教会衆は、その先人たちが定住を始めて以来一四〇年のあいだ（この数字に根拠があるとすれば、カヴァイヨンにおけるユダヤ教徒居住区の創設は一三世紀初頭であったことになる）、町内の好きな場所に自由に居を構えながら、周囲のキリスト教住民たちときわめて良好な関係を維持してきたことを強調した。さらに弁護士ミカエリスは、一四二二年の教皇マルティヌス五世による勅書（儀式殺人の風説が無根拠であることを明言したもの）をも援用しながら、現状維持とユダヤ教徒会衆への寛大な措置を求めた。しかし、最終的にカヴァイヨンの判官はこの主張を退け、ユダヤ教徒を町のある特定の界隈に集中的に住まわせる決定を下す。選ばれたのは、町のほぼ中心部、今日の「ラ・レピュブリック（共和国）通り」と直交する一本の袋小路（現在の「エブライック（ヘブライ）通り」）であり、以後、ここをヘブライ語で「メシラー（「道、通り」の意）」、ラテン語で「ユダヤ教徒通り（carreria Iudaeorum）」、プロヴァンス語では単に「カリエーロ（carriero）」と呼ぶこととなった。ラテン語の carreria、プロヴァンス語の carriero は、フランス語の carrière と同様、「荷車（carrus）が通れる道」を意味し、今日の「通り（rue）」に相当する。「カリエーロ」の突き当たりにはエスコーロ（シナゴーグ）が建てられ（一八世紀の改築を経て、今日なお現存）、そこから出口まで四〇メートルほどの区間にユダヤ教徒たちの住居が軒を連ねることとなった。カヴァイヨンのユダヤ教徒全員がそこへの居住を強制され、しかも、もはや復活祭の数日間にとどまらず、普段の日曜日もそこから外へ出ることが禁じられた。復活祭の期間中や日曜日に仕事をする場合は、屋内で行うことが義務づけられた。ここまでの強制力をともない、人為的に敷設された「カリエーロ」ならば、その定義に照らして「ゲットー」の名を先取りして当てはめることもあながち不適切とはいえないかもしれない。

同じ頃、カルパントラでも町当局から同様の陳情が教皇側に出され、それまで町の南東の一郭（今日の「ラ・ヴィエイユ・ジュリヴリー（旧ユダヤ会衆）通り」）に自由に寄り集まって暮らしてきたユダヤ教徒たちは、新たな居住区への移住を求められた。当初、ユダヤ教徒たちはこの強制措置に抵抗を試みたが、一四五九年、実際に暴徒らによる襲撃事件が発生したこともあって圧力に抗しきれなくなったのであろう、一四六一年、町の中心部にある「ラ・ミューズ通り」と、それに垂直に交わる「ラ・ガラフ通り」（今日、「モーリス・シャルティエ広場」となって市庁舎が建っている場所）への移転を余儀なくされた。その後、一四八六年には「ラ・ガラフ通り」をキリスト教徒住民に明け渡して「ラ・ミューズ通り」のみに集中させられることとなったため、一二八世帯、推定九〇〇人前後の住民を狭隘な一郭になんとか収容しようと、屋上階にさらに階を重ねた八階建ての建物もお目見えするようになったという。同時に、ある時期以降、「ラ・ミューズ通り」の両端に、もはや鎖ではなく頑丈な門扉が設えられるようになったが、これを町当局による一方的なユダヤ教徒「幽閉」の意図に帰することはできないようだ。それはまず、一五世紀後半に各地で頻発するようになったユダヤ教徒襲撃事件に対する予防措置であり、また、古記録の示すところによれば、当のユダヤ教徒たち自身が、すでに手狭となった居住区がプロヴァンス伯領やイベリア半島からの移民を受け入れてますます人口稠密となることを懸念し、門扉の設置を当局側に要請した形跡さえ見られるという。

アヴィニョンでは、古くから町の北西、ロシェ＝デ＝ドンの丘からローヌ川方向へ下った一帯にユダヤ教徒が居住区を形成していたが（今日、「ラ・ヴィエイユ・ジュリヴリー（旧ユダヤ会衆）通り」にその名残をとどめる）、一二二一年、司教の命により（その理由は判然としない）、市の中心部、現在の「エルサレム広場」付近への移住を命じられ、そこに新しくエスコーロ（シナゴーグ）も建設することとなった（今日のシナゴーグも同じ基礎の上に建っている）。一四五八年の記録から、その「カリエーロ」の両端に単に鎖が渡してあるだけだったことが読み取れるが、一四七五年の記録には、市当局が、とりわけペスト流行時に衛生隊の活動を妨げないようにするため、「カリエーロ」の門扉を開け放っておくようユダヤ教会衆の代表者に申し渡した経緯が記されていることから、門扉が設置されたのは、そのあいだのことであったと察せられる。

こうして、隔離の推進、警護の強化、自衛の意志という三つの要素を織り交ぜながら進行していったユダヤ教徒居住区の「カリエーロ」化は、コンタのほかの町や村（一六世紀初頭、カルパントラとカヴァイヨン以外にも二〇か所ほどでユダヤ教徒の居住区が確認されている）でも大同小異の経緯を辿ったと考えられるが、その詳細を伝える史料は乏しい。そもそも、アヴィニョン、カルパントラ、カヴァイヨン以外の町や村におけるユダヤ教徒会衆は、数家族から十数家族の小規模なものであったため、大がかりな強制移転や門扉の設置を要せずとも、ごく自然に「カリエーロ」化を完了させたのかもしれない。

しかし、この段階でなお、「カリエーロ」に後代の「ゲットー」につきまとう陰惨なイメージを遡及的に適用することには慎重であるべきだろう。たしかに、このアヴィニョンとコンタにおける「カリエーロ」の先例が、続く一六世紀、当初からユダヤ教抑圧の意図を前面に掲げて開設されることとなるヴェネツィアの「ゲットー」やローマの「囲い地」に、着想ないし方向性を与えたことは十分あり得る（ポリアコフ 1961 : 363 以下）。しかし、アヴィニョンとコンタについて、少なくとも一五世紀時点の史料から読み取ることができるのは、ユダヤ教徒の生活環境をことさら悪化させようとする意図ではなく、まずはユダヤ教徒とキリスト教徒の接触が（単に視覚的なものであっても）度を過ぎているという一部の苦情に対応しようとする教皇特使の意向、そして、季節労働者が主役であったといわれる反ユダヤ暴動に手を焼く行政当局の苦慮、さらには、追放の憂き目に遭って外部から流れ込んでくる同宗者を限界容量以上に受け入れてしまうことに対するユダヤ教会衆自身の警戒心、その三要因が合力として作用する様なのである。

「カトリック改革」とユダヤ教徒

現実として、続く一六世紀、アヴィニョンとコンタにおけるユダヤ教徒の生活環境が急速に悪化に向かうことになったのは、「カリエーロ」の設置そのものよりも、世紀前半から教皇庁を中心として徐々に勢いづいた「カトリック改革（la Réforme catholique）」[2]のイデオロギー的性格によるところが大きい。その動向は、まず、アヴィニョンとコンタの「カリエーロ」の住民に、従来の円形の弁別記章に代えて黄色の帽子の着用を義務づける制度として表面化した。

先述のとおり、アヴィニョンとコンタが教皇領となって以来、領内のユダヤ教徒には、第四回ラテラノ公会議（一二一五年）で採択された弁別記章の着用義務が課されていた。しかし、いつしかその規定も形骸化し、一四九四年、教皇アレクサンデル六世がアヴィニョンの特使と参事たちに宛てた小勅書のなかで不満とともに指摘しているところによれば、アヴィニョンのユダヤ教徒たちは、ほとんど人目につかない、申し訳程度の記章として、白い糸を縫って作った小さな輪を身に着けているにすぎなかったという。その後、幾度か繰り返された改善命令も功を奏さなかったため、一五二四年、教皇クレメンス七世は、大勅書のなかでアヴィニョンとコンタに住まうユダヤ教徒に課された種々の義務を再確認するとともに、新しい措置として彼らにサフラン色の帽子の着用を義務づける旨、言い渡した。これに抗してユダヤ教会衆も枢機卿たちにさかんに働きかけを行い、いったんは、何色のものであれ帽子の着用は必須ではなく、従来の円形の記章で足りるとする勅許状を出させることに成功する。しかし、一五五五年、すでに枢機卿時代から異端審問所の長として辣腕を振るい、ユダヤ教の弾圧にかけてはことさら身を砕いてきたパウルス四世が、教皇選出と同時に公布した勅書『クム・ニミス・アブスルドゥム（余りの理不尽ゆえに）』——まさにローマ・ゲットー建設の大号令となった勅書——のなかでクレメンス七世の勅令を追認し、ユダヤ教徒の男性には先の尖った黄色い帽子、女性には黄色い襟巻きの着用を義務づけ、それをアヴィニョンとコンタのみならず、イタリア半島まで含めたすべての教皇領に拡大適用した。その後、宗教戦争の激化にともない、カトリック、プロテスタント双方の過激主義者たちが自陣営の教義の正しさをユダヤ教徒に対する凶暴性の度合いとして証立てようとしのぎを削るようになったため、ユダヤ教徒がみすみす暴漢の餌食となることのないよう、旅行中に限り帽子の着用が免除された時期もあった。しかし、一五五五年の勅書以後、一七九一年のフランス共和国への併合（イタリアの教皇領については一八七〇年のイタリア王国編入）まで、黄色の帽子ないし襟巻きの着用は、基本的に教皇領の全ユダヤ教徒の義務として維持されることとなった。

さらに、一五五五年、パウルス四世の勅書『クム・ニミス・アブスルドゥム』は、ユダヤ教徒から私有財産権と職業選択の自由をも奪い上げる性質のものであった。従来、教皇領内で不動産の所有権を認められてきたユダヤ教徒は、以後、指定された居住地の内部で、もっぱら居住目的の土地と建物しか所有することができないとされ、新たな取得はもちろん、それまで居住地外に所有していた不動産も期間内にすべて手放すことを命じられた。その先、フランス革命期にいたるまで、アヴィニョンとコンタで「カリエーロ」の外に不動産を所有しているユダヤ教徒が実際にいたとすれば、それは何らかの特別措置、あるいはキリスト教徒の名義を借りるといった非合法の操作の結果である。さらに教皇勅書によって新たに課された職種制限の結果、ユダヤ教徒は、従来、キリスト教徒と同様に（むしろより頻繁に）従事してきた収税代理人の業務から締め出されることとなった。商業に従事する場合も、小麦、葡萄酒、油といった生活必需品目をキリスト教徒の同業者に譲り渡し、古着、古物など、中古品の売買しか認められないこととなった。それでもなお、中古品以外の品物を扱って生計を立てたい場合は、売り物の対価を現金ではなく現物で受け取ることの許可を願い出るなど、きわめて煩瑣な手続きを踏まねばならなくなった。さらに致命的だったのは、それまでユダヤ教徒たちが得意としてきた専門職（指物、大工、屋根葺き、金物、石工など）が、キリスト教徒の同業者との競合を解消する必要があるという理由から徐々に禁じられていったことだ。こうして一七世紀にもなれば、ユダヤ教徒が従事できる職種として、仕立屋と古着商を除くならば、もはや小口の金利貸ししか残されていないような状況が作り出されていく。

一五六九年、「カトリック改革」の絶頂期には、アヴィニョンとコンタのユダヤ教世界の存続自体に危うく終止符が打たれそうになった。その年の三月四日付けで出されたピウス五世の勅書『ヘブラエオールム・ゲンス（ヘブライ人の種族）』は、「ローマとアンコーナの町だけを例外として（Urbe Roma & Ancona dumtaxat exceptis）」全教皇領のユダヤ教徒に対し、三か月以内の立ち退きを命じる内容だったのである。こ

(2)　カトリック内におけるこの動きを指して、従来、「反＝宗教改革」「対抗＝宗教改革」（la Contre-Réforme）との歴史用語が定着してきたが、それが必ずしもプロテスタントの宗教改革に「対抗」するものとして勃興してきたわけではなく、開始時期としてそれに先行さえするものであったことが示されるにおよんで、その用語自体の不適切が指摘されるようになっている。本書では「カトリック改革」の用語を採用する。

の時、アヴィニョンとコンタのユダヤ教会衆の代表者たちが、「三か月以内」という立ち退き期限に可能な限りの延長措置を求めてあらゆる人脈を駆使する一方、一般の信徒たちのなかには、フランス王領、スペイン、ポルトガル、そして最長老のなかにはその直接の記憶をとどめる者もいたかもしれないプロヴァンス伯領からの追放処分がついに自分たちの身にも及んだと観念し、早々に、粛々と立ち退きの準備に取りかかる者も少なくなかった。コンタの主任司祭館に残された古文書には、この年の七月、レヴァントに向けて出発すべく旅券を申請したユダヤ教徒の家長たち数名の名が記されているという。アヴィニョンの「カリエーロ」では、同年八月二九日、一般人の出立後しばらく現地にとどまる五人の代理人を選び出し、エスコーロ（シナゴーグ）を含め「カリエーロ」の共有財産の売却手続きを彼らに一任する取り決めがなされている（売却の対象にシナゴーグが含まれているところに、それが一時的な避難などではなく永久の出立であるとの覚悟が表れている）。一五七〇年七月、カルパントラで、マルセイユのある船主とユダヤ教徒たちのあいだで交わされた傭船契約書には、同年八月末までに二九八名分の乗船が予約されている。また、同時代のキリスト教徒が残した記録によれば、一五六九年の末、財の処分もままならず、ほとんど着の身着のままで出立を余儀なくされた三〇〇名のユダヤ教徒がマルセイユに吹き溜まりをなしていたといい、さらに翌七〇年の一〇月には、新たに八〇〇名のユダヤ教徒がプロヴァンス地方を横切り、いずこかへ立ち去っていく姿が見られたという。ペルヌやヴァルレアの町には、一五六九年から翌七〇年にかけて、キリスト教徒の地主が、シナゴーグを含めて旧「カリエーロ」の土地と建物の新たな所有者となった旨を記す公証記録も残されている。

しかし、この追放政策をぎりぎりのところで骨抜きにする力が、図らずもアヴィニョンの名士たちのなかから起こった。ユダヤ教徒らは、出立前に借財をすべて清算することが求められていたが、そのためには当然、彼ら自身の貸し方を急ぎ回収する必要があった。むろん三か月程度の猶予では、彼らのみならず、日頃から彼らと頻繁な取り引きのあったキリスト教徒たちにとっても到底足りるものではなかった。そこで、富裕商人と貴族、聖職者らによって占められるアヴィニョン市会は、ユダヤ教徒たちの請願に歩調を合わせるかたちで教皇とその特使に働きかけ、まず一五六九年の八月一五日まで、ついで翌年の聖ミカエル祭（九月二九日）まで、追放令の執行期限を先延ばしにさせることに成功する。これとは対照的に、カルパントラに集うコンタの各町村の代表者たちは、期限を過ぎてもまだ領内に多くのユダヤ教徒が残存していることに業を煮やし、教皇庁にたびたび不服を申し入れていたが、一五七二年、ピウス五世のあとを襲って教皇位についたグレゴリウス一三世は、アヴィニョンの名士連の強力な援護に支えられたユダヤ教徒たちの追放延期の請願の方に耳を傾けるのだった。最終的に、アヴィニョン市会の代表連が教皇に宛てた一五七三年三月二八日付の請願書が歯止めの役割を果たし、事態を現状のまま（つまり追放令自体は有効として、その施行だけを延期状態に置いて）、凍結に持ち込むことに成功する。その請願書のなかで、アヴィニョンの名士たちは、ユダヤ教徒たちの完全退去によってもたらされる経済上の大損失をさかんに強調した上で、一見、誤解の余地がないように見える追放令の文言そのものを覆してみせる機知を発揮していた。すなわち、もしも全教皇領中、ローマとアンコーナにユダヤ教徒の居住が認められるならば、この西方の飛び地にあって、古来、「もう一つのローマ（altera Roma）」として自他共に認められてきたアヴィニョンの町にも同様の例外措置が適用されないはずがない、というのである。

かくして一五六九年の追放令は有名無実化されるにいたったが、それがユダヤ教徒人口にもたらした損失は甚大なものであった。カルパントラでは、一五五一年時点で、九四世帯、四九六人を数えていたユダヤ教会衆が、一五七一年には、男女子供を合わせてわずか五七人に数を減らしている。流出の度合いがもっとも小さくて済んだアヴィニョンでも、タイユ税の納税者名簿上、一五五六年の時点で一〇二人分記載されていたユダヤ教徒の家長の名が、一五七七年には七七にまで減少しているという。コンタのほかの場所については記録が残されていないが、もともと数家族、十数家族からなる小規模ユダヤ教会衆のなかには、のちの「四会衆」（後述）への強制統合を待たずして、すでにこの時点で消滅したものもあったと考えられる。

追放令の不徹底に対する不満がくすぶっていたコンタでは、一七世紀に入り、各町村の代表者たちがふたたび攻勢に転じ、たとえユダヤ教徒の即時追放が無理であっても、その隔離は徹底されるべきであるとして教皇庁への訴えかけを強めた。これに理を認めたバルベリーニ枢機卿は、一六二四年、コンタの主任司祭に対し、以後、領内のユダヤ教徒を全員、カルパントラ、カヴァイヨン、リル＝ド＝ヴニス、三か所の「カリエーロ」に集住させ、それ以外の場所に居住させてはならぬ、との命を言い渡す。だが、この命が実行に移され、おおむね完遂しようとしていた一六二九〜三〇年、南仏にペストが流行し、狭隘な「カリエーロ」が感染源になる危険性が高まったため、許可を得た者には、疫病の終息まで町の外の田園地帯に分散して住むことが認められることとなった。これにより、しばらく三つの「カリエーロ」への移住強制策は棚上げとなったが、一六四六年、教皇特使補佐の命により、右の三つの町にアヴィニョンを加えた四か所（以後、ヘブライ語で「アルバ・ケヒロート（四会衆）」と呼ばれることとなる）以外での居住は固く禁じられる旨、再確認され、違反者には重い罰金刑が科されることになった。規則は一時、「カリエーロ」の外部に部屋を借りることの禁止に加え、外泊そのものを一日たりとも認めないというところまで厳格化されたが、それでは「カリエーロ」の生活を支える商業活動そのものが成り立たないとして、一六五四年、月に三日以内、一六五九年には週に三日まで外泊を認めるところまで規制が緩和されて、一八世紀末、フランス革命期まで維持されることとなった。

以後、ユダヤ教徒とキリスト教徒の分離政策は、細部にいたるまで水も漏らさぬ性質のものとなる。一六五六年、教皇特使補佐ジャン＝ニコラ・コンティ（のち枢機卿）は、四つの「カリエーロ」を念入りに視察し、逐一、改善点を指摘して回るのだった。たとえば、「カリエーロ」の建物から裏庭や地下倉をつうじてキリスト教徒の住居につながる通路がある場合はそれを塞がせ、ユダヤ教徒の住む家の窓からキリスト教徒の住む家を直接望むことができるようになっている場合は、その窓に鉄の格子と厚板を渡し、上方の開口部から空しか見えないようにさせるといった具合である（いつしか、その遮蔽板付きの窓は「狼の喉」と呼ばれるようになった）。

こうして一七世紀半ば以降、名実ともに「ゲットー」と呼ばれるにふさわしいものとなった「カリエーロ」の内部で、ユダヤ教徒住民は、まさに折り重なるようにして暮らすこととなる。一五六九年の追放政策による大幅な人口減があったにもかかわらず、その後、「四会衆」への集住が強制されたため、それぞれの「カリエーロ」人口は二世紀前の開設時の三倍から四倍に膨らんだものと推測される（カルパントラで約一〇〇〇人、アヴィニョンとリルでそれぞれ約三五〇人、カヴァイヨンで約二〇〇人、合計して約二〇〇〇人）。集住が強制されたからといって敷地自体の拡張が認められたわけではなく、「カリエーロ」の建物は、常に階に階を重ね（カルパントラで最大八階から九階）、また、元来一本しかなく、しかも決して広いとはいえない通り道にじわりじわりと迫り出しながら、いつしか暗くて険しい峡谷のような様相を呈していった。

ここで、一六～一七世紀、教皇領（イタリア半島のそれを含む）におけるユダヤ教徒の生活環境を反射鏡とし、いわゆる「カトリック改革」の精神構造をあぶり出す作業は本書の手に余る課題である。ただ、ここでも「ゲットーありき」の結論先取を回避すべく、事の因果関係、少なくとも影響関係の方向を取り違えないよう留意したい。つまり、一七世紀、アヴィニョンとコンタにおけるユダヤ教会衆の「ゲットー化」は、一五世紀の「カリエーロ」形成に由来する必然の結末ではなく、あくまでも「カトリック改革」という周辺社会における精神構造の変化を映し出すものだったということだ。繰り返すが、ユダヤ教徒がエスコーロ（シナゴーグ）を中心として集住することそのものは自発的な選択行為であり、周囲のキリスト教社会が、法的な平等、ならびに精神的に「異なってあること」の自由を尊重しようとする限りにおいて、なんら害を及ぼすものではない。しかし、ユダヤ教徒、カトリック、プロテスタントのそれぞれが精神的に「異なってあること」の自由に、まずは最大会派（すなわちカトリック）の側が耐えきれなくなり、精神的統一を振りかざし始める瞬間、すべての均衡が崩れ去る。つまり、「ゲットー」化とは、ある特定の少数集団が何らかの精神的価値の周囲に寄り集まること自体の帰結ではなく、その集団を取り巻く多数派社会の側が、「異なってある」ものに対する猜疑心、恐怖心、敵愾心を募らせた末、まずはみずからの精神を「ゲットー」化し、すべての価値観を多数派の均質性に収斂させようとする、その力を、異なる少数派に対して斥力として作用させるところに起因するものなのだ。

「カリエーロ」の日常生活

こうして一七世紀後半から一八世紀末まで、アヴィニョンとコンタの「四会衆」は、いずれも町のほぼ中心部にあって、道行くキリスト教徒たちが、日々、「主イエスを誤認し、辱め、死にいたらせた者どもの贖罪の末路はかくのごときか」という侮蔑と憐憫の入り交じった気持ちを新たにするための実物教育の教材のような役割を強いられることとなる。いつしか不文律として定着した習わしにより、ユダヤ教徒は、町なかで聖体行列やキリスト教徒の葬列とすれ違う際、所定の黄色帽を取って深々と辞儀をせねばならないこととなった。行列の先頭を僧侶とともに歩く聖歌隊の少年たちは、規則に従わないユダヤ教徒を見つけた場合、その者を路上に跪かせ、償いの金銭を要求する権利さえ認められていたという。

ユダヤ教徒を辱めるのみではなく、積極的にキリストの真実に導かねばならないとして、彼らに定期的に「強制的説教(predica coattiva)」を施す制度は、一四三四年、バーゼル公会議での決議をもって嚆矢とする。すでにアヴィニョンでは、一六世紀初頭以来、年に一度、三位一体の祝日にユダヤ教徒たちを教会に集めて改宗を説き勧める習慣が成立していたが、「カトリック改革」の文脈上、これを週に一度の定例行事にすべし、という教皇グレゴリウス一三世の命をうけ、以後毎週、ユダヤ教徒たちはサン゠ピエール教会に足を運ばなくてはならなくなり、怠った者には罰金が科されることとなった。しかし、実施主体たるキリスト教会にとってこれが大きな予算負担となり、一七世紀には、ふたたび年に一度、三位一体の祝日のみに行われるようになる。逆にカルパントラの「強制的説教」は、開始時期こそ一七世紀末と後れをとったが、数が多すぎて一つの会場に収容しきれない聴衆を三つに分けるなどの工夫を凝らしながら、毎週土曜(つまりユダヤ教の安息日)の定例行事としてフランス革命期まで継続された。この場合、制度の長続きの秘訣は、会場の賃料や説教師の報酬といった必要経費を、すべてユダヤ教徒側のいわゆる「受益者負担」として徴収することにあったようである。

ローマでユダヤ教関連の書物の焚書処分が本格化したのは、一五五三年、教皇ユリウス三世の在位中のことであった。西方のアヴィニョンとコンタでも、「四会衆」の成立後、キリスト教に対する冒瀆的な言辞を含む書物、とりわけタルムードの所持が厳罰をもって禁じられ、抜き打ちの家宅捜索も行われるようになった。タルムードなくしてユダヤ教の学知の開花はあり得ないことの逆証明と見て差し支えあるまいが、以後、フランス南東部の「カリエーロ」からはユダヤ教史に名を残すような学識者は一人も出現していない。時折、異国のユダヤ教会衆からやってきて「カリエーロ」に逗留するラビたちは、一様に、現地の同宗者たちのラビ・ユダヤ教に関する無知無学ぶりを見て驚き、嘆いていたという。

しかし同時に、アヴィニョンとコンタの事例は、たとえタルムードの学知への道が閉ざされたとしても、聖書と祈禱書、ヘブライ語とエスコーロ（シナゴーグ）さえあれば、素朴ながら、その土地ならではの要素を織り交ぜた独特のユダヤ教文化が形成され得ることの証明にもなっている。

「カリエーロ」の住民たちは、日頃、キリスト教徒住民と同じプロヴァンス語を操り、信仰実践の場では、ヘブライ語の聖書と祈禱書、ならびにヘブライ語そのものの知識をもたない者（とくに女性）のためにヘブライ文字で記されたプロヴァンス語の祈禱書を用いていた。先に見たとおり、ラシと「加筆者」たちが書き残した「ラアズ（異言語）」から一二、一三世紀のフランス語の発音が浮かび上がってくるように、このヘブライ文字表記のプロヴァンス語のテクストも、今日、往時のプロヴァンス語の発音を再現するための貴重この上なき資料体をなしている。こうした二語混成のユダヤ教実践から、毎年の「プリーム祭」や新生男児の割礼式の際、ヘブライ語とプロヴァンス語でほぼ同一の意味の歌詞を交互に連ねて歌われる「オブロス」という歌謡の形式も発達した。いくつかの「オブロス」の作者として知られるモルデハイ（マルドシェ）・アストリュク（一七世紀末）は、『エステル王妃の悲劇』というプロヴァンス語の劇作品も残している。

後述のとおり、一八世紀に入って教皇領のユダヤ教徒商人がフランスの王国臣民（régnicole）としての資格を手にし、フランス各地の都市に自由に赴いて商業活動を行うようになると、「カリエーロ」の文化はさらにモリエールの言語をも自家薬籠中のものとし、ついにはヘブライ語、プロヴァンス語、フランス語の三語を混淆させた「エスコーロ言葉（jargon de l'escolo）」、あるいは「シュアディト語（shuadit）」と呼ばれる特殊言語さえ成立させた（その名称は、おそらくヘブライ語「サファー・イェフディート（ユダヤの話し方）」に由来する）。「シュアディト語」はもっぱら話し言葉であり、その文字としての痕跡は、当初、キリスト教徒がユダヤ教徒を揶揄する目的で書き残した著作（たとえば一六世紀初頭、カルパントラの司教サドレ枢機卿の作とされる喜劇『ユダヤ教徒たちの誓い』）のなかに、ユダヤ教徒の登場人物が述べる台詞として断片的に挿入されるにすぎなかった。しかし、フランス革命を経た一九世紀初頭、コンタのユダヤ教徒の一門に連なるモンペリエの法曹人、イスラエル・ベダリードが、彼自身すでに操れなくなっていた「シュアディト語」を全編をつうじて蘇らせる喜劇『ハルカノートとバルカノート、あるいは一八世紀カルパントラのメフィラー』(3)を著し、消えゆく混成語を活字として復活させた（Viguier 2000）。ドイツ語圏のイディーシュ語、バルカン半島を中心に発達したジュデズモ語ないしラディーノ語（ヘブライ語とカスティーリャ語の混成）、あるいは北アフリカのユダヤ・アラビア語などと並んで、ユダヤ教世界の貴重な文化遺産として注目に値する言語の一つである。

「四会衆」のそれぞれは、プロヴァンス語で「頭《かしら》」を意味する「バイロン（bailon）」と呼ばれる何名かの代表によって構成される評議会のもと、「エスカモート（escamot）」（ヘブライ語「ハスカモート（合意、取り決め）」の変化形）という内規にもとづいて運営されていた。この内規自体、制定や改訂に際しては教皇庁の権限を体現する人物（アヴィニョンでは下級裁判所裁判官、コンタでは主任司祭）による事前の綿密な点検を経ねばならないこととなっていたため、会衆内の自治が認められていたとは言い難い。また、のちに見るアルザス・ロレーヌの場合とは異なり、教皇領のユダヤ教会衆には自前の司法権を行使することも許されていなかったため、たとえ会衆の構成員間に持ち上がった係争でも、キリスト教徒と同じ裁判手続きを踏まなければならなかった。会衆内部には、ラビに相当する宗教的指導者が必ず数名おり、祭司、ショヘート（食餌規定に適った肉の裁き手）――プロヴァンス語で「殺す人」を意味する「サガタイレ（sagataire）」と呼ばれていた――、ならびにユダヤ教とヘブライ語の教師、そのすべての役割を兼ねていたが、司法権をもたなかったため、会衆内での地位はそれほど高くなかった。しかも、前述のとおりタルムードの学知が禁じられていたこともあって、会衆自体として適任者を育成する機能を備えておらず、こうした宗教指導者は、イタリア、メッス、さらにはポーランドなどから移り住んできた外国人であった。それ以外に各会衆には、「カリエーロ」の門扉を管理する「ポルタリエル」、ならびにエスコーロ（シナゴーグ）の用務員と「カリエーロ」内の連絡係を兼ねる「サマス（堂守り）」と呼ばれる役職があり、その手当は共同出資によってまかなわれていた。アヴィニョンとコンタの「四会衆」のあいだの連絡は決して疎遠ではなく、姻戚関係が結ばれることも珍しくはなかったが、基本的には同一会衆内でほぼ同族結婚に近い縁組みが行われ、何らかの事情によってある会衆から別の会衆に居住地を移したい場合は、新しい会衆にエスコーロ（シナゴーグ）の席料として相当額を支払わなければならない仕組みとなっていた。

経済的復興

教皇庁から次々と課されてくる非情な規制のもとに喘ぎ、凋落の一途を辿るかに見えた「四会衆」の経済生活に、「偉

(3)　ここで mefila と表記されているのは、「カリエーロ」に相当するヘブライ語「メシラー（道、通り）」のことである。ヘブライ語の s音を f音に置き換えるのがユダヤ＝プロヴァンス語の特徴の一つであった。

大なる世紀」（一七世紀）から「光の世紀」（一八世紀）への移行期、思わぬ変化のきっかけがもたらされる。

先述のとおり、一五五五年、パウルス四世の勅書『クム・ニミス・アブスルドゥム』によってユダヤ教徒が従事できる職種に厳しい制限が課され、「カリエーロ」の住民たちは、事実上、金利貸しと古着・古物など中古品の売買にしか従事できなくなっていた。金利貸しについては年利九パーセントを上限とし、しかも、借用期間が一年を過ぎた場合、貸し手のユダヤ教徒は借り手のキリスト教徒に返済を請求する権利を失うという無情な取り決めまで成立していた。こうして、一七世紀をつうじ、「カリエーロ」の経済状況は悪化の一途を辿り、教皇庁や地元の市当局に支払わねばならない種々の納付金を捻出できるかどうか、というところまで追い込まれた。ところが、一七世紀末以降、アヴィニョンとコンタのユダヤ教徒のなかから、家畜商、ならびに繭・生糸・絹布の仲買という新たな業種に乗り出し、各会衆の財政を少しずつ好転させることに成功する者が現れ始める。教会権力者たちは、当初これを見咎め、一六世紀の勅令が厳格に遵守されるべきことを教皇庁に訴えたが、その都度、「カリエーロ」の住民たちを赤貧のまま打ち捨てておくより、キリスト教徒と競合しない範囲で彼らにも新業種への進出を許すべきとする別の勢力の圧力が働き、既成事実の黙認という結末に落ち着くのだった。

さらに「カリエーロ」の経済を浮揚させるきっかけを作ったのは、フランス王国の各都市が、この頃、相次いでユダヤ教徒商人に発行するようになった期間限定の滞在許可である。先駆けとなったのは、一六九五年、トゥールーズの高等法院が、コンタの一部のユダヤ教徒商人に対し、各季節につき三週間まで市内に滞在して商品を売りさばいてもよいという許可を出したことである。以後、同様の許可制が、リヨン、グルノーブル、ディジョンといった都市でも採用されることとなる。さらにフランス各地の主だった都市には、一三世紀頃から「自由市（foire franche）」の制度が定着していた。交易を奨励するため、各都市が王政府の正式な認可を取りつけ、一年のうち数日間のみ、外国人商人に対し、関税、その他の面での大幅な免責特権とともに営業滞在を許可する仕組みである。これに目を留めた「四会衆」の商人たちは、トゥールーズ、その他、特別な滞在許可を取りつけることのできた都市から都市へと移動する合間に、そうした「自由市」をも訪ね歩いて古着や布地を売りさばき、ついには一年のほぼ全体を旅商人として過ごすまでになっていった。上述のとおり、アヴィニョンとコンタの内部では「カリエーロ」の外での宿泊が厳しく制限されていたのに対し、その外側のフランス王領内では、皮肉なことに、同じ「カリエーロ」の商人たちがほぼ無制限に各都市の市を渡り歩くことができるようになったわけである。

むろん、この新手の商人集団の進出が物議を醸さないはずがなく、一七二〇年代から、各地の商人たちから、アヴィニヨンとコンタのユダヤ教徒たちが「自由市」の期間を利用して荒稼ぎをし、地元の商業に大きな損害を与えているという苦情が一斉に寄せられるようになった。地方によっては、ユダヤ教徒商人の特別許可制の不更新を決めたり、継続する場合でも滞在期間や販売品目に大きな制限を設けたりして不満の解消に当たるところもあった。これに対し「カリエーロ」のユダヤ教徒たちの側でも、自分たちの商業活動が「自由市」の基本精神に反して不当に制限されるようになったとしてフランス王政府にさかんに陳情を行い、最終的な判断は、時の王国財務検査官フィリベール・オリーに委ねられることとなった。そして一七四一年、オリーがフランス王国の全地方長官（intendant）の意見を徴した末に下した結論は、従来の「自由市」の原則に鑑み、またフランス王国の一般住民の利益に照らしても、各都市で期間を限定して開催されている大規模な市から教皇領のユダヤ教徒商人だけを締め出すことはできない、というものであった。

　本書第8章に見るとおり、フランス南西部の町々、ならびにナント、ルーアンといった海運、水運の要衝には、一七世紀初頭から少しずつ、密かなユダヤ教の実践者が居住し始めており、また第9章で述べるとおり、一六世紀後半のメッス、一七世紀中葉からはメッス以外のロレーヌ地方とアルザスのユダヤ教徒にも、順次、居住を認める勅許状が下されることとなるが、それらはあくまでも地域限定の例外事象である。それ以外の場所で、フランス王国の一般住民が、一三九四年の追放令以来およそ三〇〇年ぶりにユダヤ教徒の姿を日常生活のなかでふたたび目にするようになったとすれば、それは「自由市」から「自由市」へと旅を続ける教皇領のユダヤ教徒商人たちであったはずだ。よって、アヴィニョンとコンタの「カリエーロ」に「ゲットー」という言葉を適用し、その閉鎖性のみを強調する見方は、一八世紀初頭以降の状況について、やはり史実にそぐわないこととなる。むしろ、一八世紀、「大革命」以前のフランス王国臣民にとっては、強いプロヴァンス訛りのフランス語を操りながら古着と布地を売って歩く、こうした旅商人の姿こそ、「ジュイフ」の心象としてもっとも馴染み深いものになっていたのではないか、とさえ推察されるのだ。

　こうして、従事できる職種（家畜商、絹物関係）と参入できる販路の両面で大きな自由度が開けたことにより、アヴィニョンとコンタのユダヤ教会衆の経済状態は、一八世紀をつうじて急速に改善に向かっていった。その様は、一七三〇〜四〇年代以降、教皇領のキリスト教徒住民がユダヤ教徒たちについて発するようになった不平や苦情のなかにはっきりと映し出されている。たとえば、「カリエーロ」のユダヤ教徒女性が、商売で成功した夫から贈られた宝石をひけらかしている。その夫たちもまた、派手な装飾品を身にまとい、香水の匂いを強烈に漂わせ、なかには乗馬などをたしなむ者も出てきた。そして、「カリエーロ」の一部の富裕層は、一昔前の極貧時代にはおよそ考えられなかったような高価な家具調度を買い揃え、子供たちにも音楽や舞踏のレッスンを受けさせるようになっている、といったものだ。同じことを古記録上の具体的な数値として確認させてくれるのが、「カリエーロ」内での婚姻に際して花嫁側が用意した持参金の額である。一七世紀末、五九〇リーヴルにすぎなかった持参金の平均額が、一七三〇～三九年については一六五〇リーヴル、一七六〇～六九年には六七八七リーヴルへ、さらにフランス革命前の十年間には九二二三リーヴルにまで跳ね上がり、地元の小貴族が娘たちのために用意できる額に匹敵するようになったのだ。個々の家庭のみならず、「カリエーロ」全体の財政が潤ったことの証拠として、一八世紀、「四会衆」のエスコーロ（シナゴーグ）がいずれも大規模な改修工事を行っている（カルパントラで一七四〇年代、アヴィニョンとリル＝ド＝ヴニスで一七六〇年代、カヴァイヨンで一七七一～七四年にかけて）。フランスに現存するものとしては最古のカルパントラのシナゴーグを含め、建物自体のしっかりとした普請や内部のきらびやかな装飾、照明、調度のたぐいは、すべてこの時代の経済的繁栄を今日に伝えるものである。

「カリエーロ」の外へ

一八世紀、「カリエーロ」の一部住民の富裕化を尻目に、教皇庁によるユダヤ教徒住民の締め付けは旧態依然のままだった。むしろ、一七五一年、ベネディクトゥス一四世による勅令を含め、彼らの経済活動の繁栄ぶりを妬み、その阻害を狙ったとしか思えない新法制さえ導入されていくのだった。そのなかには、ユダヤ教徒が小売りすることのできる布製品はいったん人の手を介した中古品に限られるとか、ユダヤ教徒による繭や家畜の売買は禁止されるなど、経済の実態からあまりにかけ離れていたため、たちまち空文化を免れなかったものもあれば、「カリエーロ」の出入口にキリスト教徒の門番を配置する義務のように、実際に適用されて、住民の生活をさらに窮屈なものにする効力を発揮したものもある。

そうした状況下、一七六八年から七四年までの短期間、フランス王国の軍が教皇領に進駐し、アヴィニョンとコンタにおけるルイ一五世の統治権を宣言した時期があった。「カリエーロ」の住民たちは、フランス王政が教皇庁による規制の雁《がん》字《じ》搦《がら》めから自分たちを解放してくれるのではないかとの期待に、一時、色めき立ったが、それも結局のところ大きな失望に終わる。フランス行政当局は、支配下に転がり込んだアヴィニョンとコンタのユダヤ教徒たちについて、従来の教皇庁の施策を踏襲するばかりか、それをいっそう厳格化する姿勢さえ示したのである。たとえば、一七六八年六月、カルパントラに敷かれた新しいフランス行政当局は、ユダヤ教徒が一般市民と同じ黒い帽子を被って市内に出入りすることを禁ずる旨、改めて言い渡している。また、かねてよりパリとヴェルサイユの宮殿に出入りを許され、御用商人として重用されていたアヴィニョンの富裕ユダヤ教徒、イスラエル・ベルナール・ド・ヴァラブレーグは、国務大臣サン＝フロランタンのお墨付きさえ得て、故郷アヴィニョンの市中でユダヤ教徒の黄色帽ではなく普通の黒い帽子を着用する許可を願い出たが、市当局はなかなか首を縦に振らず、ルイ一五世の勅許状をもってようやく要求が実現するという有様であった。

むしろ「カリエーロ」の住民たちが、真剣に自分たちの境遇改善に望みを託すことができたのは、一七七四年、アヴィニョンとコンタが教皇庁の支配下に復帰した直後、しかもほんの束の間のことであった。その時、新たな教皇特使として着任したアンゲロ・マリア・ドゥリーニが、地元のユダヤ教徒たちの地位改善に積極的な姿勢を見せ、いくつかの具体策を提起し始めたのである。まず黄色帽の着用について、彼は、久しくローマに定着していた慣例を導入し、ユダヤ教徒が普段から自由な色の帽子を被り、町中に足を踏み入れる時にだけ、取り外し可能な黄色い布を帽子の上部に着ければよいことにしてはどうかと考えた。

ドゥリーニはまた、かねてよりアヴィニョンとコンタのユダヤ教徒たちから繰り返し寄せられていた「ヘレム・デュ・クルボ（herem du coulbo）」の撤廃要求にも大きな理解を示したという。「ヘレム・デュ・クルボ」とは、いつの頃からかアヴィニョンとコンタに根を下ろすこととなった「モーレ・ユーダイコ」（ユダヤ教徒のみに求められる特別な法廷宣誓様式）の一種である。「ヘレム」はヘブライ語で「破門」を意味するが、「クルボ」の方は、「コル・ボー（すべてはそこにあり）」というラビ法の書名に呼応しているのではないかという説があるのみで、由来は判然としない。この風習によれば、ユダヤ教徒とキリスト教徒のあいだに何らかの係争が持ち上がった際、教会の司法当局は、地元のラビに対し、当事者のユダヤ教徒をエスコーロ（シナゴーグ）に呼び出した上で、大仰にしておどろおどろしい宣誓の儀式を執り行うよう命じることができたのである。その際、ラビは、当事者の頭上にトーラーの巻物をかざし、所定の祈禱を当事者に繰り返させたのち、もしも自分が係争に関して虚偽の証言を行うようなことがあれば、家族、財産、会衆の絆、そのすべてを奪われ、放逐されても構わない、と宣言させることとなっていた。ドゥリーニは、宣誓の段階ですでに多分に懲罰の意味合いを含んでいるこの風習を、完全に廃止せずとも、当事者が重罪に関与したことが半ば以上明らかである場合のみに限定する旨、一七七五年、行政命令として言い渡した。

しかし、翌一七七六年、ドゥリーニは枢機卿に任命され、ローマに呼び戻されてしまう。それこそは、彼の積極的な改革姿勢を快く思わない地元勢力の望むところであった。実際、ドゥリーニの後継者たちは、土地の反動勢力に説き勧められるまま、黄色帽の着用義務も「ヘレム・デュ・クルボ」の因習も、たちまちのうちに復活させる。一七七九年には、カルパントラ司教ベーニが、司教区内でユダヤ教徒たちが手を染めているとされた悪行の限りを仔細に描き出した覚書をローマ聖庁に提出し、ユダヤ教関連の規制を根本から改訂する必要を訴える。こうして、一七八一年、ピウス六世の勅令は、アヴィニョンとコンタのユダヤ教徒に関する従来の規制を集大成し、厳密化する趣旨のものとなった。なかでも、四か所の「カリエーロ」において、夜間、住民が内側から門扉を開ける権利が奪われたことの心理的効果は大きかったものと推測される。以後、「カリエーロ」のユダヤ教徒たちは、火災や突然の難産といった緊急事態に限り、所定の鐘を鳴らしてキリスト教徒の門番に外から門扉を開けてもらうことができるのみとなり、それ以外は日々、夕刻から朝方まで、完全な幽閉状態を堪え忍ばねばならなくなったのである。

こうして、アヴィニョンとコンタのユダヤ教徒の旅商人たちが、フランス王領内の「自由市」で認められるようになった通行権、滞在権を十全に活用し、他地域、他宗旨の商人たちと対等に渡り合ったり、各地の王侯貴族の屋敷への出入りを許され、御用商人として珍重されたりしているあいだ、その本拠たる「カリエーロ」は、常に人口過密と悪臭とに悩まされ、小うるさい黄色帽の着用義務、土曜日の強制説教、夕刻の門限と夜間の幽閉といった生活の不自由に両手両足を縛られたような状態となっていった。ある時期以降、法の網をかいくぐり、アヴィニョンとコンタの外に生活の実質的な本拠を築き始める者が出てくるようになったのも、これでは当然の成り行きであった。たとえば、一七三二年、教皇領のユダヤ教徒二一家族が、密かに近隣のオランジュ大公領に居を移していたことが発覚し、一斉追放されるという出来事があった。しかし、とりわけ一八世紀半ば以降、フランス王政当局は、アヴィニョンとコンタのユダヤ教徒たちが、商売上の必要という名目で領内に部屋や家屋を借り、そこを仮住まいの場とすることに見て見ぬふりの態度を決め込むようになった。こうして、行商の際の中継地にして商品の仮置き場として賃借りした場所で年の大半を過ごし、そこに家族をも頻繁に呼び寄せ、古巣の「カリエーロ」には、年に数日、ユダヤ教の大祭の折にしか戻らないという人々も出てくる。たとえば、一七五〇年、ローヌ川の西方に広がるラングドック地方のユゼス（現ガール県）の町では、ヴィダルというユダヤ教徒が家族をともなって住み着き、ユダヤ教の祭日を規定どおりに祝っているとして、地元の司教が告発の声を上げている。しかし、同様の事態は、ラングドック州（モンペリエ管区）のほぼ全体にわたって恒常化しており、とくにモンペリエとニームには、密かにシナゴーグと専用の墓地をも兼ね備えた真のユダヤ教会衆が形成されつつあった。同じ南仏でも、教皇領の飛び地の南方に広がるプロヴァンス州は、ユダヤ教徒たちの定住により厳しい目を光らせていたと見え、サン＝レミ（現ブーシュ＝デュ＝ローヌ県）の町に小ぶりの会衆が形成されたほかは、大都市マルセイユでも、非合法の永住を試みるユダヤ教徒はごく少数であったようだ。ローヌ川を二〇〇キロほど遡ったリヨンの町には、一七五〇年頃から、半ば公認の小さなユダヤ教徒会衆が形成され、その後、専用の墓地も取得するにいたった。一七八一年には、エリー・ルージェという人物が、リヨン市の代官から公式に「ユダヤ・ナシオンの総代」に任命されている（パリの状況については、第10章の冒頭で詳述する）。

このように、一三九四年の追放令がいまだ厳然として有効であるはずのフランス王領内にあって、一八世紀、ユダヤ教徒がユダヤ教徒として居住する禁制の箍《たが》が弛んでいった背景には、次章、次々章で見る南西部の状況が大きく関係している。後述のとおり、一七二三年、ルイ一五世が署名した勅許状は、「新キリスト教徒との名で知られるスペイン人ならびにポルトガル人のユダヤ教徒」という回りくどい表現ながら、初めてはっきりと「ユダヤ教徒」という言葉を用いてギュイエンヌの土地にモーセ信仰の徒の定住を認めることとなった。しかし、すでにそれ以前からボルドーの町には、アヴィニョンとコンタのユダヤ教徒が滞在し、少しずつ事実上の定住を始めていたと推測される。彼らは一様に「アヴィニョン人」と呼ばれ、最初、スペイン、ポルトガル起源の地元の同宗者たちから警戒され、時には不法滞在者として告発されることさえあったが、ほどなく、ぽつりぽつりと姿を見せるようになった「チュートン人」、すなわちアルザス、ドイツ、東欧のアシュケナジ系ユダヤ教徒たちとの対比において、より親しみやすい存在として遇され、一部は王国臣民（régnicole）として個別の定住許可さえ取りつけて、ボルドーに根を下ろすこととなった。

＊

一七八八～九〇年の時期、四つの「カリエーロ」について、それぞれの家族数と人口を伝える資料が残されている。

アヴィニョン　約一〇〇家族（うち一八家族の筆頭者が不在）　約三五〇名

カルパントラ　二二二家族　九一四名（うち一七二家族のみが実際に現地に居住し、二一六名は流出）

リル＝ド＝ヴニス　六三家族（うち一六家族は、事実上、余所に居住）　約三〇〇名

カヴァイヨン　約一〇〇名

こうした指標から、フランス革命前夜、教皇領には二〇〇〇人弱のユダヤ教徒が籍を置き、その四分の一ないし五分の一は、すでに実際の居住地を余所に移し終えていたと考えられる。

第7章 「新キリスト教徒」の流入

歴史的経緯

フランス南西部、ギュイエンヌ地方の主要都市ボルドー（古名「ブルディガラ」）は、古来、イベリア半島回りで地中海世界と北ヨーロッパを繋ぐ海運の要衝として栄えた。本書第1章で紹介した三艘の船の漂着譚（アルル、リヨン、ボルドー）は伝説の域を出ないとしても、地中海一帯のユダヤ教徒商人が早くからそこに引きつけられ、定住を始めていたことは間違いないと思われる。のちにキリスト教文学の一ジャンルとして確立されるエルサレム巡礼譚の先駆けとして、三三三年、ある匿名の旅人がボルドーから〈聖地〉までの行程を書き記した『イティネラリウム・ブルディガレンセ』が残されているが、興味深いことに、そこにはナザレ、カファルナウムなど新約聖書関係の地名がまったく見当たらず、旧約聖書にゆかりの深い地名ばかりが取り上げられていることから、その匿名の著者は、宗派として未分化の段階にあったユダヤ＝キリスト教徒、あるいは純粋なユダヤ教徒であったのではないか、ともいわれている（以下、本章の記述はMalvezin 1895ならびにNahon 2003にもとづく）。

文字情報としてボルドーのユダヤ教徒に言及した最古のものは、五世紀のキリスト教著述家、アキテーヌのプロスペルによるものであり、そして考古学遺物としては、六世紀のものと推定される三つのメノラー（七枝の燭台）を象った金の指輪が発掘されている。また、トロワの聖プルデンティウスの年代記には、八四八年、ボルドーの町が北方のヴァイキングに征服された時、その背景には、「ユダヤ教徒通り（rue Juifve）」と呼ばれる地区に集住するモーセ信仰者たちの裏切り行為があったと記されている。

一一世紀、ポワティエを首都とするアキテーヌ公国は、ガロンヌ川以南のガスコーニュ公国を併合して権勢を広げ、封建主君たるフランス王もを凌ぐ勢いを見せた。その頃、ボルドーのユダヤ教徒たちは、市壁の外、サン＝スーラン教会堂の南に広がる丘陵地に住み、さかんに葡萄栽培を行うようになっていたらしい。その丘陵地を指す古名「ユダヤ教の山

（Mont Judaïque）」が今日の「ユダヤ教通り（rue Judaïque）」に受け継がれており、また、そこから市内へ入るための西門——かつて「神の門（Porte de Giu）」と呼ばれ、今日、「ポルト・ディジョー（Porte Dijeaux）」という地名にその名残をとどめる——は、一一世紀のラテン語の文献のなかでは「ポルタ・ユデア（Porta Iudaea）」の名で言及されているという。

一一五四年、アキテーヌ公女アリエノールを妃としたアンジュー伯アンリがヘンリー二世としてプランタジネット朝を興し、イングランド王位を継承したことから、アキテーヌはフランス王を宗主としながらイングランド王領に組み込まれるという「ねじれ」の状態に入り、以後、英仏間の絶えざる政争の火種となった。先述のとおり（第3章）、一一八二年、フィリップ・オーギュストによってフランス王領から追放されたユダヤ教徒たちのうち、南西部に流れ込んだ者も少なくなかったと思われるが、そのイングランド王領ギュイエンヌにおけるユダヤ教徒の境遇も、フランス王領に比べて決して恵まれたものとはいえなかった。ジョン王（失地王）治世下の一二一四年、ボルドーで開催された公会議が、地元の領主たちにユダヤ教徒による金利貸しの根絶に乗り出すよう求めて以来、領主たちは、取り締まりと称してユダヤ教徒の債権を差し押さえ、そのまま接収、着服することを常套とするようになったからである。

一二七二年、王位についたエドワード一世は、イングランド本国のみならず、ギュイエンヌの領土でもユダヤ教徒住民が極度に貧困化し、税の担い手としての意味を失いつつある状況を憂え、まずはユダヤ教徒住民を抱える領主たちに対し、彼らを対象とする極端な搾取を控えるよう命じる。同時に一二七五年の「ユダヤ教会衆に関する法」をもってユダヤ教徒による金利貸しを禁止し、彼らが、農業、その他の生産業に転業することを奨励した。しかし、この法令をもってしてもユダヤ教徒たちの経済状態は一向に改善に向かわず、国家財政の方は、十字軍の負担にウェールズ征討の経費が重なって、ますます危機的状態に追いやられていった。そこでエドワード王は、一転してユダヤ教徒の追放（財の没収、債権の王家への移行）により、当座の収益を確保する政策に踏み切る。まずは一二八七年、ガスコーニュ公領のユダヤ教徒に領外への追放を言い渡し、ついで一二九〇年、数度目のウェールズ征討から戻り、通常の増税だけではその戦費の穴が埋められないことを知った王は、イングランドに大陸の領地（ノルマンディー、アンジュー、アキテーヌ）を合わせた全王領からユダヤ教徒の立ち退きを命じたのであった。

この時、ブリテン島からは、実際に二〇〇〇人規模と推定されるユダヤ教会衆が姿を消したが、大陸領のユダヤ教徒たちの方は、初め、追放令にほとんど従わなかったようである。王権代行の任務を背負って送り込まれてくる代官たちも、財政上の諸事情に鑑みて追放政策の徹底を手控え、むしろ一部のユダヤ教徒を呼び戻し、未回収の債権を取り戻させた上で、それを差し押さえるという抜け目のなさを見せている。

一三〇六年には、フィリップ四世による追放令によってフランス王領を追われたユダヤ教徒らが、多数、イングランド治下の南西部に受け入れ先を見出したのではないかと考えられている。一三一三年、エドワード二世の名においてふたたび追放令が繰り返されたが、この時もやはり、立ち退かせると称して債権を整理させ、そこから上前をはねることが主目的だったようだ。こうしてギュイエンヌに存続し続けたユダヤ教徒会衆にとって、最終的な致命傷となったのは、半ば形式的に反復される追放令ではなく、一三二〇年、フランス南西部でもかなりの猛威を振るった第二次「パストゥローたちの十字軍」であったと考えられる。この時、ユダヤ教徒住民の一部なりとも殺戮を逃れ、フランス王領内やイベリア半島に逃げこむことができたのか、あるいは、大方、その場で暴徒らによる絶滅の刃にかかってしまったのか、詳細は一切知られていないが、以後「百年戦争」期（一三三七〜一四五三年）をつうじて、ボルドー一帯のユダヤ教徒に関する消息がぱたりと途絶えてしまうのだ。一三四二年、エドワード三世は、ユダヤ教徒が一定の条件のもとでギュイエンヌに居住することを許可する勅許状を出すが、これによってボルドーの「ユダヤ教の山」の葡萄栽培がふたたび活気を取り戻した形跡はない。一三四八〜四九年のペスト禍に際して、ユダヤ教徒を標的とする流血事件の類がボルドーの古記録に見当たらないことも、単にユダヤ教徒集団がすでに当地から姿を消していた証拠と見るべきなのかもしれない。その後、一三九四年、シャルル六世による追放令が出された時にも、フランス王領内からギュイエンヌにユダヤ教徒が流れ込んだ形跡は見られない。

長きにわたる「百年戦争」の末、一四五三年、カスティヨンの戦いで勝利を決定づけたヴァロワ朝のシャルル七世は、ギュイエンヌをふたたびフランス王領とする。続くルイ一一世は、奪回した土地を親族封として末弟ベリー公シャルル・ド・ヴァロワに与えたが、一四六九年、公の死にともない、領土はふたたびフランス王家に直属することとなった。そして一四七四年、ルイ一一世が、長期にわたる戦禍で荒廃しきったギュイエンヌ地方を速やかに復興させることを目的とし、イングランド人を除くすべての外国人キリスト教徒にボルドー定住を奨励する勅許状を公にする。以後、希望者は、帰化状をもたずして、家族とともに私財を自由に持ち込んでボルドーに住み始めてよいこととなったのである。ここから、かねてよりイベリア半島で「新キリスト教徒」、「改宗者（コンベルソ）」、ひいては「マラーノ」とも呼ばれることとなった「元」ユダヤ教徒住民とその二世、三世が、幾度かの波をなして、多数、フランス南西部に流入し、その一部が先祖の信仰をゆっくりと取り戻していく過程をつうじて、一七世紀以降、一種独特のユダヤ世界がボルドーを中心に開花することとなる。

「新キリスト教徒」とは

ピレネーの向こうのイベリア半島では、おおまかに一四世紀半ば以降、いわゆる「レコンキスタ（再征服）」の進行にともなって、同じアブラハムに由来する三つの一神教（ユダヤ教、キリスト教、イスラーム）のあいだに長らく保たれてきた共存共栄の均衡が崩れ、キリスト教の改宗熱ばかりが猛威を振るうようになった。その際、ユダヤ教に対する攻撃性が、とりわけピレネー山麓のカタルーニャとアラゴンから発して、中部カスティーリャの主要都市に拡大していった過程を踏まえ、反ユダヤ主義史家ポリアコフは、「ピレネー以北の反ユダヤ運動がイベリア半島に及ぼした影響、見せつけた模範がいかに重要であったか、という点に関する傍証を見る思いがする」と述べている（ポリアコフ 1961：179）。この時、いかにして「新キリスト教徒」（カスティーリャ語 cristiano nuevo、ポルトガル語 cristão novo）と呼ばれる「旧」ユダヤ教徒ないし「旧」イスラーム教徒（いわゆる「モリスコ」）の住民層が形成され、そして、その彼らが、改宗を拒んだユダヤ教徒やイスラーム教徒らとともに嘗めさせられた辛酸、味わわされた屈辱のいかばかりであったかについて、ここでは他書に譲らざるを得ない(1)。本書では、この「新キリスト教徒」たちのなかからフランス南西部に流入した人々の「その後」を、時系列とともに可能な限り正確に把握することに努めたい。

一四七四年、ルイ一一世による移入奨励策に呼応し、戦禍で荒れ果てたギュイエンヌに流入したのは、ほとんどスペインとポルトガルの商人たちであり、古記録上、そのなかに「旧」ユダヤ教徒とおぼしき姓が占める頻度から見て、内数として「新キリスト教徒」の比率がかなり高かったのではないか、と推測されている。むろん、その人々が、改宗後、真にキリスト者としての道を歩み始めていた人々であったのか、あるいは、心の奥深くにモーセ信仰を押し隠す「隠れユダヤ教徒」（いわゆる「マラーノ」）であったのか、記録の表面からはうかがい知ることはできない。また、一三九四年のユダヤ教徒追放令を堅持したまま、このような地域限定の外国人移入奨励政策をとったフランス王国当局の側でも、流入者のなかにかなりの割合で「旧」ユダヤ教徒が含まれているらしいという点にどこまで神経を尖らせていたものか、詳細は不明だ。むろん、定住許可は、当人がキリスト教徒であることを前提として下されていたわけであるから、「新・旧」の別さえ問わなければ、それ以上、神経を尖らせる必要はなかっ

(1) 日本語で読めるものとしては、ポリアコフ 1961 のほか、下記がある。小岸昭『スペインを追われたユダヤ人――マラーノの足跡を訪ねて』（人文書院、一九九二年）、エリー・ケドゥリー編『スペインのユダヤ人――一四九二年の追放とその後』（関哲行、立石博高、宮前安子訳、平凡社、一九九五年）、近藤仁之『スペイン・ユダヤ民族史――寛容から不寛容へいたる道』（刀水書房、二〇〇四年）。

たという理屈にもなる。

この段階で、すでに一つの疑問が生じてこよう。「新キリスト教徒」というからには、改宗時にユダヤ系の姓名を捨ててキリスト教徒としての新しい名を名乗るようになった人々である。ならば、なぜ、古記録上、元からの「旧キリスト教徒」たちに入り交じる彼らの存在を見分けることができるのか？

ここでセファラディ系ユダヤ教徒・ユダヤ人の人名学に深く踏み込むことはできないが、それは、おおよそ以下のような事情による。一四～一五世紀、イベリア半島のユダヤ教徒が、自発的にしろ、強制的にしろキリスト教の洗礼を受ける際には、原則として、代父として立ち会うキリスト教徒の姓を譲り受けることとされていた。仮にこの原則が徹底されていれば、「新キリスト教徒」の姓にユダヤ教出自の痕跡が残ることはなかったはずである。しかし実際には、代父が、蔑まれたユダヤ教を出自とする人間にみずからの由緒正しき姓を名乗らせることを肯んじない場合が多く、その時は、やむなく、それまでユダヤ教徒として名乗ってきた姓を、綴りの転写や意味のこじつけによってラテン風に作り替えたり、あるいは、新しい「根づき」の意味を込め、馴染み深い樹木の名に置き換えるなどしていた（例――ペレイラ（梨の木）、フィゲイラ（無花果の木））。しかも、ある時期以降、代父の役割を買って出る者自身が「新キリスト教徒」であることが恒常化し、結果的に、限られた種類の姓が典型的な「新キリスト教徒」のものとして反復、継承されることとなった（この点については、ポルトガル語・英語二語使用で刊行されたセファラディ人名辞典 Faiguenboim 2009 の序文を参照）。こうして、たとえ大元においてはラテン系、キリスト教起源の姓であっても、のちに「隠れユダヤ教徒」（いわゆる「マラーノ」）として異端審問所に告発されることとなった人々の記録のなかに頻繁に登場する姓を列挙し、一部なりともその系譜を遡って調査していけば、ユダヤ教出自の「新キリスト教徒」のものである、あるいはその確率がきわめて高いと考えられる姓が経験的に割り出されてくるのだ（むろん、ある「新キリスト教徒」の一門が特定の姓を名乗っていたからといって、その姓を冠するほかのすべての人間が「新キリスト教徒」ないしその末裔であると断定するための根拠にはならない、という点にも注意を要する）。いずれにせよ、何かを消し去るために持ち込まれた模造品《シミュラクル》のなかに、その消し去られたはずの何かがいつの間にか回帰し、憑依してしまうという、きわめて興味深い現象である。

一四九二年、「カトリック両王」（イサベル、フェルナンド）のスペインから、続いて一四九六年、ポルトガル王国からもユダヤ教徒が追放されたことにより、フランス南東部のプロヴァンス地方で「セファラディ」系ユダヤ教徒の大量流入による治安悪化の懸念が高まり、それが最終的に一五〇〇年、ルイ一二世によるプロヴァンス伯領全土からのユダヤ教徒追放令を誘発する要因の一つとなった可能性については第

5章で見たとおりだ。しかし、事実上フランス王国に併合されながら、当初、先住のユダヤ教徒たちに既得権の温存が約束されたプロヴァンス伯領とは異なり、イングランドから奪回されたばかりの南西部のギュイエンヌは、一四六九年以来、フランス王家の直轄地であり、一三九四年の追放令が全的に効力を発揮する土地として再出発したわけであるから、改宗を拒んでスペイン、ポルトガルをあとにしたユダヤ教徒がそこに流入する可能性は閉ざされていた。むしろ、ギュイエンヌにとって重要な意味をもったのは、一四八〇年、カスティーリャ王国、そしてやや遅れて一五三六年、ポルトガル王国にも異端審問所が設置されたことの方である。これにより、イベリア半島で「新キリスト教徒」として生きていくことの辛苦——辛苦はおろか、いつ何時、「マラーノ」として密告され、拷問を受けた末、火刑台送りにもなりかねないという恐怖——に耐えかねた人々が、フランス南西部への脱出を志向する動きに拍車がかかったからである。

ルイ一一世の移入奨励策に促されてボルドーへやって来た「新キリスト教徒」とおぼしき人々のなかで、一部については、かなり詳細な伝記情報が今日に伝えられている。たとえば、ラモン・ド・グラノラスというアラゴン王国生まれの人物は、一五〇三年頃、ボルドーに移り住んで名医としての手腕を発揮し、一五二六年にはボルドー市公認の医師に指名されている。ボルドー市の名士（のち市長）にして、著述家モンテーニュの父ピエール・エケムとは早くから交友関係があったらしく、一五四一年には彼からパ・サン＝ジョルジュ街の家屋を購入している。一五四三年には、フランソワ一世の勅書によりフランス国籍を認められ、名実ともにボルドー市民となった。

ラモン・ド・グラノラスの友人にして弁護士、ドミニク・ラムは、ポルトガル相手の胡椒貿易であげた大きな実績を買われてフランス国籍を取得し、一五四二年にはボルドー高等法院評定官に任命されている。その子、トマ・ド・ラムは、のちにボルドー裁判所管区の代官の地位まで上り詰めている。

グラノラス、ラム、そしてアントワーヌ・ド・ルペス・ド・ヴィルヌーヴ（後出ミシェル・ド・モンテーニュの大伯父）の友人で、高等法院の検事をつとめたジュアン・ミランジュも、史書のなかでは「新キリスト教徒」として言及されている。その息子、シモン・ミランジュは、はじめコレージュ・ド・ギュイエンヌで教鞭を執り、一五七二年、同校校長エリー・ヴィネの依頼により、ボルドー初の活版印刷所を開設した。ギュイエンヌ地方に人文主義（ユマニスム）の風を吹き込む先駆的役割を果たしたほか、モンテーニュの『エセー』の初版（一五八〇年）と第二版（一五八二年）の印刷にたずさわったことでも知られる。

異端審問所開設（一五三六年）以前のポルトガルからフランスへ渡る動機は、必ずしも「新キリスト教徒」としての怯えや肩身の狭さばかりではなかった。たとえば、稀有の例ながら、ポルトガル王により奨学生として派遣される栄誉にあずかったゴーヴェイア（Gouveia）家のような例もある（フランス語としてはグヴェア（Gouvéa）ないしゴヴェア（Govéa）とも綴られる）。ポルトガルのベジャに生まれたディオーゴ・デ・ゴーヴェイアは、一四九九年、ポルトガル王マヌエル一世の奨学生としてパリに派遣され、ソルボンヌで神学を学んだのち叙階を受け、一五二〇年代にはサント＝バルブ神学校の校長に任ぜられるにいたった。彼は故郷から四人の甥をパリに呼び寄せて学ばせたが、四人はいずれも秀才ぶりを発揮し、そのなかの一人、アンドレ・ド・ゴーヴェイアは、一五三四年、ボルドー市からの要請により、同市に開校されたばかりのコレージュ・ド・ギュイエンヌに校長として招聘された。三七年には、彼にフランス国籍を授けるフランソワ一世の勅書が、当時ボルドーの副市長であったピエール・エケム（モンテーニュの父）の手から授与されている。アンドレ・ド・ゴーヴェイアは、一五四三年以降、ポルトガル王ジョアン三世の命により、コインブラにフランス式の神学部を立ち上げる準備のため、たびたび故国に呼び戻されることとなるが、その間、エティエンヌ・ド・ラ・ボエシー、モンテーニュほか、ボルドーの若き選良たちに多大な感化を与えた。ゴーヴェイアほか、粒ぞろいの教授陣によって名声を高めたコレージュ・ド・ギュイエンヌは、スペイン、ポルトガルからも多くの留学生を引きつけ、そのなかには、当然、「新キリスト教徒」の家系に連なる若者たちも少なからず含まれていたと考えられる。

しかし、一五世紀末から一六世紀初頭、ピレネー山脈を越えてフランスに流入した「新キリスト教徒」たちの足跡を、生きた年代記として絵巻物のように辿らせてくれるのは、ミシェル・エケム・ド・モンテーニュの母方の系譜であろう（以下Roth 1937による）。

一四世紀末、アラゴン王国のカタラユーに古布の商いで生計を立てるユダヤ教徒、モシェ・パサゴン（ないしパタゴン）とその一族が住んでいた。折からアラゴン王国でもキリスト教への強制改宗政策が猛威を振るうなか、モシェとその一族も改宗の道を選び（あるいは選ばされ）、新しい姓としては、おそらく代父を引き受けたキリスト教徒の姓「ロペス」を名乗り、さらにカタラユーの市壁外の新開地に住んでいたことから「ビラヌエーバ（新しい町）」を付け加えることとした。その後、ロペス・デ・ビラヌエーバ一族はサラゴサに移って商いを続け、二代、三代を経たが、一五世紀末、秘密裏にユダヤ教に回帰しているとの嫌疑をかけられ、うち何名かが焚刑に処されてしまう。

具体的な時期や経路は不明であるが、このように祖父たちの世代から何名かが火刑台送りにされる状況に危機感を募らせたアントニオ、ジュアンの兄弟が、スペインを脱してトゥールーズに居を移したところから、フランスにおけるルペス・ド・ヴィルヌーヴの一門が発したとされている。ボルドーの古文書の上では、一四九四年、「トゥールーズの商人」として「カタラユーのジュアン・ロペス」の名が記されてい

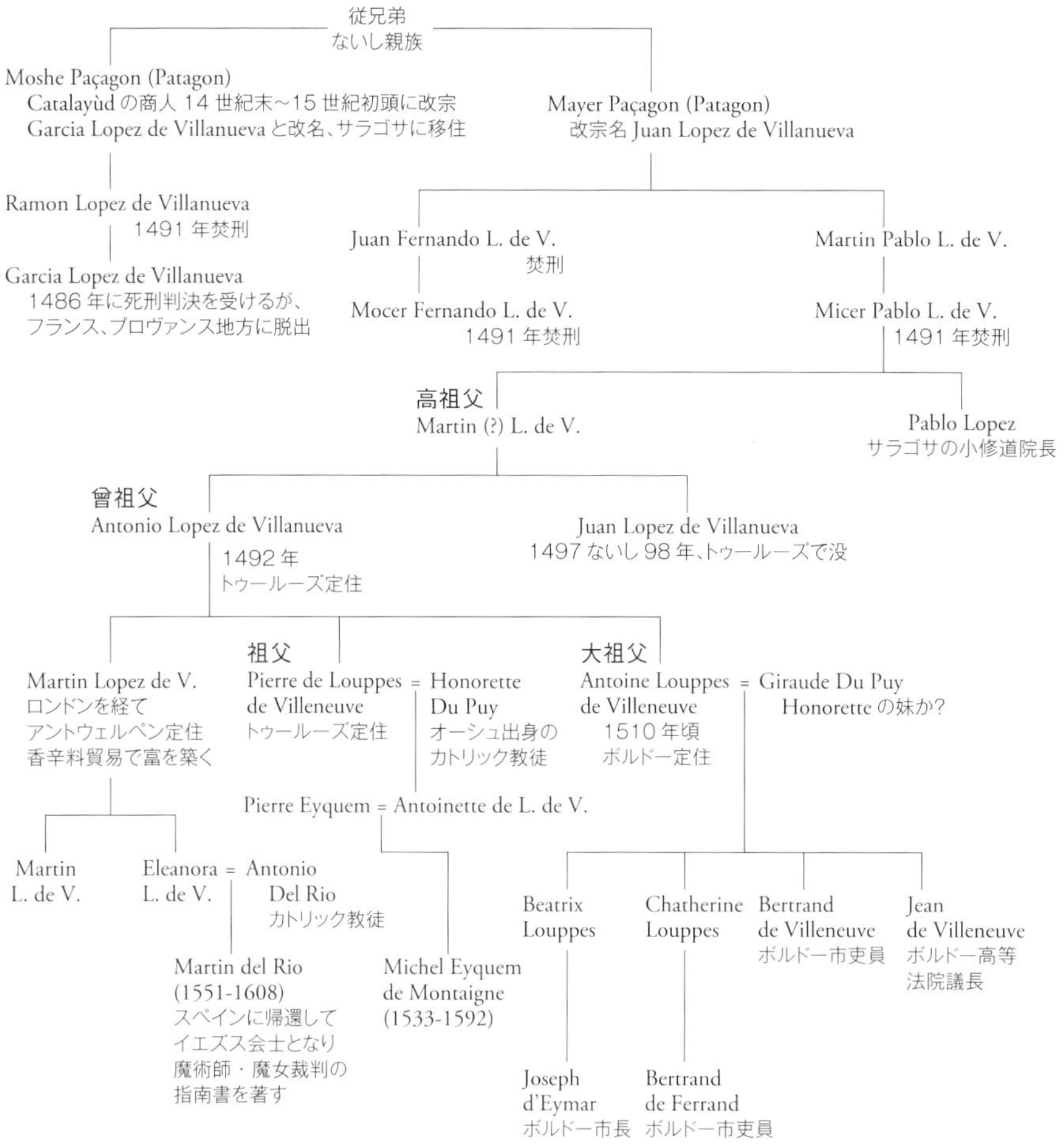

ミシェル・ド・モンテーニュ、母方の系譜

るのが、町に「新キリスト教徒」が出入りを始めたことを示す最初の記録であるという。

アントニオ（モンテーニュの曾祖父）の三人の息子のうち、マルティン・ロペス・デ・ビラヌエーバは、ロンドンを経てアントウェルペンに定住し、香辛料貿易で富を築くこととなる。その一門からは、オランダのプロテスタント指導者が出ているかと思えば、スペインに帰還してイエズス会士となり、魔女裁判の指南書を著したマルティン・デルリオといった人物の名も見える。

二人目のピエール（モンテーニュの祖父）は、事業を成功させてトゥールーズの名士連の仲間入りを果たし、一五四二年には市のカピトゥル（官吏）に任ぜられた。トゥールーズは、ペスト禍や「百年戦争」の後遺症に加え、一四六三年の大火により町の四分の三を焼失するという荒廃期を経てきており、やはりボルドーと同様、復興と殖産を目的とする外国人移入奨励策が採られていた（Laffont 1999）。当然、イベリア半島からも「新キリスト教徒」たちが多数流入し、時にはピエールのように名士としての地歩を固めながら、町の再興に大きく貢献する人々もいた。ピエール・ルペス・ド・ヴィルヌーヴは、オーシュ出身のカトリック教徒、オノレット・デュ・ピュイと結ばれ、アントワネット（モンテーニュの母）をもうけた。

三人目のアントワーヌは、一五一〇年頃、ボルドーに移り住むや、トゥールーズの兄家族とも連絡を密にしながら葡萄酒と染料の貿易で成功を収め、またたく間に一大事業主となった。ボルドーの有名な医師アントワーヌ・デュ・ピュイの親戚筋から妻を娶り（兄嫁の妹である可能性もある）、四人の子をもうけたが、その一門からは、ボルドーの市長や吏員、高等法院の高官が多数輩出している。

一五二八年、ピエール・エケムが、イタリア旅行からの帰路、トゥールーズに立ち寄り、ピエール・ルペス・ド・ヴィルヌーヴの娘アントワネットとの結婚を決めたのも、それ以前からボルドーの町で彼女の伯父アントワーヌと親交を温めてきた経緯があったからに違いない。二人のあいだには最初二人の男の子が生まれたが、いずれも夭逝し、一五三三年、のちの『エセー』の著者ミシェルが誕生している。

このように、一五世紀末から一六世紀初頭にかけてフランス南西部に流入した「新キリスト教徒」たちの断片的な伝記情報をたぐり寄せただけでも、復興都市ボルドーないしトゥールーズの各界における彼らの活躍ぶり、そして、町の名士連のあいだで彼らが勝ち得た評価と信用の度合いは十分に察せられる。その栄達と繁栄が、さっそく同業者たちの嫉妬と一般住民の反感を買い、「新キリスト教徒」であるというだけで差別待遇や妨害行為を受け始めたためであろう、一五五〇年、フランソワ・ド・カストロ、ルイ・ド・ベルガを筆頭とするボルドーの「新キリスト教徒」の家長二五名は、パリのアンリ二世の宮廷に金品を携えて参上し、熱心に窮状を訴えた（一説には、この時、アンドレ・ド・ゴーヴェイアがパリ時代に築き得ていた人脈を最大限に活用したとされている）。これが功を奏し、同年八月、アンリ二世の名において、「新キリスト教徒と称されるポルトガル人の商人等」に対し、フランス王国内における居住、交通、商業活動の自由を保障し、不動産の取得ならびに財の譲渡・相続の権利を認める勅許状が下賜されることとなった。それまで、「百年戦争」で荒れ果てた都市について個々に出されてきた外国人居住の勅許状が、「新キリスト教徒と呼ばれているポルトガル人」に関してはフランス王領全体に押し広げられた格好である。これをうけて、南西部のほかの場所（バイヨンヌ、サン＝ジャン＝ド＝リュズ、ビアリッツ、ビダール、ラバスティード（現ラバスティード＝クレランス））、フランス南部の主要都市（モンペリエ、マルセイユ）、さらには西海岸と英仏海峡における海運、水運の要衝、ナントとルーアンにも「新キリスト教徒」の新たな拠点が築かれることとなった（バイヨンヌについて、「新キリスト教徒」、のちに正真正銘のユダヤ教徒の居住区が築かれたのは、厳密にいえばアドゥール川を挟んでバイヨンヌの対岸にあるサン＝テスプリ・レ・バイヨンヌであるが、慣例にならい、単に「バイヨンヌ」と記すこととする）。

それでもなお――むしろ、そうした厚遇ゆえに一層――一般住民からの嫉妬、反感の噴出は収まらず、「新キリスト教徒」たちを「偽装したユダヤ教徒」として告発したり、暴力の対象としたりする事件があとを絶たなかったようだ。プロテスタントを血祭りに上げた有名な「聖バルテルミーの虐殺」から二年を経た一五七四年、ボルドー高等法院は、「町に居住するポルトガル人、スペイン人、その他、良きカトリック教徒の外国人」に対する暴力行為を一切禁じる裁決を下している。さらに同年、国王アンリ三世がボルドー高等法院とギュイエンヌの大セネシャルに宛てた二つの勅令は、一五五〇年、アンリ二世による勅許状の中身を追認するにとどまらず、さらに踏み込んで「スペイン人ならびにポルトガル人と呼ばれている人々」を王国の特別な保護下に置き、彼らに対する暴力はおろか、中傷や偽りの告発をも固く禁じる内容のものであった。

法文上、言葉遣いの水準で注目されるのは、一五五〇年の勅許状で用いられていた「新キリスト教徒」という表現が一五七四年の勅令からはいったん姿を消す一方、「ポルトガル・ナシオンの人々（ceux de la nation portugaise）」という表現がお目見えしている点だ。イベリア半島から流れ出た「新キリスト教徒」たちの内訳として、実際にポルトガル生まれの者は二割程度にすぎず、八割はスペインに生まれ、一部ポルトガルを経由して流出した人々であったにもかかわらず、彼らの集団を「ポルトガル・ナシオンの人々」と称する用例は、早くも一五一〇年、アントウェルペンで確認されているという（Levy, L. 2000）。

そもそもラテン語の「生まれる（nascere）」の過去分詞 natum に由来する「ナシオン」の語は、中世のフランス語において、ある都市の市場や大学に他国の同じ町ないし地域からやって来て、滞在資格、その他の特権を一種の法人のようにして受け継いでいくことを許可された「同じ生まれ」の人間集団を意味していた。他方、ポルトガルでは、ある時期以降、「新キリスト教徒」たちの集団を指して「その生まれの人々（gente de nação）」という婉曲表現が用いられ、ユダヤ教徒たるもの、たとえ改宗してキリスト教徒として「生まれ変わった」としても、やはり元来のユダヤ教徒としての「生まれ」の痕跡は消し去ることができないという人種的本質主義の発想をうかがわせていた。このポルトガル語の語義が、すでに一五七四年、アンリ三世の勅令のなかで、旧来のフランス語「ナシオン」の語義に接ぎ木され、上乗せされていたのかどうか判定することは、語彙研究の現況においてはなお困難であるようだ。

「マラーノ」という言葉

『フランス・ユダヤの歴史』と銘打つ本書のこの箇所で、これら「新キリスト教徒」と呼ばれる人々の系譜を扱うに際し、冷静な一考を踏まえておきたい点がいくつかある。それはまず、スペイン、ポルトガルの地で、自発的にせよ強制的にせよ「新キリスト教徒」となった以上、彼らは――自明性の同義反復と聞こえるかもしれないが――いったん「ユダヤ教徒」であることを止めた(止めさせられた)人々であるということ、そして、ユダヤ教の信仰とは、何を措いてもヘブライ語やアラム語といった聖典の言語を媒介とする伝統的体系の継承、ならびにいくつもの可視的な戒律遵守に支えられたものであるため、ある時点でそれが途絶させられた場合、数世代後にその失われた信仰実践を「秘密裏に取り戻す」といっても、それは決して自動的、機械的なプロセスではあり得ず、それ相応の覚悟と再学習の努力を要するものであったはずである、という点だ。加えて、フランス南西部に移入してきた「新キリスト教徒」たちについていえば、彼らの一部がユダヤ教に回帰し、祖先たちの信仰をふたたび実践し始めたことを示す客観的な指標は一七世紀の初頭まで見当たらず、それ以前の時期について推断の材料とされているのは、すべて、彼らの本性を「隠れユダヤ教徒」、いわゆる「マラーノ」と疑ってかかる人々が残した言説のみであるという点にも注意しなければならない。

いや、それ以前の問題として、彼らの一人一人が本当に「新キリスト教徒」の末裔であったと断言するための根拠さえ、実のところ不確かなのである。たとえば、上述の神学者の一門ゴーヴェイア家が「新キリスト教徒」の家系であったという見方を最初から採らない歴史家も少なくない。ゴーヴェイア家がポルトガルのベジャの出であることはわかっていても、それが「元」ユダヤ教徒の一門であることを示す文献上の記録はどこにも存在しないからだ。ならば、なぜゴーヴェイア家が「新キリスト教徒」であるという記述が一般に流布することとなったのか? それは、いってみれば「あとづけ」的な推測の産物にすぎない。たとえば、アンドレ・ド・ゴーヴェイアが密かにユダヤ教を実践しているとの記述が、ある同時代人の記した諷刺詩のなかに見られるとか、あるいは、彼がボルドーのコレージュ・ド・ギュイエンヌに補佐役として呼び寄せた人々のなかに、ディオーゴ・デ・テイヴェ、ジョアン・ダ・コスタなど「新キリスト教徒」とおぼしき人々の名が多数見出され、実際、その人々がポルトガル帰国後に異端審問所に引き立てられるということもあった(Bataillon 1928)。そうした経緯から因果の筋道を遡って、アンドレとその一族も「新キリスト教徒」であったと考えられる、考えて差し支えあるまい、とされているにすぎないのだ。同様に、モンテーニュの『エセー』の印刷を請け負ったシモン・ミランジュの血筋が「新キリスト教徒」であったとする記述も、突き詰めれば、その父ジュアンが、ほかの「新キリスト教徒」（とおぼしき人々）と非常に懇意な間柄であったという、間接的な手がかりに依拠しているにすぎない（旧来のボルドー・ユダヤ史（Malvezin 1875；Beaufleury 1794/95）は、ゴーヴェイア家とミランジュ家を「新キリスト教徒」の一族とする説を採用してきたが、別に書かれたコレージュ・ド・ギュイエンヌの通史（Gaullieur 1874：80）は、ゴーヴェイア家の「新キリスト教徒」出自について「あらゆる留保のもとでしか受け付けられない」説であるとしている）。

たとえば、一五六〇年頃、南西部の国境地帯に駐留していたフランスのある官吏は、次のような手記を残している。

当地では、スペインの異端審問を逃れてやってくる多くのユダヤ教徒たちのこと以外、とくに目新しいことはない［…］。彼らは、皆、ボルドーとその他のガスコーニュの界隈に落ち着き先を求めてやって来る。正しくいえば、それはマラーノだ。つまり、キリスト教徒の名のもとで、モーセ教のさまざまな典礼と戒律を保持している人々である。スペイン、ポルトガルからの彼らの追放について、私がもっとも遺憾に思うことは、少なからぬ廉潔の士、あるいは宗教についてそれなりの感情を有しているとおぼしき人々までもがそこに含められてしまい、見分けがつかなくなっていることである。結局、向こう側の国では、この迫害が通商への大打撃となっており、我らが商人たちの多くも、日々、そこから撤退している有様なのだ（Michel 1870：416）。

冷静な一考を踏まえておきたいのは、まさにこの点なのだ。実際にスペイン・ポルトガルの国境を越えて流入してくる「新キリスト教徒」たちの姿を毎日のように目にしていたに違いないこの官吏は、ユダヤ教徒がユダヤ教徒としてフランス王領に逃れ来ることなど不可能であることを承知の上で、なお「ユダヤ教徒」という言葉を用いる。ついで、「正しくいえば」それは「マラーノ」であると言い直した上で、そのなかには、本来なら放逐するには及ばない、むしろ国益のためには放逐してはならない「廉潔の士」や申し分のない宗教感情の持ち主、つまり真摯な「新キリスト教徒」が少なからず含まれているはずのところ、単に見分けがつかなくなっているにすぎない、との観察を述べるのだ。つまり、流入者たちに適用し得る呼称をすべて繰り出して見せながら、彼自身、それが本当はどういう人々であるのか、単にわからないと白状しているにすぎないことに、みずから気づいていないだけなのである。

このように、かなりの断定力を込めて、つい包括的に使ってみたくなる、それでいて意味の確度においてかなり心許ない「マラーノ」という言葉の使用には、歴史を扱う者として十分意識的でありたい。つまり、仮に一六世紀のフランス南西部にあってスペイン・ポルトガル系の姓を冠した人間集団が、実際に「新キリスト教徒」、ないしその二世、三世であったとして、その人々が、いったんイベリア半島の異端審問の魔手を逃れてフランス王領に腰を落ち着けるや、事の必然として、足並みを揃えてユダヤ教信仰に回帰した、少なくとも回帰したいと願い始めたに違いないと考えること自体、外部、あるいは後世の視点から、彼らの身に「マラーノ性」を一方的に押しつけること、ひいては、その必然性を嗅ぎ回ることをもって本分とする異端審問官たちの視線を無意識のうちに採用してしまうことにならないだろうか。たとえ、キリスト教への改宗を、多くの場合、命の危険のもとで余儀なくされた当人たちにとって、先祖伝来のイェホヴァー信仰を遺棄することは不本意であり、屈辱であり、痛恨の極みであったとしても、国境を越え、世代を移し、人によってはキリスト教徒の配偶者を得たり、フランスへの帰化状、あるいはボルドーやトゥールーズの事実上の市民権を手にしたりしながら、新天地でふたたび活躍の場を見出すことができたならば、それから先は、周囲の市民と同じカトリック・キリスト教を奉じながら、穏やかに、つつがなく生きていこうとすることに、一体、何の疚しさを感じる必要があろう。また、そのようにフランス南西部における「新キリスト教徒」の第一、第二世代が、実のところ「隠れユダヤ教徒」として信仰上の先祖返りを志向せず、公然たるユダヤ教徒として生きることのできる土地（北アフリカ、オスマン帝国領、アントウェルペン、のちにはリヴォルノ、アムステルダム、ロンドンなど）に向けて旅立つこともせず、大方、その場所で平々凡々たるカトリック教徒になりおおせたのではないか、と考えることで、大本に位置するユダヤ教の価値や名誉をなんらかの意味で貶めたり傷つけたりすることになるだろうか。

よって、これら「新キリスト教徒」たちの「その後」を描き出すに当たっては、従来の史家や論者による「マラーノ」という言葉の用い方が、その場その場で、微妙な、しかし決定的な横ずれを起こしている点に十分な注意を払わなければならない。たとえば『エンサイクロペディア・ジュダイカ』の「マラーノ」の項は、その語義を「スペイン、ポルトガルの新キリスト教徒を貶めるために用いられる軽蔑語」と定義づけており、実際、多くの史家や論者がこの意味で「マラーノ」の語を用いてきた。他方、「マラーノ」とは、「新キリスト教徒」のなかにあって密かにユダヤ教に回帰した、いわゆる「隠れユダヤ教徒（crypto-juif）」、ないし、その疑いのある人々を指して用いる言葉であるとして、語義の上で「新キリスト教徒」からはっきりと切り分けられるべきである、と考える史家や論者もいる。つまり、「マラーノ」という言葉の使い方として――

（一）「新キリスト教徒」ならびにその末裔たちを全体として蔑む言葉

（二）「新キリスト教徒」ならびにその末裔のなかで、密かにユダヤ教回帰を志向しているか、あるいは志向していると疑われる人々を蔑む言葉

（三）「新キリスト教徒」ならびにその末裔のなかで、程度や内実の如何によらず、実際に「隠れユダヤ教」を実践するようになった人々を蔑む言葉

という、いくつかの意味が層をなしており、これらの意味の混在を許したまま（あるいは、その混在を適度に利用しながら）、なにがしかの人物における「マラーノ性」をめぐる言説を流布し、再生産するところから、歴史記述に混乱と不正確が引き起こされている感が否めないのだ。

よって本書においては、まず、「新キリスト教徒」とは、事の必然としてユダヤ教回帰を志向する（志向せざるを得ない）人々である、といった類の宗教＝人種的決定論を採らず、その種の決定論の誘惑に対する予防措置として、（一）の意味で「マラーノ」の語を用いることを避ける。そして、本書の「序」で述べた歴史記述における「主体性」の問題とも関連して、なにがしかの名称、呼称は、対象者が外部から「そうなのではないか」とみなされたあり方（〈対他〉的アイデンティティー）ではなく、みずから「こうである」とする認識、ないし「こうする」という選択（〈対自〉的アイデンティティー）を第一の根拠としながら用いられるべきとの立場から、（二）の定義をも捨てて、もっぱら（三）の意味における「マラーノ」の語用のみを認めることとしたい。

そもそも「マラーノ」という言葉は、おそらく「禁じられた」を意味するアラビア語「ムハッラム」から発して「豚」を意味することとなった古カスティーリャ語の侮蔑語であり、早くも一三八〇年、ほかならぬカスティーリャの国王フアン一世の勅令により、キリスト教に改宗した「元」ユダヤ教徒や「元」ムスリムを指して用いることが固く禁じられたものであった（しかし、「禁じられた」ものこそ一般に人気を博することもまた歴史の常である）。この基本的史実に立ち返り、その語を現代の歴史学用語として採用すること自体を疑問視する史家イスラエル・レヴァーの感覚をわれわれも共有したいのだ（Révah 1959 : 30）。そして最終的には、秘密裏のユダヤ教（ないしその擬制）を実践している「新キリスト教徒」を指す歴史用語としては「隠れユダヤ教徒」を用い、そこに周囲からの蔑視や猜疑が盛られているという文脈を合わせて明示したい場合に限り、「マラーノ」という言葉を用いることとしよう。

その上で繰り返すならば、フランス南西部の「新キリスト教徒」「ポルトガル・ナシオンの人々」がユダヤ教の実践に回帰していったことを示す客観的指標は一七世紀初頭まで見当たらず、それ以前の時期について憶測の根拠となっているのは、すべて、彼らを「マラーノ」として告発、断罪することに余念のない人々の言説ばかりなのである。にもかかわらず、「新キリスト教徒」のことであるから、フランス移住後、必ずや、万難を排し、イベリア半島で放棄させられた古きユダヤ教徒の信仰へと秘密裏に回帰していったにちがいない、いったのでなければならない、とすることは、外部からの一

方的な推断により、対象となった人々の「マラーノ性」をア・ポステリオリに無理強いすることにほかなるまい。

かくして本書においては、後述のとおり、一七世紀初頭から、フランス南西部でも局所的に、少しずつ感知されるようになるユダヤ教の再興現象を、従来の大方の史家たちが示唆してきたように、一五世紀末から一世紀以上の長きにわたって地下に「潜伏」した「隠れユダヤ教」の水脈が地表に姿を現した結果とはとらえない。むしろ、その再興は、すでに数世代の居住歴をもつ「ポルトガル・ナシオンの人々」の末裔――半永久的に「新」と呼ばれながら、実質的には「真」のキリスト教徒になりつつあった人々――の居住地が、一六世紀末、イベリア半島における異端審問の再過熱にともなってふたたび大量流出にいたった第二陣の「新キリスト教徒」の集団を、同郷、同族のよしみによって受け入れたり、続く一七世紀には、地中海のユダヤ教世界と北ヨーロッパの新興セファラディ系ユダヤ教世界（アントウェルペン、アムステルダム、ハンブルク、ロンドン）を繋ぐ中継地となって新たな人材交流に場を提供したりしているうちに、数世代の途絶を越え、じわりじわりとユダヤ教の伝統にふたたび目覚めさせられていく過程だったのではないか、と考えるのだ。

「マラーノ性」の所在（一）モンテーニュの周辺

そして当然、この議論は、一六世紀フランス文学の代表格にして「モラリスト」の代名詞的存在、ミシェル・エケム・ド・モンテーニュにおける「マラーノ性」「ユダヤ性」をめぐる議論にも直結せずにはいない。

一九二〇年代、批評家アルベール・ティボーデが、フランス文芸の世界に「フランス的なものとセム的なものの混合体」をもたらした人物として、モンテーニュ、ベルクソン、プルーストの名を列挙して以来（Thibaudet 1923 : 138）、モンテーニュの思想を、その母方の「新キリスト教徒」出自――ひいては、そのあり得べき「マラーノ性」――に結びつけて解釈しようとする試みがあとを絶たないが、本書の筆者は、右に述べた歴史状況への洞察と術語使用に関する批判的考察から、その種の読み方には与しない。

たとえば、モンテーニュが『エセー』初版の序文「読者に」の末尾に執筆完了の日付「一五八〇年三月一日」を厳密に記していること、そして、その日がユダヤ暦五三四〇年のアダール月一四日、「エステル記」に描かれたハマンによるユダヤの民殲滅の企てを阻止した事蹟を祝う「プリーム祭」に重なっており、さらにその完成原稿が「新キリスト教徒」（と目されている）シモン・ミランジュの印刷工房に委ねられたことをもって、そこに『エセー』の全体が、「過去と未来のすべての専制を際限なく告発しようとする闘争の試み」として書かれたという象徴的メッセージを読み取ることができるのではないか、といったたぐいの解釈（Jama 2001 : 23-24）は、いかに興趣をそそるものであっても、やはり牽強附会と断ぜざるを得ないのだ。もしもそうした読み方に学術的な信憑性をもたせたいのならば、まず、モンテーニュが普段からユダヤ暦を繰る術を心得ていた事実、そして、印刷業者ミランジュが「隠れユダヤ教」を何らかの仕方で実践していた事実を確定させることから始めなければならないはずだ。

また、たしかに自伝色の濃い『エセー』中、亡父ピエールに頻繁に言及する著者が母アントワネットにはまったく言及していないことについても、それは、母方の一門の「新キリスト教徒」出自に関する気後れや、その構成員の一部における「隠れユダヤ教」の実践を隠匿する必要などによるのではなく、単に『エセー』の執筆中、母がまだ健在で、同じ館で寝食を共にしており（結局、母アントワーヌは、ミシェルの死を経てなお数年、長生きすることとなる）、存命中の身内に対する評価を活字にすることを差し控えた結果ととらえて十分なのではなかろうか。

むしろ、間違いなく時代の先を行く「寛容」の精神に支えられたモンテーニュの宗教観、人間観にとって、骨となり肉となり得た要素をいずこかに探し求めるのならば、どこまでも仮定的たらざるを得ない「マラーノ性」の彼方ではなく、決して豊富とはいえずとも具体的な情報が伝えられていないわけではない一六世紀の復興都市ボルドーの文化的空気、そして、そのなかにあってアンドレ・ド・ゴーヴェイアほかコレージュ・ド・ギュイエンヌの教師たち――その「新キリスト教徒」出自の真偽はさておき――が若きミシェルに示し得た学術の徒としての模範、そして、父ピエールの友人関係と姻戚関係によって親しく行き来するようになった「新キリスト教徒」出自の実力者たちがそれとなく見せつけていたに違いない進取の気質と精神の開放度の方へと、まずは想像力を働かせてみるべきではないだろうか。

その上で、必ずしもモンテーニュの「マラーノ性」「ユダヤ性」を措定するまでもなく、『エセー』第一巻、第一四章「幸不幸の味は大部分われわれの考え方によること」のなか、あくまでも改宗を拒んでポルトガルの港から追放されていくユダヤ教徒たちの姿を賞嘆の念とともに描くくだりや、『旅日記』中、イタリアのユダヤ教徒会衆の奥深くまで訪ね入り、全身を好奇心の塊にして伝統的祈禱や割礼の儀式などを事細かに書き記す箇所は、『フランス・ユダヤの歴史』よりも、むしろ『フランス文学に描かれたユダヤ教世界』の一章として、不朽の価値を保ち続けることであろう。

「新キリスト教徒」のさらなる流入

ピレネーの南側では、一五八〇年、ポルトガルがアヴィシュ朝の断絶にともなってハプスブルク家のスペイン帝国に統合される。これにより、一五三六年に開設されながら、スペインほどの熱意をもって運営されてきたわけではないリスボン、コインブラ、エヴォラの異端審問所がにわかに活気づくこととなった。同時にポルトガル・スペイン間の国境が透過性を増した結果、ポルトガルの「新キリスト教徒」集団が大挙してイベリア半島全体に拡散し、スペインの一般民衆のあいだで「純血」の偏執狂に駆られた「マラーノ」告発熱にも一層の拍車がかかるのであった。これにより、「新キリスト教徒」たちの国外脱出願望として、ちょうど一〇〇年前の一四八〇年、カスティーリャ王国に異端審問所が設置された時に次ぐ大きなうねりが形成され始めたことは想像に難くない。

フランス・スペイン間の政治関係に目を転じるならば、「ユグノー戦争」(一五六二〜九八年)の後半、スペイン王フェリペ二世はカトリック勢力の伸張とフランス王権の弱体化を同時に狙い、ヴァロワ王朝に反旗を翻す「カトリック同盟」を資金・軍備の両面でさかんに支援していた。一五九三年、みずからのカトリック改宗によって内戦状態を終息に向かわせることに成功したフランス王アンリ四世は、国内に散った「カトリック同盟」の残党がなおフェリペ二世の支援を受けていることを理由に、九五年、スペインに宣戦布告する。仏・西の戦争状態は、「ナントの勅令」直後、一五九八年五月のヴェルヴァン条約まで続くこととなるが、その間、ボルドーの「ポルトガル・ナシオンの人々」は、もしもスペイン軍が攻め入ってきたならば、生国から敵国へ抜け出た裏切り者として真っ先に刃にかけられるのではないかという恐怖に怯える一方、ボルドーの一般民衆からは、いつ何時、町を売り渡し、スペイン軍の入城を手引きしかねない、いわゆる「第五列」として激しい敵意にさらされることとなった。一五九七年、ボルドー高等法院は、彼らのうち居住歴一〇年以上の古株には、安全のため、市壁のそばではなく市の中心部に寄り集まって住むよう勧告し、居住歴一〇年未満の人々には、すげもなく市壁外への退去を命じる。退去を命じられた人々は、やむなくギュイエンヌ南部の小さな町々(バイヨンヌ、サン=ジャン=ド=リュズ、ビアリッツ、ビダール、ヴュー=ブコー、ユスタリッツ、エスプレット、ダクス、ペロラード、ビダッシュ、ラバスティード、オッセス、オルテズなど)に分散して移り住んだ(なかには針路を北に取り、大西洋岸のラ・ロシェル、ナント、さらにノルマンディーのルーアンを目指す者も少なくなかったようである)。後述のとおり、一七世紀前半に「新キリスト教徒」の新たな移入の波を吸収することとなるのは、大都市ボルドーよりも、これら南部に点在する小規模な先住「ポルトガル人」の共同体の方であったと考えられる。

スペインでは、一五九八年、豪胆さにおいて父王フェリペ二世にかなり見劣りのするフェリペ三世が王位につくと、「新キリスト教徒」の代表たちは、その王室の財政難に巧みにつけ込むかたちで、一六〇一年、それまで非合法とされてきた「新キリスト教徒」の国外脱出を、以後、一七万クルサドスの納付と引き替えに認める勅令を出させることに成功する。これにともない、経済的に余裕のある多くの「新キリスト教徒」たちがフランス国内に流れ込んだと見られる。

この時、高額の納付金を支払う見込みのない貧困層にも意外な「抜け道」が開かれることとなった。一六〇九年、フェリペ三世が「モリスコ」（キリスト教に改宗した「元」イスラーム教徒）の追放に踏み切った時（その数は二七万人にも及んだといわれる）、そのなかに多数の「隠れユダヤ教徒」が紛れ込んでピレネー山脈を越えたと考えられているのだ。フランス王アンリ四世は、経済的な観点からこの「モリスコ」流入を歓迎するばかりか、そのなかに「隠れユダヤ教徒」が少なからず紛れ込んでいる事実をも当初からはっきりと察知していた様子がうかがわれる（ポリアコフ 1961：294-295）。

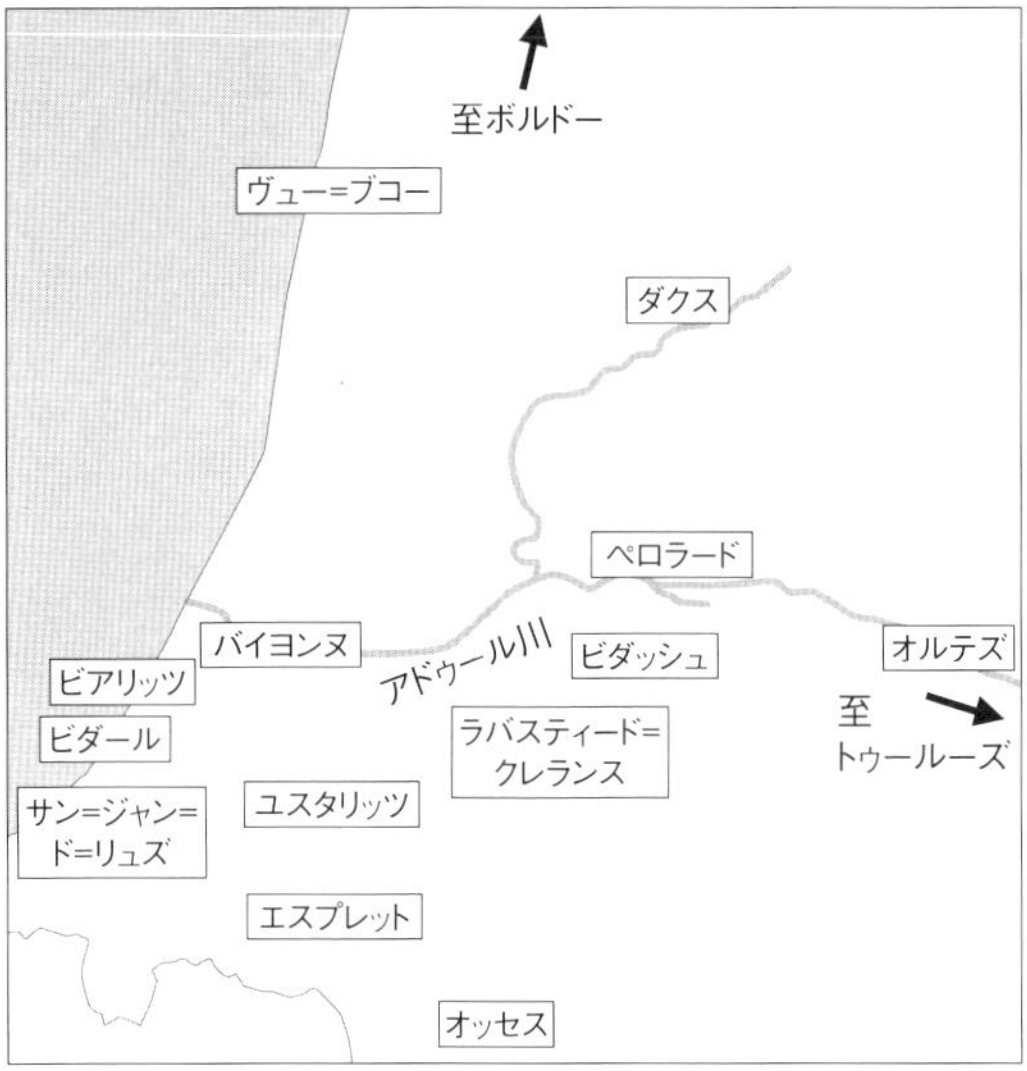

17～18世紀、ギュイエンヌ南部のユダヤ教徒居住地

　こうして、ピレネーを挟んだ両国の敵対関係と、それぞれにおけるめまぐるしい政治状況の変化にともない、かつて一五世紀末、ルイ一一世が外国人のボルドー定住を奨励する勅許状を出した時以来の大規模な「新キリスト教徒」流入の波が一六世紀末から一七世紀初頭にかけて押し寄せることとなった。そして、この第二波の移流民のなかにこそ、「隠れユダヤ教徒」として生きる意志、ならびにその術において、それまでには見られなかったような深化の過程を経てきた人々が多数含まれていたと考えられるのだ。

　一六世紀末、スペインとの戦争状態がいったん解消したのちも、「スペイン人」「ポルトガル人」と称される「新キリスト教徒」系の住民に対する中傷と敵意が止まなかったため、ギュイエンヌ国王代官アルフォンス・ドルナノ元帥は、一六〇四年、「ポルトガル人その他の外国商人」に対する悪言悪行を禁じ、彼らが「王国出身の者と同じように扱われる」よう求める命令を発しなければならなかった。それでもなお、一六一〇年、ボルドーのサン＝テロワ濠で、一人の「ポルトガル人」の惨殺死体が発見されるという事件も発生し、事態が改善に向かわなかったため、一六一五年、ボルドーの「ポルトガル人」の代表者たちはパリで開催中の三部会に使節を送り、「彼らがユダヤ教徒などではまったくなく、逆にきわめて善良なキリスト者にしてカトリックであるにもかかわらず、その獲得した財産に対する嫉妬から、彼らをユダヤ教徒として告発しようとする」向きが絶えない現状を訴えた。

しかし、まさにその一六一五年、パリを中心に異教、異端に関するさまざまな風説が流れ、人心の乱れが懸念される事態に立ちいたるのだった。ボルドー高等法院評定官ピエール・ド・ランクルは、のちにその魔術師・魔女狩りの熱意を高く評価されて国務評定官の地位まで上り詰めることとなる人物であるが（ちなみに、その妻ジャンヌ・ド・モンは、モンテーニュの父ピエール・エケムの弟レーモンの孫に当たる）、彼が一六二二年に著した異端告発の書『不信心、ならびに完全に突き止められた魔術の異教』によれば、この時、「多数の魔法使い、妖術師、ユダヤ教徒が堂々とシャバトやシナゴーグを執り行い、宮廷にまで忍び入る有様であった」という（Lancre 1622 : 487）。こうした醜聞を放置してはなるまいと、パリ高等法院がさかんに王室に働きかけた結果、一六一五年五月一二日、ルイ一三世の名において、一三九四年のシャルル六世によるユダヤ教徒追放令がいまだ厳然として有効であることを再確認する勅書が出されたのであった。

我らが先王たちは「篤信王」との美名を常に保持し、それが今日も我らのものとなっているわけであるが、その結果、先王たちは、その美名の敵となるすべての民、とりわけユダヤ教徒の民（toutes nations ennemies de ce nom, & sur toutes, celle des Juifs）を忌み嫌い、王領ならびに王に忠誠を誓う諸侯の領土にその民が住まうことを決して許さなかった。［…］今、我らが先王の発せられた数々の勅令に背き、数年来、ユダヤ教徒らが見かけを偽って（déguisés）われらが王国のさまざまな場所に広がっているという報告をうけ［…］、我らは以下のように命じる。我らが王領ならびに王に忠誠を誓う諸侯の領土に住まうすべてのユダヤ教徒は、即刻、その場所から立ち退くべし。その期限は本勅令の公布から一か月以内とし、これに背く者には死罪および全財産の没収をもって報いるものとする。

エリヤフ・モンタルトの軌跡

しかし皮肉なことに、この時、「見かけを偽る」どころか、エリヤフ・モンタルトという名実相ともなうユダヤ教徒が、王太后マリー・ド・メディシスの手厚い庇護のもと、フランス王国の中枢部で公然と名医としての手腕を発揮していた。たしかにド・ランクルのいう「ユダヤ教徒が堂々とシャバトやシナゴーグを執り行い、宮廷にまで忍び入る」状況とは、単なる空想や誇張の産物ではなかったのである。

ここで、ポルトガルの「新キリスト教徒」として生まれながら、のちにまったきユダヤ教徒として身を立て直し、にもかかわらず、ユダヤ教禁制下のフランス王国を飄々と渡り歩いていったエリヤフ・モンタルトの足跡を、フランス・ユダヤ史の特異な一齣として刻んでおきたい（以下、モンタルトの生涯についてRoth 1929aならびにRozenbaum 1971を参照)。

エリヤフ・モンタルトは、ポルトガル、カシュテロ・ブランコの富裕な「新キリスト教徒」、アントニオ・アイレスとその妻カタリーナの子として一五六七年に生まれ、母方の祖父と同じ「フェリペ・ロドリゲス」を洗礼名として授かった。母方の祖父は、アマート・ルシターノ(アマトゥス・ルシタヌス)の名で一六世紀の医学界に大きな足跡(とりわけ血液の循環系に関して)を残したジョアン・ロドリゲスの兄弟であった。ルシターノ自身、スペインのサラマンカで医学を学びながら、異端審問の恐れによって故国ポルトガルに帰ることができず、ヨーロッパ遍歴を経てイタリアのフェラーラに腰を落ち着けた「新キリスト教徒」であった。

フェリペ・ロドリゲスも大伯父(ないし大叔父)と同様、医学の道を志し、やはりサラマンカに出て哲学と医学の研鑽を積んだ。学業を終え、いったんカシュテロ・ブランコに戻った彼は、ジェロニマ・ダ・フォンセーカ(のちのユダヤ名はラケル)という女性と結婚する。最初に生まれた双子は夭逝するが、その後、三人の男子、ラファエル、イザーク、モイゼスを授かった。末子モイゼスは、のちにミゲル・デ・ルーナと名乗り、ポーランド・リトアニア共和国の大貴族(マグナート)、スタニスワフ・コニェツポルスキに専属医師として仕え、一六三七年、ルブリンで没することとなる。

妻ジェロニマの家系もまた、代々、ユダヤ教徒の高名な医師を輩出してきた学者一家であったが、一四九七年、祖父(改宗名マヌエル・ダ・フォンセーカ)の代にポルトガルを席巻した強制改宗の大波に呑まれ(ポリアコフ 1961 : 243)、「新キリスト教徒」となっていた。改宗後も一族に受け継がれた医術の腕の確かさは変わらなかったと見え、ジェロニマの父ロポ・ダ・フォンセーカは、ジョアン三世の王妃カタリナ・デ・アウストリアの専属医師として重用されている。

のちにモンタルトは、この妻方の親族をつうじてルーアンの「新キリスト教徒」集団、ひいてはアムステルダム、ハンブルクの新興ユダヤ教会衆とも関係を深めることとなる。ジェロニマの姉(ないし妹)マリア・ダ・フォンセーカ(別名サラ・クリエル)がリスボンの医師ジェロニモ・ヌニェス・ラミレスと結ばれ、そのあいだに生まれた男子が、のちにドゥアルテ・ヌニェス・ダ・コスタ(別名ヤアコヴ・クリエル、一五八七〜一六六五年)と名乗り、アムステルダム、ついでハンブルクへと移って、現地の新興「ポルトガル」系ユダヤ教会衆の指導者となる一方、ほかの二人の女子は、それぞれアントニオ・デ・カセレス、アントニオ・ロドリゲス・ラメーゴという「新キリスト教徒」と結婚し、フランスのルーアンに居を移すこととなるのだ(ルーアンの「新キリスト教徒」集団については次章参照)。

若きフェリペ・ロドリゲスも、当初は義父と同様、「新キリスト教徒」としてポルトガルに住み続け、医師の道を歩むことを考えたのかもしれない。しかし、スペインへの併合(一五八〇年)以来、ポルトガルでも異端審問が猛威を振る

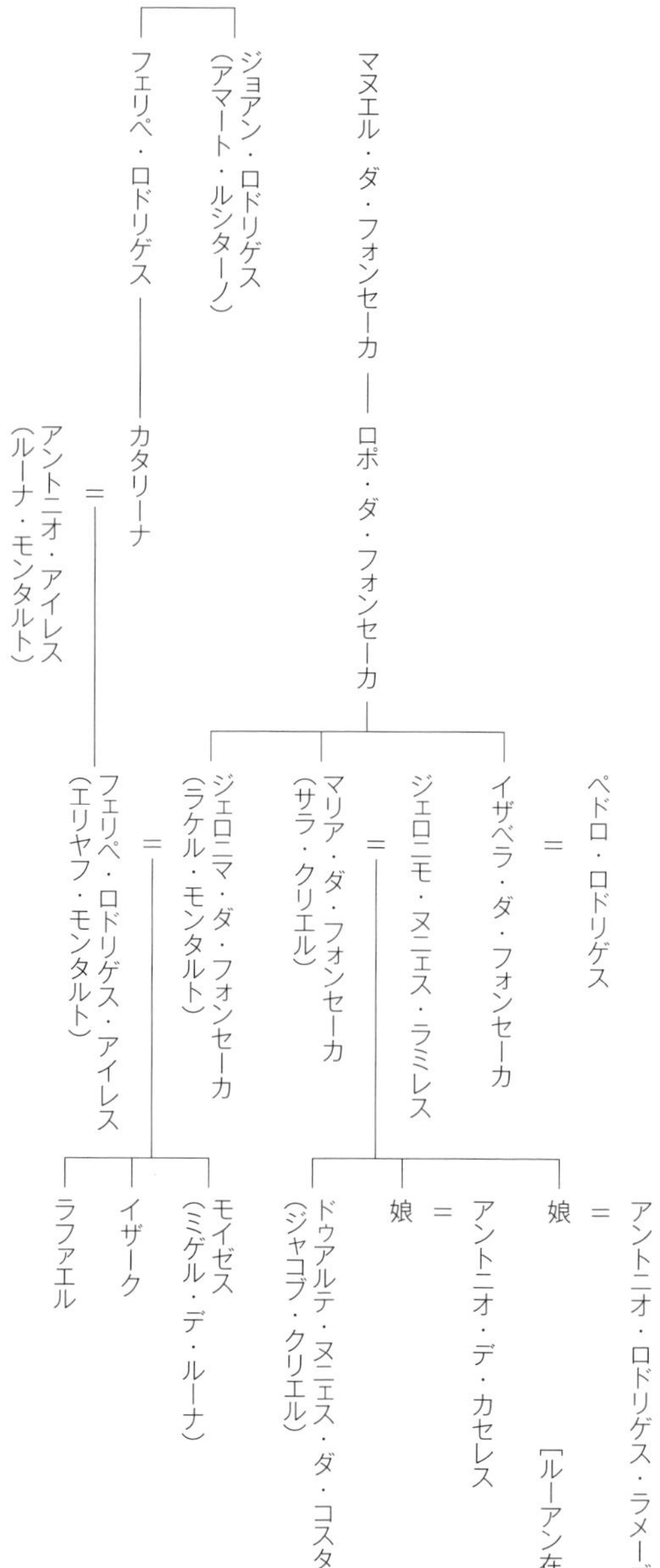

エリヤフ・モンタルトの系譜

い始めたのを目にし、フェリペも決断を余儀なくされる。出国の時期は不明であるが、前述のとおり、一六〇一年、高額の納付金と引き替えにポルトガルからの出国が合法化された時だったのではないかという説が有力である。ヴェネツィアに腰を落ち着ける前にボルドーやアントウェルペンを経由した可能性も指摘されている。その間、「ロドリゲス」姓を捨てて、父方の改宗前の姓「ルーナ・モンタルト」を復活させ、フェリペ・エリヤン・デ・ルーナ・モンタルトと名乗るようになった。

モンタルトをフランスに結びつける機縁となったのは、王妃マリー・ド・メディシスの側近にして、のちに魔女として告発され、焚刑に処されることとなるレオノーラ・ガリガイが思う神経の病であった。一六〇〇年、アンリ四世に嫁いだマリー・ド・メディシスは、幼なじみのレオノーラ・ガリガイとその夫コンチーノ・コンチーニをイタリアから呼び寄せ、寵臣として侍らせるようになっていたが（コンチーニは、ほどなくピカルディーのアンクル侯爵から貴族の称号を買い取り、ノルマンディー地方長官の地位を手に入れて、宮廷でも大きな

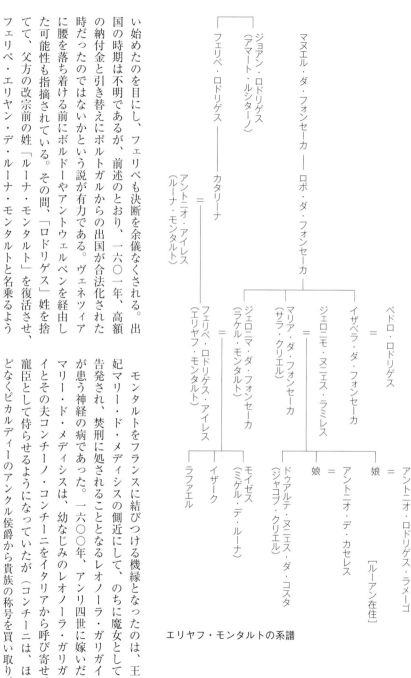

権勢を振るうようになる)、レオノーラは、日頃、精神状態の不安定に加えて、常に体のあちこちに原因不明の痛みを訴え、内外の高名な医者や悪魔払い師たちを呼び寄せては治療に当たらせたものの、一向に快方の兆しが見られないのであった。

当時、パリの宮廷には、ポルトガル出身のマヌエル・メンデスが調香師として仕えていた。メンデスは、元来、サヴォワ公シャルル＝エマニュエルに嫁いだスペイン王フィリペ二世の王女カタリナ・ミカエラ・デ・アウストリアの専属調香師としてサヴォワに赴いたのであったが、一五九七年、カタリナの死去にともない、パリの宮廷に籍を移していたのである(Pleorson 1969 : 519-520)。このメンデスも、姓から推して「新キリスト教徒」であったとする見方が通説となっているが、その確たる証拠はない。レオノーラ・ガリガイは、おそらく、このメンデスの進言を容れて、当時ヴェネツィアに住み、すでに名医としての評判をイタリアじゅうに響かせていたモンタルトに白羽の矢を立てたものと思われる。一六〇六年、フランドル旅行の帰路にパリに立ち寄ったモンタルトは、評判に違わない名医ぶりを発揮し、レオノーラをたちまち快方に向かわせたのであった。奇跡的な治癒に驚いた彼女は、モンタルトを王室常任の主治医としてパリに留まらせようと、マリー・ド・メディシスを介してさかんにアンリ四世に働きかけたが、この時は王の許可が下りず、実現はならなかった。

ヴェネツィアに戻り、「フィリピ・モンタルト」なるラテン名で『視覚論』を上梓したモンタルトの名声はさらに高まり、ボローニャ、ピサ、パドヴァなどの大学から医学講座への就任要請が寄せられたが、彼は、キリスト教に強く結びついた大学組織にあってユダヤ教徒としての義務を果たしながら職務を全うすることは不可能であるとし、すべての申し出を断ったという。この逸話から推しても、モンタルトが本来のユダヤ教徒として身を立て直したのが一六〇七年前後ではなかったか、との推測が成り立つ。実際、この頃、フィレンツェに住むダニエル・フランコ(別名フェルナンド・ゴメス)という、同じポルトガル出の「新キリスト教徒」にして、明らかにユダヤ教回帰の道における先達者とおぼしき人物の後見のもと、モンタルトがユダヤ教の学習を一からやり直した形跡が認められる(そのフランコは、いかなる経緯によるものか、一六〇八年、ポルトガルに帰還し、異端者として焚刑に処されている)。モンタルトと同様、ポルトガル脱出の道を選んだ「新キリスト教徒」の親類縁者や学者仲間の皆が皆、移住先でユダヤ教に回帰したわけではなかったが、彼の場合、キリスト教の洗礼名を捨てて父祖のユダヤ姓を復活させるなど、当初からあきらかにユダヤ教への回帰志向がうかがわれる。おそらく、ポルトガル脱出以前から一族の内部で励行されていた、いわゆる「マラーノ」流に変形されたユダヤ教信仰(その内実については追って詳しく検討したい)を、異境の空の下でも保ち続けてきたのであろう。しかし、その彼においてさえ、数世代前に途絶させられた伝統的なユダヤ教徒としての生き方を自他共の目に疑問の余地がない形で取り戻すためには、漠とした同族意識や父祖の記憶の刷新といった心的操作だけは足りず、やはりユダヤ教という言語と価値の一大体系を意識的に再学習する手続きが不可欠であった。

同じ事態を逆方向から照らし出してくれる挿話もある。モンタルトの妻ジェロニマ（ラケル）には、先述のマリアのほかにイザベラという妹がおり、医師である夫ペドロ・ロドリゲスとともにポルトガルに残留していた。しかし一六一一年の夏、とりわけ激しい異端審問が行われ、リスボンで大がかりな焚刑が実施されるにおよび、彼らも身の危険を感じて国外脱出に踏み切り、一時、フランス南西部のサン＝ジャン＝ド＝リュズに逗留していた。その年、モンタルトがヴェネツィアからこの義理の妹夫婦にポルトガル語で書き送った四通の手紙が残されている（Roth 1929a）。そのなかで彼は、二人の近親者を何とかしてユダヤ教信仰に立ち返らせようと懸命の説得を試み、そのために物心両面で必要なものをすべて用意立ててやるつもりであることを伝えているが、どうやらその願いは叶わなかったようだ。モンタルトの手紙に対するイザベラないしペドロからの返信は残されていないが、モンタルトの手紙の文面そのものから、彼らの側には父祖の代に喪失した（喪失させられた）信仰に回帰する意志がまったくなかったこと、そして、それ以後の宗旨としては、熱烈な信仰心こそ抱いておらずとも、物心ついて以来、自然の環境として受け入れてきたキリスト教を維持していく意向であったことがはっきりと読み取れる。その後、ペドロ・ロドリゲスは、少なくとも宗旨としてはカトリック信仰を掲げたまま、ピサ大学の法学の講座に就任している。

もちろん、この事例のみから一般化することは危険であるが、一六世紀末～一七世紀初頭、ポルトガルを脱出した「新キリスト教徒」の皆が皆、「隠れユダヤ教徒」であったわけではなく、たとえ一足先に国外に逃れた近親者のなかにユダヤ教信仰を取り戻した者がいて、その者から宗旨上の先祖返りに関する全面的な支援の手を差し伸べられた際にも、なおそれに応じない（あるいは、すでに応じきれないほどユダヤ教の伝統から遠ざかっていた）人々も少なくなかったことをうかがわせる貴重な史料である。

一六一〇年、アンリ四世が暗殺され、幼いルイ一三世の摂政として全権を握ることとなったマリー・ド・メディシスは、みずからの主治医としてモンタルトをフランスの宮廷に常駐させることを思い立つ。この要請に対し、モンタルトは、一三九四年以来、ユダヤ教徒の居住が禁止されているフランス王国に、「新キリスト教徒」として身をやつしたり、本来の信仰を偽ったりしてまで滞在することを潔しとせず、招聘受諾の条件として、パリで自由にユダヤ教の信仰を実践する権利を求めた。マリー・ド・メディシスは、事前に教皇パウルス五世の承諾を取りつけるという用意周到の上、この要求を受け入れる。こうしてモンタルトは、一六一一年の秋、妻と二人の子、ならびにサウル・レヴィ・モルテイラというイタリア生まれの若いユダヤ教学者を従えてパリに移り住んだのであった（モンタルト専属のラビにしてヘブライ語教師であったと考えられるモルテイラは、のちにアムステルダムに移ってラビ法廷の一員となり、スピノザの破門にも関わることとなる）。一三九四年の追放令からフランス革命による王政崩壊まで、地域限定で集団ごとに下された特別居住許可ではなく、個人としてのユダヤ教徒に正式な王領滞在が認められたのは、これが最初にして唯一の例ではないかと思われる。

一六一四年、モンタルトの主著にして、精神医学の先駆的偉業といわれる『アルキパトロギア』が、パリで、マリー・ド・メディシスへの献辞付きで刊行されている。これ以降、著者としてのラテン名が「フィロテイ・エリアニ・モンタルト」と記されるにようになったことにも、彼のユダヤ教徒としての再生がはっきりと刻み込まれている。ここにいたって「エリアニ」（ヘブライ語「エリヤフ」）というユダヤ名を明示するばかりでなく、その隣にあって語義矛盾が生じないようにするため（というのも「エリヤフ」とは「YHVH（イェホヴァー）こそ我が神」の意なのだから）、キリスト教の洗礼名「フェリペ（フィリピ、フィリップ）」（「馬（ヒッポス）を愛する者」）を廃して「フィロテイ」（「神を愛する者」）に造り替えているのだ。

同時に、一六一三年から一五年にかけて、モンタルトは、モルテイラの協力を得てパリにヘブライ語聖典の学舎を立ち上げ、主としてオランダから「ポルトガル人」の子弟らを受け入れていたらしい。そして一六一五年の過越祭には、その生徒たちをも交えて盛大に「セデル」の儀を執り行ったといわれる。このようにモンタルトが、マリー・ド・メディシスの絶大な庇護のもと、周囲の目も憚らずにユダヤ教徒として振る舞う姿に業を煮やした人々が、若きルイ一三世とその側近を動かし、王太后への「当てつけ」として発布させたのが、先の一六一五年の勅令であったと見ておそらく間違いないだろう。

一六一五年一一月、ルイ一三世とアンヌ・ドートリッシュ（スペイン王フェリペ三世とマルガレーテ・フォン・エスターライヒの長女）の婚儀が、ボルドーのサン＝タンドレ大聖堂で執り行われることになった際、モンタルトも王太后マリー・ド・メディシスに同行してボルドーに滞在した。一部の史家たちは、この時、モンタルトが地元の「同宗者」たちと語り合う機会をもったとしているが、その資料的裏づけは存在しない。例年にない厳冬のなか、体調を崩していたモンタルトは、翌一六一六年二月一九日、ボルドーからパリへの帰路、トゥールで客死を遂げた。当然のことながら、当時のフランス王国にはユダヤ教徒を埋葬できる場所などなかったため、その亡骸は、マリー・ド・メディシスの命によって防腐処理をほどこされ、アムステルダムのユダヤ教墓地に移送されることとなった。残された妻と二人の子供も、王太后とその寵臣レオノーラから手厚い餞別を授かり、アムステルダムへと居を移していった。

時期としては一六一一年から一六年までのわずか五年間にすぎなかったが、一三九四年の追放令から一七九〇〜九一年の市民権授与にいたる四〇〇年間のほぼ真中にあって、エリヤフ・モンタルトの滞在は、正規のフランス王領における正真正銘のユダヤ教の現存として、小気味よく響き渡る昼花火のような印象をフランス史に残している。

第8章　「新キリスト教徒」の末裔たち

南西部の状況（一）墓碑銘から

一六一五年、ルイ一三世により、一三九四年のユダヤ教徒追放令の有効性が再確認された時、ボルドーとその周辺に住まう「ポルトガル人」たちのなかから「見かけを偽ったユダヤ教徒」として追放処分にあう者が出た形跡はない。むしろ、その二年後の一六一七年、ボルドー高等法院は、外国籍の人間がボルドー市民権を取得するための金額を一律三〇〇フランと定める法案を採択し、二二年には、市民権を取得せずに市内で小売商を営むことを禁じる法を制定している。一定の居住歴をもち、事業面で実績のある「ポルトガル人」たちを、以後、たとえ勅令をもってしても居住権や所有権が脅かされることのない市民として抱き込もうとする一方、生粋のキリスト教徒商人の利益や一般民衆の反発にも配慮し、いまだ居住歴の浅い新参者や市民権の取得にほど遠い小商人の「新キリスト教徒」には、町なかであまり大きな顔をさせまいとする、ボルドー市当局の苦心の跡がうかがえる（前章に続き、本章の記述もMalvezin 1875ならびにNahon 2003にもとづく）。

一六一八年、いわゆる「三十年戦争」の火蓋が切って落とされ、ふたたび反目状態に入ったスペインとフランスのあいだでは、それぞれの領土に住まう相手国籍の住民の財を差し押さえる勅令が出された。ギュイエンヌの「ポルトガル人」についても、一六二五年、まずは全家族分の名簿と財産目録を作成せよとの命が下るが、この時は、ボルドー市の懸命の取りなしにより、実行に移されないまま沙汰止みとなる。しかし、続いて実際に西仏間に戦闘が始まり（「西仏戦争」、一六三五〜五九年）、スペイン軍が国境を越えて進軍してくるにおよび、ボルドー市当局は、先の戦争時同様、古参の「ポルトガル人」たちを市壁付近の居住区からより安全な町の中心部（サン＝トゥラリー小教区付近）に移住させ、同時にその時点（一六三六年一二月）での納税者名簿を作成した。これにより、ボルドーに住まう「ポルトガル人」納税者の数は四〇家族、二六〇名であることが判明したという。彼らの姓としては、「アルヴァレス」「シルヴァ」「フュルタド（フルタード)」「マンデス(メンデス)」「オリヴェラ」などが多く、名としては「アントワーヌ」「エマニュエル」「フランソワ」「イサボー」などラテン・キリスト教起源のものがほとんどであった。かたやバイヨンヌでは、敵兵の迫る国境の町に敵国出自の人間を住まわせておくことの危険性を理由に「ポルトガル人」の数家族が追放され、北上してナントへ、さらにそこからアムステルダム、ロンドンなどを目指す移民の流れが形成された。

それでも、ポルトガルから比較的新しい時期に流入した「新キリスト教徒」たちの皆が皆、北方の諸都市へと流れ去って行ったわけではなく、前世紀末、ボルドーの市壁内に住むことを禁じられた居住歴の浅い「新キリスト教徒」たちが分散して住みついていた、南部、ピレネー山麓の小邑に受け入れ先を見出しながら、そこを終の棲家とした者も少なくなかったようだ。事実、一六三三年の数値として、ラバスティードに八〇家族、バイヨンヌに六〇家族以上、ペロラードに四〇家族以上、ダクスに一〇家族ほどの「新キリスト教徒」が住んでいたという記録が残されている。しかも、それから二〇年を経た一六五〇年頃、「新キリスト教徒」の家族数が、ボルドーでは五〇前後で落ち着きを見せているのに対し、バイヨンヌとペロラードの二か所を合わせただけで三〇〇にまで急増しているのだ(Szapiro 1972 : 230)。ここから、次のような推測が成り立つ。つまり、一七世紀初頭、「新キリスト教徒」流入の二度目の大波を吸収したのは、居住歴が長く、市当局やカトリック住民との関係もすでに古きにおよんでいた大都市ボルドーの居住地ではなく、いまだフランス移住歴が浅く、イベリア半島における異端審問の恐怖を近過去ないし同時代の実体験として共有している南部ピレネー山麓の新興居住地の方だったのではないか。そして、その後者の居住地こそは、一六世紀末〜一七世紀初頭、新たに流入する「新キリスト教徒」たちが携えて来た「隠れユダヤ教」——いわゆる「マラーノ」的ユダヤ教——の灯火を受け継ぎ、数世代という時間の流れを遡るようにして、ゆっくりとそれを本来のユダヤ教に戻していく(あるいは近づけていく)という、再生、修復の作業に土壌を提供したのではなかったか。

たとえば、ここに、現代フランスのユダヤ史家、ジェラール・ナオンが、ビダッシュ、ラバスティード、ペロラードの三か所で行った「新キリスト教徒」たちの墓地に関する実証研究がある(Nahon 1968)。そこから浮かび上がってくる決定的な指標だけを以下に示そう。まず、ナオンが調査の対象とし得た合計四五〇基ほどの墓石の碑文のなかで、埋葬者の没年として最古とおぼしきものは一六二〇年(ラバスティード)である。ペロラードの墓地については、敷地の取得の経緯を具体的に記した古記録も伝わっている。それによれば、一六二八年、地元の「ポルトガル人」を代表するシモン・ヴァス、アントワーヌ・ゴメス、ジャン・フェルナンデス・コアイユーの三名が、一帯の領主であったサン゠ジュニエス子爵夫人から一六五トゥール・リーヴルの値段でその土地を買い取り、あわせて礼拝堂を建設する許可をも取りつけたというのだ。一部の史家は、その「礼拝堂」こそユダヤ教のシナゴーグだったのではないかと想像をたくましくするが、即断はなお禁物であろう。重要なのは、むしろその年号の方だ。後述のとおり、大都市ボルドーの「新キリスト教徒」たちが独自の墓地をもつようになるのは、続く一八世紀の初頭のことであるが、南部の小規模共同体は、少なくとも弔いを軸とする集団の自律性において、それに一世紀近く先駆けていたのである。

ビダッシュ、ラバスティード、ペロラードの墓碑に用いられた文字と数字は、一七世紀をつうじてすべてローマ字とアラビア数字であり、ヘブライ文字が最初に現れるのは、ビダッシュで一七〇一年、ペロラードで一七一三年のことである（ペロラードの一六三三年の墓碑で、冒頭部にヘブライ文字がいくつか刻まれたものが見つかっているが、これは明らかに後代の加筆と思われる）。ラバスティードの碑文にはヘブライ文字が見当たらないが、一六九一年の墓碑に、「五四五一年アブ月の二〇日（20 DE AB 5451）」という創造紀元（アンノ・ムンディ）とユダヤ暦の日付が初めて登場している。このようにローマ字でユダヤ暦が記された最初の例はペロラードの一六七三年の墓碑であり、それ以降、ほかの二か所の墓地でもキリスト紀元（アンノ・ドミニ）とユダヤ暦の併用、ないしユダヤ暦のみの表記が徐々に増えていくことから、遅くともその時期以降に没した人々のもとで、日常的に用いる暦法が徐々にユダヤ教のそれへと回帰していたと推察される。

月の名称や「……に没す」といった表現に用いられている言語としては圧倒的にスペイン語が多く、ポルトガル語はごく稀にしか見当たらない。これは、住民の多くが実際にスペイン出自であったことに加えて、たとえ故人がポルトガル出自であり、日常の言語としてポルトガル語を用いていたとしても、墓碑のような公の記録にはスペイン語を用いるのが本式であるとの認識があったためであろう。フランス語使用にいたっては、実にフランス革命後、「一二月一日（PREMIER DEXEMBRE）」という月日を記した一七九九年の墓碑（ペロラード）まで待たなければならない。

埋葬者の姓として頻度が高いのは、「ロペス」「ダコスタ（アコスタ）」「ゴメス」「レオン」「ロドリゲス」「メンデス」「アボアブ」「シルバ」「ヌニェス」「フォンセーカ」「ディアス」「フェルナンデス」「カルドーサ」などである。重要なのは、個々人の名（ファーストネーム）にうかがわれる明瞭な変化の跡だ。もっとも特徴がはっきりしているラバスティードの例を採るならば、最初期一六二〇〜三〇年代の墓碑には、「ディエーゴ」「ホルヘ」「ベアトリス」「カタリーナ」「クララ」といったキリスト教起源のスペイン名しか見当たらないのに対し、一六五九年の「ヤアコヴ（ヤコブ）」を皮切りに「アヴラハム」「イツハク（イザーク）」「ハイーム」「ラケル」「サラ」「レベッカ」「エステル」といったユダヤ名が混じり始め、徐々に――あくまでも徐々に――その割合を増していくのである。比較の対象として、ボルドーの教会や修道院の墓地に残された「新キリスト教徒」たちの墓石の上で、最初のユダヤ名として「ヤアコヴ（ヤコブ）」が現れるのは、ようやく一七一〇年のことにすぎない。

これらの指標から、一七世紀、ピレネー山麓の小邑に腰を落ち着けた「新キリスト教徒」たちが辿った精神の変遷を、いかに跡づけることができるか。たとえば、イベリア半島から流出した「新キリスト教徒」たちが移住先でユダヤ教に回帰するプロセスを事の必然、半ば自動的なものとして急がせたい向きの論者は、次のように解釈するかもしれない。一七世紀初頭、独自の墓地を取得するところまで共同体化を押し進めた「新キリスト教徒」たちは、ポルトガルから携えてきた「隠れユダヤ教」を半ば公然のユダヤ教としてすでに実践し始めていたのではないか。たしかに、墓碑銘としてヘブライ文字、ユダヤ暦、あるいはユダヤ名の使用が表面化するのは一七世紀後半以降であるが、それは、いまだフランス領内にも時折出没していた異端審問の密偵の目に対する警戒、そして何よりも、フランス王の土地に住む以上、少なくとも名目上はキリスト教徒として振る舞わなければならない必要に迫られたものであって、家庭内、共同体内では、もっと早い時期からユダヤ教信仰を復活させていたのではないか。よって、たとえばペロラードの墓地に建てられた「礼拝堂」も、実のところ当初からユダヤ教のシナゴーグであったと見て差し支えないのではないか、等々……。

しかし、同じ所与から出発して、逆に次のように問い返すこともできる。一七世紀後半以降、墓碑に堂々とヘブライ文字、ユダヤ暦、ユダヤ名を刻むことができるほどユダヤ教に対する禁制が弛み、異端審問への警戒の必要も薄れ、一八世紀初頭には（後述のとおり）地域限定でユダヤ教徒の滞在が公認されるまでとなりながら、その後もなお、碑文上、グレゴリオ暦による年月日の記載やキリスト教徒としての洗礼名（フェリペ、マリアなど）が消滅も激減もせず、逆に、場所によってはキリスト教の暦法がユダヤ暦を抑えてふたたび支配的になったりしているのはなぜなのか。言語の水準でも、ヘブライ語表記は徐々に「混じって」くる程度であって決して主流にはならず（しかもヘブライ語墓碑の主は、ほとんどの場合、男性であり、碑文の内容から推してユダヤ教の学知に直に携わる者であったことがうかがわれる）、標準の表記はあくまでもローマ字とスペイン語であり続けたのはなぜなのか……。

「隠れユダヤ教」の内実

ここでも、後世からの本質主義の押しつけを回避するために、鍵語、鍵概念の正確な定義づけ、ならびに歴史事象に対する複眼的な思考が欠かせない。というのも、一四世紀末の強制改宗熱、あるいは一五世紀末のユダヤ教徒追放令以来、イベリア半島における一部の「新キリスト教徒」たちのもとで育まれてきた信仰形態――外の目から「隠れユダヤ教」とみなされるもの――は、実のところ、従来のユダヤ教を家庭の仕切り壁や個人の心の襞の内側にそのまま畳み込んだものではあり得ず、また、いわゆる「マラーノ」として名指される人々も、単にユダヤ教徒としての変わらぬ本性を、偽りのキリスト教の釉薬で覆い隠しただけの存在ではなかったと考えられるからだ。繰り返すが、そもそもユダヤ教信仰とは、信徒が、聖書、聖典、祈禱の言語とのあいだに取り結ぶまさに肉的な絆、そして、自他共の目にごまかしの利かない物理的な戒律遵守に支えられた精神活動である。よって、それが完全なる禁制に付された場所で――つまりシナゴーグもなく、ラビもおらず、タルムードの巻冊はおろか、ヘブライ語の聖書や祈禱書さえ手元に置けない環境にあって――、なおかつその信仰を「実践」するということが現実として何を意味し得るのか、一度、根本的に問い直してみる必要があるのだ。この点については、シーセル・ロス、イスラエル・レヴァーといった先駆的「マラーノ」研究者たちの仕事に何度でも立ち返り、その都度、術語と概念の再定義をやり直す価値があるだろう。

シーセル・ロスによれば、一六世紀末のスペインやポルトガルにあって、改宗からすでに数世代を経た「新キリスト教徒」たちの一部がたしかに実践していたとおぼしき「隠れユダヤ教」の内実は、ユダヤ教の「おぼろげな知」とキリスト教の「押しつけられた知」の「錯綜」としてとらえるべきであるという（Roth 1932a : 136）。たとえば、同じ「救済」を待ち焦がれる場合でも、それは、すでにかなりキリスト教的な概念化を経た「救済」が、キリストの掟によってではなくモーセの掟によって可能となるはずであるという信念であったり、また、同じ「聖なる奥方」という表現を用いる際にも、それは、「旧キリスト教徒」たちにとっての「聖マリア」に相当する女性として自分たちには「聖エステル」がいるのだという、部分的な置換・代替の操作であった。いわゆる「マラーノ」と名指された人々は、そうした個々の差異を認識しつつも、それをことさら口に出すことだけは慎みながら、キリスト教のあらゆる典礼を受け入れ、ミサに行き、告解を実践していた。いうまでもなく、物理的に可視のユダヤ教的指標、とりわけ割礼の風習とヘブライ語聖書の朗読は、数世代前から一切不可能となっていた。当然、ヘブライ語の知識は、「我が主」を意味する「アドナイ」といったいくつかの定型表現を除き、ある時点でほとんど途絶したにちがいない。年中行事としても、新年の祭（ロシュ・ハシャナー）や過越祭（ペサハ）などは祝われなくなり、かろうじて贖罪の日（ヨム・キプール）だけが、「清き日（ディア・プーラ）」と改称、翻案されて密かに励行され続けていたようだ。

いま一人の「マラーノ」研究の権威、イスラエル・レヴァーは、同じ事態を別の角度から整理し、イベリア半島の「マラーノ」的ユダヤ教にとって具体的滋養となり得ていた要素を次の三項にまとめている（Révah 1959）。

（a）イベリア半島外のユダヤ教会衆とのあいだに相当の危険を冒して維持されていた極秘の連絡網、ならびにそれを介して密かに持ち込まれる書物や祈禱書
（b）ラテン語やカスティーリャ語による「旧約聖書」と「外典」の講読
（c）異端審問所から出される御触書や「アウト・ダ・フェ（信仰の行い＝焚刑）」宣告の判決書などのなか、あるまじきものとして、微に入り細を穿って描かれるユダヤ教実践の内実

とりわけ、この（c）の要素は注目に値しよう。レヴァーによれば、「幼少期からカトリックの精神性のなかに取り込まれてきた「新キリスト教徒」の末裔たちは、まず、自分たちの境遇に関する残酷なまでの不正義を感知するところから、そのような不正義を許容し助長するキリスト教会を捨て、隠れユダヤ教、ひいては正真正銘のユダヤ教へと向かって行った」(Ibid : 55)。なるほど、いったん「新キリスト教徒」となり、なおかつ、異端審問の苛酷さ、非情さに疑問や嫌悪感を禁じ得ない人々にとっては、父祖たちがユダヤ教を捨てた（捨てさせられた）過去の経緯そのものよりも、以後、改宗者としてみずから名を連ねることとなった宗教が、同じ神の名において平然と暴力と不正義をはたらくという、その目の前の現実の方がよほど受け入れがたいものであったかもしれない。「新」とはいえ、一度キリスト教徒になったからには、それを「真」の道徳的価値として生きていきたいと潜在的には願いながら、日々、目に飛び込んでくる現実によってそれが不可能にされてしまうという構図である。つまり、異端審問所は、「異端とはこういうものであり、このように邪悪、有害なものである」として言葉を費やせば費やすほど、一部の人々を、逆にその「異端」の方向に後ずさりさせる効果を発揮していたことになる。概して、信仰心とは、何かに「向けて」、それを希求する心の動きのみならず、別の何かに「抗して」、それに対する抵抗意識、嫌悪感によって育まれ、鍛え上げられていくものなのかもしれないのだ。

一六世紀末～一七世紀初頭、ポルトガルからフランス南西部へ新たに流れ込んだ「新キリスト教徒」たちの一部が携えてきた、いわゆる「隠れユダヤ教」の内実を右のようなものとしてとらえ直した上で、ふたたび、上記ナオンによる墓碑銘の研究に立ち返ってみよう。その時、一七世紀後半から少しずつ、まさに水滴が石を穿つように墓標の上に感じられてくるユダヤ教への回帰現象は、果たしてピレネーの南側、イベリア半島でユダヤ教が禁制下に置かれた時から個々人の心の奥深くに畳み込まれ、フランス移住後もなおしばらくのあいだは、異端審問への恐怖、ならびに一三九四年以来有効であり続けているユダヤ教徒追放令への気遣いからひた隠しにされてきた何かが、周囲の状況の変化により、ようやく陽の下に「正体」を現すことができるようになった結果として解すべきものなのだろうか。むしろ、その徐々なる「ユダヤ教

性」表出の様は、秘匿や遠慮の必要が薄れたためではなく、実際に何かがゼロの状態からふたたび取り戻されていく――あるいは、むしろ新たに見出されていく――過程を、粉飾なく、ありのままに物語っていると考えるべきではないのか。

一七世紀前半、ボルドーを含め、フランス南西部の「新キリスト教徒」の末裔たちに関する文字情報が決定的に不足するなか、まさに奇跡的な例外として、一六二〇年代、イタリア在住のユダヤ教賢者イマヌエル・アボアブが、ラバスティード一帯に暮らす「新キリスト教徒」たちの存在にかなり手厳しい仕方で言及した書簡（厳密にはその転写）が今日に伝えられている。

『ノモロギア』（一六二九年）という重要なユダヤ法研究の著者として知られるイマヌエル・アボアブは、一五世紀のカスティーリャに生きた著名な聖書注釈者イツハク・アボアブの曾孫として、ポルトガル、ポルトーの「新キリスト教徒」の一門に生まれ、若くして移住したイタリアの地で、名実相ともなうユダヤ教信仰を取り戻した人物であった（時代的にも既出モンタルトが歩んだ道程にきわめて近い）。そのアボアブが、一六二六年頃、フランス南西部、ラバスティードの友人（移住者なのか、旅行者なのか、人物像は一切不明）にスペイン語で書き送った複数の手紙を書き写した文書が、のちに大英博物館の古文書のなかから発見されたのである（Roth 1932b）。書簡中、アボアブは、まずスペインから逃れ出た「新キリスト教徒」たちのことを「その土地［ラバスティード］やほかの地方に散らばって、神の法の実践から遠ざかり、その務めを忘れ去って暮らしている、だらしのない（descuidados）イスラエル人《びと》」と評し、以後、各地の同宗者は、彼らをユダヤ教の正道に立ち帰らせるために最大限の努力を払わねばならないと述べている。しかし、アボアブは、その回帰のプロセスが一朝一夕に完遂するとは断じて考えていない。暗がりから一気に陽の下に連れ出された人と同じで、「スペインという暗黒の圧政と幽囚」から神の恵みによって外へ引き出された人々の目が真実の光に慣れるまでには、それなりの時間を要するだろうというのだ。それよりもアボアブが驚愕と憤慨の種としているのは、せっかく神の導きにより、いったんフランス南西部へと逃れ出ていながら、避難地での生活に満足できず、ふたたびイベリア半島に戻って「新キリスト教徒」としての欺瞞と危険に満ちた生活を再開しようとする同胞があとを絶たないという点であった。そういう人々のことを、アボアブは「自分の吐瀉物に立ち返る犬」になぞらえ、以後、イスラエルの民のすべての会衆において、日に三度、彼らに対する呪詛の言葉が発せられることになるだろう、とまで述べる。そして、ラバスティードの文通相手に対し、もしも周囲にそういう人間がいたら、この手紙を読ませて絶対に思いとどまらせるよう、そしてラバスティード周辺の同胞集団にも同じことをいって聞かせるよう、入念に指示しているのである。

先に「歴史事象に対する複眼的な思考」という表現を用い

たのは、まさにそのためなのだ。つまり、異端審問のイベリア半島から、フランス南西部へ、そしてナント、ルーアン、アントウェルペン、アムステルダム、ロンドン、ハンブルクへと延びる「新キリスト教徒」たちの道行きは、決して不可逆の一方通行ではなかったということ、そして、われわれを含め後代の人間が「隠れユダヤ教徒」「マラーノ」と呼び習わしている人々は、同時代の伝統的ユダヤ教徒、あるいは「新キリスト教徒」出自でありながら移住先で意識的にユダヤ教徒としての生き方を取り戻した人々（モンタルト、アボアブ）の目に、進むべき回帰の道の途上で方向感覚を失い、いつ何時、キリスト教徒としての中途半端な道にふらふらと舞い戻っていきかねない「だらしのないイスラエル人《びと》」と映っていたということである。

こうした文脈上、一七世紀、ビダッシュ、ラバスティード、ペロラードという南西部の小邑の墓碑銘において、グレゴリオ暦とユダヤ暦のあいだ、キリスト教洗礼名とユダヤ名のあいだ、ローマ字表記とヘブライ文字表記のあいだにさまざまな「たゆたい」や逡巡の跡が観察されるのも、むしろ当然のことではあるまいか。そして、たしかに碑文から浮かび上がってくる精神性の変化が、全体として、ゆっくりとしたユダヤ教回帰の傾向を示しているとしても、それは、警戒と隠匿の必要の薄れや、集団記憶の自動的、本能的回帰の結果などではなく、外部（イタリア、アムステルダムなど）の新興ユダヤ教世界から――時にはアボアブ書簡のようにかなり手厳しい仕方で――回帰奨励、復興支援の力が作用し始めた結果だったのではなかろうか。

この点で見逃せないのは、一六一五年頃からアムステルダムに本拠を据え、南端は仏西国境のサン＝ジャン＝ド＝リュズから、北限はポーランドのグダニスク（ダンツィヒ）まで、大西洋岸、英仏海峡、そしてバルト海沿岸に点在するセファラディ・ユダヤ教会衆と「新キリスト教徒」居住地を一本の線で結ぶようにして機能し始めた「孤児と貧家の女子に持参金をもたせるための聖会（Santa Companhia de dotar orphas e donzelas pobres）」の存在だ。活動の趣旨はその名に示されているとおりである。活動員たちは、各地の会衆、居住地をくまなく訪ね歩き、経済的に困窮してはいても、将来、良家との縁結びに値すると評価される娘たちを名簿に登録する。最終的に持参金の供与は籤引きで決められるが、まずは候補者名簿に名を連ねるために、家柄の良さ、日頃の品行方正、そしてユダヤ教の忠実な実践が求められるのであった。この結婚資金援助制度は、とりわけ高額な納付金との引き替えでポルトガルを脱出し、移住先で尾羽打ち枯らした旧・良家の子女にとって魅力的なものであったに違いない。また、活動員が、原則としてユダヤ教徒は居住していないこととなっているフランス王領の「新キリスト教徒」居住地にも積極的に分け入っていることから、アムステルダムで組織を主催し、資金をつぎ込むユダヤ教会衆の富裕層の主眼が、結婚という社会制度を梃子として、道を逸れた「新キリスト教徒」、迷える「隠れユダヤ教徒」たちをモーセ信仰の正道に引き戻してやることにあったと推断できる。記録によると、一六一五年から一六三九年まで、登録された三〇五名の花嫁候補のうち、七六名（ほぼ四人に一人）がフランス（南西部、ナント、ルーアン）在住の「新キリスト教徒」の子女であったという（Nahon 2003 : 54）。

ほかにも、この頃から、ボルドー、その他の場所の「新キリスト教徒」たちが外国のユダヤ教徒と直接の接触に入ったことを示す具体的な逸話が、古記録上、散発的に姿を見せ始める。たとえば一六三二年、ボルドーのジュアン・ヌニェス・サラビアという「新キリスト教徒」が、高額の費用を負担してオランダから割礼師を呼び寄せ、臨終間近の祖父に割礼を受けさせたという逸話。一六四七年、バイヨンヌのジョアン・ロペスという「新キリスト教徒」が、とある旅籠でヴェネツィアからやってきた二人のラビに出会い、四〇日間にわたってユダヤ教の手ほどきを受けたという話。同じ頃、ボルドーのル・ミライユ通りに、いずこからともなく調香師と薬剤師の二人組が現れ、さまざまな品物を売りつけながらモーセの掟を説いていたこと。一六五三年、他の町に先駆けてバイヨンヌの居住地が、イツハク・デ・アヴィラという「ガハン（Gajan）」――フランス南西部のスペイン語では、ラビのことを、ヘブライ語「ハハム（賢者）」を訛らせてそう呼んでいた――をアムステルダムから招聘し、住まわせるようになっていたこと。一六五八年、ペロラードの「新キリスト教徒」たちがアムステルダムからジャコブ・ハミス・デ・オルタという割礼師を招いたところ、ボルドー、バイヨンヌからも大勢の人々が駆けつけ、競うようにして割礼の儀を受けたこと。その後、ボルドーの町には、マヌエル・ペレス・ダ・モータという割礼師が常駐し、とりわけ死の床についた男性に割礼をほどこすようになったということ、などである。

普通、新生男児に対してほどこされる割礼が、ここで、まずキリスト教の「終油の秘蹟」に代わるものとして復活を遂げていることなど、「マラーノ」的信仰を特徴づけるユダヤ教＝キリスト教間の置換・代替操作を跡づけるものとして興味深い（Wilke 1997）。一六六〇年には、エクトル・マンデス率いるボルドーの「ポルトガル人」居住区の代表団がアムステルダムに赴き、当地のセファラディ・ユダヤ教会衆の首席ラビ、イツハク・アボアブ・ダ・フォンセーカ――一六五六年、バルフ・スピノザに破門を言い渡したラビ法廷の中心人物――の講話を拝聴する、という出来事もあった。その際、首席ラビは、ボルドーの「新キリスト教徒」住民らを指して「金銭と生活の安楽さへの欲に駆られ、主の土地、つまり律法を十全に行うことのできる土地に赴くという神の命に背いている者ども」と評し、厳しく断罪したという。一七世紀後半に入って少しずつユダヤ教の実践を取り戻しつつあったボルドーの「隠れユダヤ教徒」たちも、アムステルダムの正統ユダヤ教会衆の目には、依然として「イスラエルの民」の名にはほど遠い存在と映っていたことがはっきりとうかがわれる逸話である。補足ながら、ここで首席ラビのいう「律法を十全に行うことのできる土地」とは、遠いパレスティナの〈聖地〉ではなく、彼自身が身を置くアムステルダムを指していることにも十分留意すべきである。

「マラーノ性」の所在（二）
イザーク・ラ・ペレールのこと

このように、少しずつユダヤ教文化再興の兆しが感じられ始めた一七世紀前半のボルドーは、「前アダム説」で知られる神学者イザーク・ラ・ペレールの自己形成の地でもあった。先述のモンテーニュと並んでフランス南西部出身の「マラーノ系」文人として名を引かれることも多いこの風変わりな思想家について、その「マラーノ性」なるものを一体どの程度まで有効に論じることができるのか、以下、最小限の考察材料を提供しておきたい。結論から述べるなら、本書の筆者は、ラ・ペレールの神学思想の背後に「隠れユダヤ教」や「マラーノ主義」の地盤を見ようとする試みを不適切として退ける立場を採る（以下、イザーク・ラ・ペレールの生涯について Popkin 1987）。

「ラ・ペレール（La Peyrère）」という姓から推して――「ペレイラ」（Pereira）などからの変形ではないかとして――たしかに「新キリスト教徒」出自の可能性もないわけではない彼の父、ベルナール・ド・ラ・ペレールは、ボルドーの富裕なカルヴァン派の一門の出であり、一五八四年、ギュイエンヌ総代官として着任したマティニョン元帥（翌八五年以降はモンテーニュの後任としてボルドー市長を兼ねる）の私設秘書をつとめた人物であった。母マルト・マレも、代々、ナヴァール家の財務官の任に当たってきたカルヴァン派の名家の出である。一五九六年、その二人のあいだに生まれたイザークは、ボルドーの町で法曹職につくが、四〇歳もとうに過ぎた一六四〇年、コンデ公の秘書として抜擢され、パリに居を移すこととなった。かねてより独自の終末思想を温めていた彼は、四三年、メシアの再臨に備え、フランス王が主導権をとってユダヤ教徒をパレスティナの地にふたたび呼び寄せるべきことを訴える『ユダヤ教徒の召還について』をフランス語で刊行する。ついで、新大陸の先住民を例証としてアダム以前に人間が存在した事実を証明しようとする『アダム以前の人々（Prae-Adamitae）』をラテン語で著すが、後者の刊行は差し止められ、長らく写本の形でフランス、オランダ、デンマークに出回ることとなった。一六五五年、スウェーデン女王クリスティナの援助を受けてブリュッセルとバーゼルで印刷された『アダム以前の人々』は、各地で徹底的な焚書処分に付される。身柄を拘束され、カトリックに改宗して自説を撤回するまで釈放はないと告げられたラ・ペレールは、みずからの思想がカルヴァン派としての誤った教育の産物であることを認め、少なくとも表面的にはローマ教皇への忠誠を誓う。パリに戻り、ふたたびコンデ公のもとで図書司書の職を得、オラトリオ派の平信徒となった彼は、その後も人類学的考察を続け、リシャール・シモンとの論争を通じて「前アダム説」の明証性、ならびにユダヤ教徒のパレスティナ帰還の必要性に対する確信を深めていった。晩年、『ユダヤ教徒の召還について』の続編を企図するも、完成させることなく、一六七六年に世を去る。友人の一人が彼の墓碑銘に刻ませた言葉は次のようなものであった。

ここに良きイスラエル人《びと》、ユグノー、カトリック、
さらには前アダム論者、ラ・ペレール眠る
同時に四つの宗教が彼の心にかなうところとなった
その分け隔てのなさはあまりの域に達していたので、
八〇年の生涯の終わりに選択を迫られた良き人は
そのいずれをも選ぶことなく世を去った

彼の聖書批評の手法と世俗的歴史主義の精神は、スピノザ、ヴィーコなどにも多大な影響を及ぼしたといわれる。また、その「前アダム説」は、一九世紀にいたって「人類複数起源説」の先駆思想として復活を遂げ、新大陸の先住民、アフリカの諸民族、その他、ヨーロッパ人とは起源を異にするとされた人間集団の差異化の手続きを支える根拠として、人種（差別）主義に利用されることにもなった（ポリアコフ 1971）。

従来の史家たち（シーセル・ロス、レオン・ポリアコフほか）は、姓からの類推と、この墓碑銘の「イスラエル人《びと》」という言葉を根拠として、ラ・ペレールの「新キリスト教徒」出自をほぼ確実視してきた。詳細なラ・ペレール伝の著者ポプキンは、さらに歩を進め、「彼の理論全体はマラーノのメシア観」であり、そのメシア思想は「スペインの「新キリスト教徒」たちのそれに類似している」とする。つまり、ラ・ペレールが打ち出したユダヤ教＝キリスト教合同の――あるいは「相互乗り入れの」ともいうべきか――メシア思想を逆に辿っていけば、彼が青年期を過ごした一七世紀前半のボルドーに住まう「マラーノ」たち、あるいは、より一般的にイベリア半島の「新キリスト教徒」たちが密かに構築しつつあった世界観、終末論の深奥まで到達することができるかもしれないというのだ。他方、それとはまったく対照的に、「ラ・ペレール」の原型とみなし得る姓がボルドー一帯に中世の昔からいくつか存在したことを示して、彼の「マラーノ性」「ユダヤ性」を否定し、そのメシア思想の源流を探る作業はもっぱらカルヴァン派の思想圏内で行うべきであり、また行うことが十分に可能であるとする論者たちもいる（Popkin 1987 : 22）。

しかし、ここでも本書の筆者は、事の因果関係を故意に逆転させた議論だけは慎むべきであると考える。たしかにイザークの父方が、元は「ペレイラ」などといった姓を名乗り、ある世代以降、カルヴァン派に与することにした「新キリスト教徒」の家系であったとしてもまったく不思議はない。だが、それをもってイザーク自身が生まれ育った環境、および

そこで醸成された思想の「マラーノ性」を結論づけるのは、あまりにも早計にして単純すぎると思われるのだ。のちのイザークの行動や著作に「マラーノ的」ユダヤ教の痕跡を見て取ろうとするならば、まず、彼の家庭がカルヴァン主義を奉じながら密かに「隠れユダヤ教」を実践していたこと、あるいは、彼の青年期の人間関係のなかに、彼をして「マラーノ的」メシア思想——仮にそのようなものが存在するとして——に目を開かせた個人ないし集団が存在したことを示すべきであって、その推断の矢印を決して逆向きにしてはなるまい。そもそも、ユダヤ教のメシア思想やカバラーに触れ、それに傾倒していくためならば——前世紀のギヨーム・ポステルがそうであったように——、みずからユダヤ系、「新キリスト教徒」出自である必要とてないはずだ。いったい、今、われわれが時間軸に沿って考証を進めている一六世紀末〜一七世紀前半のフランス南西部に、のちのイザークの思想を一定方向へ決定づけるだけの影響力を秘めた「マラーノ主義」ないし「隠れユダヤ教」が本当に存在したのか。まず問われ、立証されるべきは、この前提の方であろう。

さらに、従来の論者たちのもとでラ・ペレールの思想が「親ユダヤ的」と評されてきた、その根拠をも同時に再問に付す必要がある。つまり、イザークが『ユダヤ教徒の召還について』をもってキリスト教徒に広く呼びかけ、爾後、キリスト者は、従来のカトリシズムに染みついた反ユダヤ教的傾向を洗い落とし、まずはユダヤ教徒たちから愛される存在となった上で、彼らを〈聖地〉に導き、平和と統一のうちにこの世の終末を迎えるようにしなければならない、という至福千年論的な展望を諄々と説いた人物であったという事実をもって、それが「元」ないし「隠れ」信徒ならではの親ユダヤ的感性の所在を示すものと結論づけることが果たしてできるのか。

ここで、ユダヤ教徒とは、かつて〈聖地〉から追われた人々である以上、いつでもまた〈聖地〉へ帰還することを事の必然として切望している人々であると考える向きに対し、以下のように問い返すことから始めなくてはならない。すなわち、中世最大のユダヤ教詩人と目されるイェフダー・ハ＝レヴィが、晩年（一二世紀）、アンダルシアから〈聖地〉へ移住しようとした際、周囲の学者仲間たちがこぞって反対し、なんとか彼を思い止まらせようとしたのはなぜだったのか（ポリアコフ 1961 : 130）。一五世紀末、スペインとポルトガルを追われたユダヤ教徒たちが、地中海の南岸・北岸の諸都市にこぞって腰を落ち着けながら、こと〈聖地〉については、そこに足を向けようとする者がきわめて少数にとどまったのはなぜなのか。一五六一年、ヨセフ・ナシが、オスマン帝国のスルターンからティベリアの町とその周辺にユダヤ教徒の居住地を築く許可を得た際も、その企てに賛同して移り住んでくるユダヤ教徒がほぼ皆無であったのはなぜなのか（Ibid. : 311）。そして、ラ・ペレールの最晩年に当たる一六六五年前後、東方に出現した自称メシア、シャベタイ・ツェヴィの運動が、一時、ヨーロッパ各地のユダヤ教会衆を神秘的メシア主義の熱狂で包み込んでおきながら、始祖自身のイスラーム改宗をもって一気に冷却、自壊するという出来事があって以来、当初から警告を発していた少数のラビたちの教えに従って、偽メシア主義に対する警戒、断罪がユダヤ教的世界観、歴史観の中心に据えられることとなったのはなぜなのか。それはほかでもない、ラビ・ユダヤ教の伝統的見地からして、神自身の号令を待たずして、人為により、物理的に〈聖地〉を再建しようとすることは、ほぼ冒瀆に近い破戒行為とみなされていたからである（ラブキン 2004 : 143）。

よって、ユダヤ教徒の永遠の願いとして〈聖地〉への帰還以上のものはあり得まいと、外部から彼らの希求を先取りして代弁しようとする素振りをもって「親ユダヤ的」と評することは、当のユダヤ教徒たちにとって、「痛し痒し」ひいては「ありがた迷惑」にも相当する行為となりかねない。この点において、ラ・ペレールによる〈聖地〉へのユダヤ教徒召還論は、「隠れユダヤ教徒」や正真正銘のユダヤ教徒たちの希求を彼らに代わって表現したものではなく、むしろ、従来のキリスト教におけるユダヤ教観と表裏一体の関係にあった終末思想——つまり、キリストのメシア性をとらえ損ねた人々を一斉に〈聖地〉に招集し、その場で一人残らずイエスの真実に目覚めさせてやる時にこそ、現在の千年期につつがなく終末を迎えさせることができるというシナリオ——が、ラ・ペレール自身のカルヴァン主義のある先鋭的な部分と触れ合うところから産み落とされた至福千年論の一類型とみなされるべきであろう。ここでこれ以上、議論を深めることはできないが、本書の筆者は、ラ・ペレールのメシア思想の本質を、イギリスにおける清教徒革命のなかから生まれ出た新しいユダヤ観をフランスに移植する試みと位置づけるミリアム・ヤルデニの見方を支持し（Yardeni 1971）、その生涯と思想は、父方の「新キリスト教」起源の真偽に関わりなく、「ユダヤ教史」「ユダヤ史」よりも、むしろ「キリスト教世界におけるユダヤ教・ユダヤ人観の歴史」の枠内で扱われるべきと考えるものである。

ナントの状況

すでにボルドー、その他の町に伝わるいくつかの断片的なエピソードからも察せられるとおり、フランス南西部におけるユダヤ教再興の過程を描き出すに際しては、異端審問の煙がくすぶり続けるイベリア半島と、新しいセファラディ系ユダヤ教の会衆が形成され始めた北ヨーロッパとのあいだを点と線で結ぶ作業が不可欠となる。その重要な二つの中継地点として、ナントとルーアンの状況にも目を向けておかねばならない。

古くから良港として栄え、とりわけ新大陸の「発見」以来、大西洋貿易の最重要拠点の一つとなっていたナントでは、地元の商人たちとイベリア半島の「旧キリスト教徒」の仲買人たちが「コントラクタシオン」と呼ばれる一種の同業組合を形成し、商船の出入りを独占状態に置いていたため、一五五〇年、アンリ二世の勅許状によってギュイエンヌ以外の土地にも「新キリスト教徒」商人の居住が認められることとなった際も、商業活動の分野で新参者の入り込む余地はほとんどなかったようである。一六世紀の早い時期から町に腰を落ち着けたヴァス、メンデス、ロドリゲスなど、「新キリスト教徒」とおぼしき少数の「ポルトガル人」の家系からは、むしろカトリックの聖職者が多く輩出しているという（Mathorez 1913 : 322）。シャルル九世に新大陸の地理を講じるためにリスボンから招聘され、一五六八年、ナントで没した著名な地図製作者バルトロメウ・ヴェーリョも「新キリスト教徒」であったという説があるが、確たる証拠はない。

一六世紀末、ポルトガルにおける異端審問の再過熱によって「新キリスト教徒」たちの新たな大量流出が引き起こされた時、ナントの町にも多数の移流民が押し寄せた（その一人として、一五九三年頃、哲学者バルフ・スピノザの祖父アブラハム・デ・エスピノサがナントに逗留していたことがわかっている）。ブルターニュ会計法院の古記録からは、一五七五年から一六〇〇年まで、ポルトガル出自とおぼしき一〇〇以上の家族に帰化状（lettre de naturalité）が交付されたことが確認されるという（Ibid : 324）。しかし、商業上の競合を恐れた市の当局は、一六〇三年、これらの移流民のなかに多数の「ユダヤ教徒」が混じっている可能性を理由として、彼ら全員の追放を求める決議を採択し、王国総代官モンバゾンに訴え出る。しかし、モンバゾンのもとには、当時、通商と軍事の観点からスペイン出自の流入民を粗末に扱ってはならぬ、という国王アンリ四世からの指令が、別途、下されており、結局、ナント市民の意向を押さえつける形で、五〇〇人以上の「ポルトガル人」に滞在が許可されることとなった。

国策として「ポルトガル人」の優遇を命じたアンリ四世の狙いは、競合国スペインからの移流民を手元に留め置き、通商・軍事の面で彼らを有効活用することにあったと思われる。また、国内では宗教戦争の平定、対外的にはスペインへの宣戦布告などにより出費がかさむなか、王国が「ポルトガル人」の金融業者たちに多額の借金を負い、彼らの陳情に耳を傾けざるを得ない状況にあったことも間違いあるまい。加えて、王の個人史に属する要因として次のような逸話も伝えられている。幼少のみぎりより無類の賭け事好きであったアンリ四世は、あらゆる勝負事に通じたドゥアルテ・フェルナンデスというポルトガル商人を身辺に侍らせ、日々、彼に勝負を挑んでは借金を膨らませていた（Dulaure 1827 : 327）。このドゥアルテ・フェルナンデスが「新キリスト教徒」であり、借金の帳消しと引き替えにフランス王領内への同胞たちの受け入れ許可を、その都度、王から引き出すことに成功していたのではないか、というのだ。

こうしてアンリ四世の治世下（一五八九〜一六一〇年）、ナントに流入する「新キリスト教徒」の数は増え続け、反発する地元住民のあいだで「隠れユダヤ教」混在の可能性をあげつらう声はますます高まった。代が移った一六一五年、ルイ一三世によるユダヤ教徒追放令の再確認（上述）は、こうした不満に対する安全弁の意味も兼ねていたのかもしれない。一八世紀のジャンセニズム派の神学者にしてナントの郷土史家ニコラ・トラヴェールは、この事態を冷静に振り返り、次のように書き記している。「これらの外国人はユダヤ教を行うユダヤ人（Juifs judaïsants）であったといわれ、長いことそう信じられてきたが、そこにはかなりの先入観があった。たしかに一部の人々はそうであったかもしれないが、全員について断言するためにはよほどの大胆さが求められる」（Travers 1841 : 147）。ここで表現の水準において、「ユダヤ教徒」と訳せば明らかに畳語となってしまうJuifの用法にも注目しておきたい。

ナントの住民と市当局にとって、押さえつけられた不満を爆発させる機会は一六三六年に巡ってきた。先述のとおり、その年、「西仏戦争」の煽りを受けてバイヨンヌから追放された「新キリスト教徒」の数家族がナントの港に流れ着くと、ナントの市当局は、そのなかに敵国の密偵が潜んでいるかもしれないとして一般住民を扇動し、「ポルトガル人」の先住者の家屋内まで立ち入って家宅捜索を行わせるなど、厳格な警戒態勢を敷いた。これに嫌気がさした「新キリスト教徒」住民の多くが、さらに北の新天地（アントウェルペン、アムステルダム、ハンブルク）を目指して立ち退いていったと考えられる。以後、ナントの港からは「ポルトガル人」の足が遠のく一方となり、会計法院の記録の上でも、一六三七年以降、新たに帰化状を取得して納税者となった人々のなかに「ポルトガル人」とおぼしき姓はもはや見当たらなくなったという（Bedos-Rezak 1985 : 250-251）。

結局、大西洋の玄関口たるナントの町は、一六〇〇～三〇年代、「新キリスト教徒」たちの一時的な羽休《はね》めの場所として終わった感がある。他方のルーアンの町も、最終的にはナントと同様、セファラディ・ユダヤ移民史全体のなかでは一時期の寄港地の意味合いに留まることとなるが、その間、「新キリスト教徒」たちの精神的軌跡を辿る上できわめて興味深い逸話が、いくつか今日に伝えられている。

ルーアンの状況

パリの北西約一〇〇キロ、ノルマンディーの主要都市にして、ローマ時代からセーヌ川の水運の拠点として栄えてきたルーアンの町にも、古来、イベリア半島の商人たちがさかんに出入りし、仮の居住区を築いていた。当然、そのなかに混じって早い時期から「新キリスト教徒」が到来、滞在していたと考えられるが、彼らが当初から別個の居住区を築いたり、父祖のユダヤ教へ回帰しようとしたりする傾向を示していたわけではない。一六世紀半ばにいたり、そのルーアンに最初の「新キリスト教徒」居住地が築かれることとなった経緯は、イベリア半島よりも、むしろフランドルの一大商業都市アントウェルペン（アントワープ）の動向に連動していた。

一四七七年以来、ハプスブルク家の支配下に入っていたアントウェルペンの町は、一五一九年、スペイン王カルロス一世がカルル五世として神聖ローマ皇帝をも兼ねたことから、政治・軍事的にスペインの影響圏内に置かれることとなる。そのカルル五世が、一五二六年、外国人商人に対してネーデルラントにおける三〇日間の滞在・通行権ならびに商業活動の自由を認め、条件に応じてその期間を延長できるとする勅許状を公布したことから、多種多様な外国商人がアントウェルペンに流入し、スヘルデ川河口の小都市はまたたく間にヨーロッパ最大の商業・金融都市に成長した。さらにカルル五世が、一五三六年（まさにポルトガルに異端審問所が設置された年）、ネーデルラントにおいて他の外国商人と同様の権利を「新キリスト教徒」にも認める勅許状を公布したため、イベリア半島やフランス南西部から多数の「新キリスト教徒」たちがアントウェルペンに吸い寄せられることとなった。皮肉なことに、当時、異端審問の先頭を突き進んでいたスペインの国王みずからが、並行支配する北の帝国の一隅に「新キリスト教徒」たちに誂え向きの避難場所を用意してやった格好である。しかし、居住を許された「新キリスト教徒」が密かにユダヤ教に回帰しつつあるのではないかという周囲の猜疑に加え、折からの宗教改革の文脈上、彼らがカトリック国スペインに対する怨嗟や反感から必ずやプロテスタント勢力に加担するに違いないと讒言する勢力に押されて方針の見直しを余儀なくされたカルル五世は、一五五〇年五月三〇日の勅令により、一転してネーデルラントから「新キリスト教徒」の立ち退きを命ずる。この追放令は、アントウェルペン市の実力者たちの取りなしもあって、さほど厳重に実行されたわけではなく、その後も数十家族の「新キリスト教徒」が市内に居住し続けたらしいが、それでも多くの「新キリスト教徒」が余所への移住を余儀なくされたことに変わりはない。また、追放令の強制力如何にかかわらず、一五五六年、フェリペ二世がスペイン王位を襲って以降、新教・旧教の対立が激化し、経済・金融市場としても急速に衰退に向かい始めたアントウェルペンをみずから見限って出立を決断した「新キリスト教徒」たちも少なくなかったようである。そのおよそ一〇〇年後、ヴェストファーレン（ウェストファリア）条約（一六四八年）の成立を経て、アントウェルペンはふたたび「新キリスト教徒」——ならびに歴《れっき》としたユダヤ教徒——の居住地として復活を遂げることとなるが、その頃には、北ヨーロッパにおけるセファラディ・ユダヤ教文化の中枢は、はっきりとアムステルダムに移っているだろう。

一六世紀半ば、北ヨーロッパのほかの諸都市への移住可能性がいまだ開けていない段階で（アムステルダム、ハンブルクは一七世紀初頭、ロンドンについては一六五六年を待たなければならない）、追放を言い渡されたアントウェルペンの「新キリスト教徒」たちは、元来た道を引き返す以外になす術がなかった。一五五〇年八月、それまでギュイエンヌに限られていた「新キリスト教徒」の居住許可をフランス王領全体に押し広げるフランス王アンリ二世の勅許状が出されたのは、まさにそうした状況下のことである（巨視的に見て、やはり当時の諸王国・諸帝国は、自国内の宗教と通商の文脈を睨みながら、「新キリスト教徒」集団の押しつけ合いと奪い合いを繰り返していたことになる）。こうして、セーヌ河口のオンフルールから直線距離で七〇キロメートル、蛇行するセーヌに沿えば一二〇キロメートルも内陸に位置するルーアンの町が、ネーデルラントを逃れてきたスペイン系「新キリスト教徒」たちの新たな避難所となった。流入の規模は定かではないが、ノルマンディー会計法院の古記録によれば、一五八一年から一六〇一年までの二〇年間に帰化状の交付を受けて納税者となったルーアンの「新キリスト教徒」二二家族のうち、ほとんどがフランドルないしブラバント公爵領の出身者であったという（Révah 1953 : 539）。

そこへ、一六世紀末以降、異端審問を逃れて直接ポルトガルをあとにしてきた「新キリスト教徒」たちの集団が折り重なる。とくに一六〇三年、一度に数十人の「ポルトガル人」集団がルーアンに上陸することとなったが、これは、カルメル会修道士マルティン・デ・エスピリト・サントという、一人の謎めいた人物の手引きによるものであった。

マルティン・デ・エスピリト・サントは、一五七三年頃、ポルトガル中南部、アレンテージョ地方のメルトーラの町に、おそらく「旧キリスト教徒」であった父フェルナン・ロペス・デ・ボンディアと、「新キリスト教徒」の母フェリパ・ロペスのあいだに生まれた。マルティンは、長じてカルメル会の修道士となり、ローマに滞在して修業を積んだのち、父の死を契機にメルトラに帰郷したが、僧服のまま修道院の外で暮らす許可を教皇庁から取りつけ、しかも、いつしか家族ぐるみでモーセ信仰を実践するようになっていったという（以下、修道士マルティンに関する情報は、すべてRévah 1953による）。一六〇三年、母フェリパの三人の従姉妹が異端審問所に連行され、危機感を募らせたマルティンは、母、二人の弟、二人の妹、甥姪、従兄弟、又従兄弟、その他の同郷人、総勢数十名を引き連れ、リスボン経由でルーアンに移住した。一族郎党をルーアンに落ち着けるや、修道士マルティンはパリのアンリ四世の宮廷に参上し、以後、対スペイン関係においてフランスを利するような仕方で立ち振る舞うことを王に確約し、フランス王室の庇護を取りつけることに成功する。

こうしてルーアンに逃れ出た修道士マルティンとその一族は、ポルトガル出国前に比べてかなり大きな自由度をもって、彼らなりのユダヤ教復興に着手することができたようである。一六〇六年、リスボンで行われた異端審問の裁判記録によれば、当時のルーアンでは、ユダヤ教の祝福の祈りをヘブライ語で唱えるための教育が行われていたという。もしもこれが事実であるとすれば、南西部まで含めたフランス王領において、「新キリスト教徒」がユダヤ教回帰の道を実際に歩み始めたことを示す最古の記録はルーアンに由来することになる。しかし、実際に父祖の信仰に回帰する意志を固めた「新キリスト教徒」たちのもとでも、ヘブライ語の使用はいまだごく一部に限られており、ユダヤ教の再学習のために用いることのできるテクストも、一五五三年、イタリアのフェラーラで、アヴラハム・ウスクェ（ポルトガル名、ドゥアルテ・ピニェル）によってヘブライ語原典から翻訳され、ヨム＝トーブ・アティアス（ポルトガル名、ジェロニモ・デ・ヴェルガス）の植字によって刊行に漕ぎ着けたスペイン語聖書（いわゆる「フェラーラ聖書」）のみであったようだ。また、ルーアンに荷を解いたこれら「隠れユダヤ教徒」たちは、いまだ擬似的とはいえユダヤ教「流儀」の祭礼を執り行う際、人目を憚って市の中心部から遠く離れた山里の一軒家に集まっていた。その家屋は、アンリ四世の欠かせぬ賭博相手であった既出「ポルトガル人」ドゥアルテ・フェルナンデスが用立て、祭礼の場にはフランドル生まれの「ポルトガル人」であった彼の妻がいつも立ち会っていたという。さらに、そうした祭式は、いずこよりいかにして連れて来られたものか、アマール・デ・ヴィダスというユダヤ教徒がヘブライ語で執り行っていたという記録もある。

もしもこの「隠れユダヤ教徒」集団が、人目を憚りながらも当地に確実に根を下ろし、その後、何らかの段階で特別居住許可でも手にすることになっていたならば、ルーアンの町は、ボルドーその他、南西部のセファラディ居住地すべてに先駆け、東部ロレーヌのメッスに興隆しつつあったアシュケナジ居住地（後述）とほぼ同時期に、フランス王国におけるユダヤ教史の再開を画する場所になっていたかもしれない。しかし事実として、ルーアンにおけるこの第一期の「隠れユダヤ教徒」共同体は、実にあっけない仕方で終焉を迎えることとなった。

マルティンらがルーアンに移住した翌年の一六〇四年、ローマ教皇クレメンス八世は、ポルトガルの「新キリスト教徒」たちがスペイン王国に一七〇万クルサドスを上納することと引き替えに、彼らがそれまでに犯した宗教上の罪をすべて洗い流し、四〇〇人ほどの拘禁者も自由の身にするという「大赦法」に署名する。これを純粋に吉報ととらえ、ヨーロッパ各地の移住先から嬉々としてポルトガルに帰国した「新キリスト教徒」も決して少なくなく、一度はマルティンによって連れ出されたルーアンの「新キリスト教徒」たちもその例外ではなかった。ここでもやはり、異端審問のイベリア半島からフランス南西部、ナント、ルーアン、そしてアムステルダムへと延びる「新キリスト教徒」たちの道行きは決して不可逆の一方通行ではなかったわけであり、先述のとおり、イマヌエル・アボアブはそうした帰還者たちのことを指して「自分の吐瀉物に立ち返る犬」と評したのであった。しかし、ほどなくこの「大赦法」も、スペイン国庫を潤す一過性の財政再建策にすぎなかったことが判明する。そして異端審問所の側は、ローマ教皇、スペイン王室、そして「新キリスト教徒」の代表連らの結託によって「大赦法」を受け入れさせられた屈辱を晴らさんとばかり、早くも一六〇五年の夏以降、以前にも増して激しく執拗な「隠れユダヤ教徒」狩りに乗り出すのであった。ルーアンからポルトガルに帰還した人々のうち、誰が、いつ、いかにして異端審問の爪牙《そうが》にかかり、いかにして火刑台へと引き立てられていったか、その委細が検邪聖省の古文書として今日に伝えられている。翻って、ルーアンにおける「隠れユダヤ教」の実態が右のとおり比較的明瞭に把握できるのも、その時の裁判記録のおかげなのである。

こうして、ルーアンにおける第一期の「新キリスト教徒」集団は、修道士マルティンとその母フェリパを中心とする数家族、ならびに先立ってアントウェルペンから移り住んでそのまま留まっていた「ポルトガル」人たちの小集団のみとなってしまったが、その彼らも、いったんフランス領から立ち退かざるを得ない出来事が続けざまに起こってしまう。そこには、フェルナン・ブローデルが『地中海』のなかで言及している、贋金を用いた国家間の経済戦争の文脈が関係していた（ブローデル 1949 : 305-306）。

当時、軍事・経済の面でスペインと競合する国々は、新大陸から持ち込まれた金・銀のスペインによる独占体制を打破するため、銅などで作られた贋金をスペインに持ち込み、それを金貨、銀貨と交換して国外に持ち出させるという闇の通貨戦争を仕掛けていた（贋金の主な製造場所は、一五八一年、フェリペ二世の統治権を否認し、いわゆる「八十年戦争」に突入していたネーデルラント諸州であった）。ルーアンの「新キリスト教徒」たちのなかにも、間違いなくアンリ四世の指示のもと、この贋金持ち込み作戦の一翼を担う者がおり、そして、実際に一六〇七年、修道士マルティンの弟と甥が、アヤモンテ（スペイン南西部、ポルトガル国境に近い港町）に贋金を持ち込もうとしたとして身柄を拘束されてしまう。彼らの場合、密輸入の罪に異端の嫌疑も重なり、焚刑は必至と思われた。そこで修道士マルティンは、この二人の命を救う最後の手段として、フランスを裏切る決断を下す。パリ駐留スペイン大使の秘書と密かに接触し、弟と甥の釈放との引き替えに、以後、フランスの内情を逐一スペイン側に報告する密偵として仕えることを約束したのである。彼がカルメル会修道士との肩書きを隠れ蓑としてルーアンの「隠れユダヤ教徒」集団を主導してきた事実を十分に把握していたスペイン側も、もたらされる機密情報の有益性に鑑みてその提案を呑み、親族の釈放に合意する。こうして修道士マルティンはマドリードへ赴いて対フランス政策顧問の座に収まり、ルーアンに残された家族もアントウェルペンに移り住んで、スペイン領ネーデルラント君主、アルブレヒト・フォン・エスターライヒの庇護を受けることとなった。この逸話が後代に語り継がれ、「ユダの裏切り」神話をしっかりと補強することとなったのはいうまでもない。

このように、フランスの地において「新キリスト教徒」が本格的な再＝ユダヤ教化の途についた最初の事例として注目されるルーアンの物語は、一六〇三年から〇七年までのわずか数年間、特異な残像のみを残して終息してしまう。実際、異端審問所の古文書によれば（むしろ、それが審問する側が残した記録であればこそなのかもしれないが）、かなり積極的にユダヤ教への復帰の道を突き進んでいたように見えるマルティン一族が、突如、ポルトガルに帰還し、「新キリスト教徒」として再出発する道を選んだり、窮地に立たされては受け入れ国のフランスをいとも簡単に裏切り、スペイン王権の懐に転がり込んで行ったりする様を見ると、彼らの心の深奥において、父祖の信仰に対する価値づけが一体どのようなものであったのか、理解に苦しむといわざるを得ない。しかし、いかんせん、その心の深奥に理解の探りを入れようにも、われわれの手にかろうじて残されているのは、当事者たちにもっぱら負のバイアスをかけようとする異端審問官が残した文書のみなのだ。

マルティン一族の出立後、ルーアンの「新キリスト教徒」は、いったん一家族のみを残す状態になったという。しかし、その後も異端審問を逃れてポルトガルを脱出してくる「新キリスト教徒」たちの流入は止むことがなかったと見え、一六一三年、ルーアンに上陸した外国人のなかに異端の信仰を実践する者が多数含まれているという苦情が当局に殺到し、一六一八年には、地元ルーアンの住民が商業上の競合を懸念して彼らの立ち退きを求める請願書を提出するという状況に立ちいたった（Roth 1929b : 115）。

アンリ四世の治世末期、修道士マルティンによる上記のごとき裏切り行為があったにもかかわらず、続くルイ一三世の代になって、ふたたびルーアンに多くの「新キリスト教徒」の上陸が許容されたのはなぜか。その理由の説明として、シーセル・ロスのように、一六一一年から一六年の没年までマリー・ド・メディシスの主治医として王宮に侍した、上述エリヤフ・モンタルトの影響力に言及する史家もいるが、本書の筆者はその種の見方には容易に与することができない。上述のとおり、モンタルトは、一三九四年のユダヤ教徒追放令がいまだ厳然として効力を発揮しているフランス王国に本来の信仰を偽ってまで滞在することを潔しとしなかった人物であり、ポルトガルを脱してフランス南西部に仮滞在している親族に対して、なによりもまずユダヤ教への回帰を求めた人物である。その彼の目に、修道士マルティンに付き従った「新キリスト教徒」集団は、その実際の立ち振る舞いからして、やはりアボアブのいう「自分の吐瀉物に立ち返る犬」と映っていたに違いなく、また、その後、ルーアンに再び「新キリスト教徒」が集結しつつあるとの情報に接しても、モンタルトの望みは、その人々がそのままつつがなくルーアンに留まり続けることではなく、一部なりとも真のユダヤ教の伝統に復帰し、アムステルダムなど、ユダヤ教徒がユダヤ教徒として堂々と暮らせる土地を目指してさらなる旅程を続けることであったに違いないからである。ここでもやはり、キリスト教世界の側からユダヤ「系」とみなされる人々を単純に同族視、同伴者扱いすべきではなく、伝統的ユダヤ教徒、あるいはみずからの意識的努力によってユダヤ教の伝統との絆を取り戻した者の目からすれば、「新キリスト教徒」はおろか「隠れユダヤ教徒」でさえ、依然として無限にキリスト教世界に近い存在と見えていたかもしれないという、複眼的視野に立たねばならないと考えるのだ。

いずれにせよ、ルイ一三世の治世下、ルーアンの「新キリスト教徒」人口はふたたび急増に転じ、一六三一年、ノルマンディー諸州が合同で提出した陳情書では、以後、「新キリスト教徒」ほか外国人に帰化状を交付するに際しては、フランス人女性と結婚して子をもうけ、しかも安定した暮らしを保障するだけの財を取得済みの者に限るという条件づけが求められるなど、王政府による帰化状の乱発が地方行政当局から諌められるまでとなった。

ルーアンにおける、この第二期「新キリスト教徒」集団の代表格となったのはピント・デルガード家である。ジョアン・ピント・デルガード、ゴンサロ・ピント・デルガードの父子は、元来、ポルトガル南端アルガルヴェ地方のヴィラ・ノーヴァで行政官をつとめる「新キリスト教徒」であった。詩人でもあったゴンサロは、税関吏としてリスボンとアントウェルペンのあいだを行き来するなかで徐々にユダヤ教の信仰を取り戻し、一六〇九年頃、ルーアンに足場を築くと、一六一八年以降、そこに家族全員を呼び寄せて定住するようになった。三人の息子のうち、長子ディエーゴは、のちにハンブルクに移り、ラビとなる。ほかの二人、ジョアン（祖父と同名）とゴンサロ（父と同名）はしばらくルーアンにとどまったが、とくに、父と同様、文学に傾倒していた次男ジョアン・ピント・デルガードが詩人としての名を後世に残すこととなった。

ジョアンは、すでにポルトガル出国前から詩作に手を染め、やはりポルトガルの「新キリスト教徒」の出で、改宗後、反ユダヤ教の熱烈な喧伝家となったジョアン・バプティスタ・デステの著作に讃辞として韻文の序を寄せたりもしていた。しかし、ルーアン移住後、ジョアンの作品にはユダヤ教回帰の足跡が少しずつ表面化し始める。一六二七年、リシュリュー枢機卿への献辞を付してルーアンで印刷された『エステル王妃の詩文、預言者エレミヤの哀歌、ルツ物語、その他の詩篇』は、今日、スペイン語表現ユダヤ教文学の代表作の一つに数えられている。日頃、彼は、同人の集いにおいてみずからをユダヤ名「モセー（モーセ）」で呼ばせ、キリスト教住民たちとのあいだでそれぞれの信仰の基礎をめぐる論争を戦わせることを好んだ。ポルトガルから新たにルーアンに到着する「新キリスト教徒」たちには一刻も早くキリスト教信仰を捨て去るよう説き勧め、ユダヤ教回帰に積極的な姿勢を見せる新参者には、当地に留まらず、さらにアムステルダムやハンブルクまで移住の射程を延ばすよう説き勧めていたという。

このピント・デルガード家を軸として、一六二〇年代、ルーアンの「新キリスト教徒」居住地は急速に再興を遂げていった。先述、エリヤフ・モンタルトの妻ジェロニマ（ラケル）の二人の姪と結ばれたアントニオ・デ・カセレス、アントニオ・ロドリゲス・ラメーゴは、遅くとも一六二二年にはルーアンに腰を落ち着け、居住地の名士となっていた（一六一六年に死去したモンタルトとその遺族との連絡はあったのかなど、詳細は不明）。また、アントニオ・フェルナンデス・カルヴァリャル（カルヴァジャル）とその義弟マヌエル・ロドリゲス・ヌニェスなど、のちにロンドンのユダヤ教徒居住地の再興に中心的な役割を果たすこととなる人物も、この頃、ルーアンに逗留していた。もはや「新キリスト教徒」ではない、正真正銘のユダヤ教徒が二、三家族、アムステルダムから移り来てルーアンに住んでいたこともわかっており、そのほか、ヴェネツィア、リヴォルノなどモーセ信仰が公然と行われている諸都市からもユダヤ教徒が頻繁に来訪し、滞在していたようだ。詩人ジョアン・ピント・デルガードほか、何人かの学識人が、ヘブライ語の知識を少しずつ取り戻すことができたのも、これら外部からの来訪者たちの手ほどきがあったからに違いない。

こうして、ピント・デルガード家の長ゴンサロを中心に、もはや「隠れ」との接頭辞を付す必要がないほどのユダヤ教が実践され始めた形跡をはっきりと認めることができるのだが（ゴンサロは、少なくとも一度、居住地の新生児に割礼の儀式をほどこしさえしたという）、これをもってしてなお、ルーアンの「新キリスト教徒」居住地の全体にわたる再＝ユダヤ教化を結論づけるのは性急である。現実としては、同じ「ポルトガル人」との総称のもと、ごく一部の「隠れユダヤ教徒」と、必ずしもユダヤ教回帰を志向しているとは限らない多数の「新キリスト教徒」、そして――この点を失念してはならないのであるが――その外側を取り囲むようにして「旧キリスト教徒」のスペイン・ポルトガル系居住者がおり、相互に複雑な視線を交わし合っていたと考えなければならない。そうした多重の社会構造の断面を図らずも露呈するものとして、一六三二～三三年、ほとんど「醜聞」と呼ぶにふさわしい一大訴訟事件が突発した。

一六三二年、ルーアンの「ポルトガル人」居住地の「総代（sindicario）」として、ピント・デルガード家と並ぶ実力者の地位にあったディエーゴ・オリヴェイラは、永年の希望どおりフランス王国から「帰化状」を取りつけるための手続きに取りかかった。その申請のためには、まず宗教上の素行に問題がないことを請け合うカトリック聖職者の証明が必要であった。そこでオリヴェイラは、スペインのレオンからやって来て、ルーアンの富裕な「旧キリスト教徒」居住地に寄食していたカトリックの貧僧ディエーゴ・シスネロスに証明書の執筆を依頼する。しかし、シスネロスは、オリヴェイラのカトリック信仰に疑問ありとして、これを拒否した。オリヴェイラがそれを事実無根の中傷として撤回、謝罪を求めると、シスネロスは、オリヴェイラが「隠れユダヤ教」の実践者であり、すでに割礼さえほどこされているらしいことを仄めかしながら教会裁判所に彼を提訴する。対するオリヴェイラも、実のところシスネロスは、同じくルーアン滞在中のファン・バプティスタ・ビラディエーゴというスペイン異端審問所の手先と共謀し、フランス国内で諜報活動を行う密偵であるとして逆提訴し、徹底抗戦の構えを見せるのだった。

こうして当初から泥仕合の様相を呈した裁判沙汰のなかで、さまざまな秘話が――その真偽のほどはともかく――暴露されていく。まず、教会裁判所が、シスネロスの主張を裏づける必要からルーアンの全住民に呼びかけ、市内で実践されている「隠れユダヤ教」について何か見聞きしたことのある者はみずから申し出、包み隠さず証言するよう命じたところ、ほかならぬ「ポルトガル人」居住区の住民のなかから一二名ほどが出廷し、シスネロスの言い分に完全に沿うような証言を行うのだった。その一二名のなかには、「フォンセーカ」「ロドリゲス」など「新キリスト教徒」に多く見られる姓の主も混じっているが、それぞれの出自については、むろん何も確言はできない。確かなことは、それが血筋の上で完全な「旧キリスト教徒」であれ、あるいは数世代前からカトリック信仰を実践している「新キリスト教徒」であれ、日頃「ポルトガル人」の名のもとに「同国人」扱いされる人々のなかに「隠れユダヤ教」を実践している（らしい）者が紛れ込んでいることを苦々しく思う一派がいたということだ。実際、これら一二名の証言者たちは、オリヴェイラが「隠れユダヤ教徒」であるというシスネロスの主張を裏づけるのみならず、ルーアンの「ポルトガル人」のうち少なくとも三六名の家長（つまり、少なく見積もっても一〇〇人以上の住民）がオリヴェイラの同類であるとして、その実名を列挙して見せるのであった。そのなかには、上述のピント・デルガード家、フェルナンデス・カルヴァリャル（カルヴァジャル）家はもちろん、エリヤフ・モンタルトの妻方の親族、アントニオ・デ・カセレス、アントニオ・ロドリゲス・ラメーゴも含まれていた。名指された「新キリスト教徒」たちの動揺は察して余りある。ピント・デルガード家やフェルナンデス・カルヴァリャル家の一部のように、早々に国外へ一時避難する者もいれば、地元の司祭のもとに駆け込み、キリスト者としての素行証明の発行を懇願する者もいた。財の没収という事態を見越して貴重品を隠匿する者や、ユダヤ教との関係を疑われそうな書籍や書類を急いで処分する者もいたという。そして、うち何人かは、実際に身柄を拘束され、取り調べを受けることにもなった。

翌一六三三年の上半期、パリの国務会議までを巻き込む一大騒動に発展したこの裁判沙汰を仔細にわたって叙述する紙幅の余裕はない。結末として、シスネロスとビラディエーゴの二名は無罪判決を手にしてスペインに帰国し、オリヴェイラを含め、告発された「新キリスト教徒」の家長数名が収監され、不在者らの財も差し押さえられた。しかし、ここで事態収拾のため、どこからいかなる力が内々に働いたものか

（たとえばシーセル・ロスは、ジョアン・ピント・デルガードからリシュリュー枢機卿への働きかけがあったのではないかと推測している）、収監された数名が、シスネロスとビラディエーゴは国外でスペインの利益を画策する違法な金融ブローカーであったとして、獄中からふたたび逆提訴に踏み切った。同時に、自分たちのカトリック信仰の真正さの証として、王室に二五万リーヴルを寄付し、それを新たな神学校の開設、貧民の教育組織、その他、宗教的な目途に使ってもらう用意があると申し出ると、これが実にすんなりと受け入れられ、一六三三年七月一二日の勅令により、収監者の釈放と差し押さえられた財の返還が命じられたのであった。

国外へ一時避難していた「新キリスト教徒」たちも、のちにロンドンに定住することとなるフェルナンデス・カルヴァリャル（カルヴァジャル）家など一部を除き、少しずつルーアンに戻ってくる。ただ、このように「ポルトガル人」居住地を二分して激しく争われた訴訟沙汰のあとで、両陣営のあいだの「しこり」が解消するはずもなく、三三年八月、コルドリエ教会で開かれたスペイン・ポルトガル商人の定例総会では、「隠れユダヤ教徒」としての嫌疑をかけられた人々が参事員の列から外され、居住地の代表的役職もすべて、裁判のなかでシスネロスを支持した人々によって占められることとなった。先述のとおり、アムステルダムから移り来て、正真正銘のユダヤ教徒として生活していた二、三家族も、周囲の圧力に押され、最終的にはキリスト教改宗の道を選ぶ。詩人ジョアン・ピント・デルガードはルーアンに戻らず、アントウェルペンからアムステルダムへ移って、現地のユダヤ教徒会衆「タルムード・トーラー」の「パルナシーム（総代）」の一人として指導力を発揮することとなる。晩年、彼がアムステルダムで書き綴った自伝のなかには、異端審問制度に対する厳しい批判に加えて、一六三二年、同胞を告発したルーアンの「新キリスト教徒」たちの立ち振る舞いが痛烈に揶揄されているという（Révah 1961）。

一大騒動の終わりとは、なべてそのような呆気なさをともなうものなのか、一七世紀前半をつうじて二度、存亡の危機に立たされながら、その都度、復活を遂げてきたルーアンの「新キリスト教徒」居住地を、世紀後半、急速な衰退に向かわせたのは、英仏海峡対岸のロンドンにおける新たなユダヤ教徒居住地の建設という、純粋に外的な要因であった。先立ってアムステルダムのラビ、マナセー・ベン・イスラエルからクロムウェルに対するさかんな働きかけがあったとはいえ、一六五六年、三六〇年余りの封印を解くにしてはあまりにも呆気ないかたちでエドワード一世のユダヤ教徒追放令（一二九〇年）が破棄され、以後、すでに若干の「新キリスト教徒」集団が定住を始めていたロンドンの町は、またたく間にアムステルダムと並ぶユダヤ教徒居住地として発展を遂げることとなるのだ。少なくとも、西欧ユダヤ史において、ロンドンの再興とルーアンの失墜が表裏一体の関係にあったことは、しっかりと記憶されてしかるべきである。

南西部の状況（二）「ユダヤ・ナシオン」の公認

右のルーアンの裁判騒動からも察せられるとおり、遅くとも一六四三年、ルイ一三世が没してルイ一四世（太陽王）が幼王として即位する頃までには、フランス公権力の側でも、王領内に「新キリスト教徒」「ポルトガル人」の名目で居住、滞在している人々の少なくとも一部が紛れもないユダヤ教徒である、という事実はほぼ公然の秘密と化していた。一六四七年、在リスボンのフランス公使は、マザラン枢機卿に宛てた報告書のなかで、南西部のタルタやバイヨンヌの一帯が「ユダヤ教のペストで溢れかえっている」と警告している。また、一六五六年二月一一日、国務会議の裁決として出された法文のなかでは、ガレー船の漕役刑に処さねばならない人々のカテゴリーとして、トルコ人と脱走囚に加え、「フランスを通過したり、そこに滞在して商いを行ったりしているヘブライ人《びと》ならびにユダヤ教徒」を名指しせねばならないほどであった。

しかし、リシュリューの死（一六四二年）をうけて、王太后アンヌ・ドートリッシュとともに政治の実権を握ったマザランは、ユダヤ教徒の違法滞在が各地で頻発、増加しているとの報告を受けながら、既存の追放令を即座に適用する施策などには打って出なかった。彼の宰相時代の終わりも近い一六五六年（イングランドにユダヤ教徒の再定住が許された年）、バイヨンヌとボルドーの「新キリスト教徒」に適用されることとなった勅許状は、一五五〇年の勅許状と一五七四年の勅令の内容（王領内での居住、交通、商業の自由、ならびに財の譲渡・相続の権利）を再確認しつつ、付帯条件として、以後、全員、管轄の担当官の前に出頭し、居住登録を行うことを義務づけるものであった。次章で見るとおり、「三十年戦争」（一六一八〜四八年）の後半部、ルイ一三世とリシュリューは、ロレーヌ公領ならびにアルザスへ軍を進め（一六三三〜三四年）、続くマザランの時代、一六四八年のヴェストファーレン条約によって、メッス、トゥル、ヴェルダンの三司教領と上アルザス地方がフランスの版図に転がり込んでいた。当面、フランス王政当局の関心は、こうした新しい占領地において、メッス市の好ましい先例にならって地元のユダヤ教徒集団をいかに有効活用できるか、という胸算用に向けられる。一六五七年には、これら新領地のアシュケナジ系ユダヤ教徒たちに対し、メッス市のユダヤ教徒と同等の諸権利が認められることにもなったが、この東部の状況が、南西部やルーアンの「新キリスト教徒」たちの境遇に有利な方向で影響を及ぼしていたことは、資料の上での実証こそ困難であるけれども、十分に考えられることである。

その後、ルイ一四世（太陽王）の親政が始まって二十数年を経た一六八四年――この時間的猶予そのものに、王領内におけるユダヤ教の違法存在に関する当局の「見て見ぬふり」の姿勢が読み取れるのであるが――、居住登録がようやく徹底された結果、ボルドー、バイヨンヌ、ビダッシュ、ダクス、ペロラードに住む「新キリスト教徒」の九三家族がユダヤ教徒であることが判明したとして、彼らに領外への追放処分が言い渡される。しかしながら、この処分が判決どおりに実行に移された形跡はどこにも見当たらない。こうした追放政策の未遂ないし不徹底が、翌一六八五年一〇月一八日の「フォンテーヌブローの勅令」（「ナントの勅令」の廃止）と関係していたのかどうか、つまりユグノーとユダヤ教徒を同時に追放したのでは経済的損失が大きすぎるといった類の判断が働いていたのかどうか、史実の水準で確認することはできない。いずれにせよ、歴史家ジェラール・ナオンによれば、一六八四年、一見して一三九四年の追放令の苛酷な適用として実行されたかに見える処分において重要な意味をもっているのは、文中、「彼らが商業においていかなる有用性もなく、むしろその貧困によって居住地の負担にさえなっていることに鑑みて」という、追放の理由説明の部分なのではないかという。つまり、この一六八四年の国務会議による裁決は、暗に、たとえユダヤ教徒であっても経済的有益性が認められる場合は、そのフランス居住が妨げられることはないことを保障する裏返しの宣言であり、一七二三年、ギュイエンヌ地方限定で「ユダヤ教徒」——もはや「新キリスト教徒」ではなく——の居住を認める勅許状（後述）を実質として四〇年も先取りするものだったのではないか、というのだ（Nahon 2003 : 48）。

たしかに、ユダヤ教徒を遇するに際して宗教的原則よりも経済的利益を上位に位置づけるという、この方針は、マザランからコルベール（一六六五年、財務総監）へと着実に受け継がれたようだ（Weyl, J. 1888）。たとえば、文中、話題となっているのは南西部ではなくマルセイユであるが、一六八一年、コルベールがエクス地方長官モランに宛てた手紙の一節を読んでみるとよい。

歴代フランス王は、彼ら［ユダヤ教徒たち］が特別の居住許可を得ているメッスのような場所を除いて、彼らを王国内に許容しないことにしているのですから、国王陛下も、お気に召すままいつでも彼らを追放することができます。だからこそ、貴殿には、あの人々がマルセイユの町にとって有用であるか否か、しっかりと、内密に吟味していただきたいのです。その際、貴殿は、町の商人たちが、商業上の嫉妬心から、常にあの人々を追放する意見に同調する方向に駆り立てられることのないよう、注意しなくてはなりません。むしろ貴殿は、澄んだ目で判断しなくてはならないいいいから見下ろし、そうした個々の利害の動きを高みから見下ろし、あの人々が宗派の同胞たちをつうじて世界のありとあらゆる場所と連絡を保ちながら行っている商業活動が国家に利益をもたらす性質のものであるかどうか、もしそうなら、それはいかなる利益なのか、そして仮にユダヤ教徒を追放した場合、フランス人が代わってその同じ商業活動を行うことができそうかどうか、といったことについてです

（Colbert : 722 傍点引用者）。

もはや誤解の余地はないだろう。一三九四年、シャルル六世によるユダヤ教徒追放令は、一六一五年、ルイ一三世の勅令による再確認を経て、依然、厳然として効力を発揮しているけれども、それはそれとして――あるいは「だからこそ」――「個々の利害の動きを高みから見下ろし」、領内に不法に滞在するユダヤ教徒たちの価値を正確に値踏みしながら事を運ばなくてはならないというのである。前々章で見たとおり、一七世紀末から一八世紀初頭、教皇領のユダヤ教徒商人たちを各地の「自由市」に出入りさせる動きがトゥールーズから始まって一斉に各地に広まったのも、この「実利第一、原則第二」という同じ精神の産物と見て間違いないだろう。

かくして、歴史家ナオンとともに、フランスにおいて、事実上「隠れユダヤ教」の時代が終わったのは、フランス革命期の一七九〇～九一年を待たずして、一六八〇年代であったということができる。「そしてその時、中世西洋の伝統に即したユダヤ教の共同体、つまり、その有益性によって一定の空間内での生存権を保障される宗教的少数集団としての歴史が始まったのである」（Nahon 2003 : 48-49）。

時を経て、一七一五年、ルイ一四世（太陽王）が没し、わずか五歳で王位についたルイ一五世の摂政として政務を担当することとなったオルレアン公フィリップ二世の最大の課題は、先王の時代、度重なる対外戦争（「ネーデルラント継承戦争」「大同盟戦争」「スペイン継承戦争」）で大きく膨らんだ国家財政の赤字をいかに解消するかであった。公が財務総監として抜擢したスコットランド人、ジョン・ローは、その斬新な金融政策（王立銀行設立、ミシシッピー計画など）によって財政赤字の解消にいったんは成功するが、まもなくバブルがはじけて空前の信用不安を引き起こし、一七二一年、任を解かれるにいたる。そうした折、国庫の番人たちが南西部の「ポルトガル人」集団に新たに目を留め、彼らをなんらかの形で財源として活用する方向で――たとえば、当時、アルザス・ロレーヌのユダヤ教徒から、ユダヤ教徒として居住する許可との引き替えで納付金を支払わせていたように（次章詳述）――、胸算用を始めたのは当然の成り行きであった。

一七一八年、王室財務検査官ルブランがボルドーの副地方長官ド・クルソンに命じて密かに調査を行わせたところ、当時、ボルドーにはおよそ一〇〇家族の「ユダヤ教徒」――もはや「新キリスト教徒」ではなく――が住み、うち七〇家族はかなり富裕にして、町の商業全体にとっても重要な役割を果たしていることが判明した。そこから誰の主導により、いかなる議論を経て到達した結論であったのか不明であるが、一七二二年二月、ルブランが国務会議の裁決として公布させるにいたった文書は、ボルドーとオーシュの地方管区に居住している「ユダヤ教徒」たちの名簿と財産目録を作成し、近々の追放令をも視野に入れて、彼らの不動産の差し押さえを命じるものであった。しかし、さらに一年数か月を経た一七二三年六月、ルイ一五世が署名した勅許状は、その国務会議裁決自体を破棄し、ボルドー、オーシュ両地方管区の「ユダヤ教徒」に対し、従来、一五五〇年、一五七四年、一五八〇年、一六五六年の勅許状をもって「新キリスト教徒」たちに付与されてきた諸権利（居住と交易の自由、不動産所有、財の相続権）をすべて追認するという主旨に書き換わっていた。

このように国務会議の裁決を一転して破棄し、先行する勅許状の精神に立ち返ることにした経緯について、勅許状の文面では以下のような説明がなされている。まず、一七二二年二月の国務会議裁決にもとづき、当該管区の「全ユダヤ教徒（tous les Juifs）」について調査を行ったところ、「我らが王国に、ポルトガル人、あるいは新キリスト教徒なる名義（titre）のもとに知られ、居住している上記管区のユダヤ教徒たち」の側から、一七七二年の裁決は、一五五〇年、アンリ二世の勅許状以来、「ポルトガル人ないし新キリスト教徒」に認められてきた特権に反するものであるとの苦情が寄せられた。その上、これら「ポルトガル人」から、もしも今後も特権の享受が認められるならば、「その王国臣民（Regnicoles）たる資格において」、新王戴冠のお祝いとして――ルイ一五世戴冠からすでに八年の歳月が流れていたにもかかわらず！――一〇万リーヴルの献上金に一リーヴル当たり二ソルの付加税を添えて納付してもよいとの申し出があったため、王国として彼らの言い分に「なお一層、前向きに」耳を貸すことにしたというのだ。

これが歴史上、フランス国王による勅許状のなかで、南西部のユダヤ教徒が「ユダヤ教徒」として名指された最初の瞬間である。文書の前半部で、話題となっているのがまさに「ユダヤ教徒」であることを明記し、「ポルトガル人」「新キリスト教徒」とはその「名義」にすぎないことをはっきりと認めておきながら、後半部分では「ユダヤ教徒」という言葉の使用を巧みに回避し、あくまでも王国公認の住民たる「ポルトガル人」たちの意向を重んじて、従来の勅許状に記された彼らの特権を温存してやることにしたという、この修辞の曲芸は、いうまでもなく、一三九四年のユダヤ教徒追放令を堅持したまま、なお経済的に有益なユダヤ教徒集団だけは手元に引き留めておこうとする国家経営の二枚舌にほかならない。しかし、古来、勅令の登記権と王権に対する建言権をもって事あるごとに中央政府と衝突してきたボルドーの高等法院も、一七二三年一一月、「新キリスト教徒との名で知られるスペイン人ならびにポルトガル人のユダヤ教徒」というあけすけな表現を用いて、この二枚舌の勅許状をそのまま受け入れる決議を下すのであった。フランス王国全体として見れば、一五七四年、アンリ三世の勅許により、まずメッス市にユダヤ教徒の居住が認められ、一六五七年にはルイ一四世の勅許により、アルザス・ロレーヌのユダヤ教徒たちに対してメッス市のユダヤ教徒と同等の諸権利が認められたあとのことである（次章参照）。史資料の上での裏づけはやはり困難であるが、こうした東部の先例が、一七二三年の勅許状のなかで、南西部のユダヤ教徒を「ユダヤ教徒」と名指す抵抗感を和らげる方向へ、過たずに機能していたと思われる。

現実に、南西部の「ポルトガル人」居住区の経済的有用性は、中央政府と地方行政にその種の二枚舌を正当化させて余りあるものとなっていた。グラディス一族の栄華がその典型であろう。一六八五年頃、「新キリスト教徒」のディエーゴ・グラディスがボルドーに開いた織物会社は、息子ダヴィド・グラディスの代、取引品目にワインと蒸留酒を加えて大きく発展する。ボルドーの「ポルトガル人」たちのカリブ海、アンティル（アンティーユ）諸島への進出はすでに一七世紀半ばに始まっていたが、一六八五年、ルイ一四世の「黒人法典」により、「キリスト者の名の公然たる敵」たるユダヤ教徒がフランス領の島々に立ち入ることがいったんは御法度とされる。一七二二年、摂政オルレアン公フィリップ二世のもとでその禁が解かれたため、二代目のダヴィドはマルティニーク島のサン＝ピエールにグラディス社の支店を構えた。さらに三代目のアブラアムは、「オーストリア継承戦争」（一七四〇〜四八年）に際して協力的態度を評価されて王国からカナダ貿易の独占権を認められ、一七六三年には海軍大臣ショワズールから西アフリカのフランス海外支店の経営を一任されるにいたった。こうして、大西洋を横断してアフリカの黒人奴隷とカリブ海の物産を流し続ける、いわゆる「三角貿易」の国家事業にボルドーのユダヤ教徒商人が重要な一翼を担っていたことは、今日、古文書にもとづく歴史考証によってもはっきりと裏づけられている。一七六四年の時点で、サン＝ドマング（現ハイチ）には、ボルドーから渡ってきたユダヤ教徒四三家族が居住していたという（Pluchon 1984）。

グラディス家以外にも、商業で一大成功を収め、富豪としてのし上がるユダヤ教徒が現れ始める。たとえば、一七三八年にポルトガルから逃れ出てきたラバ家は、ボルドー市内のサント＝カトリーヌ通りに構えた豪邸と、南郊タランスの地所にしつらえた、まるでシャンティイーの庭園とトリアノンの宮殿を引き写したかのような豪華な別荘によって羽振りのよさを見せつけていた。そのほか、バイヨンヌのユダヤ教徒商人が、とりわけカリブ海から輸入されたカカオを用いたチョコレートの製造と販売を得意としたが、やはり国際港ボルドーを本拠とするユダヤ教徒商人たちには、その事業規模において何歩も譲っていた。

南西部の「ポルトガル人」たちの活躍は、商業・貿易に限らず、学術・文化の領域にもおよんだ。もっとも有名なのは、ヴォルテールをして「モリエールといえども滑稽化することを憚ったであろう医者」と評せしめた、ジャン＝バティスト・シルヴァであろう。一五世紀、ルイ一一世による最初の勅許状をうけてスペインから移住してきた「新キリスト教徒」の薬剤師の末裔としてボルドーに生まれ、モンペリエで医学を学んだシルヴァは、一七二一年、ルイ一五世の病を適切な瀉血処置によって治癒してみせた功績により、以後、そ

ジャコブ・ロドリゲス＝ペレール

の死まで、パリにあって名医としての評判をほしいままにする。ただし、彼の場合は、その「洗礼者ヨハネ」にあやかる名に示されているとおり、生涯のある時点でキリスト教への改宗を受け入れた人物であった。

やや遅れて、聾児の言語教育という新境地を切り開いたジャコブ・ロドリゲス＝ペレール（右絵）は、ユダヤ教徒としての立場を堅持したまま、フランスの学術界で名声を博した最初の例である（Nahon 2003 : 84-89）。一七一五年、スペイン、ベルランガの町で、ロドリゲス姓を名乗るポルトガル系「新キリスト教徒」の家庭に生まれ、フランシスコ・アントニオと名づけられた彼は、幼くして家族とともにボルドーに移住した。おそらくボルドーの「タルムード・トーラー」でヘブライ語を学び、ユダヤ教の再教育を受けた彼は、二六歳で割礼を受け、ポルトガル名「ジャコブ・ロドリゲス・ペレイラ」を名乗るようになった。早くから聾唖者における言語習得のプロセスに興味を抱いていた彼は、ラ・ロシェルに住む「ポルトガル人」の聾の子、アーロン（アハロン）を最初の生徒として言語教育の実験を始め、身ぶり手ぶりと発声を巧みに組み合わせた教授法を確立させる。一七四六年、ロドリゲス＝ペレールは、北フランス、カーンに近いボーモン＝アン＝ノージュの王立コレージュに招聘され、貴族アジー・デタヴィニーの聾の子息にみずからの教授法を応用することとなったが、その子は、わずか数か月で言葉を発することができるようになり、その成果はカーンの王立文芸アカデミーでも発表されて大評判をおさめるのだった。四九年、パリに居を移し、さらに多くの聾児に言葉を話させることに成功すると、その評判は王室の耳にも入り、一七五〇年には、ルイ一五世とポンパドゥール夫人を前に、アジー・デタヴィニーの子息とともに成果を発表する機会を得た。感心した王は、翌年以降、彼に年八〇〇リーヴルの恩給を約束する。こうしてペレールは、ユダヤ教徒として初の王国恩給受給者ともなった。

彼の学術活動は聾唖者の言語教育にとどまらない。一七五〇年、新型の機械式計算機を試作して科学アカデミーに提出し、五四年には、〈聖地〉からやってきて各地のセファラディ・ユダヤ教会衆を歴訪中だったラビ、ハイーム・ヨセフ・ダヴィド・アズライ（通称「ヒッダ」）をパリに逗留させ、王立図書館所蔵のヘブライ語文献の調査を行わせている（「ヒッダ」は、その旅行記『よき旅』（Azulai : 33）のなかで、ロドリゲス＝ペレールの教え子の聾児が彼の前でフランス語とヘブライ語で読み書きを披露して見せた時の驚きと感銘を綴っている)。六一年、王室専属のスペイン語・ポルトガル語通訳に任命されたペレールは、さらにもう一語、当時、フランスではまだ誰も手を着けていなかったタヒチ語の研究に乗り出した。その頃、タヒチ探検から帰還したブーガンヴィルの知遇を得、彼が連れ帰ったタヒチ人の少年を相手として、このポリネシアの言語の発音と語彙を調べ上げた彼は、七〇年、世界初のタヒチ語彙集を上梓した。七四年、ユダヤ教徒として初めてボルドーの学芸アカデミーへの入会を認められた彼は、最晩年、七九年、『ヨーロッパの主要一三語に関する考察』と題する比較言語学の大著を未完のまま残している。

「セダカ」とユダヤ教

ここで一八世紀前半における南西部の状況を一言でまとめておくならば、それまで「新キリスト教徒」あるいは「ポルトガル人」を名乗り、名乗らされ、しばしば古カスティーリャ語起源の「マラーノ」なる蔑称もあてがわれながら、一七世紀をつうじて少しずつモーセ信仰者の集団として再組織化を進めてきた南西部のユダヤ系住民たちの一部が、一七二三年、祝儀の名目で一〇万リーヴルを支払うことと引き替えに、以後、フランスの地で堂々と「ユダヤ教徒」を名乗る権利を買い取ったということだ。この再組織化の過程自体、それまでは行政当局やキリスト教会側の古記録、あるいは「新キリスト教徒」たちの墓碑銘といった間接的にして頼りない指標からおぼろげに浮かび上がってくるにすぎなかったが、一八世紀初頭以降、その内実が、当事者たち自身の手による直接的史料の光によってはっきりと照らし出されることとなる。その頃から、各居住地(とりわけボルドーとバイヨンヌ)の代表者会議の議事録が、当初はもっぱらスペイン語、一八世紀半ば以降、少しずつフランス語で記されて後代に残されるようになり(もっとも古いものは一七一〇年、ボルドーのもの)、その解読から居住地内部の事情が手に取るようにわかるのである(以下、「セダカ」についてはNahon 1970a : Registre)。

全体の特徴として最初に指摘できることは、共同体の組織化が、ユダヤ教賢者の精神的な権威や指導力よりも、むしろ貧民層への支援と墓地の確保・運営という、きわめて現実的な相互扶助の要請を軸として進められてきたという点だ。そのことは、南西部のユダヤ教徒たちが自分たちの共同体を指して、ヘブライ語の「ケヒラー(会衆)」ではなく、「ヘヴラト・ツェダカー(慈善団体)」を縮約・転訛した「セダカ(Sedaca)」と呼び、その「総代(パルナス)」のことを、当初、「貧者たちの総代」と呼んでいたことにも示されている。

貧民対策が居住地全体の第一の関心事となったのは、受け入れ側である市当局(ボルドー、バイヨンヌ)やフランス王国が、ある時期以降、追放令の適用を最後のところで押しとどめる切り札は経済的有益性である旨、陰に陽に匂わせるにいたった以上、当然の成り行きであろう。一部の貧者のために居住地全体の「資産価値」が下がり、その存続が脅かされるくらいならば、最初から富裕層の余剰利益をあてがって貧民層を救済しておくことの方が、共生の原理としてはるかに賢明かつ健全であるとの認識が行き渡った結果である。こうして、ボルドーでもバイヨンヌでも、共同体は、(一)救済の対象となる貧民、(二)救済の必要はないが納税義務を免除された貧民、(三)一般の納税者、(四)「マハマド」(後述)経験者など富裕納税者の四層からなるとされ、(一)のカテゴリーに属する人々は、みずから一銭の負担もなく、子供たちに富裕層なみの教育を受けさせることができる仕組みになっていたという。

また、墓地に関していえば、先述のとおり、南部の小邑に散住する「新キリスト教徒」たちが、早くも一七世紀初頭、独自の墓地の取得に向けて動き出していたのに対し、ボルドーの「新キリスト教徒」たちは、都市部での土地取得の困難もあって、かなりの後れをとった。一八世紀初頭まで、ボルドーの「新キリスト教徒」たちは、それぞれの地区を管轄するキリスト教会や修道院の墓地に、ある時期までは一般のキリスト教徒たちと区別なく、そしてある時期以降は墓地の一郭に特別な区画を仕切ってもらうなどしながら、あくまでもキリスト者として葬られてきたのであった。ようやく一七二四年(上述の勅許状の翌年)、上述のダヴィド・グラディスがボルドー市内の一区画(現クール・ド・ラ・マルヌ通り沿い)を買い取り、そこを最初のユダヤ教徒専用墓地として同胞集団に開放したのであった。その間、ボルドーでユダヤ教回帰を志向する「新キリスト教徒」たちのあいだでも、みずからの「隠れユダヤ教」の内実がキリスト教の擬制から徐々に本来のユダヤ教に近づく度合いに比例して、自前の墓地の保有が――ややもすればラビの宗教的権威以上に――精神の拠り所として不可欠であるという意識が高まっていたことは想像に難くない。いずれにせよ、なにがしかの共同体を共同体として成立させる紐帯が、特定の教義やイデオロギー以前の段階で、貧民の救済と埋葬の自律性、さらにつづめていえば「経済」と「弔い」に存することをうかがわせる、きわめて興味深い事例である。

以下、主にボルドーの場合を典型として示すこととするが、「セダカ」の中枢には「マハマド」(ヘブライ語で「尊い」「敬われるべき」の意)という通常一三名からなる長老会があり、毎年、過越祭の前に新しい「ゴバイ(会計係)」と二名の補佐を選出し、この三名を「パルナス(総代)」と呼んだ。「ゴバイ」として選出された「パルナス」が、各家庭から「セダカ」の運営費を徴収する仕事を含め、居住区の財務を一手に引き受け、補佐の「パルナス」一名が墓地の管理を担当することとなっていた。「マハマド」自体、かつて「パルナス」をつとめた経験をもつ十数名の長老と富裕者から構成されており、その多くは、居住歴を一六世紀、一七世紀初頭まで遡らせる古い家門に属する人々であった。低所得者や新参者がそこに席を占めることは、事実上、不可能であり、

「セダカ」の本質は、一握りの名士、実力者たち（ボルドーの場合、ほぼ固定した九家族）の互選による寡頭体制であった。

「セダカ」の議事録から、ボルドーとバイヨンヌの居住地には、一七一〇年以前からラビが居住し、「コングレーグ（congrégue）」と呼ばれる会堂と、それに付随するユダヤ教の学舎「タルムード・トーラー（律法の学び）」が存在したことがわかっている。

「タルムード・トーラー」での教育は、居住地の子供のみならず、ユダヤ教の再学習を希望する大人たちをも対象とし、スペイン語でほどこされていた。ヘブライ語の学習は、より深奥な学知を求める少数の希望者たちのあいだに限られ、一般の信徒は、いくつかの決まり切った祈禱をたどたどしいヘブライ語で朗唱できる程度に留まっていたようである。「コングレーグ」は、一七三四年時点でボルドーに七か所、一七五五年時点でバイヨンヌに一三か所、ペロラード、ビダッシュ、ラバスティードにそれぞれ一か所存在したが、表通りに面して独立した建物ではなく、屋敷の中庭の片隅にひっそりと設えられた礼拝堂のようなものがほとんどであった。一度、バイヨンヌで、表通りに面した「コングレーグ」を建てたところ、キリスト教徒の子供らの罵声と悪戯に悩まされ、たちまち閉鎖を余儀なくされたという。ボルドーのグラディス家とフェルナンデス家、バイヨンヌのサルセド家のような富裕者は、みずからの屋敷内に「コングレーグ」を設え、近親者に開放していた。

実名が伝えられている最初のラビは、一七一九年、〈聖地〉からボルドーに移り住んだヨセフ・ファルコンである。一七三八年にファルコンが世を去ると、やはり外から移り住んできたヤアコヴ・ハイーム・アティアスとその息子ダヴィドが跡を継いだ。バイヨンヌでは、一七二九年、イツハク・ダ・コスタという首席ラビの後継者としてラファエル・メルドラがリヴォルノから着任し、一七四一年まで「ハハム（賢者）」の地位にあったとの記録が残されている。こうした定住者たちとはまた別に、アムステルダムやリヴォルノの新興セファラディ・ユダヤ会衆や、エルサレム、サフェド、ティベリア、ヘブロンなど〈聖地〉の古いユダヤ教会衆から間断なく使節が渡り来て、短期間の滞在を繰り返しながら、スペイン語訳聖書ならびにスペイン語、ポルトガル語による簡単な祈禱のみをもって再ユダヤ教化の途についたフランス南西部の同宗者たちに、ヘブライ語やタルムードに関する手ほどきを行っていた。

とくに、「セダカ」の内部において、婚姻や相続など宗教的な解釈を要する係争が持ち上がった時には、こうした常駐のラビや短期滞在の賢者を中心とする司法機関（ベート・ディン）が構成された。いかに古い定住歴を誇る「マハマド」の長老たちとはいえ、そのなかに伝統的ユダヤ法（ハラハー）の解釈に通暁する者はいなかったからであろう。しかし、「マハマド」と「パルナス」たちが握っている共同体の世俗的実権と、外部から移り来て定住を始めたユダヤ教指導者たちの精神的権威とのあいだには、常に一定の均衡が保たれるような仕組みになっていたようだ。「セダカ」は、そうしたラビによる司法機関を決して常設のものにしようとはせず、係争が起こるたびに、その審理権をあくまでも「セダカ」からの委嘱というかたちで宗教的権威に託すにとどめ、そこから導き出された判断を実行に移す権限までは決して移譲すまいとしていた。また、ボルドーの古記録には、ある時、「セダカ」の長老連が公式に「コングレーグ」を訪問した際、ラビを含め会堂の運営に当たる人々が規則で定められている出迎えの儀礼を怠ったとして事後に厳しい叱責を受け、謝罪を求められるという一幕もあったという。つまり、ラビの権威は共同体の権威に従属させられるべきものであり、決してその逆であってはならないという、明白な世俗主義、政教分離の萌芽がそこに認められるのだ。

ここから、一八世紀、公式に「ユダヤ教徒」を名乗ることとなったフランス南西部のユダヤ系住民たちが実際にユダヤ教とのあいだに取り結んでいた、あるいは取り結ぶことを志向していた関係の二重性について、興味深い考察の道筋が開ける。ユダヤ史家シュヴァルズフュックスによれば、「実のところ、[フランス南西部の]ポルトガル共同体は、長らく、二つの忠誠心のあいだに引き裂かれることとなったのだ。つまり、一方には歴史的なユダヤ教に対する理論上の忠誠心があり、他方に、より日常的なものとして、スペインから持ち込まれたある種のユダヤ的な生活形態の記憶に極端なまでの重みをもたせようとする忠誠心があった。というのも、イベリア半島においてスペイン的なユダヤ教を非合法のうちに生きるという経験から、彼らのあいだには一種独特のユダヤ教観が産み落とされており、それが、ほかの土地で、たしかに迫害に晒されながらも、みずからのユダヤ教信仰を隠匿する必要がなかった共同体が保持してきたユダヤ教観とは、必ずしも全体として合致するものではなかったからである」(Schwarzfuchs 1975 : 155)。換言すれば、ここでも、ある時期、ある場所で「ユダヤ教徒・ユダヤ人」を名乗ることとなった人々を、もっぱらキリスト教世界の視点から「ユダヤ世界」の一枚岩に組み込むのではなく、伝統的なユダヤ教の視点から、それがいかなる点において「ユダヤ」の名を冠する意味をもつ人々であったかを検証する複眼的な思考を採用しなければならないということだ。

たしかに、フランス南西部の「新キリスト教徒」の末裔のなかからユダヤ教への回帰を成し遂げた人々は、中東から地中海一帯、ヨーロッパ北部(アムステルダム、ロンドン)からアメリカの新大陸にまで広がりを見せるにいたった巨大なセファラディ・ユダヤ教世界に対する強い帰属意識のうちに生きていた。そのことは、最初の移住から三世紀の歳月を経てなお、彼らがスペイン語を捨て去ることなく、それによって「セダカ」の議事録や墳墓の碑銘を書き綴っていた事実からもはっきりとうかがわれる。また上述のとおり、彼らが、ある時期以降、外部のユダヤ教会衆から宗教的権威を招き入れ、その手ほどきのもとで徐々なる再＝ユダヤ教化の道を歩みつつあったことは確かである。会衆こぞって安息日その他の戒律を守り、男性ならば祈禱用のタリート（肩掛け）を誇らしげに羽織って「コングレーグ」に足を運ぶ、真のユダヤ教徒集団であったことは間違いないのだ。しかし、ボルドーの「セダカ」があくまでも「セダカ」のまま、アムステルダムやリヴォルノのような「ケヒラー（会衆）」へと変貌を遂げなかったのはなぜか。そのように外部の会衆から送り込まれてくる宗教的指導者たちによる、おそらく熱心な手ほどきがあったにもかかわらず、最終的に「セダカ」の構成員たちのあいだでヘブライ語使用はごく浅薄なものにとどまり、少なくともラシ以降、ユダヤ教の根幹をなすにいたったタルムードの口伝律法もほとんど顧みられることがなかったのはなぜなのか。さらにいえば、イベリア半島からバルカン半島に離散したユダヤ教徒がカスティーリャ語とヘブライ語からジュデズモ語ないしラディーノ語を発達させ、ドイツからポーランドに移ったユダヤ教徒が主にドイツ語とヘブライ語からイディーシュ語を発達させ、フランス南東部の「教皇のユダヤ教徒」たちがプロヴァンス語、フランス語、ヘブライ語からなるシュアディト語を作り出したのに対して、フランス南西部の「新キリスト教徒」の末裔たちが、スペイン語、ポルトガル語、ないしフランス語に、ヘブライ語を取り込んだ混成語を発達させることがなかったのはなぜなのか。

その答えは、やはりユダヤ史家シュヴァルズフュックスの言にあるとおり、「フランス南部に腰を落ち着けた最初の移住集団のもとで、ユダヤ教なるものが、ヘブライ語の源泉からも、そのラビ的な延長からも遮断されたものであった」という点に求めざるを得まい。つまり、いまや公然と「ユダヤ教徒」を名乗ることとなったフランス南西部の「セダカ」の構成員たちは、たしかに強力な紐帯で結ばれていると感じる外部のセファラディ世界の中軸に伝統的ユダヤ教の教義が厳然と位置していることを理屈としてはわかっていながら、かといって、〈聖地〉ないし新興のセファラディ会衆（アムステルダム、リヴォルノ）から送り込まれてくるユダヤ教の権威者たちの教説に合わせて、自分たちが醸成してきた「独特のユダヤ教観」を大きく改変するつもりもなかった。むしろ、自分たちの直系の祖先たちが「新キリスト教徒」「隠れユダヤ教徒」としてイベリア半島から持ち込み、以後、スペイン語訳聖書、ならびにスペイン語、ポルトガル語による簡単な祈禱のみをもって受け継がれることとなったフランス南西部「流儀」のユダヤ教だけをもってして、当座、「セダカ」をまとめ上げていくための精神的糧としては十分であると考えていたふしがあるのだ。

たとえば、かなり極端な例ではあるが、のちの〈恐怖政治〉時代、ジャコバン派としてギロチンにかけられることとなるジャコブ・ペレーラというボルドーの投機家は、「ヨム・キプール（大贖罪の日）」に革靴を履いたままシナゴーグに入るという侵犯行為を同胞に見咎められると、怒りにかられ、相手に向けてピストルを撃ち放ったという（Girard 1989 : 48）。大贖罪の日にピストルを携行することの逸脱は指摘するまでもないが、それ以前に、南西部の「ポルトガル人」たちのあいだでは、重要な祭日に必ずシナゴーグに足を運ぶところまでは立派に慣習化していながら、モーセが神の声を聞くに当たって革靴を脱ぐよう求められたという「出エジプト記」（三の５）の記述に発し、中世のラビ・ユダヤ教によってはっきりと規格化されてきた基本的な禁忌に関する知識が欠落、ないし剝離していた事情がうかがわれるのだ。

また、ボルドーきっての名士ともいうべき既出アブラアム・グラディスは、「セダカ」の同宗者や同業のキリスト教徒たちのあいだでこそ、安息日、その他、ユダヤ教の戒律を遵守する、まったきユダヤ教徒としての評判を勝ち得ていながら、〈聖地〉からボルドーを訪れた先述のラビ、アズライの旅行記中では、「口伝律法に信をおかず、公衆の面前で食餌の禁忌を破る異端者」として厳しく断罪されているのである（Azulai 1997 : 116）。

同じアズライの旅行記『よき旅』には、一七五五年、彼とバイヨンヌの同宗者たちとのあいだで交わされた滋味深い会話が収録されている。ある時、バイヨンヌのユダヤ教会衆の名士たちが、一個の石の欠片のようなものを彼に見せながら、「これはスペインから取り寄せたものであるが、もともと木切れだったものが、なんらかの奇跡によって石に変じたものである」といったという。アズライが、木が石に変ずるなど嘘に決まっている、というと、彼らは、「いや、本当だ。もしも嘘なら、わざわざ二〇フローリンも払ってその石をスペインから取り寄せるはずがあろうか」と答えたという。たまたまそこに居合わせたアシュケナジのユダヤ教学者が、「私はといえば、何かの本で、木から作られた鳥の話を読んだことがあります」といったので、バイヨンヌの名士たちはどっと笑いくずれた。そこでアズライは、そのとおり、一六世紀、ヨセフ・カロによって集大成されたユダヤ法典『シュルハン・アルフ』の「ヨレ・デアー（知を教え諭す者）」書第八四章には、鳥のなかにも、木から生まれたといわれるほど大半の時間を木の上で過ごす種類があって、そういう鳥は、むしろ地を這うものとして食餌規定（カシュルート）の禁忌に含めねばならない場合がある、と記されていることを教えてやり、その上で、バイヨンヌの名士たちにこう言い放ったという。「われわれの完全なるトーラーが、石がかつて木であったなどと断言して憚らない異教徒の学者どもの言葉に似てこないよう、われわれも少しは信仰心をもとうではないか」（Ibid : 177）。

このように、外部からやってきて戒律と伝統を教え諭そうとする宗教的権威の存在が次第に疎ましく感じられた結果でもあろうか、一八世紀も後半になると、ボルドーとバイヨンヌの「セダカ」は、〈聖地〉のユダヤ教会衆のための義援金として決まった額を定期的に送り届けるという約束と引き替えに、ラビたちの来訪、滞在はできるだけ手控えて欲しいと〈聖地〉の会衆に要請するようになった。

〈聖地〉の同宗者のみならず、ほどなく同じ「フランス」という国家の枠でくくられることとなる南東部の「アヴィニョン人」(アヴィニョンとコンタのユダヤ教徒の総称)、あるいはアルザス以東、遠くはポーランドの「テュートン人」(アシュケナジ系ユダヤ教徒の総称)が、とりわけ一七二三年以降、ルイ一五世の勅許状に惹きつけられて少しずつボルドーに姿を見せるようになると、「セダカ」の構成員たちは、彼らとの必要以上の接触を避けたり、祈禱の場や墓地の区画を共有することを拒むなど、時としてかなりよそよそしい姿勢を見せた。そしてここには、一七世紀、アムステルダムの会衆を中心に形成されたセファラディ・ユダヤ教独特の特権意識、貴族意識が少なからず関係していたようだ。

一七五六年、ヴォルテールが『ユダヤ教徒について』と題する小品(一七六四年、『哲学辞典』の「ユダヤ教徒」の項として再録)のなかで、モーセを信仰する割礼の民に対する辛辣かつ猥雑な評言を行ったのに対し、ボルドーの会衆と密接な関係にあった――一説にボルドー生まれであったともいわれる――アムステルダムの経済学者イザーク・ド・ピントは、『ユダヤ・ナシオンのための弁明』(一七六二年)という反駁書を著し、「ポルトガル・スペイン出自のユダヤ教徒とほかのナシオンに属するユダヤ教徒のあいだでなされてしかるべき区別が、フランスにおいては一般にまったく知られていないい」現実を嘆いた。これと並行して、一七五三年の国務会議を皮切りに、ボルドーにあって古参の「ポルトガル人」と新参の移住者「アヴィニョン人」のあいだを隔てる法的身分の差異を徐々に解消していってはどうか、という空気が流れ始めると、ボルドーの会衆は、そのピントに依頼し、ギュイエンヌ長官リシュリュー元帥への意見書を書かせた。そのなかでピントは、「ユダの種族に発していること、あるいはみずからそう信じることを誇りとしているポルトガル人とスペイン人は、これまでテュートン人、イタリア人、アヴィニョン人といった名で知られるヤコブの末裔たちと、婚姻、縁組み、その他の仕方で交わることが決してなかった。[…]オランダやイングランドに定住したポルトガル人たちは、いつの世も、この点に細心の注意を払ってきたのである」として、イベリア半島を経由してきたユダヤ教徒たちの独自性と純血性をさかんに強調することにより、当面、フランス行政当局による「ポルトガル人」と「アヴィニョン人」の同一視に歯止めをかけようとするのだった(Nahon 2003 : 106)。

そもそもイベリア半島のユダヤ教徒たちは、みずからの出自をヤコブの四男ユダに直結させ、自分たち以外のユダヤ教徒は、同じヤコブの子でもユダ以外の息子たちから下ってきているという起源伝説を温めてきたのであった。ここでイザーク・ド・ピントも、その伝承をなぞり、同じユダヤ教の世界にあってボルドーを含むセファラディ系のユダヤ教徒たちが特別な存在である理由を、キリスト教国の権力に理解させようとしているのだ。しかし、聖書中の地名「セファラド」が適用されたイベリア半島は、おおまかに一四世紀半ば以降、そのユダの末裔たちをまさに地獄の苦しみに突き落とした土地でもある。その地獄をかろうじて逃れ出てきた人々が、数世代を経てなお、同じ地名に自分たちの誇らしい起源の根拠を看取し続けるという現象は、レオン・ポリアコフが指摘するとおり、「過去の迫害から受けた心理的外傷が翻って集団自意識の覚醒をうながす」例としてきわめて興味深い（ポリアコフ 1955 : 310）。

かくして、同じユダヤ教世界にあって、みずからの「セファラディ性」に特別な矜持を抱くボルドーの「セダカ」は、いつしか自治警察の役割も担い、異郷からボルドーにやってくるユダヤ教徒たちの素性と品行を評価した上で、一種のパスポートを発行する権限を行使するようになった。一七三〇年以降は、滞在資格を満たしていない外国籍のユダヤ教徒たちの名簿を作成してギュイエンヌ地方長官に提出し、そうした人々の追放を求めることさえ行うようになった。むろん、そうした追放処分の要請は、国際関係が極度に緊迫したり、不法滞在者の存在によって治安の悪化が懸念されたりする場合に限られ、正規の滞在資格を得た同宗者には、新生児の割礼儀式の手配を整えてやったり、ユダヤ教の食餌規定（カシュルート）に適った肉やパンを提供するなど、最低限の便宜供与は怠らなかったようである。一七四四年には、遠いプラハの町の同宗者たちがマリア゠テレジアの苛酷な追放政策に苦しめられているとの報を受けて、ボルドーのユダヤ教徒たちも義援金を集めて送り届けたという逸話が残っている。しかしなお、とりわけ使用言語（イディーシュ語）とユダヤ教に対する姿勢（口伝律法重視）をもって大きく異なっていた「テュートン人（アシュケナジ）」たちに対する彼らの警戒心や蔑視には抜きがたいものがあったようだ。他方、「アヴィニョン人」たちとの関係は、フランス語という媒介言語に加え、もともと成文律法を中心とし、口伝律法には疎遠というユダヤ教実践の共通点もあったせいか、一八世紀末に向けて徐々に打ち解けたものとなっていき、いつしか両者間に婚姻による血族関係も成立するようになった。こうした地域や使用言語を異にする同宗者間の関係が、のちのフランス革命期、たとえば、南西部の代表グラディスと東部の代表セルフ・ベールの確執、すれ違いとして如実に表面化することにもなろう。

さらに、南西部の「セダカ」における宗教性を論じる際、見逃せない点としてキリスト教への改宗をめぐる問題がある。一八世紀、イベリア半島の異端審問がほとんど休眠状態に入ったことから、フランス南西部の「新キリスト教徒」出自の住民たちのもとでキリスト教に対する警戒感と嫌悪感が和らぎ、とりわけ居住歴の長い富裕層のなかからカトリックへの正式な改宗者が多く出るようになったが、「セダカ」の側では、必ずしもそれを嘆かわしいこと、恥ずべきこととして引き留めようとする素振りも見せていなかったようなのだ。たとえば、先述の名医ジャン＝バティスト・シルヴァは、キリスト教の洗礼を受け入れた上でルイ一五世の宮廷に仕えていたが、だからといってボルドーの家族や会衆との関係が絶たれたわけでは決してなく、むしろ彼の父の死に際しては、故郷ボルドーで行われたユダヤ教式の葬儀に堂々と参列している（Girard 1989 : 60）。こうした振る舞いは、アムステルダムの正統派セファラディ・ユダヤ教の指導者や東部のアシュケナジ・ユダヤ教徒たちの目には、背教に上塗りされた冒瀆以外の何物とも映らなかったであろう。しかし、先にイスラエル・レヴァーの指摘に則して述べておいたとおり、元来、「新キリスト教徒」たちのなかには、潜在性として真のキリスト者の道を歩むことに決して吝《やぶさ》かではなくとも、異端審問の暴力と不正義に対する嫌悪感から、いわば反動によって「隠れユダヤ教徒」化に追いやられる人々も少なくなかったと考えられる。その嫌悪の要因が完全に除去されたわけではなくとも、かなり薄らいだ段階で、キリスト教が本来の吸引力（つまり改宗＝回収の力）を発揮し始めたとしてもまったく不思議はあるまい。むしろ、それまでスペイン語訳の聖書（成文律法）を中心とするイェホヴァー信仰をもって自分たち独自のユダヤ教を作り上げてきた人々にとっては、外部からやって来るユダヤ教の指導者たちの手引きのもと、ヘブライ語とタルムード（口伝律法）を中心とする底なしの精神世界へ踏み出していく勇気をふるうことよりも、すでにスペイン語というラテン系の言語で慣れ親しんできた（旧約）聖書の語句をよすがとして、みずからの信仰心をキリスト教の体系に沿わせて発展させていくことの方が、よほど自然にして合理的と感じられたのかもしれないのだ。

総じて、一五〜一八世紀、三〇〇年にわたるフランス南西部「新キリスト教徒」居住地の精神史は、人間集団の絶えざる流入出と国際関係の錯綜に加えて、「マラーノ」という、魅惑的な語感のうちにも大きな誤解の種を宿した用語自体の性質によって、これまで正確な把握と評価がきわめて困難であった。前章と本章において、かなりの紙幅を費やしながら試みてきた考察も到底十分とはいえず、今後、とりわけ「セダカ」の古記録の仔細な分析を踏まえた歴史の再構築が求められるだろう。その際、重要なのは——前章、本章をつうじて幾度か確認することとなったように——一度、ユダヤ教徒であることをやめた（あるいは、やめさせられた）人々の末裔が、いつか、なんらかの段階でみずからの「ユダヤ性」をふたたび意識し始めた痕跡が見られるからといって、彼らを、そのままキリスト教世界の単純な補集合のようにして措定された「ユダヤ世界」に繰り入れて済ませるのではなく、〈聖地〉、あるいはアムステルダム、その他の新興ユダヤ教会衆にあってユダヤ教の本流を見失うまいとしている人々の目に、その「ユダヤ性」なるものがどのように映っていたか、という点についても考察の一手間を怠らないことである。

＊

フランス革命前夜、南西部では、ボルドーとバイヨンヌの二大居住区が、それぞれ二五〇〇人ほどの人口を抱え、「セダカ」の代表連の指導のもとで運営されていた。世紀半ば、一時、三五〇〇人に達したバイヨンヌの居住地は、その後、経済の低迷によって失墜気味となったが、大西洋貿易の拠点たるボルドーは、依然、堅調を維持し、その統制のとれたユダヤ教徒居住区の代表者たちも、革命期の混沌のなかで大きな影響力を発揮することとなる。

第9章 アルザス・ロレーヌのユダヤ教世界

前史

七世紀、メロヴィング朝フランク王国の版図に組み込まれながら最後まで不服従の姿勢を示した東部のアレマン人に一定の自律を認めてやろうと、おおよそ今日のアルザス・ロレーヌ地方に相当する地域を「アルサティア」ないし「アリサティア」公爵領として彼らに委ねることにしたのが、「アルザス」という地名の発祥とされる。その後、旧体制時代のキリスト教会による地域区分にもとづき、マインツ管区に属するストラスブール司教区とブザンソン管区に属するバーゼル司教区の二つを合わせて「アルザス」と呼ぶ風習が定着して今日にいたっている。

他方、「ロレーヌ（ロートリンゲン）」の地名は、元来、ヴェルダン条約（八四三年）によってロタール一世に属することとなったロタリンギア（とくにその北部、ムーズ川とライン川に挟まれた一帯）に発する。一二世紀頃まで、ユダヤ教のラビたちが交わすレスポンサのなかで「ゲオネ・ロタル（ロタールの師たち）」ないし「ハハメ・ルテル（ロタールの賢者たち）」などと呼ばれているのは、現在のロレーヌ地方ではなく、ライン川流域（シュパイヤー、ヴォルムス、マインツ）のユダヤ教学者たちのことである点に注意せねばならない。一〇世紀、この地域が上ロタリンギアと下ロタリンギアに分割され、ついで下ロタリンギアがブラバント公領となり、上ロタリンギアのみがロレーヌ（ロートリンゲン）公領としてメッス伯の世襲封土となったため、ある時期以降、「ロレーヌ」といえばこの狭義のロレーヌ公領を指すこととなった。さらに厳密にいえば、そこから今日のリュクサンブール大公国に相当するルクセンブルク伯領（のち公領）、現バール＝ル＝デュック一帯のバール伯領（のち公領）、大司教が都市領主として君臨するトリーア（トレーヴ）、ならびにメッス、ヴェルダン、トゥルの三司教領を除いたものが本来のロレーヌ公領である。

アルザス・ロレーヌ地方とユダヤ教の関係を示す最古の記録は、六世紀後半、メッスの司教シメオンが「ヘブライ人《びと》の血筋」であることを記したラテン語の文献であるが、その写本自体が九世紀のものであるため、信憑性に疑問なしとしない（以下、一八世紀以前のアルザス・ロレーヌにおけるユダヤ教の痕跡について Blumenkranz 1972 ならびに Schwarzfuchs 1975 に依拠する）。続いて、六世紀末ないし七世紀初頭、メッスに首府を置いていたアウストラシアの王テウデベルトゥス二世が所管内のユダヤ教徒にキリスト教徒の奴隷の所有を認めていることについて、ローマ教皇グレゴリウス一世が咎め立てを行ったという事蹟が伝えられている。八世紀末、シャルルマーニュ（カルル大帝）がイタリアのルッカからユダヤ教徒商人の数家族をライン・モーゼル川流域に呼び寄せたことがきっかけとなり、続く九世紀、イタリア半島から「アシュケナズ」の地へのユダヤ教徒移入が盛んとなり、シュパイヤー、ヴォルムス、マインツの三か所に「シュームの会衆」が築かれたことは第1章で述べたとおりであるが、その頃、メッスのユダヤ教徒居住地も急成長を遂げたことをうかがわせるものとして、八八八年、メッスで開かれた管区教会会議において、司教座参事会の代表が同市に住まうユダヤ教徒の数の多さについて不平を述べたという記録が残されている。以後しばらく、キリスト教会の古文書のなかで、メッスのユダヤ教徒が頻繁に話題とされる時期が続く。これも第1章で述べたとおり、マインツの「ラヴ・レオン」に師事し、「アシュケナズ」の地におけるユダヤ教隆盛に大きく寄与したゲルション・ベン・イェフダー（通称「ラベーヌー・ゲルショム」）がメッスの生まれであったことも再確認しておこう。

しかし、一〇九六年、第一回十字軍に際してメッスの会衆が壊滅的な被害を受けて以来、ユダヤ教徒集団は、司教領、諸侯領のあいだで、追放、受け入れ、さらなる虐待と追放というプロセスを繰り返しながら疲弊し、急速に衰退に向かっていった。一四世紀のロレーヌは、フランス王領から追放されてきたユダヤ教徒たちの一時的な避難所ともなったが、「ブルゴーニュ戦争」（一四七四～七七年）の帰趨を決するナンシーの戦いに勝利したロレーヌ（ロートリンゲン）公ルネ二世は、ユダヤ教徒集団がブルゴーニュ側に加勢していたとして、彼らを公領から一斉追放する。以後、公領以外の諸侯領や司教領に身を寄せたごく少数のユダヤ教徒たちは鳴かず飛ばずの状態を強いられることとなる。次にロレーヌにおけるユダヤ教世界の再興の兆しを目にするためには、一六世紀後半まで待たなければならない。

他方、アルザス地方のユダヤ教世界に関する記録としては、トゥデラのビニヤミンによる旅行記（一一七〇年頃）のなか、ストラスブールのユダヤ教徒集団に言及したものが最古であるが、居住区自体の成立は、旧市街の「ユダヤ教徒通り」で発掘されたシナゴーグ跡の調査などから、西暦一〇〇〇年前後に遡るのではないかと推測されている。先述のとおり、一一八〇～八二年、フランス王フィリップ＝オーギュストによって、ヨーロッパ初の組織的なユダヤ教徒追放令が実施された時には、少なからぬユダヤ教徒がフランス王領からストラスブールに流れ込んだと推察されるが、今日までにストラスブール近郊で発掘されたユダヤ教墓地で、碑銘から読み取れる最古の没年は一二一三年であるという。幸い、近隣のラインラントやメッスとも、また西方のフランス王領内とも異なり、一一世紀末から一三世紀半ばまで、十字軍の熱狂に煽られた流血沙汰の痕跡がアルザス地方に残されていないのは、一二〇一年、神聖ローマ皇帝フィリップ・フォン・シュヴァーベンによって「自由都市」と認められ、市議会を擁するにいたったストラスブールを含め、モザイク状に入り組む各地の司教領、修道院領、諸侯領、神聖ローマ直轄領が、それぞれ擁するユダヤ教徒集団の身柄の安全を確保し得た結果であろうと考えられる。これはアルザス地方に限らず、ある時期までの神聖ローマ帝国全体についていえることだ。神聖ローマ帝国では、従来、聖職者、商人、女性、そしてユダヤ教徒が、武器の携行を許されず、一般のキリスト教徒男性と同等の権利も行使できないかわりに、統治者から身柄の安全を保障される「庇護民（befriedete）」と位置づけられていたからである。

しかし、この比較的平穏な状況にも、一三世紀の後半以降、大きな変化が訪れる。先駆けとなったのは、一二七〇年、北部ヴィサンブール（ヴァイセンブルク）の町に発生した儀式殺人事件である。ある日、町を流れるロテール（ラウター）川の岸辺に一人の少年の惨殺死体が打ち上げられ、それがユダヤ教徒らによる宗旨上の犯行と決めつけられたのだ。コルマールとミュルーズの中間に位置するルーファク（ロウファハ）の村では、一三〇九年と一三三八年の二度にわたってユダヤ教徒住民の虐殺事件が発生し、一三三六年には、アルムレーダーという幻視者に扇動された暴力集団がアルザス南部のユダヤ教徒居住地を荒らし回り、一五〇〇人以上の死者を出した。既述のとおり、一三〇六年、フィリップ四世の追放令によってフランス王領を追われたユダヤ教徒たちが、多数、アルザスに流入したと考えられるが、東部の移住地における彼らの境遇も決して安泰なものではなかったわけだ。

そこにペストの大流行が追い打ちをかける。一三四八年末、コルマールに住むユダヤ教徒がストラスブールの同宗者から井戸に散布する毒薬を受け取ったことを自白したという噂が広まると、コルマールの住民たちはユダヤ教徒居住区を襲撃し、一部の人々を焚刑に処した（今日、「ユーデンロッホ（ユダヤ教徒の穴）」との地名がその事蹟を伝えている）。翌一三四九年二月一四日、ストラスブールでは、やはり井戸に毒物を投げ入れたとの嫌疑により、町に住む一八八四人のユダヤ教徒のうち九〇〇人以上が焚刑に処された。いずれの場合も、ペスト禍が実際に到来する前に、余所から伝えられた風聞に煽られての残虐行為であった。

その後、ストラスブールは、いったん一三六二年にユダヤ教徒の再定住を許可したものの、一三八八年、最終的な追放令の公布にいたっている。以後、フランス革命期まで、アルザス地方の中心都市たるストラスブールの市壁内には、特別な許可状を手にしたユダヤ教徒が昼間の立ち入りを許されるのみとなった。毎夕七時になると、ストラスブール大聖堂の高みから「グリューセルホルン」と呼ばれる角笛が吹き鳴らされ、ユダヤ教徒退出の時を告げるという習慣が、革命期、一七九一年七月一八日まで継続されることとなる。その間、およそ四〇〇年にわたり、ストラスブールの町にあってユダヤ教の存在を印づける唯一のものとしては、一二五〇年頃の作とされるシナゴーガ像（右写真）が、大聖堂の南門で、右手に折れた槍、左手に異端とされた教典の写本らしきものを持ち、目隠しされた頭を重たげに垂れる姿ばかりとなった（このように教会の門の左右にエクレーシア（キリスト教会）とシナゴーガ（ユダヤ教会堂）の擬人像を対照させて配置する意匠には、一二二〇年頃、シャルトルの大聖堂における先例があった）。

ストラスブール大聖堂
南門のシナゴーガ像

　こうした状況下、一四世紀の追放令によってフランス王領をあとにしてきたユダヤ教徒集団も、アルザスには長期的な避難地を見出すことができず、大方、より東方の神聖ローマ領に逃れていったものと思われる。ストラスブール以外の諸都市でも、一五、一六世紀をつうじて追放令と帰還許可が交互に出され、行き場を失ったユダヤ教徒たちは、思い切って中欧、東欧の新天地を目指すのでもない限り、その時々で追放政策が採られていないアルザスの田園部の諸侯領を渡り歩きながら、細々と存続を図っていく以外になかった。

　一六世紀半ばの時点でアルザスには、各地の小村に散り散りとなった一〇〇から一二〇家族ほどのユダヤ教徒しか居住していなかったのではないかと推測される。その最大のものでも、セレスタの南に位置する小邑ベルジェム（ベルクハイム）のわずか一七家族の居住地であった。

メッスの再興

一六世紀半ば、フランス南西部の「新キリスト教徒」たちがフランス王領内における居住、交通、商業活動の自由を認める勅許状を取りつけることに成功し、南東部の「教皇のユダヤ教徒」たちが、「カトリック改革」の煽りを受け、かなり窮屈な生活を強いられ始めていた頃、北東部ロレーヌのユダヤ教世界に突如として再興の機縁がもたらされる。

一五五二年、アンリ二世が、メッス、トゥル、ヴェルダンの三司教領を占領し、神聖ローマ帝国のもとで自由都市として栄えてきたメッスの町に入城を果たすと、神聖ローマ皇帝カルル五世もメッスに包囲戦をしかけてこれに抵抗したが、翌五三年、フランス軍の前に敗退を余儀なくされる。以後、フランス王国は、ロレーヌ一帯からさらに東方へ睨みを利かせる要塞都市としてメッスの町を造り替えていくこととなる。

都市の改造と兵士の駐屯に不可欠なのは、当座、右から左へと自由に動かせるまとまった現金である。早くも一五六五年、メッスの町には、イツハク、モルデハイ、ミハエル、ゲルソンという四人のユダヤ教徒がいずこからともなくやって来て、総督となったヴィエイユヴィル元帥のもと、一定の納付金と引き替えに特別滞在許可を手にし、低金利での金融活動を始めるのであった。彼らの滞在許可は一五七四年にいったん期限切れとなったが、同年、王位を継承したアンリ三世は、一三九四年の追放令の有効性を維持したまま、決して永住を志向してはならぬとの条件つきで、ユダヤ教徒八家族にメッス市内での居住を許可する。前々章に見た一五五〇年の居住許可は、あくまでも「新キリスト教徒と称されるポルトガル人の商人等」を対象としていた。明白に「ユダヤ教徒」を名指しつつ出された勅許としては、先述のとおり、続く一七世紀初頭、名医モンタルトに個人の資格で与えられた特権に先駆けて、このメッスの八家族が最初の事例である。

以後、アンリ四世、ルイ一三世、ルイ一四世と続くフランス王がいずれも在位中にメッス訪問を欠かさなかったこと(それぞれ一六〇三年、三二年、五七年)は、東方への領土拡大政策のなかで同市が帯びるにいたった重要性を物語るものであるが、その都度、諸王は、現地のユダヤ教徒集団によるフランス軍への貢献の度合いを高く評価しながら、先代の勅許状を更新していくのだった。とくに一六五七年の仮庵祭の期間中にメッスのシナゴーグを訪れ、ラビ、モシェ・コヘン・ナロルに出迎えられたルイ一四世は、フランス史上初めてユダヤ教のシナゴーグに足を踏み入れた王である。こうして、当初、八から始まった居住許可家族数は、二四(一六〇四年)、五八(一六一四年)、七六(一六二四年)、九六(一六五七年)と段階的に引き上げられていった。

一六七四年の記録によれば、一一九家族、六六五人のユダヤ教徒がメッスに居住しており、その数は一八世紀初頭に一二〇〇人、一八世紀半ばには二二〇〇人を超え、メッスの人口の七パーセントを占めるまでとなる。居住者名簿に記載された姓としては、初期においてドイツの地名(シュワブ、トレーヴ、フランクフォールなど)が目立ち、そこへ時間の経過とともに近隣のロレーヌ地方、アルザス地方、さらには遠く東欧の地名も加わるようになっていった。

こうして、一六一四年に居住地として指定されたモーゼル川沿いのサン=フェロワ通りは、またたく間に人口過密となり、間口の狭い四階、五階建ての家屋が軒を連ねるようになった。表向き、この居住許可家族数の増加分は、いったん居住を許可された人々が婚姻と分家によって家族数を増やしたためと説明されていたが、現実には、この頃、絶えざる戦乱に見舞われることとなったプファルツ選帝侯領から逃れ出てくる有益なユダヤ教徒の移民を積極的に受け入れることにより、経済力を蓄え、東部への領土拡大を優位に進めようとする王室の意図が背後にあったことは間違いない。さらに「ナントの勅令」が廃止された一六八五年以後は、メッスのユグノーたちがこぞってオランダ、ドイツに流出したことにより、地方経済の急速な弱体化が懸念され、当初、期間限定のものとしてユダヤ教徒集団に認めた居住許可を容易に撤廃できなくなったという事情もあるだろう（「ナントの勅令」廃止により、二〇万から四〇万人の新教徒がフランス王領をあとにしたといわれているが、ロレーヌ地方からも数万人、メッスだけで数千人の人口が流出したと考えられる）。皮肉なことに、カトリック国フランスは、信仰心とイデオロギーを理由として内部の異分子を排除した結果、宗教的にさらにもう一回り「外」に位置し、すでに三世紀前に追放が完了していたはずの別の異分子を懐中に抱え込まざるを得なくなったわけである。

実際、メッスのユダヤ教徒たちが滞在許可の代償として支払う納付金が新しい管区にとって欠かせぬ収入源となったばかりか、彼らの経済活動は、ユグノー集団の欠損を埋めて余りあるものとなっていた。たとえば一六九八年、メッス地方長官ジャック＝エティエンヌ・テュルゴー（のちの財務総監ジャック・テュルゴーの祖父）が書き記した報告書によれば、サン＝フェロワ通りに折り重なるようにして住んでいるユダヤ教徒の商人たちは、古くから神聖ローマ帝国内の隅々にまで張り巡らせてきた同宗者間の連絡網、物流網を活かし、とくに軍馬と穀物の調達の面で、メッスに駐留するフランス軍に多大な貢献をなしていた。ある年の春、前年の飢饉がたたって農作物の種が極端に不足した際には、ユダヤ教徒の商人たちが、急遽、フランクフルトから必要分を取り寄せ、窮地を救ったこともあったという。

先にフランス南西部の文脈上、マザラン（一六四二年、事実上の宰相）からコルベール（一六六五年、財務総監）へと着実に受け継がれたものとして、ユダヤ教徒の処遇については宗教的原則よりも経済的利益を上位に位置づけるという施政方針があったのではないか、との推測を述べた。ここでさらなる推測として、フランス王国の統治機構が、一七世紀前半、東部の兵站地メッスのアシュケナジたちを対象として首尾良く収めた財政上の成功を、翻って、同時代の南西部に住まう「隠れユダヤ教徒」たちのもとでも同様に成し遂げようと思い立ったことで、ボルドー、バイヨンヌ、ひいてはルーアンのセファラディたちの境遇——まさに生殺与奪——が大きく左右されたと考えてみてはどうか。同じフランス王国のそれぞれ南西と北東の周縁部に位置し、同じ「ユダヤ」の名を冠しながらも相互にほとんど接触の機会をもたなかった二つの人間集団が、フランス王国の経済・財務という目に見えない回路を通じ、本人たちの与り知らぬところで、やはり分かちがたく結びつけられていたことになろう。

この頃、メッスのユダヤ教徒たち自身がヘブライ語で書き残し始めた『記憶の書（メモルブーフ）』からは、商売の面で成功を収めた実力者が「シュタドラン」（ヘブライ語で「世話役」）として、さかんにフランス王室への働きかけを行うようになった事実が浮かび上がってくる（Memorbuch）。たとえば、ダヴィド・イツハク・ベン・イェフダーという名の「シュタドラン」は、みずからパリに出向いて王（これが史実とすればルイ一四世）に謁見したこともあったという。具体的な取り引きの内容は不明であるが、メッスに居住が認められる家族数の上限が徐々に引き上げられていったのは、こうした地道な交渉の成果であったと思われる。さらに、この「シュタドラン」は、フランスの諸侯連をつうじて、ポーランドのヤン・ソビエスキ（のちポーランド王）に嫁いでいたラ・グランジュ・ダルキアン侯爵の娘マリー・カジミールを動かし、一六四八年、コサックの反乱に続いてポーランドのユダヤ教会衆を脅かしていた追放令の公布をすんでのところで阻止させることに成功したともいわれている。

興味深いのは、メッスに定住を始めたユダヤ教徒たち自身の側で、必ずしも無定見に自分たちの口数を増やしていけばよいと考えていたわけではないということだ。むろん、新参者への居住許可は最終的にフランス王国当局によって下されるものであっても、それに先立ち、会衆自身が、希望者に「イルオニート」（ヘブライ語で「市民であること」「居住権」）を認めるかどうか、事前の審査を行っていたのである。いつしかメッスの会衆で採用されるようになった内部規定（タカナー）によれば、ユダヤ教徒の若者が外部からやって来て、居住地の娘と結婚し、そこに住みたいと申し入れて来た場合、会衆は二名の識者を選出し、事前審査に当たらせることになっていた。居住希望者にして花婿候補の若者は、その二名の審査員の前で、タルムードの異なる三つの篇から抜き出された三つのユダヤ法（ハラハー）をめぐって、みずからの知見を開陳してみせなければならないのであった。そして、仮に合格の判定が下された場合でも、「イルオニート」授与の条件として、以後、毎日、昼に一時間、夜に二時間、ラシと「加筆者（バアル・トサフォート）」たちの注釈にもとづいてタルムードの学究に勤しむことが求められたのである。ここで、同時代、南西部の「隠れユダヤ教徒」と南東部の「教皇のユダヤ教徒」のあいだでも、タルムードの学知がほとんど手の届かないものとなっていた事実を思い起こそう。この内部規定（タカナー）を古文書のなかに探り当てた史家シュヴァルズフュックスが述べているように、メッスの会衆は、当時のフランスのみならず、西ヨーロッパ全体のなかでも、伝統的ユダヤ教の学知にもっとも重きを置くアシュケナジ系会衆の一つとして再興を遂げつつあったのである（Schwarzfuchs 1975 : 164-165）。

むろん、こうした再興は、外部から招聘された精神的指導者の存在なくしては不可能であったろう。早くも一五九五年の記録には、イツハク・レヴィという「首席ラビ」が、ヨセフ・レヴィ（通称「アシュケナジ」）、シェロモ・ゼーという二名のラビを補佐としてメッスの会衆を率いる体制が確立された旨が記されている。一六〇九年には、サン＝フェロワ通りに最初のシナゴーグが建設された（現在、ラビ・エリー・ブロック通りに面している建物は一九世紀半ばに改築されたものである）。その先、メッスの首席ラビの実名は、今日までほぼ途切れることなく記録に残されている（Jost 1840）。以下、フランス革命前夜までの一覧を示そう。

一五九五〜一六二〇年　イツハク・レヴィ
一六二〇〜二七年　ヨセフ・レヴィ（通称「アシュケナジ」）ボンでラビをつとめたのち、移住
一六二七〜三七年　ゲルソン・アシュケナジ　ポーランド出身
一六三八〜四九年　ガブリエル・コヘン　ボヘミア（現チェコ）のミクロフ（ドイツ名、ニコルスブルク出身）
一六五〇〜五九年　モシェ・コヘン・ナロル　パレスティナのサフェド出身、プラハを経て着任
一六六〇〜六九年　ヨナ・テオミーム・フランケル　プラハ出身
一六七〇〜九三年　ゲルソン・アシュケナジ・ウリフ　クラクフ出身
一六九三〜一七〇三年　ガブリエル・エスケリス　クラクフ出身
一七〇九〜三三年　ヤアコヴ・レイシェル　プラハ出身
一七三三〜三九年　ヤアコヴ・イェホシュア・ファルククラクフ出身
一七四二〜五〇年　ヨナタン・エイベシュッツ　クラクフ出身
メッスを去り、ハンブルク＝アルトナに首席ラビとして着任するが、そこでシャブタイ主義の異端に傾倒としているとして、ラビ、ヤアコヴ・エムデンから断罪を受ける
一七五〇〜六五年　シェムエル・ヘルマン　マンハイム出身
一七六四年、メッスの国王御用印刷業者ジョゼフ・アントワーヌの設備を用い、ヘブライ語の書物の印刷に着手する
一七六五〜八五年「アシェル・リオン」ことイェフダー・レーブ　リトアニア出身
その主著『シャアガト・アリエー（獅子の咆哮）』はユダヤ教決議論の代表作とされる

とりわけ一七世紀中葉のナロルとフランケルの二者は、ウクライナ・コサックの指導者フメリニツキーによる迫害を逃れて西方への移住を余儀なくされた東欧ユダヤ教世界屈指のタルムード学者である。これら首席ラビのほかにも常時数名のラビを擁するメッスの会衆は、アシュケナジ・ユダヤ教世界の西端にあって、一一世紀、「メオール・ハ＝ゴラー（流謫地の光）」ことゲルショム・ベン・イェフダーの時代以来

の光輝を着実に取り戻していくのだった。後述のとおり、続けてロレーヌとアルザスのほかの場所にラビの常駐が認められるようになると、このメッスの会衆のなかから適任者が推挙され、王国の認可を得て送り込まれるのが恒例となった。

事実、一七世紀後半〜一八世紀のメッスは、ヨーロッパ全土のなかでももっともユダヤ教の学習に力が注がれた場所の一つであったかもしれない。一般にユダヤ教徒の父親は、男の子が一三歳に達する前に聖書とタルムードの初歩を読みこなせる程度のヘブライ語の知識を伝達せねばならないとされているが、メッスでは、一六八九年、その義務を怠った親を会衆外への追放処分とする罰則が導入されている。一七〇四年、銀行家アヴラハム・シュヴァブとその妻アガトからの巨額の寄付を得て開校したイェシヴァー（タルムード学院）は、メッスとその近郊のみならず、いつしか遠くドイツや東欧からも学徒を引きつけるようになった。そして、会衆内の約束事として、一〇〇〇フローリンの資産をもつ家庭の長は、年に七日間、貧しい遊学の徒を自宅に受け入れねばならず、資産が一〇〇〇フローリン増えるごとに、さらに四日間の受け入れ義務が加算される仕組みになっていた。たとえばグリュッケル・ハーメルンの娘婿は、そのような規則に関係なく、一年をとおして必ず一人、貧乏学徒を食卓に着かせていたという（ハンブルクのユダヤ教徒女性、グリュッケル・フォン・ハーメルンは、最初の夫に先立たれたのち、セール・レヴィーというメッスの事業家と再婚し、一七〇〇年、メッスに移住した。そのイディーシュ語による回想録は、一七〜一八世紀、アシュケナジ・ユダヤ教徒の日常生活をうかがい知るための第一級の資料である）（ハーメルン）。

古来、ロレーヌ地方は、ゲルマン語派とロマンス語派のあいだを分かつ「モーゼル言語境界」が東西に揺れ動いてきた土地であり、メッス方言は、ロレーヌ語の一種として、かろうじてドイツ語よりもフランス語に近い言語と位置づけられている。そこへ、一六世紀中葉の三司教区占領以後、フランス王領から多くの移住者が流れ込んだため、一般住民のあいだでフランス語使用の割合が急速に高まっていた。他方、右のような経緯により、神聖ローマ領から流入したユダヤ教徒たちは、アルザスの同宗者たちが用いる言語と同様、西方イディーシュ語として分類されている混成言語を持ち込み、受け継いでいったと考えられるが、その語彙や発音が、遠く東欧から招かれて会衆の指導に当たるラビたちの影響下、より東方的なものになっていった可能性がある。いずれにせよ、祈禱と学究の言語としてヘブライ語、会衆内部ならびに東方の同宗者たちとの連絡に用いる日常語としてイディーシュ語が用いられる一方、フランス語使用は、行政当局やキリスト教徒商人たちと意思疎通の必要がある会衆の顔役たち、パリやヴェルサイユの雅な文化に徐々に引きつけられつつあった富裕層、あるいは一部の開明的知識層に限られ、一般信徒のフランス語化は、一九世紀末にいたるまで遅々として進まなかったようである。革命前夜のメッスにあって、フランス語の定期刊行物を読むことができるユダヤ教徒は五〇人もいなかったのではないか、と推測されている（Cahen, G. 1972 : 115）。

一六三三年に設置されたメッス高等法院は、法の適用においてユダヤ教会衆を特別扱いせず、以後、事あるごとにラビ法廷の裁量権に外部から掣肘を加えていくこととなるが、その一方で、ここまで明白な宗教と言語の差異を前にして、会衆自前のラビ的法解釈も無視し得ないと判断したためであろう、一七四〇年、ラビ法廷による裁判記録を、ヘブライ語やイディーシュ語のみならずフランス語でも書き残すことを義務づけ、同時に、キリスト教徒の裁判官たちが、その記録を補助的な資料として用いることができるようにするため、ユダヤ法（ハラハー）の概要をわかりやすくフランス語に訳したものを提出するよう求めた。四二年、ラビ、ヨナタン・エイベシュッツの指導のもとで作成されたこの翻訳は、しばらく手稿のまま援用され、革命前夜の一七八六年、活字として刊行されるにいたった（Eibeshuts 1786）。

南東部の教皇領と同様、メッスでも、ユダヤ教徒は原則として黄色帽の着用を義務づけられていた。ただ、メッスのアシュケナジたちは、かなり早い時期から、その屈辱的な服飾規定の空文化に成功したようである。まずは一六五七年、ルイ一四世のメッス訪問を契機として、首席ラビと「シュタドラン」に限り、黄色ではなく黒の帽子を着用する特権が認められ、一般の信徒たちについても、黄色帽の着用義務はメッス市内に限り、田園部を出歩くときには、いたずらに暴漢の目を引かないようにするため着用を免除されることとなった。その後も特別納付金との引き替えで着用義務の免除を恒常化させた結果、一八世紀半ばには、メッスのユダヤ教徒が黄色帽を被る姿はほとんど目にされなくなった。むしろ、一七七九年の規定により、ユダヤ教徒の家長は、金銀の装飾がなく、小さな白い垂れ襟をほどこした黒の外套を街中で着用すべし、と定められたことにより、最終的にメッスのユダヤ教徒は、その黒の外套、ならびに、戒律上、刃をあてることが禁じられている長い髭によってそれと認識されるようになった。

「三十年戦争」（一六一八～四八年）に際しては、固い防壁で守られたメッス市内を除き、周辺一帯は戦禍に荒れ果てた。一六三五年には、ロレーヌ全体で人口の二割を奪い去ったと推定されるペスト禍も発生している。さらに「三十年戦争」の結果、一帯におけるフランス王国の支配権が確立されると、それまでユダヤ教徒商人がほぼ独占状態に置いてきた軍馬と秣の取り引きも斜陽を迎える。当然、他の職種への切り替えを余儀なくされたユダヤ教徒と一般のキリスト教徒たちとのあいだで商業上の競合が問題視されるようになった。そうした民衆の不満が行き所を失った結果でもあろうか、一六六九年には中世の昔と見紛うばかりの儀式殺人事件も発生している。

一六六九年九月のとある日、メッスの東二五キロほどにあるブレーの村に住むユダヤ教徒の家畜商ラファエル・レヴィは、メッスでユダヤ教の祭式に用いるショファル（角笛）を買って家路に着いた。折しもその日、メッスとブレーの中間に位置するグラティニーの村で、三歳の男の子が行方不明となっていた。レヴィが何か大きな包みを抱えて街道を歩いていったという目撃証言だけを根拠に、幼児誘拐、殺害の嫌疑が組み立てられる。奇妙奇天烈な司法手続きの末、有罪宣告を受けたレヴィは、翌七〇年一月、拷問ののち、焚刑に処された。メッス高等法院は、所管内のユダヤ教徒に対し、以後、シナゴーグ以外の場所で宗教儀式を執り行うことはまかりならぬ、と命じる。ユダヤ教徒が代表者を通じてルイ一四世に直訴をすると、王は、むしろ彼らの訴えが遅すぎたことを咎めるのであった。実際、被疑者死亡のあとでは、「太陽王」といえども国務会議の裁決によってレヴィの有罪判決を取り消させ、いまだ共犯として身柄を拘束されていた人々を釈放することくらいしかできないのだった。その後、一六七五年、八三年、八五年にも、繰り返しメッスのユダヤ教徒に対して儀式殺人の風聞が立てられたが、いずれの場合も、ユダヤ教会衆の毅然とした対応をもって事なきを得たという（Birnbaum 2008）。

ロレーヌ全体の状況

「三十年戦争」により、フランス王国とロレーヌ（ロートリンゲン）公国の関係がぎくしゃくし始めると、折から王国の東の国境をライン川まで押し広げることを欲していたルイ一三世とリシュリューは、ロレーヌ公領ならびにアルザスへと一気に軍を進駐させる（一六三三～三四年）。さらに一六四八年のヴェストファーレン（ウェストファリア）条約により、メッス、トゥル、ヴェルダンの三司教領が正式にフランス王国に併合され、加えて上アルザス地方もフランスの版図に転がり込むにおよんで、ロレーヌ公国の自立性はもはや形ばかりのものとなった。その後、レイスウェイク条約（一六九七年）により、ロレーヌ公領はいったんフランスの手を離れ、レオポルト公のもとで神聖ローマ帝国の領邦ロートリンゲン公国として再生の途につく。しかし、それも束の間、「ポーランド継承戦争」（一七三三～三五年）の結果として、一七三七年、フランツ三世シュテファン（のちの神聖ローマ皇帝フランツ一世）は、フランス王ルイ一五世の岳父にして元ポーランド王、スタニスワフ・レシチニスキにロレーヌ公位の譲渡を余儀なくされるのだった。最終的には一七六六年、スタニスワフの死去にともない、ロレーヌ公国はフランスに併合され、その中心都市ナンシーに高等法院が設置されることとなる。

こうしてフランス王国による実効支配、ついで正式併合が段階的に進められた三司教領やロレーヌ公領にも、一七世紀半ば頃から、ユダヤ教徒が少しずつ定住を始めるようになった。ほかでもない、王政当局が、新しく手中に収めた東部の諸地域に一三九四年の追放令を持ち込むどころか、むしろ、当初メッスの居住地に限られていたはずの勅許状をロレーヌ全体に拡大適用し、ユダヤ教徒の移動や新規流入にもほとんど見て見ぬふりの態度をとったからである。この時、オニー、ビオンヴィル、エヌリー、ルヴィニー、ヴァントゥーといった旧メッス司教領の小村には、手狭となったメッス、サン＝フェロワ通りの居住区から溢れ出てきた人々が腰を落ち着けたと思われるが、居住者の姓の一覧からは、それればかりではなく、やはり東のプファルツ選帝侯領から多くの流入者があったことがうかがわれるという。

ロレーヌ（ロートリンゲン）公領では、一六九七年、レイスウェイク条約により、一時、フランスの軍事支配から脱することに成功したレオポルト公が、財政の立て直しを図り、一七一五年、収税長官としてアルザス出身のラビ、シェムエル・レヴィを抜擢するとともに、ナンシーの町にユダヤ教徒の居住を認め、そこにシナゴーグを建設する権利さえ認めようとした。これが公国の会計法院からの激しい抵抗にあうなか、レヴィが過剰貸与によって破産し、投獄の末、追放に処されるという出来事があり、領内のユダヤ教徒住民の立場も一時危うくされる。結局、一七二一年、追放派と容認派が達した妥協点として、一六八〇年以前から領内二四か所に居住していた七三家族だけを残し、それ以外のユダヤ教徒を領外へ追放することとなった。先述のとおり、ロレーヌ公領からは、一四七七年、ルネ二世による追放令によってユダヤ教徒はいったん姿を消したのであったが、その後、少なくとも七三家族は再定住するようになっていたわけである。

一七三七年、ロレーヌ公位を譲り受けたスタニスワフ・レシチニスキのもとで、領内のユダヤ教徒の境遇は急速に改善に向かう。いまや一八〇の家族に居住が許可され、しかも、その家族の定義が、同じ男親から下り、一軒の家屋に住んでいる親族全体の意として拡大解釈されることとなったのである。ラビ体制の設置も公認され、メッスで首席ラビをつとめたヤアコヴ・レイシェルの息子ネヘミヤが初代のラビとして赴任している。

ナンシーでは、イツハク・ベールがスタニスワフの宮廷の御用商人として活躍した。その息子、ベール・イツハク（イザーク）・ベールは、スタニスワフの死後、ナンシーの会衆の「主管」となり、同時に居住区から出て市内に自由に居を構える権利を手にした最初のユダヤ教徒となった。フランスに正式に併合されたロレーヌでは、ファルスブール（一七七二年）、リュネヴィル（一七八六年）、ナンシー（一七八八年）にそれぞれシナゴーグが建設され、数度の改修を経て今日にいたっている。

アルザスの状況

フランスの兵士と軍馬のあとを追うようにして外部からユダヤ教徒が流れ込んだメッスとは対照的に、アルザスでは、一七世紀半ば以降、段階的に併合を進めるフランス王国の方が、旧来、各地の小邑にうずくまるようにして伝統を保ってきたユダヤ教徒の小規模集団を、その都度「再発見」する格好となった。

そもそも中世以来、諸侯領、教会領、自由都市、神聖ローマ帝国直轄領などが複雑なモザイクを構成してきたこの地域にあって、「〇〇世紀におけるアルザス・ユダヤ教世界」といった統一的な表現自体がほとんど意味をなさない。ある土地の領主が寛容政策を採るか、追放政策を採るかによって、ユダヤ教徒の境遇は、わずか数キロメートルの差をもって天地の開きを見せ、また、いつ何時、いかなる出来事をきっかけとして、現行の寛容政策が追放令へ、そしてさらなる再定住の許可へと、猫の目のような変化をも見せかねなかったからである。たとえば、都市としてのストラスブールは、先述のとおり、一四世紀以来、ユダヤ教徒の立ち入りを昼間のみに制限していたが、その西方に広がるストラスブール司教領は、キリスト教会全体の規定を遵守しながらも、サヴェルヌほか数か所にユダヤ教徒の居住を許可していた。また、神聖ローマ帝国に直属する「一〇都市同盟」の首都が置かれたアグノーの町では、ユダヤ教徒の立ち入りが完全に自由であった。この時期の人口に関して頼りとなる史料は残されていないが、一七世紀初めにいったん底を打ったアルザス・ユダヤ教徒の数は、「三十年戦争」の混乱期に東方から流れ込んだ移民を加えて、徐々に増加に転じたと考えられる。総じて、一六四八年、ヴェストファーレン条約の時点で、アルザスには三〇〇家族、一五〇〇人ほどのユダヤ教徒が、都市部での居住を疎まれた末、数家族単位で農村部に分散し、戦禍と貧困にあえぎながら細々と伝統を維持していたと思われる（以下、一七～一八世紀のアルザス・ユダヤ世界に関する情報は、Weill, G. 1972 ならびに Schwarzfuchs 1975 による）。

一六三四年、アルザス地方に軍を進駐させ、四八年、ヴェストファーレン条約によりその一部を手にしたルイ一四世のフランス王国は、一三九四年の追放令との兼ね合いにおいて現地のユダヤ教徒集団をどう扱うべきかという点について、以下のとおり、最後まで判断に迷った様子がうかがわれる。

フライブルクから西に約二〇キロ、ライン川に沿ってストラスブールとバーゼルのおよそ中間地点に位置するブライザッハ（ブリザック）の町は、その付近でラインの大河が中洲を作り、渡河や架橋が比較的容易であったため、古くから交通と軍事の要衝となっていた（最初に橋が架けられたのは一三世紀のことであったという）。「三十年戦争」の最中、ブライザッハは、スウェーデン軍の傭兵隊長ベルンハルト・フォン・ザクセン゠ヴァイマールの功績によってフランスの手に帰することとなったが（のち一六九七年、レイスウェイク条約により神聖ローマに返還）、当時、そこには五家族ほどのユダヤ教徒が住んでいた。一六五一年、ルイ一四世が、そのブライザッハのユダヤ教徒たちに立ち退きを命じたのが、知られている限り、フランス王国が新たに手にしたアルザスの領土（厳密にはその対岸）で講じた対ユダヤ教政策の最初の痕跡である。しかし、いかなる理由によるものか、その命は実行されず仕舞いであった。むしろ、その後、ブライザッハではシナゴーグの建設が認められ、それを司る数名のラビたちが、上アルザス地方のユダヤ教徒たちの精神的支柱として広く名声を博していくことになる。あくまでも推測の域を出るものではないが、一六世紀末、ハプスブルク家の支配下、とりわけオーストリア大公フェルディナント二世による迫害政策に苦しめられてきた一帯のユダヤ教徒たちが「三十年戦争」に際してフランス軍とスウェーデンの傭兵部隊を歓迎し、糧秣の面でさかんな支援を行った実績が、現地のフランス軍司令官たちに高く評価されており、当面、ユダヤ教徒集団を優遇することが軍政上の得策であるという上奏が軍部から国王にさかんに行われた結果なのかもしれない。

こうして、フランス領となったアルザスに住むユダヤ教徒たちに対し、一六五七年九月二五日、ルイ一四世の勅許状によってメッスのユダヤ教徒と基本的に同等の諸権利が認められることとなる。しかし、それは必ずしも将来に向けて一三九四年の追放令の不適用を保証するものではなかった。実際、一六七一年、アルザス総督のマザラン公（宰相ジュール・マザランの義理の甥）が、管轄下の全ユダヤ教徒に三か月の猶予をもって領外退去を命じ、それがルイ一四世の勅令により、すんでのところで撤回されるという一幕があった。「この予期せぬ恩恵は主としてフランス軍のおかげであった。というのは、至急に糧秣、とりわけ軍馬を必要としていたフランス軍に対し、家畜商売に手慣れたアルザスのユダヤ教徒は、それを速やかに供給できたからである」（アサール 1984：142——引用文中、「ユダヤ人」を「ユダヤ教徒」に変更した）。

一六八一年、フランス王政は、アルザス全土のユダヤ教徒を束ねる精神的指導者としてメッスからアハロン・ヴォルムスを呼び寄せ、正式なラビ体制を発足させる。ブライザッハに面するライン川の中洲に建設された人工の町、ヴィル・ヌーヴ・ド・ブリザックに設えられた彼の私邸は、以後しばらく、アルザス・ユダヤ教世界の中枢として機能していくこととなる。

近世アルザス・ユダヤ教の再生を画する場所が、ストラスブールでもコルマールでもなく、このライン中洲の人工都市であったことには、それ相応の経緯がある。一六五〇年、ルイ一四世は、コルマールの南に位置するエンジセム（エンシスハイム）に王室の出先機関を設置し、五七年、それを「アルザス最高評定院」と改名して、アルザスの新領地支配の中枢組織とした。本来、王は、近隣でもっとも守りの堅いコルマールに本拠を据えることを希望していたが、コルマールの市当局がなかなか肯んじなかったため、七三年、建築家ヴォーバンによる要塞化が完了したばかりのライン対岸のブリザック（ブライザッハ）に「アルザス最高評定院」を移転させる。折しも、「オランダ侵略戦争」（一六七二～七八年）に際して神聖ローマ軍に攻め込まれ、焼け出された一帯の住民がライン川の中洲に集まってきて藁葺きの仮住まいを始めたため、集落は「藁の町（仏：ville de paille、独：Stroïstadt）」との異名をとるようになっていた。七七年、ルイ一四世は、この中洲の集落を「ヴィル・ヌーヴ・サン・ルイ（聖ルイの新しい町）」ないし「ヴィル・ヌーヴ・ド・ブリザック」と呼ばせ、フランス国内および近隣の同盟国から、軍人、商人、職人たちの移住を奨励する。町は瞬く間に一五〇〇人の人口を数え、免税措置に惹きつけられてくる各国の商人を加えて、束の間ながら、多言語、多宗教、多民族の国際都市として賑わいを見せることとなった（上図）。

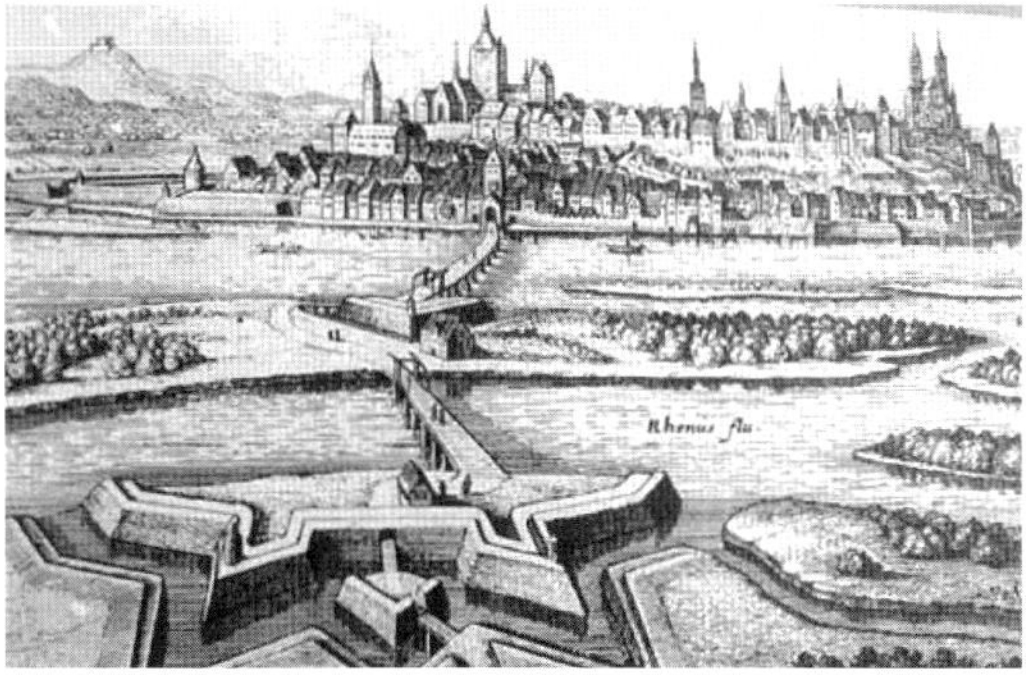

1660年頃、アルザス側から見たブライザッハとライン川の中洲

　一六八一年、メッスのラビ、アハロン・ヴォルムスを呼び寄せ、ここに住まわせることとした王の狙いもこれで明らかとなろう。フランス王国は、対ユダヤ教政策においてロレーヌのメッスが果たすこととなった役割を、アルザスにおいて、この中洲の人工都市に担わせようとしたわけである。しかし、一六九七年のレイスウェイク条約により、対岸の「旧」ブリザックのみならず、中洲の「新」ブリザックも神聖ローマへの返還を余儀なくされてしまう。ルイ一四世はこれを大いに残念がり、一時はストラスブールを神聖ローマに譲り渡してでも、新・旧ブリザックを手元に留め置きたいと考えたほどであったという。返還後、外国籍の住民は雲散霧消し、フランス籍の住民はライン左岸のフォルゲスアイム、ビスアイムなどに居を移した。要塞としての機能は、やはりヴォーバンによって西岸に建設された完全な人工都市ヌフ＝ブリザックに移され、「アルザス最高評定院」も、王の当初の構想どおりコルマールに移転される。アハロン・ヴォルムスに次ぐ二代目の公認ラビとして、やはりメッスから招聘されていたアリエー・レーブ・テオミームは、一六九八年、コルマールの北にあるリボヴィレに居住を許されている。

　これをもって、もはやラインの対岸や中洲ではなく、アルザスの地そのものにユダヤ教の存在が公認されたわけである。にもかかわらず、一七〇一年、アルザス方面のフランス軍総司令官ニコラ・シャロン・デュ・ブレ・デュクセル侯爵（のち元帥）のもとで、一転、ユダヤ教徒の追放政策が実行に移されようとしたことがあり、この時は、「スペイン継承戦争」（一七〇一～一四年）の開戦という国際情勢によってかろうじて沙汰止みとなった。しかし、その直後の一七〇三年、アルザス最高評定院は、リボヴィレのラビと近隣の領主リボピエール伯とのあいだに持ち上がった一種の叙任権闘争においてて全面的にラビの肩をもち、アルザス全土のユダヤ教徒住民に向けて、以後、なんらかの係争に際して、まずラビの判断を仰ごうとしない者には領外追放の厳罰をもって応じる旨、言い渡すなどしているのだ。

南西部の「新キリスト教徒」を遇する際に対して見せたしたたかな実利主義とも、メッスのユダヤ教徒たちに対する積極的な優遇政策とも異なり、アルザスのユダヤ教徒に対する、この一貫性のなさ、朝令暮改の姿勢は、実のところ、王国によるアルザス併合にともなう特殊かつ複雑な事情から余儀なくされたものであったと考えられる。

まずは一七世紀末からフランス革命までの約一〇〇年間、アルザスには「旧支配地（terres d'ancienne domination）」と「新支配地（terres de nouvelle domination）」という二つの行政区分があり、しかも、その二種類の土地が、一本の境界線によって寸断されているのではなく、あくまでも複雑なモザイク構造として入り組んでいたという点を念頭に置かなければならない。前者「旧支配地」は、一六四八年のヴェストファーレン条約、ならびに一六六〇年、オーストリア大公フェルディナントとのあいだで個別に結ばれた締約によってフランス領となった、上アルザスの旧ハプスブルク領を中心とする土地の謂いである。他方、「新支配地」とは、やや遅れて、一六七九年のナイメーヘン条約、一六八〇年のアルザス最高評定院の決議、ならびに一六九七年のレイスウェイク条約によりフランス王国の統治権が確認されたその他の領地（ストラスブール市、ストラスブール司教領、プファルツ選帝侯領ほか）からなる（つまり「旧支配地」は、「旧」といいながら、せいぜい「一六四八年以来の」という意味にすぎない）。そして、「旧支配地」はフランス王権の紛う方なき直轄領であったのに対し、「新支配地」では、旧来の諸侯がフランス王に忠誠を誓いながら領有権をそのまま保持し、法や行政の面でも、フランス王国が持ち込もうとした体系とゲルマン法の影響を受けたその土地固有の法や慣習を並立、混在させるかたちで、そのままフランス革命期を迎えることとなるのだ。

いま一つ、フランス王政によるアルザス・ユダヤ教徒の処遇を振り返る際に視野に入れておかねばならないのは、プロテスタントの存在である。

そもそも、アルザス併合の機縁をフランスにもたらした「三十年戦争」とは、一六一八年、ハプスブルク家統治下のプラハにおけるプロテスタントたちの蜂起に端を発するものであった。勃発当初、神聖ローマ帝国内のカトリックとプロテスタントによる宗教戦争であったものが、神聖ローマ皇室との姻戚関係によってスペインがカトリック派として参戦し、逆にデンマークとスウェーデンがプロテスタント派として参戦したところへ、フランスがカトリック国であるにもかかわらずプロテスタント派に加勢して介入したところから、ヨーロッパ全土を巻き込む一大戦争に発展したのであった。ルイ一四世の率いるフランス軍は、上アルザス地方においてスウェーデン傭兵部隊と手を携え、カトリック信徒の多いハプスブルク家の直轄地を軍事掌握し、結果的に、下アルザスに多く住まうプロテスタント住民から、解放主として歓迎されることとなる。こうした経緯をふまえたフランス王国は、かつて「ナントの勅令」（一五九八年）が公布された時点でアルザス地方はフランス王領ではなかったため、「フォンテーヌブローの勅令」（一六八五年）によるその廃止もアルザスに影響を及ぼすことはなく、よって、アルザスのプロテスタント住民が領外に追放される謂われはない、との立場をとった。逆説的なことに、フランス王国は、「ナントの勅令」の廃止をもって、ロレーヌを含めたフランス王領から二〇万〜四〇万人と推定されるプロテスタント（カルヴァン派、いわゆる「ユグノー」中心）を吐き出しておきながら、新たに獲得したアルザスのプロテスタント（ルター派中心）、推定約一一万人の方は、先の多国間戦争における同志、庇護民として、丁重に扱わねばならなくなったのである。たしかに「ナントの勅令」廃止後、スイスやオランダに逃げ延びたユグノーたちのあいだで、自分たちの境遇を一四九二年のスペインを経験したセファラディ・ユダヤ教徒たちの境遇に重ね合わせる言説が一般化することになるが（Cabanel 2004）、少なくともアルザスのプロテスタントたちは、その種の言説を共有する立場にはなかったわけだ。同時に、「ナントの勅令」廃止をめぐる、この二枚舌、詭弁とも映りかねない解釈が、一三九四年のユダヤ教徒追放令をアルザスに型どおりに適用することを妨げる効果を発揮したとも考えられる。なぜなら、一五九八年の「ナントの勅令」公布の時点でフランス領でなかった土地には、その更新も廃止も影響を及ぼすことがない、という解釈がまかり通るならば、当然、一三九四年に出されたユダヤ教徒追放令の存否も、アルザスの地の新規該当者の身には影響を及ぼし得ない、という理屈が同時に立派に成り立ってしまうからだ。

結局、アルザスのユダヤ教徒たちは、この経済、政治、宗教、すべての面で込み入った状況から大きな僥倖を引き出したといってよいだろう。以後、「偉大なる世紀」のフランス王政が、前世紀後半、メッスの移入ユダヤ教徒集団が見せつけたような経済的有益性をそのアルザスの同宗者たちからは期待できそうにないとの判断に傾き、一三九四年の追放令をそのまま新領土にも適用しようとするたびに、当のユダヤ教徒たちのみならず、従来、一定数のユダヤ教徒集団を抱え込みながら土地の経済を動かしてきた「新支配地」の領主や、そのプロテスタント住民たちからも抵抗の姿勢が示され、神聖ローマ時代からの旧習――すなわち、ユダヤ教徒の処遇は、彼らの忠誠度と経済的有用性に鑑みて、あくまでも地元の領主が決めるという習わし――を尊重せざるを得なくなるのであった。かといって、王国が一三九四年の追放令を「旧支配地」のみに適用して満足したのではアルザス全体の宗主としての沽券に関わり、しかも、その結果として、単にカトリック住民の多い「旧支配地」からプロテスタント住民の多い近隣の「新支配地」へ、ユダヤ教徒集団の移住を誘発するだけで終わる可能性もあった。事実、一七〇一年にいったん棚上げとされたアルザス・ユダヤ教徒の追放政策を、一七一三年、最晩年のルイ一四世がふたたび俎上に載せると、「新支配地」のストラスブール司教やハーナウ＝リヒテンベルク伯がこれに執拗に抵抗したため、事は未然のままで済んだ。続いて、幼王ルイ一五世が即位した翌年の一七一六年、アルザス地方長官の任についたダンジェルヴィリエが、アルザスにも他の王領内と変わらないユダヤ教徒追放令を適用すべきという原則論を唱え始めた時にも、摂政のオルレアン公フィリップ二世は、やはり「新支配地」の諸侯連をいたずらに刺激したくなかったためであろう、その進言を真剣に採り上げる素振りさえ見せなかった。

しかし、ユダヤ教徒が異教徒であり、とりわけ商業上の競合によって、いつ何時、一般民衆の不満爆発の導火線にもなりかねない危険因子であることに変わりはない。そこでフランス王政当局は、先行するメッスでの成功例にならい、ユダヤ教徒たちの政治的忠誠と精神的健全さの担保として、むしろ彼らの宗教を有効活用することを考えたのではないか、というのが、今日、史家たちのあいだでおおむね共有された見方である。ジョルジュ・ヴェイユによれば、「ルイ一四世が、アルザスの地に〈解放〉されたユダヤ教徒の共同体の成立を助長し、国民を形作る種々の集団のあいだにその居場所を作ってやろうと精神面での配慮を示したなどと考えることは、こと宗教に関わる面で王がついぞ示したことのない視野の広さを無理強いすることになり、おそらく不適切であろう。われわれとしては、この時、経済活動の一部の領域でたしかに必要不可欠となっていたユダヤ教徒たちを追い払うことができず、かといって、のちに混乱と無秩序の種になりかねない自由裁量を認めてやることも肯んじなかった王政府が、ユダヤ教徒たちを彼ら自身の法によって枠に塡め、従順さのなかに留め置こうとした、と考える方に傾く」（Weill, G. 1972 : 150）。その結果としてアルザスのユダヤ教徒たちは、一三九四年の追放令が依然として効力を発揮する王国の辺境にあって、神聖ローマ帝国時代とほぼ変わらない生活条件を維持し、幾分お仕着せの感もなくはないが立派なラビ体制まで付与されて、以後、一〇〇年余りの時を過ごし、フランス革命期を迎えることとなるのだ。

こうして、すでに「三十年戦争」の最中から増加に転じていたとおぼしきアルザスのユダヤ教徒の家族数は、一八世紀末に向けて、まさに鰻上りの様相を見せる。

一六世紀中葉（推定）	三〇〇家族
一六九〇年	五八七家族
一七一六年	一三四八家族
一七四四年	二一〇四家族
一七五四年	二五六五家族
一七八四年	三九一三家族（一万九七〇七人）

一〇〇年でおよそ六倍というこの人口増加率は、ユダヤ教徒家庭における多子の傾向のみによっては到底説明づけられるものではなく、その大きな部分は、やはりラインラントとドイツ中部、あるいは、さらに遠くポーランドからの移流民によるものであったと思われる。ユダヤ教徒の名乗る姓として、ブラウンシュヴァイクの町に由来する「ブランスヴィック」「ブランシュヴィーグ」、シュヴァーベンに由来する「シュワブ」「シュオブ」、シュパイヤーの変形である「スピール」、ヴォルムスの人を意味する「ヴォルムセール」、ポーランド人を意味する「ポラック」などが、この頃、一斉にアルザスにもたらされたと考えられる。

しかも、当の移流民たち自身、それをどこまで「移住」「流入」としてとらえていたものだろうか。というのは、そもそもアルザス・ユダヤ教世界は、一〇～一一世紀、ラインラントの「シュームの会衆（シュパイヤー、ヴォルムス、マインツ）」の強い影響力のもとで産声を上げたと考えられ、のちの一四世紀、フランス王領を追われてアルザスとラインラントに移り住んだ人々も、ラシと「加筆者（バアル・トサフォート）」たちの同じ遺産を受け継ぐ移住先のユダヤ教にほとんど違和感なく融け込むことができたと想像されるからだ。加えて、ドイツ西部のユダヤ教徒が操るイディーシュ語には、過去の人口移動を反映してフランス語ないしロマンス語起源の語彙が少なからず織り込まれていたため、今、「三十年戦争」を経てフランス領となったアルザスにドイツ西部から流入したユダヤ教徒たちは、異境に分け入るというより、ライン川流域におけるユダヤ教世界の共通地盤を確認しながら、西方イディーシュ語文化のフランス的部分の源流に立ち戻るような感覚さえ味わったかもしれない。

実証記録が失われた、この過去の時代、広範囲にわたる人の往来があったことを姓名学の水準でしのばせてくれるのが、マルセル・プルースト『失われた時を求めて』の登場人物や、アナール派歴史学の創始者の名としても馴染み深い「ブロック（Bloch）」姓である。一四世紀、フランスから追放されたユダヤ教徒たちが、最初の避難地アルザスにおいて、先住のユダヤ教徒たちと区別するためにWalch（フランス人、ラテン人）と呼ばれ、ついで、その子孫がアルザスでの迫害を逃れてポーランドまで達し、自称として携えてきたWalchをWolch、Wlochなどとスラヴ化した。それが一七世紀末、今今度は東欧で激化し始めた迫害を逃れて西漸する人々によって、いわばアルザスに里帰りを果たし、Blochと綴られるようになったというのである（Ingold 2006 : 12）。つまり、「ユダヤ人とは、なによりもまずドイツ・東欧起源の外国人である」という、のちの世の反ユダヤ主義者たちの言説は、少なくとも「ブロック」姓については完全に転倒した議論だったことになる。

他方、のちの一九世紀末、一大事件の名称として世界中に響き渡ることとなる「ドレフュス（Dreyfus）」姓は、アルザスの古記録の上でこそ一六一二年が初出であるが、中世の昔から現地のユダヤ教徒たちによって冠されてきた姓であると考えられる。その古形がTrefousse、Trifusなどであったことまでは確認できても、その先、起源がラインラントのトリーア（Trier）に発しているのか、あるいはラシの故郷、シャンパーニュのトロワ（Troyes）に遡るのか、ユダヤ姓名学者たちの見解はなお分かれたままだ。仮に後者であった場合、「ドレフュス」は、「ブロック」と並んで、中世フランスのユダヤ教世界の痕跡をもっともよく後世に伝える固有名詞であったことになる。いずれにせよ、先にセファラディ・ユダヤ教世界の「隠れユダヤ教徒」について見たように、アシュケナジ系ユダヤ教世界においても、新天地を目指す人々の道行きは決して不可逆の一方通行であったわけではなく、「追放・流謫・亡命」の物語が、同時に、より長い時間軸の上では「遡及と帰還」の物語でもあり得るという点に注意しておきたい。

「メディナー」の形成

当初、フランス王国としては、リボヴィレに設置した公認ラビの私邸をもってアルザスのユダヤ教全体を束ねる総本部にしたかったようであるが、一六八一年、ブリザックの中洲に王国公認ラビが招聘された時点で、すでに自前のラビを擁して会衆の組織化に着手していた北部アグノーのユダヤ教徒たちから抗議の声が上がっていた。加えて右のごとき人口急増、ならびに歴史的に細かく寸断されてきた地域の事情も手伝い、一八世紀後半までにアルザスのユダヤ教世界は、六つの町を中心に、それぞれのラビを擁する会衆に分化していく（北部のアグノー、北西部のブクスヴィレール、ストラスブール西方のミュツィグ（ムツィヒ）とロマンスヴィレール、オーベルネに隣接するニーデルネ、そして上アルザスを統括するリボヴィレ）。いずれの場所でも、新しいラビを選出ないし招聘するに際しては国王の勅許が必要であった。ラビの法的権限は、先述のメッスの事例におおよそならい、まずは民事（婚姻、相続、後見など）に限られ、刑事については、あくまでも参考意見としてユダヤ法（ハラハー）にもとづくラビの解釈が通常の法廷に提出できる仕組みとなっていた。

また、それぞれの会衆は、ある時期以降、ラビとはまた別に、非聖職者の富裕者たちのなかから「主管」（フランス語で「プレポゼ（préposé）」、ヘブライ語で「パルナス」「シュタドラン」）を多数決で選出し、その人物を介して、まずは納税の義務を果たし、さまざまな事案について王国権力との折衝を行うようになっていった。その起源、ならびに継承のプロセスは必ずしも判然としないが、かつて神聖ローマ帝国時代、カルル五世によって「ユダヤ教徒の最高指導者にして統率者」に任ぜられたヨセフ・ベン・ゲルション（ヨーゼルマンまたはロースハイムのヨーゼル）が、アルザスのみならず、ドイツの広範囲にわたって同宗者たちの世俗的な利害を巧みに代弁してみせた記憶がいまだ鮮明に残っていたことは確かだろう。これも開始時期は不明であるが、アルザス地方長官の正式な許可のもと、各会衆の代表と名士を一堂に集めた「議会（ヴァアド）」が定期的に開催され、その場で、アルザス全体を代表する三名、三年任期の「州主管」（フランス語で「プレポゼ・ジェネラル」、ヘブライ語で「パルナス（シュタドラン）・ハ＝メディナー」）が選出されるようになったこの名称にも示されているように、アルザスのユダヤ教徒たちは、みずからの会衆の大きな外枠を指して、いつしか「メディナー（州、国）」というヘブライ語を採用するようになっていた）。一七四六年の時点で、ミュトシグ（ムッィヒ）のモシェ・ブリエン、オベルネーのヤアコヴ・バルフ・ヴァイル、そして、やはりミュトシグのアハロン・マイエルという三名が「州主管」の座にあったことがわかっている。この「州主管」と「主管」による指揮体制のもと、教育制度も徐々に整備されていった。孤児や貧困層の子供がヘデル（初等学校）に通う費用は会衆全体からの醵出によって賄われ、将来の精神的指導者となることを嘱望される子弟のため、上アルザスのシレンツ（ミュルーズとバーゼルの中間）と下アルザスのエテンドルフ（アグノーの西）にイェシヴァー（タルムード学院）も設立された。一七七七年の「州議会（ヴァアド・ハ＝メディナー）」では、現代の中等教育機関に当たるものとして「州のすべての子弟のための総合律法学院（ベート・ミドラシュ・ケラリ・レ＝コル・ベネ・ハ＝メディナー）」の設立が決議されたが、これはフランス革命の勃発により実現はならなかった。

当初、各会衆のラビはメッスから推挙されて送り込まれる仕組みとなっていたが、一八世紀半ば以降、地元出身者をラビの座に据えたり、ライン川対岸のタルムード学者を直接に権威として仰いだりするなかで、アルザス・ユダヤ教世界も、メッスのラビ体制から一定の独立性を確保するにいたった。たとえば、一七五〇年、カールスルーエのラビとなったナタニエル・ヴァイルは、国境を越えてアルザス全土のユダヤ教徒からユダヤ法（ハラハー）の最大の権威として崇拝された。一六世紀からドイツ、東欧一帯に傍系を擁し、数多くの碩学を輩出してきた名門アウエルバッハ家も、一八世紀半ば、アルザスのブクスヴィレールに分家を築き、著名ラビ、アヴラハム・アウエルバッハを生み出している。上アルザスのリクセム、下アルザスのニーデルネでそれぞれの会衆を率いたヨセフ・シュタインハルトは、バイエルン地方シュヴァーバッハの出身であった。そのヨセフ・シュタインハルトが、一七六二年、出身地に近いフュルトのラビに選出されたため、のちにアルザス・ユダヤ教会衆の代表的存在となるダヴィド・ジンツハイムが、急遽、トリーアから招聘され、下アルザスの会衆の指導に当たることとなった。むろん、こうした独自のラビ調達経路をもって、アルザスの会衆とロレーヌの会衆との関係が疎遠になったり、遮断されたりしたわけではないが、指導に当たるラビたちの出身地や家門を反映して、それぞれのユダヤ教が独自色を纏うようになったことは確かである。少なくとも、その差異に無感覚なまま「アルザス・ロレーヌ」という後世の恣意的な地理区分を、フランス東部のユダヤ教世界にそのまま押しつける挙だけは慎まねばなるまい。

一四〜一五世紀の迫害期をつうじて、アルザスのシナゴーグ——イディーシュ語で「シューレ」と呼ばれた——とユダヤ教墓地は徹底的に破壊されていた。一七世紀にフランス領となった時点で残されていた「シューレ」は、北部のアグノー、ならびにセレスタの南に位置する小邑ベルジェム（ベルクハイム）、わずか二か所のみである。フランス領となったあとも、モーセ信仰の礼拝活動は人目につかないものであることを求められ、新しい「シューレ」の建設許可がなかなか下りなかったため、信徒たちは、普通の家屋の内部を非合法の「シューレ」として改造するなどしてしのいだ。リボヴィレのように正式な許可を得て建設された場合でも、しばしば暴徒の襲撃にあい、一七一一年、地元の「主管」が私財をすべて擲《なげう》って建て直さなければならないほどであったという。革命前夜までに、アルザス全体で五三の「シューレ」が作られていくが、うち公認のものはわずか数か所であった。

アルザスのユダヤ教の墓地として、唯一、中世の痕跡をとどめているのは、上アルザスの山間の村ジュングオルツ（ユングホルツ）のもので、それ以外の墓地は、もっとも古くても一五世紀以降のものであるという。北部アグノーの町にも、かなり古い時代に遡るユダヤ教徒の墓地があるが、「三十年戦争」期、徹底的な破壊にあったらしく、現存する墓碑の最古の年号は一六五四年である。しかし、すでに「三十年戦争」中の一六二二年、セレスタに新設されたものを皮切りに、一七世紀、アルザス各地にユダヤ教墓地が作られ、革命前夜には、各市、各村落のユダヤ教徒会衆が一つずつ自前の墓地を有するまでとなった。

アルザス・ユダヤ教徒たちの日常語は、フランス語で「ユダヤ＝アルザス語（judéo-alsacien）」、アルザス語で「ユダヤ＝ドイツ語（jéddischdaitsch）」と呼ばれ、西方イディーシュ語の一変種として分類されている。ドイツ語の語彙（約七〇パーセント）とヘブライ＝アラム語起源の語彙（約二〇パーセント）が、おおよそドイツ語の文法と統辞に則って操られる点でイディーシュ語の全体的特徴と変わりはないが、一般の西方イディーシュ語と異なるのは、中世にまで遡るロマンス語系の語彙の混在率がやや高く（約一〇パーセント）、それがより新しい時代のフランス語から語形や意味の上で影響を受けている点である。この「ユダヤ＝アルザス語」で語り継がれてきた民話として、モシャラ＝ツェルヴィルル（ツェルヴィラーのモシエ）なる登場人物を中心とする四〇〇余りの滑稽譚「モシャリシュ」がある（Klein-Zolty 1982）。アルザス特有の揶揄と自虐の精神（この点についてはオッフェ 1951 を参照）にユダヤ教特有のユーモアが重ね合わされているこの無形文化財が、イディーシュ語とアルザス語に長けた専門家により日本語で紹介される日を心待ちにしたい。

セルフ・ベールの生涯と業績

歴史には、その生涯をもって、いかなる古文書の堆積よりも雄弁に、ある時代、ある場所の空気を伝えてくれる人物がいるものだ。一八世紀後半のアルザス・ユダヤ教世界については、セルフ・ベールがそれに該当するであろう（以下、セルフ・ベールの伝記情報はO'Leary 2012による）。

のちにセルフ・ベール（Cerf Berrまたは Cerf Beer）の名で広く知られることとなるナフタリ・ヒルツ・ベン・ドヴ・ベールは、一七二六年、当時、ロレーヌ地方の北に隣接してフランス王国の支配下にあったツヴァイブリュッケン公領の小村メーデルスハイム（現ドイツ、ザールラント州ザールプファルツ郡）で、ユダヤ教徒商人ドヴ・ベール・ナフタリとその妻グエルヒェのあいだに生まれた。「三十年戦争」によって荒廃し、当時、若きナッサウ＝ザールブリュッケン侯ヴィルヘルム・ハインリヒのもとで急速な復興を遂げつつあった当地には、東方から多くのユダヤ教徒商人が流れ込み、小規模ながら富裕な居住地が形成されつつあった。そのヴィルヘルム・ハインリヒの御用商人であったとおぼしきドヴ・ベールも相当の富裕層に属し、ナフタリ・ヒルツを筆頭とする四人の息子たちに高水準のユダヤ教の教育を受けさせることができたようだ。

セルフ・ベール

一七四八年、二二歳に達したナフタリ・ヒルツは、ストラスブールの北郊ビシェム（ビシュハイム）に移り住んで、地元の富裕商人の娘ユーデル・ヴァイルと結ばれ、フランス軍への軍馬と糧秣の供給を生業とするようになった。いつの頃からか不明であるが、ドイツ語Hirschの古形で「鹿」を意味する自分の名「ヒルツ」をフランス語のCerf（鹿）に置き換えたことに、彼のフランス贔屓がはっきりと示されている。同時に、彼のもう一つの名「ナフタリ」は、「創世記」（四九の21）の一句「ナフタリは放たれたる雌鹿のごとし」によって、常に「鹿」のイメージに結びつけられてきた名である（フランス語で「雌鹿」はbicheであり、cerfは「雄鹿」であるけれども）。よって、「ナフタリ・ヒルツ」を「セルフ」に置き換えたことには、そのままフランスのユダヤ教徒として生きるという本人の意志が込められていると考えられるのだ（ヘブライ語文献上で彼のフランス名はסרף（Srf）と綴られている。フランス語cerfの標準発音は「セール」であるが、当時、辺境部のフランスではいまだ語末のfを発音していた可能性が高い）。

「七年戦争」（一七五六〜六三年）の勃発とともに、彼はショワズール公に取り立てられ、フランスのいくつかの連隊の兵站を一任されることとなった。戦争終結後、その仕事ぶりを買われてストラスブール騎兵隊専属の糧秣納入商となった彼の人望は、アルザス北部のユダヤ教会衆内部でも高まっていった。一七六五年には、彼の妹エステルが、旧来、プファルツ地方で数多くのラビを輩出し、先代よりビシェム（ビシュハイム）に本拠を構えていたジンツハイム家のダヴィド（のちの初代フランス大ラビ）と結婚している。

セルフ・ベール持ち前の向こう気の強さをうかがわせるものとして、ストラスブール市内における彼の住居をめぐる一連の逸話がある。先述のとおり、当時、ストラスブール市はユダヤ教徒の出入りを昼間のみに限定し、居住はもちろん、夜間の滞在すら認めていなかった。しかし、セルフ・ベールは、市当局も地方総督も飛び越えて直接パリの王室に掛け合い、商売上の必要を理由に、まず一七六八年の冬をストラスブール市内で過ごす許可をとりつける。ついでその許可を六九年から七〇年にかけての一年に延長させ、ついには七一年、無期限の市内滞在許可を手にしたのであった。七五年には、ルイ一六世じきじきのフランス帰化状を身に備えるまでとなる。ここから先は、商売上の必要というより、ストラスブール市当局の官僚主義に対する反抗の意味合いの方が大きかったと思われるが、彼は、リボピエール伯が市内に保有していた館を秘密裏、非合法に買い取り、そこにプロイセンのフランス大使ラ・トゥーシュの名義を借りて住み始めたのである。その後も館の近隣に二つの家屋を借り上げ、親族郎党七〇人ほどを住まわせた。八四年、ラ・トゥーシュが世を去ると、彼は既成事実として館の所有権を主張し始める。当然、これを認めるわけにいかないストラスブール市がさまざまな違法行為のかどで彼を告訴し、激しい訴訟合戦は、一七九一年、フランス革命政府によるユダヤ教徒への市民権授与の日まで続くこととなった。

糧秣と種子の売買を中心とする彼の事業は、いつしかアルザスのみならず、ロレーヌ、ブルゴーニュ地方にまで広く展開し、フランス東部とドイツ西部、一五か所ほどに支店を構えるまでとなる。ビシェム（ビシュハイム）とストラスブールのみならず、頻繁に足を運ぶパリにも、彼は仮の住まいを構えていたと思われる。また、一七八六年には、ナンシー近くのトンブレーヌの地所を地主権もろとも買い取り、それを二人目の妻ハナに寡婦産として残すこととなった。

アルザス・ユダヤ教会衆の指導者としての彼の業績も、後世から高い評価を受けている。一七七〇年代の初め、「州主管」に選出された彼の最初の仕事は、一八世紀中葉、税金の虚偽申告、職権濫用、公金着服、同族贔屓などで弛緩し、腐敗しつつあった会衆の綱紀粛正であった。会衆内の貧民層を受け入れる作業場を開設したり、貧しい家庭の娘に持参金をもたせるための基金を創設したり、ストラスブールにヘブライ語の活版印刷所を立ち上げたり、福祉、文化事業にも積極的な姿勢を見せた（印刷所の方は、ユダヤ教の祈禱書やタルムードの注釈書を二、三点印刷したのみで閉鎖となったようである)。一七八六年には、トンブレーヌの地所を担保として借り入れた資金で、地元ビシェム(ビシュハイム)にイェシヴァー(タルムード学院)を開校し、義弟ダヴィド・ジンツハイムにその運営を委ねた。

セルフ・ベールが、いつ頃、いかにして、ベルリンの絹織商にしてドイツ啓蒙哲学派の領袖、モーゼス・メンデルスゾーンの知遇を得たのか、定かではない。わかっているのは、一七七七年、アルザスの地方長官にして反ユダヤ運動の扇動家でもあったフランソワ=ジョゼフ=アントワーヌ・ド・エル(のちにアグノー選出の国民議会議員)の差し金により、一群の文書偽造者たちが贋の受領書を作成し、ユダヤ教徒から借金をしている農民たちにそれを秘密裏に売りさばく、という大がかりな偽書事件が発生し、アルザス・ユダヤ教徒住民の法的立場について危機感を募らせたセルフ・ベールが、ユダヤ教徒の擁護の必要性をフランス王政府に訴えるための覚書の執筆をメンデルスゾーンに依頼したということだ。メンデルスゾーンは、その種の覚書はユダヤ教徒に理解のあるキリスト教徒の手に委ねた方がよいと判断し、かねてより親交のあった歴史家、経済学者、外交官クリスティアン・ヴィルヘルム・フォン・ドームに執筆を依頼する。こうして世に送り出された『ユダヤ教徒の市民としての改良について』(一七八一年)が、翌八二年、セルフ・ベールの資金醵出によりベルリンでフランス語に訳され、六〇〇部、フランスに持ち込まれた。その一部なりともメンデルスゾーンが筆を執ったのか、必ずしも定かではないが、これに刺激されたミラボー伯爵が、八七年、『モーゼス・メンデルスゾーン論、あるいはユダヤ教徒の政治的改良について』を世に問うことになったのだとすれば、フランス革命前夜、ユダヤ教徒の市民としての資格をめぐる言説がさかんに行われるようになった、その火付け役が、ほかならぬ、入市や滞在の権利をめぐってストラスブール市と係争状態にあったセルフ・ベールであったということになる。

このように、みずからの事業とアルザス・ユダヤ教会衆の全体的福利のために東奔西走するあいだも、セルフ・ベールは常に完全なユダヤ教徒として身を律することを怠らなかった。そのモーセ信仰の堅実さを伝えるために幾分誇張された逸話かもしれないが、ある時、ヴェルサイユ宮殿でルイ一六世に謁見の機会を与えられていながら、夕べの祈禱の時刻になったといって控えの間の片隅で長々と祈りを捧げ、国王と並み居る廷臣連をしばし待たせたことさえあったという。このアルザス・ユダヤ教徒会衆の首領におけるユダヤ教信仰への忠誠度は、ほどなく、南西部の「セダカ」の代表連と摩擦を起こし、あいだを取り持とうとするマルゼルブをうんざりさせることにもなるのだが、その経緯は、次章において、フランス革命にいたる道筋を描くなかでふたたび取り上げることにしよう。

一七八四年の勅許状

一六五七年のルイ一四世による勅許状以来、アルザス・ユダヤ教徒の身分について、フランス行政が、いわば場当たり的、継ぎ接《つ》ぎ《は》的に施行、励行してきた法や慣習は、一八世紀後半、矛盾だらけの産物となり果てていた。ユダヤ教徒たちの側からは、早くも一七一七年、イツハク・ブルンシュヴィックほか二四名の代表の名で、居住権の拡大、差別的税制の撤廃、商業活動と礼拝行為の自由などを求める請願書が国務会議に提出され、頭越しにされた地方長官ダンジェルヴィリエの逆鱗に触れるという出来事があった。時を経て、上述のセルフ・ベールも、一七七九年もしくは翌八〇年、ルイ一六世に宛てた長大な覚書をものし、とりわけ、依然として牛馬同様にユダヤ教徒の身にも課されている特別通行税(フランス語 péage corporel、ドイツ語 Leibzoll)の廃止を求めた。さらに彼は、不動産の取得権、会衆の共通財産の用益権、キリスト教の洗礼強制の禁止などを求め、そうした要件が満たされるならば、アルザスのユダヤ教徒たちは、より安定的に納税の義務を果たし、国庫に大きな利益をもたらすであろうと結論づけるのであった。反対に、ユダヤ教徒が享受している特権、あるいは彼らの存在自体を快く思わない陣営からは、ユダヤ教会衆の急速な人口増加、規則のねじ曲げ、商業上の競合、あるいは金貸し業における高利、暴利について、頻繁に不満の声が上がっていた。セルフ・ベールによる右の覚書をうけて、王政府から意見を求められたアルザス地方長官アントワーヌ・ショーモン・ド・ラ・ガレジエールは、ほとんどすべての点においてセルフ・ベールの主張を退け、代わって従来よりも厳しい身分規定をユダヤ教徒たちに適用することさえ王政府に求めるのだった。

そこへ折しも、王妃マリー・アントワネットの兄にして「啓蒙君主」としての先進性を印象づけていた競合国、神聖ローマ帝国のヨーゼフ二世が、一七八一年、「寛容令」をもってユダヤ教徒の境遇改善に着手したため、フランス王国も、もはやそれ以上アルザスのユダヤ教徒たちの処遇に関する議論を先送りできない空気に包まれる。こうして一七八三年、国務評定員たちからなる特別諮問委員会が関係部署の長の見解と関連資料をもとに審議を重ねた結果、八四年一月、まずはルイ一六世の勅令をもって、ユダヤ教徒の身に課されてきた特別通行税が廃止され、同年七月一〇日の勅許状により、アルザス・ユダヤ教徒の身分に関する新たな規定が示されたのであった。以下にその概要を列挙してみよう。

居住権――アルザス内に定住所をもたない者、王ないし領主に入所・居住のための税を未払いの者、所属する会衆に共益費の支払いを拒む者は、三か月以内に国外へ退去すべし。以後、各封土と会衆は、外国籍のユダヤ教徒を受け入れてはならない。外国籍ユダヤ教徒がアルザスに滞在できる期間は四か月半までとする。

婚姻・戸籍――以後、王国の許可なくして結婚した者は国外追放処分とする。ラビは無許可の結婚の儀礼を執り行ってはならない。出生、婚姻、死亡など、戸籍上の変更は必ず届け出なければならない。

経済活動――ユダヤ教徒は、もっぱらみずから使用するという条件で農地や山林を借りることができる。鉱山の開発、公共事業、工場や銀行の経営、卸業・小売業にも従事することができるが、キリスト教徒の下働きを雇うこと、ならびに居住目的以外の不動産を取得することは禁じられる。

司法権――ラビの司法権は、もっぱらユダヤ教徒同士の契約や係争に関して有効とする。契約は、二人の「主管」の立ち会いのもとで交わされなければならず、契約書にヘブライ語を使用してはならない。ユダヤ教徒とキリスト教徒のあいだの契約や係争処理は、すべて一般の司法に委ねられる。その際、「モーレ・ユーダイコの宣誓」（ユダヤ教徒のみに求められる特別な宣誓様式）の習慣は温存される。

会衆内部の構成――以後、「州主管（préposé général）」の役職名を「総代（syndic）」と改め、従来の任務（主として税の徴収と分配に関わること）に加えて、会衆内における治安維持の責任を負うものとする。

こうした規定の新設や変更をもって、王政当局が、自然増以外の要因による人口増加に歯止めをかけ、ユダヤ教徒たちの多業種化を図りながら、キリスト教徒住民のあいだに沸き上がる不平不満をそらそうとした形跡が読み取れる。他方、セルフ・ベールほか、幾人かのユダヤ教側の代表者たちが求めていた改善策（日々の住居目的以外の不動産の取得、礼拝活動の自由、強制改宗の禁止など）はまったく考慮されず、むしろ「総代」の役割を代表者から管理者のそれに移行させることによって、以後、セルフ・ベールのような口さがない代弁者の口を封じようとする狙いさえ感じられるものであった。

事実、勅許状の公布後、アルザス・ユダヤ教会衆の代表連は一様に失望の色を隠すことができず、弁護士ミルベックの代書というかたちで抗議の覚書を国務会議に提出している。そのなかには、メッス、ナンシー、ボルドーなど、王国内のほかの場所に居住を認められているユダヤ教徒たちに比べてアルザス・ユダヤ教徒の生活環境が際立って劣悪であること、一七世紀以来、享受が認められてきた諸権利さえ、今回の勅許状によって無に帰されてしまったこと、こうした規制強化と自由競争の抑制によっては、ユダヤ教会衆の構成員たちから州や国全体のために引き出せるはずの利益が引き出せなくなってしまう恐れがあること、などが切々と訴えられていた。しかし、当時の国璽尚書ミロメニルは、この上奏文を歯牙にも掛けようとしなかった。

現実としては、勅許状の効力により、まずアルザス全土のユダヤ教徒を対象として戸籍調査が実施され、違法滞在者と認められた者には字面どおりの領外追放が言い渡された。ただ、その追放の時期が延期に延期を重ね、ようやく一七八八年一二月のオルドナンスにより、追放実施の日付が翌八九年六月一日に定められた旨、公表されたが、現実にその日が近づくにつれ、パリを中心に民衆蜂起の不穏な空気が流れ始め、アルザスの不法滞在ユダヤ教徒の処遇など、いつの間にか忘れ去られてしまうのだった。

啓蒙主義の胎動

先述のとおり、東部にあってもっとも早くフランス統治下に組み込まれたメッスにおいてさえ、ユダヤ教徒住民のあいだにフランス語使用は遅々として浸透しなかった。先述のとおり、一八世紀半ば、ヴォルテールが『ユダヤ教徒について』を皮切りに激烈なユダヤ教批判に乗り出し、アムステルダムのイザーク・ド・ピントが、それに対する反駁書『ユダヤ・ナシオンのための弁明』(一七六二年)のなかで南西部の「ポルトガル人」の開放性、進歩性を強調しながら、それとの対比において「テュートン人」の頑迷さや非社交性を否定視する議論を繰り広げたのであったが、そもそもフランス語の活字媒体に触れることのないアルザス・ロレーヌのユダヤ教徒たちにとっては、そうした一連の議論も「どこ吹く風」であったに違いない。しかし、ようやく一七七〇年代、まずはロレーヌの一部のユダヤ教徒知識層のなかから、フランス語を媒介として自分たちの主張を非ユダヤ教世界に届けようとする動きが現れ始める。

ヘブライ語による刊行物ならば、すでに一七六四年、メッスの首席ラビ、シェムエル・ヘルマンが、フランクフルトから取り寄せたヘブライ語の活字をもって先鞭をつけていた(フランスの地における初のヘブライ語活版印刷)。他方、東部のユダヤ教徒がフランス語で世に送り出した最初の印刷物は、ルイ一五世の死(一七七四年)に際してロレーヌのラビ、ヤアコヴ・ペルルがシナゴーグで行った追悼の祈禱を、既出、ナンシーのユダヤ教会衆「主管」ベール・イツハク(イザーク)・ベールがフランス語に訳したものである(Berr sd)。さらにベールは、一七八二年、ベルリンのユダヤ教学者、ナフタリ=ヘルツ・ヴァイゼル(ハルトヴィーク・ヴェセリー)が神聖ローマ皇帝ヨーゼフ二世によるユダヤ教寛容政策を讃えて著したヘブライ語の書物をフランス語に訳してもいる(Berr 1782)。

革命直前の一七八七年には、アシュケナジ・ユダヤ教徒がフランス語で書いたおそらく最初のユダヤ教護教論が世に送り出された。前年、フランス軍のある士官が『メッスのユダヤ教徒に対する市民の叫び』という冊子のなかで、ヴォルテールの議論と語調をそのままにモーセ信仰の徒に対する呪詛を吐き散らしたのに対し、メッスのイェシャヤフ(イザイ)・ベール=ビングが、同じフランス語の土俵の上で、五七頁にわたる堂々たる反論――言葉以前の「反ユダヤ主義」批判――を繰り広げて見せたのである（Berr-Bing 1787）。興味深いのは、このベール＝ビングの護教論が、一部、同宗者たちにその言語的、文化的閉鎖性について厳しく自省を迫る内容を含んでいることだ。彼によると、古来、キリスト教世界からユダヤ教徒たちに謂われなき中傷がなされてやまない背景には、ユダヤ教徒たち自身が、みずからの美質を周囲に正しく理解してもらう労を怠り、「理解不能の隠語（jargon inintelligible）」に閉じこもってしまったことが災いしているという。「この卑俗な言語こそ、われわれのあいだで学術の進歩を妨げる原因の一つなのかもしれない。ユダヤ教徒は、いつしか自然の固有語をもたなくなってしまったため、市民の家族的社会から遠ざかると同時に、自分のことを正確に理解してもらうことも難しくなってしまったのだ」（Ibid : 41）。彼らの常用語たるイディーシュ語が、なぜ「卑俗」な「隠語」であり、「自然の固有語」の名に値しないのかという価値判断をめぐる議論はさておき、このユダヤ教徒の文化的閉鎖性を打ち破ろうとする議論には、いうまでもなく、一八世紀、ドイツを中心に勃興したユダヤ啓蒙主義（ハスカラー）の影響が色濃く反映されている。

「ベルリンの賢者」メンデルスゾーンとフランス東部のユダヤ教徒集団の最初の接点として、先述のとおり、アルザスの地域主管セルフ・ベールが、一七七〇年代の終わり頃、ユダヤ教徒擁護の書の執筆をメンデルスゾーンに依頼するという経緯があった。その後、メッスの町からは、右のベール＝ビングと並んでメンデルスゾーンの深い思想的影響を感じさせる人物、モイーズ・エンサイム（モシェ・エンスハイム）が輩出している。エンサイムは、故郷メッスでラビになることを拒み、数年間、諸国を放浪したのち、八二〜八五年、ベルリンのメンデルスゾーン宅に家庭教師として住み込むこととなった。メッスに帰郷し、数学の家庭教師として身を立てるかたわら、八三年にベルリンで発刊された最初のヘブライ語新聞『ハ＝メアセフ』に寄稿を行う。グレゴワール神父の有名な論考『ユダヤ教徒の身体的、精神的、政治的再生に関する試論』（一七八八年）も、このエンサイムの全面的な協力のもとで執筆されたといわれている。フランス革命を経て、晩年は南西部の富豪アブラアム・フュルタドのもとで住み込みの家庭教師として過ごすこととなったエンサイムが、数学の領域で残した業績、『微分積分学研究』（九九年）は、のちにラグランジュ、ラプラスらによって高く評価されることとなる。

このエンサイムとベール＝ビングの二人を中心として、一七八〇年代、メッスの町にユダヤ啓蒙主義の名に値する小さな思想サークルが形成された。その主眼は、ベール＝ビングが右の護教論のなかに記しているとおり、ウィーン、ベルリンの先例にならって、メッスの町、ひいてはフランス王国そのものを、開明的にして進歩的なユダヤ教徒の本拠として発展させていくことであったのだろう。「その二大都市［ウィーンとベルリン］のシナゴーグからは、あらゆる分野で多数の学識者が生まれ出ている。とりわけベルリンは、開明的なユダヤ教徒の苗床といってよい。そこには、優れた文人、町の重鎮にとどまらず、ドイツ全土に名を馳せ、その天賦の才を謳われたユダヤ教徒の姿が見られるのだ。なかでも、近頃、五七歳で世を去ったモーゼス・メンデルスゾーンは、今世紀においてもっとも優美な文章家、もっとも深遠な形而上学者と一般に目されていた。[…]すべてこうした先例から、翻って確言しなくてはならない。われわれのあいだに学術が不在であるのは、これまで、われわれの悲しく不幸な因襲に学術の手が及ぶことが禁じられてきたせいである」(Ibid: 35-37)。ベール＝ビングによるメンデルスゾーン『フェードン』のヘブライ語訳は、著者の没年、一七八六年にベルリンで刊行されている(同書のフランス語訳はすでに一七七二年にパリで刊行済みであった)。フランス革命の初期、メッスでイディーシュ語の週刊新聞『ツァイトゥング』が刊行されたことがあったが(一七八九年一一月五日〜九〇年三月一三日、第一九号で廃刊)、その印刷所の立ち上げ、紙面の編集にもベール＝ビングが中心的な役割を果たしたと考えられる。さらにベール＝ビングは、九七年、革命末期のパリで、メンデルスゾーンをモデルとして構成されていることに疑問の余地なきレッシングの『賢者ナータン』をフランス語に訳すなど、ユダヤ啓蒙主義(ハスカラー)のフランス移入のために積極的な文筆活動を展開している。

他方、隣接するアルザスのユダヤ教会衆のもとで、同じ頃、ユダヤ啓蒙主義がなにがしかの反響を見出した痕跡は見当たらない。州主管セルフ・ベールが早くからメンデルスゾーンと接触し、ユダヤ教徒の地位改善のために動き出していた割には、彼の周囲にメッス同様の開明派サークルが形成されることはなかったのである。むしろ、セルフ・ベール自身のユダヤ教に対する正統派意識が、「ベルリンの賢者」の大胆なユダヤ啓蒙主義と折り合うことは最後までなかったと考えるべきなのかもしれない。おそらくアルザス州主管の眼は、同宗者たちの境遇を物理面、法制面で改善に導く一方、精神面、宗教面においては、義弟のラビ、ジンツハイムの協力を得て、あくまでもユダヤ教の伝統を継承、発展させる方向に向けられていたからである。ここでも、ヴォージュ山脈を境目として、「フランス東部」、「アルザス・ロレーヌ」といった便宜的な地理区分では統括しきれない精神性の差異が息づいている様に目を凝らす必要があるのだろう。

＊

革命前夜、メッスとその周辺に約三五〇〇人、その他のロレーヌ地方に約四〇〇〇人、アルザス地方に二万人弱のユダヤ教徒が居住していた。フランス領内のユダヤ教徒の総人口が、既述の南西部と教皇領を加えて、およそ四万人と見積もられるなか、東部地域の人口が、その七割ほどを占めていたことになる。

一七八九年のフランス王国の推定人口、二八〇〇万人のなかで、ユダヤ教徒は〇・一四パーセント（東部のアシュケナジに限っていえば〇・一パーセント）を占めていた計算になる。比較の対象として、当時のフランスにおけるプロテスタント・キリスト教徒の人口はおよそ六〇万人、全人口の二パーセントほどであった。

第 *2* 部

〈大革命〉からドレフュス事件まで

第10章 フランス革命期

旧体制下のパリ

一六一六年、エリヤフ・モンタルトがトゥールで客死を遂げ、その妻子と専属ラビがアムステルダムへ去って以降、パリに「本物」のユダヤ教徒は存在したのか？　たしかに、一六一七年、マリー・ド・メディシスの寵臣レオノーラ・ガリガイが、ユダヤ教に傾倒していたとしてパリで焚刑に処されているし、一六二一年には、ユグノー出身でカトリックに改宗した公証人ジャン・フォンタニエが、密かにユダヤ教に帰依していたとして、やはり火刑台送りとなっている。一六三三年、スペインの異端審問所がフランス国内に忍ばせた調査員は、当時、パリにはユダヤ教に回帰しつつある「新キリスト教徒」一〇～一二家族が住んでいると報告している（Révah 1959 : 66）。オラトリオ会士リシャール・シモンの著作には、たしかに、彼がフランス国内で数名のユダヤ教徒と交流することができていたことをうかがわせる箇所がある。しかし、これらはすべて、風聞や憶測が多分に入り交じり、真偽の確かめようがない間接的な指標にすぎない。一六五二年のジャン・ブルジョワ事件にいたっては、流行の戯歌「マザリナード」に乗せて「ユダヤ」の言葉だけが飛び交う、完全なるデマ騒動であった（ポリアコフ 1955 : 239-247）。

史実に則してほぼ確実と思われるのは、一七世紀と一八世紀の境目あたりから、まずはメッスのユダヤ教会衆に属する金融業者や商人たちが、それぞれの必要に駆られ、当局の正式な滞在許可を取りつけて足繁くパリを訪れるようになっていたことだ。この件に関する最古の実証記録は、一七二一年、パリに不法滞在していた二五名のユダヤ教徒（名前からして明らかにアシュケナジ系）が検挙されたことを伝えるものであるという。その違反者たちのうち五名が「ユダヤ教徒らに食事を提供するためにやってきた宿屋の主」であったという記述から、合法的にパリに滞在する同宗者はすでに相当数に上っていたと推測されるのだ（以下、旧体制下のパリにおけるユダヤ教徒についての情報は Kahn, L. 1894 による）。

こうして、一八世紀初頭、まずはアルザス・ロレーヌ、ついでドイツやポーランドのアシュケナジ系ユダヤ教徒たち――彼らは一様に「アレマン人（ドイツ人）」と呼ばれた――がパリ滞在を繰り返し、長引かせながら、当時、パリ市壁の北辺をなしていたサン＝ドゥニ門、サン＝マルタン門の周辺に定宿と仮住まいを集中させていったと考えられる。年号は不明であるが、ヤアコヴ・ヴォルムスというラビの住まいをシナゴーグに改造しようとする企てが、当局の咎め立てにより水泡に帰するという出来事もあったようだ。先述のとおり、「七年戦争」期（一七五六～六三年）にフランス軍の兵站を任され、のちにアルザスの会衆を代表する「州主管」に選出されたセルフ・ベールは、ある時期以来、親族や付き人を従えて頻繁にパリに滞在するようになったと思われる。滞在者たちの業種は、行商、古着屋、博労から、金銀細工師、彫物師といった職人層を経て、金融業、軍の御用商人まで多岐にわたっていたであろう。そのなかからは、オランダ出身のリーフマン・カルメールのように、事業で大成功を収めてフランス国籍を取得し（一七六九年）、ピカルディーのピキニー男爵領を買い取って、アミアン大聖堂の司教代理の地位まで上り詰めた異色の人物も出ている。

やや遅れて、南西部のユダヤ教徒――「ポルトガル人」――と教皇領のユダヤ教徒たち――アヴィニョンとコンタの別なく「アヴィニョン人」と呼ばれた――の一群が、パリに商業活動の拠点を築き始めたようである。最初の記録として、一七三四年、ダイヤモンドと絹製品を携えた数名の「アヴィニョン人」がパリに滞在しているとの警察調書が残されているという。すでに各地の「自由市」を渡り歩き、都市富裕層の嗜好にも通じていたに違いない彼らは、主として宝石や絹などの高級品を扱い、住処としても左岸のサン＝タンドレ・デ・ザール通り、サン＝ジェルマン大通り一帯の上流地区を選んだ。既出の宮廷御用商人イスラエル・ベルナール・ド・ヴァラブレーグは、遅くとも一七四九年には本拠をアヴィニョンからパリに移しており、一七七九年に没するまで、「東洋諸語のための国王専属通訳」として宮廷で重用された。パリの「アヴィニョン人」居住区は、おおむねペルピニャン、ラヴェル、ダルピュジェの三家によって統率されていたようであるが、ペルピニャン家の当主サロモン（一七八一年没）は、一七六七年、パリ代官からアヴィニョン出身のユダヤ教徒の「総代（syndic）」に任命されている。パリ王立美術学校の設立に協力した功績が認められ、パリ代官からアヴィニョン出身のユダヤ教徒の「総代（syndic）」に任命されている。

南西部のユダヤ教徒たちについては、そのパリ定住の開始時期を見極めることがきわめて難しい。ほかでもない、一五五〇年、アンリ二世の勅許状以来、スペイン・ポルトガル出自の「新キリスト教徒」たちは、原則としてフランス王領のどこにでも身を置くことができたわけであるし、また一七二三年の勅許状により、はっきりと「ユダヤ教徒」という言葉を用いながら下されることとなった滞在許可がギュイエンヌ地方に限定されていたからといって、それ以前から、すでに内実としてユダヤ教徒になりおおせていた人々が「新キリスト教徒」の名でパリに滞在し、足場を築き始めていただろうことは想像に難くないからである。先述のとおり、聾唖児の言語教育の分野で名を馳せたジャコブ・ロドリゲス＝ペレールは、一七四九年以降、パリに本拠を移したが、その時、同伴してきた弟のダヴィドが、滞在許可未取得のため一時牢獄に繋がれたという逸話も、裏を返すならば、南西部のユダヤ教徒のパリ不法滞在がそれほどまでに日常化していたことの証拠でもある。たとえば、一七四〇年代、王国からカナダ貿易の独占権を認められたアブラアム・グラディスとその付き人たちが、さまざまな交渉や取引の必要からおそらくかなりの頻度でパリに来訪するに際し、それが「新キリスト教徒」としての行動なのか、「ユダヤ教徒」としての行動なのか、逐一、目くじらを立てられたとは考えにくいのである。一七五〇年代、ボルドーの「セダカ」は、パリにおける会衆の代表権をペレールに委託し、ほどなくバイヨンヌもそれにならった。以後、すでにボルドーに定住を始めていた一部の「アヴィニョン人」たちが接合剤の役割を果たし、パリにおける「ポルトガル人」と「アヴィニョン人」の二集団は、団結、融合の傾向を強めていくこととなる。

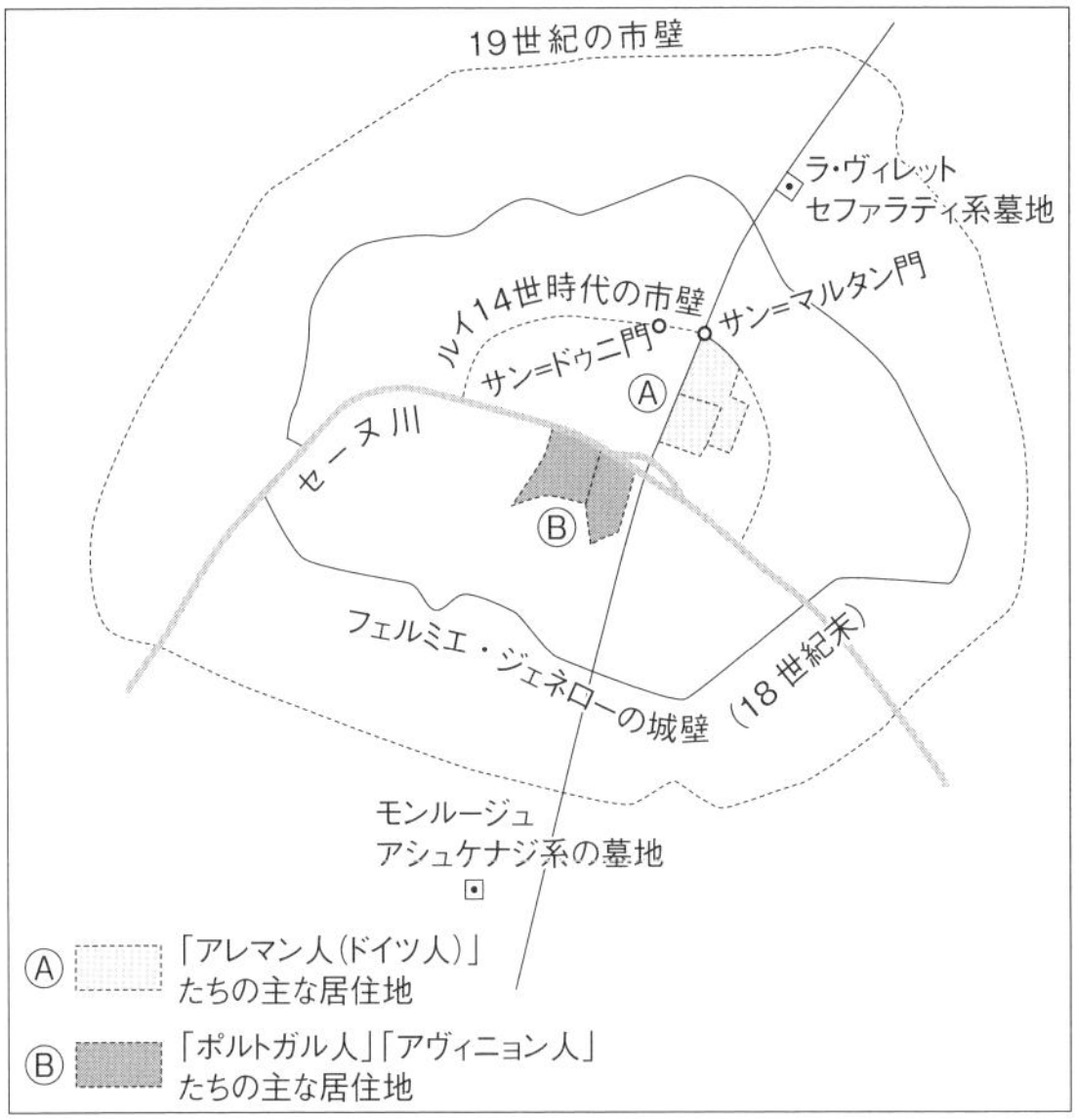

18世紀末、パリのユダヤ教徒居住区

　パリの警察当局は、「アレマン人（ドイツ人）」たちによるシナゴーグ開設の動きを厳しく監視しながら、「アヴィニョン人」と「ポルトガル人」の礼拝活動は大目に見る傾向があったようだ。一七五四年、ペレールの招聘に応じてパレスティナのラビ、アズライがパリに滞在した時、ちょうどハナネル・ド・ミヨーという「アヴィニョン人」の私邸内にシナゴーグが開設されたばかりであったという（Nahon 1970b : 47 n.3）。一七七〇年には、やはりペレールの尽力により、サン＝タンドレ＝デ＝ザール通りに「ポルトガル人」用の礼拝堂の設置が正式に認可されている。「アレマン人（ドイツ人）」たちの方は、ようやく一七七八年、マレー地区のブリーズミシュ通りに最初のシナゴーグをもつことが許されている。

　一七八〇年、これもペレールの奔走の成果として、パリの北、当時はまだ市壁の外にあったラ・ヴィレット地区に「ポルトガル人」用の墓地が開設された。他方、「ポルトガル人」と「アヴィニョン人」の居住区よりもはるかに人口の多い「アレマン人（ドイツ人）」用の墓地は、セルフ・ベールからの度重なる要請にもかかわらず実現が遅れ、ようやく一七八五年、南郊のモンルージュに敷設されている。

　革命前夜、人口およそ六〇万人と推定されるパリの町に、「ポルトガル人」約五〇人、「アヴィニョン人」約一〇〇人、「アレマン人（ドイツ人）」三〇〇～四〇〇人が居住していたとされる（合わせて、およそ〇・〇八パーセント、一二〇〇人に一人の割合）。「ポルトガル人」と「アヴィニョン人」が相互の距離を徐々に縮める一方、その二者と「アレマン人（ドイツ人）」たちのあいだで接触、交流が行われた形跡はほとんど見当たらない。そもそも「アレマン人」という言葉自体、外から押しつけられた総称にすぎず、当人たちのあいだには、（一）ロレーヌ、（二）アルザス、（三）ドイツ・東欧という、少なくとも三種のアシュケナジ・アイデンティティーが林立していたと見るべきだろう。ともあれ、「ポルトガル人」と「アヴィニョン人」は、居住地とシナゴーグをセーヌ左岸、墓地をパリ北郊にもち、「アレマン人」は、逆に居住地とシナゴーグをセーヌ右岸、墓地をパリの南郊にもちながら、互いにどのような視線を交わし合っていたものか。本書第1章で見たように、九～一〇世紀にはすでにおおまかな線引きがなされていたと考えられる「プロヴィンツィア＝セファラド」／「ツァレファト＝アシュケナズ」間の境界線が、あたかも一八世紀末のパリにそのまま小型模型として再現されたかのような趣である。

　こうして、同じユダヤ教の歴史に与しながら、言語、風習、典礼、服飾、食生活など、あらゆる面で同宗とは思えないような二集団（さらに細かく見るならば三～五集団）が、その先、フランス革命という共通の運命に雪崩を打つようにして巻き込まれていくこととなる。

マルゼルブとユダヤ教徒たち

一般にフランス革命とユダヤ教の関係を扱う研究書は、叙述の前段階として――

（一）一八世紀フランスの知識層、とりわけ啓蒙思想家たちのユダヤ教観

（二）メッスの芸術・科学アカデミー主催の懸賞論文「ユダヤ教徒をフランスにおいて、より幸福に、より有益にするための方策は存在するか？」（一七八五年公募、八八年審査発表）の顚末

（三）一七八七年一一月二八日の「寛容令」の趣旨を、プロテスタントのみならず、ユダヤ教徒にも拡大する可能性を探り始めた大臣マルゼルブの活動

（四）三部会の招集に当たって、フランス全土の各集団か

ら提出された「陳情書（Cahiers de doléances）」（一七八九年三〜四月）におけるユダヤ教徒関連の記述

以上四項目に大きな紙幅を割くのを常としている。[1] しかし、本書においては、可能な限り当のユダヤ教徒たちを主語に据えてフランス革命という歴史事象をとらえ直すという趣旨から、右の（一）と（四）の主題を他書に譲り（ポリアコフ 1968；Feuerwerker 1976）、あえて採り上げないこととする。また、たしかにユダヤ教徒の視点という意味では、（二）の懸賞論文に応募した一〇人中、唯一のユダヤ教出自の人間として、ポーランド、ルブリン生まれのザルキント・フルヴィッツが、グレゴワール神父、ならびにナンシーのプロテスタント教徒弁護士のティエリーと賞を三分した事実もある。しかし、メンデルスゾーンの思想に啓発されて故郷ルブリンを発ち、ベルリン、ストラスブール、ナンシーを転々としたあと、大革命直前のパリに流れ着いて古着商を営んでいた、このフルヴィッツによる九〇頁の論文については、上述ベール＝ビングによるユダヤ教護教論の敷衍、焼き直しと位置づけた上で、やはり他書の解説に譲ろう（ポリアコフ 1968：210 以下）。ここでわれわれが、フランス革命の序幕としてもっとも重視したいのは、（三）のマルゼルブによる精力的な取り組みと、それをつうじて明らかになった、各地、各会衆のユダヤ教徒代表連の主張のずれ、思惑のすれ違いである。

一七八七年一一月二八日、「カトリックの宗教を信仰しない人々に関する勅令」（通称「寛容令」）をもって、大臣マルゼルブが、王国内の非カトリック教徒、とりわけプロテスタントの境遇改善に寄せてきた長年の思いがようやく実を結ぶこととなった。その主旨は、「ナントの勅令」（一五九八年）を廃した「フォンテーヌブローの勅令」（一六八五年）そのものを廃し、王領内におけるプロテスタントの戸籍と居住権（ユダヤ教徒には地域限定で認められてきた権利）を取り戻させることにあった。文中、「プロテスタント」という言葉が一度姿を見せるのみで、残る部分ではすべて「非カトリック教徒」という総称が用いられているため、一見、それがユダヤ教徒――ひいては、現実としてはいまだほとんど不在ながらイスラーム教徒――にも適用可能なものと映る。しかし、最終的に反対派、慎重派の圧力によってマルゼルブが勅令の末部に加筆を余儀なくされた第三七条には、それまで個別の勅令によって非カトリックの信仰が許されてきた地域の臣民

（1）フランス革命とユダヤ教徒の関係を扱うフランス語、英語の書物はまさに汗牛充棟の観があるが、本書においては、時系列に沿って一次資料を丁寧に読み込もうとする点において Feuerwerker 1976、ならびに出来事の叙述のみならず、先行する歴史家たちによる史実の扱い方の分析・批判にまで踏み込んでいる点において Girard 1976；1989 を重視する。また、三部会の招集から、各地のユダヤ教徒集団による請願書が出揃うまでの時期（一七八九年一月〜八月）については、Liber 1912-13 に何度でも立ち返って再考する価値がある。

（つまりユダヤ教徒）にはこの勅令の効力が及ぶものではなく、そうした人々には旧来の諸規定がそのまま適用され続けると明記された。実際、各地の高等法院がこの勅令を登記するに当たっては、この条項が大きくものをいい、たとえばメッスの高等法院などは、この新立法をもってしてもユダヤ教徒の処遇には一切変化が生じない旨、わざわざ宣言するほどであった。この勅令を裁可した国務会議の終了後、ルイ一六世がマルゼルブに向かって、「そなたもだいぶプロテスタントにおなりになった。今度は、そなたをユダヤ教徒にして進ぜよう」と述べたとされるように、国王自身、ユダヤ教徒の処遇についてては、また別の枠組みでじっくりと法の整備を検討させる心づもりだったようだ（Girard 1989 : 59-60）。

マルゼルブ自身、ユダヤ教徒の境遇にはかねてより深い関心を寄せつつ、法案整備のための情報量が決定的に不足していると感じていた。そこで彼は、一七八八年の二月から六月にかけて、斯界の有識者、ユダヤ教徒の居住が認められた各管区の現・旧地方長官、ならびにユダヤ教会衆の代表者らを個別に呼び出し――一部の史書に誤記されているように一堂に集めてではなく――意見聴取を行うことにした。有識者としては、上記のメッス・アカデミーの懸賞論文を主催したピエール＝ルイ・レドレール伯爵、ナンシーのユダヤ教徒たちの弁護士をつとめていたピエール＝ルイ・ド・ラクルテル、『モーゼス・メンデルスゾーン論』（一七八七年）の著者ミラボー伯爵などの意見が徴され、ユダヤ教徒の代表としては、ボルドーからダヴィド・グラディス、アブラアム・フュルタド、サロモン・ロペス＝デュベック、バイヨンヌからマルドシェ・ロペス＝フォンセーカ、アルザスからセルフ・ベール、ロレーヌからベール・イツハク（イザーク）・ベール、そしてパリのアシュケナジ居住地を代表してジャコブ・ラザール、ジャコブ・トレネルという二人の宝石商が呼び出され、それぞれマルゼルブの質問に応じたのだった（東の間のフランス占領を経て、一七七四年、ふたたび教皇庁の管轄下に復していたアヴィニョンとコンタから代表者が召喚されていないのは、この時点では当然のことである）。

しかし、セファラディ／アシュケナジ間の目に見えない境界壁に隔てられた数百年の時を経て、南西部のユダヤ教会衆と東部のユダヤ教会衆のあいだでは、相互の無理解と否認の度合いが相当の域に達していた。フュルタドがボルドーの同宗者に宛てて、「しかし、これまでわれわれのナシオンをほかのユダヤ教徒たちから分け隔ててきた、この分離状態のなかに可能な限り留まるというナシオンの原則がある。その原則から遠ざからないためにも、われわれは、あの人々［東部のユダヤ教徒たち］と手を組むようなことはすまい」と書き送るかと思えば、アルザスの「総代」セルフ・ベールは、マルゼルブの前で、国内外におけるユダヤ教の現状や、今後、王国内のユダヤ教徒のあるべき姿について「ポルトガル人」たちとはことごとく反対の見解を繰り広げ、加えて、同じユダヤ教徒を名乗る「ポルトガル人」たちの教義と習俗がいかに弛緩し、堕落したものとなっているか、繰り返しあげつらうのだった。ある時など、マルゼルブは、前日のセルフ・ベールとの面談を振り返りながら、「王は私をユダヤ教徒にするとおっしゃったが、セルフ・ベールの方は私をジャンセニストにしようとする」とこぼしたという（Ibid : 97）。この時点で、南西部のユダヤ教会衆は、それまで個別に享受してきた特権の維持・延長のみを願い、他方、東部のユダヤ教会衆も、いまだ享受できていない諸権利の要求を繰り返すのみであり、ともに同じユダヤ教徒の名において、政治的に同一、等質の空間にそろって足を踏み入れることなど思いも寄らないことであった。

　プロテスタントの境遇改善からさらに一歩進め、宗教、宗派の違いを超えて同一の法が領内の全住民に等しく適用される政治空間の構築までを射程に収めていたマルゼルブの改革は、かくて皮肉なことに、ユダヤ教の二大集団のそれぞれから示された地域主義、個別主義の上で座礁する格好となったわけである。これでは、一七八八年七月、王領内の非カトリック教徒住民の境遇をめぐる新たな覚書にとりかかったマルゼルブの筆が走ろうはずもない。ほどなく彼は更迭となり（八八年一〇月）、ユダヤ教徒の境遇をめぐる彼の書きかけの草稿は日の目を見ることもなかった。

ユダヤ教と「人権宣言」——個別と普遍

　フランス王領のユダヤ教徒たちにとって、〈大革命〉は、具体的に一七八九年一月二四日、三部会の選挙規定が発布された日に始まったといってよいのかもしれない。選挙規定の第二五条は、フランス人ないしフランス国籍を取得済みの者で、定住所をもち、納税の義務を果たしている二五歳以上の男性が、第三身分として地方三部会に参加し、「陳情書」の執筆や全国三部会議員の選出に加わることができるとし、また第二六条は、王国によって正式な認可を受けた同業組合（コルポラシオン）も、その構成員一〇〇名につき二名を地方三部会議員として選出することができる、と定めていたのである。この後者の規定に則して、翌二五日、ボルドーの「セダカ」のもとに、彼らにも王国公認の同業組合として選挙への参加資格がある旨、通知が届けられる。ほどなくほかの団体からの異議、苦情をうけて、その通知自体の是非が問題視されることになるが、それを待たずに、ボルドーのユダヤ教徒らはすでに動き出していた。三月二日、自分たちの予備会議を招集して、地方三部会に送り込む四名の代表（フュルタド、アゼヴェド、ロペス＝デュベック、グラディス）を選出し、自前の「陳情書」の執筆にも取りかかったのである。ボルドー在住の「アヴィニョン人」たちもこれにならって二名の代表（アストリュック、サロム）を選び、結局、ボルドー・セネシャル管区の地方三部会には合計六名のユダヤ教徒が名を連ねることとなった。さらにこの地区会議の内部で、全国三部会に送り込む四名の議員を選ぶ選挙人九〇名の選挙を行ったところ、その一人としてダヴィド・グラディスが残った。最終投票でも、グラディスは、わずか数票の差で全国三部会議員の座を逃したのであった（Nahon 2003 : 164）。この既成事実をもって、ボルドーのユダヤ教徒たちは、自分たちが王国内で享受している諸権利のなかに選挙権と被選挙権がすでに含まれていることの確証と受け止めた。

同じ南西部でもバイヨンヌのユダヤ教徒たちは、当初、地元当局から代表選出権を拒否され、ヴェルサイユに直接かけ合った末、ようやく三月末、ボルドーと同様の参加資格が認められた。四月一九日、彼ら自身の予備会議において四名（シルヴェーラ、フュルタド、ニュネス＝タヴァレス、ロペス＝フォンセーカ）が選出され、「陳情書」の執筆に取りかかっている。

ここで、いたって素朴な視点ながら、一三九四年のユダヤ教徒追放令が原則として効力を保ち続けている王国にあって、ユダヤ教徒がユダヤ教徒として、選挙権、被選挙権を行使するということの不可思議を思ってみるべきだろう。たしかに南西部の「ポルトガル人」たちは、はじめ「新キリスト教徒」として、ついで一七二三年以降は明白に「ユダヤ教徒」として、地域限定の勅許状によりさまざまな特権を認められてきた人々である。しかし、その特権の延長上で、何らかの代議制が敷かれた際の参政権を演繹的に導き出せるものなのか？　この点をめぐり、これまでさまざまな歴史家が説明を試みてきたが、結論としては、法や規定の文面解釈はあくまでも相対的なものである、という点に尽きるようだ。つまり、王国公認の「ナシオン」を「コルポラシオン」の一種とみなし（厳密にいえば「ユダヤ・ナシオン」は宗教集団であり、同業組合ではないけれども）、上記、選挙規定の第二六条のみを適用するならば、なるほど南西部のユダヤ教徒にも三部会の代議制への参加資格はある。その際、第二五条の「フランス人ないしフランス国籍を取得済みの者」という文言が第二六条の前提条件になるとは、たしかにどこにも記されていないのだ。仮に当事者たちのフランス国籍が問題とされた場合でも、当時、「帰化人（naturalisé）」と「他国人（aubain）」のあいだの境界をぼかす「王国臣民（régnicole）」という中間的範疇が設定され、それをほぼ正規の「臣民（sujet）」に相当するものととらえる法解釈がすでに広く行き渡っていたため、第二五条の読み替えはいくらでも可能であった（Liber 1913 : LXIII 248）。加えて、ボルドーのユダヤ教徒、ならびに彼らを好意的に見る人々のあいだには、一七八七年の「寛容令」によってプロテスタント集団に自明のものとして認められた代表選出権が、南西部の「ポルトガル人」集団にも認められないはずがないという認識が浸透していた。要するに、法や規定の文意を最終的に決定するのは、その時代、その場所の空気であるということなのか。かくして一三九四年の追放令は、いつしか――その「いつ」を臨界点として明示することは不可能なのだが――、間違いなく、形骸化、空文化の過程を辿り終えていたわけである。

しかし、この時、東部のユダヤ教徒たちの方は、まったく別様の扱いを受けた。まず、ヴェルダンに近いエタンに住むユダヤ教徒家長数名が、三部会の選挙規定にもとづいて自分たちの参加資格を訴え出たところ、当局によるすげもない拒否にあってしまう。アルザスでは、三部会の地方代表の選出手続きを取り仕切る担当官らが、ユダヤ教徒たちからの意思表明をも待たずして、彼らにも代議制へ参加資格が認められてしかるべきではないかとの見解をとりまとめ、中央政府にうかがいを立てていたにもかかわらず、これに対する大臣ネッケルの返答は、にべもない「否」であった。

こうした状況を見かねたグレゴワール神父は、二月二三日、メッスのイェシャヤフ（イザイ）・ベール＝ビングに手紙を書き送り、東部のユダヤ教代表者たちも一致団結して三部会への参政権を要求すべきではないか、と説き勧めた。これをうけて、ベール＝ビングがパリ滞在中のセルフ・ベールに連絡を取り、しばしの合議の上、三月末ないし四月初め、おそらくセルフ・ベール自身が書き下ろすこととなったのが、のちに国立古文書館の革命関係資料のなかから発見された、日付も署名もない一通の書面である（Ibid : 266-267）。その主旨は、いうまでもなく、メッス、アルザス、ロレーヌ三管区に根を下ろしたユダヤ教会衆の名において、自分たちにも国民議会に代表を送り込む権利が認められるべきことを訴えるものであるが、文中、みずからの存在を明確に「フランス王国臣民（régnicoles français）」と定義づけ、一七八七年の「寛容令」にも過たずに言及しながら、「宗教の違いは、王の臣民の一部を議会から除外するための根拠とはなり得ない」と訴えるなど、言葉以前の「政教分離」思想の成熟をうかがわせている。この文書の主が実際にセルフ・ベールであったか否かによらず、彼が一七七〇年代から、東部のユダヤ教徒たちの地位改善を目途に奔走するなかで獲得、錬成してきた語彙と概念が、この一文にすべて流れ込んでいるといってよい。しかし、文書の末尾にいたり、具体的な要請として掲げられているのは、一般のカトリック住民、あるいはプロテスタントや南西部のユダヤ教徒住民と同様、自分たちの内部からも代表を選出する権利ではなく、東部の「ユダヤ・ナシオン」が、一人ないし数人の非ユダヤ教徒の代理人を指名し（具体的にはグレゴワール神父を念頭に置いていたと思われる）、その人々に三部会の場で自分たちの主張を代弁させるという、間接代表制による例外措置なのであった。文書の主は、その理由を「人々の予見・偏見（préjugés）を傷つけないため」と説明しているが、この時点で、東部のユダヤ教会衆は、みずからの存在を立法権の行使においてなお「例外」と位置づけ、ほかの宗旨の住民たちと同資格で代議士を国民議会に送り込むところまで深入りするつもりはなかったことを示している。

おそらく複数の閣僚に一斉に送り届けられたとおぼしきこの書面に対しても、中央政府の側から何ら反応が得られなかったため、セルフ・ベールは、四月一五日、今度は大臣ネッケル個人に宛てて一筆をしたため、東部のユダヤ教徒たちが置かれた窮状を懸命に訴えながら、間接代表制の許可を繰り返し願い出るのだった。これがようやく功を奏し、最終的に、東部のユダヤ教徒たちも、みずからの代表団をパリに駐留させ、代表団がセルフ・ベールとの協議の上で作成する「覚書」(正規の「陳情書」ではなく)を、直接、三部会にではなく、国璽尚書に委ねる形で提出する権利が認められることになった。代表団としては、メッスからマイエル・カヘン(カエン)＝グードショーとルイ・ヴォルフ、ロレーヌからベール・イッハク(イザーク)・ベールとマイエル・マルクス、アルザスからダヴィド・ジンツハイムとセリグマン・ヴィテルセム(のちにセルフ・ベールの息子テオドールに交代)の六名が選出された。

その先、フランスの政情が風雲急を告げることとなった過程は、一般のフランス革命史に描かれているとおりである。一七八九年五月四日、ヴェルサイユ宮殿にて、王国全土から一一三九人の議員を集め(第一身分(聖職者)二九一名、第二身分(貴族)二七〇名、第三身分(平民)五七八名)、実に一七四年ぶりとなる全国三部会の開会が告げられたにもかかわらず、議員資格の確認など空疎な手続き論に拘泥し、議事が一向に進まないのに業を煮やした第三身分部会が、六月一七日、みずから国民議会を名乗り、二〇日、「球技場の誓い」をもって憲法制定まで不解散の決意を明らかにする。その後、第一身分の大半と第二身分の一部の合流を得た国民議会は、七月六日、憲法制定委員会の設置に漕ぎ着け、七月九日には憲法制定国民議会と改称して、まずは憲法の基本原則を明示する宣言文の起草に着手することとなった。その際、その宣言文は、人間の権利を謳うものなのか、人間の義務を定めるものなのか、あるいはその双方であるべきなのか、という点をめぐって激しい議論が戦わされ、最終的に八月四日の審議で、賛成五七〇票、反対四七〇票をもって、人間の権利を謳う宣言文のみを採択することが議決される。同時に、八月四日ならびに一一日の政令をもって封建的特権が廃止され、いわゆる「旧体制(アンシアン・レジーム)」が終焉を迎えることとなった。宣言文の候補としていくつかの原案が提出されたが、八月一九日、議会は、ボルドー大司教シャンピオン・ド・シセが率いる第六分会が作成した二四条からなる文案を叩き台として審議を行うこととする。翌二〇日から一条ずつの審議が始まり、さまざまな修正、削除、加筆がなされた末、二六日、「人間と市民の諸権利に関する宣言」、いわゆる「人権宣言」として採択されるにいたった。

のちにベール・イッハク(イザーク)・ベールは、ナンシー司教ラ・ファールに宛てた公開状のなかで、この時、パリに出てきた東部ユダヤ教徒の代表たちが味わっていた、歓喜と困惑が綯い交ぜとなったような気持ちを次のように描き出している。

去年[一七八九年]の八月、パリにやって来たわれわれは、国民議会の叡智から発せられた憲法《ママ》の第一条が、すべての人間が生まれながらにして平等かつ自由であると宣言することにより、人権を確固たるものにしたことを知って大きな歓喜を味わいました。そして、われわれの代表団が無駄ではなかったと確認するのみならず、フランス人の幸福の基礎となるべきこの政令（デクレ）が、その頃、われわれが陳情書をつうじて請願、要求する使命を負っていたものをはるかに超えた権利をわれわれにもたらそうとしている、と考えました（Berr 1790 : 4）。（傍点引用者）

この「要求をはるかに超えた権利」という表現については、追って詳しく論じることとしよう。

「人権宣言」の採択に向けてもっとも紛糾したのは、八月二三日（日曜日）に行われた信教の自由をめぐる議論である。当初、叩き台として採用された第六分会の原案は、前文で「宇宙の至高の立法者（le suprême législateur de l'univers）」という表現を用い（これが採択時には「至高の存在（l'Être suprême）」となる）、宗教の意義と役割を以下のように定義していた。

第一六条　法は秘密裏の軽罪に手を下すことができないものであり、その代わりをつとめるのが宗教と道徳である。よって、社会の良き秩序のため、宗教と道徳が重んじられることが肝要である。

第一七条　宗教の維持のためには、一つの公共の信仰（un culte public）が必要である。よって、その公共の信仰に対する敬意が不可欠である。

第一八条　いかなる市民も、既成の信仰（le culte établi）をかき乱さない限り、みずから不安を抱かされないようにしなければならない。

この文案自体、いかにしても「ローマ・カトリック」の一語を宣言に挿入したい教権派と、それに断固反対する陣営（自由派ならびにプロテスタント）との正面衝突を回避するための折衷案であったわけだが、「公共の信仰」、「既成の信仰」という、それぞれ単数形に置かれた言葉が何を指しているのか、何びとの目にも明らかであった。「ローマ・カトリック」を名指しせずとも、せめてフランス王国住民のあいだで「支配的な宗教」としてそれを暗示しておく必要があるのではないか、という意見に対しては、ミラボーが、以下のような相対論を突きつけるのであった。「支配的ですと！　議員の皆さま、私にはその言葉の意味がわかりません。［…］それは最大多数の人間の信仰のことでありましょうか？［…］しかし、最大多数の意見にも人を支配する権利などありません。それこそ、われらが立法の場から排除せねばならない専制的な言葉です。」この日の審議では、プロテスタントの立場を代表するラボー・サン＝テティエンヌが、プロテスタントのみならず、王国に住む非＝カトリック教徒全員の名において語る、と前置きした上で、「アジアから引き離され、一八世紀来、常に彷徨い、追い払われ、迫害されてきた、あの民」という婉曲語法をもってユダヤ教徒集団に言及する一幕もあった。その上でラボー・サン＝テティエンヌは、「その民も、仮にわれらの法により、われらに統合されていれば、われらの風習を身につけるようになっているはずである」と続けるのであったが、その論法には、場合によってはユダヤ教徒にさえ認められることになるかもしれない市民権が、プロテスタント住民に認められないはずはないとして、ユダヤ教を、いわば「引き立て役の醜女」として利用しようとする向きが感じられないわけではない。

審議の紛糾は不可避と思われた。そこで、かなり早い時期に第二身分から国民議会に合流していた自由派の貴族、カステラーヌ伯爵が、諸派、諸説のあいだに妥協点を探る格好で、原案の表現の不備を次のように指摘してみせるのだった。まず、「既成の信仰をかき乱す」という表現はいかにも曖昧である。「厚かましい熱意に浮かされた一部の人々は、非カトリック教徒がわれわれと同じ考え方をせず、またみずからの考え方を押し隠そうともしていないことをもって、彼ら全員が国民の信仰をかき乱していると考えるかもしれない。また、たとえばプロテスタントとユダヤ教徒が、彼らの信仰を守り通すことによって既成の信仰をかき乱している、と考える人はさらに多数に上るかもしれない。しかし、議員の皆さま、管見によりますれば、彼ら［プロテスタントとユダヤ教徒］も、自分たちの信仰がどうやら神にとって心地の良いものではないらしいと納得する、その時まで、みずからの信仰に忠実であり続ける実定的な権利を有しているはずなのでありまず。」加えて、「非カトリック教徒たちの意見が尊重されなければならないとすれば、それだけに一層、彼らが多数派の宗教を実践している人々の生活をかき乱すことがあってはならない、ということが明白になるはずである」として、カステラーヌは、原案の三条を短く切り詰め、「何ぴとも、その意見の表明が法律によって定められた公の秩序をかき乱さない限り、たとえ宗教上のものであっても、その意見について不安を抱かされないようにしなければならない」という一文を修正動議として提出する。最終的には、それが「人権宣言」第一〇条として採択され、以後、今日にいたるまで、フランス共和国における信仰心の扱い方を根底から規定する一大定理となった。

このカステラーヌの議論をもって、差し当たり、フランス革命の初期を特徴づける公平と中庸の精神の見本ととらえておいてよいだろう。興味が尽きないのは、こうした初期の国民議会における宗教議論を息を呑んで見つめていたに違いないユダヤ教徒たち自身が、そこに何を感じ取ったかという点だ。新しいキリスト教王国——いまだ間違いなくキリスト教王国である——を支える基本理念として、信仰の自由の大切さが確認されながら、そこで特定の宗派の名（たとえば「ローマ・カトリック」）が明示も暗示もされず、しかも、個々の議論のなかでプロテスタントと並んで言及されることとなったユダヤ教徒たちの意見も、以後、秩序安寧を条件として尊重されねばならないというのだ。こうした議論の趨勢のなかに、たとえフランス語の活字媒体に直接触れる機会をもたない（とくに東部の）ユダヤ教平信徒たちも、「新時代」の息吹をはっきりと感じ取ったのではないか。そして、そこに脈打つ普遍主義との兼ね合いにおいて、以後、自分たちの特殊性をどう位置づけていくべきか、根本から問われることになったと薄々ながら感じ始めたのではなかろうか。

一方でこの時期は、歴史上「ラ・グランド・プール（大恐怖）」と呼ばれ、事実上の無政府状態に加えて物価高騰、食糧不足が深刻化し、七月一四日のバスティーユ襲撃事件を皮切りに全国各地で大規模な民衆蜂起が発生した時期でもある。アルザス（とりわけコルマール）とロレーヌ（とりわけリクセム（リクスハイム））では農民蜂起が反ユダヤ暴動へと発展し、多くのユダヤ教徒がミュルーズ（この時点で独立都市）やバーゼルに一時避難せねばならなかった。八月三日、ナンシーの第一身分から選出されていたグレゴワール神父が、憲法制定国民議会の場で初めて東部のユダヤ教徒たちの立場に言及したのも、まさにこの文脈上である。数日来、暴徒の襲撃にさらされることとなったアルザス・ロレーヌのユダヤ教徒たちの苦境を描き出した上で、神父は、「すべての人間を兄弟とみなす宗教に帰依する聖職者」の名において、「あの排斥された不幸な民の擁護のために議会の権力が介入すること」を求めたのである。これをうけて、実際に現地の官憲に反ユダヤ暴動の取り締まり強化が指示され、東部の各地のユダヤ教会堂では、グレゴワール神父に感謝を捧げる礼拝も執り行われた（Ezran 1992 : 24）。

しかし、八月一四日、そのグレゴワール神父に宛てて、南西部の代表者たち（グラディスほか三名）が、一通の辛辣な公開状を書き送っている。手紙の前半部こそ、神父がアルザスのユダヤ教徒たちのために発揮している慈悲に満ちた行動力に対して讃辞を表明することに費やされながら、その後半部は、事実上の活動停止要請の趣きさえ呈しているのだ。

現在の状況に鑑みるならば、ユダヤ教徒を再生させるための法として、王国全体の再生に資する法以外のものが必要であるとはわれわれには思えません。憲法に先立つべき「人間の諸権利に関する宣言」は、あなたが、ある別の状況に駆られて政府に提案することとなった個別の諸政策［東部ユダヤ教徒の保護政策］をすべて退けるのです。むしろ、われわれとしては確信をこめてこう申し上げましょう。王国全州のユダヤ教徒が幸福かつ有用な存在になるのは、彼らの身柄と財産の自由をつうじてなのです。こうした人間愛と正義の行いによる恩恵は、彼らに限らず、すべての人間に共通のものでなくてはなりません。そうした行為が彼らの感情を高め、そして、時とともに、われわれがこの町［ボルドー］で与っている栄誉を彼らにも授けることになるのです。

いかなるものであれ、憲法の基本原則に制限を打ち立てるような法は、大いなる善を妨げ、大いなる悪を永続化させる大失策となるでしょう。もしも、アルザスと三司教領の一部のユダヤ教徒の行動、あるいは不遇が、なんらかの規則を作る方向に国民議会を動かし、それが王国の全ユダヤ教徒に共通のものとされるようなことになれば、当然、ボルドーのユダヤ教徒たちは、おそらく同胞の市民たち全員と同様、それを無意味にして残酷な不正とみなすことでしょう（Lettre 1789 : 2-3）。

こうしてボルドーのユダヤ教徒たちは、グレゴワール神父が東部のユダヤ教徒たちのために提唱した特別保護政策の不適切、有害性を指摘し、あわせて、かねてよりグレゴワール神父の持論であった「ユダヤ教徒の再生」なるものの必要性さえ疑問に付すのだった。南西部の「ユダヤ・ナシオン」は、今、三部会が招集されたからといって、あらためて王政府に嘆願すべきものは何もなく、王国の良き臣民として生きるために必要な権利はすでにほとんど手中にしていると感じていた。彼らが公認の団体（コルポラシオン）として代議制への参加を認められ、グラディスが最終投票まで被選挙権を行使することができたというだけで、自分たちの市民権は、事実上、確立済みと思われた。むしろ、今回の政変をつうじて危惧されるのは、法的に東部のアシュケナジと同じ「ユダヤ教徒」の枠で括られることにより、その獲得済みの市民権を白紙に戻されてしまうことの方なのだった。

加えて彼らは、国民軍の列に率先して加わることにより、ユダヤ教徒は非戦の掟に雁字搦《がんじがら》めにされ、有事の際にも武器を取らない人々である、という永年の定評を覆しつつあることを、みずから大きな手柄とみなしていた。「権利の平等がボルドーにもたらした好ましい効果をご覧下さい。祖国防衛の軍隊を編成するため、われわれとともにそれぞれの教区の教会に集まってきた同胞市民は、われわれを自由に選出し、隊長の階級まで与えてくれたのです。キリスト教徒とユダヤ教徒の友愛を示す例として、これ以上のものを求める必要があるでしょうか。」キリスト教徒とユダヤ教徒の友愛は、それぞれの信仰を超えたところにある何らかの価値と、それを脅かす共通の敵――今の場合、国内外の反革命勢力――に対する武力行使の意志を触媒としてようやく可能になる。この構図は、そこから一〇〇年以上を経た第一次大戦期、「神聖同盟」下のキリスト教徒とユダヤ教徒のあいだに突如として成立することとなる友好、友愛の絆をも予見させるものだ。

しかし、南西部のユダヤ教会衆の代表者たちから発せられたこのメッセージは、東部のアシュケナジとの同一視、同族視だけは御免こうむりたいというセファラディ特有の矜持にとどまらず、革命の進行とともに彼らが陥っていった深刻なジレンマの所在も示しているといえるだろう。南西部のユダヤ教徒たちは、一方で、王国内の一部の住民がいかに不当な境遇を強いられているからといって、その人々のための特殊利益を慮ることは憲法制定国民議会の名にふさわしくない行為であるとし、憲法とそれに先立つ宣言文の一般性、普遍性を強調する。しかし翻って、なぜそこまで東方の同宗者たちに対する個別政策が採られることに反意を突きつけるかといえば、それは、字面として「ユダヤ教徒」に言及する法が制定されるようなことになれば、自分たちもその枠のなかで一般化、普遍化されてしまい、従来の誇り高き「ナシオン」としての個別性を失いかねないからなのだ。セファラディ系の「ユダヤ・ナシオン」への融合、統合を志向するに際して、元の次元にとどまらず、さらに高次の「フランス・ナシオン」として、また別物として存在するアシュケナジ系「ユダヤ・ナシオン」との差異だけは断固保ち続けなければならないという、このジレンマは、文中、「王国全州のユダヤ教徒」を指して「彼ら」と呼び、それとの対比において、やはりユダヤ教徒であることに変わりはないはずの「われわれ」を位置づけるという捻れた統辞として図らずも露呈している。かくして「個別（particulier）」と「普遍（universel）」とは、同一言説のなかで相互に反発し合う対立要素になるとは限らず、逆に隠微な入れ子構造のなかで互いを支え合うものでもある、ということができるだろう。

アシュケナジ、セファラディの別を問わず、当時のユダヤ教徒の代表者、識者たちが、実際にどこまで「個別」と「普遍」の相剋のなかで自分たちの立場を見極めようとしていたのか、判定は難しい。確かなことは、革命最初期の怒濤のなかで、右に見た南西部のセファラディたちとはまた別の仕方で自分たちのあり方を考え始めたアシュケナジ＝セファラディ混在の一群がパリに存在し、そして、その思想を、八月二六日、「人権宣言」の採択にあわせて国民議会に宛てた以下の「請願文」のなかで公にしたということである。

疑うべくもなく、皆さま［国民議会議員］の正義感は、われわれの請願によって駆り立てられたり、先導されたりしたものではない、とわれわれは信じております。人間にその原初の威厳を取り戻させ、人間をその諸権利の享受のうちに再起させるに当たって、皆さまは、ある人間と、また別の人間とのあいだで、一切、区別をなさるおつもりはなかった。その人間という資格は、われわれにも、また社会のほかの構成員全員にも、等しく帰するものです。よって、その資格に由来する諸権利も、等しくわれわれに属しているのです。

議員の皆さま、それこそは、皆さまが打ち立てられたばかりの基本原則に由来し、われわれにもっとも大きな安堵をもたらす成果なのです。こうしてわれわれは、以後、これまで甘んじてきた生き方とは異なる仕方で生きていくことになると確信できます。いまやわれわれの祖国となったこの帝国にあって、人間という資格は、われわれに市民としての資格を保証してくれます。そして、その市民としての資格は、われわれの隣で、この同じ社会の構成員たちが享受しているあらゆる市民権、あらゆる権能を、われわれに与えてくれるでしょう。

しかし、この点についていかなる曖昧さも残らないようにするため、また、われわれを長らく苦しめてきた抑圧が、一部の人々の目に、われわれをさらに抑圧するための口実と映らないようにするため、そして、時として思想の方向を転ずることを苦手とする民衆が、われわれのことを、いわばフランス・ナシオンの余所者にして、その内部でこれまでとは違う生き方をする人間とみなす、その旧来の慣習を、皆さまのお定めになる政令に寄せる信頼感から一気に捨て去ってくれるようにするために、われわれは議員諸氏の皆さまが、個々の政令（デクレ）のなかでユダヤ・ナシオンの名を掲げ、われわれの市民としての資格と諸権利を確実なものにしてくださいますよう、こうして嘆願申し上げるのです。［…］

たしかに、われわれは、フランスにおける支配的な宗教とは異なる宗教を奉じております。われわれはその宗教に強く結びつけられております。しかし、その結びつきそのものが、われわれのために有利に働いています。それが今日、われわれにとって担保の役割を果たし、われわれがみずからの誓いに忠実であることの保証となってくれるのです。なぜといって、いかなるものであれ一つの信仰への結びつきは、無関心に比べるならばはるかに好ましい効力を備えているからです。われわれの宗教は、生活の一挙手一投足のなかでわれわれの導き手となるでありましょう。われわれを善き道からそらす情念のただなかにあって、われわれの歯止めとなるでしょう。そして、もしもその宗教が、われわれの手のなかにあって騒擾や不和の道具などには断じてならないのであれば、われわれがその儀礼を執り行うことに無関心になってしまうよりも、その宗教をわれわれの自由にさせておく方が、この同じ社会のためにはるかに有益なことでありましょう（Adresse Paris 1789 : 3-5）。

この一文の書き手たちは、「人権宣言」の採択をもって、国民議会がユダヤ教徒を人間として遇し、よって市民として認知したことを既成事実として言祝《ことほ》ぐ点において、ボルドーの「ナシオン」代表者たちと共通の地盤に立つ。しかし、その既成事実の確認、確証として、ユダヤ教徒の名を特記した政令（デクレ）――憲法そのものではなくとも――の制定を求める点では、ボルドーの同宗者たちとは正反対の主張を繰り広げている。さらに、採択されたばかりの「人権宣言」の第一〇条にしっかりと足場を据えつつ、ユダヤ教という一つの個別の宗教が、普遍的な市民として振る舞うための桎梏となるどころか、逆に必要不可欠な支えになるであろうという視点も、ボルドーの代表者たちには絶えて見られないものであった。つまり、先の南西部のユダヤ教徒たちによるグレゴワール神父宛の手紙が、見かけの普遍主義のもとにしたたかな個別主義を宿す性格のものであったとすれば、このパリのユダヤ教徒たちの「請願文」は、それぞれの請願者の個別性、特殊利益などに左右されることのない公共の正義や人間の権利といった一般価値を絶対の地盤とし、その上でなお、みずからの個別性を積極的な価値として憚ることなく外に開いていこうとする姿勢をもって、「個別」と「普遍」の入れ子構造としてまた別様のものを提示しているといえるだろう。

そして、このパリの一群のユダヤ教徒たちによる「個別」と「普遍」の入り組ませ方は、信仰生活のみを私事（res privata）とし、それ以外の生活領域をすべて公事（res publica）として国家の法の管轄下に置くという、今日、フランス型の政教分離を支える「ライシテ（世俗性）」の原則として一般に受けとめられている考え方にもっとも近い形態をも示していた。

われわれは、ある大帝国の全住民が、行政と法に関して均一の計画に身を従わせることの必要性を強く認識しておりますので、ほかのすべてのフランス人と同様、同じ法体系、同じ行政機構、同じ法廷に委ねられてあることを求めます。そして、われわれは、その当然の帰結として、公事のため（pour la chose publique）、そして、あくまでも一般利益に従属するわれわれ自身の利益のために、われわれの内部から選出され、政府の信任を受けた人物を特別な指導者として戴くという、これまでわれわれに認められてきた特権を放棄いたします。

議員の皆さま、われわれが皆さまの手にお委ねいたします、このはっきりとした放棄の気持ちをお受け取り下さい。

これをもって、パリのユダヤ教徒たちは、ラビたちがユダヤ法（ハラハー）に準拠して下す裁定が、以後、国家の法を前にしては無効となることを宣言し、また「セダカ」にしろ「メディナー」にしろ、それまで地域ごとに会衆を束ねてきた権力機構が、もはや正式な内部統治の権能を失った相互扶助団体、友好団体のごときものになり下がったことをみずから宣言したに等しい。

「請願文」の末部には、起草者として、ゴルドシュミット（議長）、ロペス＝ラグーナ（副議長）、ヴェイユ（ヴァイル）、バンジャマン、フェルナンデス、レヴィー、ジャコブ、トレネル、エリー、ペレーラ＝ブランドン、デルカンポの一一名（アシュケナジ六名、セファラディ五名）が署名しているが、文章自体は、常々、パリのユダヤ教徒たちの境遇に深い関心を寄せていた若き弁護士ジャック・ゴダールが、彼らと協議を重ねながら執筆したものではないかと考えられている。確かなのは、これが、それまで数百年、不可視の壁に隔てられてきたアシュケナジとセファラディの世界から、ほぼ半数ずつの人間が出て手を携え、フランス王国のユダヤ教徒として行った最初の共同作業であるということだ。

さらに一七八九年八月三一日には、先に「陳情書」に代わる非公式の文書を三部会に提出する権利が認められた東部のユダヤ教会衆の代表団六名の連名により、一五頁の「請願文」が国民議会に提出されている。一読して、数日前にパリのユダヤ教徒たちが提出した「請願文」に鼓舞されたものであることは明白だ。前半部、国民議会の努力と誠意の賜物として採択に漕ぎ着けた「人権宣言」を称揚した上で、やはり、残存する懸念材料を払拭するため、国民議会がことさら「ユダヤの民（peuple Juif）」に言及した政令を打ち出し、彼らを偏見と狂信から守ってくれることを求めるという構図、そして、国内のユダヤ教徒住民は、信教の自由を奪われて不満を募らせたり、無気力に追いやられたりするよりも、忠実なユダヤ教徒のままであり続ける方が、フランスの国家とその王にとってはるかに有用な臣民になるであろうという主張も、パリのユダヤ教徒たちによる「請願文」と完全に相通じるものだ。従来、セルフ・ベールが繰り返し要求してきた特別税の撤廃、居住地の自由も、中身としては同一でありながら、それが「人権宣言」の光のもとに置かれたことにより、本来、みずからに帰属してしかるべきだった何かを取り戻す「権利要求（revendication）」としての意味を備え始めたことが感じられる。

しかし、文書の後半部にいたり、彼らのいう「信教の自由」が、パリのユダヤ教徒たちの意味するところから本質的にかなりかけ離れたものであることが明らかとなる。

よもや、われわれのことを一方で高めておいて、他方で貶めてやろうというのが皆さま方［国民議会議員］の本意ではありますまい。われわれが今日まで生きてきた、その形態は、われわれにとってきわめて大切なものです。その生き方が、困窮の時期にあってわれわれの慰めでありましたし、今なお、われわれの幸福の根源であります。われわれは、これまでの苦難の時代をつうじて政府からわれわれに与えられてきた以上のものは何も求めません。むしろ、われわれは、それを保持してくださるよう切にお願い申し上げるのです。［…］

われわれが今までそうであったところのもの、それをわれわれの手に残してくださることに何の不都合もありません。逆に、われわれの生活を変えることによって、大きな不具合が生じることでありましょう。なぜなら、人が社会的義務を履行することに熱心であるか、冷淡であるかは、その者が宗教の義務を実践することに熱心であるか、冷淡であるかによって決まるからです。ですから、われわれは、より良き市民となるためにこそ、われわれのシナゴーグ、ラビ、そして州主管の堅持をお願いするのです。

しかも、こうした事物の秩序は、われわれのあいだにかくも長きにわたって存在してきたものです。われわれの各地の会衆は、その秩序にあまりにも慣れ親しんでおりますので、今、われわれの習慣に些細な変化がもたらされるだけで、公事にとって（pour la chose publique）好ましからざる独立独歩の精神がそこから生じかねません（Adresse Metz

1789 : 9-11)。

こうして東部のユダヤ教会衆の代表者は、「州主管」(一七八四年以来、「総代」)による代表制や会衆内の民事に関するラビ法の有効性など、従来の勅許状によって個別に認められてきた特権が、王国の新体制のもとでも維持・継承されていくことを求めるのだった。つまり、まずは「人権宣言」の主旨に則って税や戸籍の面での不平等を撤廃し、自分たちを同じ人間の土俵に立たせて欲しい。しかし、その際、旧来認められてきた、個別であり、特殊であることの権利の放棄を交換条件として求めずに、ユダヤ教の信仰を、単なる「私事」ではない、一定範囲内での「公事」として維持し続けることも認めて欲しい。なぜといって、われわれは、各家庭の〈私〉の領域のみならず、「会衆」という〈公〉の枠組みにおいて信仰を実践せずしては、良き人間、良き市民、良きフランス人であることができないからである……。人間は、自律した精神の個体として完結するのみならず、一定の容積をもって公共空間にはみ出し、他と交わり合う、その社会性の部分でも個別性、特殊性を発揮できなければ、一般価値に参与するための力と根拠を維持することができないという、この思想もまた、「個別」と「普遍」の入れ子構造として、ボルドーのセファラディ集団とも、パリのアシュケナジ・セファラディ混在集団とも異なる型を提示しているといえるだろう。

東部のユダヤ教会衆の代表団六名が名を連ねたこの一文も、大方、そのうちの一人、ナンシーのベール・イツハク(イザーク)・ベールの起草によるものだったのではないか、と歴史家たちは推測する(Liber 1913 : LXIII 187)。そして先述のとおり、そのベール・イツハク・ベールが、一七八九年八月、「人権宣言」の採択をめぐる議論に際し、一定の歓喜と綯い交ぜに、自分たちの要求を「はるかに越えた権利」がもたらされようとしているのではないかとの危惧を抱いた、とのちに心境を吐露しているのだ。その当否はともかく、人間の権利とはかくあるべし、として何らかの原理が動き始めようとする時、「それが〈普遍〉であるならば」といって歩き出す人々のみならず、「しかし〈個別〉はどうなるのか」として歩みを拒む人々も現れるのはむしろ当然なのだ。ほかでもない、その原理適用の延長上で否定され、居場所を失うもの(今の場合、ラビ体制に支えられた伝統的なユダヤ教徒の生活)が、はっきりと見通されてしまうからである。少なくとも、一七八九年の「人権宣言」が、当時、フランスの地に住まい、政治改革、体制刷新の必要自体には異論のない住民たちの全体から手放しで歓迎されたわけではなく、少数派たるユダヤ教徒のなかのさらなる一部にとって、その権利の認証、授与そのものが「痛し痒し」「ありがた迷惑」と感ぜられ始めていたことは、フランス革命史の一齣として遺漏なく書き留められるべきであろう。

総じて、南西部、パリ、東部、それぞれのユダヤ教代表者たちから、この時点で示された姿勢は――

（一）「個別」を〈公〉の領域から拭い去り、全体利益のためならばその廃棄さえ厭わない「普遍」

→あらゆる特殊性を水準化しようとする一般性

（二）「個別」を〈私〉の領域に収めつつ、それを全体利益の糧とすることを可能にする「普遍」

→あらゆる特殊性を〈私〉の底部に抱え込ませる一般性

（三）「個別」が〈私〉の領域から溢れ、全体利益のため、〈公〉の領域でも実現されることを許す「普遍」

→あらゆる特殊性をありのまま載せ運ぶ一般性

という三つの公理に要約されるだろう。続く革命論議をつうじ、ユダヤ教世界のただなかから絶えず鳴り響いてくる不協和音も、これら三つの公理のあいだの摩擦、衝突によるものとして予感することができる。信仰に限らず、人間の小集団が、なにがしかの特殊性を大切に守りながら、なにがしかの大集団のなかで生きようとする時、必ずや発生してしまう「個別」と「普遍」のジレンマが、すべてここに出揃っているといっても過言ではなかろう。

市民権の取得（一）一七九〇年一月二八日

こうしてフランス王国の一大政変に当たり、南西部、パリ、東部、それぞれのユダヤ教徒集団の意思表明が文書として出揃った時点（一七八九年八月三一日）から、まずは「ポルトガル系、スペイン系、ならびにアヴィニョン出自のユダヤ教徒」たちの市民権の確認（一七九〇年一月二八日）にいたる五か月は、おおよそ以下のような過程を辿った。

一七八九年九月一日、東部のユダヤ教徒たちからの「請願書」提出をうけて、グレゴワール神父が、ユダヤ教徒に関する特別審議を国民議会に要請する。翌々日の九月三日、実際に審議が行われ、（一）ユダヤ教徒の市民権、（二）居住地制限の撤廃、（三）特殊税制の廃止、（四）宗教活動の自由という四点に焦点を絞って検討を行うための委員会を発足させることで合意に達する。

九月二七日、東部の代表二名（ダヴィド・ジンツハイム、テオドール・セルフ＝ベール）の名で、国民議会に対し緊急の請願が行われる。七月以来、暴徒の襲撃を恐れてスイス方面に逃れていた上アルザスのユダヤ教徒たちは徐々に元の住処に戻りつつあったが、地元民衆のあいだにはいまだに不穏な空気が蔓延しており、翌々日、九月二九日の「ヨム・キプール（大贖罪の日）」、シナゴーグに集うユダヤ教徒に急襲をかける計画も囁かれていることから、至急、東部ユダヤ教徒の身柄の安全を確保して欲しいというものであった。グレゴワール神父とクレルモン＝トネールがこれをさかんに支持した結果、二八日、国民議会議長ムーニエの名において、東部のユダヤ教徒たちを法の保護下に置くことを王国に正式に要請する政令（デクレ）の布告が決議された。南西部のユダヤ教徒たちの反意にもかかわらず、「ユダヤ教徒」に直截に言及した立法権の行使を求めるパリと東部のユダヤ教徒たちの懇願が早くも聞き入れられた格好である。

一〇月五日、女性を中心とするパリ市民がヴェルサイユの王宮まで行進してパンの供給を求め、国王一家をパリに連れ帰るという出来事があり（「ヴェルサイユ行進」）、一二日には、国民議会そのものがヴェルサイユからパリへ移転することとなった。その直後の一四日、以前からの度重なる要請が功を奏し、東部の代表ベール・イツハク（イザーク）・ベール（左肖像）が国民議会の演壇に立ち、「神」と「人類」の名において同宗者の身柄保護と境遇改善を訴える機会を得た。ユダヤ教徒が、王国の立法機関の席上、初めて生の声を響かせた歴史的な瞬間である。議長をつとめるフレトー・ド・サン＝ジュストはこの演説を高く評価し、ユダヤ教徒に関する諸懸案は必ずや会期内に解決されるであろうと約束する。同時に、グレゴワール神父は、ユダヤ教徒が市民としてのあらゆる権利と義務を備えた王国住民であることを明文化する政令（デクレ）を発すべき旨、動議として議会に提出した。

ベール・イツハク（イザーク）・ベール

一一月二一日には、それまで純粋に他国籍の異教徒であり、フランス国内の政情急変にも無縁であったはずの南東部、教皇領のユダヤ教徒たちの存在が一気に注目を集めることとなった。南仏エクスの第三身分から選出されていたシャルル＝フランソワ・ブーシュが、その日、三〇頁にわたる動議を国民議会に提出し、アヴィニョンとコンタをフランス領として「復帰」させるべきことを説きながら、その末部三分の一の紙幅を使って、地元のユダヤ教徒の境遇にも事細かに言及したのである（Bouche 1789）。ブーシュによれば、国民議会は、教皇領のフランス「復帰」を待つまでもなく、フランスに居を移そうとする「アヴィニョン人」たちの身柄と財産を保護下に置き、少なくともフランス領内においては、彼らに課された弁別指標の着用義務と特別税制の廃止を実現しなければならないと主張するのだった。実際に南東部の教皇領がフランスに帰属することとなるのは、そこから一年一〇か月後の一七九一年九月一四日のことであるが、この時点で、南西部、東部と並ぶ第三のユダヤ教徒集団として「教皇のユダヤ教徒」たちが議論の射程に入ったことの意味は小さくない。

しかし、教皇領の飛び地などに目を向ける前に、実状としては王国内の行政区を整理することの方がはるかに喫緊の課題であった。従来の王領は、徴税管区、地方総督区、高等法院管区、キリスト教区など、さまざまな地域区分が雑然と折り重なり、それぞれの境界線さえ判然としない有様であった。これでは、居住登録、徴税、徴兵、治安など、すべての面で混乱が避けられようはずもなかった。そこで国民議会は、まず一七八九年一二月四日の法により、行政、司法、税制、その他、すべての面で最小の単位をなす地方自治体（corps municipal）を全国に敷設し、二五歳以上の男子で一定額以上の納税者が選挙民となって選ぶ長にその運営を委ねるという制度を成立させる。すると当然、この自治体から投票で選ばれたり、自治体の運営に当たる公職についたりするための資格をどう定めるかが問題となり、具体的には、プロテスタントとユダヤ教徒という非カトリック教徒、ならびに旧体制時代をつうじて公的な資格から遠ざけられてきた舞台俳優と死刑執行吏という二業種について、それぞれの被選挙権と公務就任権が俎上に載ることとなった。舞台俳優と死刑執行吏については、一二月二二日に採択された選挙法からいっさいの職業条項が外されたことにより、自動的に決着がつく。他方、プロテスタントとユダヤ教徒の資格については、二二日から二四日の三日間、議場を二分して激しい議論が戦わされることとなった。二三日の審議においては、宗派の別によらず資格承認を求めるクレルモン＝トネールの口から、「ナシオンとしてのユダヤ教徒にはすべてを拒み、個人としてのユダヤ教徒にはすべてを与えなければならない」という有名な台詞も飛び出すこととなった（これが、とりわけ、市民として認証されることを欲しながら、「総代」による代表制やラビ法廷の温存をも同時に求める東部のユダヤ教徒たちに対する牽制であったことは明白である）。議論は紛糾を極め、最終的に、別途定める条件を満たして選挙民、非選挙民の資格を備えた非カトリック教徒は、軍・民の別を問わず、あらゆる公職につくことができるとするブリュネ・ド・ラ・テュクの動議に、「ただしユダヤ教徒に関しては何ら予断するものではなく、国民議会は彼らの境遇についての裁定を控える」という付帯条項を付し、政令（デクレ）として採択するのが精一杯の落としどころであった。

見方によっては、舞台俳優、死刑執行吏、プロテスタントに認められた資格が、唯一、ユダヤ教徒だけに拒まれた屈辱の一日とも映る。しかし、この三日間の議事録を虚心に読み通してみると、国民議会にあってユダヤ教徒に平等の資格の付与を頑なに拒んでいたのは、アルザス選出議員とカトリック教権派を中心とする少数派にすぎず、むしろ積極的な賛成派の方が議場の多数を占めるなか、なお政令（デクレ）としての採択のためには議論不十分にして時期尚早との判断から、この件を重要きわまりない懸案として先送りする意向が大勢を占めた、というのが真相に近いことがわかる。実際、パリや東部のユダヤ教徒とその擁護者たちの方は、この三日間の議論において、被選挙権と公務就任権をカトリックないしキリスト教徒に限定しようとする勢力に、その旨を政令（デクレ）として採択することを許さなかったことの方を大きな戦果ととらえ、そこにユダヤ教徒の市民権獲得に繋がる大きな手応えを感じたほどだった。

他方、南西部のセファラディたちの側では、この同じ事態の受け止め方がまったく異なっていた。彼らの目からすれば、「ただしユダヤ教徒に関しては……」という一二月二四日の政令（デクレ）の付帯条項は、これまで彼らが法としても事実としても享受してきた諸権利を一気に抹消するものと映ったのだ。ボルドーでは、一二月三〇日、「セダカ」構成員に「アヴィニョン人」を加えた総会が招集され、至急、先に地方三部会に選出された人々を中心とする代表団をパリの国民議会に送り込む決議がなされた。目的はいうまでもなく、一二月二四日の政令（デクレ）に異議を唱え、少なくとも南西部の「ユダヤ・ナシオン」には、すでにプロテスタントと同様の市民権が認められている旨を確認させることである。彼らが携えていった請願書の次のくだりに、ボルドーのセファラディたちの本心がはっきりと映し出されている。

アルザスとロレーヌのユダヤ教徒たちは、われわれが手にしている特権をいまだほとんど享受するにいたっておりませんが、その彼らのなかの一部によるきわめて軽率な要求（des demandes peu réfléchies）のせいで、われわれが諸権利を取り上げられるようなことがあってよいのでしょうか。といいますのも、われわれにとっては、今、何かを獲得するよりも失うことの方が問題となっているからです。一体いかなる運命により、この光明と再生の時代にあって、われわれだけが市民としての諸権利を奪われてある唯一の王国住民にならねばならないのでしょう（Adresse Bordeaux 1789 : 4）。

バイヨンヌでも同様の総会が開かれ、一七九〇年一月一日、ダヴィド・シルヴェーラほか三名の代表の連名により、ほぼ同趣旨の請願書が作成された。ボルドーの代表連が提出した請願書との比較において興味深いのは、宗教の差異を超えて一国の内部における政治的権利の平等を訴えようとする言説そのもののなかで、宗教としての「民」概念と国家帰属としての「民」概念が徐々に電気分解を起こし、前者が後者に服属する下位カテゴリーとして位置づけられていく過程が観察されることだ。

ユダヤ教徒は切り離されたナシオンを形成していて、四方に分散しながらも常に統一され、諸邦の民のただなかにあって個別の民を形作っているといわれています。

そうした見方は、たしかに教義と信仰の観点においては正しいのかもしれません。しかし、それについてはユダヤ教徒だけが特殊であるわけではありません。フランスのカトリック教徒は、やはり教義と信仰の観点において中国のカトリック教徒と通じ合っています。その意味では、広い範囲に行き渡ったすべての宗教が、諸邦の民のただなかにあって個別の民を形成しているのです。［…］フランスに住まうポルトガル系ならびにスペイン系のユダヤ教徒は、フランス人以外の何者でもありません。市民国家の法は、教義によって形成され得るすべての関係を決定的な仕方で断ち切ってしまうものだからです（Adresse Bayonne 1790 : 6-7）。

一七九〇年一月四日、パリに到着したボルドーの代表団は、国民議会の大物議員やネッケルをはじめとする大臣連と、連日、精力的に面会を重ねた。二二日には、国民議会の全議員の手元に彼らの請願書が届けられている。重要なのは、その間、彼らが東部のアシュケナジたちとの接触も欠かさなかったことだ。彼らは、パリに到着した一月四日、ならびに二六日の少なくとも二度、セルフ・ベールの自宅で晩餐に与っている。東部の代表者たちも、この時期、弁護士ゴダールの協力を得ながら、ユダヤ教徒の法的身分に関する根本的議論の再開を国民議会に求める請願書を準備しており、戦略上、協議、協調の余地はいくらでもあったはずである。しかし、この二者のあいだに相互理解と共闘態勢が築かれることはついになかった。セルフ・ベールの側では、セファラディたちの請願書のなかで、アシュケナジたちの要求（「総代」による代表制とラビ法廷の温存）が「きわめて軽率」と評されていたことに業を煮やしており、対するボルドーの代表連も、セルフ・ベールが、当時、ユダヤ教徒の市民権をめぐる特別委員会の長の座にあったタレーランに向かって、フランスのユダヤ教徒に対するフランス市民権の授与は「全か無か」でなければならないと力説した、ということをタレーラン自身の口から漏れ聞くに及んで、アシュケナジ集団との協調路線を見限り、「抜け駆け」との誹りも恐れず、単独で国民議会に訴えかけを行うことにしたものらしい（Girard 1989 : 132）。いずれにせよ、二六日の夕、ボルドーの代表団を饗するため、グレゴワール神父、レドレールほか親ユダヤ派の国民議会議員の臨席も得てセルフ・ベール宅で開かれた二度目の晩餐会は、献立の豪華絢爛さとは裏腹に、きわめて冷ややかな空気に包まれたという。

結局は、ボルドーのユダヤ教徒たちによる積極的な請願活動の甲斐あって、一月二八日、彼らの事案が国民議会の議事日程に上り、激しい議論の末、賛成三七四票、反対二二四票をもって以下の文言が政令（デクレ）として採択されたのだった。

国民議会は政令（デクレ）として公布する。ポルトガル系、スペイン系、ならびにアヴィニョン出自のユダヤ教徒たちは、いくつかの勅許状によって彼らに認められ、これまで彼らが享受してきた諸権利を今後も享受し続け、そしてその結果として、彼らが議会の定めるほかの政令（デクレ）によって求められる条件を満たすことにより、能動市民（citoyens actifs）としての諸権利を享受するものとする。

動議の原案で用いられていた「ボルドーのユダヤ教徒た

ち」という表現が「ポルトガル系、スペイン系、ならびにアヴィニョン出自のユダヤ教徒たち」と修正されたことで、対象は、バイヨンヌ、その他、ギュイエンヌ地方各地に住まうセファラディ・ユダヤ教徒、ならびに教皇領からフランス王領内に渡り来て居住権を認められていたユダヤ教徒にまで一気に拡大することとなった（推定対象人口、六〇〇〇～六五〇〇人）。事実として、教皇領の一部のユダヤ教徒たちは、過去の勅許状によるのではなく、一八世紀の後半以降、その商業上の有益性をもって、個々に居住許可を取りつけ、時にはほとんど黙認に近いかたちで、ボルドー、その他のフランス王領に居を構えていたにすぎない。その彼らが、たしかにある時期以降、関係を密にしていた「ポルトガル人」たちと同類扱いされ、すでに久しく諸権利を享受してきた人間の列に加えられたのは、まさに「棚からぼた餅」との表現にも値しよう。

これが、いまだ部分的ながら、フランスにおいて初めてユダヤ教徒を市民として〈解放〉したとされる法の制定過程である。字面をなぞる限りにおいて、それは当事者たちが、従来、享受してきたと主張する諸権利をその後も享受していく旨、確認するものにすぎない。歴史に燦然たる「解放令」というよりは、むしろ、先立つ一二月二四日の政令（デクレ）の付帯条項において「ユダヤ教徒」という一般的表現を用いたのは不適切であったことを認める修正文書と解すべきものだ。ただ、いくら当事者たちが、一七二三年の勅許状、あるいは一七八七年の「寛容令」以来、すでに大方の権利を享受してきたと主張し、またその主張が一般世論からも受け入れられるようになっていたとしても、やはり、その彼らに「市民」という言葉を適用する法律がそれまで存在しなかったことは事実である。その意味において、この一七九〇年一月二八日の政令（デクレ）をもってフランス初のユダヤ教徒の「解放令」と位置づけ、一三九四年、シャルル六世によるユダヤ教徒追放令に終止符を打つものととらえることも決して間違いではない。

逆説的なことに、南西部の「ユダヤ・ナシオン」構成員たちの諸権利が一般のフランス市民のそれと毫も変わらないことが確認、宣言されたこの日は、同時に、彼らが「セダカ」として存続していくことの意義が消滅した日でもあった。二月二八日、ボルドーの「セダカ」は長老会議を開き、次のような決議を採択している。「ボルドーのユダヤ教徒たちはもはやナシオンの団体とみなされ得ないため、彼らを代表していた長老会議も同時に解散し、ただちに慈善協会の組織づくりに着手することとした」（Nahon 2003 : 169）。やや遅れて、バイヨンヌの「セダカ」も同様の手続きに入る。こうして、構成員の強制的分担金によって運営されてきた「セダカ」は、有志からの寄付によって維持される「協会（association）」に姿を変える。共有財産として「セダカ」に属していた墓地は、キリスト教会の財産同様、いったん国有化されたが、のちに「協会」の富裕構成員たちの手で買い戻されている。以後、

「協会」の活動に非協力的であったり、寄付金を出し渋ったりする者は、その墓地に埋葬される権利を奪われることとなったが、とくに敬虔なユダヤ教徒として死を迎えることに拘泥しない者にとって、それはごく軽微な代償であった。こうして、当初から「ケヒラー（会衆）」ではなく「セダカ（慈善、施し）」という名称をもって、宗旨や教義よりも、相互扶助、社会活動を集団の絆としてきた南西部のユダヤ・ナシオンは、また一段、宗教の紐帯を弛め、続く一九世紀、ユダヤ教の完全な遺棄、ならびに非ユダヤ世界への同化、合一の傾向も強めながら、単なる世俗的な親族集団の性質を際立たせていくことになる。他方、コングレーグ（シナゴーグ）とそれに付随する学舎「タルムード・トーラー」は、続く〈恐怖政治〉時代、閉鎖、破壊、聖具没収の憂き目に遭い、十数年を経たナポレオン体制下、新たなコンシストワール（長老会議）体制として、ほとんど無に近いところからの再出発を試みることになる。

アヴィニョンとコンタの併合

一七八九年来、南東部、アヴィニョンとコンタの住民も、カトリック教徒、ユダヤ教徒の別を問わず、フランス王国の政変を刻一刻と見守りながら、ローマ教皇領の飛び地にも同様の政治的解放がもたらされることを願い始めていた。しかし、一七九〇年に入ると、同じ教皇領でもアヴィニョンとコンタのそれぞれで、住民たちの希求がかなり異なった方向を目指していることが浮き彫りとなってくる。

アヴィニョンでは、フランス革命に鼓舞されたブルジョワ層が市参事会を解散に追い込み、一七九〇年三月、初の市議会選挙の実施に漕ぎ着けた。改革派が多数を占めた新しい市議会は、フランスにならってさまざまな改革に着手する。六月一一日には、教皇の差し金により市政を妨害しようとしたとして四名の保守派を絞首刑に処し、翌一二日、市議会はアヴィニョンのフランス帰属を決議する。帰属を求める一〇一六名の署名のなかに、ユダヤ教徒とおぼしき名前が三六名分含まれていたという。他方、カルパントラに代表部を置くコンタの諸邦は、フランスの「人権宣言」への支持を表明しながらも、政治的帰属としては教皇庁への忠誠を誓い、アヴィニョン市の決断を暴挙として非難するにいたった。

当然、教皇領内部の分裂状態は、現地のユダヤ教徒集団の境遇にも跳ね返らずにはいない。アヴィニョンのユダヤ教徒たちは、早くも一七九〇年五月、黄色帽の着用義務、ならびに「カリエーロ」の門番としてキリスト教徒を配置しなければならない義務の撤廃を訴え、市議会から前向きな反応を引き出していた。しかし、その要求実現の可否を審議するまでもなく、六月一二日、市自体がフランスへの帰属を宣言したため、アヴィニョンのユダヤ教徒たちは、当然の帰結として、みずからを一月二八日のフランス国民議会による政令（デクレ）に記された「アヴィニョン出自のユダヤ教徒」という範疇に含め、黄色帽の着用義務はおろか、「カリエーロ」への居住制限自体がすでに無に帰したととらえた。他方、コンタでは、曲がりなりにもフランス国民議会の手続きを踏襲し、六月一七日、ユダヤ教徒の代表団を州議会に招いて意見表明を行わせ、彼らの境遇改善を審議する委員会の設置まで約束するのであったが、州として教皇に忠誠を誓い続ける以上、州内で公に信仰が認められる唯一の宗教はローマ・カトリックであり続けるという大前提を崩すわけにはいかず、最終的にユダヤ教徒を通常の「市民」として扱うことの不可能性に行き着くのであった。こうして、アヴィニョンのユダヤ教徒たちが嬉々として黄色帽をかなぐり捨て、「カリエーロ」の敷居をも無とみなす一方、そこからわずか二十数キロメートルしか離れていないカルパントラの町では、同じユダヤ教徒たちが、依然、黄色帽を被り、夜間は「カリエーロ」に拘束され、土曜日の強制説教にも出席を余儀なくされたまま、という状態がしばらく続くこととなる。同時にアヴィニョンとコンタのあいだで交わされることとなった激しい中傷合戦のなかで、ユダヤ教徒の処遇は格好の話題となった。『アヴィニョン通信』紙が、コンタにおけるユダヤ教徒の処遇から判断して、その州議会による「人権宣言」への賛意表明も上《うわ》っ面《つら》のものにすぎないと酷評すれば、『コンタ新年報』紙は、アヴィニョンの市議連とユダヤ教徒との「密通」をさかんに囃し立てるといった具合である（Moulinas 1992 : 147-148）。その後の政治状況のなかで、教皇庁への帰属を堅持しつつ、フランス革命への支持の姿勢も具体的な形で示すことを迫られたコンタ州議会は、一七九〇年一〇月二八日、ユダヤ教徒の黄色帽の着用義務を撤廃する法を採択するにいたったが、各市の当局がこの法の受理と施行を怠ったり、黄色以外の帽子を被ろうとするユダヤ教徒が暴力の犠牲となったりしたため、因襲の廃止は不徹底に終わった。

一七九一年に入ると、コンタの政治状況が急展開を見せる。一月二日、フランス人の加勢を得たアヴィニョンの軍勢がカヴァイヨンを制圧する。アヴィニョン市は、連合を拒むコンタのすべての町が同様の扱いを受けることになると宣告し、二〇日には、教皇支持派に抗して立ち上がったカルパントラの民衆を援護するとして、アヴィニョン軍をカルパントラの市門まで進めたが、この時は、突然の猛吹雪に阻まれた。アヴィニョンに抗し、町としての独立を守る上で周辺のフランスの自治体から認証と援助を取りつける必要に迫られたカルパントラの町は、ふたたび「人権宣言」への賛意の印として、一〇月二八日の廃止法を経てなお黄色帽を被っているユダヤ教徒に、罰金刑をもってその着用を禁止（！）する法を採択している。

二月七日、コンタの二五町村の長がアヴィニョンに集まり、ともにアヴィニョンを県庁所在地とするヴォクリューズ県を構成してフランスに帰属することを求める。ただカルパントラだけは、別個の都市国家として教皇庁に帰属しながらフランスの国民議会を模範として改革を進めていくという方針を堅持した。しかし、八月一八日、ベダリードのサン＝ローラン教会にコンタ各町村の代表を集めて行われた投票の結果、賛成七〇、反対一九でコンタのフランスへの帰属意思が示される。これをうけたフランス国民議会が、九月一四日、アヴィニョンとコンタの併合を政令（デクレ）として公布したことにより、南東部の教皇領は、一三世紀以来、五〇〇年余の歴史に終止符を打つこととなった。ある土地の主権の帰属が住民代表の投票によって決せられたのは、歴史上、これが初めてのことではないかといわれている。

この混乱の時期について正確な人口統計は望むべくもないが、すでに革命前から「カリエーロ」の住民流出が始まっていた上に、一七九〇〜九一年以降、とりわけコンタの州会議が旧来の差別制度に固執する姿勢を見せたことにより、アヴィニョンとコンタのフランス帰属決定を待たずして、かなり多数のユダヤ教徒がフランス王領内に流れ込んだと考えられる。その吸引力は、一七九〇年一月二八日の政令（デクレ）に盛られた「アヴィニョン出自のユダヤ教徒」という言葉によって一層のものとなっていたに違いない。

以上の経緯から、フランスがアヴィニョンとコンタを併合することによって現地のユダヤ教徒を〈解放〉した、という言い方は必ずしも当を得ていないことがわかる。むしろ、実態としては、一七九〇年一月二八日の政令（デクレ）に盛られた「アヴィニョン出自のユダヤ教徒」という表現が、すでに王国内に居住していた「アヴィニョン人」から、その時点でアヴィニョンに身を置いていたユダヤ教徒へ、さらにはコンタのユダヤ教徒へと拡大適用された結果、「教皇のユダヤ教徒」たちも（語弊を恐れずにいえば）「ついで」のようにしてフランスの能動市民たる資格を手にした、という方が当たっているだろう。

市民権の取得（二）一七九一年九月二八日

ここで時計の針を一七九〇年の初頭に戻し、残る東部のユダヤ教徒たちが、そこから「曲がりなり」にも——この表現の意味は追って明らかとなる——市民権の取得に辿り着く、困難かつ複雑な道のりに目を凝らしてみたい。

一七九〇年一月二八日、ポルトガル系、スペイン系、ならびにアヴィニョン出自のユダヤ教徒たちに市民権が認められた（厳密には、「認めない」としたのは誤りであったことが確認された）ことをうけて、東部のユダヤ教徒たちも、かねてより代表連と協議を重ねながら弁護士ゴダールが書き進めてきた「請願書」を国民議会に提出し、そのなかで自分たちにも遠からず同様の処遇、つまり一二月二四日の政令（デクレ）の付帯条項の撤回がなされるであろうとの期待と自信を表明した。「同一の宗教と原則を有している人間たちに、このフランスにおいて、単に住んでいる地方が異なるという理由で別々の生き方をさせておくことなど、国民議会の意図するところではないとわれわれは信じております」（Pétition

1790 : ii)。しかし、そこから憲法制定国民議会の解散（一七九一年九月三〇日）までの一年八か月は、議事の繰り延べに次ぐ繰り延べや、敵対勢力の巻き返しに加えて、アシュケナジ・ユダヤ教徒たち自身が「市民」として〈解放〉されることについての懐疑にとらわれるという、長い足踏みの期間となった。

この時期について、もはや夥しい数に上る関連文書からの引用は控え、出来事の生起だけを辿るならば、おおよそ以下のようになる。

一七九〇年一月二八日、弁護士ゴダールは、東部のユダヤ教徒たちによる「陳情書」を国民議会に提出すると同時に、みずから議席をもつパリ・コミューンの総会の場でも演説を行い、フランスの全ユダヤ教徒に対する市民権の授与に向けて支援を要請する。これをうけて二月二五日、パリ・コミューンの代表団が国民議会に出席して積極的なユダヤ教徒支持の請願書を読み上げ、とりわけタレーランの熱烈な讃辞に迎えられた。このゴダールの手法にならい、東部のユダヤ教徒たちは、みずから属する地方自治体の声として国民議会に訴えを届けようと試みた。二月二六日、ロレーヌのリュネヴィルとサルグミーヌのユダヤ教徒が連名で陳情書を提出し、翌二七日、ストラスブールの「憲法友の会」がアルザス・ユダヤ教徒の境遇に関する詳細な報告書をもって、彼らの地位改善を訴える。四月一二日には、ナンシーのユダヤ教徒たちが同様の請願書を国民議会に提出するための協力を市議会に要請したが、これはナンシー司教ラ・ファールの横槍によって実現ならなかった。

実際、一月二八日の政令（デクレ）の採択によって敗北を喫していたアルザス選出議員とカトリック教権派を中心とする反対勢力は、市民権授与の動きがアシュケナジ・ユダヤ教の一大集団にも拡大的に波及することだけは阻止しようとさかんに巻き返しを図り、反対声明や中傷文書などを時期を巧みに見計らいながら公刊し、国民議会への議事上程を妨害するのだった。四月七日、ストラスブールの市議会がユダヤ教徒への市民権授与に反対する意見書を国民議会に提出すると、それに対する支持表明でもあるかのように、アルザス地方で反ユダヤ暴動が頻発する。アルザスのユダヤ教会衆を代表するテオドール・セルフ＝ベールが、議会に宛てた手紙のなかで、間近に迫る復活祭（過越祭）の時期に国民議会でユダヤ教徒の市民権をめぐる議論を行うことで暴動の火に油を注ぎかねない危険性を指摘すると、それが動議として採用され、あっさりと可決されるのだった。四月一六日の政令（デクレ）によってアルザスのユダヤ教徒たちの身の安全が王国によって保証される旨、宣言されたが、皮肉なことに、それ以降、アルザスにおける反ユダヤの騒擾の可能性が、市民権問題に対して国民議会を及び腰にさせる一つの大きな要因となってしまう。すでにその頃、亡命貴族がドイツの諸邦と結んで東部の国境をうかがい、アルザスでの混乱につけ込んで革命を頓挫させようとしている、との噂が真剣に囁かれるようになっていたからだ。よって、アシュケナジ・ユダヤ教徒への市民権授与に反対する勢力の戦略としては、議場で真正面から論戦を繰り広げた末、多数決で敗北を喫するよりも、一件を議事として採り上げること自体の危険（アルザスの一般民衆の暴徒化と敵国への寝返り）をちらつかせながら憲法制定議会の閉会に漕ぎ着け、続く立法議会で復讐戦を挑む方が得策と考えられたのだ。

五月三日から二一日まで、国民議会では、パリの行政組織に関する集中審議が行われた。四日、それに関連づけてパリ在住のユダヤ教徒たちがふたたび「陳情書」を提出し、首都に居住するユダヤ教徒にも洩れなく市民権が授与されるべきことを重ねて訴え出ている。文書の主としてはマルドシェ・エリーとダヴィド・シルヴェーラの名が記されているが、前者エリーは、前年一七八九年の八月二六日、「人権宣言」採択の日に合わせて議会に提出された「請願文」の連署者の一人であり、後者シルヴェーラは先頃までバイヨンヌの「セダカ」を率いていた人物である。おそらくは前年の「請願文」に署名したアシュケナジ、セファラディ混在の一群に、すでに市民権を取得済みの南西部のセファラディたちの一部が、加勢、応援するという趣旨で書かれたものであろう。その日、パリ市議のド・ブールジュもさかんに援護の熱弁をふるった結果、憲法制定委員会は、コンドルセ、ブリソー・ド・ワルウィル、ロバンの三名からなる特別検討委員会の設置を約束するにいたった。のちにブリソー・ド・ワルウィルが提出した報告書は、王国内のすべてのユダヤ教徒に能動市民としての資格を即時に与えることにきわめて積極的な内容であった。

七月二〇日、この時期をつうじて唯一、実質をともなう成果として、メッスのユダヤ教徒に課されてきた「ブランカ税」が廃止に漕ぎ着けている。「ブランカ税」とは、一七一五年、メッスのユダヤ教徒たちが、メッス高等法院議長の甥に当たるルイ・ド・ブランカ侯爵に特別な身柄の保護との引き替えに上納し始めた貢物が、その後、税として制度化されたものである。メッスのユダヤ教徒たちの度重なる苦情にもかかわらず、一七八九年八月四日、封建的特権の廃止を経てなお、税の納入が求められていたのであった。本来〈大革命〉の名のもとで廃止に追い込むにしては、ずいぶんと遅きに失した決断である。

八月、九月には、司法制度改革が議会の争点となった。しかし、ユダヤ教徒の法曹職への就任権を真正面から問題にしようとする動きは見られず、採択されるすべての法文の末部に、「ただしユダヤ教徒に関しては何ら予断するものではなく、国民議会は彼らの境遇についての裁定を控える」という、前年一二月二四日の付帯条項が、ひたすら判で押したように繰り返されるばかりであった。

国民議会がこの「予断せず裁定を控える」という表現を量産するしか能がなく、「別途、真摯に検討する」との憲法制定委員会の約束も空手形に終わるなか、痺れを切らしたパリのユダヤ教徒を代表してダヴィド・シルヴェーラが憲法制定委員会に一つの質問を投げかけ、それに対する委員会の回答を公表することを求めた。つまり、「予断せず裁定を控える」という付帯条項が掲げられて以来、一〇か月のあいだ、パリや東部のユダヤ教徒たちの法的身分はどういう状態にあったと考えたらよいのか。先に南西部の「ポルトガル人」たちは、旧来の勅許状のなかで認められた諸権利の確認を求め、それに成功したが、これと同様、パリや東部のユダヤ教徒たちも、かつて、それぞれの地域に向けて出された勅許状で認められた諸権利を享受した状態で、今、その確認を待っている状態にあると考えてよいのか、という問いである。これに対し、一〇月二八日、憲法制定委員会は、「旧政府のもとで合法的に市民の状態を享受していた者は、皆、その状態を享受し続けなければならない」という裁決をもって答え、その内容は、一一月一四日の国民議会でも追認された。これを裏返して解釈するならば、以前、南西部のユダヤ教徒たちが、一七八九年一二月二四日から翌九〇年の一月二八日まで、わずか一か月間ながら置かれることとなったのと同じ、いわば「旧来どおりであることが、ただ未確認のままである」という状態に、今、パリや東部のユダヤ教徒たちも置かれているにすぎないことになる。

年が明けて一七九一年一月一八日、グレゴワール神父が臨時の議長として国民議会を仕切ることとなったのを好機として、議員マルティノーが演壇に立ち、全ユダヤ教徒への市民権認定を提案したが、反対派の領袖ブロイ公が、その件に関する検討は憲法制定委員会に委ねられているはずであるとして激しく応酬し、審議は中断されてしまう。五月一六日、ふたたびエリーとシルヴェーラの連署により、パリのユダヤ教徒たちからの「請願書」が議会に出される。彼らの表現は、もはや問いの域を超えて、驚き、呆れの趣を呈していた。今、南西部出身者と東部出身者が入り交じって居住を始めたパリの町では、同業を営み、同額の税を払い、国民衛兵として同じ義務を果たしているユダヤ教徒の男性集団が、被選挙権と公職就任権をもつ者ともたない者の二種に分断されている。また、外から移り来て五年後にフランスの市民権を認められたユダヤ教徒もいれば、何世代も前からフランスの地に暮らしていながら、なお市民権を行使できないユダヤ教徒もいるという、この現状をどうとらえたらよいかというのだ。これをうけて、パリ市議会が、五月二六日と六月六日の二度にわたって国民議会に意見書を提出するも、それまでと同様、大方の賛意に迎えられるのみで具体的な成果に結びつくことはなかった。

六月二二日、逃亡を図った国王一家が東部国境に近いヴァレンヌで逮捕されるという事件（「ヴァレンヌ逃亡事件」）以降、七月一七日、シャン・ド・マルスの虐殺事件などを経て、国民議会は、もはやユダヤ教徒の市民権といった原則問題について、悠長な議論を戦わせる場ではなくなっていった。その間、アルザスのビュスヴィレールの村で、七月一四日の第二回「全国連盟祭」が、カトリック、ルター派、カルヴァン派、ユダヤ教徒の四者合同で仲睦まじく祝われたという逸話や、八月一二日、ロレーヌのリュネヴィルで、ユダヤ教徒に城の中庭を横切ることを禁ずる旧来の因襲が廃止される、といった心温まる逸話も残されている。しかし、議会の方は、八月五日、それまでに採択された政令（デクレ）をすべて貼り合わせるかたちで提出された憲法草案の審議に入り、九月三日、いわゆる「一七九一年憲法」の採択に漕ぎ着けてしまう。その間も憲法制定議会は、東部とパリのユダヤ教徒という、王国住民のある一部（人口にしておよそ三万五〇〇〇人ほど）について、その基本的人権が「予断せず裁定を控える」状態に留め置かれていることを問題視する素振りを一切見せないままだった。

九月三日に憲法を採択したのちも、国民議会は、刑法、公教育法、農事法など、解散前の落ち穂拾いというにはあまりに重要な法案の審議・裁決を継続せねばならなかった。そうしたなか、九月二七日の朝、かつてユダヤ教徒の被選挙権、公務就任権をさかんに擁護した経歴をもつパリの第二身分選出の議員、アドリアン・デュポールが発言台に立ち、ユダヤ教徒の市民権問題を数か月ぶりに議題に載せたのであった。

「ユダヤ教徒の政治的存在様式の問題は繰り延べにされてきました。その間も、トルコ人、イスラーム教徒、その他、ありとあらゆる分派に属する人間が、このフランスで政治的権利を享受しています。私は、この議事の繰り延べ自体を無効とし、その結果として、ユダヤ教徒がフランスにおいて能動市民としての権利を享受する旨、裁決がなされることを求めます。」いつ誰の口から発せられても不思議ではなかったこの動議に、議場がおおむね賛意を表明するなか、アルザス、コルマールの第三身分選出議員として反対派の先頭に立ってきたジャン＝フランソワ・ルーベルがいつもどおり激しく嚙みつき、動議の揉み消しにかかったが、この時ばかりは、議長をつとめるルニョー・サン＝ジャン＝ダンジェリーの鶴の一声に押し止められる。「この提案に反意を表明しようとする人々に規律を求めます。なぜなら、それは憲法そのものに異議を唱えることを意味するからです。」こうして議会は、直ちにデュポールの動議にもとづき、以下の政令（デクレ）を採択するのであった。

国民議会は、フランスの市民であり、またその能動市民となるための必要条件が、すでに憲法によって確定済みであるとみなす。国民議会はまた、それらの条件を満たし、なおかつ公民宣誓（serment civique）を行って、憲法が課するすべての義務を果たす意思を表明する者は、皆、憲法の保障するあらゆる恩恵に与る権利を有しているとみなす。よって国民議会は、公民宣誓を行うユダヤ教徒の個々人（individus Juifs）に関して、先行する政令（デクレ）に書き込まれたすべての繰り延べ、留保、例外措置を無効とし、同時に、その公民宣誓をもって、それまで彼らに対して認められてきた特権や例外措置の放棄とみなすこととする。

「人権宣言」の採択以来、二五か月にわたる権利要求の闘いが、ここにようやく――しかも実に呆気なく――終局を迎える。一般にフランスにおけるユダヤ教徒の全的「解放令」とみなされているこの法文にとって、一七八九年一二月二三日、被選挙権、公務就任権をめぐる審議のなかで飛び出したクレルモン＝トネールの発言、「ナシオンとしてのユダヤ教徒にはすべてを拒み、個人としてのユダヤ教徒にはすべてを与えなければならない」が、まさに予言的な意味をもっていたことがわかるだろう。少なくとも法の文言から誤解の余地なく浮かび上がってくるのは、ここで名指された「ユダヤ教徒の個々人」が、旧来の状態から何らかの権利だけを受け取ったのではなく、旧来の状態において有していた権利と義務をいったんすべて放棄させられた上で、まったく異なる新しい権利と義務を備えた別の状態に移行させられたということである。この移行をどうとらえるかによって、ユダヤ教徒の〈解放（Émancipation）〉と呼ばれる事業の解釈と評価が大きく分かれることになる。

アドリアン・デュポールによる、このたしかに唐突にして、ごり押しの感もないではない発議の動機を説明して、かねてより、ユダヤ教徒の諸権利の平等が認められるのならば、その一部ではなく王領に住まう全員を漏れなく対象とすべきであるとの自説を繰り広げていた厳格派の元・高等法院弁護士デュポールにとって、「人権宣言」を採択した議会がこの件を未決着のままにして閉会することがいかにしても承伏し難いものであったからであろう、とする解釈が一般的である。しかし、その背後に、より実利主義的な第二の動機として、やはり憲法制定議会の最終段階まで引き延ばしの対象とされてきた植民地法案との関連性を指摘する人々もいる（Badinter 1989 : 220-221 ; Ezran 1992 : 92）。

植民地の住民について、国民議会は、一七九一年五月一五日、たとえ有色人であっても自由人の両親から生まれた者は白人と同等の権利を有する旨、政令（デクレ）として採択し、依然、世襲としての奴隷身分は温存したまま、少なくとも肌の色による権利不平等の解消に向けて最初の一歩を踏み出していた。しかし、バルナーヴ、ラメットなど、カリブ海の大規模農場経営者たちの利益を代表する「マシアック・クラブ」のあと押しを受けた国民議会議員たちは、閉会間際、巻き返しの攻勢に出、九月二三日、二四日の二日間におよぶ激しい議論をつうじて、グレゴワール神父、ロベスピエールなど、有色人の人権擁護派を数で抑え込むことに成功する。結局、五月一五日の政令は撤廃され、代わって九月二八日（デュポールによるユダヤ教徒の人権動議の翌日）、「肌の色にかかわらず、あらゆる人間が、フランスにおいてすべての市民権を享受する」との文言が政令として採択されたのだった。この「フランスにおいて」という表現が、「植民地を除くフランス本土」という法解釈に道を開き、最終的に「植民地においては、あらゆる人間がすべての市民権を享受するわけではない」という対偶言説を可能にした。つまり、この政令は、「人権宣言」の有効性を地理的に制限するものとして、植民地経営者と奴隷制度維持派の勝利を画するものであったのだ。

ここから先、仮説は実証的資料の裏づけをともなわず、後世の史家たちによる推測の域を出ないのだが、この時、植民地の利益を守り通そうとする議員たちと、バルナーヴに近い立場にあったデュポールとのあいだで、もちつもたれつの多数派工作が行われたのではなかったか。つまり、ユダヤ教徒の人権擁護派と、黒人・混血人の人権反対派とのあいだで、それぞれ二七日、二八日に提出する法案を多数決で可決に持ち込むための協力関係が議会ロビーで成立したのではなかったか。あるいは、九月二七日、有色人の人権に関する五月一五日の政令を廃棄し、閉会間際で「人権宣言」の意義を矮小化させてしまったことに対する国民議会構成員の心理的「うしろめたさ」が、翌二八日、せめてユダヤ教徒の人権動議くらいは通過させておこうという、道義的埋め合わせの力学として作用したのか……。もしも、こうした仮説、推測に真を穿つ部分があるとすれば、一七九一年、フランス東部のユダヤ教徒たちへの市民権授与と、大西洋を越えたカリブ海の有色人たちの人権不承認とのあいだは、いずれも当人たちのまったく与り知らぬところで表裏一体の関係があったことになる。

東部のユダヤ教徒への市民権授与にあくまでも反対の立場をとる勢力は、ここで数の論理によって喫してしまった敗北を、文言の修正と追加法案の採択によって埋め合わせることに躍起となった。翌九月二八日、前日の議事録の承認に際してブロイ公が発言を求め、ユダヤ教徒が行う公民宣誓は、これまで彼らが身を委ねてきたあらゆる個別の法――すなわち伝統的ユダヤ法（ハラハー）――の全面的放棄を意味するものでなくてはならない、と訴えた。こうして当初、ブロイ公の修正動議として、「彼らに対して認められてきた特権や例外措置の放棄」という文言を「民事、政治に関わる彼らの個別の法の放棄」に置き換えることが提案されたが、「ユダヤ教徒にその宗教の廃棄を求めることがわれわれの意図ではない」というナンシーの議員ジョゼフ・プリュニョンのさらなる修正動議によって、その種の文言修正は押し止められた。

続けて、アルザス選出の反ユダヤ派議員、ルーベルが演壇に食い下がり、アルザスにおいて、ユダヤ教徒たちの「高利貸し」がもたらしているさまざまな社会的害悪を述べ立てた上で、前日の政令（デクレ）と抱き合わせで、アルザス限定の特別立法の必要を訴えた。つまり、今回の政令（デクレ）の公布から一か月以内に、非ユダヤ教徒住民に対してなにがしかの債権を有しているアルザスのユダヤ教徒は、全員、最寄りの地区行政府に出頭し、元金と利息の内訳を詳らかにしなければならない。そして地区行政府は、そのユダヤ教徒たちからの申請を一件一件精査した上で、あるべき債権の整理回収法を上アルザスと下アルザスの県行政府に報告することとする、というのだ。地域限定で金融業の実態調査、ならびにその健全化を促すと見せて、ルーベルの真の狙いは明白である。そのような煩瑣な手続きを踏ませながら、アルザスの住民がユダヤ教徒の金融業者に負っている借金を、事実上、棒引きにしようというのだ（実際、ほとんどのユダヤ教徒がみずからの債権の保有を訴え出ることをしなかったため、借金はそのまま帳消しとなった）。こうしたルーベルの法案がなんなく国民議会を通過してしまうところから見ても、東部ユダヤ教徒の〈解放〉によって引き起こされる民衆暴動の筋書き、さらにそこから革命転覆を狙う亡命貴族と外国勢力による東部国境侵犯というシナリオが、いかに議員たちの恐怖心を鷲づかみにしていたか、ありありとうかがわれよう。また、ある一日、住民の一部に関する旧来の例外措置の撤廃を高々と宣言しておきながら、その翌日、さっそく同じ人々を対象として新たな特別法を採択し、そして、それについて議場のいずこからも疑義の声が上がらないということの事態は、一つの政体が、ある原則を文言として高らかに謳い上げつつ、それを現実の行動に合致させる能力を必ずしも一朝一夕に身に備えるものではない、ということの顕著な例証といえるだろう。

LOI

RELATIVE AUX JUIFS.

Donnée à Paris, le 13 Novembre 1791.

LOUIS, par la grâce de Dieu & par la Loi constitutionnelle de l'État, ROI DES FRANÇOIS : A tous présens & à venir; SALUT.

L'ASSEMBLÉE NATIONALE a décrété, & Nous voulons & ordonnons ce qui suit :

DÉCRET DE L'ASSEMBLÉE NATIONALE, du 27 Septembre 1791.

L'ASSEMBLÉE NATIONALE considérant que les conditions nécessaires pour être citoyen François & pour devenir

1791年9月27日の政令（デクレ）

アルザスのユダヤ教徒たちにとってまさに屈辱的という以外にないこの付属法案成立の翌日、九月二九日は、奇しくもユダヤ教の「新年祭（ロシュ・ハシャナー）」に当たっていた。さらにその翌日、九月三〇日に憲法制定国民議会は解散を宣言し、立法議会に襷《たすき》を渡す。二七日の政令（デクレ）は、一一月一三日、国王による登記を経て正式に発効している（上写真）。一三九四年九月一七日、故意にユダヤ教の「贖罪の日（ヨム・キプール）」に合わせて発せられたシャルル六世による追放令以来、実に三九七年ぶりに、フランス王領に住まうユダヤ教徒の存在が、違法であり、例外的であることを止めた瞬間である。

はたして〈解放〉とは

一七九一年九月末、ユダヤ教徒の市民権に関する政令（デクレ）の採択後にも、続く一一月、それが実際に発効を迎えたのちにも、アルザスを含め、フランス国内には、あれほど恐れられた反ユダヤ暴動や東部国境付近での騒擾の気配は一切見られなかった。「人権宣言」の採択から二五か月、セファラディ系ユダヤ教徒たちの市民権を確認する政令（デクレ）の公布から数えても二〇か月、まるで腫れ物にでも触るかのように審議を先延ばしにする理由がどこにあったのか、事後的に不可解といわざるを得ない。

そもそも、憲法制定国民議会の二年二か月にわたる会期中（一七八九年七月〜一七九一年九月）、総勢一三一五名の議員のうち、ユダヤ教徒の処遇に関して議場で発言したのはせいぜい三〇名であり、中心となったのは、親・反両陣営にわたってほぼ顔ぶれの決まった一〇名程度にすぎない。議事録から推測しても、ユダヤ教徒をめぐって交わされた議論の時間は、合計四〇時間を越えるものではなかったと思われる。むろん、歴史的出来事の価値や重要性は、関わった人間の数や費やされた時間の長さで計られるものではないが、通常、マクロの視点から、フランス革命の偉業の一つとして称揚されるユダヤ教徒の〈解放〉も、ミクロの視点、現実に流れる人間的時間の尺度からすれば、潜在的賛成派による様子見と、確信的反対派の先延ばし戦術が噛み合って膠着した末、会期終了間際、半ば捨て鉢的に見出された妥協の産物であったとの印象が拭えない。

さらに、キリスト教徒民衆層からの異議や不満の噴出が見られなかったことと対をなすようにして、当のユダヤ教徒たちの側からも、とりたてて歓喜や感謝の表明がなされたわけではないことにも歴史家は目を留めなくてはなるまい。そして、その説明としては、右に見てきたとおり、議事が繰り延べに次ぐ繰り延べの対象となったり、最終的認証が屈辱的な特別法と抱き合わせにされたりしたことに対する倦みや嫌気ばかりでなく、より原理的な次元で、国民議会のいう「人権」「市民権」が必ずしも自分たちの希求に合致しておらず、むしろ、その希求を打ち砕くものとなるのではないかとして、少なくともある時期以降、一部のユダヤ教徒たちのあいだで支配的になった懐疑・恐懼の念も考慮しておかなくてはならない。

実際、一七九〇年一月から九一年九月までの時期、数え切れないほどの請願書を国民議会に提出しながら議事としての採択を粘り強く求め続けたのは、アシュケナジ＝セファラディの混淆を特徴とするパリのユダヤ教徒たちであり、アルザス、ロレーヌの代表者たちは、一七九〇年一月二八日、例の付帯条項の撤廃に向けた請願書の執筆を弁護士ゴダールに依頼したのを最後に、国民議会への訴えかけを行っていない。むしろ、四月二二日、ベール・イツハク（イザーク）・ベールがナンシー司教ラ・ファールに宛てた公開状には、もしも東部三管区（ロレーヌ、アルザス、三司教領）のユダヤ教徒が、差し出された「人権」「市民権」の一部をみずから放棄することとの引き替えにより、ラビ法廷と「総代」制度の温存を認めてもらえるのならば、それを国民議会における人権議論の着地点にしたいくらいである、との意向が示されていた。

もしも国民議会が、ロレーヌ、アルザス、三司教領に住まうユダヤ教徒は、唯一、公務と司法職への被選挙権・就任権のみを除いて、ほかのフランス人と同等の権利を王国全土で享受するものとし、その被選挙権・就任権から排除されることの埋め合わせとして、みずからのあいだに、みずからの負担によって、国王の勅許状を手にしたラビと指導者を擁することを許可する旨、政令（デクレ）をもって宣言してくださるのならば［…］、私は、上記三管区のユダヤ教徒たちに、その犠牲を受け入れさせる自信があります。［…］逆に、もしもわれわれがもはや共同体（Communauté）として存続してはならず、われわれ自身の民法を犠牲にして、以後、国民の法によって統括されなくてはならないのだとしたら、つまり、全フランス人にとっての幸であるべきこの革命が、われわれの不幸を増大させることにしかならないのだとすれば、われわれは、それに帰服することより、千回の死の方を選びます（Berr 1790 : 14）。

歴史家によっては、この普遍的事業からの離脱、自己排除の姿勢を、書き手であるベール・イツハク（イザーク）・ベールにおける「気の萎え」ととらえる（Feuerwerker 1976 : 367）。しかし、この一文を、また別の角度から読み直すこともできるのではないか。つまり、東部のユダヤ教会衆の幸福を真摯に考え抜こうとするベールの知性は、革命の旗印のもと、人間の「権利」を標語とし、ユダヤ教徒住民を「市民」として「解放」に導くという企図が、実のところ、彼らをユダヤ教徒として消滅に追いやるものであることをかなり早い時期から察知し、その筋書きを回避しつつ、フランス革命の「普遍」とユダヤ教会衆の「個別」を折り合わせる可能性について、思考に思考を重ねてきたのではなかったか。先にわれわれがまとめた三公理に則して言い換えるなら、それは、フランス王国――この時点でなお王国――の刷新された体制として、「特殊性を水準化しようとする一般性」ではなく、「特殊性をありのまま載せ運ぶ一般性」を基調としていく最後の可能性を模索する試みであったとは考えられまいか。少なくとも、フランス革命政府によるユダヤ教徒への市民権授与という、マクロの次元では完全なる正の意味でとらえられる歴史事象が、ミクロの次元、ほかならぬその権利を授与される当事者たちの側では、「排除」「埋め合わせ」「犠牲」「不幸」という、およそ正の意味ではとらえられない語彙とともに生きられていたという現実にしっかりと目を凝らしておかなければなるまい（ベールにおける「解放」概念の変遷について Lemalet 1992 を参照）。

一七九一年九月二八日の政令（デクレ）には、「公民宣誓を行うユダヤ教宗旨の個々人に関して、先行する政令に書き込まれたすべての繰り延べ、留保、例外措置を無効とし、同時に、その公民宣誓をもって、それまで彼らに対して認められてきた特権や例外措置の放棄とみなす」とある。そして、その「公民宣誓」として口にせねばならない文言とは以下のようなものであった。

私は、ナシオン、法、そして国王に忠実であること、ならびに一七八九年、一七九〇年、一七九一年の憲法制定議会によって定められた王国憲法を力の限り支持することを誓います。

この言葉をそれぞれの自治体の長の前で唱えることで、東部のユダヤ教徒たちは、一六、一七世紀の昔から課されてきた差別的な例外措置（特別税制、居住地と職業選択の制限など）と同時に、特権として享受してきた例外措置（その最たるものが「総代」による代表制とラビ法廷の権威）からも、いちどきに「解き放たれる」――見方によっては「引き剝がされる」――ことになるのだった。ちなみに、ラテン語で「手放すこと」を意味する「解放（emancipatio）」の語は、主が奴隷の「売買権」を手放す時にも、父親が子に対する「親権」を放棄する時にも用いられる。

一七九一年九月二八日の政令は、一一月一三日、国王の承認を経て正式に発効し、一二月半ばには、内務大臣をつうじて全国の県会に下達されていった。これをうけて、さっそく一二月一四日、メッスのユダヤ教徒たちが市庁舎に赴いて宣誓を行っている。ナンシーでは、翌九二年一月二日、地元のラビとベール・イザーク・ベールの先導のもと、市庁舎の前で宣誓を行った（この時、会衆の構成員たちを前に行った演説のなかで、ベールは、宣誓を行って良きフランス市民となることと、その後も父祖の宗教に忠実であり続けることは、相互にいささかも矛盾するものではないことを強調している）（Ibid. : 429-430）。一月一六日にはサルグミーヌでも宣誓式が行われたが、当人たちのなかにフランス語を解さない者が含まれていたため、やむなく宣誓はドイツ語で（！）行われたという。アルザスでは、行政官たちが、一七九一年九月二八日の政令そのものに対する反発心から宣誓の受け付けをいたずらに先延ばしにする傾向があり、ようやくタンで二月一七日、ストラスブールで二月二一日に宣誓式の開催に漕ぎ着けた。セルフ・ベールの地元で、その義弟ダヴィド・ジンツハイムの指導下にあったビシェム（ビシュハイム）の町では、当局の対応が醜聞の域に達する出来事があった。当局は、最初、宣誓の儀は毎週土曜日（ユダヤ教の安息日）の午前のみ、参加者に無帽を強制し（ユダヤ教徒にとっては儀礼の際にこそ着帽が必須である）、しかも、〈三位一体〉への敬意の印として各人が三本の指を立てた姿勢で執り行うとして、ユダヤ教徒集団に嫌がらせをした（Weyl, R. 1992 : 91）。これにラビ、ジンツハイムが激しく抗議した結果、ようやく四月一八日（水曜日）に集団宣誓が行われることとなる。しかし、当日、降りしきる雨のなか、式を見守る国民衛兵たちのなかからユダヤ教徒らに脱帽を求める怒号がわき上がり、ついには宣誓の言葉も満足に聞き取れないほどの騒擾となりながら、町長以下、当局の担当者らはそれを鎮めようとする素振りさえ見せなかったという（Girard 1989 : 196-197）。通称〈解放令〉の採択から わずか七か月、宗旨の別を問われることのない市民としてユダヤ教徒を受け入れる態勢など、いまだまったく整っていなかったことをうかがわせる逸話である。

こうして「公民宣誓」を行い、晴れて（？）フランス市民となったユダヤ教徒たちの生活環境は、どのような変化を見せたのか。居住地についていえば、南東部、「教皇のユダヤ教徒」たちが南部の各都市（ニーム、エクス、モンペリエ、マルセイユなど）に住居を移し、「アルバ・ケヒロート（四会衆）」の「カリエーロ」をほとんど蛻《もぬけ》の殻状態にしていったことを除き、ほかの地域のユダヤ教徒住民は、ほとんど革命以前からの古巣にとどまり続けたようだ。アルザスでは、それまで居住が許されなかった都市部（ストラスブール、コルマール）に少しずつユダヤ教徒の商人が住み着き始めたことを除いて、ユダヤ教徒の生活は、依然、農村的なものであり続けた。従来の通説として、この頃、ユダヤ教徒への市民権授与を達成したフランス革命の威光に引き寄せられて、国外（とりわけ中央ヨーロッパと東ヨーロッパ）からユダヤ教徒が多数流入したのではないかといわれてきたが、近年の研究によれば、その説もどうやら再問に付されるべきものであるようだ（Ibid : 200）。むしろ、続く〈恐怖政治〉の混乱期、ユダヤ教の学習環境が急速に悪化したため、充実したイェシヴァー（タルムード学院）を擁するドイツの各都市に向けて有望な青年層が流出し始めたことの方がはるかに深刻であったかもしれない。

一七九一年の政令により、職業や配偶者の選択に関する旧来の制限もすべて効力を失ったが、ユダヤ教徒の就業分布がそれによって急激な変化を見せ始めたわけではなく、キリスト教徒との婚姻や、それを契機とする棄教の事例も、革命期をつうじ、片手で数えられるほどしか報告されていないという。納税額の基準を満たし、被選挙権と公務就任権を手にした能動市民も、ボルドー、バイヨンヌ、パリのユダヤ教徒たちのなかから多く出るようになっていたが、その権利をとりわけ積極的に行使したのは南西部のユダヤ教徒たちであった。市民権議論に際してボルドーのユダヤ教会衆の代表をつとめ、その後、ナシオンの同志たちと「憲法友の会」を結成するにいたった銀行家アブラアム・フュルタドは、一七九三年一月、いまだ穏健主義のジロンド派が多数を占めるボルドー市会の一員に選出された。続く〈恐怖政治〉時代には、ジャコバン派のダヴィド・ペレーラ＝シュアレスがバイヨンヌ（厳密にはサン＝テスプリ・レ・バイヨンヌ）の市長に選出され、ユダヤ教出自の自治体の長としてフランス史上初の事例を作った。

一七九二年四月二〇日、立法議会がオーストリアに宣戦布告し（「フランス革命戦争」の始まり）、「祖国は危機にあり」として、世論が憂国一色に塗り込められつつあった頃、国民軍への積極的参加をもってフランス愛国主義の先頭を切ったのは、とりわけパリのユダヤ教徒たち（前年、フランスの全ユダヤ教徒への市民権授与をあれほど熱心に請願した人々）だった。前述のポーランド出身のザルキント・フルヴィッツは、言語学の知識を活かし、フランス国民軍のため、戦時に使う暗号体系を作ってやったといわれる。また、プティ＝ペール地区に住むメッス出身のカルマンというユダヤ教徒は、同地区において国民衛兵としての義務を果たすことを拒む住民の名を赤い板に記載して公示する、という制度を考案し、「見上げたイスラエリート」、「ユダヤ教徒たちも何かの役に立つということの見本」として、新聞紙上で盛んに話題を呼んだ(Ibid : 204)。南西部では、右のフュルタドやペレーラ＝シュアレスの例にも見られるとおり、穏健なジロンド派から急進的なジャコバン派まで、革命政治の怒濤に身を投じるユダヤ教徒の姿が珍しくなかった(この文脈上、そろそろ juif に対して「ユダヤ教徒」という訳語の使用が憚られ始めるのだが)。他方、東部のユダヤ教徒たちは、当人の意志以前に、周囲の不信感、嫌悪感に妨げられ、国民軍や革命派のクラブなどへの参加がより困難であったようだ。それでも、セルフ・ベールの二人の息子バリュクとマルクスは、地元のジャコバン派と国民軍兵士の家族を支援するとして巨額の寄付を行っており、また、メッスのラビ、ウリー・カヘンは、一七九二年九月二〇日、ヴァルミーにおけるフランス軍の初勝利を祝して、「ラ・マルセイエーズ」の曲に乗せたヘブライ語の頌歌を作詞するなど、東部のユダヤ教徒たちのあいだからも革命支持の姿勢は過たずに示されていた。

〈恐怖政治〉の時代

フランス革命史上、期間をもっとも長くとるならば、革命裁判所が設置された一七九三年三月一〇日から、「テルミドール月九日のクーデター」によってロベスピエール派が失脚する一七九四年七月二七日までの一年四か月を〈恐怖政治〉の時代と呼ぶことができる。その間、フランスのユダヤ教世界も、キリスト教世界(カトリック、プロテスタント)同様、有形無形の大打撃を被ることとなったが、その被害と犠牲を、歴史家パトリック・ジラールの分析(Ibid : 210-229)に従って、(一)政争をつうじての懲罰と粛清、(二)反宗教熱に駆られた破壊、(三)富裕層を狙い撃ちにした財の没収という三種に分類することができる。

既述のとおり、革命の政治闘争にもっとも積極的に身を投じていったのは南西部のユダヤ・ナシオン出身者たちであったが、ジロンド派からジャコバン派、さらにモンタニャール派へ、革命の振り子が急進化の方向へ振れるにともない、彼らのあいだからも懲罰、粛清の対象となる者が出始める。世紀前半にポルトガルからボルドーに居を移し、輸出入業で大成功を収めていたラバ兄弟は、当初、「連邦主義者」たちによって牛耳られていたボルドー市に二万リーヴルの寄付を行ったことをあとから咎められ、五〇万リーヴルの罰金刑を言い渡された。そのボルドー市議会に名を連ねていたアブラアム・フュルタドも、革命裁判を逃れて一時亡命を余儀なくされ、私財のほとんどを没収されている。ニームでは、カルカソンヌのジャシュダという男が、やはり「連邦主義」に加担したとして処刑されたが、彼を裁く革命裁判の陪審団にも、ヴィダル、クレミュー、ミュスカというユダヤ教出自とおぼしき三名の名前が見えるという。パリでも、同じユダヤ教出自でありながら、「公民証明書（certificat de civisme）」をもって革命派として公認される人々と、「連邦主義者」ないし「矯激派」として反革命の汚名を着せられ、逮捕、投獄される人々の二者のあいだで明暗が分かれた。後者のなかで、革命暦二年ジェルミナル月四日（一七九四年三月二四日）、クローツ、エベールとともに断頭台に上ったジャコブ・ペレーラが、ユダヤ教出自の人間として最初にギロチンの露と消えた人物と目されている。

危うく革命裁判の爪牙を免れたアブラアム・フュルタドは、のちの回想録のなかで、〈恐怖政治〉の猛威が、とりたてて選択的にユダヤ教出自の名士や政治活動家を標的にしていたわけではなくとも、処刑者が、老若男女、あらゆる階級、あらゆる身分から出ているなか、ユダヤ教徒の集団から一人も処刑台に上らないのは理に合わないとして、「この古き分派に属してきた人間の誰かを亡き者にしようとする人々の執念には驚くべきものがあった」と記している（Furtado : 99）。永年の差別待遇からも特別扱いからも解き放たれたユダヤ教出自の人々に、新体制によって真っ先に適用された平等原則が、ほかの市民たちと均等に処刑台に上る権利であったとすれば、まさに皮肉の極みというほかない。

フランス革命が有無をいわせぬ反宗教のドグマに染め抜かれるようになるのは、一七九三年九月以降のことである。それ以前、ユダヤ教は、プロテスタント（カルヴァン派、ルター派）と並んで、カトリック内部のいわゆる「宣誓忌避僧侶」たちとの対比において、むしろ好意的な評価さえ受けていた。「公民宣誓」を拒否する大多数のカトリック聖職者は、少数派ながら従順に、時として積極的なまでに「公民宣誓」の義務を果たしているユダヤ教のラビやプロテスタントの牧師たちを見ならうべき、とされたのである。しかし、九三年秋、この世の価値体系の最上部に〈理性〉を位置づけ、そこにすべての既存宗教を屈従させる――ひいては御用済みのものとして棄却する――傾向が、フランスの言説空間を一色に染め始める。たとえば、革命暦第二年フリメール月八日（一七九三年一一月二八日）、パリの大衆紙『ル・バターヴ』には次のような文言が見える。「イスラエルの獰猛なる神、冷酷なるイェホヴァー、キリスト者の曖昧な神、その他、すべての民のあらゆる神々も、以後、自由なる人間にとっての唯一の神性、すべての時代に共通する〈理性〉の前に、その尊大な頭を傾《かし》がせることになるのだ。」

フランスにおけるユダヤ教出自の市民たちのなかでも、この非宗教化の動きにいち早く呼応の動きを見せたのはパリの人々であった（ここにいたって、juif に「ユダヤ教徒」の訳語を当てることはもはや完全な語義矛盾となる）。早くもブリュメール月二〇日（一一月一〇日）、かの有名な「理性の祭典」がパリのノートル＝ダム寺院で開催された日、サロモン・ヘスなる自称「ユダヤ僧侶」は、「もはや自由の神以外の神、平等への信仰以外の信仰はもたない」と高らかに宣言し、「これまで長きにわたり、人々の目に真実を隠す役割しか果たしてこなかった」「ユダヤ教のがらくた」を「祖国の友」の最寄りの支部に寄付している。キリスト教会の鐘や銀器を祖国の戦争遂行のために供出することが愛国的行為とされ始めた、その動きを、ユダヤ教について真っ先に引き取って実践して見せたわけである。その翌日、ブシュリー通りのシナゴーグの管理者たちが、やはり祭儀に使う銀器のたぐいの寄付を申し出ながら、モンタニャール派（山岳派）の覇権を語呂合わせとともに讃えるのだった。「われらが父祖は、ある山［シナイ山］の高みで発せられた法をわれらに伝えました。今、あなた方がフランスに授けようとしている法は、それに劣らずわれらが崇敬する山（モンターニュ）に発するものです。」こうした積極的革命支持の意思表示が功を奏したのか、パリでは、シナゴーグが襲撃にあったり、ラビが聖職の放棄を迫られたりする事態は報告されていない。むしろ、フリメール月三日（一一月二三日）、「理性の神殿」を除くすべての礼拝施設の閉鎖が命じられたあとも、少なくとも一か所のシナゴーグが機能していたことが確かめられており、翌九四年の過越祭にも、南西部出身のモイーズ・ピマンテルというユダヤ教徒が、当局の許可を得て、「フランス市民と認められた二二〇名のイスラエリートの同胞たち」のマッツァー（種なしパン）を焼くための小麦粉を入手することができたという。

南西部では、革命政府による反宗教政策の過熱から、実際にユダヤ教徒に人命の被害が出ている。一七九四年七月二〇日、ジャン・マンデスというボルドーのユダヤ教徒が、「みずからの宗教上の原則は憲法と合致しない」旨、革命裁判所で堂々と陳述したあと、ギロチン刑に処されたのだ。なかには、すでにキリスト教に改宗していながら、元ユダヤ教徒として余りに「貴族的」な出自を鼻にかけたとして革命裁判所に見咎められるという珍奇な例もある。ボルドーの銀行家シャルル＝ポール＝ジョゼフ・ド・ペクソットは、一七八一年、「故国」スペインでカトリックへの改宗の儀を済ませていたが、その後も、みずからのユダヤの血筋が聖書時代に司祭職の担い手であったレヴィ家に連なっていることをさかんに言い触らしたとして、一二〇万リーヴルの科料を払わされた。ほかにも、単に言動が「貴族的」というだけで処刑台の露と消える人々が続出した時代、〈恐怖政治〉の裁判所として、これなどまだしも寛大な措置だったのかもしれない（Girard 1989 : 222）。

バイヨンヌのユダヤ系住民は、革命支持の姿勢において、ボルドーの同胞たちよりも急進的であったようだ。一七九三年一〇月一一日、サン＝テスプリ＝レ＝バイヨンヌで新たに「ジャン＝ジャック・ルソー地区」と名づけられることとなった界隈に住むジャコバン派が組織した「ジャン＝ジャック・ルソー監視委員会」は、会員の大多数をユダヤ教「出自」の人間——明らかに、もはやユダヤ「教徒」ではない人々——が占めた（Ginsburger 1934）。当時、全国各地に結成された同種の団体にならい、その活動目的は、反革命的と疑われる住民の告発、ならびに既存宗教の信仰行為の取り締まりであり、その矛先は、キリスト教のみならずユダヤ教にも等しく向けられた。実際、革命暦二年フリメール月一三日（一七九四年一二月三日）、バイヨンヌの二か所のコングレーグ（シナゴーグ）が委員会により閉鎖を命じられており、普段の安息日の励行も禁じられたほか、地元のラビ、アティアスも「狂信者」として摘発された。しかし、同委員会によるこうした反宗教活動も、おおむね言辞の水準にとどまり、現実の処罰や処刑をともなうものではなかったらしい。いずれにせよ、革命の急進化にともない、バイヨンヌのユダヤ・ナシオンのあいだから、ここまで迅速かつ積極的に反宗教組織への人材供給がなされているという事態から推して、すでに革命以前から、「セダカ」の少なからぬ構成員がユダヤ教の信仰から距離を置き始めていたと考えるのが自然であろう。

　パリや南西部とは対照的に、東部のユダヤ教徒たちは、父祖伝来の信仰をこれ見よがしにかなぐり捨てたり、それを自発的な取り締まりの対象にしたりする動きを見せることなく、吹きすさぶ反宗教の嵐のなか、ひたすら守勢に立たされたようである。革命暦二年ブリュメール月（一七九四年一〇～一一月）、下ラン県の全自治体に向けて、「すべてのヘブライ語の書物、とりわけタルムート《ママ》、ならびにその信仰に関わるすべての標章をただちに集め、〈真理〉に捧げた焚書を執り行うよう」命が下され、それは、ダヴィド・ジンツハイムがユダヤ教独特の天罰思想そのままにヘブライ語の回想録『ダビデの手』に書き留めたとおり、つつがなく実行に移されたようだ。

> 一七九四年、運命の日、怒りの日が到来した。神がその宝殿をお開けになり、そこから怒りの道具を引き出されたのだ。［…］ヘブライ語で書かれたすべての書が焼かれることに決まった。われわれの罪科がその原因である。いくつかの律法の巻物、ならびに数多くの貴重な書物が焼かれ、あらまほしき宝物が略奪された。私も、みずからの書を隠すことを余儀なくされた。あの不幸と怒りの時をつうじて、タルムードの学究は途絶し、シオンの道は荒れ果てた（Schwarzfuchs 1975 : 216 に引用）。

メッス、ナンシーでも、安息日の励行が禁止され、シューレ（シナゴーグ）やイェシヴァー（タルムード学院）が閉鎖を命じられた上、聖典、書物、聖具が押収、強奪された。一七九四年の春には、アルザスでラビとハザン（朗詠士）合わせて七名が一時身柄を拘束される、という出来事もあった。しかし、当時、カトリックの教会、プロテスタントの会堂にも分け隔てなく猛威を振るった宗教的弾圧に加えて、ユダヤ教徒、あるいはユダヤ教出自の市民をとくに恐怖に震え上がらせたのは、彼らに「外国人」「貴族」「不法相場師」「アシニャ紙幣の闇交換業者」など、ありとあらゆる嫌疑をかけた上、問答無用で財の没収、国外追放に処してしまおうとする公安委員会の専横であった。パリでは、シモン、マイエル、フュルトといったユダヤ姓を冠する人々が、違法滞在者として追放されないよう、あらゆる手を尽くしてフランス在住歴の古さを証明して見せなければならなかった。旧体制下、オランダから渡り来て、事業で一大成功を収めた既出リーフマン・カルメールの四人の息子のうち二人までが、一方は「矯激派」として、他方は「貴族」として革命裁判所に突き出され、絞首刑に処されている。カルメールの妹サラも、オーストリアと通じた「貴族」であるとして死刑を言い渡されたが、「テルミドール月九日のクーデター」により、かろうじてギロチンを免れている。ボルドーでは、アシニャ紙幣を投機の対象にした、あるいは、その通貨価値に疑問を呈したとして、何人もの富裕ユダヤ系金融業者たちが重い罰金刑に処されている。東部では、なにがしかの嫌疑をかける手間さえ惜しみ、相手がユダヤ教徒であるという理由だけで金銭を搾り取ろうとする権力の濫用が横行した。「革命の大天使」との異名をとるサン＝ジュストは、ナンシーのジャコバン・クラブに要請されるまま、当地のユダヤ教会衆を三〇〇万リーヴルの特別税の対象とする旨、命を下し、これに反発の姿勢を見せたベール・イザーク・ベールほか、ユダヤ教徒指導者たちを牢に繋いだ。メッスの市会は、一七九三年九月九日、ユダヤ教徒から二万リーヴルの特別税を徴収することを議決したが、これは、先に憲法制定国民議会によって廃止された「ブランカ税」にほぼ匹敵する額であった。アルザスでは、一七九三年一一月、セルフ・ベールほか数名の富裕ユダヤ教徒が、理由も判然とせぬまま逮捕・拘禁され、莫大な保釈金と引き替えにようやく釈放されている（セルフ・ベールは、釈放後まもない一二月七日、ストラスブール、フィンクウィレール河岸の私邸で六七歳の生涯を閉じた）。

こうした状況下、「テルミドール月九日のクーデター」によるロベスピエール派の失脚が、南西部やパリの一部のユダヤ系ジャコバン派を除き、各地のユダヤ教徒、ユダヤ教出自の市民たちに、大きな安堵とともに迎えられたことは想像に難くない。たしかにテルミドール後も、とりわけ東部を中心としてユダヤ教徒集団に対する差別的措置が散発的に繰り返され、「不法相場師」その他の汚名を着せられて立場を危うくされるユダヤ教徒、ユダヤ系市民もあとを絶たなかったが、革命暦三年ヴァントーズ月三日（一七九五年二月二一日）、国民公会がふたたび信仰の自由を宣言するにいたり、それ以降は、宗教に関して寛容の姿勢を基調とする総裁政府のもと、ユダヤ教も、ゆっくりと〈恐怖政治〉以前の落ち着きを取り戻していく。ただ、革命暦四年ヴァンデミエール月七日（一七九五年九月二九日）の政令（デクレ）により、いかなる宗派もその信徒たちに、寄付、献金、その他の形で宗派の維持費を強制的に払わせてはならないとされたため、会衆の財政は悪化の一途を辿った。

第*11*章　ナポレオン体制

ナポレオンとユダヤ教

ナポレオン・ボナパルトは、早くからヴォルテールの愛読者としてその反ユダヤ（教）的言説にも深く親しんでいたと見え、のちにまとめられた彼の語録からは、モーセ信仰の徒についてきわめて否定的な言葉を数多く抜き出すことができる（ポリアコフ 1968 : 310-311）。しかし、少なくとも総裁政府時代、将軍としての彼の言動には、むしろきわめて親ユダヤ的な傾向さえうかがわれた。イタリアで快進撃を続けるナポレオン軍は、進軍の途上で出会うユダヤ教徒の集団（ヴェネツィア・ゲットーを含む）を次々と差別待遇から解き放っていった。エジプトでのボナパルトは、地元のユダヤ教徒たちを、「世界の起源に関する教えをもって人類史にかくも深い視線を与えてくれる」民として手厚く扱うよう、部下たちに指令を下している。さらにパレスティナ、レバノン、シリアに遠征軍を進めたボナパルトは、各地のユダヤ教徒集団から支持を取りつけようと心を砕いた形跡があり、その真の動機について、今日では偽書と見られている「ユダヤ教徒たちへの呼びかけ」を含め、これまでさまざまな説が流布されてきた（Girard 1989 : 250-251）。概して、「私はカトリックになることによってヴァンデ戦争を終わらせ、イスラーム教徒になることによってエジプトに拠点を築き、教皇至上主義者になることによってイタリアの人々を味方につけた。もしもユダヤ教徒の民を支配することになったら、ソロモンの神殿をも再構築して見せよう」という、一八〇〇年八月一六日の国務会議における彼の発言に端的に示されているように、宗教、精神性の領域におけるボナパルティズムとは、その時々の政治状況に立脚した実用主義（プラグマティズム）の謂いであったと見て間違いないだろう（以下、ナポレオン体制下のユダヤ教について Delpech 1972 a を参照。また、ナポレオンの一二の質問に対する「名士会議」と「サンヘドリン」の回答（後述）など、従来の史書においては断片的に引用されるのみであった記録を全文収録したものとして Birnbaum 2007 の資料価値は高い）。

事実、先立つ革命諸政体の蹉跌を教訓として、近代国家の維持・運営にも既成宗教の伝統に支えられた精神性は必要であり、有用であるとみなしていたボナパルトは、一七九九年、第一執政となるや、国家内における宗教の位置づけにきわめて積極的な姿勢を示した。一八〇一年七月一五日、彼は教皇庁とのあいだに「政教条約（コンコルダート）」を調印し、革命期以来、公の領域から駆逐されていたローマ・カトリック教を、国教ならずとも、「フランス人の大多数の宗教」として公認する。続く一八〇二年四月八日の法は、前年の「政教条約」の付属約款としてカトリシズムの扱い方を明確化すると同時に（そのガリカニズム的性格を首肯できないローマ教皇ピウス七世と、それ以降、反目状態に入ることとなる）、プロテスタンティズム（ルター派、カルヴァン派）をも、国外の政治勢力や精神的権威と関係をもたないことを条件として、フランス国内で自律した宗派として公認するものであった（ボベロ 2000 : 38-41）。以後、カトリックの司教と司祭、プロテスタントの牧師に国庫から俸給が支給されるようになったことをもって、ナポレオンによる一連の宗教政策を、既存宗教の「国営化」、少なくとも伝統的聖職者の「公務員化」と形容することができる。

当然、ユダヤ教の処遇も俎上に載せられたが、当時、第一執政だったボナパルトは、「ユダヤ教徒たちについてはあとでゆっくり取り組む時間があるだろう」として事を先延ばしにした。彼の片腕として、右の「政教条約」と付属約款のみならず、フランス民法典の起草にも当たったジャン＝エティエンヌ＝マリー・ポルタリスは、その理由を次のように説明している。

ユダヤ教徒は、一宗教という以上に、一つの民を形成している。彼らは諸国の民のあいだに存在しながら、決してそれらに融け込むことがない。政府としては、この民の永続性を尊重しなければならないと考えた。〔…〕なぜといってこの民は、立法者として神以外のものをもたないことを、その最たる特権の一つとみなしているからである。

ここで、革命期の一七九〇年一月、バイヨンヌのユダヤ・ナシオンの代表者たちが、ユダヤ教徒だけは、諸邦の民のあいだにあって、唯一、個別の民を形成しているのではないか、という一般の見方に対して繰り広げていた反論を思い起こしてもよいだろう。「それについてはユダヤ教徒だけが特殊であるわけではありません。フランスのカトリック教徒は、やはり教義と信仰の観点において中国のカトリック教徒と通じ合っています。その意味では、広い範囲に行き渡ったすべての宗教が、諸邦の民のただなかにあって個別の民を形成しているのです。」たしかに、カトリシズム、プロテスタンティズムも、ユダヤ教（さらにはイスラーム）と同様、国家の境界を越え、そこに別種の境界を重ね合わせながら世界に広がり、それぞれの国家の内部で（規模の大小、総人口に占める割合などにかかわらず）個別の「民」を形成していることに変わりはない。それぞれに呼び名こそ異なれ、「立法者」に当たる存在としてみずからの「神」以外のものをもつまいとする点も、原理的にはすべての宗教、宗派に共通する存在様式であろう。よってこの時、ナポレオンのフランスも、あくまでフランスのカトリシズム、フランスのプロテスタンティズムとして両者を国家の枠内に位置づけたように、フランスのユダヤ教を定義づける付属約款を策定することで事足りたはずなのであるが、なぜかユダヤ教のみは、当面、「国営宗教」の一つにはなり得ないという結論先取がまかり通ってしまうところに、〈啓蒙主義〉の洗礼を経て近代的な宗教観を身につけるにいたったとはいえ、やはりキリスト教世界の出自であることに変わりはない政治指導者たちによる宗教政策の限界を見て取らざるを得ないのだ。

その一方で、先に革命期をつうじて各地のユダヤ教徒集団が示した反応から推測するに、とりわけ父祖伝来のモーセ信仰を公の領域から抜き去ること、あるいは、それを衆目の前でかなぐり捨ててみせることをもって新たなフランス人としての公民性の証とみなす傾向が顕著であったパリや南西部のユダヤ系住民にとって、一八〇一～〇二年の宗教関連法からユダヤ教が遺漏されたことは、むしろ好ましいことと感じられたかもしれない。歴史に対する反実仮想として、もしも旧体制下、東部への領土拡張政策によってロレーヌとアルザスがフランス王領に転がり込んでいなかったならば、フランスは、ここでカトリシズムとプロテスタンティズムの二者のみを公認宗教として現代史を歩み始め、フランス・ユダヤ教の歴史もそこで幕切れを迎えていたかもしれないのだ。

しかしフランスの東部の事情は、例に漏れず、南西部やパリとはまったく異なる様相を呈していた。東部では、近代国家として黎明期にあるフランスにユダヤ教徒として暮らそうとする、その行為によって、すでに新たな法整備の必要性が痛感されるようになっていたのである。たとえば、一八〇二年九月、ムルト県の知事ジャン＝ジョゼフ・マルキは、管轄下のユダヤ教会衆内部に頻発する不和や衝突に手を焼いている旨、宗教大臣ポルタリスに報告している。それによれば、ロレーヌのユダヤ教徒たちは、ある時期以降、「かつて彼らのあいだに存在し、旧体制によって公認さえされていた、宗教生活と公共生活の両面にわたる規律を保持し続けようとする人々」と、「その同じ規律を不当にも重苦しい束縛としかとらえない人々」の二派に分裂し、何かにつけて諍いを繰り返すようになったというのだ。両派の対立が高じたリクセム（リクスハイム）[1]の村では、一部の信徒たちが独自のシナゴーグを作り、ナンシーのラビから破門を

（1）　既述のとおり、ユダヤ教の祈りの場所が、南西部では「コングレーグ」、教皇領では「エスコーロ」、東部では「シューレ」と通用語ごとに名称を異にしていたが、これ以降、通常のフランス語で用いられる「シナゴーグ」の語で統一することとする。

言い渡されるまでになった。にもかかわらず、ユダヤ教という宗教を行政として取り扱う際の拠り所となる法がいまだ不在のため、当局も実効的な解決策、仲介策を講じることができずにいる、というのだ（Anchel 1928 : 45-46）。これに類する騒動、混乱がアルザス・ロレーヌの各地で頻発したことをうけて、東部ユダヤ・ナシオンの代表たちは、旧体制時代に認められていた「州主管」とラビ法廷の体系に必要な変更、改善をほどこした新しい制度を、再び特別措置として認めて欲しいという要請を中央政府に行うようになった。まさに「特別」であり「例外」であることを公認してもらうこと以外に、会衆自体を統率、運営していく方途は見当たらなかったのである。

そこでポルタリスは、一八〇五年二月、まずパリ在住のユダヤ教徒数名を集め、直接、意見を徴することとした。この時、パリのユダヤ教徒たちが彼に示した制度案は、のちのコンシストワール体制をほぼ先取りする内容であった。すなわち、ユダヤ教徒の高額納税者たちからなる名士会を作り、この名士会が推挙し、国家の長から指名を受けたラビが、以後、カトリックの司祭、プロテスタントの牧師と同様、国からの俸給を受けながらユダヤ教徒集団を統率することにしてはどうか、というのである。ポルタリスはこの案をおおむね是としたが、前年、皇帝として戴冠を終えていたナポレオンの方は、これをただちに受け入れようとはしなかった。当時、帝国の経済は戦費の重荷のもとで悪化の一途を辿り、とりわけアルザス地方を中心にユダヤ教徒の金融業者を槍玉に挙げる政治言説が沸騰の様相を見せていた。とくに、一八〇六年一月、アウステルリッツからの凱旋の途上、ストラスブールで地元住民の苦情に熱心に耳を傾けた皇帝は、ユダヤ教の法的な位置づけよりも、ユダヤ教徒による金利貸しの害悪を除去することの方が先決であるとし、法務大臣、内務大臣に命じて、東部のユダヤ教徒たちを狙い撃ちにしたきわめて差別的な法の原案を準備させたのだった。一八〇六年三月六日、国務会議に提示されたその原案では、「高利貸し」を行っているとされたユダヤ教徒は、その時点で担保として保有しているものに対する権利をすべて喪失し、その後、一〇年間、いかなる担保を取ることもできないとされたほか、私有地をもたないすべてのユダヤ教徒は、一八〇七年一月一日以降、特認状の公布を受けた上でなければ帝国内での居住が許されず、既存の市民権の享受からも排除されることになっていた。

いうまでもなく、この法案は、当人の宗旨によって法の適用の仕方を違える点において「人権宣言」の精神を踏みにじるものであり、さらに、過去一〇年間にドイツやポーランドから移り住んできたユダヤ教徒にはとりわけ厳格に規則が適用されるという付記にいたっては、法の不遡及の原則さえ蹂躙するものであった。しかし、三月から五月にかけてこの法案に関する審議を命じられた国務会議は、幸いにして、革命期に人権思想の洗礼を受けた成員によって半数以上が占められていた。その後、皇帝と国務会議のあいだでしばし綱引きが行われた末、一八〇六年五月三〇日の政令をもって、東部に居住するユダヤ教徒の債権を、その内実如何によらず、すべて一年間の執行停止に処するとともに、近々、「ラビ、資産家、その他のユダヤ教徒たちのなかで、廉直さと精神の光明においてもっとも秀でた者たち」を一堂に集める「ユダヤ教徒名士会議」をパリで開催することが告げられたのであった。東部で金融業にたずさわるユダヤ教徒たちにとっては、債権の行使が一年間停止されただけで生活の糧が失われるほどの大打撃であり、国務会議の面々も、このように当事者の宗旨と居住地を限定した権利停止措置が近代法の精神に逆行するものであることは十分に理解していたが、キリスト教徒の世論としてますます高まる反ユダヤ熱と、この頃から周囲の進言をほとんど受けつけなくなっていた皇帝の絶対権力を前にしては、その一年を猶予の期間ととらえ、次なる「名士会議」の場でそれ以上の悪法の制定を阻止することの方を考えなければならなかった。

「名士会議」と「大サンヘドリン」

「ユダヤ教徒名士会議（l'Assemblée des Notables juifs）」は、一八〇六年七月二六日から翌年四月六日までの約一〇か月間、パリ市庁舎の裏手にほとんど打ち捨てられた状態にあったサン＝ジャン礼拝堂を、急遽、議場として改修して開催された。「名士」としては、まずユダヤ教徒の居住地を擁する県から、その規模に応じて一名から数名が知事の指名を受け、合計九五名が選び出された（うち一三名は併合された北イタリアの諸県から）。これに、前年ナポレオン自身が王位についたイタリア王国（一八〇五〜一四年）から選ばれた一六名を加えて、合計一一一名が「名士会議」の構成員となった（もっとも、往復旅費とパリ滞在費は自弁とされたため、毎回、全員が顔を揃えるどころの話ではなかったようである）。エクスの学識豊かなラビ、マルドシェ（モルデハイ）・クレミューのように、指名を受けながら、宗教上の信念を理由に参加を辞退する者もいたが、ストラスブールのダヴィド・ジンツハイム、コブレンツ（一八〇一年以来フランス領）のエマニュエル・ドゥーツ、マントヴァのアブラハム・ヴィータ・デ・コローニャといった各地の代表的ラビが参加を受諾している。初回、一八〇六年七月二六日は土曜日（ユダヤ教の安息日）に当たっていたため、ラビ、ならびに戒律を遵守する世俗人たちは、朝、まずサン＝タヴォア通りとショーム通り（いずれも現三区、市庁舎の北）の二か所で機能していたアシュケナジ典礼のシナゴーグで祈禱を済ませたのち、徒歩で議場に赴いたという。参加者の使用言語は、約半数がドイツ語（ないしイディーシュ語）、四分の一がフランス語、残る四分の一がイタリア語であったと推定される。議事そのものはフランス語で行われたが、ラビ同士の意思疎通を可能にするヘブライ語を別として、相互に共通語がない場合は、逐一通訳を介さねばならなかった。

この時、ドイツ語の通訳の一人として活躍したのが、アレヴィー家の始祖、エリヤフ・ハルフォン・レヴィ（エリー・アレヴィー）である。ドイツ、フュルトのラビの家に生まれたレヴィは、人権宣言の採択の直後、フランスに移住し、一七九八年、パリでロレーヌ出身のジュリー・マイエルと結ばれ、タンプル通りに食料品店を構えていた。その長男ジャック＝フロマンタルはのちに作曲家として活躍し、次男レオンは、詩人、劇作家、そしてサン＝シモン主義者の一人として文壇、思想界に名を残すこととなる。

「名士会議」は、まず執行部の選出に取りかかった。議長選挙の結果、ボルドーのアブラアム・フュルタド（六二票）がナンシーのベール・イザーク・ベール（三二票）を抑えて選出され、書記にはニースの銀行家アヴィグドール、パリの商人イザーク・ロドリゲス、開票立会人としてはパリの銀行家オルリー・アイエム・ヴォルムス、テオドール・セルフ＝ベール（セルフ・ベールの四男）、マレンゴのエミリー・ヴィッタが任命される。ヘブライ語が読めず、ユダヤ教の聖典に関する知識もごく浅薄なものとなっていたフュルタドに比べるならば、はるかにユダヤ教の伝統に近い立場にあったベール・イザーク・ベールが執行部から外れたことで、「名士会議」の非宗教色が強まり、また、実際の信徒の人口比とは裏腹にセファラディ出自の代表に大きな発言権が与えられることとなった。以後、会議は、内務大臣シャンパニーの管轄下に置かれ、ナポレオンの信頼が篤い三名の調査官の立ち会いのもとで進められることとなる。

「名士会議」に与えられた最初にして最大の作業は、皇帝じきじきの問いかけとして調査官から課された以下の一二の質問に明快な回答を書き上げることであった。

（一）ユダヤ教徒にとって、複数の女性を娶ることは合法か。

（二）離婚は、ユダヤ教の法によって認められているか。また、離婚が、法廷の判断を仰がず、フランスの法典に背馳した法の効力によって有効とされることがあるのか。

（三）ユダヤ教徒の女性がキリスト教徒の男性と、キリスト教徒の女性がユダヤ教徒の男性と結婚することはできるか。

（四）ユダヤ教徒の目に、フランス人は同胞であるか、あるいは異邦人であるか。

（五）そのいずれの場合であっても、宗教を同じくしないフランス人との関係は、ユダヤ教の法によっていかに規定されているか。

（六）フランスに生まれ、法によってフランス市民として扱われているユダヤ教徒は、フランスをみずからの祖国とみなしているか。彼らにもフランスを防衛する義務はあるか。彼らも法に従い、民法典の規定を守る義務があるか。

（七）ラビは誰が任命するのか。
（八）ラビはユダヤ教徒のあいだでいかなる警察司法権を行使しているか。ラビはユダヤ教徒にいかなる司法警察を機能させているのか。
（九）こうした選出制度ならびに警察司法権は、彼らの法によって望まれたものなのか、あるいは、単に慣習によって認められたものなのか。
（一〇）ユダヤ教徒の法が禁じる職業はあるか。
（一一）ユダヤ教徒の法は、同胞相手の高利貸しを禁じているか。
（一二）ユダヤ教徒の法は、異邦人相手の高利貸しを禁じているか、あるいは許しているか。

歴史家ピエール・ビルンボームが指摘するように、フランス革命の遺産を継承しているはずのナポレオン帝政にあって、こうした問いの立て方自体、すでに本質的に「奇妙」と評さざるを得ない（Birnbaum 2007 : 122）。なぜといって、一七九一年以来、フランスのユダヤ教徒は、フランス市民として「扱われて」いるのではなく、フランス市民に「なりおおせた」のではなかったか？　そもそも、ユダヤ教に関するこのようなきわめて基本的な問いに対する答えを欠いたまま、フランスのユダヤ教徒は、「公民宣誓」との引き替えで、旧来の特権を手放し、差別待遇から〈解放〉されたのだったか？　ナポレオンの真意が、問いかけると見せて、その実、まずはユダヤ教の法が国家の法と背馳しないことを誓わせ、その上で「高利貸し」の悪習を絶ち、異宗派間の結婚によってユダヤ教徒を「同化」に向かわせることであったのは明々白々なのである。

これに対する「名士会議」の回答は、おおよそ以下のようなものであった。一夫多妻制はユダヤ教徒のあいだでも廃棄されてすでに久しく、民法上の離婚も認められている。利子を取って金を貸すことは認められているが、その行き過ぎはユダヤ教徒たちのあいだでも厳しく断罪されている。ラビの法的権限は、革命以来、事実上、消滅したに等しく、もはやラビは、ユダヤ教徒のあいだでいかなる警察司法権も行使していない。その役割は、「シナゴーグで道徳を説き、結婚を言祝《ことほ》ぎ、離婚を宣言することに限定されている。」この回答をもって「名士会議」は、革命期、人権議論をつうじて東部の代表者たちがあくまでも守り通そうとしたラビ司法権の最後の砦を、みずから明け渡したことになる。さらに、（六）の愛国心と祖国防衛義務に関する質問が読み上げられた時、代表者全員が一斉に席を立ち、「たとえ死すとも！」と叫んだ、という記録も残されている。

一方に進歩的なユダヤ教徒、あるいは、すでにユダヤ教との絆を断ち切って「同化」の道を歩み始めたユダヤ教出自の名士たちがおり、他方には、東部の代表者たちを中心に、ラビ、ならびにラビの伝統に忠実であり続けようとするユダヤ教徒たちがいるなか、すべてこうした問いに対する統一的な回答をまとめ上げる作業の苦労は容易に察せられよう。双方の意見が真っ向から対立し、議場が騒然となることも珍しくなかったというが、そういう時、かろうじて決裂や議論の座礁を回避することができたのは、ダヴィド・ジンツハイムの豊かな学識と、メッスのラビ、アーロン（アハロン）・ヴォルムスの柔軟な統率力の賜物であった。たとえば、代表者たちが回答の取りまとめにとくに苦慮した痕跡がうかがわれるのは、（三）の異宗派間結婚に関する問いである。ラビたちの見解は、当然、否定的なものにならざるを得ないのだが、他方、皇帝の問いに強い奨励、ほとんど命令に近い意味が込められていることは明白であり、これに真正面から刃向かうような回答は、ユダヤ教世界を狙い撃ちにする差別的な法の施行を皇帝に思いとどまらせる上で断じて得策ではなかったからである。そこで「名士会議」は、「タルムードで言及された現代の諸民族」という明白なアナクロニズムに加え、回答の末部では、カトリックの立場に言及しながら比較級の否定形を援用するなど、かなり曲芸的な修辞に依拠しながら、こう回答するほかなかった。

この「異教徒との結婚の」禁止が適用されるのは、もっぱら偶像崇拝者のみである。しかるに、タルムードにはっきりと謳われているところによれば、現代の諸民族は、われわれ同様、天と地の創造主たる唯一神を崇拝しているため、偶像崇拝者ではない。だからこそ、これまでもフランス、スペイン、ドイツにおいて、さまざまな時代にユダヤ教徒とキリスト教徒のあいだで結婚が行われてきたのだ。［…］しかし、ラビたちの意見はこの種の契りに反対するものであることもまた、知らしめずにおくべきではない。彼らの教義によれば、たとえモーセの教えが宗教を異にする人間と結ばれることをユダヤ教徒に禁じているわけではないとしても、タルムードでは、結婚にはその祝儀のためにキドゥシームと呼ばれる宗教儀式が欠かせないとされており［…］、その儀式が遂行されない限り、結婚は宗教的に有効とはみなされない。しかるに、その儀式を同等に聖なるものと認めない男女については、その儀式が遂行されたとはいえない。その場合、夫婦は、宗教上の離婚を経るまでもなく、離別することができる。つまり、彼らは民法上、結婚しているとみなされても、宗教上は必ずしもそうとはみなされないのである。［…］総じて、ラビたちは、キリスト教徒女性とユダヤ教徒男性、ないしユダヤ教徒女性とキリスト教徒男性の結婚に際し、カトリックの聖職者たちがその種の婚姻の祝福に同意する程度を超えてまで、祝福をほどこす意向は示さないであろう。

つまるところ「民法上の結婚は、民法上、有効であり、宗教上の結婚は、宗教上、有効である」という同義反復（トートロジー）に終始する、この苦心惨憺の回答を後世の目から嗤うことは容易だ。しかし、これが、三世紀、バビロニアのラビ、シェムエルにより、異郷の法のもとに生きるモーセ信徒のあり方をめぐって打ち立てられた原則「ディナー・デ＝マルフター・ディナー」（アラム語で「その国の法が法である」）にもとづいて、フランス民法典とユダヤ法（ハラハー）を、まさにぎりぎりのところで両立、並存させようとする最大限の努力の結果であった。

　一八〇六年九月以来、パリを遠く離れて東部戦線に釘づけとなっていたナポレオンは、戦陣で「名士会議」の報告を受け、その内容をおおむね是とした。しかし、短く取っても二〇〇〇年の歴史を誇る一宗教を、ヨーロッパの覇者たるみずからの足元に位置づけるには、まだ儀式性と荘厳さに欠けると判断したのでもあろうか、彼は、「名士会議」の決議事項に宗教的な批准の重みをもたせる場として「大サンヘドリン（le Grand Sanhédrin）」の招集を指令する（上：ミシェル＝フランソワ・ダマーム＝ドマルトレによる版画）。「サンヘドリン」とは、ギリシア語「スュネドリオン（共に座ること）」に由来し、第二神殿破壊以前のローマ時代からパレスティナに置かれたユダヤ教の最高法院を意味する。第二神殿の破壊後、ヤブネに移され、その後さらにガリラヤ地方を転々とした末、四二五年、長老制度自体の廃止とともに消滅したものだ。それを、千数百年の歳月を飛び越えてパリのただなかに蘇らせるという、いかにもナポレオンらしい発想である。

大サンヘドリン（1807年）

　こうして一八〇六年秋、すでに「名士会議」に名を連ねているラビたちと並んで「大サンヘドリン」を構成するユダヤ教指導者の招集が、ナポレオンの麾下に入った土地のみならず、オーストリア、プロイセン、ロシアほか、ヨーロッパ全土のユダヤ教徒居住地に向けて発せられた。この時、皇帝は、遠く東部にあって、これから彼の手で平定されることとなっている諸帝国からも、多くのラビが勇んでパリに駆けつける、などという筋書きを本気で思い描いていたのだろうか。現実としてオーストリアやロシアの正統派ラビたちは、こうした仰々しい招集の号令を、西方に突如君臨することとなった皇帝の誇大妄想として、実に冷ややかな目で受け流していたようである（東欧の正統派ユダヤ教のフランス革命、ナポレオン体制に対する姿勢についてGoetschel 1992を参照）。

　「名士会議」の回答にユダヤ法（ハラハー）の拘束力をもたせることが主眼である以上、古代イスラエルにおけるサンヘドリンの定数、七一名を遵守しつつ、その過半数をラビで満たさなければならなかった。フュルタド、ベールなど「名

ダヴィド・ジンツハイム

士会議」の世俗人は二五名にとどめ、残る四六名については、すでに「名士会議」に名を連ねているラビに加え、フランス帝国とその占領地、ならびにイタリア王国から、新たなラビたちを、まさに掻き集めるようにして呼び出すのだった。こうして一八〇七年二月九日、「名士会議」と同様、元サン＝ジャン礼拝堂を会場として、第一回「大サンヘドリン」が開催される。議長にはダヴィド・ジンツハイムが指名されたが、彼はフランス語を話さないため、ヘブライ語を媒介語にできない参加者は、やはり通訳に頼るしかなかった。ジンツハイムほか、執行部の面々は、黒の厚手の長衣を纏って幅広の垂れ襟を着け、二本の角を生やした毛皮帽を被ることとされた（右：ジンツハイムの肖像）（ウルガータ聖書の「出エジプト記」におけるある誤訳が原因で、中世キリスト教世界の図像においてモーセが二本の角を生やした姿で描かれるようになり、それがのちにユダヤ教徒の描き方として採用されることとなった経緯について、ポリアコフ 1955：170-172 を参照）。一般のラビも黒のコートに垂れ襟を着けたが、角つきの帽子は被らなかった。世俗人は、やはり黒のコートを羽織るが垂れ襟は着けず、かわって脇に剣を差すこととなっていた。こうした装身具の細部まで指示を下していたのは、ポーランド戦線にあるナポレオンその人であったが、その着想自体の出所は、歴史家たちの諸説紛々たるなか、いまだ不明のままである（ポリアコフ 1968：313-314）。

こうしてパリ民衆の好奇の目をさかんに引きつけながら、厳かに開催された「大サンヘドリン」は、先に「名士会議」がまとめ上げた一二の問いに対する回答を、一部、文言に変更を加えながら一つ一つ批准していき、開催からちょうど一か月後の三月九日、皇帝ナポレオンに対する仰々しい賛辞をいくつも読み上げて、予定どおり、閉会の運びとなった。その間、「名士会議」も機能し続けており、フュルタド、ベール・イザーク・ベールを含む九名からなる特別委員会の主導のもと、将来のユダヤ教会衆のあるべき姿をめぐって内務大臣から示された具体案の検討に当たっていた。そして一八〇六年一二月一〇日、その九名の委員の提案により、プロテスタントの先例にならったコンシストワール（長老会議）を立ち上げ、それを中心としてユダヤ教の組織化を進めていくという大綱を取りまとめたところで、それ以上の具体策には踏み込まず、「名士会議」そのものも、一八〇七年四月六日、閉会を迎えている。

コンシストワール（長老会議）体制の構築と「不名誉法」

事がふたたび動き出すためには、そこからさらに一年、宗教大臣と内務大臣のイニシアティヴを待たねばならなかった。この両者が、皇帝と国務会議の板挟みのなか、苦心惨憺で練り上げた三つの政令（デクレ）案が、一八〇八年三月一七日、ようやく皇帝の署名するところとなったのである。そして、その三つの政令は、ユダヤ教問題について、当時の政府内における見解分裂の様をそのまま映し出すものであった。

第一の政令は、一八〇六年一二月一〇日の「名士会議」によるコンシストワール（長老会議）設置案に法的根拠を与え、続く第二の政令が、その設置に関する具体的施策を打ち出すものであった。すなわち、宗教省直属の機関として、国全体を統括する「中央コンシストワール」、ならびに二〇〇〇人以上の信徒を有する地域ごとにその下部組織たる地方コンシストワールを設置する。いずれのコンシストワールも、まずユダヤ教徒の高額納税者たちの投票によって選ばれ、政府の追認を得た数名のラビと世俗人によって構成される。以後、これらの組織が、フランス帝国に住まうユダヤ教徒の教育と風紀のみならず、愛国心の涵養と徴兵義務の遂行にも責任を負うとされた。同時に、ラビの俸給についても規定が設けられたが、こればかりは、カトリックの司祭、プロテスタントの牧師とは異なり、「それぞれの教区で徴収された額から均等に配分される」、つまり、国家予算ではなく信徒集団の自己負担とされた（のちの七月王政期、等しく国庫から支出される旨、改訂がなされる）。この制度自体は、「名士会議」が達した結論の延長線上にあり、細部に関する不満を除いて、ユダヤ教の代表連たちも十分歓迎できるものであった。

問題は、のちに「不名誉法」として歴史に名を残すこととなる第三の政令である。主眼は、かねてよりナポレオンがさかんにその必要性を強調していたとおり、ユダヤ教徒による「高利貸し」を根絶することであったが、その法としての性質は、「人権宣言」を飛び越えて旧体制下の差別的法制度に回帰することも辞さない、きわめて反動的なものであった。たとえば、この政令以降、商取引に従事するユダヤ教徒は、全員、事前に居住地の役場ならびにコンシストワールの推薦状をたずさえて県知事のもとに赴き、有効期限一年の許可状を発行してもらわねばならなくなった。また、アルザス地方の上ラン、下ラン両県を名指しし、以後、いかなるユダヤ教徒も、その地方に新たに居を構えることは許されないとされ、現在、その両県に住んでいるユダヤ教徒も、農村部に土地を取得して農業に従事する場合を除き、帝国のほかの県へ移住することは不可とされた。加えて、ユダヤ教徒に限り、徴兵の義務を他人に肩代わりしてもらうことを禁じるところまで、キリスト教徒住民とのあいだのあからさまな差異を打ち立てるのであった。これこそ、ナポレオンが久しく温めてきた対ユダヤ教政策の正体であったわけだが、さすがの皇帝も、市民権の平等原則を気遣う周囲の大臣連の進言を容れて、この

「大ナポレオンがイスラエリートたちの信仰を復活させる」

政令の適用期間を一〇年に限定すること、そして、南西部のジロンド県とランド県に居住し、世評の芳しいユダヤ教徒は、当面、政令の適用外とすることには同意するのだった。その後、ジロンド、ランド両県と同じ特例にあずかろうと、各県のユダヤ教代表者たちがこぞって請願を行ったが、それが認められたのは、わずかにバイヨンヌを擁する下ピレネー県とパリを含むセーヌ県の二県のみであった。アブラアム・フュルタドとナンシーのモーリス・レヴィが、その寛大な措置を帝国全土のユダヤ教徒に等しく講じてもらおうと、わざわざ東プロイセンのティルジット（現ロシア、カリーニングラード州ソヴィエツク）の戦陣まで赴いてナポレオンに直訴したが、皇帝は、二人を手厚く迎え入れながらも、政令の適用緩和については聞く耳をもたなかったという。正確な記録は残されていないが、この時、破産、廃業に追い込まれたユダヤ教徒商人は、東部を中心として相当数に上るものと見られている。

歴史上、この一八〇八年三月一七日という日付は、フランス帝国が、カトリック、プロテスタントと並ぶ三つ目の宗教としてユダヤ教を公認し、コンシストワール体制をもってその再組織化に乗り出した日として記念され、のちに出回ったフランソワ＝ルイ・クーシェの版画「一八〇六年五月三〇日、大ナポレオンがイスラエリートたちの信仰を復活させる」（上図）の意匠とともに、フランス第一帝国の偉業として歴史教科書などにも掲げられている。しかし、その公認と再組織化が、旧体制下の一七八四年、東部ユダヤ教会衆に課された差別的法制をそのまま蘇らせるかのような「不名誉法」の施行と抱き合わせであったという事実の方も、断じて閑却されてはならない。

やや遅れて一八〇八年七月二〇日には、ユダヤ教に関連する第四の政令として、フランス帝国内のユダヤ教徒にも、みずからの姓と名（ならびにその綴り字）を明確にした上で、戸籍登録を義務づけることが定められた。たしかに旧来の慣例として、ユダヤ教徒たちは、アブラハム、モシェ（モーセ）、ダヴィドといった聖書（旧約聖書）の人名を子に授け、それだけでは区別がつきにくくなった場合に、父の名を後置したり、レヴィ、コヘンといったヘブライ語（いずれも「祭司」

の家系に連なることを意味する）や、ラティスボンヌ、ドイチュといった縁の深い地名、あるいはクライン（小さい）、シュヴァルツ（黒い）といったドイツ＝イディーシュ語に由来する渾名を付け加えたりしていた。しかし、一八〇四年、民法典の制定と戸籍制度の施行にともない、個々人について、いわゆる「苗字（patronyme）」――この言葉自体、「父の名」という意味にほかならない――を確定させる必要が生じ、ユダヤ教徒もその例外ではないとされたのである。この政令は、姓として旧約聖書から引き出されたもの、ないし現存の地名を採用することを禁じ、名としても、先に革命暦一一年ジェルミナル月一一日（一八〇三年四月一日）の法によって定められたとおり、「種々の暦で慣用となっているもの、もしくは古代史上で有名なもの」しか認めないことを原則とした上で、その原則に反する姓や名であっても、それまで長きにわたって冠されてきたものについては許容されるという二段構えをとっていた。

これに対するユダヤ系住民の対応の仕方は、（一）ユダヤ教起源の姓名を完全に捨て、フランス人の一般的な姓名を採用する、（二）従来のユダヤ名をフランス語風に改変する（たとえば Jacob Cerf を Julien Lecerf とするなど）、（三）ユダヤ教起源の姓名をローマ字に転写して堅持する、という三つに分かれ、この第三の選択肢を取る者がもっとも多かった。少なくともこの時点においては、かつて父祖たちがエジプトにおける隷属状態から脱することができたのはエジプト滞在をつうじて名前を変えることがなかったからである、というミドラシュ（『雅歌ラッバー』）の記述を気にかけ、それを重んじるユダヤ教徒が大半を占めたのである（Mendel 1949 ; Lévy, P. 1960 ; Delmaire, D. 1992）。つまり、この一八〇八年の政令の適用を経てなお、レヴィ、カヘンといったヘブライ語起源の姓、あるいはヴォルムス、スピール（シュパイアー）、ブランシュヴィーグ（ブラウンシュヴァイク）、フルド（フルダ）といったユダヤ教徒の居住地を擁する（擁した）町の名に由来する姓が今日まで受け継がれたのは、単なる偶然事ではなく、それらを既成事実として当局に認めさせた本人たちの意識的選択の賜物だったわけである。

一八〇八年以降、右の第二の政令に従って、フランス・ユダヤ教ならではのコンシストワール体制が構築されていった。内務大臣ビゴー・ド・プレアムヌーは、まず「中央コンシストワール」の成員として、ダヴィド・ジンツハイム、アブラハム・ヴィータ・デ・コローニャ、ならびにヴェルチェッリのラビ、サルヴァトーレ・セーグレの三名を大ラビに任命し、パリの宝石商ジャコブ・ラザールとバリュク・セルフベール（セルフ・ベールの三男）を世俗人の補佐役としてあてがい、その本拠を、当面、ジャコブ・ラザール宅に置くこととした。「中央コンシストワール」の初代大ラビ三名のうち二名までがイタリア出身者であったことは銘記に値しよう。

地方コンシストワールの設置に際しては、まず、信徒二〇〇〇人以上という条件に従って地域区分をはっきりさせる必要があった。アルザスについては下ラン県のストラスブールと上ラン県のヴィンゼネム（ヴィンツェンハイム）（のちの一八二四年、コルマールに移転）、ロレーヌについてはメッスとナンシー、南西部ではボルドー、南東部ではマルセイユをそれぞれ本拠として六地域を区切ることに問題はなかったが、七つ目として、パリを本拠とし、上記六地方以外の県に存在するすべての小規模ユダヤ教徒居住区をまとめ上げた点については、いささか無理強いの感もないではなかった（結局、アシュケナジ系四地域、セファラディ系二地域、両者混淆一地域）。各地方コンシストワールの成員選出は、一八〇九年の初めに行われた。あらかじめ政府と「中央コンシストワール」の協議によって指名された各地域二五名ずつの選挙人は、俸給が約束された大ラビ候補の推薦、擁立にはさほど苦労しなかった反面、無報酬で大任をまかされることとなる世俗の成員を探し出すのには、かなりの苦労を強いられた。それでも、「パリ地方コンシストワール」の世俗成員として銀行家のヴォルムス・ド・ロミイ、ボルドーの世俗成員として大実業家ダヴィド・グラディスなど、相応の実力者が自己犠牲の精神をもって任を引き受けている。パリの大ラビとしては、アルザス出身の優れたタルムード学者、ミシェル・セリグマンが選出されたが、彼は、その後二〇年におよぶパリ生活をつうじて、フランス語の片言隻語も話せるようにならなかったという。

しかし、ラビ、世俗人の別なく、これらコンシストワールの成員たちが、皇帝と帝国に忠誠を尽くす旨、高らかな宣誓の儀を経て職務についたという事実をもって、右に掲げた当時の図柄に示されているとおり、彼らがナポレオンを〈救い主〉と仰ぎ見、フランス帝国を新たな〈約束の地〉とみなしたと結論づけるのは、この段階ではなお速断の誹りを免れない。むしろ、コンシストワールの初代指導者たちが、表向き、完全服従の姿勢のうちにも、心中、深い被差別感を味わっていたことをうかがわせる逸話として、たとえば、当時、帝国の公文書には欠かさず刻まれていた鷲の紋章は、コンシストワールが作成する公文書に限り、使用が厳禁されていたという事実もある（Schwarzfuchs 1975 : 239）。

こうして、曲がりなりにもフランスのユダヤ教は、コンシストワールという新たな国営体制（いまだラビの俸給は自弁であったとはいえ）を身にまとい、革命期、とりわけ〈恐怖政治〉時代に破壊され、一度失われかけた伝統的な会衆組織（シナゴーグ、学校（ヘデル、イェシヴァー）、墓地、相互扶助組織など）の再構築に取りかかった。しかし、いったん会衆の維持費の拠出が任意とされた時代を経て、「不名誉法」の差別待遇にあえぐ信徒集団からコンシストワールの運営資金を集めることは容易な業ではなかった。一八一一年、コンシストワールがみずからの信徒たちに「信仰税」を課す権限が認められることとなっても、信徒の多くはその年に一度の納付さえままならない状態にあり、かろうじて集められた額をもってしても、ラビの俸給を確保するのがやっとのことであった。「不名誉法」の適用免除を南西部とパリ以外にも拡大すべく、コンシストワールの代表者たちはその後も粘り強く請願を続けたが、皇帝は、一八一〇年四月、かろうじて南東部とイタリアの諸県をお目こぼしにすることに同意した程度であった。ユダヤ教徒の処遇に関し、「人権宣言」を飛び越えて旧体制にまで逆行する、この「不名誉法」の撤廃のためには――まさに歴史の皮肉というべきであろう――、次の時代、王政の「復古」を待たねばならない。

「ジュイフ」と「イスラエリート」

第一帝政期、この一連のユダヤ教論議をつうじて、当のユダヤ教徒たちを指し示す言葉そのものについて興味深い刷新の提案がなされている。一八〇六年、「名士会議」の開催にあわせて上梓された『フランスにおけるユダヤ教徒の完全なる再生に関する考察』という三〇頁の小冊子のなかで、ベール・イザーク・ベールが、フランスのユダヤ教徒を良き市民として周囲に受け入れさせることを阻んでいる要因の一つとして、「ジュイフ」というフランス語の単語そのものの弊害を指摘しているのだ。

かつてカトリックの宗教がフランスにおいて唯一支配的であった頃、多くの子供たちが、その支配的な宗教に属さないすべての人々、なかんずくユダヤ教徒に対する憎悪を、いうなれば母親の乳房から吸い込んでおりました。その後、われらが不滅の皇帝により信仰の自由が高らかに宣言されて以来、政府が、この広大なフランス帝国に存する実定宗教の一つ一つに同等の庇護をもたらし、ユダヤ教徒もほかの人々と変わりなく、同一の土地の住民のあいだに成立したこの兄弟愛の恩恵にあずかることができるようになるという結末が見込まれたこともありました。[…] しかし不幸にして、事実はその逆を証立てております。キリスト教の二本の枝［カトリックとプロテスタント］において、ユダヤ教徒はしばしば軽蔑され、卑しめられているのです。

よって、今、皇帝にして、すべての臣民の父、王たる御方は、この点に関するみずからの御意志を、はっきりとした宣言としてお示しになることが望まれます。[…] それこそは、福音書の精神に逆行する、このあるまじき憎悪を根こぎにし、二人の娘とその母親の和解を準備するための唯一の方法となりましょう。同時に、その目的により効率よく達するために望まれているのは、フランス語から「ジュイフ（Juif）」という言葉を完全に消し去ることです。聖書は彼らのことを、もっぱら「イスラエルの子ら（enfants d'Israël）」と呼んでおり、彼らの言語もヘブライ語という名称で知られております。そして彼ら自身は、長い間、イスラエル人《びと》（Israélites）[2]というただ一つの呼び名で知られ

（2）原文では Israélistes と綴られているが、誤植であろう。

てきました。ですから、彼らのことを「イスラエル人《びと》」ないし「ヘブライ人《びと》（Hébreux）」と呼び続けるべきではないでしょうか。そうすれば、彼らのヘブライ的ないしユダヤ的な信仰と同様、(3)ジュイフという名前に向けられる嘲笑的な意見は、その言葉を誤った意味で用いる慣習の忘却とともに消滅するでありましょう。そして、彼ら自身の側から進んで再生がなされることで、ヘブライ人《びと》ないしイスラエル人《びと》という言葉に、その第一義以外の意味が当てはめられることもなくなるのです。そもそもフランス語の「ジュイフ」、ドイツ語の「ユーデ（Jüde）」［綴りママ］という言葉は、かつてユダ王国が冠していた名に由来するにすぎないもののようです。そして、彼らの預言者や歴史家たちの大部分が用いてきたヘブライ語に「イェフディー（Jehoudi）」という言葉があり、そこからフランス語の「ジュイフ」、ドイツ語の「ユーデ」が派生したのです。しかし、われわれがフランス帝国以外の祖国、生地をもたない今日、偉大なるナポレオンの御世において、われわれの宗教をほかの宗派の信仰から区別するためのものとして、われわれの存在を示す原初の名、神がわれわれに授けてくださったイスラエルという最初の名を取り戻してはならないという法がありましょうか？（Berr 1806 : 10-13）

なるほど、語彙の歴史を繙いてみると、フランス語の「ジュイフ」は、文献として知られている限りにおいて一〇世紀の終わり頃、ラテン語の Judaeus から変化した Judeu という形で中世フランス語に登場し、一二世紀、マリー・ド・フランスの『聖パトリックの煉獄の伝説』中、juiu などと綴られたのち、一三世紀、ゴーティエ・ド・コワンシーの『聖母奇蹟譚』で現在の juif という形に辿り着いたものである。しかも当初、それは「ユダ族の末裔」を意味する女性形の集合名詞 juise, judeue の形容詞として登場することがほとんどであり、juif が個々の人間を指す実詞として用いられるようになるのは一四世紀の半ば（ペスト大流行の頃）にすぎないという。そして一七世紀、フランス語の辞書がさかんに編まれるようになると、「ジュイフ」の項には、「モーセ信仰の徒」という意味ではなく、初めから「金持ち」「高利貸し」「吝嗇家」「悪人」という、もっぱら卑語としての意味が第一義として掲載されたのだった（Saint-Gérard 2004 : 60）。その間、ラテン語の神学書などのなかで、ユダヤ教徒は、複数形で hebraei ないし israelitae と表記されていたのである。

他方、ベールがいうとおり、当のユダヤ教徒たちが採用するヘブライ語の自称は「ベネ・イスラエル（イスラエルの子ら）」である。たしかに南西部の「セダカ」では、スペイン語の議事録中、「フディオス（Judíos）」の語が普通に用いられていたため、南西部出身のユダヤ教徒はフランス語の「ジュイフ」にもさほど抵抗はなかったかもしれないが、南東部の「エスコーロ言葉」や東部のイディーシュ語では、はたしてどうだったか？　これらの言語による書き物自体が僅少であるため断定は困難であるが、プロヴァンス語の Judieou や、一九世紀末以降、とくに世俗人が多用することとなるイディーシュ語「イード（3）」といった言葉は、外部から負の意味とともに押しつけられた蔑称として、当のユダヤ教徒たち自身からも忌避されていた可能性が高い。

　してみれば、ベールが、ヨーロッパにおけるユダヤ教徒のあり方に根本的な断絶と刷新がもたらされることになると見ていたこのナポレオン治世下、中世末期から近世にかけてもっぱら負の語義が付着してしまった「ジュイフ」を捨て、中立的にして、いまだ余計な手垢にまみれていない「エブルー」「イスラエリート」の語を、以後、モーセ信徒を表す語として採用すべきとするのもあながち的外れな議論とはいえない。実際、一八〇六年七月から八月にかけて、「ユダヤ名士会議」がナポレオンの一二の質問に対して用意した回答のなかでは、いまだ「ジュイフ」の語用が支配的で、時折「イスラエリート」が用いられるのみであるのに対し、翌一八〇七年二月から三月にかけて、「大サンヘドリン」がそれを追認しつつ採択した文書では、ことごとく「イスラエリート」が用いられ、「ジュイフ」の語が完全に姿を消しているところから、その間、フランスのユダヤ教世界の指導者たちのあいだで、ベールの提案を容れ、「イスラエリート」の自称を採用するコンセンサスが形成されたと考えることができる。さらに、一八〇八年三月一七日に出された上記三つの政令（デクレ）のうち、コンシストワール体制の組織に関わる第一、第二の政令において、公式の行政文書上、初めて「イスラエリート」が用いられ、逆に第三の「不名誉法」においては、徹頭徹尾「ジュイフ」が用いられている点も意味深長である（Lemalet 1992 : 135）。いうなれば、一八〇六年、「ジュイフ」の名士たちが一堂に集い、着手した作業から、「大サンヘドリン」を経て、一八〇八年に産み落とされたのはあくまでも「イスラエリート」たちのコンシストワールであり、その上でなお、同じ人間集団が、「ジュイフ」という別の名称のもと、前時代的な「不名誉法」の軛のもとに留め置かれることとなったわけだ（一九世紀における「イスラエリート」の語用については Pichon 2009 : 13-15 も参照）。

　以後、一九世紀と二〇世紀の前半をつうじて、フランスのユダヤ教徒、ならびにユダヤ教起源の人々は、みずから「イスラエリート」を名乗る一方、外部のフランス社会からは（多くの場合、侮蔑と敵意を込めて）「ジュイフ」と呼ばれ続けるという、自称・他称の奇妙な「シャッセ＝クロワゼ（行き違い、位置交換）」の時代が続くこととなる。そして、右のベール・イザーク・ベールによる提言から一三〇年余を経

（3）　原文の構文を厳密に取れば、「ヘブライ的ないしユダヤ的な信仰」も同様に「消滅する」と読まなければならないが、前後の文脈から、ベールが国家公認の宗教としてユダヤ教が存続することを願っていることは明らかである。よって文意としては、その「名前」のみならず「信仰」に差し向けられる嘲笑的な意見が「消滅する」と解釈するべきであろう。

た一九四二年、ヴィシー政権下の「ユダヤ問題総合委員会（ＣＧＱＪ）」が、行政用語として「イスラエリート」の語の使用を禁じ、すべて「ジュイフ」に統一することを命じる時まで（本書第21章後述）、公文書や一般の新聞の紙面においても、この自称・他称の不一致・行き違いがごく日常的に観察されることになる。

第12章 新しいユダヤ教精神——王政復古、七月王政

人口動態

〈大革命〉勃発の時点でおよそ四万人と見積もられていたフランス・ユダヤ教徒の人口は、第一帝政期、一八〇八年の調査時には四万六〇〇〇人に達しており（その時点でナポレオンの支配下にあったイタリア領、ドイツ領などは含めない）、その六割方が、やはり東部地域に集中していた（以下、「王政復古」期からドレフュス事件前夜までのフランス・ユダヤ世界については Delpech 1972b による）。

国勢調査時の宗旨に関する統計は一八五一年に開始されたが、一八七二年、第三共和政にいたり、信仰の自由の原則に背馳するとの判断から、調査自体が行われなくなる。その間、「中央コンシストワール」による推定と国勢調査の統計とのあいだで数値が相当のずれを見せることとなったのは（次頁グラフ）、コンシストワールが、一八三一年以降、国からの補助金を申請するに当たって信徒数を最大に見積もる傾向があったことに加え、家族単位、地区単位で人数を積算していく際、公的な調査の場合には必ずしもユダヤ教徒として自己申告しない者までがコンシストワールの勘定に含められてしまったことによると考えられる（大づかみな見方をすれば、その差し引き分が、意識的な「同化ユダヤ人」の数に相当しているともいえよう）。一八〇八年、コンシストワール体制の確立から、一八七〇年、第二帝政の瓦解まで、フランス領内のユダヤ教徒の数はほぼ倍増していくが、これは、主としてユダヤ教徒家庭特有の多子の傾向によるもので、国外からの移民流入は、この時期にあってはまだ付随的な要因にすぎなかったと考えられる。一八七一年、普仏戦争の敗北とアルザス・ロレーヌの併合により、ユダヤ教徒人口はふたたび一八〇八年の水準まで落ち込むが、その後、ドイツ国籍ではなくフランス国籍を選び取ってフランスに移住する者が多かったため（のちの「事件」の当事者アルフレッド・ドレフュスとその家族のように）、世紀末までに、過去の最大値の六、七割程度まで回復していくだろう。しかも、一八八〇〜九〇年代のコンシストワールによる推定値には、ロシア・東欧に

おけるポグロム（本書第15章）を逃れて移住してきたユダヤ系移民の規模がいまだ正確に反映されていないと見るべきであり、そこまで含めた一九世紀末のユダヤ教徒人口を八万五〇〇〇人（つまり、敗戦により二地域を失った上で、それ以前の最大値に匹敵する数）と見積もるのが一般的である。

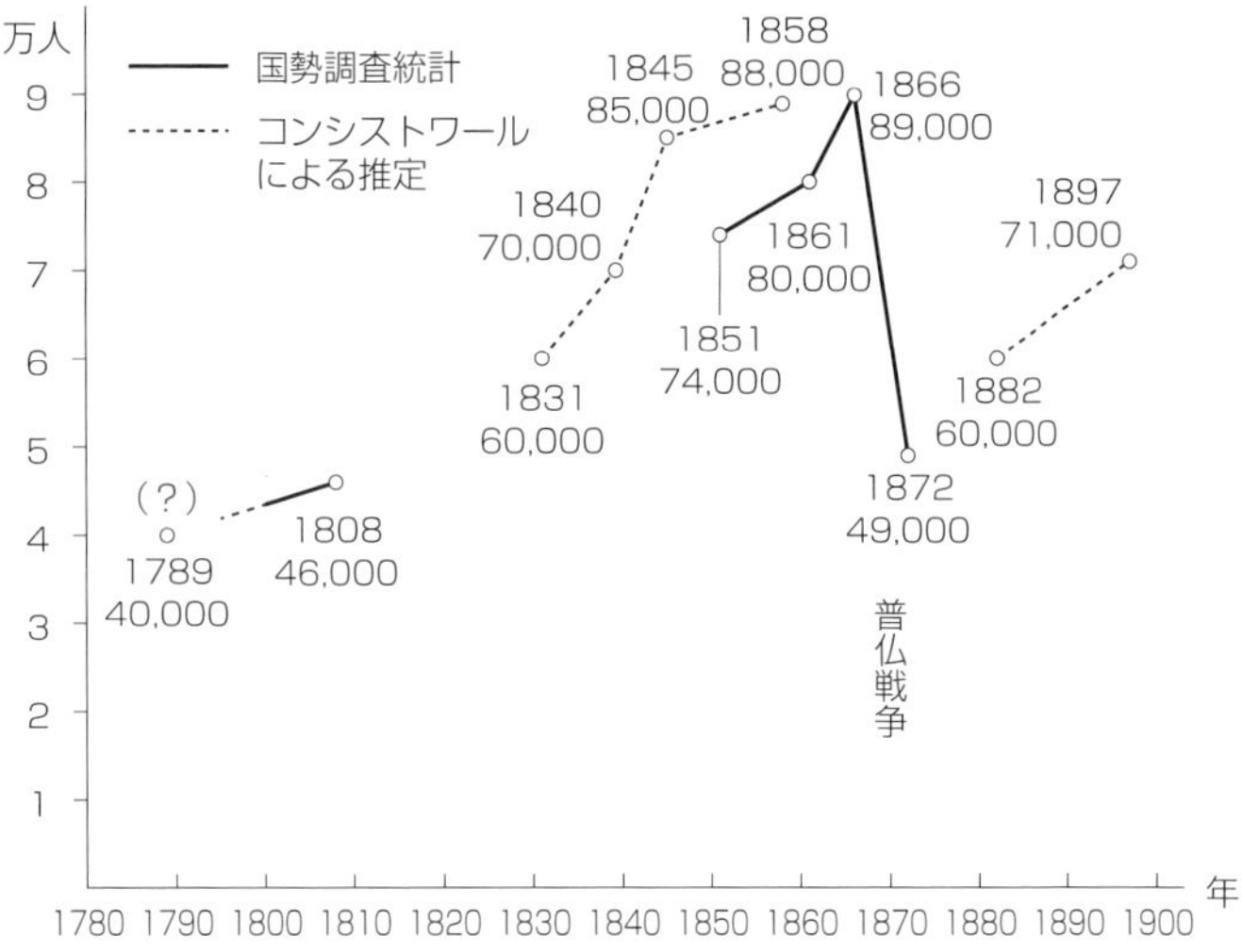

フランス（植民地を除く）のユダヤ教徒人口

一九世紀フランス・ユダヤ教徒の人口動態を特徴づけるのは急速な都市化であり、その傾向には、一八七一年以降、アルザス・ロレーヌからの移住者により一層の拍車がかかることとなった。

南西部では、ボルドー、バイヨンヌの富裕ユダヤ教徒集団の小さからぬ部分が、キリスト教に改宗したり、自然に無宗教化したりしながら、ジロンド川、アドゥール川両岸のキリスト教系住民に徐々に融け込んでいったものと思われる。なかには、〈大革命〉以前からその傾向が見られたように、パリとその近郊に本拠を移す者も少なくなかった。一八〇八年の時点で、ボルドーには二一〇〇人、バイヨンヌに一一〇〇ほど居住していたユダヤ教徒は、一八八六年頃の推定値で、それぞれ二三〇〇、一三〇〇という微増の傾向しか示していない。他方、ビダッシュやペロラードなど、ピレネー山麓の「新キリスト教徒」たちの小規模居住区は、一九世紀をつうじて衰退、消滅の途を辿った。

南東部では、先述のとおり、「教皇のユダヤ教徒」たちが「カリエーロ」を捨てて南部の各都市（ニーム、エクス、モンペリエ、マルセイユなど）へと一斉に拡散し、一時、二五〇〇人の人口を抱えた「アルバ・ケヒロート（四会衆）」には、一八〇八年、わずか六〇〇人の住民しか残っていなかった。アヴィニョン、カルパントラのユダヤ教徒会衆はかろうじて存続したが、カヴァイヨンとリル＝ド＝ヴニス（リル

＝シュール＝ラ＝ソルグ）の居住区は、のちの第三共和政期、消滅にいたる。ちなみに、マルセイユには、普仏戦争後、アルザス・ロレーヌからアシュケナジ系の移住者が大量に押し寄せ、一九世紀末には四〇〇〇人以上の人口をもってパリに次ぐフランス第二のユダヤ教徒居住地となった。一部には、さらに地中海を渡ってアルジェリアに新天地を見出す者もいた。

　東部、とりわけアルザスについても、旧体制下、ユダヤ教徒の居住が許されていなかったストラスブール、コルマール、ミュルーズに農村部からユダヤ人口が流れ込み、新たな居住区を築いたことをもって「都市化」と呼ぶことができる。しかし、農村部の小規模居住地に残った住民たちは、一九世紀前半をつうじ、ユダヤ教の伝統と同時に旧来の経済構造（金利貸しと季節ごとの行商）を固守する傾向が強く、彼らが産業革命の波に呑まれるようにして新種の職業への転換を図り始めるのは、ようやく第二帝政期のことであった。そこへ、一八七〇年、普仏戦争での敗戦により、残留か、フランス国内への移住かの二者択一を迫られ、多くの人々が後者の選択肢を取った。一八七一年、ドイツに併合されたアルザス二県、ロレーヌ一県には、四万一〇〇〇人のユダヤ教徒が住んでおり（下ラン県二万一〇〇〇人、上ラン県一万三〇〇〇人、モーゼル県七〇〇〇人）、一九世紀末には、その数が三万二〇〇〇人まで減じているが、その四分の一ほどは、併合後、ドイツ国内から移住してきたユダヤ系住民であると考えられるため、差し引き、およそ一万七〇〇〇人（四〇パーセント強）の先住ユダヤ教徒がフランス国籍を選択し、住み慣れた故郷をあとにしたと推定することができる。

　こうして、〈大革命〉の前夜、五〇〇〇人ほどにすぎなかったと見積もられる首都パリのユダヤ教徒人口は、一九世紀、まさに鰻上りの様相を呈し、下記のとおり、世紀末までにフランス・ユダヤ教徒人口全体のおよそ半数を集中させるまでとなる。

一八〇八年　二六〇〇人
一八四〇年　八〇〇〇人（コンシストワールによる推定値）
一八五一年　一万一〇〇〇人（国政調査）
一八五三年　二万人（コンシストワールによる推定値）
一八六六年　二万一〇〇〇人（国勢調査）
一八七〇年　約三万人（コンシストワールによる推定値）
一九世紀末　約四万五〇〇〇人

　その内部構造を木の年輪に喩えるならば、中心に、南西部、南東部、メッス、ナンシーなどに起源をもち、革命期にまで遡る古参のユダヤ系住民がおり、それを包み込むようにして、一八七一年以降、アルザス・ロレーヌからの移住者たちの層がある。そして、さらにその周囲に、一八八〇年代以降、ドイツ、東欧から流れ込んできたアシュケナジ系の移民集団が層をなしていく、といった格好だ。

こうした人間集団の移動と混淆の結果として、革命期、アシュケナジのセルフ・ベールとセファラディのグラディスのあいだに見られたような「水と油」の関係も徐々に和らぎ、両者間の婚姻さえ稀ではなくなっていったようである。たとえば、一八五九年から九一年にかけて、バイヨンヌで執り行われたユダヤ系住民の結婚二三二件のうち、五二組は、東部出身者と南部・南西部出身者のあいだの契りであったという。思えば、当初、南西部の「ポルトガル人」たちが、南東部の同宗者たる「アヴィニョン人」に向けていた警戒心は、東部の「テュートン人」「ドイツ人」への敵対心によって緩和、昇華されたのであった。そのように、第二帝政期、パリの古参住民となったセファラディとアシュケナジは、東部にあって、いまだフランス化の度合いが低い伝統重視のアシュケナジたちに対する違和感（ひいては差別意識）を触媒として和解・融合を実現したといえるのかもしれない。さらに一九世紀末になれば、そのアルザス・ロレーヌから移り住んでやや時間を経、「イスラエリート」として統合の道を歩みつつあったユダヤ系住民が、遠く東欧・ロシアからポグロムを逃れて渡り来て、ポーランドで全盛を迎えた正統派のユダヤ教や、スラヴ諸語の影響が色濃い東方イディーシュ語を持ち込もうとする「ジュイフ」たちに対する違和感、差別意識を触媒として、みずからのフランス統合・同化のプロセスを正当化し、加速していったと見ることもできる。「ユダヤ教徒」「ユダヤ人」「イスラエリート」などと呼ばれる人々が、その内部で相互に交わし合う視線に十分注意しながら、以下、一九世紀フランス・ユダヤ世界の歴史を繙《ひもと》いていかなければならない。

王政復古と七月王政

一八一四年四月、無条件退位したナポレオンがエルバ島に流され、ルイ一六世の弟、ルイ一八世が擁立されて、ブルボン家の王政が復古を遂げる。同年六月に欽定され、ナポレオンの「百日天下」を経て翌一八一五年七月に発効したフランス王国の「憲章（la Charte）」は、「各人が等しい自由をもってみずからの宗教を行い、その信仰のために同じ保護を受ける」（第五条）とした上で、ローマ・カトリックを「国家宗教」と位置づけ（第六条）、カトリックと「他のキリスト教宗旨」の聖職者だけが国庫から俸給を受ける旨（第七条）、定めるものであった。一見、ユダヤ教に対する差別待遇と映らないでもないが、一八〇八年の政令でもラビの俸給だけは信徒集団の自弁とされていたため、実質においては何ら変わるところはない。むしろ、ユダヤ教徒たちは、ナポレオン失脚の報を内心歓迎するとともに、この新しい王政府の「憲章」が、信仰の自由と平等を基本とし、三年後の一八一八年に期限切れを迎えることとなっている「不名誉法」の延長を難しくする内容となっているのを見て、深い安堵の念を抱いた。

実際、王政復古時代の最初期には、いまだ「高利貸し」の根絶にはほど遠いとして「不名誉法」のさらなる一〇年の延長を求め、王と議会にさかんに働きかける反ユダヤ勢力、とりわけアルザスの県会議員たちと、そのアルザスの同胞たちが永年の金融業から着実に抜け出し、他業種への転換を図りつつある現状を懸命に訴えるコンシストワール代表者たちのあいだで絶えざる攻防戦が繰り広げられた。そこへ、ナポレオン時代、ロシア戦線に赴いて軍功を立て、新しい王国軍でも砲兵大尉としてユダヤ系軍人の愛国心を証立てていたアルフォンス・セルフベール（セルフ・ベールの孫）が一本の力強い政治文書（Cerfberr 1817）を公にしたことも功を奏し、一八一八年、「不名誉法」の延期法案は上下両院で否決されることとなった。政体としては、第一共和政と第一帝政を飛び越えた王政への「復古」ではあっても、それが、少なくとも宗教と国家、信仰と法の関係をめぐる政治姿勢においては、単なる旧体制への回帰ではあり得なかったことを示す明白な徴である。「中央コンシストワール」は、これをもってようやく「不名誉法」の軛から解放されることとなった諸県を統括する地方コンシストワールに宛てた「教書」のかたちで、国王の英断に感謝の意を表すると同時に、以後、廉直と勤勉の精神をもってこの恩に報いていかねばならない旨、信徒集団に呼びかけている（Lettre 1818）。

革命諸政府やナポレオン体制の急進性、革新性の脇で、一般に「反動」として受け止められる「復古」政体にこの種の功績を認めることを逡巡させる力が働くためであろう、従来の歴史記述においては言及されず仕舞いとなることも多いが、一七八八年、マルゼルブの試み以来、実に三〇年の歳月を経て、フランス領に住まうユダヤ教徒を法制面の不平等の軛から最終的に〈解放〉したのは、一八一八年、ルイ一八世の王政であった。以後、法の水準においてユダヤ教徒をほかの一般住民から区別、差別するものとしては、法廷における「モーレ・ユーダイコの宣誓」という因襲を残すのみとなったが、これもほどなく、アドルフ・クレミューの尽力により、撤廃に追い込まれることとなる（本章後述）。

しかし、法的不平等が解消されたあとも、揺籃期のコンシストワール体制は決して安泰とはいえなかった。もっとも深刻な問題は、ユダヤ教指導者の人材枯渇である。「中央コンシストワール」の三名の大ラビのうち、サルヴァトーレ・セーグレは、一八〇七年、イタリアに戻り、ダヴィド・ジンツハイムは一八一二年に他界する。マントヴァ出身のアブラハム・ヴィータ・デ・コローニャは、ほとんどフランス語で職能を果たすことができないまま、一八二六年、イタリアに帰還してしまう。かろうじて、セーグレの後任、コブレンツ出身のエマニュエル・ドゥーツが、その死（一八四二年）まで大ラビの座を守ったが、このドゥーツもまた、フランス語を不得手とした上に、息子シモンのキリスト教改宗という醜聞がたたり（ポリアコフ 1968：455-456）、宗教指導者としてはことごとく精彩を欠いた。こうして、「大サンヘドリン」時代にすでにかなりの高齢に達していたラビたちが寿命を全うするなか、〈大革命〉の勃発以来、ほぼ三〇年間、ユダヤ教の学舎が事実上の機能停止に追いやられていたため、後進の指導者がほとんど育っていなかったのである。他方、一八一一年以来、主としてラビの俸給に充当される「信仰税」の納入を義務づけられていた信徒たちは、フランスにおいてその種の二重課税の対象となっているのはユダヤ教徒のみであるとして不満を募らせ、なかには、七つも設置されている地方コンシストワールを整理・統合すべきではないか、さらにはコンシストワール体制そのものを撤廃してはどうか、というところまで主張を押し進める人々もいた。

この時、事態改善に向けて精力的に動き出したのは、アルザス出身のシモン・マイエル＝ダルムベールであった。ストラスブールの西方に位置するミュツィグ（ムツィヒ）に生まれ、アハロン・マイエル、セルフ・ベールという旧体制下の二大「州主管」を祖父にもつシモンは、帝政期、ナポレオン麾下の軍人として、とりわけライン同盟のヴェストファーレン王国で大きな功績を上げたが、帝政瓦解後、熱烈な王政支持者となり、一八一六年、「中央コンシストワール」の世俗成員に任命されるにいたった。一八一七年、私財を投じて『イスラエリート・フランセ』紙を創刊し、その編集を、コンシストワールの公式通訳をつとめるパリの商人、エリー・アレヴィーに委ねる。同紙は、ブルボン王政への熱い支持を表明し、フランスのユダヤ教徒は父祖の信仰に忠実なままフランス王国への忠誠とフランス文化への適合力を併せ持つことが十分可能であるという主張を基調とした。先述のとおり、革命初期の一七八九〜九〇年、メッスで刊行されたイディーシュ語新聞『ツァイトゥング』が、おそらくフランス・ユダヤ教世界から発せられた初の定期刊行物であったが、この『イスラエリート・フランセ』紙は、やはり短命ながら（翌一八年廃刊）、ユダヤ教徒がフランス語で創刊した初めての定期刊行物である。

マイエル＝ダルムベールはまた、当時の政界人たちとの強い絆を活かし、一八一九年と二三年、コンシストワール体制の改革に関わる二つの勅令を出させることに成功している。これにより、中央・地域の両コンシストワールにおいて世俗成員が増員され、その発言権も強化されたほか、「中央コンシストワール」の成員が、政府からの指名ではなく、地方コンシストワールからの推挙によって選ばれることとなった。一八二四年には、コンシストワールの議長職が、必ずしも世事に長けているわけではないラビから世俗成員に移されることになり、パリの銀行家ヴォルムス・ド・ロミイが、以後、およそ二〇年間にわたって議長の座を守ることとなる（後述のとおり、そのヴォルムス・ド・ロミイ自身、ユダヤ教徒としての資質や会衆全体に対する指導力において、一般信徒たちからの評判に芳しからぬところがあったが）。

さらにマイエル＝ダルムベールは、「パリ地方コンシストワール」直属のシナゴーグを確保するのに一役買った。先述のとおり、一八〇六年、「名士会議」招集の時点で、パリには、サン＝タヴォア通りとショーム通りの二か所にシナゴーグが存在していた。しかし、一八一八年、サン＝タヴォア通りのシナゴーグが土地の所有者から立ち退きを求められたため、マイエル＝ダルムベールは、翌一九年、近隣のノートル＝ダム・ド・ナザレト通りに用地を取得し、ルイ一八世の許可をも取りつけて、新しいシナゴーグの着工に漕ぎ着けた。二一年にはショーム通りのシナゴーグも閉鎖を余儀なくされたが、二二年、一度に数百名を収容し、女性用の回廊も備えたノートル＝ダム・ド・ナザレト通りのシナゴーグが落成したため、「パリ地方コンシストワール」はかろうじて信徒の祈禱の場を失わずに済んだ。マイエル＝ダルムベールによるフランス・ユダヤ教再興の功績は教育面にも及び、一八二九年には、ロレーヌの会衆と協力し、メッスにラビ養成のための学校を開設する王政府からの認可を取りつけている（翌三〇年、「中央ラビ学校」として開校し、五九年、パリに移転して「フランス・イスラエリート神学校」と改名）。革命勃発以来、ほぼ中断され、〈恐怖政治〉時代に甚大な被害を受けたユダヤ教の教育体制が、こうしてようやく再生の途についたわけである。

同じ時期、マイエル＝ダルムベールの取り組みとは対照的に、コンシストワールの新しいラビ体制を徹底的な批判に付すところから、近代フランスにふさわしい改革派ユダヤ教の構築を模索したのは、九点円の名づけ親としても知られる数学者、オルリー・テルケムである（以下、オルリー・テルケムの生涯と業績についてLandau 2001を参照）。フランス革命前、メッスの敬虔なユダヤ教徒の両親のもとに生まれた彼は、当初通っていたユダヤ教の初等学校（ヘデル）から素行不良を理由に放校処分となったが、メッス市の中央学校に入学を許されると、一転して世俗の諸科学、とりわけ数学の分野でめきめきと頭角を現した。おそらく、同郷の数学者にして、ベルリンのメンデルスゾーン宅で家庭教師をつとめたモイーズ・エンサイム（既出）の示唆、指導のもと、パリのエコール・ポリテクニーク（理工科学校、一七九四年開校）を志し、一八〇一年に合格。一七九八年に同校に入学していたカルパントラ出身のアブラアム＝ガブリエル・モセに続き、ユダヤ教出自としては二人目の理工科学校生《ポリテクニシアン》となる。同校復習教師を経て、一八〇四年、ナポレオン支配下のマインツ（マイアンス）でリセの数学教師の職を得、帝政瓦解後はパリに戻り、陸軍の砲兵科で数学の教鞭を執った。イェシャヤフ（イザイ）・ベール＝ビング（既出）を中心とするメッスのユダヤ啓蒙主義の流れを汲むテルケムは、フランス・ユダヤ教徒集団の真の意味における「再生」は、フランス式の教育法を採り入れた初等教育制度の確立なくしては不可能であると考え、既出『イスラエリート・フランセ』紙の主筆エリー・アレヴィーや、一八一三年、ユダヤ教出自の人間として初めてエコール・ノルマル・シュペリウール（高等師範学校）に入学を果たしたミルティル・マースを誘い、「中央コンシストワール」の二人の大ラビ、コローニャ、ドゥーツをも説得して、一八一九年春、「パリ・イスラエリート学校」の開校に漕ぎ着ける。初代校長としては、ストラスブール生まれのラビで、ドゥーツの娘婿となっていたダヴィド・ドラックを迎え入れ、テルケム自身は視学官と校長補佐を兼ねた。新しいシナゴーグの建設予定地に隣接するヌーヴ＝サン＝ローラン通り（現ヴェールボワ通り）の一郭に設えられた校舎に、五歳から一三歳のユダヤ教徒の子弟八〇名を集めて機能し始めたこの学校は、当初こそ、パリの大ラビ、セリグマンの全面的な賛同を取りつけたが、「パリ地方コンシストワール」のとりわけ世俗成員たち（マルセル・プルーストの母方の曾祖父バリュク・ヴェイユを含め）は、テルケムの運営方針に次第に批判の目を強めていった。彼らがとりわけ問題視したのは、ユダヤ教の宗教教育が学業時間の三分の一にも満たない上、宗教外の科目の内容があまりに自由主義に傾きすぎていることであったが、そのほかにも、テルケムが、ユダヤ教の祈禱を唱える際、伝統的アシュケナジ典礼に特有のドイツ語風の発音と抑揚を廃し、ヘブライ語本来の響きを取り戻すことを提唱したことが、東部出身のコンシストワール成員たちの神経を逆撫でしたのではないか、ともいわれる。さらには、私生活において、彼がキリスト教徒の女性と同棲していることも（一八二四年、結婚）、周囲の不信感を煽る要因であった。こうして、「パリ地方コンシストワール」から校則の改正と教育内容の見直しを求められたテルケムは、一八二〇年秋、心ならずも学校の運営から身を引くこととなったが、以後、彼が展開していく反コンシストワールを基調とするユダヤ教改革の主張は、この時の失望と怨嗟をバネにしていたと見てよい。テルケムの辞任ののち、一八二三年の過越祭（復活祭）には、校長のドラックが、突如、洗礼を受けてカトリックに改宗し、フランス・ユダヤ教世界に大きな衝撃を与える。さらに、そのドラックが、一八二八年、大ラビ、ドゥーツの息子にして彼自身の義弟に当たるシモン・ドゥーツをローマでカトリックに改宗させるに及んで、事後的に、「パリ・イスラエリート学校」の運営をドラックとテルケムに任せたのは大きな誤りであった、との見方がコンシストワール内に定着することとなった。

テルケム自身はキリスト教改宗の途につくことなく、あくまでもユダヤ教徒として、同宗者たちの「再生」と、それに資するユダヤ教改革の道を探り続けた。その具体策は、彼が一八二一年から四〇年まで、「ツァルファティ」（ヘブライ語で「フランス人」）との筆名で書き続けた『あるイスラエリートが同宗者たちに宛てた手紙』という二七篇の書簡体エッセーのなかで詳細に描かれている。いわく、土曜の安息日は、以後、キリスト教に合わせて日曜に移行させなければならない。祈禱の際、ヘブライ語の文言はただ闇雲に読まれているだけであって、必ずしも全員に理解されているわけではないのだから、これからはすべてフランス語で朗唱した方がよい。男子の割礼という血なまぐさい風習にもいずれ終止符を打たねばならないが、その実践にこだわる人々がいるあいだ、少なくともその儀式を行う権限を近代的衛生学の心得のある医師の手に委ねるのがふさわしい。タルムードの迷信は、近代のユダヤ教徒にとって百害あって一利もないものであるため、その学習をただちに禁止すべきである……。

土曜の安息日、ヘブライ語使用、割礼、タルムード、すでにこれらの要素を取り除かれただけで、ユダヤ教がユダヤ教であり続けることはほぼ不可能であり、彼の提案はすべて、ユダヤ教の改革ではなく自殺を意味するものであることは明白であった。テルケム自身、人生の後半部にいたって、これらの主張を大幅に緩和させることとなるが、少なくとも一八二〇年代、彼のこのような過激な反伝統主義が成立し得たということ自体、裏返して、ユダヤ教の伝統が、コンシストワールのラビ体制をつうじて着実に「再生」を果たしつつあったことの反証として受け止めておいてよいのだろう。また、テルケムの提案のなかには、身体衛生観念の導入、女子教育の重要性、女性信徒の地位向上など、たしかに従来のラビ体制のもとでは軽視されがちだった要素も含まれており、一八四〇年代以降、アドルフ・クレミューを中心とする次世代の改革派の要請を先取りする部分もあった。実際、伝統重視のユダヤ教徒として、テルケムによる安息日の日曜移行案に眉を顰《ひそ》めることは簡単でも、コンシストワールの世俗成員たち自身、みずから日々の事業や商売を行う上で、金曜の日没から土曜の日没までの禁制をすでに遵守しきれなくなっており、その意味で「ツァルファティ」の檄文は、キリスト教文化に深く染め抜かれた土地で、なおユダヤ教徒として生き続けることの意味を根底から問い直すものであった。その意味再問は、一九、二〇世紀を貫いて、今日なお、有効性を保ち続けているといえるだろう。

テルケムからの激しい批判、攻撃にさらされながらも、コンシストワールのラビ成員、世俗成員たちの地道な努力が少しずつ実を結び始めるなか、ブルボン王朝からオルレアン王朝への政権交代、いわゆる「七月革命」の受け止め方は、信徒たちのあいだでもまちまちであったようだ。マイエル＝ダルムベールやボルドーのグラディス家のように、あくまでもブルボン王朝への忠心を堅持しようとする者もいれば、ナンシーのミシェル・グドショーのように、はっきりと共和派に傾き、穏健派の立憲君主政の成立をもってしては政治変革としていまだ手ぬるいと見る者もいた。全体としては、復古王政末期、「超王党派（Ultras）」の徐々なる台頭が反動への恐れをかき立てる一方、かつてのジャコバン的過激主義の再来を避けたい気持ちもあって、オルレアン家の穏便な王政を中庸として歓迎する空気が支配的であったようだ。

一八三〇年八月三〇日、七月王政の新しい「憲章」は、カトリシズムの位置づけを「国家宗教」から「フランス人の大多数の宗教」という帝政時代のそれに戻すことで、プロテスタントとユダヤ教に一定の配慮を示すものであった。コンシストワールの代表者たちはこれを大いに歓迎したが、依然、国家からの俸禄が、カトリックの司祭、プロテスタントの牧師とならんで、ラビに対しても支給されない限り、真の意味における信仰の平等は実現されないとして、政変を機に、さまざまな人脈をつうじて政府に働きかけを強めた。幸い、宗教大臣ヴィクトル・ド・ブロイ公がこの申し出に理解を示し、ユダヤ教に対する国庫補助金の支出案を上下両院に提出する。議会では、アルザス選出議員を中心として、依然、根強い反ユダヤ勢力と、宗派を問わず、あらゆる宗教団体に対する補助金の打ち切りを求める共和派勢力がともに声を張り上げたが、その両極端の衝突がかえって幸いする格好で、大臣案はほぼ原案どおりに可決され、一八三一年二月八日、施行されることとなった。こうして、「中央コンシストワール」と七つの地方コンシストワールの大ラビ計八名と、各コンシストワールに五名ずつ配置された四〇名のラビたちのうち二三名分、ならびに二五九名の「朗詠士」のうち二一名分の俸給が、以後、国庫から賄われることとなった。これだけでも、シナゴーグの維持費、学校の運営費、慈善事業費など、出費がかさむコンシストワールの経営はだいぶ改善されることとなった。一八〇二年、ナポレオン時代に着手された既存宗教の「国営化」は、こうしてルイ=フィリップの七月王政による手直しを経て、ようやく完成を見たのである。

こうしたユダヤ教に対する平等政策に対しても、一八三二年六月、アルザスの一部で、好戦的なカトリック司祭に扇動された反ユダヤ暴動が起こったことを除いて、さしたる不平不満は顕在化せず、七月王政期は、ユダヤ教徒住民にとって、フランス史上、ほかに例を見ないほどの平穏な時代となった。信徒たちの経済状況が徐々に改善に向かったことも手伝って、会衆の財政が安定し、各地方コンシストワール付属のシナゴーグが一つ一つ新設されるようになっていった。一八三三年のギゾー法により、ユダヤ教系列の小学校も自治体から補助金の支給を受けることができるようになったため、信徒の子弟たちのための初等教育も充実し始め、逆に教師陣としてフランス語を流暢に操るラビや世俗人の人材を確保するのに苦労するまでとなる。

セファラディ、アシュケナジ、双方のユダヤ教徒が、それぞれの仕方でフランスの版図に組み込まれることとなった一六～一七世紀以来、おそらく初めてといってもよいかもしれない政治的平穏が実現を見たこの七月王政期に達したところで、いったん編年体的な記述を離れ、ジョゼフ・サルヴァドール、アドルフ・クレミュー、サミュエル・カエンという個々人の肖像（この三者は、奇しくも一七九六年の生年を共通項とする）、ならびにユダヤ教出自のサン=シモン主義者たち（とりわけロドリゲス兄弟）の動向を素描しておきたい。南西部、南東部、東部、それぞれのユダヤ教会衆に起源をもち、首都パリで多彩な才能を発揮し始めたこうした人々が、一九世紀の前半から中葉にかけて、フランス・ユダヤ世界の興味深い精神史を構成していることが看取されるであろう。

ジョゼフ・サルヴァドールの「モーセ主義」

ジョゼフ・サルヴァドールは、総裁政府時代の一七九六年、南仏のモンペリエに生まれた。父アヤン・サルヴァドールはユダヤ教出自の医者であり、母エリザベート・ヴァンサンはカトリックの出である（以下、ジョゼフ・サルヴァドールの生涯に関して Sebban 2012 を参照）。父アヤンの系譜は必ずしも判然としないが、かつてイベリア半島からフランス南西部に移り住んだ「新キリスト教徒」のなかから、徐々にユダヤ教回帰を果たした家系に連なることはおそらく間違いない。その宗教実践の度合いも不明であるが、息子ジョゼフに割礼を受けさせるほどにはユダヤ教への忠誠心を保っていた。母エリザベートは、なんらかの事情により、エクスの親戚筋でトルナトリという医者のもとで育てられたが、一八世紀後半の典型的な「自由思想家」であったこの育て親が、彼女に宗教の敷居を越えた結婚を勧め、同業のサルヴァドールとの縁組みを整えたものらしい。一八世紀末、モンペリエのユダヤ教会衆は一〇〇名ほどの信徒からなる小規模なものであったが、周囲のカトリック集団、プロテスタント集団との関係はきわめて良好であり、アヤンが非ユダヤ教出自の女性と結ばれたことは、たしかに、いまだきわめて稀有な例でありながら、それによってユダヤ教の会衆との断絶を余儀なくされるようなこともとくになかったようだ。アヤン自身、子供たちの婚姻と宗旨については完全に自由な思想の持ち主であり、長男ジョゼフは生涯独身を貫いたが、次男バンジャマンは、セヴェンヌのプロテスタント、カトルファージュ家から妻を娶り、長女ソフィーだけがユダヤ教出自の弁護士と結ばれている。総じて、その家庭環境は、宗教的帰属の混淆と革命期特有の自由思想を特徴とする、きわめて開放的なものであったと考えられる。

幼少のジョゼフが、ユダヤ教の宗教教育を受けたり、日常の信仰実践を父親から引き継いだりした形跡は認められない。モンペリエのリセを優秀な成績で卒業し、バカロレアを取得した彼は、そのままモンペリエの医学部に進み、一八一六年（二〇歳）、「疾病学への生理学の適用に関する一般考察」と題する論文をもって博士号を授与されている。さらに医学以外の学問（宗教史、宇宙論）にも通じておきたいと考えたサルヴァドールは、王政復古期のパリに出て独学を開始するが、そのような折、一八一九年にドイツで起きた「ヘップ・ヘップ運動」の報道が、彼の生涯を大きく変えることとなった。

「ヘップ・ヘップ運動」とは、一八一九年八月初旬、ヴュルツブルクに発生し、またたく間にプロイセンを除く全ドイツの都市、農村に広がり、さらに周辺のボヘミア、アルザス、オランダ、デンマークにも飛び火した反ユダヤ暴動である。その背後になんらかの指揮系統が作動していたのか、今もって不明であるが、いずこからともなく現れた伝道師らが「へップ！ ヘップ！」という号令をかけながら町から町を訪ね歩き、ユダヤ教徒居住地の襲撃へと民衆を駆り立てるのであった（ポリアコフ 1968：401-402）。この号令の意味として、一般に一〇九六年、十字軍兵士たちが口々に叫んでいたとされるラテン語の「ヒエロソリマ・エスト・ペルディータ（Hierosolyma Est Perdita エルサレムは滅んだ）」のアナグラムとする説が流布されているが、別の説によれば、それは単にドイツの羊飼いたちが羊の群れを誘導する時に使う掛け声が転用されただけではないか、ともいわれている。

「科学の世紀」とも呼ばれる一九世紀を中世の十字軍時代にまで一気に押し戻してしまうかにも思われた、この出来事の衝撃から、ベルリンでは、エードゥアルト・ガンス、レーオポルト・ツンツらが「ユダヤ教徒文化学術協会」を創設することとなる。その主眼は、ユダヤ教を、キリスト教同様、文化・学術の対象として客観化し、それを近代社会のただなかに位置づけることによって、キリスト教世界にいまだに根強く残る迷信を絶ち、同時にユダヤ教の信徒にも近代人として自覚を促すことにあった。そして、フランスのコンシストワール体制が、他国のユダヤ教会衆との連帯をあげつらわれることへの懸念からか「ヘップ・ヘップ運動」に対する無反応を決め込むなか、ドイツにおけるこの新しい「ユダヤ教学」の要請を、パリにあって、当面ただ一人で引き受けようとしたのがジョゼフ・サルヴァドールであったといってよい。

彼はまず、幼少期以来みずからの素養として完全に欠け落ちていたユダヤ教の学知を身につけるべく、「中央コンシストワール」の大ラビ、アブラハム・ヴィータ・デ・コローニャのもとでヘブライ語とユダヤ教聖書学の研鑽を積んだ。こうして寝食も忘れて打ち込んだユダヤ教研究の成果が、一八二二年、六〇〇頁を越える大著『モーセの律法、あるいはヘブライ人たちの宗教・政治体系』である（二八年、さらなる加筆をほどこした三巻本『モーセとヘブライの民による諸制度の歴史』として再版）。その「序文」書き出しの一節を抜き出してみると――

モーセ自身、みずからの名に結びつけられた偏見と、人々が彼の著作の権威によってうち固めようとしてきた悪習を知ったならば、さぞかし恐れ戦いたことであろう。これまで実現されたなかで、もっとも賢明にして、もっともわかりやすい公共秩序の体系の作り手。知られている限りにおいて最初の共和国の創始者。一つの民を苦しみに繋ぎ止める鎖を断ち切ったのち、その民の知性の発展に努め、権利の平等の上に築かれた一つの〈憲法〉の遵守をその民に誓わせ、唯一〈律法〉だけが、あるいは遍く受け入れられた理性だけが、この世の主として指揮権を行使せねばならないのだということを教えた人間。そのモーセが、以来、無知、特権、専制主義の使徒としての衣を着せられてしまったのだから（Salvador 1822：vii）。

ここに、サルヴァドールが生涯かけて確立、伝播しようとした主張が尽くされていることがわかる。彼は、ユダヤ教の祖たるモーセが、太古の時代における「啓蒙君主」として、この世に正義、権利、平等といった政治の基本概念をもたらし、もっぱら〈理性〉に由来する「律法＝憲法」をもって、「神権政（théocratie）」ならぬ「元首政（monocratie）」を、ヘブライの民から始めて、全人類に押し広げようとした人物であったと考えた。そして、その一点を普遍的了解事項として共有することにより、人類が近代にいたって抱え込むこととなった「宗教問題」（信仰心と道徳の衰退、自然法と宗教法の対立、宗派間ならびに宗派を異にする国家間の相剋など）をことごとく解決に導くことができるはずである、と主張する。つまり、ユダヤ教の聖書、とりわけモーセ五書を「旧約」として二次的地位に留め置き、その解釈に、原初のヘブライ主義とはおよそかけ離れた異教主義の夾雑物を混ぜ込む一方であったキリスト教の〈律法〉観を根底から見直すことをつうじて、フランスは、一七八九年の「人権宣言」をシナイ山の啓示に匹敵する高みにまで持ち上げ、人類の調和と統一に向けて先頭旗手の役割を十全に果たすことになる、というのだ。文献学的な実証は必ずしも容易ではないが、フランス革命とナポレオン体制によるユダヤ教徒の処遇——ここまで見てきたとおり、必ずしも「人道」「人権」の美名には似つかわしからぬ処遇——を〈解放〉の一語に要約し、その意義をひたすら称揚しようとする言説も、サルヴァドールのこうした主張に源流を発しているのかもしれない。

『モーセの律法』において、古代のユダヤ教法廷がイエスに下した有罪判決を正当化してみせたサルヴァドールは、一八三八年、『イエス＝キリストとその教義——紀元一世紀におけるキリスト教会の誕生と発展の歴史』（二巻）をもって、さらにその議論を発展させ、かつてローマに滅ぼされ、以後、キリスト教の圧倒的な政治権力のもとで少数派として生き長らえることを余儀なくされたユダヤ教徒たちが、それでもなおイエスを神として認めることができなかったのは何故か、そして、それがいかに正しい選択であったか、四福音書そのものを資料として援用しながら解き明かそうとするのであった。

「反」ないし「脱」キリスト教的モーセ主義とも評することのできる、このサルヴァドールの大胆かつ斬新な思想は、一八二〇〜三〇年代、各界でさまざまな反応を巻き起こした。王政復古の末期、カトリック絶対主義を標榜するラムネーほか「超王党派」が、サルヴァドールによる「人間モーセ」礼讃の背後に無神論への傾斜を見て取る一方、バンジャマン・コンスタンなどリベラル派の政治家、言論人たちは、その反キリスト教的な律法主義を歓迎し、そこから太古の時代にまで遡る立憲政の正統性を導き出そうとした。一八二九年六月一一日、予算案をめぐる下院の議論は、サルヴァドールの名に言及せぬまま、前年の彼の著書をめぐる賛否の衝突に費やされたほどである。その後もサルヴァドールの著作は、カトリック系の言論界において「神殺しのための弁明」と評され続ける一方、初期のエルネスト・ルナンによっては宗教心性史における先駆的偉業として評価されることになる。

他方、ユダヤ教世界、ないし非宗教化の途上にあったユダヤ教出自の人々のもとでも、サルヴァドールの評価は鮮明すぎるほどの正負に分かれる。肯定的な評価としては、まずユダヤ教出自のサン＝シモン主義者たちによるものがあるが、後述のとおり、それはサルヴァドールのモーセ主義をサン＝シモン主義の宗教的「屈折」のために利用しようとする意図的操作であったといえなくもない。ほかには、一九世紀末、既出アルセーヌの弟、言語学者のジェムス・ダルメストテールが『イスラエルの預言者たち』（一八九二年）のなかでサルヴァドールに長大な一章を捧げ、フランス・ユダヤ教思想の忘れられた偉人として称揚したが、そこにもやはり、非ユダヤ教徒の女性と結婚し、ユダヤ教世界とはほぼ完全な絶縁状態に入っていたジェムスが、みずから理想とするユダヤ＝キリスト教の習合（シンクレティズム）をサルヴァドールのテクストに語らせる我田引水の傾向を指摘することができる。宗教人のなかにも、のちに「世界イスラエリート連盟（ＡＩＵ）」の発起人の一人となるラビ、エリー・アリスティド・アストリュクのように、サルヴァドールによる聖書の合理主義的にして自由な読み方に賛意を示し、みずからその流れに与するものであることを宣言する者もいた（Astruc 1882）。しかし、タルムードの遺産を惜しみなく捨て去り、もっぱら聖書の近代的解釈の上に「イスラエリート」にふさわしい新しい精神性を打ち立てようとするサルヴァドールの姿勢、そして、わずかに安息日と過越祭の維持・継承をもって、近代におけるモーセ信仰のあり方としては十分とみなす彼のユダヤ教徒としての姿が、コンシストワールとその周囲に集う信徒たち、とりわけタルムードの伝統を重視する東部出身のユダヤ教徒たちの目に、大胆を通り越した逸脱、冒瀆と映ったとしても不思議はない。また、サルヴァドールの存在を一九世紀後半、忘却の淵に追いやる要因となったのは、これも後述のとおり、一八四〇年代から少しずつ形を成し始めたフランス・ユダヤ教学の中心的担い手たち（サミュエル・カエン、サロモン・ムンク、アドルフ・フランクなど）が、彼の歴史家、文献学者としての手法に、最後まである種の「いかがわしさ」の印象を払拭できなかったことである。

後年のサルヴァドールについては、ユダヤ教徒の〈聖地〉回帰によって新時代の到来を希求するプロテスタントの「世界福音連盟」との関係や、代表作『パリ・ローマ・エルサレム』（一八六〇年）に打ち出された思想を「原」シオニズムとみなすことの是非などと合わせて、本書第17章でふたたび採り上げることとしよう。

サン＝シモン主義者たち

一八二五年、哲学者サン＝シモンの死から、一八三二年、その最大の後継者として「最高教父」を名乗ることとなったアンファンタンらが風紀紊乱の嫌疑で訴追され、信奉者集団が崩壊するまでの数年間（王政復古末期から七月王政最初期）、二〇〜三〇歳代のユダヤ教出自の若者たちが、サン＝シモンによる言葉以前の「社会主義」思想に共鳴し、その普及・発展に中心的な役割を果たそうとした時期があった。シャルル・フーリエ、ロバート・オーウェンと並ぶ三大「空想主義的社会主義者」に数えられるサン＝シモンの思想と、王政復古期、少なくとも外面的な平穏期を迎えたフランス・ユダヤ教世界のあいだを繫ぐ線は、一体どこに引かれていたのだろうか。

少なくとも、思想の祖、サン＝シモン伯クロード・アンリ・ド・ルヴロワの側に、ユダヤ教徒ないしユダヤ教出自の市民たちをとりわけ積極的に引きつけようとする意図があったとは思われない。『回想録』で知られるサン＝シモン公ルイ・ド・ルヴロワを遠縁とする名門貴族の家柄に生まれ、初め、職業軍人としてアメリカ独立戦争で軍功を立て、革命期には国有地売買で巨万の富を築いたサン＝シモンは、テルミドールの反動以後、思索生活に入り、『人間科学に関する覚書』（一八一三年）をもって人間社会を科学の対象とする「社会生理学」を提唱した。王政復古期に入り、『産業、あるいは政治、道徳、哲学議論』（一六〜一八年）、『組織者』（一九年）、『産業体制論』（二一〜二二年）といった著作のなかでは、人類が産業の絆によって結ばれ、富の最大限の産出をつうじて調和と統一に向かう道筋を示そうとした。二三年、経済的困難と周囲の無理解を苦にしてピストル自殺を図るが、片眼を失うだけで一命をとりとめる。晩年は、一八一七年以来、彼の秘書となっていたオーギュスト・コントとの共著『産業人の公教要理』（二三〜二四年）のなかで、労働者の解放を目的とする産業体制の構築の必要性を説くところまで歩を進めると同時に、その理想の実現のためにはキリスト教の古き道徳を一新して産業社会に適用可能なものに作り替えねばならないとし、新時代の普遍的精神性の在処《ありか》を説く『新しいキリスト教』（二五年）を絶筆として残す。しかし、これら一連の著作の端々で、サン＝シモンが稀に旧約の民に言及することがあったとしても、それは「陰鬱にして内向的、矜恃と屈辱に苛まれた民」といったような否定的な紋切り型に限られ、ユダヤ教徒ないしユダヤ教出自の読者層の歓心を買うような要素はどこにも見当たらない（Weill, G. 1895 : 261）。

サン＝シモン主義とモーセ信仰の伝統を反応させる触媒の役割を演じたのは、南西部の「ユダヤ・ナシオン」の系譜に連なる数学者、オランド・ロドリゲスであった（以下、オランド・ロドリゲスに関する情報はAltmann 2005、サン＝シモン主義の宗教的側面については佐藤1986を参照）。

バンジャマン＝オランド・ロドリゲスは、一七九〇年頃、ボルドーからパリに移り住み、一八〇六年、「ユダヤ教徒名士会議」の書記をつとめたパリの商人イザーク・ロドリゲスと、バイヨンヌ生まれの母、サラ・ソフィー・ロペス＝フォンセーカの長男としてパリに生まれた。母親が、一七七〇年代の生まれながら、すでに「ソフィー」という名を併せもち、また彼自身も、バンジャマン（ベニヤミン）という元来のユダヤ名に「オランド」という非ユダヤ起源の名を並べて、早くからその後者のみを用いるようになったことから、一家がユダヤ教に対して取り始めていた距離のほどが察せられる。帝政時代の一八〇八年、彼はリセ・アンペリアル（今日のリセ・ルイ・ル・グラン）に入学し、のちの大数学者ミシェル・シャールと常に首席を争った。その優秀ぶりから、エコール・ポリテクニーク（理工科学校）、エコール・ノルマル・シュペリウール（高等師範学校）、いずれの合格も疑いなしと思われたが、オランドはそのどちらにも進まず（理由については、ユダヤ教出自の志願者に対する差別待遇への反感を含め諸説あり）、一八一二年（一七歳）、パリ大学に登録しながら、リセ・ナポレオン（今日のリセ・アンリ＝カトル）で数学の助教の職につく。その最初の生徒たちのなかに、のちにサン＝シモン主義の「教父」となる一つ年下のバルテルミー・プロスペル・アンファンタンがいた。一八一五年、ロドリゲスがパリ大学に提出した博士論文は、のちにルジャンドル多項式における「ロドリゲスの公式」と呼ばれることとなる内容を大方含むものであった。しかし、王政復古期、主だった教授職がカトリック系の人々に独占され、ユダヤ教出自の人間の入り込む隙がないと見たオランドは、数学者として身を立てることを諦めて株の仲買人となり、二三年には、有志の出資者によって設立された「担保金庫（ケース・イポテケール）」の取締役に任ぜられる。

一八二三年、自殺に失敗して床に臥せっていたサン＝シモンを元気づけようと、アルドワンという銀行家がロドリゲスを連れて見舞いに訪れたのが、両者の運命的な出会いとなった（その直後、詩人レオン・アレヴィーもサン＝シモンに引き合わされ、同様に信奉者となっている）。以後、アルドワンの思惑どおり、ロドリゲスが失意の思想家を経済的に支えることとなったばかりか、晩年、社会改革と宗教の不可分の関係について深く思いを致すようになっていたサン＝シモンの最良の理解者となったのである。二五年五月、サン＝シモンがこの世を去る前に『新しいキリスト教』を完成させ、刊行に漕ぎ着けることができたのは、ひとえにロドリゲスの献身の賜物である。死の床のサン＝シモンは、ロドリゲスに、「梨の実は熟した。あなたがそれを摘み取らなくてはならない」と述べ、事実上の後継者指名を行ったとされるが、すでにこの時までにロドリゲスは、教え子のアンファンタンをサン＝シモン主義への「改宗」に導いていた。その後、実の弟ウジェーヌ・ロドリゲスや、母方ロペス＝フォンセーカ家を通じての従弟で、二四年、妹ラシェルとの婚姻によって義弟ともなっていたエミール・ペレール、ならびにその弟イザーク——前世紀、聾唖児の言語教育で名を馳せた既出ジャコブ・ロドリゲス＝ペレールの孫たち——、さらには、バイエルンからパリに移り住んだユダヤ教徒銀行家の息子で、早い時期にキリスト教に改宗したギュスタヴ・デシュタル（のちの民族学者）も、オランドの手引きによりサン＝シモン主義者の輪に加わることとなった。

一八二五年一〇月、オランドは、アンファンタンと、元「フランス・カルボナリ党」の活動員アルマン・バザールを主筆とし、オーギュスト・コント、レオン・アレヴィーらの協力を得て、サン＝シモン主義の機関紙『生産者――産業・諸科学・諸芸術の新聞』を創刊するが、翌二六年、財政難により廃刊を余儀なくされた。これをもって社会・経済思想としてのサン＝シモン主義は途絶したかにも思われたが、実のところ、その先の数年間は、サン＝シモン主義がサン＝シモン「教」として再生を果たすための潜伏期間となる。信奉者たちの会合は、初め、ヌーヴ＝サン＝トギュスタン通り、「担保金庫」内にあるオランドの事務所で開かれていたが、のちにアンファンタンがパリ郊外（現二〇区）のメニルモンタンに構えた自宅で開かれるようになった頃から、その雰囲気は、徐々に秘密結社の集会、ひいては宗教教団の儀式を思わせるものとなっていった。そしてこの時、組織の教団化にもっとも積極的な姿勢を示したのは、オランドの弟で、クルアーン（コーラン）の読解からジョゼフ・ド・メーストルの著作まで、宗教思想に幅広い興味を示していた弱冠二〇歳のウジェーヌであった。当面、アンファンタン、バザール、オランド・ロドリゲスの三名を「教父（Pères）」とし、残る会員たちを「息子たち（Fils）」と呼んで、集団に中世キリスト教のコレギオ（修道会付属の学院）の様相をまとわせることを提案したのも彼であったとされる。ウジェーヌが一八二九年に著した『宗教と政治に関する書簡』は、彼自身の手によるレッシング『人類の教育』（一七八〇年）のフランス語訳とあわせて、死後、一八三一年に刊行されることとなるが、それはサン＝シモンの絶筆『新しいキリスト教』を、サルヴァドールの「モーセ主義」や、レッシングの全人類的普遍宗教のプリズムを通して、一宗教の聖典として読み替える試みであった。人類にとって、ユダヤ教の聖書は幼少期の書物であり、キリスト教の福音書は青年期の書物であった。今、成熟期に達しつつある人類には、それまでの二冊の内容と性質をすべて兼ね備えた「新しい永遠の福音書」が必要であり、それが、まさにサン＝シモンの弟子たちの手で書かれようとしているというのだ。

しかし、教団として形を取り始めたサン＝シモン主義者たちの集合体は、内部の権力闘争や醜聞により、ほどなく呆気ない崩壊を迎えてしまう。一八二九年一二月の組織内選挙において、オランド・ロドリゲスが、急速に悪化し始めたウジェーヌの健康状態を理由として「教父」の座を退き、アンファンタン、バザールの二名のみが再選されることとなった（その直後、三〇年一月一三日にウジェーヌは二三歳の若さで死去）。「七月革命」を経て、一八三一年になると、アンファンタンは、「教父」として教団内の女性と自由に性的関係を結ぶ権限があると主張し始め、こともあろうに、もう一人の

「教父」バザールの妻クレールをみずからの伴侶にすると言い出す。たまりかねたバザールは、十数名の信徒を引き連れて会を脱退。三二年、アンファンタンは、みずからを「最高教父」、オランド・ロドリゲスを「信仰長」として集団の立て直しを図るが、それも束の間、今度はアンファンタンがロドリゲスの妻ウフラジーに対する権利を主張するにおよんで、集団の指揮系統は崩壊した。その頃、反体制分子の地下活動の取り締まりに乗り出したルイ＝フィリップの政府は、以前から醜聞が絶えなかったサン＝シモン主義を危険視し、反体制活動と風紀紊乱（とりわけ性的関係の自由）の疑いでアンファンタン、ロドリゲス、その他数名の代表者を逮捕、起訴する。ロドリゲスは保釈金を払って身柄の自由を得たが、アンファンタンはサント＝ペラジー監獄に繋がれ、翌三三年、王の特赦により出獄すると、「教母」となるべきメシア女性を探しに行く、と言い残して、中東へ旅立っていった。

その後、オランド・ロドリゲスほか、ユダヤ教出自のサン＝シモン主義者たちは、一時の宗教熱から完全に目を覚まし、産業の振興と労働者階級の地位改善をつうじての社会改革という、サン＝シモン主義本来の主張をフランス実業界で形にしていくこととなる。とりわけペレール兄弟は、一八三五年、ロチルドほか大銀行家の出資を得て「パリ＝サン＝ジェルマン鉄道会社」を創設し、いわゆる民間主導型「公共事業」の範を示すこととなるだろう。オランドも、実業人としての余暇を犠牲にして、師サン＝シモンの未発表文書の整理・刊行に当たった。

しかし、いわゆる〈解放〉を経た第二世代に当たるユダヤ教出自の若者たちが中心となって押し進めることとなった、このサン＝シモン主義からサン＝シモン「教」への発展——見方によっては「逸脱」——を、単なる「若気のいたり」、セクト主義の暴走として済ませてしまったのでは、精神史の材料としてあまりに惜しい。ここではまず、ユダヤ教出自であるか否かによらず、革命期とナポレオン時代の計り知れない精神的混乱を経て、不意に「復古」の体制を見出すこととなったフランス市民たちの心にあった、精神の真空状態への反動とも呼ぶべき宗教感情の横溢を理解すべきである。「社会的統合に強力な役割をはたしてきたカトリシズムの権威が失墜し、反教権的気分が蔓延する一方で、新たな信念の拠り所を、何らかの宗教に求めようとする人びとの気持は、むしろ高まっていた。この時期のフランスには、いわば、反教権と宗教感情とが入りまじった一種独特の気分が支配していたのである」（佐藤 1986 : 5（575））。別の論者もまた、「宗教性が混じり合った反教権主義の雰囲気」という表現をもって、この時代の特徴を描き出している（Simon-Nahum 1991 : 29）。その上で、先祖伝来のユダヤ教信仰から身を振り解《ほど》きつつ、それでいてなお、みずから深く納得してキリスト教改宗の道につくこともできないユダヤ教出自の若者たちの心のなかでは、その真空を満たそうとして逆流してくる空気の圧力が、なお一層のものとなっていたことを思ってみるべきだろう。

実際、その逆流の力余ってサン＝シモン「教」に傾倒したユダヤ教出自の若者たちのあいだには、彼ら自身、すでに距離を置きつつあった、あるいは完全に廃棄済みであったユダヤ教を別の次元に移し替え、さかんに擁護、称揚しようとする傾向が見られるのだ。極端な例ながら、祖父の世代にユダヤ教からキリスト教に改宗し、カトリックの教育を受けて育ったギュスタヴ・デシュタルは、メニルモンタンのアンファンタン宅で聖書研究に長い時間を費やした末、ある年の「ロシュ・ハシャナー（ユダヤ教の新年）」に際し、サン＝シモン「教徒」の出で立ちのままパリのシナゴーグへ赴き、祈禱の列に加わることもあったという（Weill, G. 1895 : 267）。

たしかに、ロドリゲス兄弟、レオン・アレヴィー、ペレール兄弟といったサン＝シモン主義者たちは、一八一九年、開校に漕ぎ着けた「パリ・イスラエリート学校」の教育活動には関心がなく、二二年、ノートル＝ダム・ド・ナザレト通りに落成した新しいシナゴーグにも足を向けず、コンシストワール体制から遠いユダヤ教世界の周縁部で「脱」ユダヤ教化の道を歩み始めた若者たちであったに違いない（レオン・アレヴィーは、一八三一年、カトリックの女性と結婚している）。そもそも、サン＝シモン主義の宗教化の過程を右のように概観しただけで、そこに純正なユダヤ教徒として参加することなど原理的に不可能であったことが瞬時に了解されるのだ。しかし、その上でなお、彼らがサン＝シモン「教徒」としてユダヤ教に言及する仕方には、非ユダヤ教出自の人々のもとには断じて見られないであろうような特殊性が示されている。

この点については、まずジョゼフ・サルヴァドール『モーセの律法』（一八二二年）の衝撃力を認めることから始めなくてはなるまい。レオン・アレヴィーは、ユダヤ教出自の人間がフランス語で著したおそらく最初のユダヤ教史『古代ユダヤ教徒略史』（二五年）のなかで、「われわれが多くの収穫とともに参照した書物」（Halévy 1825 : 65）として『モーセの律法』に触れ、以後、古代ヘブライ人の律法主義の卓越性を示すため、逐一断らずにサルヴァドールの表現を援用している。ウジェーヌ・ロドリゲスは、サン＝シモン「教」の事実上の教典として読まれることとなった『宗教と政治に関する書簡』のなかで、モーセの宗教は、それが同時に法の性格も兼ねていることをもってキリストの宗教を上回っている、というサルヴァドールの主張自体は「正しいと同時に誤りも含んだもの」（Rodrigues 1829 : 173）であるとしながら、問題は、来るべき第三の時代の宗教を、いかにしてその二つの宗教の性質を兼ね備えたものとして打ち立てるかにあると結論づけた。革命期とナポレオン時代をつうじて、キリスト教の扱い方は、完全なる廃棄、破壊から、国営化の実利主義まで多種多様であったわけだが、そのいずれにおいてもキリスト教に準ずるもの、その下位に留め置かれるべきものとして扱われてきたモーセ信仰の方を、一転、「律法」の政治性、社会性の名においてすべての上位に位置づけてみせたサルヴァドールの逆転的発想が、ユダヤ教とキリスト教の止揚としてみずからを位置づけようとするサン＝シモン「教」にとって好都合、いや必要不可欠であった。

加えて、ウジェーヌ・ロドリゲス、レオン・アレヴィーの両者に共通する特徴として、旧約の民を「肉」の民、新約の民を「霊」の民とみなす古来のキリスト教的ユダヤ教観をいわば逆手にとり、「肉」を「産業」、「霊」を「知性」と読み替えることで、その二者間であまりの長きにわたった不幸な断絶状態をサン＝シモンの思想を媒介として乗り越える、とする弁証法的発想がある。旧来、キリスト教的「清貧」の道徳との対比において貶められ、卑しめられてきたユダヤ教的「富裕」の価値観は、こうしてサン＝シモン主義による屈折を経て、人間を真の幸福に導くための補完要素として復権を果たすのだ。とくにウジェーヌ・ロドリゲスは、モーセによって打ち出された供犠《くぎ》の諸規定は、人間が行う日々の業、つまり産業が、祭司にとっての供物のようなものでなければならないこと、つまり「役に立つこと」と「神聖であること」は本来合一していなければならないことを教え諭すものであったと述べる（Ibid : 184-185）。ここから、産業、経済、金銭といった要素を、祝福、交感、祈りといった要素と不可分の相でとらえる思想の可能性も開け、ある論者は、これをもって「金銭」に関する近代的考察の嚆矢との評価も下している（Simon-Nahum 1991 : 33）。

総じて、一八三〇年前後、ユダヤ教出自のサン＝シモン主義者たちによる、時に奇矯とも映る言動からは、「近代人」の知性や意識のいわゆる「脱魔術化」（マックス・ヴェーバー）を経てなお、当人たちの心に止めどなく溢れ出てくる宗教性の所在を感じ取っておくべきなのだろう。少なくとも、父母ないし祖父母の世代にユダヤ教の信仰実践から離れ始めた人々（あるいは、そのまま帰属をキリスト教に切り替えた人々）において、脱ユダヤ教化は、いちどきに、断絶として成し遂げられたわけではなく、本人たちが捨て去りつつある、あるいはすでに捨て去ったと思いなしている父祖の信仰の余韻も、新しい社会において有用な人間でありたいという希求もろともども、いつ何時、思わぬ宗教性の強度とともに響き渡るものであるか、わからないということだ。以後、語の本来の意味において「ユダヤ教徒」とは呼べなくなった（呼べなくなりつつある）人々のもとで、その心にしばらく留まるユダヤ教の残像、残響が、いかなる外的な要素に感応するところから、いかなる思想の型を産み落とすものであるか、十分目を凝らして観察していく必要がある。

アドルフ・クレミューの栄達

ジョゼフ・サルヴァドールやサン＝シモン主義者たちとはまたまったく異なる活動領域でめきめきと頭角を現し、一八三〇年代以降、フランス・ユダヤ教世界の代表的存在と目されることとなる人物に、アドルフ・クレミューがいる。イザーク・アドルフ・クレミューは、一七九六年四月三〇日、南仏のニームに生まれた（以下、アドルフ・クレミューの生涯に関する情報は Amson 1988 による）。父ダヴィド・クレミューは、カルパントラの元「教皇のユダヤ教徒」であったが、ある時期に弟エリーとともにニームに居を移し、絹織物の取引を生業とするようになった。フランス革命の熱烈な支持者であったダヴィドは、一七九一年、ラシェル・カルカソンヌ（生年、出身地など不明）と結婚して三人の子供をもうけ、〈恐怖政治〉期、ニーム市の公職につくまでとなったが、一七九四年、「テルミドール月九日のクーデター」によって立場を危うくし、投獄の憂き目にあう。九五年に身の自由を取り戻すが、その間、三人の子は夭逝し、弟と共同経営の会社も破産に追い込まれていた。それでもかろうじて生活の立て直しに成功し、イザーク・アドルフに続いて、ジュリー・エガリテ（一七九六年生まれ）、ベル（九九年生まれ）、シメーヌ（一八〇二年生まれ）の三人の女児にも恵まれた。ダヴィドとラシェルが、すでにこの時点でユダヤ教の実践から距離を置き始めていたことは、彼らが、ユダヤ教徒の姓名に関する一八〇八年七月二〇日の政令（上述）も待たずして、息子にユダヤ系の「イザーク」のみならず「アドルフ」の名を与え、三人の娘には完全にフランス的な名しか授けていないことからもうかがわれる。実際、アドルフは、ユダヤ教徒の子弟が通うヘデル（初等学校）ではなく、カトリックの教師がフランス語で教える全寮制の学校に送られ、ヘブライ語と聖書の学習については、週に一度、外から通ってくる教師の手ほどきを受けるのみであった。

彼は、幼少期から、そのずば抜けた記憶力をもって周囲を驚かせた。革命期とナポレオン時代をつうじて活躍した名優フランソワ＝ジョゼフ・タルマが、ある時、ニームで悲劇を演じた際、アドルフは、その公演を観ただけで最終幕の台詞をすべて覚えてしまい、タルマ自身の前で、それを一字一句違わず諳《そら》んじて見せたという。一八〇八年、両親は、ナポレオンによって整備されたばかりのリセ・アンペリアル（現リセ・ルイ・ル・グラン）にアドルフを入学させる（先のオランド・ロドリゲスと同期）。一八一四年、ナポレオンが失脚し、リセもいったん「リセ・ルイ・ル・グラン」と改称されたが、翌一五年春、エルバ島を抜け出してパリに舞い戻った皇帝が学校を訪れ、アドルフが、再度「リセ・アンペリアル」となった同校の代表として彼の目の前で賛辞を読み上げるという名誉の一幕があった。この時、ナポレオンが握ってくれた右手を、彼は以後二日間、布で吊したまま誰にも触らせなかったという。しかし、それも所詮「百日天下」にすぎず、ワーテルローでの敗戦が伝えられると、アドルフの両親はパリでの騒乱を恐れ、アドルフをニームに呼び戻す。しかし、そのニームにも王党派の過激分子による「白色テロ」の波が押し寄せ、ボナパルティストや共和主義者と目された人々が次々と血祭りに上げられるようになった。帰郷した一九歳のアドルフは、最後まで皇帝のために銃を取るといって聞かず、家族らが必死に自重を促さねばならないほどであった。しかし、ある日、王党派の過激分子が父ダヴィドのもとに押し入り、刃物で脅迫しながら為替手形への署名を強要するにいたって、アドルフの正義心はもはや押し止められないものとなった。周囲の反対を押し切り、彼は王国検事に被害届を提出したのである。訴えられた側が今度は彼自身の命を狙いにやってくるだろう、として届出の撤回を勧める警察署長に対し、アドルフは、「結構。その時は、あなたが私の死の仇を取ってくださるまでです」と答えたという。

こうして反＝王党派として闘争姿勢を強めていく一方のアドルフを、一時、ニームから遠ざけた方がよいと判断した両親は、彼をエクスの法学部で学ばせることにする。その後二年間、エクスでの彼は、法律の勉強よりも政治活動と詩作にうつつを抜かした形跡もうかがわれるが、一八一七年、首尾良く法学の学位を取得し、ニームの控訴院付き弁護士として配属されることとなった。

「モーレ・ユーダイコ」の宣誓をさせられるブロツワフのユダヤ教徒、17世紀の版画

法曹人となるためには、まず、宣誓の儀を経なければならない。通常は、当該者が控訴院の首席裁判官の前に立ち、書記が読み上げる宣誓文を聞いたあと、右手を挙げて「誓います」と一言発するだけで済むこととされていた。しかし、一八一七年八月、ニーム控訴院第一法廷の裁判長ド・クロゾーヌは、宣誓の儀を果たしに出頭してきた青年に向かって、「クレミュー殿、あなたはモーレ・ユーダイコ（ユダヤ流儀）の宣誓をなさってくださいますか？」と尋ねたのだった。

中世以来、ヨーロッパの各地に、法廷で証言するユダヤ教徒に特別な宣誓の仕方を求める習慣が伝えられていた。それには、キリストの殺害者の末裔であることを宣言させられる、雌豚の皮や不安定な台の上に立たされる、特定の帽子を被らされる、太陽の光を直視するよう強いられるといった、明らかに証言者に対する侮蔑の意を含むものから、単にユダヤ教の風習に則してモーセ五書に手をかけながら宣誓を行うといった穏便なものまでさまざまな変種があった（上絵）。フランス革命期、法のもとでの平等原則に照らして、この因襲はいったん廃棄されたものの、ナポレオン時代、いずれの法典にもその種の規定など盛り込まれていなかったにもかかわらず、ユダヤ教徒には聖書に片手を置きながらの宣誓がふたたび求められるようになっていた。とりわけユダヤ教徒に対する差別意識が根強く残るアルザス地方では、原告、被告、証人の別を問わず、ユダヤ教徒の証言者が事前にシナゴーグに赴き、ラビの前で所定の宣誓を行うよう求められ、ラビには、その旨を法廷に証明する義務が課されることが多かった。なかには、ラビが証言者の受け入れを拒否したことによって裁判が成立せず、そこから不利益を被ったとして、証言者がラビを裁判所に訴える、という複雑な事例も発生していた。

二一歳、法曹人としての門出の日、ニームの裁判長の口から「モーレ・ユーダイコ」という言葉を耳にしたクレミューは、驚きと憤慨を隠せぬまま、こう切り返したという。「私は今、シナゴーグにいるのでしょうか？　いいえ、私は法廷におります。私は今、パレスティナのエルサレムにいるのでしょうか？　いいえ、私はフランスのニームにおります。私は単にユダヤ教徒なのでしょうか？　いいえ、私は同時にフランス市民であります。よって私は、フランス市民たるユダヤ教徒として宣誓を行います。」ここで「フランス市民たるユダヤ教徒（juif citoyen français）として」とは、むろん、一般のフランス人と変わらぬ仕方で、という意味である。以後、彼一人の身ならず、フランスのユダヤ教徒全員をこの不平等の因襲から解き放つことが、法曹人としてのクレミューに課された使命の一つとなるだろう。

天賦の記憶力と雄弁に恵まれた若き弁護士クレミューの名声は、たちまちのうちに南仏一帯からパリにまで轟き渡るようになった。当初、彼が担当した訴訟は、王党派過激分子による「白色テロ」に関わるものが多く、しかも、その被害者には南仏のプロテスタントが多かったため、いつしかクレミューを指して「プロテスタントの弁護人」との異名が定着していった。ほかにも、ナポレオンの偉功を偲んだ、あるいは「ラ・マルセイエーズ」を口ずさむことによってフランス革命式の愛国主義を標榜したとして立場を悪くしたり、罪に問われたりした人々の法的な救済に奔走するクレミューは、過去三〇年にわたる政争と分裂がフランス人の心にもたらした傷を一つ一つ手当していく癒し手の一人であったといえるだろう。

ユダヤ教出自の弁護士クレミューの面目躍如たる訴訟に、一八二三年、南仏ロゼール県の小村ベルヴゼに起こったポルジュ事件がある。ある日、ドナデューという炭焼職人が、森のなか、頭部を石でかち割られ、死亡しているのが発見される。前日、彼と一緒に森に入っていく姿を目撃されていたポルジュという仕立屋が逮捕されたが、彼は一貫して容疑を否認する。ニームの重罪裁判所では、証拠不十分として無罪を訴えるクレミューの弁護も虚しく、いったん死刑判決が下るが、破棄院による差し戻しを経て、一件はモンペリエの裁判所で上級審理にかけられることとなった。ポルジュの犯行を疑わない検察側は、容疑者への尋問中、創世記第四章の有名なカインとアベルの逸話を援用しながら、こう問いかけるのだった。「答えなさい、ポルジュよ。雲のなかから、あなたに仮借なく問いかける、この永遠主の声に答えなさい。『ポルジュよ、汝はドナデューをどうしたのか』と。」この尋問に弁護士クレミューは激しく反発し、次のように異議を唱えるのだった。

陪審員の皆さま、この審理の場で、神ご自身の名が引き合いに出された以上、よくお聞きになって、比較していただきたい。あの人類初の兄弟殺しが行われた運命の日、この地上に生きている人間は、アダム、イヴ、カイン、アベルの四人のみでした。アベルはアダムとイヴが溺愛する息子であり、カインは、そのアベルに対する激しい嫉妬に身を苛まれていた。とすれば、一体、誰が無垢なるアベルを殺し得たのか？［…］いまや、ことさら明言する必要がありましょうか。神はすべてをご覧になっていたのです。ところが、ここにこそ神の正義が人間の正義にもたらす教訓があるのですが、神は、まだ「あなたが犯人であり、あなたは罰せられる」という言葉を発せられていない。神は、まだ疑おうとなさっているように見える。そして、こう述べられたのです。「弟アベルはいずこにおるや？」そして、神が判決を口になさるためには、殺人者がみずからの犠牲者を前にして、わななきながら返した「われ、弟の守り手ならんや？」という自白の意味をもつ言葉が欠かせなかった。その時はじめて、神は、「汝の弟の血の声、地よりわれに叫べり」とおっしゃったのです。皆さま、これこそは正義です。神はすべてを知り、すべてを見た上で、なお疑おうとなさる。ところが、あなた方、この世での死を免れない、か弱き存在であるあなた方は、犯罪が自分たちから遠く離れた場所で、目撃者もいない状態で犯されたにもかかわらず、なんら疑いを抱こうとなさらないのです（Amson 1988 : 28）。

このように、聖句の安易にして皮相的な援用を戒め、一見、語句の後先といった細部に拘泥するように見せつつ、そこから滋味豊かな物語的解釈を導き出す手法に、一一〜一二世紀、ラシとその後継者たちにまで遡るユダヤ教聖書解釈の伝統が確実に脈打っている。結局、上級裁判でもポルジュの死刑判決が覆ることはなかったが、クレミューが懸命に法廷の「慈悲」を懇願した結果、当時の刑法で認められていた手続きに則り、陪審団を縮小して再審理が行われ、被告に一転無罪が言い渡された。翌日、ポルジュが涙ながらにクレミューのもとを訪れ、彼を「わが救い主」と呼びながらその足元に身を投げると、クレミューは「ひれ伏すならば神の御前に限る」と優しく言い放ったという。

一八二四年、二八歳に達したクレミューは、パリ滞在中、アシュケナジ系の商人ナタニエル・ベルンカステル宅での晩餐に招かれたことをきっかけに、ベルンカステル夫人ローズ＝ラシェルの妹で、当時、メッスの親元に残っていたルイーズ・アメリー・シルニーとの結婚を決意する。とりわけ一九世紀フランスの「イスラエリート」について、その婚姻のあり方が、当人たちとユダヤ教信仰のあいだの関係をうかがい知るための鍵要素となるが、クレミューについてもそれは例外ではない。まず、すでに両親の世代からユダヤ教の実践行為から徐々に遠ざかり、日頃、弁護士としての多忙な生活のなか、安息日の禁忌やユダヤ教の食餌規定（カシュルート）も完全には遵守し得なくなっていたと思われるクレミューのような人物でも、ある友人に宛てた手紙のなかで結婚の決意を述べるに際し、「エルサレムの娘たちのなかから選ぶことを義務づけられていますので」（Ibid : 33）と述べている点が興味深い。先述のオルリー・テルケムやレオン・アレヴィーのような異宗派間結婚は依然として例外であり、「掟破り」と感じられていたわけである。次に、同じ「エルサレムの娘」でも、東部のユダヤ教徒女性を選んだことに、クレミュー自身、一定の意義を感じていたこともわかっている。晩年の講演のなかで、クレミューは、若い頃、南部や南西部の「ポルトガル人」と東部の「アレマン人」の分裂状態について思いを巡らすことがしばしばあり、「ポルトガル人」の側に与する自分が「アレマン人」の妻と結ばれることは、「私たちがほかの市民たちからいまだ隔絶された状態にある以上、必要なことと思われた」と述べているのだ（Ibid : 34）。それでいて、彼が、東部にあって伝統的なユダヤ教を厳格に実践する家庭の娘を伴侶としたわけではなく、その「ルイーズ・アメリー」という名からもうかがわれるとおり、フランス文化に対して開放的で、後述のとおり、一八四四年、クレミューの知らぬ間に子供たちをキリスト教に改宗させることになるほど、ユダヤ教との絆を弛緩させた女性を選び取っている。むろん、客観的な数値化など不可能であるが、自分と相手がそれぞれユダヤ教とのあいだに保つ距離を敏感に測り取り、見比べながら、その程度にさほど変わりのない相手を配偶者として選ぶ機制が働いていたことは疑えないのだ。その上でクレミューは、結婚直前、メッスの婚約者に宛てた熱烈な恋文のなかで、「あなたを愛しています。しかし、崇拝はいたしません。それでいてなお、あなたが私の偶像であることに変わりはないのです」など、ユダヤ教における偶像崇拝の禁忌に言及しながら、二人に共通する精神性の基盤を確認し合うような言葉遣いも見せている。

　ここでこそ、われわれは、「ユダヤ教徒」と、すでに「ユダヤ教徒」でなくなってしまったユダヤ教出自の人々（キリスト教に改宗したり、モーセ信仰に対する価値観を失って無神論者になったりした人々）のあいだの中間的カテゴリーとして、「ユダヤ人《じん》」という言葉を導入したくなるのだが、この言葉の分析能力への過信もまた戒めたい。たとえば、既出のオルリー・テルケムは、ユダヤ教の実践者であり続けながらも、その実践の内実を限りなくキリスト教的、ないしフランス的なものに近づけていくことをもって、ユダヤ教徒の「再生」ならびにユダヤ教の「改革」を成し遂げるとしていた。ジョゼフ・サルヴァドールは、近代社会のなかのユダヤ教徒は、当面、安息日と過越祭の維持だけでみずからの宗教的自己同一性を守っていくことができると考えていた。かたや、ユダヤ教出自のサン＝シモン主義者たちは、キリスト教に改宗するか否かによらずユダヤ教の伝統からはすでにかなり遠ざかっていながら、ことモーセの律法主義の評価となると、それをフランス人権宣言の原型とみなすところまで理想化の度合いを強めるのだった。そしてアドルフ・クレミューはといえば、たしかに自他共に可視にして物理的な戒律（安息日、食餌規定）を遵守し得なくなっていながら、日々の思考を支える精神性としては、アシュケナジ、セファラディの別なくユダヤ教世界に受け継がれてきた伝統を、そのまま文化的参照体系として護持したいと考えていたように見える。こうした人々のうち、一体誰が、より多く「ユダヤ教徒」であったり、より少なく「ユダヤ人《じん》」であったりするのか。そして、そのいずれのあり方が、ユダヤ教という巨大な星雲のコア部分により近いといえるのだろうか。一口に「ユダヤ人《じん》」、一口に「同化」という言葉を用いる前に、個々の事例をつぶさに検討しながら、十分な考察が求められる所以である。

一八二七年以降、クレミューの存在を名実ともに「ユダヤ教徒の弁護人」として世間に知らしめることとなった先述「モーレ・ユーダイコの宣誓」をめぐる法廷闘争が華々しく繰り広げられることとなるが、その委細を尽くせば優に一冊の書物が書き上がるほどであり、ここでの詳述は避ける（この点に関するもっとも充実した史的記述は Feuerwerker 1976 第四章に見出される）。ただ、クレミューが繰り返し、杭を打ち込むように法廷で述べ続けた、「司法官の前に立たせなければならないのは、各人の宗教ではなく、良心である」という言葉を、法の行使における非宗教性原則の碑銘として掲げておくにとどめよう。

一八三〇年、「七月革命」の成就をうけて、クレミューは、もはやみずからの活躍の舞台は南仏ではなく、パリにあると見定めた。八月五日、パリの国務院（コンセイユ・デタ）・兼・破棄院付弁護士、オディロン・バローがセーヌ県知事に任命され、実力のある後継者を求めているとの報が流れると、クレミューは真っ先に志願者として手を挙げた。そこから、バローの推挙を受けて、実際に王政府の認可が下りる九月二日まで、とんとん拍子で事が運んだ背景には、新王ルイ＝フィリップが、宗旨や出自にとらわれない人材の登用を積極的に行うことで、先立つシャルル一〇世による反動的政治との対比を印象づけようとする狙いがあったと見られる。こうして、当時、定員六〇名とされ、そのうち実際に機能していたのは二〇名ほどであった国務院・兼・破棄院付弁護士の一人となったクレミューは、しばらく、それまでシャルル一〇世の反動政府に仕えていたことの法的責任を問われることとなった大臣や高官らの弁護を担当したが、かつて、王政復古の初期に弁護士となった彼の仕事が、先立つフランス革命やナポレオン体制への支持の姿勢をもって立場を危うくした人々の法廷弁護から始まったことを考えると、そこに歴史の大いなる皮肉を見て取らざるを得ない。

パリ定住とほぼ同時に、クレミューは「中央コンシストワール」の世俗成員として推挙、任命されている。当時、「中央コンシストワール」は、大ラビとしてエマニュエル・ドゥーツを戴き、パリの銀行家ヴォルムス・ド・ロミイを議長としていた。しかし、ドゥーツは、誰もが認めるユダヤ教の碩学ながら、世才に疎く、しかもフランス語を操ることができないという大きな難点があった。議長のヴォルムス・ド・ロミイは、逆に金融界での大実力者ながら、ユダヤ教信徒たちのあいだで必ずしも人望が厚いわけではなかった。副議長のバンジャマン・ロドリゲスは、出身母体であるボルドーの会衆の利害にしか関心を示さない傾向があり、残る世俗成員、銀行家のベール・レオン・フルド（のちの財務大臣アシル・フルドの父）、宝石商サロモン・アルフェン、数学者から保険会社の経営者に転じていた既出ミルティル・マースの三名も、優れた実業人ながら、政界とのやり取りを不得手とする嫌いがあった。そこへ、すでに政治がらみの法廷論戦をいくつもこなし、世知と弁術にきわめて長けたクレミューの入会は、まさにうってうけの人選であったに違いない。

一八三二年の「ドゥーツ事件」は、たとえ「ユダヤ教徒・ユダヤ人の弁護人」たるクレミューといえども、決して安易な同族意識に流されることのない、不偏不党の人間であることをあまねく世に知らしめる事件となった。

「中央コンシストワール」の大ラビ、ドゥーツの子シモンは、先述のとおり、ダヴィド・ドラックの手引きのもと、一八二八年、キリスト教に改宗し、名も「イアサント・ド・ゴンザーグ」と改めて、ローマ教皇レオ一二世、ピウス八世の庇護下に入っていた。かたや、「七月革命」ののちイギリスに亡命したシャルル一〇世の義娘、ベリー公爵夫人マリー・カロリーヌ・ド・ブルボンは、ブルボン王朝の「摂政」としてナント一帯に潜伏し、ヴァンデ地方から反乱を全国に波及させる計画を立てていた。一八三二年、シモン・ドゥーツは、ローマ教皇庁から公爵夫人のもとに協力者として派遣され、ルイ゠フィリップ政権の転覆とブルボン王政の二度目の復古を目的とする地下活動に関わるようになる。公爵夫人の依頼により、反乱軍の編成のためスペイン、ポルトガルに赴き、またロシア軍の援助を取りつけるための秘密交渉にも着手するが、フランスに内戦を来たらしめることの是非を思い悩んだ末（と少なくとも本人は事後に弁明している）、最終的にベリー公爵夫人の隠れ家を当局に密告する。公爵夫人は逮捕され、ドゥーツ本人のみならず、その父たる大ラビ、ひいてはユダヤ教会衆全体が「裏切り者ユダ」としてブルボン王家支持派から激しい攻撃の対象とされることとなった。

事件後、シモン・ドゥーツは、政変によって心ならずも立場を悪くしてしまった人々の弁護で定評のあるクレミューのもとに駆け込み、自分が取った行動について、「同宗者」として弁護の覚書を執筆してくれるよう、依頼する。これに対してクレミューは、以下のような手厳しい拒絶の言葉を公開状として世に知らしめたのだった。

もしも、あなたがご自身の同宗者として私を当てにしているのだとすれば、そうした誤解はお止めいただきたい。あなたは今、いかなる信仰にも属しておられません。［…］いかなる宗教も、あなたのような人間を欲してはおりませんし、あなたの方でも、いかなる宗教の名も引き合いに出すことはできません。なぜといって、モーセは、あなたと同じような罪を犯した人間に激しい憎悪を振り向けましたし、みずからの使徒の一人による裏切りに供されたイエス＝キリストも、キリスト教という宗教の目に十分雄弁な実例となっているからです（Amson 1988 : 92）。

当時、ラマルティーヌ、ユゴーといった詩人たちが、シモン・ドゥーツを「イスカリオテのユダ」になぞらえる文学作品を量産し、反ユダヤ教熱を煽っていたが（ポリアコフ 1968 : 455）、このように宗旨と出自のあいだをはっきりと切り分け、宗旨を捨ててなおみずからの出自に「同宗者」としての寄る辺を求める行為の卑屈さ、一貫性のなさを厳しく突くクレミューの廉潔な姿勢が、七月王政初期、一般市民のユダヤ教観をわずかながらも正の方向に引き戻す効果を発揮したことは想像に難くない。

ダマスクス事件（一八四〇年）

すでにフランス国内でクレミューの存在をユダヤ教世界随一の切れ者とみなす世評が定着するなか、一八四〇年の「ダマスクス事件」は、その名をさらに広く、国際的に轟かせる事件となった。事の顛末を、以下、簡潔に記そう（「ダマスクス事件」をめぐる最新の研究成果として Fraenkel 1992 を参照）。

オスマン帝国内にあって、第一次エジプト・トルコ戦争（一八三一〜三三年）以来、エジプトのムハンマド・アリー朝の実効支配下に置かれていたシリアのダマスクス（ディマシュク）で、一八四〇年二月五日、すでに三〇年以上の居住歴をもつサルデーニャ島出身のカプチン会修道僧、トマ神父と、そのアラブ人の使用人イブラヒム・アマラーが謎の失踪を遂げる。神父がカトリック教徒として地元のフランス権力の庇護下に置かれていたため、まずフランス領事ラティ＝マントンが調査に乗り出したところ、地元住民のあいだから、それはユダヤ教徒たちによる「儀式殺人」に違いないとの声が漏れ聞こえてきたという。その旨、ラティ＝マントンから報告を受けたエジプトのシリア総督が占星術師を呼んで確かめさせると、たしかに占いの結果からもユダヤ教との結びつきが浮かび上がってきた。さらなる調査のなかで、トマ神父が、失踪の数日前、あるトルコ人と口論の末、暴力行為に及び、そのトルコ人が復讐の言葉を吐き捨てて立ち去った、という事実も判明していながら、容疑は、神父が代筆した宣伝広告を店の前に掲げていたという、ただそれだけの関連性をもって、スレイマンというユダヤ教徒の理髪師に絞られるのであった。

スレイマンは、丸二日間、絶え間ない拷問にかけられた末、神父を殺害したのはダマスクスに住む七人のユダヤ教徒の名士たちであったという「情報提供」にいたる。その七名にはいずれも確かなアリバイがあり、トマ神父を恨む動機もとくに見当たらなかったにもかかわらず、全員逮捕され、同様の拷問に付された。それにより二名が死亡したが、残る五名は、スレイマンの証言どおり罪に及んだことを「自白」する。さらなる拷問の末、スレイマンが神父の死体の遺棄現場として「白状」した場所を調べてみると、たしかに、なにがしかの白骨死体が見つかる。一部の検査官は、それが人間ではなく動物の骨とみられると主張したが、それも聞き入れられることなく、白骨はその場に鄭重に葬られ、神父が狂信的なユダヤ教徒たちによって殺害されたという経緯を記した墓標さえ建てられた。

ついで、トマ神父とともに姿を消したアラブ人の使用人についで調査が行われ、あるユダヤ教徒名士の下僕が、やはり拷問の末、町の数名のユダヤ教徒名士が事件に関わったことを「自白」する。名指された名士たちは恐れをなして身を潜めたが、ただ一人、地元のオーストリア権力の庇護下に置かれていたイツハク・ピッチョットというユダヤ教徒だけは、あらぬ嫌疑を前にして逃げ隠れすることを潔しとせず、オーストリア政府の庇護を頼んで、堂々とフランス領事による事情聴取に身を委ねた。ここにいたって、地元のオーストリア領事が事実関係の把握に乗り出し、アレクサンドリアのオーストリア総領事ラウリンに対して、今回、ユダヤ教徒たちにかけられた容疑にはほとんど物証となる裏づけがないことを報告する。その経緯が、当時、パリにあってオーストリア政府から総領事の地位を与えられていた銀行家、ジェムス・ド・ロチルド（ヤーコプ・マイヤー・ロートシルト）（上肖像）の耳に入るにおよんで、一件は仏＝墺間の外交事件に発展することとなった。フランスの諸新聞も、四月初頭、事件を一斉に報じ始め、遠いオリエントの地に発生した「儀式殺人」を好餌として、事実、反＝事実、ともに入り乱れた報道合戦を繰り広げていく。

ジェムス・ド・ロチルド（ヤーコプ・マイヤー・ロートシルト）

フランクフルトから発し、一九世紀前半、またたく間にヨーロッパ全土に金融業の一大親族組織を築き上げたロートシルト（ロチルド、ロスチャイルド）家の五男ジェムスは、たしかに帝政時代の一八一一年からパリを本拠としており、七月王政期には、フランス初の鉄道建設事業に積極的に乗り出し、ルイ＝フィリップのお抱え銀行家としてフランス国債の取引をほぼ独占した上、王個人の投資事業も一任されるまでとなっていたが、この時点ではなお、外国系金融業者としての立場にとどまり、コンシストワールを中心とするフランス・ユダヤ教世界との繋がりもいまだ稀薄であった。

そこで、フランス・ユダヤ教世界の内部からなんらかの政治行動を起こすとなった場合、その中心人物としては、やはりアドルフ・クレミューを措いてほかに考えられなかった。実際、一八四〇年四月初め、その年の一月、サミュエル・カエン（後述）によって創刊されたばかりの『イスラエリート古文書』をつうじ、クレミューの率先行動への期待がさかんに表明されるようになる前から、彼は、ジェムス・ド・ロチルドから個人的に相談をもちかけられ、事件への介入をすでに決意していたようである。四月二〇日、クレミューが最初に取った行動は、ロンドンに赴き、イギリス・ユダヤ教会衆の大御所、モーセス・モンテフィオーレ卿に面会して善後策を協議することであった。その結果、仏、墺、英、それぞれの政府に働きかけ、今回の事件の顚末に関する厳密にして公正な調査とその報告をエジプトのムハンマド・アリーに求めさせることで意見が一致したが、これが、ヨーロッパ・ユダヤ教史上、国家的帰属を異にする二人の同宗者がなんらかの共通目的のために行った、おそらく初めての公式会談ではないか、といわれている。

しかし、パリに帰還し、「中央コンシストワール」の全面的なあと押しを受けて事件の政治化に乗り出したクレミューは、当時のティエール内閣の不介入主義という厚い壁にぶつかってしまう。当時、近東一帯では、英、仏、墺が、不凍港を求めて南下政策を採るロシアを牽制しながらオスマン帝国にさかんに介入し、その三国のあいだでも、エジプト・トルコ戦争（第一次、一八三一〜三三年、第二次、三九〜四一年）を自国の有利、競合国の不利に導こうと、激しい外交合戦が繰り広げられていた。トルコを支持するイギリスの存在感を弱めようと、逆にエジプトのムハンマド・アリーにさかんに肩入れしていたフランス政府は、シリアのユダヤ教徒にまつわる醜聞などをもってエジプトとの関係を悪化させたり、現地の自国領事館の威信を失墜させたりすることだけは避けたかった。そこでティエールは、クレミューを筆頭とするコンシストワールからの要請に対し、事実関係が明らかになるまで特殊利益の代表者たちとの面会は避けたいとして不介入の姿勢に徹するのだった。フランス史上、初のユダヤ教出自の下院議員でありながら、それまで議場でみずからの同宗者集団に言及することが一度もなかったベネディクト（ブノワ）・フルドが、六月二日、国会質問に立ち、一件について真正面から問い質した際も、ティエールはあくまでも知らぬ存ぜぬで押し通し、時折、ユダヤ教徒の国際的連絡網の存在に隠微な仕方で言及しながら、みずからの部下たる在シリア領事への信頼を繰り返すのみであった。

ティエール政府の協力を見限ったクレミューは、ふたたびロンドンに向かい、六月一五日、イギリスのユダヤ教徒名士たちとの会合に臨む。その場で彼らが下した結論は、仏、英両国のユダヤ教組織が自前で使節団を構成し、エジプトのムハンマド・アリーのもとに送り込むというものであった。こうして、七月七日、まずモーゼス・モンテフィオーレ卿が妻と二人の医師をともなってパリに到着し、そこでクレミュー、ならびにアラビア語の通訳として同行することとなった東洋学者サロモン・ムンクと合流し、マルセイユからエジプト行きの船に乗り込むこととなった。途中で立ち寄ったアヴィニヨン、カルパントラ、ニームで、一行は地元のユダヤ教徒集団の熱烈な歓呼に迎えられた。七月二〇日、マルセイユから出航し、二三日、リヴォルノに寄港した彼らは、地元のシナゴーグでの壮麗な式典に参列し、翌二四日に立ち寄ったチヴィタヴェッキアでは、ローマからやって来たユダヤ教徒の代表団に迎えられた。その後、マルタ島を経由して地中海を渡った彼らの船は、八月四日、アレクサンドリアに到着し、やはり地元のユダヤ教徒集団から熱烈な歓迎を受けた。

翌五日から使節団に謁見を許したムハンマド・アリーは、しかし、事の解決を急ぐ様子をまったく見せず、ダマスクスのユダヤ教徒たちの釈放については、白とも黒とも取れるような言葉を繰り返すのみであった。しかも、その間（八月一九日）、イギリス、オーストリア、ロシア、プロイセンの四か国が、エジプトがシリアの支配権を放棄しなければ武力行使も辞さない旨、ムハンマド・アリーに最後通牒を突きつけるという出来事もあり、ダマスクスの問題が国際政治舞台のはるか後方に退いてしまうことも危惧された。それでもクレミューらが粘り強く要請を繰り返すと、九月に入って突如として風向きが変わり、ダマスクスのユダヤ教徒たちの即時釈放をシリア総督に命じるムハンマド・アリーの勅令が起草された（この態度豹変の真の理由は今なお判然としない）。文面を確認したサロモン・ムンクが、そこに「特赦」を意味するアラビア語を見つけ、クレミューの直談判によりそれを「釈放」に書き換えさせるという一幕もあったが、勅令は、九月六日、つつがなくダマスクスに届けられ、四月以来、なんらかの形で犯行に関わったとして一五人まで数を増やしていたユダヤ教徒の被疑者たちは、全員、自由の身を取り戻した。

こうして思いがけずも首尾良く目的を果たすこととなった使節団は、そこから二手に分かれ、モーセス・モンテフィオーレ卿の一行がコンスタンティノープル経由で帰欧の途につく一方、クレミューとムンクは、一路、南のカイロに向かう。目的は、地元のユダヤ教徒のための男女共学の学校を建設することであった（後年、サロモン・ムンクは、この学校建設計画が、元来、彼の着想であったにもかかわらず、クレミューが自分一人の手柄であったかのごとく喧伝した、として不満を漏らしている）（Amson 1988 : 138）。実際、一〇月四日、「クレミュー学校」という名のユダヤ教徒専用の学校がカイロに産声を上げることとなった。その初期費用をすべてクレミューが負担した上、以後毎年、運営に必要な額をパリから送り届ける旨、約束して、地元のユダヤ教会衆の同意を取りつけたのである。

一一月、コルフ島、ヴェネチア、トリエステ、ウィーン、フランクフルト、マインツという、クレミューとムンクの帰路は、各地のユダヤ教会衆からの熱烈な歓呼のなか、一種の凱旋の趣を呈した。とくにウィーンのユダヤ教会衆がクレミューに贈呈した金の小箱には、「迫害された兄弟たちを救った徳高き勇者へ」との銘が刻まれていたという。プラハとミクロフ（ニコスルブルク）の会衆からは、クレミューにラビの称号を贈りたいという申し出もあったほどだ。しかし、一二月初頭、二人が帰還を果たしたパリの世論は、いたって冷淡なものであった。むろん一般世論の冷淡さは、クレミュー個人の手柄を称揚することで、翻ってフランス政府の外交上の失態を強調し、フランス国民としての誇りを傷つけられることにもなりかねない、という懸念から説明づけられないわけではない。しかし、この時、「中央コンシストワール」の内部から、自分たちの代表としてオリエントでの大手柄をものしたクレミューに対する感謝、称賛の姿勢が示された形跡が一切見当たらないのは意外といわざるを得ない。そのことと関係してか、通常、「中央コンシストワール」の例会をほとんど欠かしたことのないクレミューの名が、一二月から翌四一年の三月まで、議事録から抜け落ちているのだ。彼の伝記作者が推測するように、一夜にして国際的な知名度を獲得した同僚に対する嫉妬がコンシストワールの成員たちの心を占めたのか、あるいは、サロモン・ムンクがこぼしているように、クレミュー自身、周囲の協力者たちの功績をないがしろにして、すべてを一人の手柄として独占しようとする傾向が実際にあったのか、真相は個々人の感情の機微に関わっていそうである。

「ダマスクス事件」から、中長期にわたってフランスのユダヤ教世界に受け継がれることとなった精神的遺産として、歴史家たちは以下の数点を指摘している（Delpech 1972 b : 334-335）。すなわち、フランス革命によってユダヤ教徒住民の市民権が確認されるという記念すべき事蹟の五〇周年を静かに言祝《ことほ》ごうとしていた一八四〇年のフランスのイスラエリートたちは、（一）世界のユダヤ教徒の十人中九人が、いまだ近代の人権思想から捨て置かれ、物質的にも赤貧に近い、きわめて劣悪な状態に喘いでいるという現実認識に目覚め、（二）その遠い異邦の同宗者たちに手を差し伸べ、同じ〈解放〉と〈進歩〉の途につかせてやることこそ、フランス・イスラエリートの役割ではないかという使命感を抱き、（三）その際、ユダヤ教徒の連携は、政治的に対立する複数国家の国境や言語・風習の壁を越えて有効に機能し得るものである、という自信を手にした（これが、外部の反ユダヤ的な目に「国際陰謀」「多重国籍」という猜疑の根拠をも与えることになるのだが）というのだ。実際、一八三〇年、アルジェリアの植民地化（後述）により、北アフリカに古くから存在する一大ユダヤ教徒集団を「再発見」することとなったフランスのイスラエリートたちは、一八四〇年の「ダマスクス事件」以降、さらに遠方の中東に住まう「同宗者」たちの存在を埒外に置いて自分たちの宗教的帰属を思考することができなくなったわけである。並行して、これ以降の時代について、われわれを含む後代の研究者には、フランス・イスラエリートたちが北アフリカと中東のユダヤ教徒集団に向け始めた視線が、一般にフランス人、西欧人が東方を思考する際に過たず作動させてしまう、いわゆる「オリエンタリズム」とどのような位相関係にあったかを、その都度、厳密に見極めるという、難しい宿題が課されることにもなる。

サミュエル・カエンとフランス・ユダヤ教学の胎動

一九世紀中葉、クレミューが、法と政治の領域において押しも押されもせぬユダヤ教出自の代表格であったとすれば、彼と同年生まれのサミュエル・カエンは、学術と言論の領域でフランス・ユダヤ教世界の牽引役を果たした人物であった（以下、サミュエル・カエンの生涯と業績についてはSimon-Nahum 2004とLustman 2009を参照）。

総裁政府時代の一七九六年、メッスの慎ましいユダヤ教徒の家庭に生まれたサミュエル（シェムエル）は、地元のヘデル（初等学校）で学んだのち、一八〇八年（一二歳）、当時、フランス帝国領だったマインツに遊学し、ラビ、アブラハム・ナフタリ・ヒルツ・ショイアーに師事する（ショイアーは、のちに「中央コンシストワール」の大ラビとなるドゥーツ、エヌリー（後出）もタルムード学の師と仰いだ人物である）。一八〇四年以来、メッスの同郷人、既出オルリー・テルケムがリセで数学の教鞭を執っていたマインツの町には、サミュエルのような知的好奇心に満ち溢れたユダヤ教徒の若者をして、伝統的ユダヤ教の学知のみならず、諸科学、歴史、文芸など世俗の学問にも大きく目を見開かせる自由な環境が整っていた。

帝政瓦解にともないメッスに戻ったとおぼしきカエンの足取りはしばらく判然としないが、一八二〇年、弱冠二四歳の彼は、パリで『イスラエリートの若きフランス人たちのための宗教・道徳教育提要』という六〇頁ほどの教育指導書を刊行している。これは、既出エリー・アレヴィーが、同年、メッスのアダマール出版から刊行した『イスラエリートの若年層のための宗教・道徳教育』と同様、ユダヤ教の教義や戒律を、ひたすら当為として若者に押しつけるのではなく、合理的な解釈とともに近代的市民の精神の糧として受け止めさせることを主眼とするものだ。何よりも若者の教育を重んじ、理性を媒介として信仰（culte）を教養・素養（culture）の域に高め、移し替えようとする、こうした動きのなかに、フランスにおけるユダヤ啓蒙主義（ハスカラー）の産声を聞き取ることができるだろう。その潮流が、ナポレオン時代、革命期を貫いて、本書第9章の末部で素描した一七八〇年代のメッスに直結している事実は十分強調されてしかるべきである。

一九二三年、サミュエル・カエンは、突如としてキリスト教に改宗したドラックの後任として「パリ・イスラエリート学校」の校長に抜擢され、一八三六年までその地位に留まることとなった。ドラックとテルケムのもとであまりに世俗主義に傾いたと批判されていた同校の教育方針を、カエンは、本来の宗教重視の道に引き戻したが、それは単なる伝統への回帰ではなく、ユダヤ教という宗教に関する系統だった知を、フランス王国に生きるイスラエリート市民としての徳の完成に結びつけることを至上命題とする、きわめて斬新な試みであった。二四年には、『ヘブライ語講読講義（行間に翻訳を合わせた祈禱集、ならびにヘブライ語＝フランス語語彙集付き）』という、おそらくフランス語で書かれた初めてのヘブライ語教本を編集しているが、その出版地がメッスであることから、この初版の時点でなお、もっとも信頼できるヘブライ語の印刷所がメッスにあったことがうかがわれる。

しかし、彼が学校運営の激務のなか、寸暇を惜しんで乗り出していった一大事業は、ヘブライ語原文対照のフランス語訳聖書、全一八巻（一八三一〜五一年）である（Cahen, S. 1831-51）。

ここで、聖書（ユダヤ教の「聖書（タナハ）」、キリスト教の「旧約聖書」）のフランス語訳の歴史に詳しく分け入る余裕はないが、思えば、四〜五世紀を生きたヒエロニムスが、ギリシア語の「七〇人訳聖書（セプトゥアギンタ）」を底本としながらヘブライ語聖書も参照しつつ「ウルガータ（標準ラテン語訳聖書）」の旧約部分を固め、そこから一〇〇〇年以上の時間を置いて、一六世紀以降、数種のフランス語訳が編まれるようになったのだった。その間、カルヴァンの従兄ピエール＝ロベール・オリヴェタンがふたたびヘブライ語の原文に立ち返ってフランス語訳をやり直したり、ギヨーム・ポステルがヘブライ語の読みにもとづく聖書研究に着手したりもしたが、ユダヤ教徒の手でヘブライ語とフランス語のあいだの橋渡しがなされたことは一度もなく、またその必要もなかったわけである。一七九一年、東部のユダヤ教徒にも市民権が認められたことをうけて、ベール・イザーク・ベールは、「不死のメンデルスゾーン」が試みたドイツ語訳と同程度、原語に忠実なフランス語訳聖書が実現した暁には、そこから計り知れない教育効果が期待されるだろう、と述べていたが（Berr 1791）、七月王政期を待って、サミュエル・カエンがその企図を実現したことになる。最終的にカエンによるフランス語訳は、サマリア五書、オンケロスによるタルグム（アラム語訳）、七〇人訳などの並行文書に大きな発言権を認め、場所によってはこうした異本の方がヘブライ語原文よりも優れていることを示唆するなど、メンデルスゾーンのドイツ語訳よりもはるかに大胆な性格のものとなった上、サミュエル・ボシャール、ジャン・ルクレール、ヴィルヘルム・ゲゼニウスなど、フランス、スイス、ドイツのキリスト教聖書学の成果にも目を配る、まさに当時考え得る限り最大の聖書文献学コーパスであった。予約申込み制により、フランス国内はもちろん、ドイツ、イギリス、オランダ、さらに遠くロシアまで販売されていったが、その八五〇部以上という発行部数は、当時、この種の刊行物としては記録的なものであった。

史上初のヘブライ語＝フランス語対訳聖書という世紀の大事業の合間を縫うようにして、一八三六年、カエンは、世界の始まりから現代まで、主だった出来事と人物像を網羅した四一七頁の大著『世界史教本』も刊行している。新時代のイスラエリートの若者たちには、聖書の歴史記述と並行して、客観的科学としての人類史を学ばせなければならない、という彼の持論を形にしたものだ。同年、「パリ・イスラエリート学校」が公立学校として認定されると、カエンは、みずからの時間と労力を公僕として捧げるにしては、ほかに取り組まねばならない仕事が多すぎるとして同校校長を辞し、以後四年間、リセ・シャルルマーニュのドイツ語教師として口に糊することとなった。

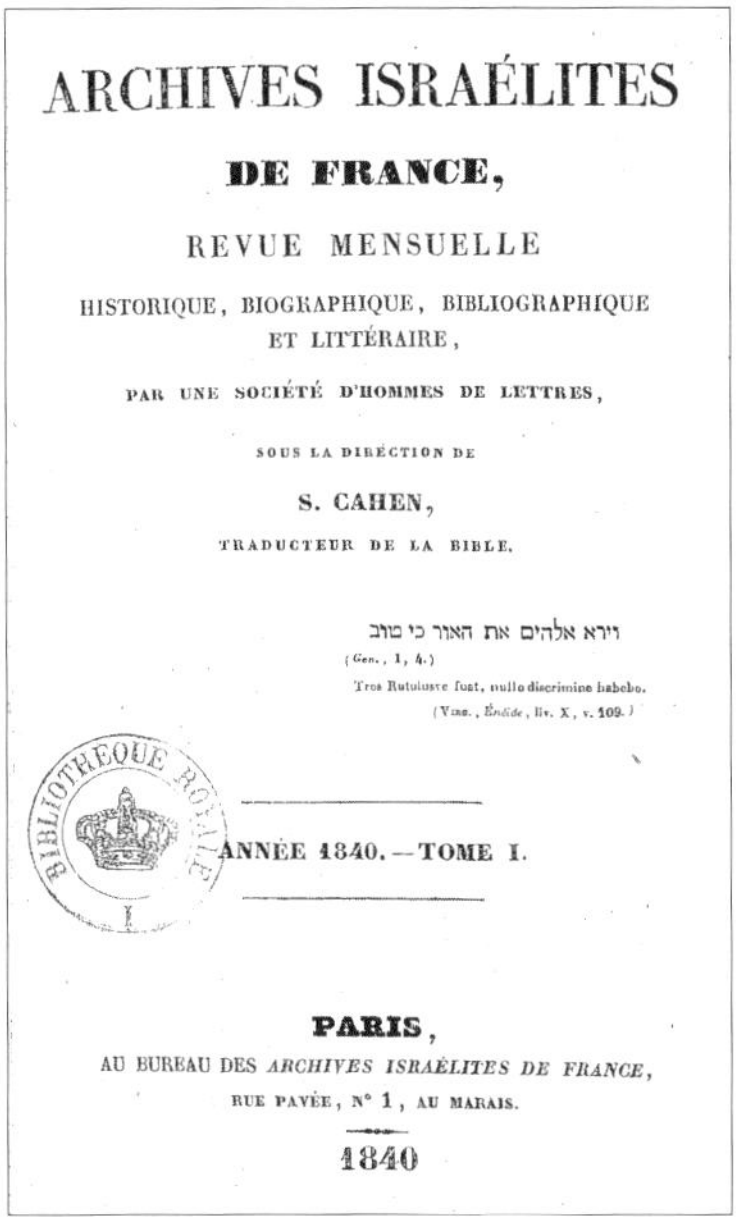

ARCHIVES ISRAÉLITES

DE FRANCE,

REVUE MENSUELLE

HISTORIQUE, BIOGRAPHIQUE, BIBLIOGRAPHIQUE
ET LITTÉRAIRE,

PAR UNE SOCIÉTÉ D'HOMMES DE LETTRES,

SOUS LA DIRECTION DE

S. CAHEN,

TRADUCTEUR DE LA BIBLE.

וירא אלהים את האור כי טוב
(Gen., 1, 4.)
Tros Rutulusve fuat, nullo discrimine habebo.
(Virg., Énéide, liv. X, v. 109.)

ANNÉE 1840. — TOME I.

PARIS,
AU BUREAU DES ARCHIVES ISRAÉLITES DE FRANCE,
RUE PAVÉE, N° 1, AU MARAIS.
1840

『フランス・イスラエリート古文書——歴史、評伝、書誌、文学の月刊誌』創刊号

実際、「倦むことを知らぬ」との形容がふさわしいカエンの企図は、一八四〇年一月、『フランス・イスラエリート古文書——歴史、評伝、書誌、文学の月刊誌』の創刊をもって、ようやくその完成形を見るのだった（上）。その主眼は、レーオポルト・ツンツがドイツで短命ながら（一八二二〜二三年）刊行した『ユダヤ教科学のための雑誌（Zeitschrift für die Wissenschaft des Judenthums）』の先例にならい、ユダヤ教世界に関して、もはや迷信や流言のはびこる余地を与えない、確たる知の参照体系を築くことにあった。編集者としてメッスの同郷人ジェルソン・レヴィーを片腕とし、テルケム、アルフォンス・セルフベールといった不定期の寄稿者たちの協力も仰ぎながらも、無記名の記事はほとんどサミュエル・カエン一人の筆によるものであったと考えられる。

網羅しようとする情報の多さ、範囲の広さもさることながら、驚愕に値するのは、その定期刊行物としての息の長さである。一八六〇年、サミュエル・カエンが引退を宣言して、息子イジドールが編集長の座を引き継ぐ。普仏戦争の混乱をも乗り越えて継続された同誌は、一八七九年、週刊となり、以後、雑誌よりも新聞としての性格を強めることとなった（代わって学術誌としての役割は、一八八〇年創刊の『ユダヤ教研究誌』が果たしていくことになろう）。一九〇二年、イジドールの死にともない、イポリット・プラーグが編集長とな

り、その没年一九三五年まで、実に九五年の長命を保つこととなる。サミュエル・カエンが編集長をつとめた初期の『イスラエリート古文書』が、ロレーヌ出身のアドルフ・フランク（一八〇九年生まれ）や、サロモン・ムンク（一八〇三年、ポーランド、グヴォグフ生まれ）、ジョゼフ・ドランブール（一八一一年、フランクフルト生まれ）など、ドイツや東欧から移り住んできた若き俊英たちに才能開花の場所を提供した功績も見逃せない。

はたしてサミュエル・カエンは、「フランスのモーゼス・メンデルスゾーン」だったのか。これまで一九世紀フランス・ユダヤ史の文脈上、人名索引に名前すら掲載されないことも多かったカエンをユダヤ教思想家として位置づけ、再評価する作業は、本国フランスにおいても、今ようやく途についたばかりだ。聖書学者、文献学者、雑誌編集者としてのカエンの価値に疑問の余地はなくとも、彼個人の思想をうかがい知るための手がかりは、対訳聖書の欄外にほどこされた膨大な註のなか、余談のようにして付け加えられた所感や、やはり資料体として巨峰の趣を呈する『イスラエリート古文書』中、おそらく彼の手によると考えられる無記名の記事のなかに、その時々の文脈を越えた一般的考察として読み解いていく以外にない。その上で、最新の研究成果（Lustman 2009）を参照しながらカエンの思想傾向を整理しておくならば、それは、ユダヤ教の宗教としての存続可能性をそのヨーロッパ化、フランス化の方向に賭しつつ、なお、その行き過ぎの結果として、大元の信仰心の喪失、圧殺にいたる道をも戒める、中庸精神（時としてその二方向間の矛盾をそのまま抱え込む折衷主義）にあったといえるだろう。たとえば、カエンは、新時代のヨーロッパにおけるユダヤ教徒は、その信仰心の保ち方、出で立ち、生業、そして身を置いている国を愛する心において「アジア流」を捨て去り、あくまでもヨーロッパ的にならなくてはならないとし、とりわけ東部にあっていまだイディーシュ語しか使うことができずにいる同宗者たちのフランス語化を喫緊の課題と見ていた（ジンツハイム、ドゥーツなど「中央コンシストワール」の歴代大ラビがフランス語を操らないまま一八四〇年代を迎えてしまったことは、カエンにとって、さぞ歯がゆい状況であったに違いない）。他方、一八四五年、ドイツの一部の改革派ラビたちが、シナゴーグにおけるヘブライ語の使用を義務づけない（つまりドイツ語のみの典礼も可とする）という方針を打ち出した際、カエンは、『イスラエリート古文書』誌上、「国と国のあいだでイスラエリート同士を外国人にしてしまう」として猛烈に反意を唱えた。また、一般にユダヤ教の「改革」をめぐっては、モシェ・ベン・マイモン（マイモニデス）の思想に依拠しながら、「宗教（religion）、すなわち神の法は永遠でも、その形態、つまり信仰（culte）は本質的に可変である」とし、すべての伝統をありのままに踏襲していくことが必ずしも宗教の継承を意味するものではないという姿勢を基本としながら、翻って、「信仰のあり方に刷新を求めることは、宗教としての基本原則の廃棄を求めることを意味するものではない」とも述べて、既出オルリー・テルケムによるユダヤ教改革案などを徹底して退けるのだった。

カエンの中庸精神は、『イスラエリート古文書』誌がコンシストワール体制に対してとり続けた是々非々の姿勢にも反映しているといえるだろう。たとえば、一八五〇年代、「中央コンシストワール」が、ラビの選出方法や世俗成員の権限強化といった一連の組織改革の方針を打ち出した際、『イスラエリート古文書』誌はこれを全面的に支持しながら、別の折、その世俗成員たちがユダヤ教徒としての信仰実践をあまりに蔑ろにしたり、公の発言のなかでユダヤ教に関するあまりの無知を露呈したりした場合は、それに対する歯に衣着せぬ批判を欠かさなかった。また一八四〇〜五〇年代のコンシストワールは、後述のとおり、伝統からの逸脱や宗教的指導力の不足をめぐり、主として『イスラエリート世界』紙（後出）による正統派ユダヤ教世論からの厳しい批判にさらされることとなるが、その際、『イスラエリート古文書』誌は、読者の人気を集めるためにユダヤ教の中央組織に不実な戦争を仕掛けるつもりはないとして、「中央コンシストワール」に対する忠誠心と信頼感を堅持した。他方、カエンは、コンシストワールの姿勢として、周囲のキリスト教世論に遠慮するあまり、ユダヤ教徒がユダヤ教徒としてある事実をもっぱら〈私〉の領域に押し込め、それが〈公〉の領域に発現することをできるだけ控えさせようとする傾向があることを苦々しく思っており、『イスラエリート古文書』誌上では、ユダヤ教徒たちが内部で組織している医療活動、相互扶助、宗教行事などの細部をあえて広く世論に知らしめることをもって、中央組織の内向的態度の向こうを張っていた。いずれにせよ、カエン父子による『イスラエリート古文書』誌は、一九世紀フランス・ユダヤ教世界の内側を、まさに内視鏡を通すようにして観察させてくれる情報の一大宝庫であることに変わりはない。長い視点に立って、真の歴史の作り主とは、壮麗な思想や奇抜な着想の提案者たちではなく、こうした地味にして息の長い知的労働者たちなのかもしれない。

ここでついでながら、右に言及したもう一つのフランス・ユダヤ教定期刊行物『イスラエリート世界』紙にも触れておこう。

一八三六〜三七年、ミュルーズの改革派ラビ、サミュエル・ドレフュスが短命ながらストラスブールで刊行した『再生』という新聞が、アルザスで産声を上げた初のユダヤ教定期刊行物である。その編集作業に携わったシモン・ブロックがパリに居を移し、一八四四年、自力で創刊に漕ぎ着けたのが『イスラエリート世界――宗教・道徳・文学の月刊新聞』である。四七年、一時中断を余儀なくされるが、四九年に再刊されて週刊新聞となり、副題も「ユダヤ教の保守的原則の新聞」と変えて、一九三九年、第二次大戦勃発の年までの長命を保つこととなる。創刊者シモン・ブロックの当初の意図は、アルザスを中心して形成されつつあった正統派ユダヤ教世論を代弁し、サミュエル・カエンと『イスラエリート古文書』の穏健な改革路線ともまた異なる立場からコンシストワール体制の弛緩や逸脱を批判することであったが、のちにコンシストワール自体の体質改善を経て、同紙は、イスラエリート神学校の教師ラザール・ヴォーグ、「中央コンシストワール」大ラビ、イスラエル・レヴィ、ラビにして高名なユダヤ教史家モーリス・リベルといったユダヤ教世界の権威のもと、むしろコンシストワールの立場を代弁する保守派ユダヤ教の機関紙となっていく。こうして一八四〇年代から第二次大戦の勃発まで、『イスラエリート古文書』と『イスラエリート世界』は、常に視点と価値観の相違を際立たせながら、フランスおよび諸外国のユダヤ教世界を報じていくこととなる。その複眼をつうじて立体的に過去の時代を振り返ることができるのは、フランス・ユダヤ教を扱う歴史家にとって、まさに僥倖以外の何物でもない。

七月王政（続き）

一八四二年一月、「中央コンシストワール」の大ラビ、エマニュエル・ドゥーツが、一度は勘当を言い渡した息子シモンと和解を果たしたあと、この世を去る（クレミュー自身、「ドゥーツ事件」当時に見せた手厳しい断罪の姿勢を、いつしか和らげるにいたっていた）。しかし、その後継者選びは、会衆内における伝統重視派と改革派の対立から難航し、結局、ナンシー出身のタルムード学者で、一八三〇年以来、「パリ地方コンシストワール」の大ラビとなっていたマルシャン・エヌリーが昇格のかたちで選出されたのは、ようやく一八四六年のことであった。

その間、一八四二年七月の国政選挙で、アドルフ・クレミューが中西部シノンの町から出馬して、見事、当選を果たし、コンシストワールの成員として初の下院議員となる。ユダヤ教出自の下院議員としては、「中央コンシストワール」の世俗成員ベール・レオン・フルドの息子で、一八三四年、サン＝カンタンから当選を果たした既出ベネディクト（ブノワ）・フルドが最初の事例であるが、四二年の選挙では、その弟アシル・フルド、ならびにマックス＝テオドール・セルフベール（セルフ・ベールの孫）が当選し、下院はユダヤ教出自の議員三名を擁することとなった。市民権の確認から半世紀、ユダヤ教出自のフランス市民たちの順調な社会進出を象徴する出来事である。

しかし、この頃、コンシストワール体制、ひいてはフランス・ユダヤ教世界そのものが、いくつかの要因により、内部から崩壊の危機にさらされていた。まず、一般信徒たちのあいだには、一八〇七年来、三五年もの長きにわたってフランス・ユダヤ教最高位の地位にありながら、フランス語も満足に操ることができず、息子シモンの棄教と政治事件によって世評芳しからぬ「中央コンシストワール」の大ラビ、ドゥーツに対する不満が大きかった。また、そのほかの世俗成員たちについても、ユダヤ教徒としての美質や信望ではなく、単に事業をつうじて獲得した富や社会的地位に物をいわせて互選される名士クラブのごときものになり果てている、との批判が寄せられていた。とくに一八二四年から議長の座にあるヴォルムス・ド・ロミイについては、みずからの銀行業にかまけて会衆の全体利益を疎かにしているとの悪評が広まっており、さらに本質的な点として、ユダヤ教徒と称しながら、みずからの事業や政治活動のために金曜の夕から土曜にかけての安息日を蔑ろにし、食餌規定を守らず、ユダヤ教の祭日にもシナゴーグに足を運ばない世俗成員たちに、はたして会衆を代表し、指導する資格があるのか、という声が強まっていたのである。

一八四三年秋、クレミュー自身、下院議員としての多忙に加えて、「中央コンシストワール」のあり方に関する疑義から、世俗成員の役職を辞する決意を固めていた。その矢先、ヴォルムス・ド・ロミイの孫娘がキリスト教徒の男性と結婚するためカトリックに改宗していた事実が『イスラエリート古文書』誌にすっぱ抜かれ、ヴォルムス・ド・ロミイは議長辞職に追い込まれる。一一月、内部で選挙が行われ、クレミューが「中央コンシストワール」の新議長に選出されたが、しかし、そのクレミューも、やはり同宗の著名家族、さらには自分の身内のキリスト教改宗をめぐる「醜聞」によってコンシストワール体制の権威を失墜させる結果となり、わずか二年で議長の座を降りることとなる。

最初の「醜聞」は、一八四五年二月、既出「ツァルファティ」ことオルリー・テルケムの弟で医師のラザール・テルケムの死の床における強制改宗事件であった（Landau 2001）。メッスで医師を営むラザールは、ユダヤ教徒のダニエル家から妻を娶り、一男四女をもうけていたが、その妻が、一八三八年、長女とともに密かにカトリックに改宗していた事実を知らされ、驚愕する。翌三九年には、妻の弟も、間違いなく妻の感化により一家で改宗に踏み切り、ジャン＝バティスト（「洗礼者ヨハネ」）・ダニエルを名乗るようになった。メッスの「中央ラビ学校」の運営委員もつとめ、地元ユダヤ教会衆の名士であったラザールは、これによってメッスに居場所を失い、兄の住むパリに一家で居を移すこととする。しかし、パリでテオドール・ラティスボンヌ神父の知遇を得た妻は、残る三人の娘も次々とキリスト教の洗礼盤の前に導き、さらに四五年二月、腸チフスに罹った夫ラザールの死の床にラティスボンヌ神父を呼び、弟夫婦ほか数名の立ち会いのもと、兄オルリーの警告をも無視して、断末魔のラザールに洗礼を受けさせたのである。翌日、オルリーが「中央コンシストワール」にこの件を報告し、公的な異議申し立ての要請を行ったところから、出来事はユダヤ教世界とキリスト教世界の両者にまたがる一大スキャンダルにまで発展する。日頃、異宗派間の婚姻を奨励し、みずからカトリックの女性を妻としていたオルリーの目からしても、意識朦朧たる瀕死の人間に改宗を強制することは許し難き越権行為と映ったのである。

ここで、洗礼の儀を取り仕切ったのが、ラティスボンヌという「元」ユダヤ教徒の神父であったことも、事の「醜聞」化に大きく与っていた。

テオドール・ラティスボンヌは、アルザス地方の銀行家で、かのセルフ・ベールの家系にも連なるユダヤ教徒の一門に生まれた。父オーギュストは、「ストラスブール地方コンシストワール」の議長までつとめたアルザス・ユダヤ教界の名士である。テオドールは、ストラスブールで法学を修めたあと、同市のユダヤ教徒居住区の境遇改善に取り組むようになるが、新約聖書の講読とキリスト教会史に関する研究を経て、一八二六年、カトリック改宗に導かれる。三〇年、カトリックの品級を授かり、四〇年以降、パリのノートル・ダム・デ・ヴィクトワール信心会に籍を置いた。ストラスブールで法律家、銀行家としての道を歩み始めていた彼の弟、アルフォンス・ラティスボンヌは、最初、兄の改宗を許し難い背信ととらえていたが、四二年、ローマ滞在の折、十字架と聖母マリアの幻視を体験し、その場で洗礼を受ける。四三年には兄弟で「シオンの聖母修道会」を設立し、フランスのイスラエリートたちをカトリック改宗に導くことをもって自分たちの使命とした（のちの一八五五年、アルフォンスはパレスティナへ移住し、エルサレム旧市街に「シオンの聖母修道会」所属のエッケ・ホモ修道院を設立したほか、孤児院も運営した）。

なにもユダヤ教徒ないしユダヤ教出自の人間がキリスト教に改宗すること自体が、「醜」であったり「悪」であったりするわけではない。問題は、ドゥーツ家しかり、ラティスボンヌ家しかり、ヴォルムス・ド・ロミイ家しかり、コンシストワール体制の主導権を握る名門に限って、棄教者、改宗者の温床となり、それがコンシストワール体制そのものの権威失墜ばかりか、一般信徒たちのあいだにおける信仰心の弛緩、連帯感の喪失をも助長しかねなかったことである。そのような折、クレミュー家もまたしかり、という一報がフランス・ユダヤ教世界にもたらした衝撃は想像して余りあるだろう。

一八四五年七月、クレミューが、ラザール・テルケムの強制改宗事件の事後処理（キリスト教会への抗議、洗礼を無効とする手続きの模索など）のため「中央コンシストワール」議長として東奔西走していた、まさにその時、彼自身、妻ルイーズ・アメリーの口から、二人の子供、ギュスタヴ（一八三一年生まれ）とマティルド（三四年生まれ）が密かにキリスト教の洗礼を受けていた事実を知らされたのである。クレミューは、即座にその事実を公にし、「中央コンシストワール」の議長職はもちろん、世俗会員の役職からも辞意を表明する。「醜聞」のなかの「醜聞」とはいえ、さすがにクレミューの場合は、それまで彼がユダヤ教世界に対して行ってきた貢献に対する評価が違った。彼を糾弾する声は少数に留まり、コンシストワールの内部や『イスラエリート古文書』『イスラエリート世界』によるユダヤ教世論のあいだからは、むしろ彼をコンシストワールの世俗成員として慰留する声の方が多く聞かれた。しかし、クレミューは辞意を曲げず、同年一二月、議長職をマックス＝テオドール・セルフベールに託し、コンシストワール体制から一切身を引くことにした。むろん、のちの一八四八年、二月革命政府の法務大臣として抜擢され、「モーレ・ユーダイコの宣誓」を最終的な廃棄に追い込み、さらに一八六〇年、「世界イスラエリート連盟（AIU）」の創設（次章）、一八七〇年、アルジェリアのユダヤ教徒への市民権授与（第14章）など、クレミューがユダヤ教世界のために発揮する行動力は、その後も生涯をつうじて衰えを見せることはなかった。

こうして七月王政時代の末期、ユダヤ教世界は、信徒人口の安定した増加、会衆の経済状況の改善など、物理的な好条件に恵まれる反面、精神的な領域では、改革派と伝統派の確執、中央組織の指導力不足、キリスト教改宗の誘惑といった、さまざまな負の材料に内側から脅かされていた。それでも会衆が全体として衰退や消滅に向かわずに済んだのは、地方コンシストワールの宗教指導者やメッスの「中央ラビ学校」の教師たちによる地道なユダヤ教再建の努力、そして、『イスラエリート古文書』『イスラエリート世界』の二紙を中心にユダヤ教徒たちの活発な言論界が形成を見たこと、その二要因に帰されるだろう。そもそも、カトリシズムのような教会と叙階制度による集権体制に馴染みのないユダヤ教は、半ば政府お仕着せの中央組織が機能不全に陥った程度で致命傷となるものではなく、「世界は、もっぱら学習する子どもたちの息吹によって保たれる」（「シャバト篇」一一九b）というタルムードの一節に要約されているとおり、日々、どこかでトーラーの学びが継続されている限り、その存続そのものを危うくされることは決してないものなのかもしれない。

第13章

伝統と改革——第二共和政と第二帝政

歴史的経緯

一八四八年二月二二日、パリで、選挙権の拡大や働く者の権利を要求する政治集会が政府の命によって強制的に解散させられると、これに怒った労働者、農民、学生らがストライキに突入。翌二三日、首相ギゾーの辞職によって沈静化が図られたが、二四日には武装蜂起へと発展し、ついに国王ルイ＝フィリップが退位、ロンドン亡命を余儀なくされたのであった。同日、臨時政府が組織され、〈大革命〉期の第一共和政（一七九二〜一八〇四年）以来、半世紀ぶりの共和国体制（第二共和政）が幕を開ける。

この「二月革命」の政治的混乱にともない、アルザスのユダヤ教徒居住地が大きな被害を受けた。折からの不況、前年の不作により生活苦に陥っていた地元のキリスト教徒民衆層が、例によって不満の矛先をユダヤ教徒住民に振り向けたのである。三月から四月にかけて、ユダヤ教徒の民家とシナゴーグの襲撃が各地で相次ぎ、一時、一〇〇家族ほどが隣国スイスに避難せねばならなかった。幸い、新たに共和国委員に任命されたルイ・リシュタンベルジェがストラスブールから強権を発動し、暴徒を厳しく処分する姿勢を示したため、夏までには秩序が回復される（フランスの地において、ユダヤ教徒を標的とした民衆の暴動事件は、この一八四八年のものが最後の事例である）。

フランス・ユダヤ教世論は、全体として共和政の成立を歓迎しつつも、やはり第一共和政期の〈恐怖政治〉の再来を恐れる気持ちからか、労働者層と急進的共和派による「六月蜂起」には与することができず、カヴェニャック将軍が率いる秩序派を恃《たの》んだ。しかも、臨時政府の司法大臣としてクレミュー、財務大臣としてミシェル・グドショーというユダヤ教出自の実力者二名が抜擢され、前者が「モーレ・ユーダイコの宣誓」の廃棄、植民地の奴隷解放といった快挙を成し遂げ、後者が国家財政の安定化に寄与するなど、同宗者たち（その後のユダヤ教実践の度合いにはたしかに疑問の余地はあっても）の栄達を誇らしく思うユダヤ教徒、ないしユダヤ教出自の人間も少なくなかったはずである。

一八四八年四月に実施された憲法制定国民議会選挙は、納税額の別なく二一歳以上の男子全員による普通選挙であったが（一七九二年、国民公会議員選挙以来、史上二度目の男子普通選挙）、ユダヤ教世界にあってこの時代の新しい息吹に敏感に反応したのは、アブラアム＝アレクサンドル・クレアンジュを中心とする正統派ユダヤ教徒の共和主義者たちであった（このように、ユダヤ教における伝統重視、保守の姿勢と、政治の次元で当時としては革新の先端にあった共和主義への共鳴は、相反するどころか、見事に両立し得るのである）。ロレーヌ地方、エタン出身のユダヤ教徒で、「ベン・バリュク（バルフ）」の筆名でユダヤ教関係の書物を多数著し、『イスラエリート世界』紙の寄稿者ともなっていたクレアンジュは、復古王政期、七月王政期をつうじ、一貫してコンシストワール体制に批判の矢を放ち続けてきた古参ジャーナリストである。とりわけ彼が問題視したのは、コンシストワールの世俗成員が、必ずしもユダヤ教の良き実践者でもなく、一般信徒の利益に関心が深いわけでもない単なる名士、富裕者たちの互選によって選ばれ、その彼らが、必ずしもユダヤ教の世界で名望を集めているわけでもなく、単に組織人として御しやすいと感じられるラビを、各コンシストワールの大ラビに任命してきた結果、フランス・ユダヤ教世界が大きく改革派、世俗主義に傾き、東部にあって最大の信徒数を擁する伝統的アシュケナジ系ユダヤ教の意見が正しく代表されなくなっている、という点であった。そこで、クレアンジュは、国政の場における男子普通選挙の実施を好機ととらえ、コンシストワールの代表制も男子普通選挙に切り替えることを求める共和派・正統派ユダヤ教徒の会「信徒たちの民主クラブ」を結成し、四八年四月から六月まで、わずか三号ながら『真実──イスラエリートたちの利益のための新聞』を刊行して、さかんに呼びかけを行うのだった（Samuels 2010 : 113 以下）。

「中央コンシストワール」の方では、当初、クレアンジュらの要求に多少たじろいだが、議長マックス＝テオドール・セルフベールを筆頭に数名の世俗成員らが、従来、共和主義への支持を鮮明にしていたこともあって体制の民主化を求める声を邪険に扱うこともできず、最終的にコンシストワール内の代表制改革を、所轄である公教育・宗教省の判断に一任することとした。その結果、一八四九年一二月の政令をもって地方コンシストワールの成員選挙は二五歳以上の男性信徒による普通選挙とすることが定められ、選挙人の数は、全国水準で約九〇〇名から約一万五〇〇〇名へ、パリでは二〇〇名から九六二名と一気に膨らんだ。しかし、実際に翌一八五〇年に行われた選挙では、いずれの地方でも投票率が二五パーセント前後に低迷し、かろうじてアルザスの地方コンシストワールで正統派ユダヤ教徒の成員の割合を押し上げた程度で、当選者の顔ぶれは選挙前とほとんど代わり映えしないものとなった。この投票率の低さを、フランス・ユダヤ教徒住民たちのもとでコンシストワール体制、ひいてはユダヤ教会衆そのものに対する無関心が広がった結果と見るか、逆に、自分たちの精神的指導者を選挙で選ぶこと自体に対する抵抗、忌避の念の現れと見るか、判断は難しい。いずれにせよ、結果的にクレアンジュらの「民主化」要請は空振りに終わった格好となり、地方コンシストワールの選挙制度も、第二帝政期、元の制限選挙に逆戻りすることとなるが、一八五〇年の時点で、ある国家公認の宗教組織内で男子普通選挙が実施されたという事蹟は、宗教史ならびに選挙制度史の一頁として記憶に値するものである。

一八五一年一二月二日のクーデターを成功させ、翌五二年の同日、皇帝となったルイ＝ボナパルト（ナポレオン三世）は、偉大なる伯父とは対照的に宗教への関心がそもそも薄く、ユダヤ教の処遇についても現状維持をもっぱらとした。対するユダヤ教指導部の側でも、少数派の公認宗教としての安泰以上のものを望んではおらず、その点で第二帝政権力とコンシストワールの思惑は内々に一致していたといえるだろう。以後、第二帝政時代をつうじ（さらに第三共和政期に入ってドレフュス事件の勃発まで）、言論界における反ユダヤ（教）主義の発作や激化が、時折、観察されながらも、国体そのものとユダヤ教の関係は、波風の立たない、穏やかなものとして保たれていくこととなる。むしろ、第二帝政期、フランス・ユダヤ教世界にとっての不安材料は、依然として宗派内部に走る亀裂、すなわち、王政復古期に表面化して以来、一向に和解、妥協の兆しを見せない改革派と伝統派の対立、確執であった。以下、その対立の構造を縮図として示してくれる逸話として、一八五〇～五二年、ノートル＝ダム・ド・ナザレト通りのシナゴーグの改築工事をめぐる経緯にしばし注目してみよう（以下、ノートル＝ダム・ド・ナザレト通りのシナゴーグについてはJarrassé 2004を参照）。

新しいシナゴーグ

パリ三区、レピュブリック広場にほど近いノートル＝ダム・ド・ナザレト通りのシナゴーグ（通称「ナザレト・シナゴーグ」）は、先述のとおり、マイエル＝ダルムベールらの尽力により、同時に数百名の収容が可能なフランス初の大規模シナゴーグとして、一八二二年、落成したものである。以来、「パリ地方コンシストワール」専属の施設として機能し、のちの一八七四年、九区のヴィクトワール通りにシナゴーグが新築されるまで、「パリのシナゴーグ」といえばこのナザレト・シナゴーグを意味していた。

そこで行われる礼拝に、ユダヤ教徒のみならず、物見高いキリスト教徒たちまで引きつける力をもったのは、朗詠士イスラエル・ロヴィーの美声である。ダンツィヒ近郊に生まれ、シレジアのグウォグフで朗詠士の父に育てられたロヴィーは、その後、諸国を遍歴し、声楽家としてハイドンやモーツァルトの作品も研究した。フュルトの町でヴァイオリン、チェロ、ピアノの腕も身につけ、マインツ、ストラスブール、ロンドンを経由して、一八一八年、パリにやって来た彼は、そこで「パリ地方コンシストワール」専属の朗詠士として生涯を終えることとなる。その間、少年の合唱やオルガンも取り入れたユダヤ教の典礼音楽を数多く作曲し、後世に残した。ロヴィーの死後ほどなく、その穴を埋めるべくドイツから渡ってきたのが、ジャック・オッフェンバック（ヤーコプ・オッフェンバッハ）である。ケルンのシナゴーグの朗詠士を父とするオッフェンバックは、父譲りの美声に加え、卓抜したチェロ演奏の技術を備えていた。ドイツで音楽家として成功する道は閉ざされていると判断した彼の父は、一八三三年、一四歳の息子をパリに送り込む。ジャックは、才能を買われてパリのシナゴーグに朗詠士として雇われるが、先のロヴィー同様、シナゴーグの外で音楽活動を行わないという契約を交わしていたにもかかわらず、オペラ＝コミックのオーケストラでチェロを弾いていることが発覚し、あえなく六か月で解雇となった。

ナザレト・シナゴーグを舞台とする伝統派と改革派の対立は、まず、その典礼音楽のあり方をめぐって持ち上がった。古来、ユダヤ教の伝統においては、紀元一世紀、エルサレム第二神殿の破壊をもって楽器の位置づけが根本的に変わり、以後、「ロシュ・ハシャナー（新年祭）」と「ヨム・キプール（大贖罪の日）」に吹き鳴らされるショファール（角笛）を除き、シナゴーグのなかで楽器の使用を控えることが〈神殿〉に対する服喪の姿勢として求められることとなった。よって典礼の音楽も、もっぱら朗詠士の肉声をもって行うのが正統とされていたのである。にもかかわらず、ナザレト・シナゴーグを管轄する「パリ地方コンシストワール」は、早くからジャック＝フロマンタル・アレヴィーの指揮によるオーケストラを取り入れ、イスラエル・ロヴィーにもオルガンの使用を許したとして、伝統派からのさかんな顰蹙を買っていた（他方、ロヴィーによるオルガン曲は、その美しさをもって反対派の苦情を黙らせるほどであったという記録もある）。この対立における改革派の勝利を決定づけたのは、一八四六年、同シナゴーグで、大ラビ、マルシャン・エヌリーの娘の結婚式が（父たる大ラビの意向に背いて）オルガンをふんだんに用いながら執り行われたことであった。

シナゴーグ内での楽器使用をめぐる対立を燻らせたまま、一八五〇年前後、今度はシナゴーグの建築様式をめぐって賛否が激しく分かれることとなる。

一八四〇年代後半、ナザレト・シナゴーグは急速に老朽化が進み、倒壊の恐れも指摘されるようになった。すでに一八四四年、「パリ地方コンシストワール」から依頼を受けた建築家、アレクサンドル・ティエリーが補修計画に着手していたが、検討を重ねるにつれ、全面改築の必要が明らかとなる。この時、それまでの三区の地所を見限り、ロチルド家を筆頭にパリで成功を収めたユダヤ教徒の名士たちが居を構え始めていた北西寄りの九区に全面移転してはどうか、という案も持ち上がったが、最終的にはノートル＝ダム・ド・ナザレト通りの元の土地に、ティエリーの設計による新しい建物を建て直す計画が採用された（この時の移転案が、のちに九区ヴィクトワール通りの新シナゴーグ建設の布石となる）。一八五〇年、旧シナゴーグは解体され、二年の工事の末、五二年四月一日、新シナゴーグが落成に漕ぎ着けている（建築費用の大部分はジェムス・ド・ロチルドの寄付によって賄われたといわれる）。時は、まさに建築における「鉄の時代」

「新しいコンシストワール寺院の落成式典」、『リリュストラシオン』紙、1852年4月17日

である。旧シナゴーグも数百名の収容数を誇っていたが、新しい建物の方は、場所ふさぎな石柱に代わってスマートな鉄柱を（しかも古代イスラエル一二氏族にちなんで一二本）用いるという設計者ティエリーの大胆な発想により、一一〇〇名までの収容を可能とするまさに巨大建築となった（上版画）。

しかし、この新建築は、伝統派のユダヤ教徒たちのもとでいたって不評であった。その最大の理由は、旧シナゴーグには当然のことながら備えられていた「ビマー」と呼ばれる聖書朗読用の演壇が、新シナゴーグから姿を消していたことである。通常、ヨーロッパにおける伝統的シナゴーグの場合、エルサレムの方角（大抵の場合、東）の壁にトーラーの巻物を収める「アロン・コデシュ（聖なる棚）」、いわゆる「聖櫃」が据えつけられ、堂の空間の中央に「ビマー」がある。信徒たちは、その「ビマー」を取り囲むようにして椅子に座り、祈禱の際に起立して「聖櫃」のある壁の方を向き、ラビや朗詠士の声に唱和するのだ。しかし、新しいナザレト・シナゴーグは、祭式執行者たちの空間を、キリスト教会の内陣よろしく堂の一方の端に追いやり、その空間には、ラビと朗詠士以外にはコンシストワールの成員など名士階級しか立ち入れないようにしていた。

次に伝統派の顰蹙の的となったのは、その祭式空間を見下ろす位置に設えられた女性信徒専用の階上席である。通常、シナゴーグの内部は、「聖櫃」に近い男性席と、その後方にある女性専用の特別席に分けられ、そのあいだは木の格子や紗で仕切られるのが慣わしである。女性信徒も男性と同じ祈禱に参列してもよいが、ただ、男性信徒から彼女たちの姿が見えないようにすることが基本である。ところが、ナザレト・シナゴーグには、まるで劇場のボックス席のように女性信徒席が設えられ、祭式空間からはもちろん、遠目ながら一般信徒の席からも、女性参列者たちの姿がはっきりと見えるようになっていた（女性の容姿を隠す文化から、それをひけらかし、飾り物とする文化への切り替え）。伝統派の目に、この新建築が、「御名」を讃える場所としてはふさわしからぬ、キリスト教会とオペラ劇場の折衷のようなものとして映ったとしても決して無理はないのである（左版画）。

ナザレト・シナゴーグの内陣（1869 年 1 月 13 日『ル・モンド・イリュストレ』紙、バルバンによる版画）

さらに、たしかに今日の目から冷静に振り返った時にいかにも唐突に感じられるのは、壁や天井の装飾から調度品、敷物からラビや朗詠士、合唱隊員の衣装といった細部にいたるまで、全体に染み渡った東洋趣味（オリエンタリズム）である。フランスにおけるこの前代未聞の建物をシナゴーグの名にふさわしいものとすべく、建築家ティエリーが払った苦心の跡というべきだろうが、実際、彼はこの時、ユダヤ教的な美術要素として、オリエント様式、ムーア様式に依拠する以外になす術がなく、そして完成後、建物を使い、評価する人々も（口うるさい伝統派まで含め）、それがアシュケナジ典礼のシナゴーグであることはわかっていながら、中東・北アフリカ系の装飾に包まれていることに、ほとんど違和感を表明していないのである。ラビやその補佐たちの服飾は、基本的にナポレオン一世が招集した「大サンヘドリン」の時のものを踏襲していたが、先述のとおり、その様式そのものがどこに由来しているのか不明であり、単に皇帝自身の東洋的「趣味」の産物であった可能性が濃厚なのだ。

そもそも、ユダヤ教的な建築とは、シナゴーグとは何か。ヘブライ語で「シナゴーグ」は「ベート・ケネセト（集いの家）」というが、その連結語において、意味の重心が置かれているのは「ケネセト（集い）」の方であり、「ベート（家）」ではないとされる。ユダヤ教においては、最低一〇人の男性が寄り集まれば典礼が成立するのであって（いわゆる「ミンヤン」）、建物の有無や場所の如何はその次の問題だからだ。よって、先述のとおり「聖櫃」と「ビマー」の配置に関する古いしきたりはあっても、シナゴーグがこのように建てられねばならない、このように飾られねばならないという約束事はとくに存在しない（ただし、祈禱の場と殺人の行為を完全に切り分けるため、聖なる館を建設する際に鉄の刃物を道具として用いてはならないという規則はある）。極言するなら、構造物としてのシナゴーグは、偶像崇拝の禁止に抵触しない限り、時代と場所によってあらゆる様式と装飾を受け入れ得る、真っさらなキャンバスのようなものなのである。それよりも、キリスト教が支配的宗教である土地におけるシナゴーグは、キリスト教教会の規範性との兼ね合いで、その反＝規範性をもって区別され、それと認識されるものであることを求められる。つまり、「これは寺院である」と一目でわかるようにしつつも、同時に「しかし教会ではない」とたちどころに感じさせるものではなくてはならないのだ（Lerner 2007 : 109）。こうして、建築家ティエリーとしても、ナザレト・シナゴーグを完全に無装飾、無様式の建物にするわけにはいかず、かといってキリスト教会のロマンス様式、ゴシック様式を踏襲することもかなわなかったため、アルジェリア植民地化以来、エキゾティシズムとして美術界、建築界に流行し始めていたオリエント様式、ムーア様式を採用する以外にないというのが実情だったのであろう。

興味深いのは、当時のパリのユダヤ教徒たち、とりわけ新シナゴーグの出来映えに鼻高々だった改革派の人々が、自分たちを外の目から見た場合の建築・美術上の「スタイル」としてそのオリエンタリズムを受け入れ、そこにほとんど違和感を抱いていないことだ。非ユダヤ教世界のフランス人がユダヤ教世界をこのようなものとして見たいと思う、その見方を、ユダヤ教徒、あるいはユダヤ教出自のフランス市民が、そのまま自分たちの姿の表象として引き取っているのである。われわれは、ここで「同化」という現象の複雑なからくりの一端を目にしているのではないだろうか。つまり、「同化」とは、単に集団Bが集団Aのような存在になっていくことではなく、集団Aが「集団Bとはこのようなものである」として注いでくる視線を、まずもって集団B自身が率先して自己イメージとして内化してしまうプロセスのことなのではないか。かくて一八五二年に改築された新ナザレト・シナゴーグは、ユダヤ教徒、元（ないし脱）ユダヤ教徒、非ユダヤ教徒、その三者がいずれも、パリにいながらにしてオリエンタリズムを育むための格好の実物教育の場となったと考えられるのだ。

＊

典礼中の楽器使用やシナゴーグの建築様式は、ユダヤ教の門外漢にも比較的わかりやすい対立点として、あくまでも氷山の一角にすぎず、この頃、「中央コンシストワール」でも、また各地方コンシストワールでも、教義や組織運営の細部一つ一つをめぐって大ラビを中心とする伝統派と議長を支持する世俗成員の改革派が全面対決の姿勢を鮮明にし、それが『イスラエリート世界』と『イスラエリート古文書』の対立として反映されるという構図を取るようになっていた。たとえば、一八四六年、「中央コンシストワール」の大ラビに選出されたマルシャン・エヌリーは、シナゴーグにおけるオルガンの使用を認めない立場を貫いたほか、大祭や成人式（バル＝ミツヴァ）の際、少年のみならず少女の合唱隊も導入してはどうか、という改革案も断固として受け入れなかった。これに対して議長マックス＝テオドール・セルフベールが、「進歩の邪魔をしないでいただきたい」と釘を刺す場面も珍しくなかったという（Graetz 1989 : 87）。

一八五二年、エヌリーの死去にともない、「パリ地方コンシストワール」から昇格して大ラビに就任したサロモン・ユルマンは、当初こそ、世俗成員の意見に耳を傾ける穏健改革派と目されていたが、実際、フランス・ユダヤ教指導者の最高位についてみると、そのユルマンも、各地（とりわけ東部）の伝統派ラビたちの抵抗を前にしては、そう易々と改革派のいいなりにはなれないのであった。

コルマールのラビ、サロモン・クラン

ここで一九世紀中葉、フランス・ユダヤ教世界における「伝統」と「改革」のせめぎ合いを複眼的に振り返るために、あえて、前者の「伝統」の立場をもっともよく代表していたラビ、サロモン・クランの存在に着目してみるのも一つの手段かもしれない（Hyman 1991 : 80-85 ならびに Klein, P. WEB）。

サロモン・クランは、一八一四年、ストラスブールの北郊、セルフ・ベールやダヴィド・ジンツハイムにも縁の深いビシエム（ビシュハイム）に生まれた。父モシェは、ストラスブール一帯で名の知られた足の治療師であり、ナポレオン時代、数多くの将軍や政治家をまめや魚の目の悩みから解き放ち、重宝がられたという。一八〇八年、ユダヤ教徒の姓名に関する政令が出された際、彼は、小柄だったことからつけられていたあだ名「クライン（小さい）」を姓にした。生まれた息子は「シェロモ・ゼエヴ」というヘブライ語名を授けられたが（「ゼエヴ」はヘブライ語で「狼」を意味する）、戸籍上は、その直訳「サロモン・ヴォルフ」として登録される。母親については記録が残されていないが、サロモンがラビの道を志したのは、その母親からの感化によるものだったのではないかと考えられる。

六歳で地元のラビのもとでタルムード学を始め、一八二八年、一四歳ですでに師の学識を凌駕するにいたったサロモンは、パラティナのデュルクハイムに遊学し、ラビ、マルクスに師事する。一八三〇年、メッスに「中央ラビ学校」が開設され、フランスも自前でユダヤ教の指導者を養成することができるようになったわけであるから、クランは、ラビを志すに当たってドイツ遊学以外に手段がなかった最後の世代に属することになる。一八三二年頃、一八歳に達した彼は、アル

ザスに戻り、シロフェン（シルホフェン）のラビ、アロン・ラザリュスに弟子入りする。このラザリュスが、新しい時代のラビは世俗の学問にも通じている必要があることをサロモンに諭したことから、以後しばらく、彼はフランス語、ラテン語、ギリシア語の学習に没頭し、ストラスブールのリセに入学して、三八年（二四歳）、哲学のバカロレア（大学入学資格）も優秀な成績で取得した。その間も本道のユダヤ教学を疎かにすることなく、上ラン県の「コルマール地方コンシストワール」の大ラビ、セリグマン・グドショーのもとに出入りして研鑽を積んだ。結果的にクランは、このグドショーから、長い歴史をもつアルザス正統派ユダヤ教の遺産をそっくり託されることになったといってよい。

一八三九年、クランは、メッスの「中央ラビ学校」で上級のラビになるための資格試験に臨んだが、当時、その科目はおおよそ以下のようなものであったという。聖書、タルムード、「リフ」（「ラビ、イツハク・アルファーシー」の略）、「ミシュネー・トーラー」、「トゥール」（「アルバアー・トゥーリーム（四つの列）」の略、一四世紀、ヤアコヴ・ベン・アシェルによるユダヤ法規集）、「シュルハン・アルフ」（既出）、フランス語、ドイツ語、ラテン語、論理学、雄弁術、ユダヤ教史、フランス史、地理。そのすべてに合格した上で、宗教を題材とする論文も提出せねばならなかった。先述のとおり、一八四〇年代に入ってなお、コンシストワール体制の中枢部を占める宗教指導者たちがフランス語を十分に操ることができず、フランス文化にも通じていないことがさかんに問題視されていたが、クランは、メッス「中央ラビ学校」の成果も現れ始め、もはやそうした批判を差し向けられる心配のない最初の世代のラビであったといえよう。

こうしてラビの資格を得たクランは、上ラン県、ビセム（ビースハイム）に赴任し、五〇家族、二五〇名ほどのユダヤ教信徒を預かることとなった。四一年、南部のデュルムナック（ドゥルメナッハ）に移った彼は、当地で『論理と比較による新ヘブライ語文法』（一八四六年刊）を書き上げる。四八年には、リクセム（リクスハイム）に転任するが、翌四九年、コルマールのセリグマン・グドショーの逝去にともない後任の選挙が行われることとなり（この時、ちょうどコンシストワールの選挙が男子普通選挙で行われることとなった）、上ラン県の信徒たちは、一八五〇年、迷わずクランを大ラビに選出した。

当時、上ラン県は一万六〇〇〇人ほどのユダヤ教徒人口を擁し（うち九〇〇人はコルマール）、しかも伝統に忠実な信徒をもっとも多く抱える、事実上、フランス最大のユダヤ教の本拠地となっていた。その責任感もあってのことだろう、コルマールに赴任したクランの活動には、まさに目を瞠るものがあった。この時期、ヘブライ語の著作数冊、ならびに先の文法書を縮約した『ヘブライ語文法初歩』を世に送り出したほか、ユダヤ教徒の子弟のための職業訓練校、さらには、メッスの「中央ラビ学校」を志す少年たちのための「ラビ準備学校」も設置して、上ラン県の教育行政当局からも高い評価を得た。

クランの名をフランス・ユダヤ教世界における保守派の代表格に押し上げることとなったのは、一八五六年五月一三日〜二三日、「中央コンシストワール」の大ラビ、サロモン・ユルマンがパリに招集した「大ラビ会議」である。ユルマンの主眼は、地方コンシストワールの大ラビたちを一堂に集めてユダヤ教の「改革」を論じることで、常日頃、世俗成員たちからさかんに寄せられていた要請に応じる姿勢を見せる一方、改革の具体的側面については、最終的に各コンシストワール、各シナゴーグの裁量に委ねるという緩やかな方向性をもって、中央と地方、改革と伝統のあいだで緩衝作用を働かせることであったと思われる。会議の場では、連日、典礼詩「ピユート」の簡略化、フランス語使用の徹底、シナゴーグ内でのオルガン使用、ならびに安息日には非ユダヤ教徒の奏者にそれを弾かせる許可、男子のみならず女子の成人式（バト＝ミツヴァ）の公認といった議題が次々と採り上げられた。先立って一八四八年前後、隣国ドイツで数度にわたって開かれたラビ会議では、ヘブライ語使用の非義務化、祈禱の文言からメシアの到来とシオンへの回帰に関するくだりを割愛する許可、安息日や割礼に関する戒律の緩和など、かなり踏み込んだ改革案が提起、採択されていたが、それと比較するならば、まだしも微温的な主題にも思われる。しかしクランは、この時、アルザスの伝統的ユダヤ教の名において、そのいずれの改革案も受け入れることができなかった。地方コンシストワールの数は、当初の七つにバイヨンヌとアルジェを加えて九つに増えていたが、東部からは、信徒の人口比に釣り合わないわずか四人の大ラビしか招集されていないため、多数決での敗北は目に見えていた。しかも、ストラスブールの大ラビ、アルノー・アロンは、一部、改革派の案を受け入れる姿勢を示しており、メッスの大ラビ、リオン・マイエル・ランベールは、高齢を理由に会議を欠席していた。結局、クランと、ナンシーの大ラビ、イザーク・リベルマンが反改革の立場を採ったが、リベルマンは、議長ユルマンの従弟にして後継者であり、その反対姿勢も鋭さを欠いていた。

結果的にクランは、フランス・ユダヤ教世界における保守派――今日ならば「超＝正統派」「原理主義者」との呼称も当てはめられるかもしれない――の重鎮として、『イスラエリート世界』紙上で高く持ち上げられ、『イスラエリート古文書』紙上では頑迷、後進的として叩かれることになった。その姿勢が、時に「戦闘的」とも評された理由をうかがわせる、いくつかの逸話が残されている。たとえば、右の「大ラビ会議」の期間中、各地の大ラビたちが、ロチルド家が運営する慈善病院を視察し、その後、「中央コンシストワール」議長セルフベール宅での晩餐に招かれるという日程が組まれたことがあった。病院の視察後、アルフォンス・ド・ロチルドから「私の馬車で晩餐会の会場までお送りしましょうか」と声をかけられたクランは、ロチルドがシナゴーグへのオルガン導入についてとりわけ積極的な姿勢を見せていることから、「御厚意、感謝申し上げます、男爵殿。しかし、聖書には『わが道は汝らの道と異なれり』と記されておりますもので」と、「イザヤ書」(五五の8)の一節をもって応じたという。また、時期は不明ながら、安息日の遵守をめぐってアドルフ・クレミューとのあいだで交わされた会話も伝えられている。クレミューが、「近代的生活」の必要上、安息日の禁忌を守れない場合もあり得る、という主張を展開したところで、クランは逆にこう問い返したというのだ。

クラン——あなたは「十戒」が神から発せられたものである、と信じていらっしゃいますか?

クレミュー——もちろんですとも。

クラン——では今、仮に、あなたの金庫の鍵が壊れて、開かなくなったといたしましょう。あなたが、あるユダヤ教徒の鍵職人を呼んだところ、彼は土曜日の朝にやって来て、鍵が開くようにし、そして、帰り際に金貨一袋を盗み取っていった。その時、あなたはどうなさいますか?

クレミュー——もちろん、その男を逮捕させます。

クラン——では、彼が安息日に仕事をしたことについては、なんの措置もとられないのですか?

クレミュー——それとこれとは話が別です。

クラン(驚いて)——なんと! 窃盗と安息日の侵犯は、あなたが神に発すると認めていらっしゃる「十戒」により、まったく同等の資格で禁じられているのではなかったのですか?

ユダヤ教世界から出て、司法大臣としてフランスの法そのものを代表するまでとなった弁護士クレミューも、正統派ラビの原理主義を前にしては顔色なしの形勢である。まさに「伝統」と「改革」を分かつ一線は、「それとこれ」——〈公〉と〈私〉であれ、政治と宗教であれ——では「話が別である」とする言説に与するか否か、その分岐点を貫いて引かれていることを明快に表す挿話といえるだろう。

一八五六年、「大ラビ会議」を終えてコルマールに戻ったクランは、東部のラビたちによるユダヤ教・反改革運動を組織した。彼の名のもとに回覧され、数百名の信徒たちの署名を集めたという声明文には、以下のような言葉で懸念が示されていた。「今日のところはおずおずと、罪のないものに見えるかもしれないが、明日には、猛々しく、罪深きものになるかもしれない、こうした試みを退けよ。汝ら父祖の信仰、汝らの良心の信仰、汝らの愛の信仰、汝らの永遠の救いである信仰に代わって、汝らに押しつけられようとしている、この異国的にして反イスラエル的な信仰を退けよ!」(Berg 1992 : 56) さらに彼は、メッスの「中央ラビ学校」の卒業生たちが大きく改革派になびく傾向を憂え、そもそも同校志願者のための準備学校としてコルマールに設置されていたユダヤ教の神学校を、その競合施設として格上げして再編成しようとした。
これに怒った「中央コンシストワール」の世俗成員たちは、クランの挙動を地方コンシストワール大ラビという公務者としての利益相反に当たるとし、宗教大臣に彼の職務停止を求めたが、この時はユルマンの仲裁により事なきを得る。しかし、その後、改革派の世俗成員を増強した「コルマール地方コンシストワール」が、事あるごとに大ラビ、クランに掣肘を加えたり、嫌がらせを画策したりするようになったばかりか、一部の世俗人たちの口から、クラン自身の身を貫いてユダヤ教そのものの価値を傷つけようとする激しい反＝宗教的言辞も聞かれるようになった。言葉の使い方にはどこまでも慎重でなくてはなるまいが、この時点（一八五〇年代）でいまだ言葉以前の「反ユダヤ主義（antisémitisme）」に悩まされ始めたフランス・ユダヤ世界において（Isser 1991）、着実な「同化」の途についた「開明派」もしくは「進歩的」ユダヤ教徒・ユダヤ人たちのあいだから、辺境のアルザスにあって数世紀、十数世紀来の伝統にひたすら忠実であろうとする正統派のユダヤ教に対し、「反ユダヤ教主義（antijudaïsme）」の名にも値する激しい攻撃の言辞が差し向けられたことは、はっきりと確認しておかなくてはならない。
この状況をめぐって、クランがベルリンのラビ、アズリエル・ヒルデシャイマーに書き送った手紙が残されている。

私の敵対者には事欠きません。彼らはいつでも私に攻撃を仕掛けてきます。なぜなら、私が彼らに打ち克って、信仰を勝利に導いたからです。［…］
フランスにおける我らが聖なる宗教は［…］、両手両脚を縛られ、まるで虜囚のようにコンシストワールの手に引き渡されております。
ラビたちのなかには――幸いにして、まだごく少数ですが――安息日を冒瀆する者がおります。［…］公然とタルムードを中傷する者もおりましたし、ラビの戒律をことごとく破棄する者もおります。一部のラビが、法の文言を勝手につけ加えたり削除したりしても、古いしきたりに反した説教を行ったりしても、コンシストワールはなんの咎め立てもいたしません。彼らが私を迫害することにしたのは、私がしきたりの刷新を拒んだからなのです。［…］「中央コンシストワール」の大ラビ、ユルマンを補佐する九人の人間たちのなかに、禁じられた食べ物に手を出したり、安息日を破ったりすることを手控えているのは三人とおりません。なかには、「律法」の神的起源を公然と否定してみせる者、息子たちに割礼を受けさせない者さえおります。選挙人たちによって選ばれるのは、たしかに社会的には高い地位にありながら、神を恐れる気持ちをもたない人々なのです（Schwarzfuchs 1975 : 255-259 掲載のフランス語訳から抄訳）。

つまり、「敵対者」としてユダヤ教世界の外部から中傷キャンペーンを仕掛けてくる人々――言葉以前の「反ユダヤ主義者」たち――など、クランにとっては二の次にすぎず、第一の「敵」は、「神（エル）」の語素を含む「イスラエリート」を名乗りながらも神を恐れる心を失い、ややもすれば神の存在そのものをも否定しかねない人々の方なのである。

彼の晩年の著作として、当時、反ユダヤ勢力がタルムードに関してうち広めつつあった妄説を一点一点正していこうとする『ユダヤ教、あるいはタルムードに関する真実』（一八五九年）だけが刊行に漕ぎ着けており、その他、ユダヤ教と「文明」の関係を論じたもの、エルネスト・ルナンのユダヤ教観を批判的に論じたものなどを含め、いくつかの遺稿は今なお日の目を見ていないという。一九世紀フランスのユダヤ教を論じる上で、きわめて残念な文献研究の空白といわざるを得ない。

総じて従来のフランス・ユダヤ教研究においては、一九世紀の趨勢を「同化（assimilation）」の一語に帰着させることに急くあまり、その「同化」の方向に沿ってユダヤ教そのものの「改革」を志向する陣営（コンシストワールの「進歩的」世俗成員、改革派のラビ、ならびに『イスラエリート古文書』）を主流に据え、その対立陣営（クランほか、東部の伝統派ラビと信徒たち、ならびに『イスラエリート世界』）については、それを批判する前者の陣営が採用する言葉遣いに従って、「保守」「閉鎖的」「特殊主義」と形容して事足れりとする傾向が否めなかった。そこから、本来、「フランス・ユダヤ教の歴史」として書かれるべきものが、ユダヤ教世界から出て、ユダヤ教そのものからは遠ざかる一方の者たちの足跡を辿る歴史（いうなれば「フランスにおける脱ユダヤ教化の歴史」）、ひいては、つとにユダヤ教との関係を失い、もっぱらその家系によって「ユダヤ人」と分類され得る人々の歴史（いうなれば「フランスにおける非宗教的ユダヤ人の歴史」）へと「横ずれ」「すり替え」を起こしては来なかったか？　以後、『フランス・ユダヤの歴史』と銘打つ本書も、フランスにおいて「ジュイフ」と呼ばれる人々の歩みに目を凝らしつつ、ユダヤ教という星雲のコアの部分――いわゆる「正統」「保守」「伝統」――を決して視野外に置くことのないよう、心して叙述に努めたい。

＊

こうした中央と東部、改革派と伝統派のあいだの対立のなか、早くも一八三〇年代の終わり頃から取り沙汰された争点に、メッスの「中央ラビ学校」の行く末をめぐるものもあった。パリのユダヤ教徒名士の有志たちとロレーヌの会衆の協力により、一八三〇年、メッスに開設された「中央ラビ学校」には、年々、多くのユダヤ教徒の子弟が入学するようになっており、一時は、アルジェリアの植民地化をきっかけとし、アルジェに分校を作って生徒を分散させる案も俎上に載るほどであった。しかしここでも、口伝律法を重んじるアシュケナジ系ユダヤ教の牙城としてメッスの学舎を守り抜こうとする伝統派と、ドイツの影響下、フランスにも形成され始めた近代的ユダヤ教学の成果を取り入れ、教育内容の全面見直しの必要を訴える改革派の意見が真っ向から対立するのだった。一八四〇年、「中央コンシストワール」は、サロモン・ムンク、アドルフ・フランクという近代ユダヤ教学の精鋭二名に委託して、メッスの「中央ラビ学校」の現状を調査させ、その改革案を提示させることとした。二人は、当初、「中央ラビ学校」とは別に、いまや言語学、歴史学、文献学の世界的中心となったパリにユダヤ教専門の神学部を作ることによって対立の解消を図ることも考えたが、神学部の立ち上げが物理的に困難とあらば、やはりメッスの「中央ラビ学校」をパリに移し、人文諸科学のほかの領域にも目を開くことのできる環境で将来のユダヤ教指導者を養成するのがふさわしい、との結論に落ち着くのだった。その後、「中央コンシストワール」の大ラビ、ユルマンと議長セルフベールは、当然のことながらこの移転にも強く反対するアルザス・ロレーヌの伝統派を説得するのに大きな労力を要したが、最終的に、一八五九年、「中央ラビ学校」は、その名も「フランス・イスラエリート神学校」と改め、パリ三区、パルク＝ロワイヤル通りに移されることとなった（その後、一一区リシャール＝ルノワール大通りに移転し、さらに一八八一年、五区ヴォクラン通りに移って、五年間の全寮制、全学年あわせて一五〜二〇名ほどの少人数宗教教育機関として今日にいたっている）（Lévy, P. 2005 : 37）。

それ以外にも、コンシストワールの代表制をめぐって、信徒の意向を数として反映させる普通選挙への復帰を求める伝統派と、制限選挙により世俗の名士階級の強い発言権を維持しようとする改革派は双方一歩も譲らなかったが（一見、革新と保守をめぐって、その立場が逆転しているのではないかとも思われるほどである）、その対立も、一八六六年、中央の大ラビ、ユルマンの死、そして翌六七年、コルマールの大ラビ、クランの死をもっていったん終息し、大勢としては改革派の勝利に終わった感がある。その後、普仏戦争によるアルザス・ロレーヌの喪失と、東欧からのユダヤ教徒・ユダヤ人移民の急増により、フランス・ユダヤ教世界は、新しい状況とともに別種の対立の種を抱え込むこととなろう。

「世界イスラエリート連盟」

「ダマスクス事件」から五年を経た一八四五年、フランスのユダヤ教出自の名士たちを中心として、迫害に苦しむ世界のユダヤ教徒に援助の手を差し伸べる国際組織の立ち上げが早々に試みられたことがある。

中心となったのは、既出「パリ地方コンシストワール」の世俗成員バリュク・ヴェイユの息子で、のちのマルセル・プルーストの大伯父にあたるゴドショー・バリュク・ヴェイユであった。一八四〇年の創刊以来、「ベン＝レヴィ」なる筆名のもと『イスラエリート古文書』誌の寄稿者となり、『土曜の朝――道徳・宗教教育読本』（一八四二年）というユダヤ教徒の子供向けの読み物の著者としても知られるヴェイユが、クレミュー、フルド、セルフベールなど斯界の実力者たちに働きかけて組織の創設を試みたが、一八四八年、ヨーロッパを席巻した革命の嵐とその後の諸列強の対立により実現にはいたらなかった（ちなみに、グドショー・バリュク・ヴェイユの二人の兄が、アドルフ・クレミューの妻アメリーの姉、ローズ＝ラシェル・ベルンカステルの二人の娘とそれぞれ結ばれたことにより、のちのマルセル・プルーストは母方のヴェイユ家をつうじてアドルフ・クレミューの縁戚にも連なることとなった）（Samuels 2010 : 76 以下）。

次なる世代、この構想を実現に導く牽引役を果たしたのが、ジュール・カルヴァロ、イジドール・カエン、シャルル・ネテール、ウジェーヌ・マニュエルなど、一八二〇年代生まれのイスラエリートたちである。

ジュール・カルヴァロは、南西部ジロンド県タランスの地主、モイーズ・シュヴァリエ・カルヴァロの子として生まれ、ボルドーで育った。パリのエコール・ポリテクニーク（理工科学校）に入学し、一時、サン＝シモン主義に傾倒する。その後、土木学校（エコール・デ・ポン・ゼ・ショセ）に進み、同校を首席で卒業した彼は、初めマルヌ＝ライン運河会社の技術者として雇われ、四四～五〇年、シャトールーとリモージュを結ぶ中央鉄道の建設にも携わった。一八五三年二月、彼が『イスラエリート世界』紙に掲載した「イスラエリート合同会議について」という一文は（Kaspi 2010 : 13）、フランスの地から全世界のユダヤ教徒に連帯を呼びかける狼煙の意味をもった。

カルヴァロの六歳年下のイジドール・カエンは、『イスラエリート古文書』の編集長サミュエル・カエンの子としてパリに生まれ、リセ・シャルルマーニュに学んだ。ついでエコール・ノルマル・シュペリウール（高等師範学校）の狭き門を突破したイジドールは、そこでイポリット・テーヌ、フランシスク・サルセーなど、のちの文壇の花形たちと交友を結ぶ。同校を第三位の成績で卒業し、哲学の高等教授資格（アグレガシオン）を取得した彼は、四九年、ヴァンデ県のリュソンでリセの哲学教師となるが、地元の司教を中心とするユダヤ教徒排斥運動の犠牲となり、当地を追われてしまう。以後、公教育省から差し出される別の教授職をすべて断り、父と同様、ジャーナリズムに専心する覚悟を決めた彼は、パリの『ジュルナル・デ・デバ』『ル・タン』など一流紙の寄稿者となった（一八六〇年、父サミュエルの引退後、『イスラエリート古文書』の編集長となる）。一八五八年一二月、彼が『イスラエリート古文書』紙に掲載した「世界イスラエリート連盟」という一文は、のちに発足する組織の名称を予告し、その方向性を決定づけるものであった（Ibid : 453-454）。

一八五八年には、こうした人々の問題意識と願望を結晶化する上で大きな意味をもつ事件、「モルターラ事件」がイタリアで発生する。

一八五二年、教皇庁の支配下に置かれていた、イタリア、ボローニャの町で、ユダヤ教徒のモルターラ家に雇われていた家政婦アンナ・モリーシが、重病に罹った乳飲み子のエドガルド・モルターラが間違いなく死にいたると確信し、その地獄行きを恐れて、赤子に密かにキリスト教の洗礼を受けさせた。五年後、アンナがこの事実を告白すると、教皇庁は、エドガルドをキリスト者として育てる権利を主張して、彼を両親から引き離し、人知れぬ修道院に匿うのであった。この事件が公になると同時に、ヨーロッパ各地のユダヤ教会衆に激震が走る。イギリスからはモーゼス・モンテフィオーレ卿がローマに出向き、少年を両親のもとに帰すよう、教皇ピウス九世に直訴したが無駄であった。当時、教皇庁のためのローマ護衛を引き受けていたフランスのナポレオン三世さえもが、クレミューの要請を容れ、信仰の自由と親権の侵害に強い抗議の意を表明したが、教皇は、エドガルド本人が聖職者になることを希望しているとし、頑なに返還を拒むのだった。一八五九年、ボローニャがピエモンテに併合されると、エドガルドの父モモーロと母マリアンナは、ふたたび息子の身柄の引き渡しを求めたが、実現にはいたらなかった。その後、エドガルドは、ピウスと改名してアウグスティヌス会の修道僧となるが、一八七〇年頃、教皇ピウス九世の発言権も弱まり、家族のもとへの帰還と宗旨選択の自由が認められることとなっても、彼はそれを拒み、カトリック教徒であり続けることを望んだ。のちにローマの聖堂参事会員、キリスト教神学教授となった彼は、ヨーロッパ各地ならびにアメリカを経巡り、六か国語で雄弁な説教を繰り広げながら異教徒（とりわけユダヤ教徒）のカトリック改宗を熱心に説き勧め、教皇レオ一三世から「使徒的宣教師」の称号を授かるまでとなる（Weill, G. 2000）。

この「モルターラ事件」に際し、政府の顔色ばかりをうかがって瞬発力を欠くコンシストワールからは何も期待できないと考えたパリのユダヤ教徒ならびにユダヤ教出自の有志たちは、一八五九年、ヴァンドーム通り一〇番のシャルル・ネテールの自宅に集い、会合を重ねるようになっていた。その主だった顔ぶれは、上記イジドール・カエンとジュール・カルヴァロのほか、アドルフ・クレミューと、その秘書をつとめる弁護士ナルシス・ルヴァン、ユダヤ教保守派の言論人アブラアム・クレアンジュ（既出）、高校教師にして詩人ウジェーヌ・マニュエル、ボルドー出身の改革派ラビ、エリー＝アリスティッド・アストリュクなどである。翌一八六〇年五月一七日の会合で、彼らは「世界イスラエリート連盟（l'Alliance Israélite Universelle）」を発足させ、初代議長にカルヴァロ、会計にネテール、書記にルヴァンを選出した（会の名称には、一八四六年、ロンドンで産声を上げたプロテスタントの「福音連盟（Evangelical Alliance）」の影響が感じられるが、この点については後述する）。発足と同時に世界の同宗者に向けて発せられた以下の声明文「すべてのイスラエリートへの呼びかけ」は、ウジェーヌ・マニュエルの手によるものであった。
　イスラエリートたちよ！
　もしも諸君が、この地の四方に散らばり、諸邦の民に融け込みながら、心では父祖の宗教に、たとえその絆の弱まりを感じながらであっても、いまだ結びつけられているのならば、
　もしも諸君が、みずからの神を信じる心を捨てておらず、みずからの信仰を隠し立てせず、弱き精神の人間にはたしかに重荷にも感じられる、ある種の呼び名［「ユダヤ教徒」という呼び名］に顔を赤らめることもないのならば、
　もしも諸君が、われわれを今なお苦しめる偏見、一般化される非難、繰り返される虚偽、でっち上げられる中傷、見すごされる不正、そして絶えず正当化され、言い訳の対象とされる迫害行為を憎むのならば、
　もしも諸君が、霊を重んじる宗教のなかでもっとも古く、もっとも簡素な宗教が、その場所を保ち、その使命を果たし、その権利を主張し、ますます活発化する思想の大いなる動きのなか、ますます熱を帯びる近代社会の理論闘争のなかでみずからの生命力を示さなければならない、と考えるのならば［…］、
　もしも諸君が、魂にとって命そのものである良心の自由は、ユダヤ教徒がそれを完全なものとして所有している国家においてこそ、万人のためにもっともよく保たれるものであると思うのならば、
　もしも諸君が、みずからの父祖の信仰が各人にとっての聖なる遺産であり、家庭と良心は不可侵のものであって、つい最近、目にしたようなこと［「モルターラ事件」］をもはや二度と目にすることがあってはならないと思うのならば、
　もしも諸君が、連帯することは善であると考え、また、国籍をさまざま異にしながら、あらゆる党派の外部で、諸君の感情、欲求、希望をいまだ共通のものとすることができると考えるのならば［…］、
　もしも諸君が、二〇世紀来の悲惨、侮辱、排斥に今なおうちひしがれている諸君の大部分の同宗者たちも、人間としての尊厳を取り戻し、市民としての尊厳を手にすることができると思うのならば、
　もしも諸君が、腐敗している人々を罰するのではなく徳化し、盲目にされている人々を放置するのではなく光で照らし、打ちのめされた人々を哀れんで満足するのではなく立ち直らせてやり、中傷されている人々を黙することなく擁護してやり、迫害を糾弾するばかりでなく実際に迫害された人々をいたるところで援助することが必須である、と考えるのなら［…］、
　もしも諸君が、たしかに数においては小であるが、善への愛、善の意志においては大である、このユダヤ教の生き生きとした力がすべて結集されてあることが、諸君の宗教

の栄誉、諸邦の民にとっての教訓、人類にとっての進歩、真実と普遍理性にとっての勝利になると思うのならば、
最後に、もしも諸君が、［一七］八九年の諸原則の影響力は世界中に及び、そこから流れ出る法は正義の法であり、その精神がいたるところに浸透することが望まれ、信仰の絶対的平等を享受する民の模範が一つの力になると思うのならば、
もしも諸君が、すべてこうしたことを思うのならば、全世界のイスラエリートたちよ、いで来たりて、われわれの呼び声を聞け。諸君の同意と協力をわれわれに与えよ。その事業は偉大にして、おそらく祝福されたものとなるであろう。

アドルフ・クレミュー（ルコント・デュ・ヌイによる肖像画）

一八六二年には、連盟の活動目的として以下の三点が確認された。

（一）いたるところでイスラエリートたちの解放と精神的向上に努めること
（二）イスラエリートとしての肩書ゆえに苦しむ人々に有効な援助の手を差し伸べること
（三）この結果を得るためにふさわしい、あらゆる出版物の刊行を奨励すること

一読してわかるように、発起人たちの意図は、直近の「モルターラ事件」に暗に言及しながら、父祖伝来の宗教と一七八九年の「人権宣言」を二本柱とするユダヤ教徒の連帯を、国境、国籍の敷居を乗り越えて築き上げることであった。「腐敗している人々を徳化する」といった言葉には、フランス革命前に遡るユダヤ教徒「再生」論の響きもはっきりと聞き分けられよう。パリに中央委員会（三〇名）を置き、当初、一四二名の会員で発足した「連盟」は、世界各地に少しずつ地方委員会を増設しながら、一八六二年末に一〇〇〇人超、一九〇〇年で三万人超の会員を数えるまでになる（うち七〇パーセント前後がフランス国外）。最初、子供たちのキリスト教改宗という過去の経緯から「連盟」の表舞台に出ることを遠慮していたアドルフ・クレミュー（上肖像画）が、一八六三年、会長に就任して以降、「連盟」の活動は、彼が

政治家として国内外に築き上げてきた人脈を駆使し、きわめて活発かつ有効なものとなった（バルカン半島諸国のユダヤ教徒の人権擁護、ロシアで反ユダヤ主義に苦しむ人々の救済、東欧で極貧にあえぐ同宗者たちのアメリカ移住支援など）。一八八〇年にクレミューが世を去ったあと、ロシア・東欧でポグロムが激化すると、シャルル・ネテールの主導により、ガリツィアのブロディに避難者数千名用の受け入れ施設が作られた（第17章後述）。北アフリカと中東における「連盟」の活動は、主として学校の建設に向けられるであろう（ただし、植民地アルジェリアについて、教育機関の設置はフランス政府の義務であるとして「連盟」は一切関与しなかった）。派遣教員を養成するため、「連盟」は、一八六七年、パリ西郊のオトゥイユに「東洋イスラエリート師範学校（ＥＮＩＯ）」も設立したが、一九世紀末までに、北アフリカと中東で「連盟」が運営する学校は一〇〇を越え、教員数は常に不足気味であった。一八七〇年には、シャルル・ネテールの主導のもと、農場と学校を組み合わせた「ミクヴェ・イスラエル（イスラエルの望み）」がパレスティナのヤーファ（ヤッフォ）で開設に漕ぎ着けている（これについても第17章で詳述する）。

こうしたヨーロッパと地中海の全体にわたる慈善事業、支援事業の推進が、会員の納める会費だけで賄われるはずもなく、当然、そこにはユダヤ教徒ないしユダヤ教出自の富裕者たちによる強力な財政支援があった。なかでも際立っているのは、バイエルン出身の大銀行家、モーリス・ド・イルシュ（モーリッツ・フォン・ヒルシュ）である。しかし、フランスの外から「連盟」の趣旨に賛同し、会費を送り続ける会員たちは、とりわけ「連盟」の海外校でもっぱらフランス語による教育が行われることについて、不満を抱かないでもなかった。一八七〇年の普仏戦争後は、ヨーロッパ諸国間の対立がふたたび強まり、イギリスやオーストリアの会員たちが多数脱退して、各国で独自の活動を展開するようになる。反ユダヤ主義勢力が「ユダヤの世界陰謀」をまことしやかに囁くほど、「連盟」の内部は国際的に決して一枚岩ではなかったわけである。

第14章　アルジェリア

前史

古代、「イスラエルの子ら」がイフリーキア（現チュニジアからアルジェリア東部にかけての地中海沿岸地方）に住み始めることとなった経緯について、ユダヤ教の伝承（タルムード「サンヘドリン篇」九四 a）は、新アッシリア王国のサルゴン二世によって滅ぼされ、虜囚となったイスラエル北王国の住民が、続くセンナケリブ王（シン・アヘ・エリバ、紀元前七〇五〜六八一年在位）の治世下、当地に追放されてきたという事蹟まで始原を遡らせている。だが、その史実性の如何を含め、アルジェリア・ユダヤ教の源流を遠く紀元前にまで探る作業は本書の手に大きく余る。さらに古代ローマ帝国時代（紀元前一世紀〜紀元五世紀）や、マグリブのイスラーム化（七世紀）を経た中世中期の歴史も他書（とりわけ Chouraqui, A. 1985）に譲り、ここでは、ムワッヒド朝（一一三〇〜一二六九年）の強硬なイスラーム改宗政策により、マグリブのユダヤ教が、一度、途絶の危機にまで追いやられた一二世紀中葉から説き起こすこととする（以下、フランス植民地化以前のアルジェリアにおけるユダヤ教については Taïeb 1994 と Nahon 1996 による）。

現モロッコ南部、アトラス山中のベルベル族出身のイブン・トゥーマルトが唱えたイスラーム改革運動を引き継ぐかたちで、一一三〇年、アブドゥルムウミンが興したムワッヒド朝は、「ズィンミー」制（イスラーム体制下でユダヤ教徒とキリスト教徒を「啓典の民」として庇護下に置く制度）をかなぐり捨て、一一四五年以降、支配下のアンダルシアとマグリブにおいて徹底的なイスラーム強制改宗政策を推し進める。これにより、多くのユダヤ教徒が、アンダルシアからカスティーリャ、アラゴン、プロヴァンスへ、またマグリブから東方のマシュリクへ逃れ出た。それまでマグリブにも点在していたキリスト教徒の小規模居住区も、この時、完全に姿を消したと考えられる。領内に留まったユダヤ教徒は、少なくとも表面上は例外なくイスラームを受け入れ、ムスリムとなった。

一三世紀、ムワッヒド朝の衰退、滅亡にともない、トレムセン、ベジャイア、コンスタンティーヌにユダヤ教徒居住区が復興し、スペイン、マヨルカ島、マルセイユなどとのあいだで交易活動を再開していることから、かつての避難者、あるいは南部の山岳地帯などに退いて「隠れユダヤ教」を実践していた人々が帰還したものと見られるが、詳細は不明である。いずれにせよ、マグリブのユダヤ教が一一世紀以前の規模と水準を取り戻すためには、一四世紀末、イベリア半島において、今度はキリスト教政権のもとで、改宗か、立ち退きかの二者択一を迫られたセファラディたちの流入を待たなければならなかった。

一四世紀のイベリア半島において、いわゆる「レコンキスタ（再征服）」熱の高揚とも相俟って、旧来、「アブラハムの一神教」（ユダヤ教、キリスト教、イスラーム）のあいだに保たれてきた共存体制があえなく崩れ去った過程については、本書第7章でも言及せねばならなかった。一三九〇年末、カスティーリャ王フアン一世とセビリャ大司教バロソが数日のあいだをおいて世を去ると、反ユダヤ教の扇動家フェラン・マルティネスは、この事実上の空位時代の間隙を突いてユダヤ教攻撃の宣伝活動を激化させる。そして翌九一年六月六日、セビリャで、些細な諍いに端を発して暴徒化した群集がユダヤ教徒居住区を襲撃すると、その年の夏にかけて、野火はスペイン全土に燃え広がり、ユダヤ教徒の強制改宗、虐殺など、各地で甚大な被害をもたらしたのだった（ポリアコフ 1961 : 190以下）。この時、イベリア半島のユダヤ教徒数万人が命を奪われたと推定されているが、それとほぼ同数、ないしそれを上回る数の信徒たちが、地中海を越え、マグリブに移住した。加えて、一〇〇年後の一四九二年、「カトリック両王」（イサベル、フェルナンド）のスペイン、さらに一四九六年、ポルトガル王国からもユダヤ教徒が追放されたことにより、第二の大量移民の波が北アフリカの岸辺に押し寄せることとなったが、この二度にわたる流出の実際の規模について、専門の歴史家たちも「数万、ややもすれば数十万」という大づかみの概算値しか提示できていないのが実状である（Benbassa / Rodrigue 2002 : 72）。

本書第7章で見たとおり、一四七四年、フランス王ルイ一一世による移入奨励以降、スペイン、ポルトガルの「新キリスト教徒」たちが、やはり大量にフランス南西部に流れ込むこととなったが、のちに「セファラディ」なる総称でくくられることとなる集団のなかでも、ピレネー山脈を越えてフランスに流入した人々と、地中海を渡ってマグリブに至った人々のあいだには、スペインの地でキリスト教改宗におよんだ上での脱出であるか否か、という本質的な差異があったことを再確認しておこう。たとえば、北アフリカのユダヤ教徒たちのあいだに受け継がれた伝承に次のようなものがある。

一三九一年、あるセビリャのラビが、町の六〇名のユダヤ教徒名士とともに当局に捕らえられて死刑宣告を受け、その日の夜にも処刑台に引き立てられることとなった。牢獄のなか、皆で神の加護を求める祈りを懸命に捧げていたところ、ラビは、ふと霊感を得て、牢獄の壁に一艘の巨大な船を描き始めた。そして、ほかの六〇名全員が一人ずつ、その絵に手を触れ終えた瞬間、絵は本物の船となり、牢獄の壁も、セビリャの市壁も突き抜けて海上に出、イフリーキアの北岸を目指していたというのだ。また別の伝承によれば、やはり一三九一年の大迫害の際、イベリア半島のユダヤ教徒たちは、焚書の餌食となって灰燼に帰すくらいならばと、大切なモーセ五書の巻物を地中海の波間に投げ入れたという。ほどなく、その巻物はイフリーキアの岸辺に漂着する。最初、ムスリムたちが船を出してそれを引き上げようとしたが、船は転覆し、船員たちも溺れ死んだ。次にユダヤ教徒たちが船を出したところ、その巻物はなんなく回収された。こうしてトーラーの巻物は、キリスト教徒に焼かれることも、ムスリムの手に落ちることもなく、然るべき同宗者の手に受け継がれることになったというのだ（Chouraqui, A. 1985 : 128）。船、海流、巻物、そうした物語要素に担わされているのが、ユダヤ教信仰の精神的持続性、一貫性であることは指摘するまでもないだろう。他方、イベリア半島で「新キリスト教徒」となり、その上でフランス王国ほかキリスト教圏へ脱出していった人々に決定的に欠け落ちていたのは（そして、その一部の人々が、事後、意識的な先祖返りによって回復に努めることとなるのは）、この持続性、一貫性にほかならなかったわけである。

のちにアルジェリアと呼ばれることとなる地理区分についていえば、当時、比較的大きなユダヤ教徒居住区を擁していたのは内陸にあるトレムセンであったが、そのトレムセンの会衆の存在感も、東のカイラワーン（現チュニジア）、西のフェズ（ファース）（現モロッコ）の陰でだいぶかすんでいた。沿岸部のオラン、ベジャイアなどでも小規模な居住地が再興を遂げつつあったが、ムワッヒド朝による強制改宗の後遺症からはなかなか抜け出すことができずにいた。一四世紀末から一五世紀末にかけてスペインをあとにしてきたユダヤ教徒集団は、そうした既存の居住区に分散して腰を落ち着けたり、アルジェ（アル＝ジャザーイル）に新しい拠点を築いたりしながら、比較的短期間のうちに高水準のユダヤ教文化を復興させてゆく。日常の言語としてスペイン語（カスティーリャ語）を操り、服装や身のこなしにおいてもかなりキリスト教世界のハビトゥス（慣習）を染みこませた、これら新参のユダヤ教徒たちは、最初のうちこそ、アラビア語を通用語とし、イスラームの風習に深く馴染んできた先住の同宗者たちから「ベレー帽を被った人々」などと呼ばれ、警戒の目も向けられた。しかし、その新参者たちの方から進んでターバンを巻くようになり、すでにスペインにおいて学術や交易の言語として親しんでいたアラビア語を生活の言語として採用していったことから、両者の融合は比較的順調に進んだようである。たとえば、バレンシア生まれのイツハク・ベン・シェシェト・バルファト（通称「リヴァシュ」）は、ヘローナの高名なタルムード学者、ニシム・ベン・レウベンの愛弟子にして、哲学者ハスダイ・クレスカスとも親交のある著名なラビであったが、一三九一年、スペインを脱してアルジェにいたり、周辺の会衆から敬意とともに迎えられた。やはり一三九一年、スペインからアルジェに逃れてきたマヨルカ島生まれのラビ、シメオン・ベン・ツェマー・ドゥルアン（通称「ラシュバツ」）は、哲学、天文学、数学、医学にも通じた偉才であった。「リヴァシュ」の没後、アルジェの首席ラビに選ばれた「ラシュバツ」は、息子シェロモ・ベン・シメオン・ドゥルアン（通称「ラシュバシュ」）とともに、アルジェのユダヤ教会衆を瞬く間に文化的復興に導くことに成功する。ムワッヒド朝に一掃されたあと、おずおずと再興の途にあった地元のユダヤ教世界からすれば、一三世紀の黄金期を経験したスペイン・ユダヤ教の文化遺産を携えてくるこれらの流入者は、まさに後塵を拝すべき師であり、その定住、融合は、むしろ積極的に歓迎すべきことであったわけである（この点、東方のチュニジアではやや事情を異にし、先住のユダヤ教徒集団（「トシャヴィム」）とスペインからの流入ユダヤ教徒集団（「メゴラシム」）との対立、分裂が、より長く尾を引くこととなった）。

ムワッヒド朝の崩壊後、マグリブのユダヤ教徒たちは、フェズ（ファース）を中心とするマリーン朝、トレムセンを中心とするザイヤーン朝、チュニスを中心とするハフス朝という、三つのベルベル系イスラーム王朝の支配下で、ふたたび「ズィンミー」制のもとに置かれることとなった。生命、財産、および信仰の自由を保障された「庇護民」とはいえ、重い特別税や労役を課され、ムスリムからの侮辱や暴力をひたすら堪え忍ばねばならないなど、その境遇は決して恵まれたものとはいえなかったが、それでもキリスト教国スペインの軛に繋がれるよりははるかにましと感じられたのだろう、一五四一年、スペイン軍がアルジェ占領を試み、結局、暴風雨に阻まれて撤退を余儀なくされた時（「アルジェの戦い」）、アルジェのユダヤ教会衆は、時季外れの特別な「プリーム祭」をもってそれを祝ったという。他方、一六～一七世紀、スペインが占領に成功したオランでは、ユダヤ教徒たちが、御用商人、通訳として王権に重用されるという対照的な実例も見られる（工藤 2013：38）。

アルジェを軍事と通商の拠点として勢力拡大を図るオスマン帝国は、一五五〇年、ザイヤーン朝を滅ぼし、七四年にはハフス朝をも滅ぼして、東はエジプトから西はアルジェリアにいたる北アフリカ一帯を支配下に収める。以後、コンスタンティノープルからトリポリ、チュニス、アルジェに別々に送り込まれてくるパシャ（のちには自前で擁立される太守（デイ））を中心として、トルコ系軍人の寡頭支配体制が築かれていくこととなる。これらトルコ系支配層の影響力は沿岸部に限られ、アトラス山脈の後背地からはなかなか経済的利益を引き出すことができなかったため、「ベイ」ないし「アガ」の称号を名乗る軍指導者たちの主な収入源は、地中海上での私掠ならびに人身売買であった。つまり、公認の海賊にキリスト教国籍の船舶を襲わせ、金品を奪い、乗組員を奴隷として拘束させるのである。その際、略奪品の転売やキリスト教徒奴隷の売り戻しを一手に引き受けたのが、アルジェのユダヤ教徒商人たちであった。当時、イタリアのリヴォルノが、キリスト教徒奴隷を一定の身代金とともに買い戻す国際市場となっていたが、現地の同宗者（多くの場合、イベリア半島出自の同郷人）たちと緊密な関係を保っていたアルジェのユダヤ教徒たちが、その仲買人として重用されたのである。

こうしてトルコ系の支配層から経済上の有用性を認められるにいたったトレムセン、アルジェ、オランのユダヤ教徒居住地は、オスマン帝国時代（一六〜一八世紀）、神学、文学（宗教詩）、音楽（祈禱歌）などの分野で華やかな文芸復興期を迎え、イタリア、オランダ、さらに遠く新大陸アメリカの居住地へもラビを送り込む、セファラディ・ユダヤ教文化の拠点の一つとなった。セファラディ流儀の「マハゾール（大祭のための祈禱集）」が現在のような形を整えたのも、この時期、トレムセン、アルジェ、オランの居住地でのことだったのではないかと考えられている。しかし、一六〜一八世紀、北アフリカにおけるセファラディ文化の隆盛をユダヤ教史全体のなかに位置づける作業も、やはり本書の枠をはるかに越え出るものだ。広大なオスマン帝国領全土を視野に収めたセファラディ・ユダヤ教通史が、今後、日本語の書物としても望まれる所以である。

一八世紀後半、いまだフランス語で漠然と「モーレタニー（Maurétanie）」「バルバリー（Barbarie）」などと呼ばれていた北アフリカのオスマン帝国領に住むユダヤ教徒たちは、フランスのみならず、イギリス、スペイン、オランダなどのヨーロッパ諸国にとっても、外交、通商、軍事の面で重要な仲介者の意味合いを持ち始める。まず、キリスト教徒がムスリムの経営する旅籠《はたご》に投宿することが原則として禁じられていたため、ヨーロッパから現地に赴く商人や領事付きの下級官吏などは、ユダヤ教徒の旅籠で旅荷を解くほかなかった。そこに、商人あるいはラビの付き人などとして西欧諸国に滞在した経歴をもち、フランス語などに多少通じたユダヤ教徒がいれば、通訳、案内係、情報提供者として重宝がられたことであろう（Nahon 1996 : 24）。ユダヤ教徒たちの側でも、イスラームの地におけるヨーロッパ人との接触は、商機として貴重であったばかりではなく、身の安全にも関わる要件となっていた。何かをきっかけとしてムスリムの暴徒が（時には太守（デイ）のお墨付きさえ得て）ユダヤ教徒居住区を荒らし回るような時、住民たちが、ヨーロッパ諸国の領事館や、アルジェ港に停泊する各国の船舶に一時的に逃げ込むといった事態も決して珍しくなかったからである。富裕ユダヤ教徒商人たちのなかには、子息をヨーロッパに短期遊学させ、ヨーロッパ諸語を学ばせようとする者も少なくなかったという。

一八世紀末から一九世紀初頭にかけて、フランスとオスマン朝アルジェ属州の交易に重要な役割を果たしたユダヤ教徒商人の家門に、ブジュナハ（ブシュナク）家とバクリ家の二つがある（両家についてはEJIWの該当項を参照）。

一七世紀、北アフリカからイタリアのリヴォルノに移り住んでいたブジュナハ家は、一八世紀初め、アルジェに再定住し、太守（デイ）とヨーロッパ諸国の君主のあいだを取り持つ一大貿易商社を築く。三代目のナフタリ・ベン・モシェ・ブジュナハは、アルジェ太守ムスタファの首席顧問として、太守政府の財務のみならず外交をも任され、「アルジェの副王」との異名を取るまでとなった。しかし、そのあまりの権勢が周囲の反感を買い、一八〇五年、太守の宮殿から退出間際、ある近衛歩兵に射殺されてしまう。これを号令としてムスリム住民の反ユダヤ感情に火がつき、アルジェのユダヤ教徒居住区の略奪が始まったため、住民二〇〇名がフランス領事デュボワ＝タンヴィルの館にしばらく身を潜めるという一幕もあった。ナフタリ・ベン・モシェの暗殺後、ブジュナハ家はふたたびイタリアのリヴォルノへ本拠を移している。

いま一つのユダヤ教徒商家で、穀物の国際取引を得意とするバクリ家も、一八世紀末、ヨセフ・コヘン・バクリ、ダヴィド・コヘン・バクリの父子の世代に、ブジュナハ家との姻戚関係を結び、マルセイユ、ジェノヴァ、ナポリ、リヴォルノ、マンチェスター、アレクサンドリア、チュニスなどに拠点をもつ一大貿易網を築き上げる。フランス革命期の一七九三年、バクリ父子は、ブジュナハ家と共同でアルジェ太守の許可を取りつけ、総額五〇〇万フラン相当の大麦と小麦をマルセイユに輸出することにより、フランス南部の住民を飢餓から救った。一七九八〜九九年には、ナポレオンのエジプト遠征に際し、すべて後払いの約束で多くの物資を調達した。一八〇五年の反ユダヤ暴動後、ダヴィドは、太守政府の財政に大穴を空けた張本人として告発され、身柄を拘束されたが、ナポレオンのフランスをはじめ、通商面でバクリ家に大きく依存しているヨーロッパ諸国が太守に圧力をかけた結果、ダヴィドは自由の身を取り戻す。新しい太守アフメド・ホジャ・ベイは一転してユダヤ教徒優遇策を採り、ダヴィドは、一八〇六年、アルジェ・ユダヤ教会衆の「長（マカデム）」の称号を授けられた。しかし、同じくユダヤ教徒の商家で、バクリ家と競合関係にあったドゥルアン家が、ヨーロッパ諸国の利益のために太守政府を裏切っているとしてバクリ家を告発し、一八一一年、代替わりした太守ハジ・アリの命により、ダヴィドは断頭刑に処されてしまう。のちに父ヨセフもアルジェを追放されてリヴォルノに落ち延び、極貧のうちに生涯を終えた。

ヨセフの年の離れた弟にして、ダヴィドの叔父に当たるヤアコヴ・コヘン・バクリは、先代がマルセイユに築いた貿易拠点を受け継ぎ、フランス国籍も取得済みであった。王政復古期、ブルボン王朝の信を得た彼は、アルジェ最後の太守フサインのもとにフランス領事として送り込まれる。フサインの方では、前世紀末、フランスがブジュナハ家、バクリ家を介してアルジェ太守政府に対して作った莫大な借金を清算しておらず、歴代太守たちによる度重なる催促にも、ナポレオン、ルイ一八世、シャルル一〇世という三君主が続けて無視の姿勢を貫いてきたことに業を煮やしており、みずからの代で、この三〇年越しの懸案に片をつけようと意気込んでいた。加えて一八一六年以来、ウィーン体制のもと、ヨーロッパ諸国の海軍力が増強された地中海において私掠行為が不可能となり、大きな収入源が失われたため、アルジェ太守政府の体制維持にとって、フランスから長年の利子とあわせて借款を返済させることが死活問題となっていた。しかしヤアコヴ・コヘン・バクリは、フサインの旧友であり、商業の面でも太守から手厚い庇護を受けていたにもかかわらず、借款のこととなると一貫してフランスの立場を擁護し、事は一向に解決の見通しが立たないのであった。そのような折、一八二七年四月二九日、太守フサインとフランス総領事ピエール・ドゥヴァルが会談した際、フランス側の態度に立腹した太守が、蠅を追うために使う扇でドゥヴァルの横面を殴打するという事件が発生する（「扇の一打事件」）。その報せに激怒したシャルル一〇世は、この外交上の侮辱行為をもってアルジェの太守政府に対する開戦事由として十分とみなし、以後、三年の時間をかけ、過激王党派のジュール・ド・ポリニャックを中心にアルジェ侵攻の準備に取りかからせる。

その開戦準備の一つは、かつて種々の理由によりアルジェの太守体制のもとを追われ、マルセイユやリヴォルノに居を移していたユダヤ教徒たちを水先案内人として抱え込み、通訳として養成することであった（Messaoudi 2010）。一八二九年、ポリニャック内閣の陸軍大臣となったブールモン伯爵は、ヤアコヴ・コヘン・バクリを相談役とし、セロールというアルジェ出身のユダヤ教徒を通訳班の長に据えて、アルジェ侵攻の事前準備に当たらせた。この時、かつてムスリムたちの反ユダヤ暴動や太守の気まぐれによる追放処分によってアルジェリアを追われた経歴をもつユダヤ教徒たちは、フランス王国軍を解放者ととらえ、地中海対岸の同宗者たちを太守の人質とみなして、きわめて積極的な協力姿勢を示したという。

フランス植民地化

一八三〇年六月、五〇〇隻の艦隊を組んでアルジェを襲ったフランス軍は、激しい交戦の末、翌七月五日、アルジェを降伏させ、以後一三〇年以上にわたるフランス植民地時代の幕を切って落とす（ストラ 1991-94 : 41-42）。ブールモン伯爵と太守フサインのあいだで調印された文書は、「マホメット教の実践は自由なままであり続ける」という文言に続けて、「あらゆる階級に属する住民の自由、その宗教、財産、交易ならびに産業はいかなる侵害も受けない」として、事実上「ズィンミー」制を廃止し、ムスリムとユダヤ教徒を同一水準に位置づけるものであった。その直後、「七月革命」によって生まれた新政府は、一〇月二二日の政令により、民事・刑事ともにアルジェリアのイスラエリート間に生じた係争は、すべて三名のラビから構成された法廷に委ねられるとし、旧来のラビ法廷の権限を認めた上、一一月六日の政令により、アルジェリアにおける「ヘブライ・ナシオン（Nation hébraïque）」の存在を公認して、その長にヤアコヴ・コヘン・バクリを任命している。続く一八三一年一月九日の命では、アルジェの市会がムスリム九名とユダヤ教徒二名から構成されると定められた。さらに一八三四年七月二二日の王令では、フランスに併合されたアルジェリアにおいて本国法の適用は制限され、ムスリム、ユダヤ教徒の住民の身柄は、それぞれ別に用意された特別な法体系、いわゆる「属人法規（statut personnel）」に委ねられる旨、確認される（Schwarzfuchs 1981 : 32 ; Nahon 1996 : 25 ; 工藤 2013 : 75-76）。つまり、この時点でフランスは、新しい領土となったアルジェリアの「原住民（indigène）」を臣民（sujet）として抱え込みこそすれ、市民（citoyen）として統合する意図は持ち合わせていなかったことになる。そして、この施策は、宗教や民族的帰属にもとづく一部住民の差別待遇である反面、法的自律性の承認、文化的特殊性の温存という、なによりも当の「原住民」たちの望みに適うものでもあった。

しかも、王政復古末期におけるシャルル一〇世のアルジェリア征服熱が、必ずしも「七月革命」後のフランスに受け継がれたわけではなく、アルジェ制圧後、各地で地元の部族による反乱が絶えないなか、パリの中央政界ではアルジェリア政策を前政府のお荷物とみなす懐疑論も高まっていた。それに対して植民地化推進論を強固に唱えたのはフランス南部、とりわけマルセイユの商業界であり（工藤 2013 : 46）、この推進派の一翼として、フランス国内の一部のユダヤ教徒たちがきわめて重要な役割を演じていた事実が、今日、徐々に史実として明らかになりつつある。

アルジェリアにおけるユダヤ教徒集団のナシオンとしての自律は、オスマン朝属州時代、「ズィンミー」制のもとでも一定の条件と引き替えに保障されていた。ただ、ムスリム住民の反ユダヤ熱の暴発や、太守の気まぐれ、さらにはユダヤ教徒たち自身の内部抗争などにより頻繁に阻害され、危うくされていたその自律が、今、新たなフランス統治機構のもと、ムスリム集団と同じ水準にまで格上げされ、安定化を見た格好である。一八三〇年の時点で二万六〇〇〇人ほど（アルジェリア全体の約一パーセント、同時期のフランス・ユダヤ教徒人口の半分弱）と見積もられる現地のユダヤ教徒たち、そして、フランス軍に加勢することによって外部から同宗者たちの「解放」を実現しようとしてきたフランスやイタリアのアルジェリア系ユダヤ教徒たちも、まずはこの新しい状況に歓迎の意向を示した。しかし、アルジェリアが一度フランス領となったからには、そこに住まうユダヤ教徒の処遇にもおしなべて一七八九年の精神が適用されなければならないという潔癖さにも似た精神が、ほどなくフランス国内のユダヤ教徒たち（むしろユダヤ教出自の人権派というべきかもしれない）のなかから発揮されてくる。「実際、フランスのユダヤ教徒たちは、かなり早い時期からアルジェリアの同胞たちの命運に関心をもつようになっていた。商用で定期的にフランスを訪れていたブジュナハ家やバクリ家などアルジェの名士たち、あるいは［アルジェ征服のための］アフリカ軍に奉仕するフランスのユダヤ教徒たちに諭された結果なのか。［…］確かなことは、すでにこの時代、フランスの公式ユダヤ教世界が、アルジェリア・ユダヤ教の地位向上は、本国のユダヤ教と同じ道筋、同じ制度化をつうじて達成されなければならないと考え始めていたことである」（Schwarzfuchs 1981 : 34）。

その機縁の一つが、一八三九年、アルジェのユダヤ教徒、イツハク・タマと、幼少期にユダヤ教からキリスト教に改宗し、一時サン＝シモン主義にも傾倒した経歴をもつ民族学者、ギュスタヴ・デシュタル（既出）との邂逅にあったことが、今日、資料の上で確かめられている（Assan 2006）。

イツハク・タマの父、モルデハイ・ラファエル・タマは、パレスティナ、ヘブロンの古いラビの家系に連なり、当初、ユダヤ教の書籍を専門とする印刷業を営んでいたが、一七四二年、アムステルダムの会衆に招かれてオランダに渡り、モシェ・ベン・マイモン（マイモニデス）のレスポンサをアラビア語からヘブライ語に翻訳する作業に従事した。フランス語にもかなり通じていた彼は、一七七〇年代、ヘブロンへの帰還途中にボルドーの「アヴィニョン人」たちの会衆に引き留められ、結局、ボルドーに居を定めることとなる。

一七八二年、父に呼び寄せられてヘブロンからフランスに渡った息子イツハク・タマも、同様にフランス語をよくし、革命期、新たに市民権を得た「アヴィニョン人」たちがマルセイユに形成しつつあった会衆にラビとして迎え入れられる。一八〇六年には、マルセイユから「ユダヤ教徒名士会議」に選出されたサバトン・コンスタンティーニの秘書としてパリに滞在し、「名士会議」ならびに「大サンヘドリン」の議事録の作成、刊行に当たった。イツハクは同時に海運業にも乗り出し、「ル・クーリエ・ダルジェ（アルジェ便）」という大型帆船をもってマルセイユ＝アルジェ間に最初の定期便を運航させた人物でもある。詳細は不明ながら、一八三〇年、フランス軍によるアルジェ侵攻に際しても彼が重要な役割を担っていたことは疑いなく、アルジェ占領後は、現地の法廷付き通訳としても重用されている。

このイツハク・タマが、一八三五年、検事総長としてアルジェに赴任したジャン＝フランソワ・レアリエ＝デュマに提出した報告書がきっかけとなり、アルジェリア・ユダヤ教会衆の命運が急速に決せられることとなった。報告書中、タマは、アルジェリア・ユダヤ教会衆の現況を描き出した上で、かつてみずから議事録の作成に関わった「大サンヘドリン」の決議事項を既定方針とし、以来、フランス本土で遂行されてきたユダヤ教信仰に関する国家政策をアルジェリアにも適用すべきであると強く進言していた。具体的には、アルジェリアにもコンシストワールを設置し、国家からの俸給を受けるフランス人のラビをその長に据えること、その首席ラビが現地の宗教指導者一名を補佐としてラビ法廷を司ること、コンシストワールのほかの成員としてフランスの「イスラエリート」と「原住民」ユダヤ教徒のなかから半数ずつが選出されるべきことなどである。この進言は、その時点ではいったん反故とされる。しかし、ユダヤ教出自の民族学者ギュスタヴ・デシュタルが、一八三八年五月から翌三九年四月までアルジェリアに長逗留した際、イツハク・タマと出会い、直にその構想を耳にするに及んで深く共鳴し、帰国後、個人的な人脈を駆使して陸軍大臣への働きかけを行うのだった（デシュタルの従妹ジュリエット・ゴンペルが、既出アルフォンス・セルフベールの妻となっており、アルフォンスの弟にして、のちの「中央コンシストワール」議長マックス＝テオドール・セルフベールは、当時、陸軍省官房長の地位にあった）。フランスによる占領後、アルジェリア・ユダヤ教徒の処遇が、イツハク・タマというパレスティナ出身のユダヤ教徒の関与もさることながら、ギュスタヴ・デシュタルというキリスト教に改宗済みの「元」ユダヤ教徒の率先行動によって大きく左右されることとなった事実は、意味深長にしてきわめて興味深い。

その間、フランス領アルジェリアにおける宗教行政の制度化は、キリスト教を先鞭として（つまり圧倒的多数の現地住民よりも、ごく少数の入植者たちの信仰生活を先に慮って）進められた（Assan 2012 : 16）。当初、ローマ教皇庁は、オスマン帝国領から切り取られてカトリック国フランスの懐に転がり込んだアルジェリアに教皇庁直属の教会を設置したいと考えたが、フランスの聖職者たちがルイ＝フィリップを動かして機先を制し、一八三八年、本国のコンコルダート体制に則った司教区をアルジェに設けることに成功する（のちにオラン、コンスタンティーヌにも司教区が敷設され、アルジェは大司教区に格上げされる）。他方、ごく少数ながらすでにアルジェリアに定住を始めていたカルヴァン派、ルター派の両プロテスタント集団も、本国同様の処遇を王政府に求め、一八三九年、「プロテスタント長老教会」のアルジェ開設に漕ぎ着けた（当初、二派別々の制度化を要求したが、経費過多を理由に認められなかった）。一八六七年には、オランとコンスタンティーヌにも長老教会が置かれ、それぞれカルヴァン派とルター派の牧師が交代で主教をつとめることとなった。本国でコンコルダート体制に与るユダヤ教についても、当然、何らかの制度化が求められることとなったわけだが、キリスト教とも、また後述のイスラームとも大きく事情を異にするのは、植民地化の時点で、地中海を挟んでその両岸にそれぞれ数万人規模の「同宗者」が存在したという点である。

こうした宗教行政制度の設計の必要に加えて、先のデシュタルの主張を「中央コンシストワール」が積極的に後押ししたことも追い風となったのであろう、一八四〇年初頭、陸軍大臣からアルジェリア総督に向けて、ユダヤ教徒の法的身分を検討する現地委員会の設置が下命される。委員会は、アルジェ市長ルイ・クレマン、アルジェの代表的ラビ、ジオンダ・ディ・ダヴィド・アマーノ、アルジェ・ユダヤ教徒居住地の代表モルデハイ・アマール、その他、数名のアルジェリア・ユダヤ教徒ならびにフランス・イスラエリートたちから構成されたが、個々の論点、とりわけラビ法廷の権限をめぐって議論が紛糾するばかりで、期待された成果が一向に得られなかったため、翌四一年、陸軍省は、「マルセイユ地方コンシストワール」議長ジャック＝イザーク・アルタラと同市在住の若き弁護士ジョゼフ・コエンを派遣して現地調査を行わせることとした。一八四二年、彼らが提出した報告書は、先のイツハク・タマによる進言をさらに先鋭化させ、アルジェリア・ユダヤ教会衆を本土のコンシストワール体制に編入することはもちろん、一八三〇年以来認められてきたラビ法廷の権限撤廃、さらにはユダヤ教徒成年男子の現地軍への応召義務を盛り込むものであった。翌四三年には、もはやアルジェではなくパリに、下院議員ウジェーヌ・ジャンヴィエを議長とする検討委員会が設置され、アドルフ・クレミュー、マックス＝テオドール・セルフベールといったフランス・ユダヤ教世界の名士たちが名を連ねた（Delpech 1972b : 331）。この時、クレミューらは、アルジェリア現地のユダヤ教徒住民を本国の同宗者たちと同等の市民として認めた上でコンシストワール体制に組み入れるべきであると主張した（しかも、クレミュー個人は、その市民権認証の手続きにおいてユダヤ教徒住民とムスリム住民を区別する根拠はどこにも存在しないという原則論に立脚していた）。しかし、現地のユダヤ教指導者たちから示される抵抗、逡巡の姿勢に加え、実際にアルジェリアの統括に当たる陸軍省の内部において、その種の平等主義を、現場の実状にそぐわない、きわめて時期尚早の理想論として退ける向きが強く、アルジェリア住民の法的立場をめぐる議論はますます混迷の度合いを深めるのだった。

結局、一八四五年一一月九日の王令により、アルジェ、オラン、コンスタンティーヌの三か所にユダヤ教の地方コンシストワールが新設され、「アルジェ地方コンシストワール」が、名目上、ほかの二か所のコンシストワールを統括する「アルジェリア中央コンシストワール」を兼ねることとなった。以後、各コンシストワールは、本国から送り込まれるラビと世俗成員、ならびに現地の「進歩的」（つまりフランスへの同化に積極的な）世俗成員たちによって運営されていく。一見して、これを、フランス本土の平等主義者、同化主義者たちの努力が報われた最初の成果と受け止めることもできそうだ。しかし、現地ユダヤ教徒住民の法的地位に関する議論を棚上げにしたまま、コンシストワールの制度だけを移植しようとするこの施策は、実のところ基礎部分を蔑ろにした突貫工事の印象を免れない。実際、初代アルジェ大ラビとして赴任したストラスブール生まれのラビ、ミシェル・アーロン・ヴェイユが、現地のユダヤ教徒子弟のためにフランス式の学校を開設し、フランス語の教育にさかんに力を入れたにもかかわらず、当初からフランスへの統合・同化志向を示していた一部の住民を除き、フランス・コンシストワール流儀の教育・文化政策は地元のユダヤ教指導者たちの受け入れるところとはならず、現地の敬虔な信徒たちとフランス本国から送り込まれるラビたちのあいだの溝は深まる一方であった。フランスによる政治的支配はともかく、精神的支配まで受け入れてしまうことに抵抗、逡巡の態度を示す地元のラビたちを当初から蚊帳の外に置いて組織された宗教行政が、各居住地の伝統を重んじるユダヤ教徒たちに疎まれ、無視されたのも、半ば当然の成り行きであった。

一八四八年、本国における七月王政崩壊の報せが伝わると、アルジェリアのユダヤ教徒住民は、各地のコンシストワールに対して一斉に反旗を翻す。アルジェの大ラビ、ヴェイユは、身の危険を感じ、一時、自宅待機を余儀なくされたほどだ。オランでも、地元のユダヤ教徒たちが蜂起し、一方的にコンシストワールからの脱退を宣言した上、フランスから送り込まれたモーゼル地方出身の大ラビ、ラザール・カエンを排して、地元生まれのラビたちを指導者として戴く新しい組織を発足させようとした（Nahon 1996 : 28）。ここでも、一七九一年のアルザス・ロレーヌと同様、フランス中央政府による宗教行政への編入、回収は、伝統を重んじるユダヤ教徒たちのもとで、必ずしも〈解放〉として受け止められてはいなかったわけである。

補足ながらイスラームについては、やや遅れて第二共和政時代、一八五一年四月三〇日の省令により、その後一〇〇年以上にわたる宗教行政の基礎が築かれることとなった。簡潔にいうなら、それはオスマン帝国時代に築かれた制度をほぼそのまま引き継ぎながら、可能な限り小さな国家予算で、最大限の監視体制を実現しようとするものであった。以後、モスクで信徒たちの指導に当たる者は、事前に植民地当局からの任命を受けることとなったが、そのごく一部の人員に一定の給与の支払いが約束された点については、たしかにコンコルダート体制の片鱗が感じられる。しかし、モスクの維持管理にかかるその他すべての費用は、依然、信徒たちの負担に委ねられ、クルアーン（コーラン）を学ぶ学校、イスラーム暦の大祭行事、マッカ（メッカ）への集団巡礼、そしてとくに反乱の温床とみなされた個々の教団の活動は、以後、植民地当局による厳しい許可制のもとに置かれることとなった。何よりも、長らくそれぞれの会衆に欠かせない収入源となってきたハブス（ワクフ）（資産家が権利を放棄して寄進する土地や建物）が没収されて国有財産管理局の手に移り、そこからヨーロッパ人入植者に払い下げられるようになったことは、ムスリム住民たちの大きな不満、怒りを買った（Assan 2012 : 17）。

おそらく、アルジェリアにコンシストワール体制を移植しようと努力した本国フランスのユダヤ教徒たちは、こうしたムスリムたちの境遇を横目で見ながら、現地の同宗者集団には同種の屈辱を味わわせずに済ませているという自負を抱いていたに違いなく、また翻って、現地のユダヤ教徒たちのなかにも、ムスリムのような境遇に堕するくらいなら、フランス・コンシストワール体制の多少の「押しつけがましさ」も許容すべしと考える者が少なくなかったかもしれない。その反面、後述のように、ムスリム住民のあいだには、フランスの体制に徐々に取り込まれていくユダヤ教徒たちに対する憐れみの念さえ読み取れるのだから、ある時代、ある環境において、ある宗教的価値を奉じる人間集団の真の「幸福」については、単純な白黒の議論は成立し得ないのである。

いわゆる「クレミュー法」について

一九世紀中葉、アルジェリアのユダヤ教徒の処遇をめぐる議論がことさら入り組んだ様相を呈するのは——

（一）地元ユダヤ教徒住民のなかで、数世紀来のアルジェリア・ユダヤ教の伝統、とりわけラビ法廷の権限を維持しようとする人々

（二）同じ地元ユダヤ教徒住民のなかにあって、フランスへの統合・同化に積極的な姿勢を見せる人々

（三）イスラーム法の圏外でフランス市民法の適用を受けることを頑なに拒む圧倒的多数派のムスリム住民

（四）アドルフ・クレミューを筆頭として、フランス領アルジェリアの全住民に（それが即座に困難ならば、まずはユダヤ教徒住民から始めて）本国と同一の法を適用すべきと主張するフランス本土の人権派ユダヤ教徒ないしユダヤ人

（五）現地のユダヤ教徒住民もムスリム住民も、当面（あるいは半永久的に）フランス法とは異なる「属人法規」のもとに留め置くべきことを強硬に主張する陸軍関係者ならびに白人系の入植者たち

こうしたいくつかの立場の利害と思惑が複雑に錯綜し、また、そのなかの一部が「反の反は合」という論理の綾をもって思わぬ利害の一致を見てしまうからだ。

一八四八年、「二月革命」後の臨時政府に司法大臣として加わったクレミューは、ほかの閣僚連の合意も取りつけて、全アルジェリア住民への市民権授与を、即時、実行に移そうとしたが（それが、クレミューの人間平等思想において、「モーレ・ユーダイコ」の撤廃、ならびに黒人奴隷制度の廃止と連動していたことは言を俟たない）、その後の政界のめまぐるしい転変のなか、本格的な議論を立ち上げるまでにはいたらなかった。その間、現地の軍人や白人系の入植者たちのあいだでは、アルジェリアのムスリム住民への市民権授与など、植民地経営の観点からして断じてあり得ないという主張が強度を増す一方であり、ある歴史家は、「こうした［軍人や入植者たちの］頑なな拒否を前にして、まずはユダヤ教徒たちから手を着けてはどうかという考えが少しずつ地歩を獲得していった」（Delpech 1972b : 332）として、その後、いわゆる「クレミュー法」の制定に繋がる道筋が用意された経緯を説明しようとしている。しかし、より厳密にいえば、右に分類した（一）（三）（五）の立場が結果的に「属人法規」維持の方向へ合力を形成し、事態が固着しかかったところへ、（二）

（四）の立場が、粘り強い働きかけと既成事実の積み重ねにより、たしかに事後的には無理強いにして不統一の印象も拭えないものの、「人権」と「平等」に向けた突破口を開いたという説明がより史実に適っていると思われる。

「人権」と「平等」を求める動きに推進力を与えたのは、アルジェリア生まれのユダヤ教徒、エリー・レオン・エノスが、一八六二年、アルジェ控訴院裁判所に起こした一つの訴訟であった（工藤 2013 : 76, 88-89 ; Blevis 2012 : 49-50）。エノスは、パリ大学で学士号を取得し、一八五八年、パリ控訴院付き弁護士の資格を得たアルジェリア・ユダヤ教出自のエリート第一世代に属する人物である。彼は、一八六一年、出身地アルジェの控訴院でも弁護士として職能を果たす資格を申請したが、アルジェの弁護士会は、彼が「原住民」であり、フランス市民権を行使できない立場にあるという理由をもって、その登録を拒否する。これを不服として、翌年、裁判に訴えたエノスは、一審では敗訴したものの、二審において、当人の品行や周囲の状況によってはフランスの「市民」となっていない「臣民」も弁護士として登録される資格を有するという逆転勝利の判決を得た。いまだ完全に「市民」となっていない「臣民」でも、条件によっては法曹人として「市民」の法を司ることができるというこの判決は、当時、本国フランスと植民地アルジェリアで広く話題を呼び、物議を醸した。

三年後、一八六五年七月一四日の元老院決議は、この判例を一つの原則として法制化する趣旨のものであった。つまり、アルジェリアのムスリム住民とユダヤ教徒住民は、引き続き「原住民」としてそれぞれ「属人法規」の適用を受け、そのフランス市民としての権利行使は制限される。しかし、彼らが公職につくことは一定の条件下で認められるし、また、対象者が個々に帰化（naturalisation）申請を行い、それが国務院（コンセイユ・デタ）の政令として承認されるならば、順次、「属人法規」からフランスの市民法へ身柄を移すことも可能である、という解釈を示したのだ（Touati 1996 : 225 ; 工藤 2013 : 77）。当時、この立法を積極的に後押ししたナポレオン三世を含め、パリの中央政府には、アルジェリアのムスリムとユダヤ教徒「原住民」にも段階的に市民権の平等を保障しようとする気運が高まっていたわけである。

ところが、結果としてこの同化政策は完全な失敗に終わってしまう。一八六六年から七〇年までの五年間、同決議を適用してフランス市民権を取得したアルジェリア・ユダヤ教徒は、上記エノスとその兄弟たちを含む一三七名にとどまり（一八六六年のアルジェリア・ユダヤ教徒推定人口三万四〇〇〇人に対して〇・四パーセント）、ムスリム住民にいたっては、同じ五年間でわずか九九名、さらに一八六六年から一九一九年まで半世紀以上の期間を集計しても一五七八名（一九二一年のアルジェリア・ムスリム推定人口四九〇万人に対して〇・〇三パーセント）しか、フランス本国の市民法へ身柄を移す決断を下さなかったのだ（Blevis 2012 : 51）。その理由は、申請手続きの煩瑣や審査途上での却下の割合などよりも（年ごとの申請件数に関する正確な記録が残されていないため、帰化申請の成否の比率は不明である)、まずもって住民たち自身の感情に求められるべきだろう。つまり、アルジェリアのユダヤ教徒住民もムスリム住民も、その圧倒的多数はそれぞれの「属人法規」の温存を望み、臣民としてフランスの統治下に置かれることとなったあとも、フランスの帝政や共和政が司る市民法ではなく、モーセの法、あるいはイスラームの法に身を委ね続けることを欲していたのである。比較の上で、ムスリム住民よりもユダヤ教徒住民のあいだでフランスへの帰化願望が強かったことが観察されるとしても、それは後者において、右に(二)として分類したフランスへの統合・同化に積極的なユダヤ教徒(ひいてはフランス本国のイスラエリートにならって厳格なユダヤ教の実践から徐々に身を振り解きつつあった人々)が一定の比重を占めていたからにほかならない。

一八六五年の元老院決議をもって、アルジェリアのユダヤ教徒住民がこぞってフランス市民権の取得に動くであろうと予想し、また期待していたコンシストワール体制、ならびにフランス本土の人権派ユダヤ教徒・ユダヤ人は、その予想と期待を完全に裏切られた格好である。そこから三、四年間の詳細な顚末は専門研究に譲るが(Assan 2012 : 335-336)、六九年、アルジェリア・コンシストワールの代表者たちから「フランス中央コンシストワール」に対し、もはや個々人の選択によるのではなく、集団的にして強制力をもった市民権授与を政府に求めて欲しいとの要請がなされ、パリのユダヤ教世界の重鎮たちもこれを了とした。そこで一一月一九日、「フランス中央コンシストワール」の名において、帝政末期、政府首班と国璽尚書を兼務するにいたったエミール・オリヴィエに宛てて、アルジェリアの全ユダヤ教徒を一括してフランスの「市民」とする件に関する報告書が提出されたのだった。ナポレオン三世も、アルジェリアの全住民をいつの日にかフランスのまったき「市民」として包含するにいたる過程においてユダヤ教徒住民を模範的先例にするという構想にかねがね理解を示していたため、オリヴィエは、一八七〇年三月八日、アルジェリアの「イスラエリート」集団に市民権を授与する法案を国務会議に提出する意向を固める。ところが、その矢先、普仏戦争が勃発して第二帝政が崩壊し、同年九月四日に成立した臨時国防政府に司法相として入閣したアドルフ・クレミュー(当時「世界イスラエリート連盟(AIU)」会長)が、前政府から引き継いだ懸案の一つを処理するかたちで、一〇月二四日、ガンベッタ、その他、臨時政府閣僚との連名で通過させたのが、「アルジェリアの原住民イスラエリートをフランス市民として宣言する政令」(通称「クレミュー法」)であった。

こうした経緯をふまえて、いわゆる「クレミュー法」をめぐるいくつかの誤解と偏見を払拭しておくことが大切であろう。まず、第三共和政期以降、とりわけ反ユダヤ主義勢力が触れ回ることとなるように、「クレミュー法」とは、フランス・ユダヤ世界の大御所アドルフ・クレミューが、普仏戦争の混乱に乗じ、臨時政府におけるみずからの立場を利用して、ごり押しで採択に漕ぎ着けた法案などではなかった。この時クレミューは、すでに第二帝政末期、アルジェリアと本国のコンシストワール体制からの強力な働きかけが功を奏し、すでに採決の見通しが立っていた法案の一つを成立させることに後継の責任者として尽力したにすぎない。むしろ日頃から、植民地といえどもフランス領となった以上、その全住民に、宗旨の別なく、同じ市民権が認められるべきとする原理的平等主義に立脚していたクレミュー個人の目には、法の文言として、「イスラエリート」も「ムスリム」もない「アルジェリアの原住民をフランス市民として宣言する政令」の採択こそ、フランス法制の本来あるべき姿と映っていたはずなのだ。

次に「クレミュー法」をもって、フランスは「人権宣言」の精神を植民地アルジェリアにも拡大適用し、アルジェリアのユダヤ教徒は、その恩恵により、旧来のイスラーム社会における差別待遇から、人間として、また市民として〈解放〉されることとなったという言説は、とりわけ一八八九年、フランス革命百周年の記念を経て、いわゆる「同化」ユダヤ教徒、あるいはユダヤ教の実践から遠ざかりつつあったユダヤ人たちのあいだで構築され、定着を見ることとなったものである。現実として、一八七〇年の時点でアルジェリア・ユダヤ教徒集団が「クレミュー法」に対して示した抵抗は、依然、相当根強く、とりわけ数世紀来のセファラディ・ユダヤ教の伝統に培われた現地のラビたちは、コンシストワール体制を含め、フランス政府による一連のユダヤ教政策を、占領当局から「押しつけ」られた「負担」(Abitbol 1990 : 204)、本国のユダヤ教世界による自領内への「割り込み、容喙(intrusion)」と受け止めていた (Blevis 2012 : 56)。この意味において、アルジェリアのユダヤ教徒・ユダヤ人を植民地住民の「国民化」というプロセスにおける「先達にして優等生」と位置づけ (有田 2000 : 166)、そのプロセスを評して、「フランスにおけるユダヤ人『解放』をモデルとして異郷の同胞に働きかけようとした本国側の運動にアルジェリアのユダヤ人が同調した結果」(工藤 2013 : 88) とまとめ上げることは、先に掲げた (二) と (四) の立場に着目するあまり、(一) の視座をはじめから見失う危険性と背中合わせである。

さらに「クレミュー法」は、アルジェリアの現地住民のなかでユダヤ教徒・ユダヤ人だけを特別扱いする一方、圧倒的多数を占めるムスリム住民を、いまだ市民権の享受に値しない後進的な集団として埒外に留め置く差別的立法であったとする説明も根本的な見直しを迫られる。たとえば一八七一年、「コンスタンティーヌ地方コンシストワール」が、地元のイスラーム教代表者たちに質問状を差し向け、彼らが前年の「クレミュー法」成立をどうとらえているか、また、それが信徒たちのあいだに嫉妬や怒りを引き起こしていないか尋ねたところ、二一名のムスリム名士たちの連名で、以下のような回答が返ってきたという。「この施策は理に適ったものであって、誰の感情も傷つけていない。逆に、良識ある者は皆、それを評価し、承認している。というのも、フランスへの帰化を望むすべてのアラブ人にも、それと同じ門戸が開かれているのだから」(Touati 1996 : 226)。つまり、このコンスタンティーヌのムスリム代表団の目からすれば、ユダヤ教徒であれ、ムスリムであれ、個人としてフランスへの帰化を望み、以後、モーセの法やイスラームの法ではなく、ナポレオン法典にみずからの身を委ねたいと思う者がいるのならば、実際に一八六五年以降、それが制度的に可能となったように、その望みを個々に実行に移すのが合理的であろう、というに尽きるのである。むしろ、この回答を逆方向から読み直すならば、個人として身の振り方を決める権利を有し、そして、少なくともその時点ではフランス法への身柄の移行などまったく予定していないムスリム、アラブ人の側から、以後、集団として帰化を強制され、「属人法規」から力ずくで引き離される(つまりモーセの法、ラビの法廷から切り離される)こととなったユダヤ教徒・ユダヤ人集団に差し向けられた憐れみの念すら、そこには表明されているのだ。

たしかに「クレミュー法」の制定と時を同じくして、アルジェのユダヤ教徒居住区がムスリムの暴徒の襲撃を受けるという出来事があった。しかし、これは実のところ、法の制定とはまったく無関係の散発事件の一つにすぎなかったようだ。それを、同じ市民権に与ることができないムスリム住民たちの不満の表れとして事後に読み替えたのは、ほかならぬ、アルジェリア「原住民」の市民化に一貫して反対してきたフランス本国のジャーナリズムである(Assan 2012 : 339)。アルジェリアの非ユダヤ系住民のあいだには「クレミュー法」に対する不満が渦巻いているという、この誤解、曲解が広く受け入れられた末、一九世紀末のアルジェリアは、エドゥアール・ドリュモン、マックス・レジスら、反ユダヤ主義勢力を国民議会に送り込むための理想的な票田とみなされることにもなるのだが、それも、煎じ詰めるならば、フランス本国の反ユダヤ主義が、アルジェリアのムスリム、アラブ人住民の銀幕に、みずからの反ユダヤ感情を投影させ、増幅させた結果にほかならない。

とにもかくにも、一八七〇年の「クレミュー法」により、アルジェリア・ユダヤ教徒住民三万数千人が、もはや「属人法規」に拘束されないフランスの「市民」として、コンシストワール体制を介し、本国フランスのユダヤ教世界の命運に結びつけられることとなった(普仏戦争勃発時点で本国のユダヤ教徒人口は約九万人)。以後、本書においても、アルジェリア(ならびに、ほどなくフランスの政治圏に取り込まれることとなるチュニジア、モロッコ)のユダヤ教徒・ユダヤ人が辿ったその後の道のりについて、最低限の指標を打ち立てながら叙述を続けていくつもりであるが、地政学的な隔たりと紙面の制約とにより、網羅的な記述は断念せざるを得ず、他日、有資格者による『マグリブ・ユダヤの歴史』の刊行に期したいと思う。

第*15*章

同化と異化――第三共和政前期

普仏戦争を経て

　普仏戦争（一八七〇年七月～七一年五月）の敗北と、それにともなうアルザスならびにロレーヌ北部のドイツ割譲は、当該地域のユダヤ教徒住民に二重の（フランス市民として、またユダヤ教徒として）混乱と損失をもたらす。

　一八七一年五月一〇日、フランクフルト講和条約の第二条は、割譲される地域に住むフランス臣民がフランス国籍を保持することのできる期限を翌八二年一〇月一日と定め、第六条は、「新しい国境の東に位置する領土のイスラエリート居住地は、以後、パリに座するイスラエリート「中央コンシストワール」に依存することを止める」旨、確認するものであった。しかし同時に、ビスマルクの統一ドイツ政府は、もともとライン の大河の東西にまたがって混在してきた四つの宗教・宗派（ローマ・カトリック、ルター派、カルヴァン派、ユダヤ教）を占領地住民の取り込みと徐々なるゲルマン化に有効活用できるとの算段もあって、新たに獲得した領土において、ナポレオン時代の「政教条約（コンコルダート）」とその付属約款（一八〇一～〇二年）以来、約七〇年にわたって機能してきた宗教の国営制度を廃止せずにそのまま引き継ぐことにする。ユダヤ教についても、ストラスブール（シュトラスブルク）、コルマール、メッス（メッツ）に本拠を置く三つの地方コンシストワール（コンジストリウム）は維持され、一八三一年以来、ユダヤ教の宗教指導者に支払われることとなっていた俸給も、以後、ドイツの国庫から賄われることとなる。統一ドイツのほかの地方でユダヤ教が国庫から補助を受けることはなく、これは特例中の特例というべきものであった（Delpech 1972 b : 324）。

　これにより、アルザス（エルザス）とロレーヌ（ロートリンゲン）北部のユダヤ教徒住民は、フランス国籍を選んでフランス領内に移り住むか、あるいはドイツ臣民となって、最終的な帰属と予算の出所を入れ替えた新しいコンジストリウム体制のもとで生きるかの二者択一を迫られたわけである。先述のとおり、一八七一年、ドイツに併合されたアルザス二県、ロレーヌ一県には、四万一〇〇〇人のユダヤ教徒が住んでおり、そのうち一万七〇〇〇人(四〇パーセント強)ほどが、最終的にフランス国籍を選択し、住み慣れた故郷をあとにしたと考えられる。宗旨の別なく、当該地域の総人口一六〇万人のなかで最終的にフランス国籍を選んだ、いわゆる「選択者(optant)」は四五万人(二八パーセント)程度であったといわれているが、その比率がユダヤ教徒住民のあいだでかなり高かったことがわかる。普仏戦争勃発時点でのフランス・ユダヤ教徒人口は九万人ほどと見積もられ、そのままでは信徒の約半数をドイツにさらわれかねなかったところ、こうしたユダヤ教徒の「選択者」たちの流入により、三分の一の人口減で済んだといったところである。「選択者」のうち、フランス領ロレーヌやジュラ地方など国境付近に新たな住処を求める者も少なくなかったが、大部分は、パリ、マルセイユ、リヨン、リール、ブザンソンといった都市部を目指した。アルジェリアを除く本土の地方コンシストワールの数は、一八五八年、リヨンに新設されたものを含めて一〇に増えていたが、七一年、ストラスブール、コルマール、メッスを失って七つに減少する。その後、アルザス・ロレーヌからの流出者を受け入れる必要から、ヴズール(七二年、のち九六年、エピナルに移転)、リール(七六年)、ブザンソン(八一年)の三か所にコンシストワールが新たに設けられ、数としての減少分を補うこととなった。

割譲されたアルザス・ロレーヌに留まり、好むと好まざるとにかかわらずドイツ人になることを選んだユダヤ教徒たちの境遇については、これまで、フランス・ユダヤ史、ドイツ・ユダヤ史の双方において、いわゆる「継子」扱いに留め置かれる傾向があった。四八年後の一九一九年、ふたたびフランスのユダヤ教徒となる人々について、それが不当な扱いであることは言を俟たないが、その間、約半世紀の歴史は、本書のような通史のなかで素描するにしてはあまりに複雑な要素を多々はらんでおり、より詳細な個別研究(Wahl 1980 ; Seiter 2010)に譲らざるを得ない。全体像のみを記すならば、新たにドイツ本土から流入してくる同宗者たちをつうじて中欧のユダヤ教と触れ合うことになっても、相互の刺激による宗教文化の深化、発展にはいたらず、むしろ既存会衆の衰退しか誘引しなかったということである。これは、とりわけアルザスについて、地勢と言語状況に照らしてみるならば、一見、逆説的な現象と思われるかもしれない。アルザスの一般住民はゲルマン語派に属するアルザス語を通用語とし、そのなかでもユダヤ教徒は「ユダヤ=アルザス語」ないし「ユダヤ=ドイツ語」と呼ばれる西方イディーシュ語の一種を用いるため、彼らとライン川東岸から入植してくるドイツ人たちとのあいだには、少なくとも言語学上の親近性が成り立っていたはずである。他方、国家語たるフランス語の方は、一八七〇年時点でなお、ヴォージュ山脈以西からアルザスに移住したフランス人ならびに一部の知的選良による使用に限られていた。

また、ユダヤ教徒に限っていえば、これまで見てきたとおり、アルザス・ロレーヌの会衆とドイツ各地の会衆との結びつきは歴史的にかなり古く、フランス革命の混乱期から、一八三〇年、メッスに「中央ラビ学校」が開設されるまでの時期、堅実なユダヤ教の学知を身につけるためにはドイツに遊学する以外にない時代も長く続いた。加えて、これも先述のとおり、第二帝政期のフランスにおいて、東部地域のユダヤ教会衆は、改革派に牛耳られたパリのコンシストワール体制から、頑迷、後進的として疎まれ、煙たがられる傾向さえあった。ならばアルザス・ロレーヌのユダヤ教徒たちにとって、一八七一年の領土的帰属の変化は、言語的な親近性に立脚しつつアシュケナジ・ユダヤ教の巨大な後背地と手を結び直すための、むしろ好機を構成していたのではないか？

しかし現実として、アルザス・ロレーヌの占領地域に留まったユダヤ教徒たちの目に、ドイツから新たに移り住んでくる同宗者たちのユダヤ教は、一九世紀中葉の「改革」を経て、すでにあまりにリベラリズムに傾きすぎたものと映った（ヘブライ語使用の非＝義務化、祈禱の簡略化、オルガンの使用、その他、あらゆる点において）。単純に図式化するならば、一九世紀、アルザス（とりわけコルマールを中心とする上アルザス）のユダヤ教は、それ自体ドイツの改革派ユダヤ教の強い影響を受けたパリの改革派への抵抗を貫いているうちに、仏＝独の緩衝地帯にあって、伝統的ユダヤ教の離れ小島を形成していたということである。かくして、パリの「中央コンシストワール」以上に改革の道を突き進んでいたドイツ・ユダヤ教世界と、あくまでも地域の伝統を守り抜こうとするアルザス・ユダヤ教のあいだには、双方からの意識的な努力にもかかわらず建設的な相互作用が生まれることなく、むしろ伝統派の流出と会衆全体の弱体化のみを引き起こす結果となった。当初、アルザス（エルザス）の二つのコンシストワール（コンジストリウム）は、とりわけ次世代のラビの養成に関して危機感を強め、一八八〇年、シュトラスブルク（ストラスブール）とコルマールの二か所にフランス時代の伝統を受け継ぐラビ学校を開設したが、この試みも資金と教授陣の枯渇によりたちまち蹉跌し、ラビ志願者は、結局、遠くベルリンやブレスラウ（現ポーランド、ブロツワフ）のラビ学校に遊学して研鑽を積むこととなった。アルザスと北部ロレーヌ各地のユダヤ教徒居住区も規模を縮小しながら存続したが、伝統に忠実であろうとする信徒に限って「選択者」としてフランスへ流出する傾向が強く、宗教生活は明らかに併合前の活気を失っていった。シナゴーグ（シューレ）が絶対数を減らすことはなかったものの、典礼の様式や運営方針をめぐってアルザス・ユダヤ教徒とドイツ・ユダヤ教徒との関係がぎくしゃくし始めるに及んで、祈りに訪れる信徒の数、またその頻度も、減少の一途を辿ったようである。

同様の弱体化はフランス国内でも観察された。まず、第二帝政期、パリの改革派と堂々と渡り合っていた東部の伝統派ユダヤ教徒たちのうち、フランス移住を選んだ人々は、アルザスの本拠から物理的に切り離されて各都市への分散を余儀なくされ、勢力としては衰退の一途を辿った。一部の敬虔派は、すでに七月王政期からパリに形成されていた二つのアシュケナジ信仰組織「タルムード研究協会」「族長アブラハム協会」をよすがとして再結集を図ったが、ドイツ・東欧の精神的源泉との連絡さえ内通行為として白眼視されかねない戦後の空気のなか、コンシストワール体制との関係を最小限にとどめて会衆内部へ閉じこもり、一般のフランス社会からは不可視の度合いを強めていった。

対する改革派も、実行可能な改革はほぼ提起し終えて次なる指針を見失っており、また、そもそも改革の議論や方向性そのものがドイツ起源のものだったという心理機制から、対独復讐に燃える時代、一般信徒の信望を大きく損ねた。残るは、コンシストワール体制を支える穏健派の中間層であったが、世俗成員として中央・地方の各コンシストワールに名を連ねる名士たちは、依然、一般会員たちの精神生活よりも自分たちの事業の発展しか眼中にないように思われ、ラビたちも、ラザール・ヴォーグ、ザドック・カーンといった傑出した例外を除き、日頃の講話として、フランス革命とナポレオン時代以来、国家に身を重ね合わせることに成功してきたフランス・ユダヤ教の美質、あるいは一八七一年以降、フランスのイスラエリートにもますます求められることとなった祖国愛といったお決まりの主題を単調に繰り返す以外にとりたてて能のない、いわば省庁直属の平凡な「公務員」と化しつつあった。ユダヤ史家たちが、この時代のフランス・ユダヤ教世界を評して「嗜眠」という表現を用いるのも理由のないことではない（Delpech 1972 b : 325 ; Schwarzfuchs 1975 : 269）。

こうした状況下、戦前まで各地のコンシストワールが懸命に維持・発展に努めてきた教育機関から、信徒の子弟たちが急速に離れていった。各地のヘデル（初等学校）では、ラビたちがヘブライ語の初歩と宗教道徳を懸命に教え続けていたが、その教育内容とフランス・イスラエリートとしての栄達とのあいだに、もはやアドルフ・クレミューやサミュエル・カエンの時代に成り立ち得ていたような相関の説得性――「イスラエリートは、良きモーセ信徒であればあるほど良きフランス市民たり得る」といった類の――が機能しなくなりつつあったのだ。こうして、すでに第二帝政末期から、コンシストワールが運営する学校ではなく一般の公立施設に子弟を通わせ、もっぱらフランス語による非宗教の教育を受けさせるイスラエリートの家庭が急増し、少なからぬヘデルが閉校、ないし非宗教の学校への鞍替えを余儀なくされた。一般に、ユダヤ教の初等教育の成果は、一三歳に達した男子が通過する「バル・ミツヴァ」の儀式において、彼らのヘブライ語聖書への習熟度によって計られるが、いわば信徒としての資格試験の意味を兼ね備えたこの儀礼が、世紀末に向けて、単にモーセ五書のなかから五つの簡単な聖句を機械的に暗誦すれば全員合格という、ほとんど形骸化したものとなっていく（Marrus 1972 : 76）。少なくともユダヤ教に関して、初等教育の非宗教化は、一八八〇年以降、公教育大臣ジュール・フェリーが着手することとなる一連の改革を待たずして、内部から、自発的に始まっていたわけである。

しかし、一口に「非」ないし「脱」ユダヤ教化といっても、一九世紀前半との大きな違いは、キリスト教、とりわけ圧倒的多数派たるカトリシズムへの改宗という選択肢が大きく魅力を減じたことである。ここには、先述の「モルターラ事件」（一八五八年）、ならびにローマ教皇ピウス九世の回勅『近代主義者の謬説表』（一八六四年）が大きく関係しているものと見て間違いない。先祖伝来の信仰から外に踏み出し、別の世界に新たな精神的価値を探し求めようとするユダヤ教出自の市民にとって、拉致同然の手法で信徒を獲得したり、時代の新傾向をすべて誤謬として退けたりする一宗派へ、ことさら新規に帰依する価値は大きく損なわれていたのである。こうして、一九世紀後半のフランスにあって「非」ないし「脱」ユダヤ教化の途を歩む人々は、他宗旨への移行ではなく、単なる無宗教化、あるいは——当時、カトリック出自のエルネスト・ルナンがその範を示しつつあったように——「科学主義」への帰依を選ぶこととなる。「イスラエリート」という言葉が、「ユダヤ教宗旨の近代国家市民」から「ユダヤ教出自の無信仰者」、いわゆる「世俗的ユダヤ人」へと意味の横ずれを起こし始めたのも、この時代のことであったと考えてよいだろう。

この精神史の移り変わりを丹念に描き出そうとするシモン・シュヴァルズフュックス『ジュイフからイスラエリートへ——変遷の歴史、一七七〇～一八七〇年』（一九八九年）の結論部分から、以下、少し長くなるが引用しておきたい。

ユダヤ教の初等学校はもはやほとんど信徒らの子弟を引きつけることがなく、たとえ引きつけていたとしても、彼らをユダヤ教よりもフランスの国家に向けて準備させる役目を主とするようになっていた。中等教育は完全に公立学校に譲り渡され、残された最後の慰めは、学校付きのラビたちが、若者や将来の知識人たちの「脱ユダヤ教化」をどこかで押し止めてくれるのではないかという淡い期待のみであった。[…] ヘブライ語離れとユダヤ教の本質的な実践に関する無知が広がり、もはや一部のラビと大学人を除いて、フランスには本当のヘブライ語読みが存在しないのではないか、と思われるほどだった。ヘブライ語書籍の印刷所は姿を消し、ユダヤ教徒の墓碑の上では、フランス語がほぼ完全にヘブライ語を駆逐し終えていた。[…]

このようにユダヤ教の内実が希薄化することで、たしかに、いまだ新しい状況を受け入れることのできずにいるラビたちは悲歎に暮れもしたが、同時に、そこには大きな利便性もあった。というのも、当該者たちのあいだに宗教的無関心、さらには無信仰さえもが急速に広がっていたにもかかわらず、なお、宗教としてのユダヤ教という虚構（la fiction d'un judaïsme-religion）を永続化させることが可能となったからである。無信仰の「ジュイフ」は、このように近代のフランスを舞台として一人一人の信徒の正統性の度合いを心の奥底にまで探るような挙を止め、本来の宗教実践行為の大部分を放棄する決断さえ下すにいたった一宗旨に対して、自己を同一化する困難をあまり感じずに済むようになった。よって、イスラエルの宗教共同体をいまだ公式には捨て去っておらず、その組織のどれか一つと何らかの絆――たとえどんなに弛緩した絆であっても――を保持している「ジュイフ」ならば誰でも、その共同体の成員として自己定義することができるようになったのだ。さらにそこへ、宗教に関わる外的な指標（たとえばユダヤ教の儀礼に則して結婚式を挙げた、「バル・ミツヴァ（成人式）」を経た、家族の命日や「ヨム・キプール」の祭日にはシナゴーグに詣でる、少なくとも過越祭の初日には「マッァー（種なしパン）」を食べる、といったようなこと）がほんの一部でも付け加えられるならば、もはや程度として十分過ぎるくらいなのだった。こうしてユダヤ教は、かなり軽易なもの、新しいユダヤ社会にとってきわめて受け入れやすいものに姿を変えた。しかし、それはまた、大衆のあいだで民衆的、伝統的な敬虔が失われることなく、シナゴーグに欠かせない忠実な信徒集団が、最小限、供給され続ける限りにおいて、かろうじて維持することが可能なユダヤ教であった。だからこそ、みずからユダヤ教の管理人を名乗るコンシストワールは、あらゆる公的礼拝と信徒への便宜提供を絶やすまいと努力を続けたのだ。つまり、たとえ個々の「ジュイフ」がユダヤ教の熱心な実践者ではなくなっていっても、その共同体だけは、全体として、依然、信仰実践の主体であり続けなければならなかったのだ。当時、コンシストワールの中枢部に位置する人々を突き動かしていたのは、個々の構成員において宗教実践や信仰心が大きく揺らぎ始めた時代であればこそ、ユダヤ教とその主たる制度だけは維持しなければならないという、義務、必要の感情にほかならなかった（Schwarzfuchs 1989 : 326-328）。

個人としてはほぼ完全な無信仰者になっていながら、みずから帰属感を抱く集団、制度だけは、依然、適度な宗教性に裏打ちされたものであり続けて欲しいとして、信仰心を共同体へいわば「譲渡」することによって成り立つ精神契約――ちょうど社会契約において、構成員の権利が共同体に「譲渡」されることで一般意志が成立するように――が、以後、今日にいたるまで、西洋近代社会における「ユダヤ人」（「ユダヤ教徒」ではなく）のあり方を規定することとなるだろう。

フランス・イスラエリートのとりわけ知的選良たちのもとで、このような個の水準における実質的非ユダヤ教化のプロセスがいつから本格化したのか、むろん年表上の線引きなど不可能であるが、ユダヤ教の家庭教育と初等教育が急速に空洞化し始めた一八六〇〜七〇年代に幼少期、少年時代を過ごしたエミール・デュルケムとアンリ・ベルクソンの世代に、一種の端境期を見て取ることができるのかもしれない。

エミール・デュルケムは、少なくとも三代前からアルザス・ロレーヌの会衆に優秀なラビを供給し続けてきた古いユダヤ教徒の一門を父方として、一八五八年、ヴォージュ地方のエピナルに生まれ、当初、みずからラビ職を志したが、初等教育から中等教育への移行期にユダヤ教の教育と断絶し、地元の公立中学に進んだ。この進路変更は、改革派、開明派のラビで、ドイツの科学主義的ユダヤ教研究にも理解が深かった父モイーズの同意ないし勧めのもとでなされたと思われる（Strenski 1997 : 60, 80）。のちの一九〇一年、エミールが「宗教と思想の自由」と題して行った講演では、宗教と科学の両立不可能性、ならびに後者の前者に対する優越性についての信念が呆気ないほど明快に述べられており、幼くして父祖の伝統的信仰と途絶してしまったことに対する悔悟や葛藤は、少なくとも言葉の表面からはまったく感じられない（Lukes 1985 : 39-41, 359）。

ポーランドのユダヤ教会衆出身の音楽家ミハエル・ベルクゾーンとアイルランド起源のユダヤ教徒女性ケーテ・レヴィンソンのあいだで、一八五九年、パリに生まれたアンリ・ベルクソンは、幼少期をジュネーヴで過ごし、ユダヤ教の信仰実践をかなりの程度重んじていたと見られる母、ならびにジュネーヴの大ラビ、ヨーゼフ・ヴェルトハイマーの感化のもと、地元のユダヤ教会衆から奨学金を授かり、ユダヤ教徒の子弟専用の「シュプリンガー寮」に寄宿して初等教育を受け始めた。一八六八年（九歳）、一転してフランス政府の奨学金を得てパリのリセ・ボナパルト（のちのリセ・コンドルセ）に移り、七八年、エコール・ノルマル・シュペリウール（高等師範学校）に入学する。八一年には哲学の高等教授資格（アグレガシオン）の試験に合格するが、その際、通例によれば、旧奨学生としてジュネーヴのユダヤ教会衆を前に感謝の念を表するスピーチを行うことが求められていたにもかかわらず、彼はその義務をついに果たすことがなかったという（Soulez / Worms 1997 : 33-37）。

その後、アルフレッド・ドレフュス（一八五九年生まれ）、ベルナール・ラザール（六五年生まれ）、ジュリアン・バンダ（六七年生まれ）、レオン・ブルム（七二年生まれ）など、すでに家庭教育、初等教育の段階で両親・祖父母のユダヤ教信仰からほぼ完全に断絶した世代が続くこととなる（そこに、母方の家系をつうじてユダヤ教世界に繋がっていながら、キリスト教の洗礼を受け、ユダヤ教世界とは完全に無縁であったマルセル・プルースト（七一年生まれ）の名も追記してよいだろう）。

テオドール・レナック（一八六〇年生まれ）は、一八八五年、『イスラエリートの歴史』のなかに、「厳密にいえば、フランスには、一七九一年以来、もはやフランスのユダヤ教徒が存在するのではなく、イスラエリートの宗教を信仰するフランス市民が存在するのみである」（Reinach, Th. 1884 : 340）と書きつけたが、彼の兄サロモン（一八五八年生まれ）は、一九一二年にいたり、「ジュダイズム」とは今なお一つの宗教であるか、と自問しながら、「ジュダイズムとは、もはや宗教でも、人種でも、民族でも、またハイネが考えたように不幸事でさえない。ジュダイズムとは、一つの伝統、しかもきわめて栄光に満ちた伝統である」と述べるようになる（Reinach, S. 1912 : 450）。さらにジュリアン・バンダの後年（一九三六年）の著作では、彼の両親が、宗教一般を「共和・主義ないしルナンの公理に従って、ほどなくの消滅を運命づけられた過去の残滓」として教え諭していたことが回想される（Benda 1936 : 47）。一九世紀最後の四半世紀、フランス・イスラエリートたちによるユダヤ教の位置づけが、市民の〈私〉の領域に留め置かれた信仰から、賞嘆とともに振り返られるべき伝統、そして、〈理性〉を玉座に据える政治体制・思想体系のもとでの自然消滅を余儀なくされた遺物へ、急激な変遷を経ていった様を如実に映し出してくれる発言の数々である。

たしかに、右に名前を掲げた著名人たちは、皆、続くドレフュス事件期、反ユダヤ勢力から「ジュイフ」と名指され、誹謗中傷の的とされた人々である。しかし、非ユダヤ教世界から見た「対他」として「ジュイフ」の名に値するこれらの人々は、実のところ、ユダヤ教の伝統の内実からは完全に切り離され、ヘブライ語で聖書を読むことも、肉親の死に際して「カディッシュ」の祈り一つ唱えることもできなくなった人々、つまり、ユダヤ教信仰の世界からする「対他」としては紛う方なき「ノン・ジュイフ（非ユダヤ教徒）」であったことを忘れてはならない。たとえば、レオン・ブルムは、一八九六年、リーズ・ブロックというユダヤ教出自の女性と一回目の結婚をし、ヴィクトワール通りのシナゴーグで挙式しているが、夫婦ともどもユダヤ教の信仰はまったく実践せず、一九〇二年に生まれた息子ロベールには割礼を受けさせなかった。同じ頃に書かれたある評論のなかで、ブルムは、「ジュイフ」と呼ばれる人々について次のように言い放っている。「私は、宗教的な観念や伝統からこれほど解き放たれた人々を見たことがない。［…］民衆階級において、宗教とは家族的な迷信の総体にすぎず［…］、開明的な人々のあいだでは、宗教はもはや何物でもなくなっている」（Greilsammer 1996 : 27）。しかし、ユダヤ教を実践する「ジュイフ」たちの目からすれば、そうした「開明的な人々」は、本来の「ジュイフ」の意味を完全に逆立ちさせた存在にほかならない。たとえば、後年の一九一四年、アンリ・ベルクソンが、ユダヤ教の家系に由来する人間として初めてアカデミー・フランセーズに選出された時、反ユダヤ主義陣営は、それをユダヤ勢力によるフランス文化の侵食としてさかんに嘆いてみせたが、他方、フランス「中央コンシストワール」の事実上の広報紙となっていた『イスラエリート世界』（一九一四年二月二〇日）は、この栄えある哲学者の精神的源泉にユダヤ教はいかなる場所も占めていないとし、彼もまた、社会全体が世俗化の道を突き進み始めて以来、あとを絶たない「否定的ユダヤ人（Juifs négatifs）」の一人にすぎないと言い切っているのだ。

　もちろん、一人一人の人間が、とりわけその両親の血筋を介して過去の文化遺産に繋がっているという意味において、これらユダヤ「系」著名人たちの精神構造に「ユダヤ性」の痕跡を探し求めることも決して無意味な作業ではないのかもしれない（たとえばベルクソンについて Pallière 1932 や Lehrmann 1937）。しかし、従来の「ユダヤ人論」において、そうした人物群がユダヤ教「出自」であるという事実だけが先走った結果、「ユダヤ性」なるものに関する半ば本質主義的、半ば神秘主義的な結論先取が誘発される一方、根源に位置するユダヤ教そのものへの理解が妨げられたり、等閑にされたりする傾向はなかっただろうか。右のレオン・ブルムの評言を典型として、「開明的」な著名人たちがユダヤ教の実践者としての「ジュイフ」のあり方をいとも簡単にかなぐり捨てて見せることから、後世の人間が、かえってそうした「非宗教的ユダヤ人」たちの心理や無意識のなかに「ユダヤ性」なるものの残像をあぶり出すことに躍起となり、翻って、本来のユダヤ教実践者としての「ジュイフ」たちのもとでの「ユダヤ教性」をなみなみと湛えている精神的伝統の方を、単に視野から欠落させてしまう嫌いはなかったか。しかし、たとえばここにフランス・ユダヤ世界という一本の大樹が聳えており、そこからさまざまな価値や重要性を帯びた花弁や綿毛が絶えず飛び立っているのだとしても、それをユダヤ世界として論じたいのであれば、やはり枝や幹（たとえそれが、次節で見るように移植や接ぎ木から生じてきたものであっても）の芯の部分を流れるユダヤ教の樹液の味を、まずもって嚙み分けてみるべきではないか。本書中、全体的な非宗教化の時代を扱うこれ以降の章節において、もはやユダヤ教徒ではなくなったユダヤ教出自の人々、いわゆる「世俗ユダヤ人」たちの生き様や偉業を決して度外視するわけではなくとも、まずもって信仰実践としてのユダヤ教の文脈を見失うことなく中心部に据え、しかる上で、世俗的な思想や現象を求心的にそこへ関係づけるかたちで叙述を組み立てていかねばならないと思う所以である。

ザドック・カーンの生涯と業績

　第三共和政前期、フランス・ユダヤ教史を目立たないながらも心棒のように貫く、ラビ、ザドック・カーン（左頁写真）の存在は、今日、さまざまな意味で新しい歴史理解のための鍵要素を提供してくれる。

　彼は、一八三九年、下ラン県、ストラスブールの北約二〇キロ、ゾルン川のほとりに位置する小村モメネム（モメンハイム）に生まれた（一八六一年の人口調査では一二二三人の住民中、二五七人がユダヤ教徒）。父ラザールは一帯の農民たちに布製品や農具を売り歩く行商人であり、父方の祖父や伯父たちは主として牛を扱う家畜商であった。その原風景は、後年、彼がレオン・カアンの『ユダヤ教的な生活』（Cahun 1886）に寄せた序文のなかで限りない郷愁とともに描き出すこととなるように、「祈り、学び、労働」の循環を基調とし、貧困のうちにも家庭の安らぎを中心に据えた、アルザス・ユダヤ教独特の牧歌的世界であった（以下、ザドック・カーンの生涯と業績については、Kuperminc / Chaumont, J-Ph. 2007 に全面的に依拠する）。

　母マデル（マドレーヌ）・ヴェイユの父イツハク・ヴァイル（イザーク・ヴェイユ）は、ラビの公職を拒んで行商を生業とし続けた著名タルムード学者であり、母方の祖父ヤアコヴ・マイエル（ジャコブ・メイエル）は、ナポレオン時代、「ユダヤ教徒名士会議」と「大サンヘドリン」に招集され、「ストラスブール地方コンシストワール」の初代大ラビに選出された人物であった。のちにザドックがラビ職を志すようになったことには、この学識者の家系に連なる母マデルの感化が大であったと想像される。

ザドック・カーン

　一八五〇年、モメネムのような小村でも立派に機能していたコンシストワール系のヘデル（初等学校）を終えた一一歳のザドックは、ストラスブール北郊のビシェム（ビシュハイム）――セルフ・ベールとジンツハイムの縁の町――のイェシヴァーに送られ、そこでイザーク・ベール（通称「ビシェのレーブ・イツィヒ」）からタルムード学の手ほどきを受けた。その間、ストラスブールの母方の親戚筋に居候しながら、下ラン県を代表するユダヤ教の碩学たちの謦咳にも接した。さらにブリュマトのラビ、サロモン・レヴィーのもとでメッス「中央ラビ学校」の受験準備を整えたザドックは、一八五六年（一七歳）、すでにパリへの移転案も取り沙汰されていた同校に入学する。まさに、一九世紀中葉のフランスにあってラビを志す若者の典型的進路であるが、この間、ザドックが受けた教育の内実は、ユダヤ教宗教指導者としての素質とフランス愛国精神に満ちた公僕としての資格を同時に養わせようとする「中央コンシストワール」肝いりの折衷主義を完成形態にまで押し進めたものであった。先述のとおり、一八四〇～五〇年代、日々の典礼と信徒の子弟の教育をめぐって、「近代化」を押し進めたいパリの「中央コンシストワール」と、伝統重視の上ラン県「コルマール地方コンシストワール」のあいだでとりわけ激しい綱引きが繰り広げられたが、ザドックが生まれ育った下ラン県、「ストラスブール地方コンシストワール」の管轄下では、その頃、中央の意向に沿った進歩派の教育観がおおむね浸透済みであったと考えられる。四〇年代、故郷モメネムのいわゆる「ユダヤ＝アルザス語」を母語として育ったザドックが、長じて、その流れるようなフランス語の教説、訓話で名声と人気を博し、フランス全土を統括する「中央コンシストワール」の大ラビに選出されるまでとなったのは、本人の適性や努力のみならず、彼が早い時期に受けた「フランコ＝ジュダイズム」教育の着実な成果であった。

一八五九年、メッスの「中央ラビ学校」が「フランス・イスラエリート神学校」と改称してパリに移転したのにともない、ザドック・カーンも首都に居を移す。六二年秋、「聖書ならびにタルムードにおける奴隷制度」という学位論文（のち一八六七年刊行）をもって、将来的に大ラビまでの昇進を可能とするラビ第二級の最高学位を得て神学校を卒業した彼は、まず、「パリ地方コンシストワール」が運営する教育機関「タルムード・トーラー」（「イスラエリート神学校」志願者のための準備学校）の教師として採用される。六五年（二六歳）、母方の又従妹に当たるエルネスティーヌ・メイエルと結ばれて、ストラスブールで挙式する（のちに二人のあいだには三男三女が生まれる）。六七年には、「パリ地方コンシストワール」大ラビの第三補佐という、下位ながらも歴とした公職についた。

翌六八年、弱冠二九歳の彼は、おそらく彼自身思いも寄らなかった人事の綾により、「パリ地方コンシストワール」の大ラビに選出される。六五年、「中央コンシストワール」の大ラビ、サロモン・ユルマンが世を去り、翌年、「パリ地方コンシストワール」の大ラビ、ラザール・イジドールが繰り上げ式にそのあとを襲ったが、空席となったパリの大ラビについて、種々の混乱の末、ようやく六八年に後任選びが始まったのであった。一〇名の候補者のうち、ザドックは最年少であり、各地のコンシストワールでラビ職の実績を積んできた年長の候補者たちには到底かなわないと予想されたが、「パリ地方コンシストワール」は、意外にも、満場一致でザドックを選出し、宗教省に推挙した。ここにはおそらく、一八五八年以来、議長の座にあったギュスタヴ・ド・ロチルド（ジェムス・ド・ロチルドの次男）以下、自分たちがもっとも御しやすい宗教人を選ぼうとする世俗成員たちの思惑が働いていたと思われる。いずれにせよ、ザドック・カーンは、一八八九年、「中央コンシストワール」の大ラビに選出されるまでの二一年間、ほとんどの場合、自分よりも年上のラビや学校長などを配下に置き、彼らとコンシストワールの世俗勢力との板挟みにも苦しみながら積極的に難題に取り組み、持ち前の誠実さと親和力をもって、徐々に信徒たちの篤い信頼を勝ち得ていった。六九年には、「世界イスラエリート連盟（ＡＩＵ）」の中央委員に選出され、連盟の活動（とりわけ付属図書館の充実）にも大きく貢献した（九二年、名誉会長）。

一八七一年、普仏戦争の敗北と東部領土の割譲は、彼自身にとって、愛する故郷の切除、喪失を意味した（母マデルは一八六〇年に世を去っていたが、父ラザールは戦火を逃れてザドックの元に身を寄せ、七一年、パリで死去している)。むろん、その後も愛国的なフランスの公僕としての任務をまっとうするため、彼は、翌八二年七月一日、パリ三区の区役所にフランス国籍選択の届け出を行った。以後しばらく、ザドック・カーンは、フランス国籍を選んでアルザス・ロレーヌから「パリ地方コンシストワール」の管轄内に移住してくる同宗者たち(妻エルネスティーヌの母を筆頭に)の保護と生活再建のために粉骨砕身することとなる。とくに、国籍選択の期限とされた一七八二年一〇月一日を過ぎてから、書類上はドイツ人としてフランス領内に流入してくる同宗者たちには、非ユダヤ教徒の場合には見られないような厳しい猜疑の目が向けられ、その再=帰化のための行政手続きは煩瑣を極めた。

ヴィクトワール通りのシナゴーグ

このように土地も財産も捨て、ほぼ無一文の状態で流れ着いた故郷喪失者たちのフランス再定住を、ザドックは、公私にわたり、手厚く支援し続けた。数値化は困難であるが、最終的にアルザス・ロレーヌのユダヤ教徒住民たちのあいだで「選択者」の割合が著しい高率を見せたのも、フランス領内にはパリの大ラビをはじめとする宗教人たちによる庇護の態勢が整っている旨、先に移住を果たした人々から親族や友人たちに情報が伝えられたためかもしれない。この移住者受け入れの努力以外にもザドック・カーンの社会奉仕の功績が宗教省から高く評価され、一八七七年、彼にレジオン・ドヌール勲章が授けられた。続く一八八〇年代以降、今度はロシア・東欧から別種のアシュケナジ集団が大挙してパリに流れ込んで来るに及んで(本章後述)、彼は、既存のコンシストワール体制とその新しい信徒集団とのあいだを取り持つ重要なパイプ役を果たすことになる。

他方でザドックは、第二帝政期以来、フランス・ユダヤ世界が信仰集団としての求心力を失い始めた事態を深く憂慮し、信徒たちをシナゴーグに繋ぎ止めようと懸命の努力を払った。一八七四年、パリ九区のヴィクトワール通りに巨大なシナゴーグが開設されたのを皮切りに(上写真)、四区のトゥルネル通り(七六年)、九区のビュフォー通り(七七年、セファラディ系)、郊外のヌイイ(七七年)にもシナゴーグが次々に新設され、祈禱に訪れる信徒たちの便宜は格段に向上した(その反面、「贖罪の日(ヨム・キプール)」と「ロシュ・ハシャナ（ユダヤ教の新年）」という代表的な大祭の時を除いて、各シナゴーグが信徒で埋め尽くされることは次第に珍しくなっていったが）（Marrus 1972 : 74-75）。同じ頃、カーンは「中央コンシストワール」を介して宗教省にかけ合い、パリ市内で四名、管轄内のナントとルーアンでそれぞれ一名ずつ、新しいラビ職の増員も勝ち取っている。また、信仰心を維持・継承することと、その信仰が辿ってきた道のりを科学的に検証することは決して相反するものではなく、むしろ相互補完的であるとの考えから、一八七九年、イジドール・レーブとともに「ユダヤ教研究協会」を立ち上げ、翌八〇年、『ユダヤ教研究誌』の創刊にも漕ぎ着けた。

一八八四年以後、「中央コンシストワール」の大ラビ、ラザール・イジドールは、高齢のため、通常の職務を果たすことが困難となり、ザドック・カーンが、その都度、代役を果たすことが多くなった。八八年、イジドールが死去し、翌八九年、選挙手続きをめぐる果てしない混乱の末、ザドック・カーンが後任に選ばれ、九〇年、宗教省の承認を経てフランス大ラビの座につくこととなったが、これは一般信徒たちの目からも、また、彼の愛国精神に全幅の信頼を置くフランス政府の目からも、きわめて順当な人選であった。

一八九〇年三月二五日、ヴィクトワール通りのシナゴーグで厳かに開催されたフランス大ラビ就任式におけるカーンの演説は、ユダヤ教とフランス国家を結ぶ確かな紐帯の所在をさかんに強調するものであった。

その時［ナポレオン時代］、ユダヤ教行政を一から十まで確立させるべく、一つの偉大なる任務が開始されたのです。以来、見事なまでに万人の理解するところとなった、この任務が、いかに定義され、要約されてきたか、知らない者はおりますまい。それは「祖国と宗教」という実に簡素な標語によってであります。私は、まだほんの小さな子供だった頃、ストラスブールのある古いシナゴーグに行き、慎ましい信仰の徒たちが身につけていた記章の上に、この二つの単語を目にした時のことを、今、感慨深く思い出すのです。そして、つい先日、「中央コンシストワール」の定款に押されている公印の上にも、それらの同じ単語を目にいたしました。たしかに、フランス・ユダヤ教の精神を明快に表す言葉として、それ以上のものはなかったのであります（Kahn, Z. 1890 : 11）。

二年後の一八九二年には、やはりヴィクトワール通りのシナゴーグでの説教のなかで、カーンはフランス領インドシナで命を落としたユダヤ教徒の将校や兵士たちの栄光を讃え、フランスの全ユダヤ教徒市民が、英雄たちの胸に高く掲げられた「国旗という宗教」をみずからのものとし、「いかに自国を愛し、必要とあらば自国のために死なければならないか」、学ぶべきであると訴えた（Kahn, Z. 1892 : 15）。ヨーロッパの枠内では対独復讐に燃え、ヨーロッパの外では植民地の無限拡大による「文明化」の使命に燃える帝国主義時代のフランス共和国にとって、少数集団ながらもユダヤ教会衆のただなかからその国是を朗々と響かせてくれるザドック・カーンのような指導者が、フランス大ラビとして打ってつけであったわけだ。まさにこの時、ナポレオンが夢に描いた「フランコ＝ジュダイズム」のあるべき姿が現実のものとなり、ユダヤ教とフランス国家の契りが完全なものになったといってよいだろう。しかし、そのわずか二年後の一八九四年、フランス愛国主義の象徴たる陸軍参謀本部を震源地とし、アルザス出身のユダヤ系将校アルフレッド・ドレフュスがドイツを利する「裏切り」行為を働いたとして逮捕、処罰されることによって、この契りが粉々に打ち砕かれることになろうとは、この時点で一体誰が予想し得たであろう。この「フランコ＝ジュダイズム」の絶頂期、フランス反ユダヤ主義の極点の一つにしてヨーロッパ史上最大の冤罪事件ともいわれる出来事が起こるという、この歴史の皮肉にもっとも激しく打ちのめされたのは、ドレフュス本人とその家族を別とするならば、当時のフランス大ラビ、ザドック・カーンその人であったかもしれない。

次章で詳述するとおり、ドレフュス事件によって大きくかき乱されることとなった晩年をつうじて、カーンは、信徒たちの信仰離れに歯止めをかけるためのあらゆる努力を払い、時には、進歩派の内部からも行き過ぎと評されるほどの改革案を提示することもあった。たとえば、一八九六年、『イスラエリート世界』紙に彼が匿名で寄稿した一文のなかでは、少なくともパリのヴィクトワール通りのシナゴーグにおいて、毎週日曜、青少年のための宗教講座を兼ねた礼拝が執り行われるべきと主張した。さすがにこの案は、土曜の安息日を有名無実化する恐れがあるとして方々からの批判にさらされ、採用にはいたらなかったが、一八九九年一月以降、ヴィクトワール通りのシナゴーグでは、実際に日曜の午前、普段なかなか話を聞く機会のない地方のラビたちを招いて青少年向けの講話会を催すことが慣例化し、次第に多くの親子連れを聴衆として集めるようになっていった。

さらにフランス大ラビ、カーンによる息の長い業績として見落としてはならないのは、先代ラザール・イジドールの時代から企画だけは幾度も俎上に載りながらなかなか実現に漕ぎ着けることのできなかったヘブライ語からの直訳フランス語聖書、いわゆる『ラビナート聖書』（一八九九、一九〇六年）と、その青少年向けの縮約版（一八九九年）の刊行である（Kahn, Z. 1899 a, b）。ヘブライ語からフランス語への直訳・完全版聖書としては、先述、サミュエル・カエンによる一八巻の偉業が存在していたが、これはあまりに学術的で日常の使用には適さず、一般信徒たちは、日々の聖書講読において、やむなくキリスト教徒（とくにプロテスタント）の手による旧約聖書に頼る有様であった。フランス語の聖典に関するこの基本的な欠損状態を埋め合わせたのが、カーンの責任編集による『ラビナート聖書』である。

これも数値化は困難であるが、ドレフュス事件の顚末も大きく影響し、反宗教熱、反教権主義がフランス革命期以来の隆盛を見せることとなる一九〇〇年代、ザドック・カーンの地道な努力、またその人間的魅力のお陰で、かろうじてユダヤ教信仰の遺棄・喪失にいたらずに済んだフランス・イスラエリートの数は決して少なくなかったと思われる。

ポグロムの余波——ロシア・東欧からの流入

一八八一年三月一三日（ユリウス暦、三月一日）、ロシア皇帝アレクサンドル二世の暗殺をきっかけとし、以後、二〇世紀初頭にいたるまで、ロシアと東欧でユダヤ教徒・ユダヤ人を標的とする「ポグロム（パグローム）」（ロシア語で「破壊」）が頻発することとなった。その史的描写は他書に譲るが（ポリアコフ 1977 : 126）、これにより、一八八一～一九〇〇年の期間におよそ一〇〇万人、一九〇〇～一九一四年の期間に二〇〇万人近くのユダヤ教徒・ユダヤ人がロシア・東欧をあとにしたと考えられている。一九二五年には、その積算が三五〇万人を越え、うち二六五万人がアメリカ合衆国、二一万人がイギリス、一五万人がアルゼンチン、一一万人がカナダ、一〇万人がフランスに、それぞれ落ち着き先を見出したとされる（いずれも間接的な指標をもとにした概数にすぎず、移民一人が重複して計算されている可能性も否めない）。いずれにせよ、これがヨーロッパ史開闢以来の人口大移動であったことは間違いない（以下、ロシア・東欧系のユダヤ教徒移民に関する記述の多くを Green 1984 に負っている）。

一八八〇年の時点で、フランス・ユダヤ教徒人口は、アルザスとロレーヌ北部を失った本土で八万人（本土人口の約〇・二パーセント）、アルジェリアで五万五〇〇〇人と見積もられ、一九一四年に向けて、その数字がそれぞれ一二万人（本土人口の約〇・三パーセント）、九万人にまで増加していくが、本土の一二万人中、四万人ほどは外国籍の人々で占められることとなる（Rabi 1972 : 366）。つまり、第二帝政期以前に居住歴を遡らせる古株のフランス・ユダヤ教徒の数は、一八八〇年から一九一四年まで、八万人の水準でほぼ横ばいの状態にあったわけだ。実際には自然増していた分が、棄教、改宗、あるいは緩慢な無宗教化などを経て、もはやユダヤ教徒として統計の対象にならなくなった人々の離脱によって相殺された結果と考えてよいだろう。しかも一八八九年には、フランスの地で移民の夫婦のあいだに生まれた子供が成年時にフランス国籍を取得できることを定めた法律が成立しているため、もしも一八八九年から一九一四年までのあいだ、フランス国籍を取得したユダヤ教徒の移民が少なからずいたとすれば（その厳密な統計記録は存在しない）、先住のユダヤ教徒集団はむしろ漸減の道を辿っていたことになる。他方、外国籍ユダヤ教徒四万人という数字は、あくまでも一九一四年時点でフランス（しかも、そのほとんどがパリ）に居住し、なんらかの仕方で統計の網にかかった人々の数にすぎず、その前後、一時的にフランスに滞在し、そこからさらにアメリカ大陸などに向けて出立していった人々の数を加えるならば、ロシア・東欧からフランスに流入したとされる一〇万人という数字に徐々に近似していくのであろう。

しかし、ロシア・東欧を脱して西を目指すという場合、なぜ隣接するドイツ、オーストリアを飛び越えてフランスなのか。また、最終的には三五〇万人中、一〇万人にすぎなかったとはいえ、そこから船を乗り継いで新大陸などを目指さず、フランスに留まることにした人々の動機はいかなるものだったのか。

第一の問いについては、一八八〇年代のドイツ語圏で政治勢力としての反ユダヤ主義が勢いづいたこと、ならびに、ポグロムの暴力を逃れようとする人々にとって、ドイツ、オーストリアはいまだ出身地に近すぎるとの意識が働いたことが理由として挙げられている。第二の問いについては、病気や資金難のため、さらに西方を目指す余力のなかった人々がフランスに留まったとする消極的な説明づけをする歴史家もいれば、ナンシー・グリーンのように、すでにロシア・東欧を発つ前から、「ヴォルテール」「ヴィクトル・ユゴー」といった固有名詞や、「フランス革命」「人権宣言」「解放」「自由」「文明」といった標語に魅せられていた一部の進歩的なユダヤ教徒・ユダヤ人が、意識的にフランス定住を選択した、と考える論者もいる（Green 1984 : 42-43）。同じ頃、フランスにおいても、隣国のドイツに決して見劣りしない反ユダヤ主義が言論界を席巻しつつあったが（エドゥーアル・ドリュモン『ユダヤのフランス』は一八八六年刊）、人権の祖国たるフランスの名声は、ロシア・東欧のユダヤ教徒・ユダヤ人移民たちのあいだで、それを埋め合わせて余りあるものとなっており、それだけに、一八九四年以降、ドレフュス事件をつうじて露呈されることとなったフランス反ユダヤ主義の根深さ、裾野の広さは、真っ先にそうした移民層に衝撃を与え、翻って彼らを積極的なドレフュス主義と人権擁護運動に駆り立てることになったのではないか、というのだ。これとは別に、近年の研究からは、その頃、小規模ながらすでにパリに形成されていたロシア・東欧系の信仰集団の核が、とりわけ正統派の信徒たちをフランスに引き寄せ、引き留める力を発揮していた実態も徐々に明らかとなっている（後述）。

フランスに辿り着いたロシア・東欧系のユダヤ移民たちが旅荷を解く場所は、ほとんどの場合、パリであった。最初、地方都市や農村部に流れ着いた集団も、地元の行政当局や既存ユダヤ教会衆の困惑の種となった末、説得されてパリに向かうことになったという遍歴譚が、この頃、『イスラエリート古文書』『イスラエリート世界』紙上で数多く報告されている。そして、パリのなかでも、その最大の受け入れ口は、セーヌ右岸のマレー地区（三区と四区それぞれの東半分を合わせた部分）であった。

パリのマレー地区とユダヤ教の繋がりは、わかっている限りでも一三世紀の昔に遡る。その頃、地区内のエクーフ通りとロジエ通りは、パリにおけるほぼ唯一のユダヤ教徒居住区を構成していた。一三九四年の追放令によりパリからもユダヤ教徒が姿を消し、続く一五世紀、区画変更によりロジエ通りから新しい街路が枝分かれすることとなった際、王国当局は、往時のユダヤ教徒の居住を記念（?）し、それを「ユダヤ教徒通り（rue des Juifs）」と命名した。この名称は、その後、長きにわたるユダヤ教徒不在の時代を貫いて、実に一九〇〇年まで保たれ、ドレフュス事件の最中、居住者たちの請願運動の結果、現在の「フェルディナン・デュヴァル通り」と改称されるにいたったものである。

居住禁止の長い時代を経て、一七世紀と一八世紀の境目あたりから、パリに仮滞在、ついで長逗留するユダヤ教徒が現れ始めた事情については先に述べた（第10章）。その際、比較的裕福で当局の覚えもめでたいセファラディたち（「ポルトガル人」と「アヴィニョン人」）は、右岸、マレー地区の「ユダヤ教徒通り」などには目もくれず、左岸のサン＝ジェルマン大通りなど、明るく風通しのよい上流地区を選んだ。それに対し、「アレマン人（ドイツ人）」と総称されるロレーヌ、アルザス、さらにはドイツ・東欧出自のアシュケナジたちは、「ユダヤ教徒通り」を含め、幅が狭く、薄暗く折れ曲がった小路が密集するマレー地区に自然と居を構え始めた。「ユダヤ教徒通り」というその名称以外、彼らをそこに引きつける要因があったのかどうか、実のところ不明である。いずれにせよ、一八〇八年、ナポレオンのもとでコンシストワール体制が発足した時点でパリに居住していた二七〇〇人余りのユダヤ教徒のうち、推定二〇〇〇人前後のアシュケナジたちは、ほぼ全員、マレー地区に集中していたと考えられる。

以後、一九世紀をつうじてマレー地区は、事業、学業、官職などで成功を収めて富裕化したユダヤ教徒住民を、より「シック」とされたほかの地区（とりわけ九区）へと送り出す苗床の役割を果たす一方、そうした流出分を常に上回る流入集団を、フランス国内ならびにドイツ・東欧から受け入れながら、「カルティエ・ジュイフ（ユダヤ地区）」との呼称を名実相ともなうものとしていった。とりわけ普仏戦争後、アルザス・ロレーヌからの流入ユダヤ教徒をすでに多く受け入れていたマレー地区が、一八八〇年代以降、ロシア・東欧出自のさらなる大量移民の受け入れ口となって、まさにはち切れんばかりの状態となったため、一部の流入者は、「パリ地方コンシストワール」直属の慈善委員会からの指示と支援を受けて、一八区、モンマルトルの丘の北斜面一帯（ウジェーヌ・スュー通り、オルドネル通り、シマール通りなど）に第二の居住地を築いていくこととなる。

一八八二年五月二一日、パリでは「ロシアのイスラエリート救済委員会」が結成され、ヴィクトル・ユゴー、レオン・ガンベッタ、ジュール・シモン、エルネスト・ルナンといった大物連が名を連ねた。それに先駆けて、五月一日と一九日の二度、アルフォンス・ド・ロチルドとフランス「中央コンシストワール」の名において、ポグロムの被害者に支援の意向を示す声明文が公表された。八一年の末には、「世界イスラエリート連盟（ＡＩＵ）」を代表してシャルル・ネテールがロシア国境に近いブロドゥイに赴き、ロシア領内から脱出してくるユダヤ教徒たちの救護にも当たっている。

しかし、その先、フランス・イスラエリート社会は、国際情勢の文脈上、ロシアにおけるユダヤ教徒・ユダヤ人の迫害の事実を前に、二律背反の難しい立場に立たされることとなる。一八九〇年、ドイツのヴィルヘルム二世が独露再保障条約の更新を拒否したことをきっかけに、フランスとロシアのあいだに独・墺・伊の三国同盟を板挟みにする新たな協調関係樹立の気運が高まり、九四年、仏露同盟の締結にいたる。その二国間の蜜月と祝賀の時期、アレクサンドル三世体制下のユダヤ教徒・ユダヤ人迫害について抗議・糾弾の声を響かせることは、そのまま、祖国フランスの新しい盟友に対する誹謗と受け止められかねなかったのである（実際、反ユダヤ主義の論客たちは、潜在的にドイツ人であるフランス・ユダヤ人が、仏露の軍事同盟を頓挫させるべく陰謀をめぐらせている、とさかんに説き回っていた）。こうして、日頃から政治状況への発言力においてほとんど無に近かったコンシストワールはさておき、一八六〇年の創設以来、国境を越えたユダヤ教徒の連帯を高らかに謳ってきた「ＡＩＵ」さえもが、フランスの国益への配慮から、ロシア政府に対する大々的な抗議声明やロシア領内の同宗者たちに対する表だった支援活動を手控えねばならなかった。むしろ、九三年一〇月、ロシア艦隊がフランス海軍基地に表敬寄港した際には、その祝賀行事の費用を賄うための募金活動がユダヤ教会衆内でも組織され、ロチルド家が巨額を投じたほか、フランス大ラビ、ザドック・カーンも拠金に応じたほどである。

ただし、ザドック・カーンは、ロシアとの連帯を歓迎する気持ちの傍らで、苦しむ同胞たちに対する憐憫を決して忘れてはならないとして、市民としての当為と信徒としての義務をかろうじて両立させ、一八九一年、移民たちへの積極的な支援をフランスの信徒たちに呼びかけることも忘れなかった。

フランス・イスラエリートの皆さん、たしかに私たちは、この国の威光をかくも高らかなものにした昨今の出来事［仏露協調］を言祝《ことほ》ぐものであります。［…］しかし、人間の不幸にもその権利というものがあり、私たちの憐憫は、苦しみ悩む人々に向けられなくてはなりません。ご承知のとおり、もっとも神聖な絆によって私たちに結ばれている人々の一大集団が、今、恐ろしい試練の時を迎えつつあるのです（一八九一年の教書。Marrus 1972 : 184 に引用）。

この一節を引用する歴史家マイケル・マラスも指摘するように、ポグロムの集団殺戮を指して「不幸」「恐ろしい試練」という言葉は明らかに弱すぎ、控えめにすぎようが、当時、フランス・ユダヤ教世界を公的に代表する立場からアレクサンドル三世の治世下で慢性化する虐殺行為に言及する場合、それが精一杯の表現でもあったわけだ。

しかし、ここで「神聖な絆」で結ばれたロシア・東欧の同胞といいながら、当時、パリ警察の調書や反ユダヤ主義者たちの書き物のなかのみならず、既存のフランス・イスラエリート世界の目からもイディーシュ語使用の「ジュイフ」として一括りにされがちだった、この一大移流集団の内部は決して均質ではなく、流入の時期、出身地（ロシア帝国か周辺の東欧諸国か）、学歴・職種（知識階級か労働者階級か）など、さまざまな要素によって細分化、階層化されていた。そして、とくに後世の視点から数値化することが困難なのは、この集団内部におけるユダヤ教信仰実践者の割合、ならびにその実践の度合いである。

一九世紀後半、非宗教化の波は、ロシア・東欧のユダヤ教世界にも確実に押し寄せ、新しい「ユダヤ人」意識の覚醒を促しつつあった。とくに帝政ロシアのユダヤ教徒たちのなかでもブルジョワ層、知識階層に属する若者たちの多くが、先祖伝来のトーラーに対する忠誠心を捨て去るとともに、もはや信仰心に由来しない「民」としての連帯意識を醸成しながら、ユダヤ民族主義やシオニズムの温床を整えたり、あるいは、宗教のみならず民族の枠や国境さえ飛び越えて、社会主義、無政府主義（のちにはボリシェヴィズム）の彼方に普遍的人間性のあり方を模索したりし始めていた（ラブキン 2004 : 30-31）。一九世紀末から二〇世紀初頭にかけて、東方からフランスに流入して腰を落ち着けた人々のなかにも、そのような無信仰ないし反宗教の「ユダヤ人」がかなりの割合で含まれていたが、彼らは、当初からマレー地区ないしモンマルトル地区における宗教共同体色の濃い集住生活を避け、セーヌ左岸の五区（いわゆる「カルティエ・ラタン」）、あるいは一三区のゴブラン地区に個々人で居を定める傾向が顕著であった。一八九二年、ロシアからパリに移り、のちに公法学の権威となるユダ・チェルノフが、自伝を兼ねた年代誌『文明の坩堝のなかで』（全四巻、一九三六〜三八年）につぶさに描き出しているのは、彼自身がそうであったように、ユダヤ教の信仰実践からはとうに隔たり、「完全にロシア化したユダヤ人」の学生、社会運動家、芸術家など、いわゆるインテリゲンツィアの移民生活である。

一般に、彼らは、右岸のマレー地区やモンパルナス地区に蝟集する同郷者集団に対し、それが宗教的因襲にいまだに拘束された人々であるという理由をもって、憐れみ、ひいては蔑みの目を向ける傾向があった。チェルノフのように、時折、「押さえ難い郷愁に駆られて」セーヌ川を渡り、マレー地区に「プレツル」（イディーシュ語で「小広場」の意）の香りを嗅ぎに出かける者は、どうやら例外的少数であったようだ（Tchernoff 1937 : 15）。むしろ彼らは、故郷の「シュテトル（小都市）」から切り離され、パリで移民生活を送るなかでユダヤ教の伝統からの脱却を志向し始めた右岸の労働者階級を、イディーシュ語による講演会、定期刊行物、演劇などをつうじて「啓蒙」し、新しい社会性に目覚めさせることをもって、「文明の地」フランスにおける自分たちの使命とみなしていた。こうしたロシア・東欧系「ユダヤ人」のインテリ層と労働者層の連帯の動きのなかから、無政府主義、社会主義、共産主義、ブンド主義、シオニズムなど、さまざまな政治潮流を多様に組み合わせた世俗的な小組織が、ベル・エポックから両大戦間期にかけて無数に分化していくこととなる。

かたや、このロシア・東欧系のアシュケナジ移民数万人の大きな部分が、程度の差こそあれ、伝統に忠実なユダヤ教徒であったことを忘れてはならず、ここでは、とくにこの後者の人々が、社会の世俗化、改革路線に沿った信仰実践の簡便化、ひいては脱宗教化という全体の傾向に加えて、伝統的ユダヤ教の本拠たるアルザスとロレーヌの一部を切り取られるという大きな喪失を経験したばかりのフランス・ユダヤ教世界に吹き込んだ新しい息吹を正しく評価しておかねばならない。しかも、パリにおけるロシア・東欧出自のユダヤ教会衆の組織化は、一八八一年、ポグロムの開始に少しばかり先駆けていたことが、近年の研究により少しずつ明らかになりつつあるのだ。

リトアニアのラビ、イスラエル・ベン・ゼエヴ・ヴォルフ・リプキン（通称「サランタイのイスラエル」）は、一九世紀中葉、ロシア・東欧のユダヤ教世界にも押し寄せる啓蒙主義、同化主義の波に抗して、倫理の実践を重んじる正統主義「ムーサル運動」を提唱した人物である（「ムーサル」はヘブライ語で「倫理」を意味する）（市川 2009：172）。彼は、ロシア・東欧以上にユダヤ教の改革主義が浸透したドイツにもあえて赴き、各地で正統派の教義を述べ伝えた。その弟子の一人となったユダ・シュターンハイムというベルリンの医師は、一八七〇年代、パリに移り住み、マレー地区に居を構える（普仏戦争直後の反独感情が支配するなか、勇断ともいうべき行動である）。シュターンハイムは、すでにパリに少数ながら定住を始めていたロシア・東欧出身のユダヤ教徒たちが、出身地や流派ごとに分裂し、仲違いを繰り返している様子を、当時、コヴノに神学校を構えていた師リプキンに報告し、しばらくパリに滞在してロシア・東欧系の諸会派をまとめ上げる指導者の役割を果たして欲しいと要請する（Glenn 2005：101；Etkes 1993：252）。これに応じて、一八八〇年の終わり頃、七〇歳の高齢をおしてパリにやってきた「サランタイのイスラエル」は、パリの大ラビ、ザドック・カーン、「パリ地方コンシストワール」の成員にして「ＡＩＵ」の指導者ミシェル・エルランジェ、著名な東洋学者ジョゼフ・ドランブールらの歓待を受け、さっそくパリのロシア・東欧系会衆の組織化に着手する。

翌八一年、ロシアのミール（現ベラルーシ）のラビ、ユダ・ルベツキが、イギリスの会衆を訪ね歩く旅からの帰路、一時、パリに逗留した。「サランタイのイスラエル」は、この三一歳の若いラビの人柄と確かな学識に目を留め、彼をみずからの後継者にふさわしい人物としてザドック・カーンに推挙する。これがカーン、ならびに「パリ地方コンシストワール」の受け入れるところとなり、結局、ルベツキは、ロシアから家族を呼び寄せ、一九〇〇年にはフランス国籍を取得して、四〇年の後半生をパリのロシア・東欧系ユダヤ教会衆の統括・指導に捧げることとなった。

同時に、「サランタイのイスラエル」は、ヴィリニュスの古いタルムード学者の家門に連なる著名ラビ、イェホシュア・ヘシェル・レヴィンもパリに招聘し、リトアニア流儀のタルムード学をパリに移植しようとしたが、ルベツキとレヴィンのいずれを正統とするかをめぐって信徒たちが分裂し、会衆の統一のためには逆効果となったようである。レヴィン本人は、当初、パリで二、三年、指導に当たったのち、パレスティナの〈聖地〉へ赴いて死を迎えるつもりであったが、八三年、その願いも叶わず、パリで客死する。その後、マレー地区のロシア・東欧系ユダヤ教徒たちは、依然、出身地や流派ごとに数か所の祈禱所に分散しながらも、ルベツキとザドック・カーンの指導下、徐々に連帯と相互扶助の仕組みを整えていく。当初、セレスタン河岸に設えられたルベツキ自身の祈禱所は、八七年、オテル・ド・ヴィル（市庁舎）通りに移転し、一九〇三年には「ダニエルの子ら」という相互扶助会の祈禱所と融合して、規模を拡大していった。

こうしてパリに支脈を形成し始めたロシア・東欧系の正統派ユダヤ教の動静は、ヘブライ語の週刊新聞『ハ＝マギド（伝達者、説教者）』（一八五六〜一九〇三年）によって、逐一、詳細に報じられていたため、ポグロム開始後、西に向けての脱出を考え始めたロシア・東欧の正統派ユダヤ教徒たちは、隣接するドイツを飛び越えたフランスのパリに、相応の指導者のもと、自分たちの伝統を大切に受け継ごうとする小規模集団が存在することを知っていたと思われる。それにより、一八八〇〜九〇年代、少なからぬ正統派ユダヤ教徒がパリに引きつけられ、引き留められることになったと考えられるのだが、この側面に関する研究は、フランスでも、今ようやく途についたばかりだ。概して、これまでパリのロシア・東欧系のユダヤ移民については、世俗化、非宗教化の道を歩み始めたインテリ層と労働者階級の連帯や、それぞれの政治的傾向（無政府主義、社会主義、共産主義、ブンド主義、シオニズムなど）の方に研究の重心が置かれ、依然大きな部分を占めるユダヤ教の実践者たちの精神生活が蔑ろにされがちであった。この史的関心の不均衡は早急に補修される必要がある。

かくして一九世紀末のマレー地区にあって、いつしかイディーシュ語で「プレッツル（小広場）」と呼ばれることとなったサン＝ポール広場からヴィエイユ＝デュ＝タンプル通りにいたるリヴォリ通りの一帯は、ユダヤ教の食餌規定（カシュルート）に適った食堂、肉屋、パン屋が軒を連ね、カフェからは常にイディーシュ語による政治論議、タルムード講釈が漏れ聞こえてくる、まさに東欧アシュケナジ伝統の「シュテトル（小都市）」を再現した趣を呈するようになる。ここでも常に出入りが絶えない人間集団について厳密な人口統計など不可能であるが、一九〇〇年の時点で、フランス本土のユダヤ教徒人口、約一一万のうち、半数強の六万人がパリに集中していたとすると、その三割に相当する二万人弱がマレー地区に住み、そのうち常に数千人は、新しい時期に移り来て、いまだフランス国籍をもたず、通用語としてもイディーシュ語をもっぱらとするロシア・東欧のユダヤ教徒に占められていたという、おおまかな人口構成を想定することができる。

結局、本土の既存ユダヤ教徒集団とアルジェリアのセファラディ系ユダヤ教徒集団（この二集団は、いまだ地中海に隔てられたまま、一般人の水準では接触にいたっていない）に加えて、ロシア・東欧出自の新しいアシュケナジ系ユダヤ教徒・ユダヤ人集団、数万人が、フランス・ユダヤ世界に接ぎ木されることとなったわけだ。しかし、右に述べた国際政治の力学とはまた別に、この一大集団に対する既存フランス・ユダヤ世界の姿勢は、宗教の観点からも、両義的、多義的であったとナンシー・グリーンは分析する（Green 1984 : 111-112）。一方で、伝統派のユダヤ教徒たち（そこには普仏戦争にともないアルザス・ロレーヌから国内に流入した人々が多く含まれている）は、ロシア・東欧のアシュケナジ系ユダヤ教の長い伝統に培われた信徒集団の流入により、フランス・ユダヤ教世界の急速な世俗化、信仰離れに歯止めがかかるのではないか、と期待した。立場としては改革派に近いパリの大ラビ、ザドック・カーンにも、この新たな流入をフランス・ユダヤ教の賦活に繋げたい思惑があったことはおそらく間違いあるまい。他方、第二帝政期以来、フランス・ユダヤ教世界を主導してきたリベラル派の信徒集団は、遠い東方からの移民たちが携えてきた篤い信仰心には敬意を表しながらも、その「後進性」に冷ややかな侮蔑のまなざしを向けて止まなかった。たとえば、ヴィクトワール通りのシナゴーグで、フロックコートにシルクハットを抱えたパリ古参のユダヤ教徒紳士が、一人静かに祈りを捧げる脇で、みすぼらしい格好をしたロシア・東欧系のユダヤ教徒たちが、一〇人以上の集団をなし、体を激しく前後に揺らしながら、時には熱心さ余って嬌声さえ発しつつ祈禱を行う姿が、『イスラエリート古文書』紙などで、好奇かつ顰蹙の種として報じられることもしばしばであった。

さらにその外側で、みずからユダヤ教徒であることをほぼ止めたに等しい、いわゆる「世俗的ユダヤ人」たちが、これら新参のアシュケナジ集団について繰り出す言説は、憐憫、顰蹙を通り越して、侮蔑、排斥の域に達し、時には反ユダヤ主義者たちのそれと見紛うばかりのものとなっていった。たとえば、作家ジュリアン・バンダは、マレー地区に蝟集するロシア・東欧系のユダヤ教徒たちを「偏狭にもヘブライ的なユダヤ人」と定義づけ、「日々のしみったれた金儲けの熱情にかられ［…］、存在理由を失った一連の風習に目を眩まされた保守的な人間」として描き出す（Benda 1900 : 72）。マラスも指摘するとおり、こうした言説は、ロシア・東欧のアシュケナジ移民たちの実像よりも、むしろフランスの「同化ユダヤ人」たちの心理機制を映し出すものと解されるべきだろう。「フランスのユダヤ人は、これら避難民たちのうちに、かつて一七八九年以前に自分たち自身の境遇であったものが、突如、不安とともに再現される様を見ていた。彼らが移民たちに対して、気まずさ、嫌悪、時には敵意さえ抱く理由はそこにある。[…]端的にいえば、多くのフランス・ユダヤ人が、反ユダヤ主義者たちの主張の大部分を受け入れる用意が整うほどまでに、フランス文化を自家薬籠中のものにし終えていたということである」(Marrus 1972 : 188)。

そして、こうした顰蹙や侮蔑の眼差しは実のところ双方向であり、当の移民の信徒たちもまた、シナゴーグでの合唱隊とオルガンの使用をはじめ、フランスの地でユダヤ教徒を名乗る人々の生活様式と信仰実践には相当の違和感と偽善の疑いを禁じ得なかったようである。この点に関する最良の記録文学は、アンドレ・ビイーとモイーズ・トウェルスキーの共著『メナシェ・フォイジェルの叙事詩』(全三巻)であろう(Billy / Twersky 1927-28)。そこにロシア・東欧出自の敬虔なユダヤ教徒として登場してくる人物たちは、パリのユダヤ教徒が食餌規定(カシュルート)をほとんど遵守しておらず、シナゴーグで祈る時も、まるでキリスト教徒が教会で祈る時そのままの仕草を見せることに驚き、その先、この異郷の地にあって、同宗者と「ゴイ(異教徒)」をどのようにして見分けていったらよいのか、すっかり途方に暮れているのである。

こうした違和感が双方から作用した結果と思われるが、移民のユダヤ教徒たちは、徐々に既存のシナゴーグに足を運ばなくなり、それぞれの居住区に出身地別の祈禱所を構えるようになる(一九〇〇年時点でマレー地区に七か所、モンマルトル地区に五か所)。それでも、とりわけザドック・カーンとルベツキの協同一致が功を奏し、フランス・コンシストワール体制と移民ユダヤ教徒集団のあいだには、少しずつ実質的な紐帯が築かれていった。従来、コンシストワールは、とりわけアルザス・ロレーヌ出自の伝統主義者たちが反体制派として分離独立の動きを強めることを警戒し、公認のシナゴーグ以外に祈禱所を設けること、ならびに「イスラエリート神学校」で正規の資格を得た者以外をラビとして礼拝活動を行うことを禁じてきたのであったが、ロシア・東欧系の移民たちが独自に運営し始めた祈禱所については、コンシストワールへの届け出と一定の献金の納付を条件としてこれを容認し、彼らが自前で調達してくるラビ(東欧アシュケナジの用語では「ロヴ」ないし「ルヴ」)たちによる礼拝活動も黙認するばかりか、資金面で支援の手さえ差し伸べるのだった。当時、旧来の会員たちの世俗化と宗教的無関心に危機感を募らせていたコンシストワール体制は、これらイディーシュ語使用の同宗者たちの「後進性」や「過度の宗教熱」に眉を顰めながらも、彼らを信徒として体制に取り込むことには、やはり積極的たらざるを得なかったわけである。この点を史実として確認するためには、「中央コンシストワール」ならびに「パリ地方コンシストワール」の議事録の精査を経なければならないが、既存のフランス・ユダヤ社会の内部で、これら新参の信徒集団に対する眼差しがかなり冷ややかなものであるなか、彼らの迎え入れと取り込みを基本方針としてコンシストワールに採択させたのは、やはり、一八八四年以来、高齢のフランス大ラビ、ラザール・イジドールの代理として実務を取り仕切るようになったザドック・カーンであったと見て間違いない。

そして実際、この時期に、先住のフランス・ユダヤ教徒たちと新参のロシア・東欧系アシュケナジたちのあいだで、数と質の両面における主従の逆転現象が進行しつつあった。一八九八年一二月一六日の『イスラエリート世界』紙が報じるところによれば、当時のフランスにおいて、真に正統派の名に値するユダヤ教徒の数は、マレー地区の私的な祈禱所に集う、せいぜい五〇〇人程度にすぎなくなっていたのではないかという。また、一九〇九年一月五日の同紙によれば、一八九六年、フランスの宗教的なユダヤ系住民のなかに移民が占める割合は二五パーセントだったのに対し、一二年後の一九〇八年には、それが六〇パーセントにまで急増したのだという（Marrus 1972 : 77 ; Green 1984 : 301 n.30）。ここで「宗教的」「正統派」という言葉の正確な意味内容（典礼の内実、シナゴーグや祈禱所に足を運ぶ頻度、食餌規定（カシュルート）遵守の度合いなど）は必ずしも明確ではないが、もしもこうした数値に現実的な意味があるとすれば、一九世紀末から二〇世紀初頭にかけて、フランス・ユダヤ「人」世界ならぬ、フランス・ユダヤ「教」世界は、その構成員の大きな部分、ならびにその中心にあってもっとも信仰の伝統に忠実な核の部分をそっくり入れ替えたといっても過言ではない。

とくに一九〇五年、「教会と国家の分離に関する法」の成立をもって宗教の国営体制が廃止され、コンシストワールが独立採算の公益法人として再出発することとなった時、忠実な信徒集団の半数を占めるにいたった移民（ないし元・移民）たちの献金が、たとえ一人一人の拠出額は微々たるものであっても、ロチルド家をはじめとする富裕篤志家の莫大な寄付にも劣らぬ重要な支えとなったことは疑えない。ここでも歴史に対する反実仮想として、もしも第三共和政時代の前期、ロシア・東欧から数万人規模のアシュケナジ系ユダヤ教徒の流入がないまま、一九〇五年の政教分離を迎えていたならば、既存信徒の急速な世俗化と絶えざる離脱によって縮小、弱体化の坂道を下っていたフランス・ユダヤ教世界が、そのまま二〇世紀に存続し得たかどうかさえ、疑わしく思えてくるほどなのである。

第16章　ドレフュス事件

そもそも誰の「事件」だったのか？

一九世紀末〜二〇世紀初頭、フランス・ユダヤ世界最大のトピックといえば、いうまでもなくドレフュス事件（一八九四〜一九〇六年）である。

一八九四年九月、パリのドイツ大使館からフランス陸軍情報局の対抗スパイの手で盗み出された一通の文書――のちに「明細書」と呼ばれる――が、粗末な予備調査の末、アルザス出身のユダヤ系将校アルフレッド・ドレフュスのものと断定され、ドレフュスはスパイ容疑で逮捕。一二月に開かれた軍法会議で有罪判決を受け、九五年一月、陸軍士官学校の中庭での屈辱的な位階剝奪の儀式を経て（ここに、のちの政治的シオニズムの祖テオドル・ヘルツルがジャーナリストとして立ち会っていた）、二月、南米ギアナの流刑地「悪魔島」に送り込まれてしまう。そこから、ドレフュス家の人々（とりわけ兄マティウ）と初期のドレフュス擁護派（とくにベルナール・ラザール）による無罪証明のための必死の努力が行われるが、真犯人に辿り着くための決定的な情報をつかめないまま、三年の月日が流れる。九七年秋、真犯人ワルシン・エステラジーに関する情報や証拠文書が次々と発見され、翌九八年一月初め、エステラジーは軍法会議にかけられるが、当初から冤罪のもみ消しを図る陸軍参謀本部の差し金により無罪放免となる。その直後、一月一三日の『ロロール』紙に作家エミール・ゾラが掲載した「私は告発する！」をもって、事件はフランス世論を二分する一大スキャンダルに発展する。八月、ドレフュスの冤罪を隠蔽するために数々の証拠文書を捏造したアンリ大佐が獄中で自殺を遂げ（一説に他殺）、事件の真相は何ぴとの目にもほぼ明らかとなったが、その先、ドレフュス裁判のやり直しを求める運動は多難を極めた。九九年八〜九月、ようやくレンヌで開廷に漕ぎ着けた再審でも、陸軍参謀本部の裏工作と圧力により、ドレフュスには二度目の有罪判決が下され、同時に大統領令による特赦が授けられるという、玉虫色の結末を迎える。さらに五年を経た一九〇四年、二度目の再審請願が破棄院に受理され、一九〇六年、レンヌ裁判の判決が破棄されたことにより、ドレフュスの無罪が実に一二年ぶりに確定した（真犯人エステラジーの再訴追は行われないまま）。日本でも、大佛次郎のノンフィクション小説『ドレフュス事件』（一九三〇年）以来、よく知られているとおり、一介のフランス陸軍将校が、もっぱらそのユダヤ出自ゆえに国家叛逆のあらぬ罪状をかぶせられ、家族、近親者ともども、人生の大半を台なしにされてしまったグロテスクな誤審・冤罪事件である。

ここで、あえて天の邪鬼な名目論との誹りを恐れずにいうならば、そもそもドレフュス事件とは、フランス「反」ユダヤ史上の大項目として採り上げられるべき事象であり、その名称としても、本来、「エステラジー事件」「フランス陸軍参謀本部事件」など、事件の最終的責任主体の名が冠されるのが相応である。たとえそれが、フランス・ユダヤ「人」史の枠内で、二度と繰り返されてはならない痛ましい悲劇として記念に値するものであることに異論はなくとも、フランス・ユダヤ「教」史における事件の位置づけ、意味づけとなると、専門の研究者たちも、おそらく腕組みしたまま即答しかねるのが現実ではあるまいか。ほかでもない、事件の被害者アルフレッド・ドレフュスが、たしかにその血筋から「ジュイフ（ユダヤ人）」の名に相当する人間であったとしても、精神的には「ジュイフ（ユダヤ教徒）」の範疇にほとんど該当しない人物だったからである。実際、ドレフュス事件関連の文献は、発生当時から今日まで、まさに汗牛充棟の趣を呈するなか、意外にも、ユダヤ教の宗教界と事件の関係、また、当時のラビたちが出来事をどう受け止め、どう反応しようとしたか、といった点については、フランス本国でも、今ようやく新しい研究の兆しが感じられ始めたばかりである。よって、本書においても、「ドレフュス大尉はユダヤ人であった」という事件史の前提にいわば包み込まれるようにして、通常、あまり問題とされることのない「ドレフュス大尉はいかにユダヤ教徒の呼称から遠い人物であったか」という側面に光を当て、その上で出来事とユダヤ教の関係を問い直すことに主眼を置き、事件そのものの顛末はあえて記述の対象から外すこととする。[1]

アルフレッド・ドレフュスと妻リュシー、息子ピエール、娘ジャンヌ

（1）むろん、ここで本書の筆者は、フランス・ユダヤ史の精神的理解のためにドレフュス事件の顛末を捨象してよいと主張しているのではない。事件については、すでに日本語文献としても相当の蓄積があり、その時系列や歴史的意義も比較的よく知られているため、本書では重複的な記述を避け、［以下、三六一頁に続く］

ドレフュス家の系譜

ドレフュス家の系譜を可能な限り遡及していくと、一七世紀初頭、上アルザス地方、コルマールとミュルーズの中間に位置するスルツマット（ゾウルツマット）の小邑に行き着く。七世紀、東隣のルファック（ロウファハ）の町とともにストラスブール司教領となり、すでに一三世紀末にはユダヤ教徒居住区の存在が確認されているスルツマットに、一六一二年、モイセス・ドレイフス（Dreÿfus）を長とするユダヤ教徒の一家が住んでいたことを伝える記録が残されているのだ（以下、ドレフュス家の系譜についてはすべてBurns 1994による）。先述のとおり（第9章）、この姓の綴りがラインラントのトリーア（Trier）に発しているのか、あるいはラシの故郷、シャンパーニュのトロワ（Troyes）に遡るのか、姓名学者たちの見解は必ずしも一定しない（Ingold WEB）。いずれにせよ、これをドイツ語で「三本足（Drei Füße）」と読み、「人間と獣の中間的存在」という意味をこじつけるのは、後世の悪意にもとづく似非姓名学の産物にすぎない。

モイセスから二、三世代を経て、一七〇〇年にはスツルマットのユダヤ教徒一五家族のうち七家族までがドレイフス姓を名乗るようになったが、そのうちの一人、メイエル・ドレイフス（一七四五ないし五一年没）がアルフレッド・ドレフュスの五世祖父となった。メイエルは、ミュルーズ（ミュールハウゼン）東郊リクセム（リクスハイム）生まれのテレシア・ブロック（ブロッホ）と結ばれ、以後、リクセムに住居を移す。メイエルの孫（ドレフュス大尉の曾祖父）アブラハム・イスラエル・ドレイフスがカシェール肉の販売を生業とするようになった一八世紀後半、リクセムには一五〇〇人ほどのキリスト教徒住民の隣で、四〇家族、二〇〇人ほどのユダヤ教徒が暮らしていた。アブラハム・イスラエルと、ライン対岸のミュルハイムから嫁いできたブレンデル・メイエル、そして二人のあいだに生まれたヤアコヴ（ドレフュス大尉の祖父）も、一七八九年の「ラ・グランド・プール（大恐怖）」に際しては、反ユダヤ暴動を逃れ、独立都市ミュルーズに一時避難するなど、苦難を経験したに違いない。革命期の混乱を経て、古着・古物の転売を主とする行商人となったヤアコヴは、一八〇三年、リクセムの同郷人ラヘル（ラシェル）・カッツと結婚する。一八〇八年のユダヤ教徒の姓名に関する政令以降、公文書に名を記さねばならなくなった時には、「ジャック・ドレフュス（Jacques Dreyfus）」と綴ることにしたが、両親や妻と同様、いまだフランス語の使用環境に身を置くことがほとんどなかった彼は、いわゆる「ユダヤ＝アルザス語」をもっぱらとし、フランス語は片言隻語しか操れなかったのではないかと想像される。ヤアコヴとラヘルのあいだに生まれた最初の二子はいずれも夭逝し、一八一八年に生まれた三男のラファエル（ドレフュス大尉の父）だけが無事に成長した。

ちょうどその頃、上アルザス地方にも産業の一大変化の波が押し寄せる。一八世紀中葉以来の歴史をもつミュルーズの繊維産業が、蒸気式の職布機の導入により飛躍的な成長を遂げ（最初に蒸気機関を導入したのは、一八一二年、ドルフュス＝ミーグ社であった）、周辺の村々から労働力を吸い寄せ始めたのである。それまで都市部と農村部のあいだでささやかな物流を担ってきた行商の仕事にもはや未来はないと見て取ったヤアコヴは、一八二一年、ミュルーズ市内に小さな店舗を構え、ジュスティス通りに購入した狭いアパルトマンに、ラヘル、ラファエルとともども移り住んだ。

　一六世紀、自由都市として成立して以来、ミュルーズは、ストラスブールやコルマールと同様、ユダヤ教徒の定住を禁じながらも、周辺地域で反ユダヤ暴動が繰り返されるたびに、避難民たちに一時的な安息の地を提供してきた。歴史的にカルヴァン主義の影響が色濃く、一六八五年、「ナントの勅令」廃止に際しては、フランス王国から多くのユグノーを避難民として受け入れた経緯もあって、ユダヤ教徒に対しては、同じプロテスタントながらルター派には絶えて見られない同情意識が育まれていた。また、ドイツ語使用が圧倒的な割合を占めるアルザス地方にあって、ミュルーズの町は、カルヴァンの母語たるフランス語が日常的に用いられる一種の言語的な飛び地をも形成していた。一七九八年、フランス共和国への帰属が宣言された時点で六〇〇〇人ほどであった市の人口は、ヤアコヴが移住した頃には倍の一万二〇〇〇人以上となっており、かつては存在しなかったユダヤ教徒居住区も一〇〇〇人以上の住民を数えるにいたった。一八二一年には最初のシナゴーグが建設され、翌年、ダヴィド・モシェ・ベルネム（ベルンハイム）がラビに選出されている。そのミュルーズで、ヤアコヴ（ジャック）・ドレフュスは、移住ユダヤ教徒共同体に融け込みながら着実に商売を発展させたが、一八三八年、六〇歳に達せず他界してしまう。ミュルーズの墓地に新たに用意されたイスラエリート用の区画（のち墓碑のみ移転）に葬られた彼の墓碑には「五五九八年」というユダヤ暦の没年が刻まれ、この時点における一家のユダヤ教信仰の跡をうかがわせているという。

　一人息子のラファエルは、一八四一年、友人の親戚筋に当

［前々頁より］
ことさら宗教界との関係（ないし無関係）に着目するのである。管見によれば、事件の構造を内部の目から辿り直すための最良の文献は、ドレフュス大尉本人の回想録『ドレフュス獄中記――わが生涯の五ヵ年』（竹村猛訳、中央大学出版部、一九七九年）にもまして（なぜといって、ドレフュス本人はパリで展開した彼の事件を厳密な意味で「生きる」ことができなかったのだから）、兄マティウ・ドレフュスの回想録『私が生きたままの事件』（邦題『事件――マチュー・ドレーフュスの回想』、小宮正弘訳、時事通信社、一九八二年）である。また、ドレフュスの末裔たちへの直接インタヴューを交えながら事件史を振り返る労作として、平野新介『ドレフュス家の一世紀』（朝日新聞社、一九九七年）もある。

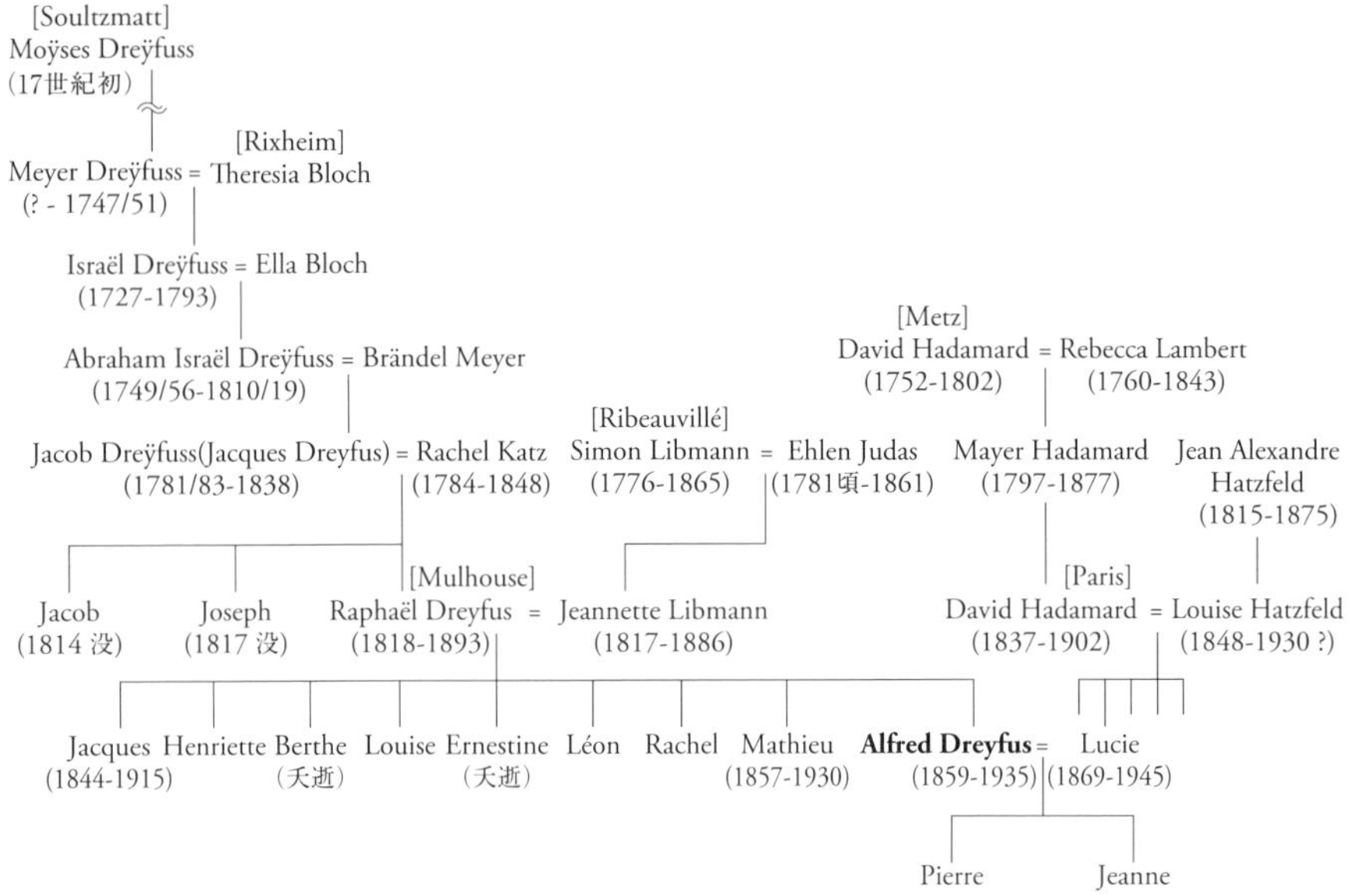

ドレフュス家の系図

たる女性で、アルザス中部リボヴィレに住むジャネット・リブマン（ドレフュス大尉の母）を紹介され、妻として迎える。以後、ラファエルの織物事業の成功は、裁縫の腕も確かな働き者のジャネットの献身に支えられることとなったが、このラファエルとジャネットの世代に、ドレフュス家が、アルザス・ユダヤ教の伝統との紐帯を一定程度、弛緩させ始めたのではないかと察せられるのだ。まず、一八一七年生まれの女児を「ジャネット」と命名したこと自体、ユダヤ教の拘束力から比較的自由なリブマン家のあり方をうかがわせるのに加えて、一八四一年、結婚届にローマ字でみずからの名を記したジャネットは、ドレフュス家において、ヘブライ文字ではなくローマ字を使う最初の女性となった（平野 1997 : 44）。また、男子にその父方の祖父の名を受け継がせるユダヤ教徒家庭の風習にならって第一子にヤアコヴの名を反映させるにしても、「ジャコブ」ではなく「ジャック」を採用したところに、ラファエルとジャネットのはっきりとしたフランス同化志向が感じられる。以下、祖母の名を受け継いだ四女ラシエルを除き、二人の子供たちにはすべて非ユダヤ教起源の名が与えられることとなるだろう。

　とはいえ、ラファエルとジャネットの夫婦が、ある時点を境に完全なる非ユダヤ教化を遂げ、フランス同化を一気に果たしたと考えるのも誤りであろう。まず、一八二〇年代の幼少期、父母とともにリクセムからミュルーズに移り住み、三〇年代、おそらくいまだユダヤ教徒の同宗者たちを主な商

晩年のラファエル、ジャネット・ドレフュス

売相手とする父ヤアコヴの仕事を手伝いながら成長したラファエルにとって、母語に相当する言語は依然として「ユダヤ＝アルザス語」であり（のちのドレフュス大尉は、彼の父親の日常語が「ドイツ語」であったと述べている）、たとえヘデル（初等学校）に通い、ラビから直に宗教教育を受ける機会は逸したとしても、その道徳観を支えていたのは、父母伝来のユダヤ教的規範意識であったはずだ。ただ、リクセムの農村的宗教共同体から切り離されてミュルーズに移り、昼夜も曜日も問わない産業都市の生活に巻き込まれることとなった分だけ、いつしかユダヤ教徒としての戒律遵守を簡略化、ないし一部放棄し始めたことは十分に考えられる。母ジャネットのリボヴィレでの生い立ちに関する記録はまったく残されていないが、先にアドルフ・クレミューの結婚について述べたように、ユダヤ教徒として配偶者を求め合う場合、伝統的信仰への忠実度あるいは乖離度がほぼ等し並みの相手を相応として選ぶ機制が働いていたとすれば、ジャネットのユダヤ教との関係も、堅守から形骸化へいたる過渡的な状態にあったと考えることができるのではないか。今日、写真として伝えられる彼らの晩年の相貌（髭、服飾など）にユダヤ教的なものをうかがわせる要素は皆無であるが（左上写真）、二人とも、それぞれリクセム、リボヴィレの父母がそうであったところ（おそらく、よりユダヤ教の要素を感じさせる相貌）から、この状態まで、半世紀の時間をかけて変化を遂げてきたのではなかったか。

　一八四〇年、ミュルーズのユダヤ教徒は一五〇〇人を越えるまでとなり、一八四九年、従来のシナゴーグでは手狭になったため、隣接するラバン（ラビ）通りに新しいシナゴーグが建設されることとなった。地方独特の赤色の砂岩を用いた建物は、今日、アルザスにおけるシナゴーグ建築の最高傑作として名高い。一八三一年に世を去ったラビ、ベルネムの後任としてミュルーズに着任したのは、弱冠二五歳のサミュエル・ドレフュスであった（同姓ながらアルフレッド・ドレフュスと直接の親類関係はない）。ジャネット同様、リボヴィレ生まれのサミュエル・ドレフュスは、一八三〇年、メッスに開校した「中央ラビ学校」の一期生であり、また、同期生たちのなかで唯一、文学のバカロレア（大学入学資格）取得者として、ラテン語とフランス語も教えることができた。傾向としては『イスラエリート古文書』紙の周囲に集う改革派に近く、進取の気性に富んだこのサミュエル・ドレフュスの指導下、ミュルーズのユダヤ教会衆は、反「中央コンシストワール」路線の伝統主義がきわめて色濃い上アルザスのユダヤ教世界にあって、改革派ユダヤ教の飛び地を形成していった。

制度上、サミュエル・ドレフュスは「コルマール地方コンシストワール」に属し、そのコルマールの大ラビが、一八五〇年以降、反改革派の先鋒サロモン・クラン（既出）であったことを考え合わせれば、ミュルーズを改革派の拠点として維持・発展させようとしたサミュエル・ドレフュスの意志の固さが察せられよう。いずれにせよ、ミュルーズのシナゴーグの周囲に、ラビ、ドレフュスが作り上げたリベラルにして進歩的な空気が、ドレフュス家とユダヤ教の関係にも大きな影響を及ぼしたことは想像に難くない。

ラファエルの事業が軌道に乗り、長男ジャックのあと、四人の女児を得て七人家族となった一八五〇年代初頭、ドレフュス家は、ソヴァージュ通りとヴィクトワール広場の角にある大きなアパルトマン（ドレフュス大尉の生家）に移り住む。一八五四年から翌年にかけて流行したコレラにより、次女ベルトと四女エルネスティーヌの命が奪われたが、その後もほぼ一年おきに子宝に恵まれ、五九年、末子アルフレッドの誕生をもって、四兄弟三姉妹の大家族となる。その間、ミュルーズの町も、いわゆる産業革命の最先端を突き進み、綿工業の分野で「大陸のマンチェスター」との異名を取るまでとなった。時代のこの大波に乗り、ラファエルも、おそらくあまり得意ではなかったフランス語を強いゲルマン訛りとともに操りながら、非ユダヤ教徒相手の織物販売事業を拡大させ、さらに、拡張を続ける郊外の土地取引にも積極的に乗り出していったようだ。そして、最低限の元手を蓄え、非ユダヤ教徒（主としてプロテスタント）の同業者たちとの良好な関係も築き上げることに成功したラファエルは、一八六二年、先輩格の事業主たちの融資も取りつけて、ラヴォアジエ通りにみずから紡績工場を立ち上げ、ユダヤ教出自の人間としてはいまだ珍しい社主の地位につく。先々代のカシェール肉屋、先代の行商人からすれば、目覚ましいほどの社会的栄達といえるだろう。その時点でミュルーズの町は、カトリック四万五〇〇〇人、プロテスタント一万五〇〇〇人、ユダヤ教徒二〇〇〇人を数えるまでとなっていたが、ラファエルは、とりわけ周辺の農村部で仕事にあぶれて流れ込んでくる労働者層を宗旨の別なく受け入れ、衛生管理、労災保険、年金基金など、当時としては革新的な制度を積極的に導入しながら、被雇用者の福利に手厚い工場経営に努めた。こうして町の名士の仲間入りを果たしたラファエルは、末っ子のアルフレッドが字を学び始めるようになった一八六〇年代半ば、大通りの喧噪からやや離れたシーヌ通りにあって、広い庭を備えた四階建ての館に移り住む。のちのドレフュス大尉が、「私の少年時代は、母や姉や、子供たちに心から尽くしてくれる父たちの慈しみ深い感化を受け、また兄たちのありがたい庇護を得て、平穏のうちに過ぎた」（ドレフュス（ア）1901 : 1）と回想することとなる揺籃の場所がそれである。

ラファエルとジャネットが家庭内でユダヤ教をどのように位置づけていたのか、そして、のちのドレフュス大尉を末子とする七人の子供たちにどれほどの宗教教育をほどこしたのか、客観的に知らしめてくれるような資料や証言は、結局のところ、不在に近い。ドレフュス一族に関して現今のところもっとも詳細な評伝の著者マイケル・バーンズの推測によれば、彼らも、年に数度のユダヤ教の大祭と、割礼や「バル・ミツヴァ」など個人の生涯の節目となる儀礼に際して、サミュエル・ドレフュスが運営するシナゴーグに足を運んでいたかもしれないが、子供たちが受けたユダヤ教教育は、それこそ「バル・ミツヴァ」を通過するために求められるヘブライ語の聖句の暗誦程度だったのではないかという（Burns 1994 : 56-57）。それよりも、ラファエルとジャネットの関心は、ユダヤ教徒に限らずミュルーズのプロテスタント系、カトリック系の家庭においても一般にそうであったように、子供たちの世代に、将来、フランス市民として生きていく上で不利や引け目とならないような、完全にして洗練されたフランス語を身につけさせることに向けられていたのではないか。そして、長男ジャックと次男レオンがラファエルの工場を手伝い始め、三人の娘たちも結婚適齢期を迎えた頃、とくに三男のマティウと四男のアルフレッドには、自分たちはもちろん、上の子供たちにも十分に授けることのできなかった手厚いフランス式の教育を受けさせようとしたのではないか。こうして、少なくともマティウとアルフレッドの二人は、ユダヤ教のヘデル（初等学校）に通わず、長女アンリエットと、おそらく外から通ってくる何人かの家庭教師の指導のもと、もっぱらフランス語での教育を受けた。のちのドレフュス大尉による回想、手帳、書簡のなかにも、幼少期にヘブライ語やユダヤ教の学知に触れたことをうかがわせる記述は一切見当たらない。

一八六九年、長姉アンリエットは、父ラファエルと取引関係があったフランス南東部カルパントラのユダヤ系事業主、ジョゼフ・ヴァラブレーグのもとへ嫁ぐ。物心ついて以来、母のように慕ってきたこのアンリエットとの離別が、一〇歳のアルフレッドには大きな悲しみをもたらしたようだ。後年、みずからの名を冠する一大事件に巻き込まれた末、療養と精神的回復のための土地を、姉の嫁ぎ先にして「教皇のユダヤ教徒」たちの歴史に連なるカルパントラに見出すことになろうとは、むろん、この時点では思いも寄らないことであった。

一八七〇年の普仏戦争は、ミュルーズにも迫る砲声、長兄ジャックの出征、スダン決戦における敗北の報せをもって、一一歳のアルフレッドに強烈な印象を残した。息子たちをドイツ軍の兵士として取られることは耐え難く、かといって、いまだ融資の返済も終わっていないミュルーズの工場をそのまま捨て去るわけにもいかなかった父ラファエルは、国籍選択の期限が迫る一七八二年一〇月、長男ジャックのみを工場主としてミュルーズに残し、残る五人の子供たちとともに、いったんスイスのバーゼルに移住し、しばらくのあいだ、国境越しにジャックの工場経営に指示を送ることとした（病床に伏しがちだった母ジャネットは、結局ミュルーズにとどまった）。こうして、一八七二年から七三年にかけての冬、マティウとアルフレッドは、バーゼルの中等学校でドイツ語による教育を受けたが、七三年（それぞれ一六歳、一四歳）、やはりフランスの地でフランス語による教育を受けさせるべきという父の判断から、パリに送られ、マティウはコレージュ・シャプタル、アルフレッドはコレージュ・サント＝バルブ（ほどなく兄と同じシャプタル）の寄宿生となる。以後、フランス（パリ、カルパントラ）、ドイツ（ミュルーズ／ミュールハウゼン）、スイス（バーゼル）の三国にまたがり、いわゆる「アルザス・ディアスポラ」の典型たるドレフュス家の四散の時期が始まる。

マティウは、父の織物事業を引き継ぐのにバカロレア（大学入学資格）の取得は不要とみなし、シャプタルを中退してバーゼルに戻る。アルフレッドは、長期休暇ともなれば、姉アンリエットの嫁ぎ先、カルパントラのヴァラブレーグ家を避暑地としながら、パリで学業を続け、七六年、バカロレアを取得。ふたたびサント＝バルブに戻って、サン＝シール陸軍士官学校ないしエコール・ポリテクニーク（理工科学校）の受験準備クラスに編入する。この準備クラスの同級生たちの宗教的帰属の内訳は、カトリック一九七名、プロテスタント二四名、イスラエリート九名、東方正教二名であり、イスラエリートとして分類された九名のうち、アルザス出身者がアルフレッドを含めて五名、ロレーヌ出身者が一名であったという。翌七七年、一八二番という順位でエコール・ポリテクニークに合格したアルフレッドは、三年後の一八八〇年、一二八番の成績で卒業し、陸軍少尉の階級も得て、フォンテーヌブローにある陸軍砲兵隊の技能錬成学校に進む。八二年、九七名中三二番の成績で同校を終え、第三一連隊第一騎兵分隊に配属されることとなった。八五年に中尉、八九年には大尉に昇進し、ブールジュの火薬学校校長補佐の役職も得た。

一八八九年の初め頃、アルフレッド（二九歳）は、ポリテクニーク時代以来の旧友で、やはり砲兵隊の士官の道を進んでいたアダマール大尉に誘われ、親戚筋のダヴィド・アダマールが催す家族パーティーに参加する。そこで同家の長女リュシー・アダマール（一九歳）と出会い、翌九〇年四月一八日、結婚にいたる。婚儀は、アダマール家と家族ぐるみの付き合いがあったパリ大ラビ、ザドック・カーンにより、ヴィクトワール通りのシナゴーグにて厳かに執り行われた。同年、フランス大ラビに就任することとなっていたカーンにとって、それが聖職者として司る最後の婚儀の一つとなった。

リュシーの父方の系譜は、一八世紀、メッスのユダヤ教徒宝石商ダヴィド・アダマールに遡る。その妻レベッカ・ランベールは、〈恐怖政治〉時代（一七九三〜九四年）、反宗教熱に駆られた暴徒たちがメッスのユダヤ教徒墓地を冒瀆するという事態をうけて、地元の革命政府当局に抗議の直談判を行った女傑であり、曾孫リュシーにも、その先人に対する畏敬の念は受け継がれていたようだ。その曾祖母の誇らしい記憶も手伝ってか、パリに生まれ育ってユダヤ教の本格的な宗教教育は受けなかったリュシーも、ユダヤ教の大祭には欠かさずシナゴーグに足を運び、（おそらく毎週の安息日は励行せずとも）定期的な聖書の講読を欠かさなかったという（Burns 1994 : 105, 410）。

結婚の翌年、九一年に長男ピエール、さらに九三年には長女ジャンヌが生まれているが、たとえば、ピエールがユダヤ教の伝統に則った割礼の儀を受けたのかなど、この幸福なパリの一家庭におけるユダヤ教実践の度合いに関する記録や証言はまったく残されていない。アルフレッドとリュシーがパリに構えたアパルトマンの壁には、ユダヤ教の大祭の様子を描き出した飾り布が掛けられていたというが（Hyman 1991 : 137）、それはユダヤ教信仰に対する忠誠度より、むしろユダヤ教の存在が家庭内ですでに「装飾」と化していたことの証と見るべきなのかもしれない。のちにアルフレッドが途轍もない「事件」に巻き込まれ、パリから遠く引き離されることになった頃、リュシーは、夫に宛てた手紙（一八九五年二月二八日）のなかに、「ピエールに神のことを話して聞かせるのが良いのかもしれません」と記し、事件のことはまだ知らせないまま、「可哀想なパパのために熱心に正義を求める、ちょっとしたお祈り」を息子に教えるつもりであると書き綴っている（Burns 1994 : 257）。ドレフュス伝の著者バーンズが推測するように、夫の不在中、絶えず精神の支えとなってくれたザドック・カーンの勧めに従って、リュシーが子供向けのユダヤ教の指南書を入手し、ピエールとジャンヌに読み聞かせるという場面もあったかもしれない。

他方、ドレフュス本人は、のちの日記のなかで、自己と宗教の関係を次のように定義している。「私は信仰者ではないが、信仰に対して敵対的でもない。むしろ、信仰する人々には好意的で、信仰の道徳的な美しさに理解のある傍観者だ。もちろん、その信仰が狭隘な思想や抽象的な定式にならないという条件下のことであるが」（Ibid : 257-258）。そして、南米ギアナの悪魔島で彼が書き綴った手記のなか——

ショーペンハウアーのあの叫びが何度となく心に浮かんでくる。人間の邪悪を前にして、彼は叫んでいる、『もし神がこの世を作り給うたのならば、私は神にはなりたくない』と（ドレフュス（ア）1901 : 157）。

といった一文から浮かび上がってくるのは、神の名をみだりに口にすることを忌避する敬虔なユダヤ教徒の姿ではなく、超越的存在に関する近代人の懐疑を経た、フランスの平均的教養人の姿であることはもはや言を俟たないだろう。簡略にして粗暴ないい方ながら、アルフレッド・ドレフュス大尉を「ユダヤ教」に結びつける要素としては、彼の先人たち（およそ祖父母の世代まで）がユダヤ教の実践者であったということ、そして、同宗の家系に連なる配偶者が、最寄りのシナゴーグとそのラビとの関係を大切にし、子供たちにも最低限の神概念を伝承すべきと考える女性であったこと、その二点にほぼ尽きるのである。

ドレフュス事件とユダヤ教

以上、ドレフュスの人となりとユダヤ教との（個人としてはかなり稀薄な）関係を描き出した上で、彼の「事件」とユダヤ教の関係は一体如何なるものであったか。

一八九四年一〇月一五日、参謀本部への出頭を命ぜられたアルフレッド・ドレフュス大尉は、大逆罪の容疑によりそのまま逮捕される。当初、ドレフュス家の周囲に水も漏らさぬ箝口令が敷かれながら、一〇月二九日、エドゥアール・ドリュモンの『ラ・リーブル・パロール』紙にいとも簡単にすっぱ抜かれ、まもなく容疑者の名「ドレフュス」も公表されると、事件は——

嗜好と教育においてドイツ人、人種においてユダヤ人である彼は、ユダヤ人かつドイツ人としてふるまった。すべてはそれに尽きる（『ラ・リーブル・パロール』一一月一四日付）。

といった専断的、かつ極めて攻撃的なトーンで報道されはじめる。これに対し、ユダヤ教の公論の場から示されたおそらく最初の反応は、一八九四年一一月、『イスラエリート古文書』の次の一文であった。

ユダヤ教徒は——ユダヤ教徒として——この事件には何の関わりももたない。罪や咎は——仮にそのようなものがあったとして——個人的なものであり、またそう考えられてしかるべきである。

また、翌一八九五年の『ユダヤ教研究誌』には、総会におけるテオドール・レナックの次のような発言が掲載された。

ユダヤ教研究協会は、ユダヤ教の現時点での試練にかかずらう必要はない。会の住処は、より清澄な歴史の圏域であり、会は、過去のユダヤ教について積み上げられてきた誤謬を退ける作業をつうじてのみ、間接的に今日のユダヤ教の名誉を回復し、その苦悩を和らげることに寄与できるのだ。

何らかの事件が発生し、その容疑者がいる場合、真実の究明と正義の行使は、その者の宗旨や出自とは無関係に行われて然るべきであるという判断、あるいは、今を生きるユダヤ教徒は、積年の誤謬の堆積から産み落とされた反ユダヤ主義の政治潮流にどこまでもかかずらってはいられないという姿勢が、当初（つまりドレフュス大尉の無実がかなりの確からしさをもって一般に受け入れられるようになるまでのあいだ）、ユダヤ教世論の基本路線となったとしても無理はない。しかし、この頃、人間をその宗旨や出自によって集団的に差別・排斥の対象にしようとする空気が急速にフランス社会に蔓延しつつあったことも、また疑いようのない事実である。作家ジョルジュ・サンドの養子で、一八八五年、激烈な反ユダヤ主義綱領を携えて下院に当選を果たしたフランシス・ロールは、以来、ユダヤ教徒のフランスからの追放措置を幾度か法案として提出し、徐々に賛成票を増やしていた。ドレフュス大尉の位階剥奪式から一〇日余り経た一八九五年一月一七日にも、賛成一五八票、反対二五七票をもって最終的には否決されたとはいえ、フランス共和国国民議会は、「三代遡って祖先のフランスにおける出生を証明することのできないすべてのフランス人」を公職から排除すべきであるという法案を真剣な議題とした。翌二月には、「フランス行政管轄の諸機関においてジュイフの支配力を抑制するためにいかなる措置を講ずべきか」という問題について政府側の見解を質す議員質問が提出され、さらに五月の審議においては、第二、第三のドレフュスによる国家反逆罪に対する予防措置として、「ジュイフをフランス中央部に寄せ集めて住まわせてはどうか」という具体案が提出されるなど、ナチス・ドイツの「例外法」や「ニュルンベルク法」、そしてヴィシー政府による「ユダヤ人身分規定」をも先取りするかのような議案が矢継ぎ早に提出されている。ヨーロッパ諸国に先駆けてユダヤ教徒の〈解放〉を成し遂げたといわれるフランス共和国が、わずか一〇〇年余りでこの種の議論に逆戻りするという状況は、「人権宣言」百周年を言祝《ことほ》いだばかりのフランス・ユダヤ教徒住民にとって、きわめて不吉な兆候であったはずだ。にもかかわらず、この時、コンシストワールも、「世界イスラエリート連盟（AIU）」も、また『イスラエリート古文書』と『イスラエリート世界』の両紙も、反ユダヤ主義に対する公式の抗議においてきわめて消極的であった（少なくとも表面上そう見える）のはなぜか？

一九世紀末、反ユダヤ主義の勃興を前にしたフランス・ユダヤ（教）社会の消極性、無抵抗というこの議論は、ドレフュス事件研究百年の歴史において最大の争点であり続けてきた。シャルル・ペギーが『われらの青春』（一九一〇年）のなかで、レオン・ブルムが『事件の思い出』（三五年）のなかで、それぞれベルナール・ラザールのある時期の見解（後述）に同調しながら、「イスラエルの政治屋やラビたちが身につけた政治的処理としての平和」（ペギー 1910 : 93）、「利己的で臆病な慎重さ」（ブルム 1935 : 20）という見方を打ち出し、それがのちのハナ・アーレント『全体主義の起源』第一巻（五一年）に引き継がれ、カナダの歴史家マイケル・R・マラスによる『ドレフュス事件当時のフランス・ユダヤ人』（七一年）においてもおおよそ追認される形となった。しかし、反ユダヤ主義を前にしたフランス・ユダヤ（教）世界の態度決定、「ジュイフ」として犠牲に供され始めた者たち自身における「ジュイフ」意識という、ドレフュス事件史の個別研究を越えて、のちのファシズム台頭期、さらにはナチス占領下のフランスにおけるユダヤ教徒・ユダヤ人の態度決定をめぐる議論にまで飛び火しかねない、この重要なテーマに予断をもって臨むことは禁物である。事実、ドレフュス事件研究史における長い不問の時期を経て、近年、徐々に明らかになりつつあるのは（Landau 1995 ; Oriol 2007）、フランス大ラビ、ザドック・カーンが陰ながら果たしていたきわめて重要な役割である。今なお十分に発掘済みとはいえないが、カーンの周囲に形成された覆面の行動委員会に関する散発的な情報から、従来の議論に大きな見直しを迫る要素がいくつも浮かび上がってくるのだ。

一八九四年一一月初め、反ユダヤ主義の諸新聞が、ユダヤ教世界全体がさっそく同宗者ドレフュスを救出するための策動を開始したようであると報じ、その他の三文新聞も、パリのいくつかのシナゴーグで、黒い蠟燭を灯しながら、「裏切り者」を破門に付す儀式が執り行われたなどとして、ユダヤ教に対する一般大衆の恐怖心と敵愾心を煽り始めると、カーンは、一一月七日の『ラ・プレス』紙に一文を寄稿し、そうした噂は根も葉もない作り話であると明言する。しかし、「ユダヤ教世界全体」というのが明らかな誇張であったとしても、少なくともカーン個人はドレフュス救出に向けて素早い行動を起こしていた。パリ警察署長ルイ・レピーヌは、日付は不明ながら、ドレフュスが軍法会議にかけられることが決まった頃、カーンの訪問を受け、「このままでは国が二分され、私の同宗者たち全員が立ち上がって、二陣営のあいだに戦争が引き起こされてしまう」として、かなり「威嚇的」な調子で政府への働きかけを要請されたと、のちに回想している（Oriol 2007 : 155）。カーンは、四年前、ヴィクトワール通りのシナゴーグでアルフレッドとリュシーの婚礼の儀を執り行ったのみならず、次女ベルトがリュシーの父方の従兄アンリ・ブリュールと結婚したことにより、アダマール家とは姻戚関係をも結んでいた。具体的な日付などは知る由もないが、リュシーとアダマール家の人々、そしてマティウ・ドレフュスにも、事件発覚後、カーンがただちに慰めと励ましの言葉をかけたことは疑いあるまい。「ザドック・カーン氏は［…］、その道徳上の大きな権威をもって、私たちの仕事に支持を与えつづけてくれた」（ドレフュス（マ）1978 : 95）。

カーンの三女エレーヌの夫となったラビで、義父の最初の伝記を著したジュリアン・ヴェイユ（のちのフランス大ラビ）によれば、軍法会議でドレフュスに終身流刑が言い渡された数日後の一二月二七日、大ラビは、ヴィクトワール通りのシナゴーグに「何人かの友人」を集め、反ユダヤ勢力の大衆扇動に対抗するためのいくつかの具体策（監視委員会の立ち上げ、新聞・小冊子をつうじての対抗宣伝など）を提案した。この時、彼の頭には、一八九一年にドイツで結成された「反ユダヤ主義防衛協会」の先例が去来していたのではないかといわれる（Weill, J. 1912 : 168-169 ; ポリアコフ 1977 : 42）。翌九五年一月一〇日（ドレフュス大尉の位階剝奪式の五日後）に開かれた二回目の会合では、「ＡＩＵ」の中央委員会議長ナルシス・ルヴァンを長とする行動委員会を発足させることが決定した。発足当初の顔ぶれとしては、元・治安警察局長にして『イスラエリート世界』の寄稿者（のち編集長）として「中央コンシストワール」の内部でも発言権の強いイザイ・ルヴァイヤンと、リセ・シャルルマーニュのドイツ語教師アンリ・アブラアム・ベケールを除き、実名はわかっていない。時期としてはやや後れを取ったかもしれないが、ジョゼフ・レナックとその二人の弟（サロモン、テオドール）もこの委員会に合流したのではないか、と推測されている。

実のところ、反ユダヤ主義に抗するザドック・カーンの行動力が発揮されたのは、この時が初めてではなかった。一八九二年、ドリュモンが『ラ・リーブル・パロール』（自由な言葉）』紙をもって新聞界に反ユダヤ主義の一大要塞を築くことに成功すると、当時『イスラエリート世界』紙の編集長の座にあった著名ラビ、ラザール・ヴォーグは、それに真正面から対抗する政治新聞の創刊の必要性を訴えた。大ラビ、カーンもこれに同調し、ロチルド家から出資の約束を取りつけ、オーストリア出身のジャーナリスト、イージドール・ジンガーを編集長とする新聞『ラ・ヴレ・パロール（真実の言葉）』の創刊に漕ぎ着ける。同紙は、九三年六月から、ジェムス・ダルメステテール、エルネスト・ルナン、サロモン・レナック、アナトール・ルロワ＝ボーリューといった錚々たる寄稿者を擁して刊行されたが、ジンガーのあまりの毒舌が一般読者に疎まれ、ロチルド家からの出資も約束どおりに取りつけることができなかったため、わずか一年で廃刊の憂き目を見る（ジンガーは、その後、アメリカに移り、『ジューイッシュ・エンサイクロペディア』の編集者として知られることとなる）（Marrus 1972 : 171-174）。結局は不首尾に終わったものの、この対抗言論界構築の試みが、九四年の末、ドレフュス事件に対するカーンの素早い反応に直結していた。

しかしカーンは、この『ラ・ヴレ・パロール』紙の経験から、日増しに隆盛する反ユダヤ主義に対してフランス・ユダヤ世界（とりわけ社会的地位を固めた富裕層）の危機意識を目覚めさせるのに、直接、公論の場に打って出ることの非効率と逆効果をも学び取っていた。ヴォーグやカーンの努力も虚しく、中央と地方のコンシストワールからも、また「AIU」からも、『ラ・ヴレ・パロール』紙定期購読の申込みをほとんど取りつけることができなかったのである。今回も、ドレフュス大尉の有罪が無謬のものとして一般世論に受け止められている段階で、あまりに当事者の肩をもつことは公僕たる聖職者の長の行動として不適切であるばかりか、個人的縁故に引きずられた冒険的行為として、ユダヤ世界の名士たちからそっぽを向かれてしまう危険があった。時期は不明であるが、既出『文明の坩堝のなかで』の著者ユダ・チェルノフが、反ユダヤ主義キャンペーンに対するフランス・ユダヤ世論の消極性についてザドック・カーンを前に驚きの念を表明したところ、カーンは、「抵抗キャンペーンを組織しようとしても、名士たちが私に反対するものでね」と答えたという（Tchernoff 1937 : 31）。

また、のちの一九〇二年一二月五日、『イスラエリート世界』に数名の連署で掲載された「反ユダヤ主義に対する防衛」という一文では、具体的な時期や経緯は明言せずとも、フランス・ユダヤ教世界の中枢部に、ドレフュス事件発生後、かなり早い時期から、反ユダヤ主義に抗して立ち上がろうとする有志たちを束ねる組織が結成されていた事実が明かされている。その際、彼らは、余計な疑惑や中傷に足をすくわれずに、効率よく目的を達成するため、あえてユダヤ教の公論の場ではなく、共和派やリベラル派の一般紙に個人的に働きかけを行う覆面組織として活動する戦略を採用することにしたというのだ（Oriol 2003 : 236-238）。この一文に連署しているのは、パリ二区の副区長にして「中央コンシストワール」の世俗成員アンリ・アロン、著名な医師にして「ＡＩＵ」中央委員ルイ＝リュシアン・ドレフュス＝ブリザック、ナルシス・ルヴァン、サロモン・レナック、イザイ・ルヴァイヤンであるが、そこにザドック・カーンの名が見えないのは単に公僕としての自制にすぎず、その組織自体、九四年の末、カーンがヴィクトワール通りのシナゴーグに招集した会合を母体にしていることは疑いを容れない。

とすれば、たとえば一八九五年一月三日の『イスラエリート古文書』紙上、イポリット・プラーグが、ドレフュス事件を前にしてユダヤ教世論は、本来、沈黙に閉じこもってはならないはずであると訴えたり、同年九月の『イスラエリート世界』紙が、同様の警告を繰り返し、沈黙は「都合の良い敗北」を意味すると嘆いてみせたりしているのも、フランス・ユダヤ世界の名士たちの危機意識を刺激する一方、翻って一般世論や反ユダヤ主義陣営に対しては、当時、しばしば中傷の種とされたように、ユダヤ世界が「ユダヤ組合」として水面下の活動を行っている事実などないことを印象づけるための擬装戦略であったと考えられなくもない（Ibid : 250）。また、一八九六年一〇月、ザドック・カーンがエピナルの大ラビ就任式で行った演説中、「フランスは、出自や信仰の違いを依然として考慮の外に置いたまま、全市民のうちに、みずからに忠実な子の姿のみを認め続けるであろう」として、フランス共和国とその市民に寄せる信頼感を前面に打ち出しているからといって、それは必ずしもマラスが断じているような御目出度い楽観主義の産物ではなく（Marrus 1972 : 168）、公僕たる立場から、しかも一般信徒の不安感を徒《いたずら》に煽り立てることなくドレフュス事件を暗示するためのぎりぎりの修辞であったかもしれないのだ（Oriol 2007 : 157）。

その先、マティウ・ドレフュス、ドマンジュ弁護士、ベルナール・ラザールなど、「悪魔島」の囚われ人の無実証明のために最初に動き出した一握りの人々が、裁判資料の扱いをめぐる迷宮のような手続きや、故意に流されるさまざまな誤情報、怪文書に翻弄され、一八九五年から翌九六年の秋まで、苦々しい足踏みの状態を余儀なくされた事情、そして九六年一一月一〇日、突如、大新聞『ル・マタン』に「明細書」の写しが掲載されたところから、事件が思わぬ展開を見せることとなった経緯については別のところで論じた（菅野 2002 : 321 以下）。その日、公証人ギュスタヴ・カエンのもとで働いていたザドック・カーンの長男イザーク・エドモンが、事務所にたまたま届いたワルシン・エステラジー少佐の手紙を見て、『ル・マタン』紙に掲載された「明細書」の写しの筆跡に酷似していることに気づき、父に報告したというのは、かつてユダヤ出自の陸軍将校アンドレ・クレミュー＝フォアがエドゥアール・ドリュモンに決闘を申し込んだ際、エステラジーが前者の友人として決闘の介添人をつとめたことを知っており、以来、大ラビの記憶のなかでエステラジーの名は、ユダヤ教徒・ユダヤ人に好意的な軍人として分類されていた。その後、エステラジーが、篤志家クララ・ド・イルシュ男爵夫人から金銭的援助を得たいと申し出てきた時、カーンが仲介者となり、何通か手紙をやり取りしたこともあった。こうしてカーンは、息子イザーク・エドモンの報告をあらぬ憶測として退け、秘書のもとに保存されていたエステラジーの書簡を取り出して筆跡を比較してみる労を取らなかった。一年後の一八九七年一一月、やはりエステラジーが「明細書」の主であった可能性が濃厚となり、彼がマティウ・ドレフュスによって告発されるに及んで、カーンは、前年の息子の発見をベルナール・ラザールに打ち明け、かつてエステラジーから受け取った手紙を筆跡鑑定のための資料として提供することとなるが、もしも九六年一一月、エステラジーの名がカーンを通じてベルナール・ラザール、あるいはマティウ・ドレフュスの耳に入っていたならば、事件は一年前倒しの急展開を見せていたかもしれない。いずれにせよ、「明細書」の真の主に行き着くための最大の手がかりが、フランス・ユダヤ教世界の中枢たる大ラビの執務室の引き出しに静かに収まっていた——しかもおそらくドレフュス家、アダマール家の人々から受け取った私信と一緒に——という事実は、数々の偶然と珍事に彩られた事件史のなかにあっても、かなり奇想天外な一要素というべきである（意外なことに、事件の核心に関わるこの重大な事実が、ドレフュス事件史の定番として読まれている書物（Bredin 1983）でも、最新の浩瀚なドレフュス伝（Duclert 2006）でもまったく言及されていない）。

一八九七年一一月、ザドック・カーンは、徴兵義務に応じて配属地に赴くユダヤ教徒の青年たちを激励する講話のなかで、フランス・イスラエリートにおける愛国心の高さを再度確認しながら、「イスラエルには裏切りを働くことのできる人間などいない」と述べた（Chaumont, J-Ph. 2007 : 44）。折しも一一月七日、銀行家カストロが、みずからの顧客であったエステラジーの書簡に「明細書」の筆跡を認め、マティウ・ドレフュスに通報してきたことから、真犯人の存在が一気に白日のもとに晒されることとなったが、カーンの強気の発言も、その追い風に煽られてのことだったろう。この発言について、その時点で当局から訓戒などが下された形跡はないが、いまや『イスラエリート古文書』『イスラエリート世界』両紙のもっとも注意深い読者となっていた『ラ・リーブル・パロール』紙（一一月二三日付）は過たずにそこに目を留め、フランスの公僕たる聖職者の口からその種の当てこすりが発せられる状況をさかんに問題視するのだった。
ドレフュス事件に対するフランス大ラビの関与が公の場で問題視されるようになったのは、ゾラの有名な「私は告発する！」の発表を経て、一八九八年一月二一日の下院における予算審議の場である。その日、議員質問に立ったブーランジストの代議士ルネ・ル・エリセが、先のエステラジー裁判に際し、ザドック・カーンの言動には、公僕として特定の政治活動にかかずらうことを自制すべき聖職者の立場をはるかに踏み越える部分があったのではないか、として公教育省宗教局局長シャルル・デュメーに詰め寄り、カーンに対する減給処分を求めたのである。ほかの議員たちも演壇に立ち、聖職者の義務を定めた一八四四年五月二三日のオルドナンスの条文を読み上げ、祖国防衛にも関わるこの一大事件において、ラビの務めは信徒たちに法の遵守を教えることに存する旨、あらためて訓告すべきであると訴えて満場の喝采を浴びた。
さらに一年を経た一八九九年一月には、首相・兼・内務相シャルル・デュピュイから、直接、カーンに譴責の書簡が下される一幕もあった。前年一〇月、ドレフュスの再審請求が受理されたことをうけて、破棄院刑事部で牛歩の審理が行われていた頃、ザドック・カーンは、エステラジーと同じ第七四歩兵隊に所属するカーン大尉というユダヤ教出自の将校を呼び出し、エステラジーの身辺に関するいくつかの情報を引き出そうとした。カーン大尉は、大ラビに呼び出されて政治事件に関する質問を受けるということ自体あるまじきこととして、パリ軍司令官に事後報告をする。これが陸軍相フレシネから閣議に持ち出された結果、「聖職者としての最高権威により貴方に課された特別な職責に根本的に反する行為」として、一月一七日、デュピュイからじきじきの訓告が下されることとなったのである。これに対して、二一日、カーンは次のような返答をしたためた。

閣下の厳格な評定を前にしては、恭しく頭を垂れます。ただ、私自身の弁護のために以下のように申し添えることをお許し下さい。私が取った行動は完全に孤立したものであり、その動機といたしましても、正義の所業がほんの少しでも順調に遂行されますように、そして、われらの国にとってきわめて有害な騒擾が一刻も早く終焉を迎えますように、という願いがあるのみでした。私の同宗者たちに絶えず浴びせられております攻撃の前代未聞の激しさ、またその不正の度合いからいたしまして、そうした行動も、正当化されるとまでは申しませんが、少なくとも説明づけられるのではないでしょうか（Ibid.: 47）。

穏やかな表現のもと、たとえ立法府の長が相手であっても譲れないものは譲れないとする強気の姿勢が感じられる一文である。しかも、右に見てきたとおり、カーン主導によるこの種の行動は決して「孤立したもの」ではなかった。最終的に、この時、カーンに対する実質的な処分は下されずに事は沙汰止みとなったが、反ユダヤ主義勢力は、それをもって「ユダヤ組合」に対する政府の弱腰として騒ぎ立て、カーンは、以後、反ユダヤ主義文書のなかで「世界中のユダヤ教徒にとっての教皇」と評されるまでとなる（Vial 1904 : 12）。以後、カーンの三人の息子たちは暴漢の襲撃を警戒し、父の外出の際に代わる代わる護衛をつとめることとした。一八九九年二月、フェリックス・フォール大統領の葬儀には、安全のため、黒のラビ服ではなく平服で出席した方がよいと周囲の人々がさかんに勧告したが、カーンは一切耳を貸さなかったという（Eisenmann 1975 : 32）。

一八九九年九月、レンヌの再審をもってドレフュスに再度有罪判決を下すとともに大統領令による特赦を授けるという、まさに妥協の産物として事件は一応の結末を迎える。大ラビ、ザドック・カーンは、元大尉の名誉回復（一九〇六年）を待たずして、一九〇五年、パリに没したが、ドレフュス家、アダマール家の人々、そして一八九四年末以来、覆面の行動委員として活動を共にしてきた人々が彼の死をどのように悼んだのか、詳細を伝える資料は、残念ながら、いまだ公になっていない。

総じて、ドレフュス事件を前にしたユダヤ（教）世界の「消極性」をめぐって、ペギー、ブルムからアーレント、マラスへと受け継がれてきたテーゼは、今、大きな見直しを求められている。むろん、そのためには、ザドック・カーン以外のラビたちや、中央・地方コンシストワールの要人たちの動静を一次資料の上で詳細に確認する作業を経なければならないが、現時点で確かにいえるのは、ユダヤ（教）世界の「消極性」を断言的な論調で云々する割には、事件をユダヤ「教」世界の側から読み解こうとする視座があまりに脆弱であったということだ。ユダヤ「人」と名指され、侮られながら、その実、ほとんどユダヤ「教徒」であることのなかったアルフレッド・ドレフュスの身を襲った一大事件をめぐって、にもかかわらず、フランス・ユダヤ「教」の最高責任者たるザドック・カーンを中心とし、「教徒」である度合いをさまざま異にする人物群が同心円の覆面行動委員会を組織し、グロテスクな現実に真摯に対応しようとしたらしいという、この基本的構図から、今一度、ドレフュス事件の精神史を辿り直す作業が求められている。

ベルナール・ラザールの軌跡

「ユダヤ教徒」としてドレフュス事件をもっとも濃密に生きたのが大ラビ、ザドック・カーンであったとすれば、事件体験を「ユダヤ人」という言葉の定義そのものと摺り合わせながら、もっとも深く思想化していった人物がベルナール・ラザールであったといってよいだろう（以下、ベルナール・ラザールの生涯について菅野 1998 : 1999）。

ラザール＝マルキュス＝マナセ・ベルナールは、一八六五年、南仏ニームの織物商、ジョナス・ベルナール、ノエミ・ルジェのあいだに生まれた。母ノエミはトゥールーズ出身であり、ラングドック地方最古のユダヤ教徒の一族に連なる。他方、父方の系譜は、一七九三年、大革命のさなかにドイツから渡ってきた行商人マルキュス・ベルナールに発している。マルキュスは、ニーム生まれのサージュ＝イスラエル・スイスと結ばれてラザール・ベルナール（ベルナール・ラザールの祖父）をもうける。ラザールは、やはりニームの同宗者の女性と結婚し、ユダヤ教徒居住区に小さな仕立屋を構える。一八三七年、この居住区で生まれたジョナス・ベルナール（ベルナール・ラザールの父）が店を引き継ぎ、第二帝政末期、事業の拡張に成功、まもなくユダヤ居住区を捨てて、店舗、私邸ともにニーム有数の大通り沿いの一角に移した。

ジョナスは、地元のユダヤ教社会との絆を保ちながらもキリスト教社会にも積極的に交際の幅を広げていった。当時、ユダヤ教徒住民の戸籍原簿には、まだヘブライ文字の署名が大半であったのに対し、ジョナスとノエミとの婚儀に際しては、証人として非ユダヤ教徒とおぼしき人物の名が記録され、署名もフランス語で行われているという。ジョナス自身は、ユダヤの教義、生活習慣を厳しく守りながらも、ノエミとのあいだに生まれた四人の息子たちはラビのもとに送らず、はじめからフランス共和国の公教育制度のもとで、非宗教の教育のみを受けさせた。一家でシナゴーグへ足を運ぶとしても、年に二、三度、特別な祭日に限られていたであろう。家庭内でもユダヤ教の伝統的な生活習慣の基本を遵守するにとどまり、子供らにその信仰を強制することはなかったようだ。

二一歳までニームの親元にとどまったラザール＝マルキュス＝マナセの青年時代に関する記録はほとんど残されていないが、伝記作者ウィルソンも推測するように、若き日の彼は、ブルジョワ家庭の形骸化したユダヤ教からはほとんど影響らしきものを受けず、他方、共和国の公教育に対しても、まさにそれが「解放」の救済主として、社会的成功をおさめたユダヤ・ブルジョワジーから積極的に支持されたものであるという理由から、漠然とした反発を覚えていたようだ（Wilson 1985 : 23）。そして、パリの文壇、思想界の事情に通じた従弟エフライム・ミカエルの感化のもと、精神の絶対的自由の保証を求め、無神論に傾き、前衛文学に対する憧れを募らせ、社会主義、さらには無政府主義の思想に傾倒しながらニーム時代を過ごしていたものと思われる。

彼がパリに向けて出発した一八八六年は、奇しくも、のちに彼の最大の論敵となるエドゥアール・ドリュモンが『ユダヤ人のフランス』を世に送り出した年である。しかし、パリで「ベルナール・ラザール」との筆名をもって無政府主義系の諸新聞で文筆活動を開始した頃の彼が、ドリュモンの著書に煽られるように燃え広がっていった反ユダヤ主義に対して採用したのは、エルネスト・ルナンのユダヤ史観をそのままに、同化主義をつうじたユダヤ教の完全なる「自死」という選択肢であった。つまり、みずからあらゆる既存宗教から解き放たれており、また世界は早晩、脱宗教化を免れないという原則に立脚する初期のラザールにとって、古きユダヤ教の信仰やユダヤ教的生活習慣を捨てきれずにいる現代のユダヤ教徒は、文明史の理に身を合わせ損ねた軽蔑の対象にほかならなかったのだ。翻って、二〇〇〇年前に消滅を運命づけられたユダヤ教の残滓を現代生活のなかに嗅ぎ回り、それをいたずらに誇張することによって無知な大衆の怨恨と社会的不満を煽り立てようとするドリュモンら、反ユダヤ主義者たちの試みは、はじめからまったく根拠を欠いた、的外れな議論としか映らない。少なくともドレフュス事件以前のベルナール・ラザールにとっては、これが「ユダヤ問題」のほぼすべてであった（菅野 1998 : 226 以下）。

こうして、初期のラザールのみならず、当時、反ユダヤ主義の根拠を理論的に突き崩そうとする人々の議論は、「イスラエリート」と「ジュイフ」の明確な区別の必要性に集中した。すなわち、フランスの「イスラエリート」とは、たしかに古きユダヤ姓を名乗るユダヤ教徒の末裔であるが、そのほとんどは信仰を捨ててすでに久しく、大革命以来、納税、徴兵の義務に等し並みに応じ、国家に寄与してきた「市民」である。それに対し「ジュイフ」とは、属する国家の別にまったく関係なく、また、民族的、宗教的に定義されるものでもない。それは、もっぱら社会的に決定される人間の特性を指すものである。「ジュイフという言葉はムーア人にも、ユグノーにも、カトリック教徒にも当てはまる。彼らがもっぱら、そして常に、隣人をくいものにして自分の利益をはかるという唾棄すべき規範にのっとって行動する時、彼らはみなジュイフなのである。」「いたるところ、人間は人間なのである。いたるところ、似たような悪徳と等しい美徳とを備えている。人間がどこから来たかなど、どうでもよろしい。人間をそれ自体においてとらえなければならない。個人だけが価値をもち、個人だけが、ある時は神々しく、ある時は軽蔑に値する。アーリア人の高利貸しはセム人の高利貸しと同程度に卑しく、セムの詩人は、それが良き詩人ならば、アーリアの良き詩人と同じ価値を有するのだ」（Lazare, B. 1992 : 3, 34）。ところが、反ユダヤ主義者たちは、「イスラエリート」と「ジュイフ」とを都合よく混同することによって憎しみの言説を成立させる。〈大革命〉によって市民権を得て以来、フランスの銀行、産業、政治に巧みに取り入り、大ブルジョワジーにのし上がった、ほんの一握りのイスラエリートたちが社会的に「ジュ

ベルナール・ラザール

イフ」の特性といわれるもの（背任、強欲、吝嗇、狡知）を示すたびに、反ユダヤ主義者たちは民衆の怨恨をイスラエリート一般に振り向けようとする。しかし、平均的なイスラエリートは、土地を耕し、商いに専念し、制度に仕え、また芸術・学問に才を見出しながらごくあたりまえの生活を営む、ほかのフランス人となんら変わるところのない共和国市民なのだ。富裕イスラエリートたちを羨望するどころか、彼らと同じ「ジュイフ」の名のもとに一括されることでもっぱら不利益をこうむっているのは、そうした一般のイスラエリートたちである。「定見をもった反ユダヤ主義者（antisémite）なら、むしろ反ジュイフ（antijuif）となるのがふさわしい。その時、彼らは味方として多くのイスラエリートたちを見出すこととなるだろう」（Ibid : 7）。

こうしてフランス国内の「ユダヤ問題」について「非ユダヤ主義」とも呼ぶべき立場を明らかにしたあと、ラザールは、外の「ジュイフ」たちに目を向ける。のちに、フランスにおける東欧ユダヤ教徒・ユダヤ人たちの最大の代弁者ともなる人物が、ドレフュス事件以前の論考のなかでは、彼らの存在に関し、否定の域を越えた、ほとんど断罪に近い見解を述べていたという事実を確認しておかなくてはならない。

ロシア、ポーランド、ドイツのユダヤ教徒たちは、彼らだけのあいだで連帯するに任せておけばよい。それは彼ら自身の問題だ。そうした諸外国のユダヤ教徒を精神的に高めてやる必要があるというのなら、彼らを治めている統治者がそれに従事すればよろしい。もし、統治者たちが数多くのユダヤ勢力をうまく利用することができると思うならば、彼らに教育を施し、彼らの退廃、悪習のもととなっているタルムード学者の群れから彼らを引き離してやることだ。フランスのイスラエリートの立場としては、よその国を不当に食い荒らしに来る、獰猛、野卑、不潔なタタール族の不断の流入に可能な限り歯止めをかけ、堤防を築くのが当然である（Ibid : 20）。

この「タタール族の流入」とは、いうまでもなく、前章で採り上げたロシア・東欧系ユダヤ教徒移流民を指す。初期のラザールにとって、伝統的ユダヤ教徒たちは、政治的解放以前の問題として宗教からの解放というバールさえ越えられずにいる存在、つまり、ルナン的ユダヤ史観の見地から、文明史の流れに完全に乗り遅れた存在として切り捨てられるべき存在なのだ。

こうして初期ラザールのユダヤ論においては、隆盛する反ユダヤ主義からの「イスラエリート」擁護と、ユダヤ教徒の脱宗教化の必要とが、まったく別の二つの事象としてとらえられており、後者は前者を問題とするための、はるか以前の最低必要条件と認識されている。そのことは、彼が『反ユダヤ主義、その歴史と原因』（一八九四年）の結論部に掲げた次の一文によって、一層はっきりするだろう。

滅びつつあるのはタルムードの伝統ばかりではない。ユダヤ教そのものが死に瀕しているのだ。既存宗教のなかでもっとも古いこの宗教が、どうやらもっとも早く消滅することになるらしい。[…]ユダヤ教とともに、ユダヤ的精神も消え去るのである（Lazare, B. 1894 : 401-402）。

また、九三年一二月のある論説のなかでは、ユダヤ同化主義の究極形態そのままに――

ユダヤ人が、それ［反ユダヤ主義］を逃れるための方法はひとつしかない。消滅すること、国民という大海のなかに紛れて、消えてしまうことである（Lazare, B. 1992 : 55）。

と言い切っている。

このように、ラザールが一八九四年春刊行の自著のなかで、信徒集団としてのユダヤ・ナシオンの終焉と、それにともなう反ユダヤ主義の自然消滅を結論づけた、その半年後、フランスの反ユダヤ主義的精神のすべてが余すところなく発揮されることとなる事件が勃発するとは、なんという歴史の皮肉であろう。のちにラザールは、九四年秋の事件発生当初を振り返って、「反ユダヤの動向について私の目はすでに肥えていた。日を追って事実関係を分析、吟味するなかから、私の心には、事件が反ユダヤ主義による陰謀の結果であるという確信が生まれていた」（Gauthier 1965 : 83）と述べているが、実のところ、「反ユダヤ主義がこれほどまでのことをやってのけるとは」、「ドリュモンの戯言にここまで人々の精神を蝕む毒があったとは」という驚きに近い気持ちが、当時、彼の偽らざる心境ではなかっただろうか。これにより、当然、自著の結論として打ち出していた反ユダヤ主義の自然消滅という見通しには修正が迫られることとなる。「新たなるゲットー」と題された記事（『ラ・ジュスティス』紙、一八九四年一一月一七日付）のなかで、ラザールは数か月前までの自己の予見の甘さを認めざるを得なかった。「われわれは、反ユダヤ主義の理論も理論家の面々もよく知っていた。ただ、エドゥアール・ドリュモン氏のような指導者につき従う軍勢はまだまだ小規模なものにすぎないと、誰しもがそう信じていた。われわれは誤っていた。そして、このドレフュス大尉に対してなされた告発だけで、われわれの誤りを克明に示すものとして十分であった。」

一八九五年一月五日、パリ士官学校の中庭で行われたドレフュスの位階剝奪式にラザールが立ち会った形跡はない。しかし、翌月、ドレフュスが流刑地である南米ギアナに到着した頃、陸軍監獄司令フォルズィネッティの紹介によりマティウ・ドレフュスとドゥマンジュ弁護士から協力を依頼され、彼らの保持していた裁判記録に目を通した時から、ラザールの指針は定まった。すなわち、この一件は軍部と世論を支配する反ユダヤ主義が産み落としたグロテスクな冤罪事件にほかならず、ドレフュスは「ジュイフ」であるという理由により「ジュイフ」として裁かれたのだという事実を歴史の前に明らかにしなければならない、という指針である。

しかし、ラザールが一八九五年二月に執筆を請け負い、同年夏にはすでに第一稿を完成させていたという第一の告発文『誤審』は、なぜ翌九六年一一月まで日の目を見なかったのか。機密漏洩と陸軍に対する名誉毀損の嫌疑を引き受けて新たな法廷に身を呈し、そこで九四年末のドレフュス裁判を呼び覚ますという戦略――のちの九八年一月、文豪エミール・ゾラが採用することとなる戦略――が、九五年のラザールに閉ざされてしまったのはなぜか。この疑問に対する一つの可能な答えを、すでに別のところに示しておいた（菅野 2002 : 321 以下）。法律尊重主義と政界・言論界の実力者への内密の働きかけという、一見矛盾する二つの方向を同時に採択したマティウ・ドレフュスとドゥマンジュ弁護士の態度、たしかに弱腰ともとられかねない彼らの慎重論を、ラザール自身が表だって批判したことは一度もないが、事件後のある覚書のなかで、当時の心境が以下のように回顧されている。

その慎重さゆえにあらゆる表だった行動に出ることを恐れるドゥマンジュ弁護士によって、もしもマティウが引き留められるようなことがなかったならば、私はもっと早く動き出していたに違いない。［…］この年［一八九五年］を、私は、期待と焦慮のうちに、行動への熱にうかされるような気持ちで過ごした。私の行動についても、私の願望についても、打ち明ける相手は一人としていなかった（Gauthier 1965 : 85-86）。

たしかに一八九五年、そして翌九六年の半ばまでの彼は、言論人、行動人として完全なる孤独のなかにあったかもしれない。それまでの記事や著書のなかで、ユダヤとしての消滅をもって反ユダヤ主義自体を無意味化するという解決策を展開してきたラザールの評価、評判は、まずもってユダヤ教の公論の場においてきわめて否定的なものであったのだ（Oriol 2003 : 235）。早ければ九五年、ザドック・カーンの周囲に形成されたと考えられる行動委員会の構成員としてラザールに声がかからなかったことはむしろ当然であり、ラザール自身、そうした覆面組織が水面下で活動を始めたことをまったく知らなかったに違いない。しかし、彼が過去数か月にわたり（一度の決闘さえあいだに挟んで）ドリュモンと繰り広げてきた紙上論争が、九六年八月、『反ユダヤ主義に抗して』と題する小冊子にまとめられ、それがジョゼフ・レナックの目に留まるに及んで状況は一変した。この小冊子を読み、ラザールをユダヤ出自の言論人として見直すにいたったレナックは、彼に手紙を書き送り、過去に彼からブルジョワ政治家として酷評されたことも水に流すとして、連帯の握手を求めたのだ。ラザールもこれに鄭重に応じ、互いの政治的立場の差異にもかかわらず、反ユダヤ主義に抗する闘いにおいて二人は完全に協調し得る、と返した（Ibid : 238-239）。

おそらくこの往復書簡の直後、ラザールは、レナックに引き込まれる形で行動委員会に加わり、ザドック・カーンとも個人的な面識を得たと考えられる（ユダヤ教から完全に遠ざかっていた彼にとって、ラビと親しく言葉を交わすこと自体が初めての経験であったかもしれない）。カーンとラザールのあいだにはほどなく強固な信頼関係が生まれ、いつしか、ラザールがヴィクトワール通りのシナゴーグ内にあるカーンの執務室を訪れ、ドレフュス事件の顚末について長々と意見や情報を交換することが慣例化していった。「私の人生においてもっとも心地よい時間として、私たちが、あれやこれやと議論しながら、私の執務室で一緒に過ごした時間を位置づけています。あの頃の思い出から、今なお私の脳裏に蘇ってくるのは、光明と力強さ、そして真実の最終的な勝利に寄せる信頼の印象です」（カーンからラザールへの手紙、日付不明、Oriol 2007 : 167）。

一見、些末ながら重要な意味を帯びているのは、この人脈が形成された時期（一八九六年秋）である。たしかにラザールは、九六年の夏に刊行された小冊子『反ユダヤ主義に抗して』において、以下のような辛辣な言葉遣いとともに、フランス・ユダヤ教徒たちの政治的臆病さを責め立てていた。

> 恭順という古き伝統に忠実なユダヤ教徒たちは、隔世遺伝的な臆病さも手伝って、自分の身を守ろうとしない。本来なら、立ち上がり、集団を組むべきだったのだ。市民となった国で人格を保ちながら生きるという自分たちの絶対的な権利が、ほんの一瞬たりとも疑義の対象とされることのないようにすべきだったのだ。しかし、彼らはそうしなかった。彼らは頭《こうべ》を垂れる方を選んだ。かつて迫害の風が暗いゲットーに吹き荒れ、煙る火刑場の火をかき立てながら人々の背骨を丸め込ませ、脆弱な恐がりの心を縮みあがらせていた時代にそうしていたように。彼らは自分自身にこう言い聞かせたのだ。いずれすべては収まる、嵐が静まるのを待とう、聞こえないふりをしよう、こちらから答えさえしなければ、相手はわれわれがもういなくなったと思うだろうから、われわれのことを忘れてくれるだろうから、と（Lazare, B. 1992 : 95）。

そして、前述のとおり、のちのペギーやブルムは、ラザールのこの種の評言を支えとして、事件を前にしたフランス・ユダヤ教世界の「消極性」に関するテーゼを組み上げていくこととなる。しかし、当のラザール自身、この一節を書いた頃には、カーンの周囲に形成された行動委員会の存在をまだ知らなかった。そして実際、ラザールが行動委員会に覆面メンバーとして加わったとおぼしき時期以降、彼の言説の表面から、ユダヤ教世界の「隔世遺伝的な臆病さ」といった類の表現が徐々に姿を消していくのである。

こうした状況のなかから、ラザールが少しずつ紡ぎ出していったのが、「ユダヤ・ナショナリズム」の思想である。

そもそも、私は、反ユダヤ主義にはいかなる解決法もない、と思うばかりでなく［…］、どのような解決法も探すべきではない、と考える。

それは、反ユダヤ主義者の思うがまま、彼らに対して何もせず、あらゆる侮辱を堪え忍び、その殴打に進んで身を差し出せ、ということを意味するのか？　もちろん、否である。［…］依然、闘わなければならない。抗議の声をあげなければならない。しかし、それは何のためか？［…］ジュイフが自分自身の身を守らなければならないのは、自分自身に対する最低限の義務によってなのである。あらゆる人間存在は、存在したいと願う以上、抵抗の力を示し得るようでなくてはならず、みずからの全的なる発展、存在する自由、自分自身として存在する自由を保ち続けるために、あらゆる努力を払わねばならない、という理由によるのだ（Lazare, B. 1897 a : 3）。

ラザールが、ある時点から反ユダヤ主義をなんらかの解決を施すべき「問題」としてとらえることを止め、その「問題」そのものからの解放を指向し始めていることを示す重要な一文だ。これは、ユダヤの名を冠する人間が、非ユダヤ、反ユダヤとの関連においてしか自己を考えることができなくなっていることへの警鐘であり、また、「解放」という言葉が、法的差別待遇から脱して市民社会に加わることを意味し終えたのち、次なる場においては、同化／非同化の思考の枠そのものからの脱出を意味するものでなくてはならない、という思想への発展を跡づけるものである。〈解放→同化→消滅〉の連鎖から〈現存→異化→自立〉の連鎖へと、並べられたカードの列を逆方向から順に裏返してゆくような発想の転換がここにはある。そしてベルナール・ラザール以前に、フランスにおいてこのような思考の逆転現象を言葉にし得た人物をわれわれはほかに知らない。

「ユダヤ世界をキリスト教化する（christianiser le judaïsme）のではなく、逆にユダヤ人をユダヤ化しよう（judaïser le Juif）ではないか」（Ibid : 4）――〈大革命〉以降のフランスや、自由主義政体が敷かれたほかの国々で市民権を与えられ、ゼロの状態で何かを「受け取った」と信じ込んでいるユダヤ人たちの目を覚ましてやらなくてはならない。たとえ諸権利の獲得とともに市民の義務を果たさなければならなくなったからといって、それと引き替えに「みずからの大切な過去の思い出を忘却したり、みずからの人格を放棄したりすることを強制されているわけではないのだ」ということ、つまり（ラザール自身がその言葉を用いているわけではないが）既存国家への政治的「統合（intégration）」は、決して精神的「同化（assimilation）」を意味するものではないのだということを、まず「解放ユダヤ人」たちに教えてやらなければならないというのだ。

では、われわれの連帯ともいうべき、この感覚の源をどこに求めたらよいのか？　それは、まず、一つの共通の過去、しかもごく最近の過去のなかである。解放ユダヤ人は、多くの場合、成り上がり者として振る舞い、みずからの惨めな祖先の存在を忘れている。［…］西欧のユダヤ人のなかには、現在そのあいだに混じって生きている民族に同化したい一心で、この一世紀の過去を忘れようと努力した者もいる。しかし、それまで一七世紀にもわたる年月が刻んできたものをみずからの精神と心から消し去ることに、彼らは果たして成功しただろうか？　たかだか百年が何だというのか？　そのようなもので、何千年にもわたって築き上げられてきたものを廃棄できるのだろうか？（Lazare, B. 1992 : 143-144）

こうして、「現在のなかの過去」として生き続けるナシオンの記憶に根拠を置いた「ユダヤ・ナショナリズム」が提唱されることとなる。

ユダヤの民族性（nationalité）が存在するという、この事実は、たしかにもっぱら反ユダヤ主義者たちによってのみ認められ、一部のユダヤ人からは却下されているものだ。［…］だからといって、事実そのものを否定する理由にはならない、と私には思われる。その事実は、まさに明証によって裏打ちされたものなのだから。繰り返すが、今、私の目の前に見えているのは、何百万という人間の集団である。彼らは、幾世紀にもわたって、内外の同じ法に従い、同じ掟のもとに生活し、同じ思想、同じ風習を保ってきた人々である。これら何百万の人々は、いまだに同じ名を名乗り、互いに結びつきを感じ、同じ集団への帰属意識がある。そこから引き出すべき結論は何か？　ほかならぬ、これら数百万の人々が、一つのナシオンを形成しているということである（Ibid : 146）。

「ナショナリズム」――たしかに言葉は発せられた。しかし、ラザールは、「現在のなかの共通の過去」を絆とする民族性なるものを、いかに定立し、いずこへと発展させていこうとしているのか。

ユダヤ人にとって、ナショナリズムという言葉は何を意味するのか？　むしろ何を意味すべきなのか？　今日、ユダヤ人が「私はナショナリストだ」というとしても、それは、特殊、厳密、明確な意味において、「私はパレスティナにユダヤ国家を再建し、エルサレムを獲得せんと夢見る人間である」といっていることにはならない。彼はむしろこういっているのだ。「私は全的に自由な人間でありたい。太陽を享受したい。みずからの人間としての尊厳に対する権利を保持したい。私の上に降り注ぐ、抑圧、侮辱、軽蔑を逃れてありたいのだ」と（Ibid : 155-156）。

前年一八九六年七月、ラザールはパリでテオドル・ヘルツルに会っている。この「ユダヤ・ナショナリズム」の思想が、ヘルツルの政治的シオニズムとどこで触れ合い、どの地点から決裂してゆくか、追って慎重に見極めなければならない（次章）。ここでは、「ユダヤ・ナショナリスト」であることは「自由な人間」たらんと望むことであるというテーゼに含まれた「個別」と「普遍」の衝突、「特殊」と「一般」の入れ子構造に注目しながら、後期のラザールの思想における「ユダヤ人」というアイデンティティー概念が、右のように活字として人の目に触れることとなった論考中とは大きく異なり、遺稿として残された『ヨブの寝藁』のなかでは、かなりの不安定さを露呈していることも指摘しておかねばならない。

過越祭の晩、友人ないし親類の家で祝われるセデル（晩餐）の儀式。彼らは皆、異なる動機に駆られて、そこへやって来た（貧者、老人、労働者、お互いに面識はなく、ただ典礼に忠実な家主によってシナゴーグから連れて来られ、食卓についたのだった）。朗唱が始まる。しかし、それも街路の叫び、「ユダヤ人に死を！」に邪魔される。居合わせた人々のさまざまな反応。永遠の迫害（いにしえの思い出）、永遠の逃避、昔の逸話、永遠の民。解決法はすでに揃っている。ユダヤの民の魂を理解し、それを知る必要性（ハガダーの子供たち）。［…］

父祖の信仰は彼の心のなかで死に絶え、みずからその信仰の不十分さを理解し、自分の人種に属する人々が厭わしい存在に思えていたけれども、彼はなお、あまりに多くの絆によってその人々に結びつけられていたため、彼らに対して無関心でいることもできなかった。反ユダヤ主義運動のことが彼の心を占めていた。彼は多くの書物を読み、みずから真摯な意見を抱こうとした。彼は、真実の探求を命じるみずからの良心と、いつでも自分を裏切り者として扱う用意のできた世界とのあいだで板挟みになっていた。［…］

各人がそれぞれの場所に逃げ場所を見出していた。ある者は無関心のなかに。ある者は見境のない信仰心、あるいは深く動機づけられた信仰心のなかに。ある者は、大胆にして燦然たる神秘主義のなかに。また別の者は科学と無神論のなかに。彼だけは、そのいずれもできなかった。創造するほど十分に芸術家ではなく、抽象的な事物で満足するほど十分に思想家でもなく、無関心を決め込むにしてはあまりに［一語欠落］で、信仰心をもつにしてはあまりに理屈っぽく、分析好きであったから。［…］

街路の騒音、叫び――ユダヤ人に死を！　いにしえの喚起。彼の文学的な想起。しかし、ユダヤ的な魂はそこにはない。

彼はユダヤ人のことを文学的に語り、文学的に想起する。「私は自分をユダヤ人と感じない」（Lazare, B. POST : 19-21）。

このように、ユダヤ教という宗教そのものと「ユダヤ・ナショナリズム」との関係について、ラザールは、その早すぎる死（一九〇三年、三八歳）の前に、明快な視座を鍛え上げるにはいたらなかった。

ユダヤ人がキリスト教化することを妨げること、それが大問題だ。

彼らにとって、また彼らがそのなかに交じって暮らす諸国民にとっても、ユダヤ人はユダヤ人であり続けなくてはならない。

キリスト教化したユダヤ人は、反動の助けにしかならないのだから。

ならば、ユダヤ人が、典礼の実践によって孤立する以外の仕方でユダヤ人であり続けるためには、どうすべきなのか？　同化、キリスト教化、あるいは典礼主義の偏見を護持すること以外に、解決法はあるのか？　ユダヤ・ナショナリズム、あるいは、少なくともユダヤ的精神の存続。［…］

ユダヤ教が、その典礼主義の桎梏から解放されてキリスト教に融け込んでしまうとすれば、それは大いなる不幸である。なぜといって、その時、ユダヤ教は、信仰から抽出された精神主義的一神教の純粋な教義を捨て去り、キリスト教的な神人融合に陥ってしまうから。それを避けるために、ユダヤ教はみずからのままであり続ける以外にない。

つまり、宗教的に変化を遂げる一つのナシオン（Ibid : 87-88）。

断章的な覚書の遺稿から一定の思想を跡づける作業には大きな危険がともなうが、晩年のラザールにおいて、ユダヤ教という宗教には、依然、「典礼主義」の「偏見」「桎梏」という表現しか適用されない。ロシア・東欧あるいはアルジェリアのユダヤ「教徒」たちとともに「ナシオン」としての連帯を築く必要性を説きながら、ラザール自身が、彼らの伝統的信仰へ先祖返り的に歩み寄っていく道だけは、はじめから閉ざされたままなのだ。しかし、ナショナリズムの根拠として「共通の過去」を定位するとしても、その過去は、やはりユダヤ教の教義、典礼、信仰実践によって支えられ、築かれたものではなかったか。また、ここでラザールがいうように、ユダヤ人がキリスト教化することを防ぐ目的で、もっぱらそのためにユダヤ教の宗教性を「偏見」「桎梏」として護持せねばならないのだとしたら、それは、ユダヤの名を冠する人間が、もっぱら非ユダヤとの関連においてしかみずからの存在を考えることができなくなっているという自己疎外の構図を、また別のかたちで、繰り返し露呈することになりはしないか……。

個々人は宗教としてのユダヤ教を「桎梏」以外の何物でもないと感じつつ、なお、ユダヤの名を冠する人間集合は宗教的「ナシオン」として変化を遂げていかなければならないと

する この思想は、やはり、先にシュヴァルズフュックスが鋭く分析していた「利便性」としての宗教共同体幻想――われわれ自身の表現によれば、無信仰者たちによる架空の信仰心の「譲渡」によって成り立つ精神契約――の一変種である。第二帝政末期、第三共和政初期のコンシストワールは、個々の構成員における信仰心や宗教実践が大きく揺らぎ始めた時代であればこそ、ユダヤ教とその主たる制度だけは一層の努力をもって維持されなければならないという、義務と必要に駆られた共同体幻想に突き進んだ。同じように、今、ドレフュス事件を経た二〇世紀初頭に「ユダヤ・ナショナリズム」を定礎しようとする後期のベルナール・ラザールは、「ジュイフ」と呼ばれる人々をなにがしかの共同体の構成員として繋ぐ絆が見当たらなくなった時代であればこそ、ユダヤ教――「桎梏」であれ「偏見」であれ――と、それに貫かれた「共通の過去」を意識的に価値づけていかねばならないというう、やはり義務と必要に駆られた共同体幻想に身を委ねようとしている。

フランス革命期、モーセ信仰の徒であり続けながらフランスに同化する道を模索し始めたベール・イザーク・ベールから、ドレフュス事件期、いかにしても信仰心だけは取り戻せないまま、フランスから自己をしかるべき仕方で異化する方策を求め始めたベルナール・ラザールまで、フランス・ユダヤ世界の精神史は、「同化」と「異化」をめぐる思想のサイクルを、かくして一周、巡り終えた感がある。

第17章 〈聖地〉をめぐって

「原」シオニズム？

ユダヤ教は、〈聖地〉で人生の終焉を迎え、「シオンの丘」の裾野に埋葬されることをもって信徒としての本願とする一方で、目的の如何を問わず〈聖地〉に向けて安易に旅立つことを自制・抑制する宗教であり（Bouganim 2012 : 57, 168）、〈聖地〉に身を据えることを戒律の一つに数える一方で（Salmon 2002 : xxiii）、〈聖地〉における戒律侵犯は他の場所の何倍も神の名を汚すことになるという理由から、軽々な〈聖地〉への移住を危険視する宗教でもある（Reinharz 1998 : 120）。またユダヤ教は、この世の救いがもっぱらメシアの介入によってもたらされるという信念を貫く一方で、とりわけ一七世紀、シャベタイ・ツェヴィの偽メシア騒動以来（ポリアコフ 1955 : 313 以下）、終末を無理強いすることと、贖いの到来を人為的な手段で早めようとすることを厳しく戒める宗教である（ラブキン 2004 : 138 以下）。何よりもユダヤ教は、毎年、過越祭の晩餐（セデル）を「来年、エルサレムで！」の決まり文句で締めくくることを習わしとする一方で、（一）民としての自律を獲得しないこと、（二）諸々の民に楯を突かないことと並んで、（三）〈聖地〉に大挙して組織的な帰還を行わないことを「三つの誓い」として堅持する宗教である（Ravitzky 1996 : 211 以下）。このように「一方で」という連結句を挟んで鋭く対立する二項のうち、第二項の方が往々にして軽視、捨象されがちであることから、ユダヤ教徒について、それは潜在的にいつでも〈聖地〉に帰還したい（しなければならない）と思っている人々である、との誤解が一般に定着することとなった。この誤解が、キリスト教世界の終末論、至福千年思想と結びつき、たとえばイザーク・ラ・ペレールの『ユダヤ教徒の召還について』（一六四三年）といった言葉以前の宗教的シオニズムを産み落とす時、それが（著者ラ・ペレールの出自の如何にかかわらず）、当のユダヤ教徒たちにとって「痛し痒し」ないし「ありがた迷惑」になりかねないものであることは、すでに本書第8章で述べた。現代フランスのシオニズム史家が断じているように、総じて、「シオニズムをユダヤ教世界における〝永遠の現実〟として提示することは、定義からして歴史の現実には一切無縁のイデオロギー的ヴィジョン」なのである（Bensoussan 2002 : 36）。

むしろ一九世紀後半、ヨーロッパの一部のユダヤ教徒・ユダヤ人たちが、ローマによる第二神殿の破壊以来、長い離散状態にあるみずからの民を、再びパレスティナの〈聖地〉に集結し、集住させねばならないという、いわゆるシオニズムの思想に到達した時、キリスト教（とりわけアングロ＝サクソン諸国のプロテスタント世界）における「ユダヤ教徒のシオン帰還論」は、すでに三〇〇年の歴史を有していた（Sharif 1983 : 12 ; ラブキン 2012 : 50 以下）。一六世紀の宗教改革時代にまで遡るこのキリスト教シオニズムについては、近年、盛んになされるようになった歴史研究に譲り（たとえば Smith 2013）、ここでは、プロテスタント世界の〈聖地〉観には基本的に閉鎖的であったはずのカトリック国フランスの文脈に注目してみよう。

フランスの地においても、「原」シオニズムの萌芽は、まずもって非ユダヤ教世界の側、しかもユダヤ教に対して決して好意的とはいえない人々の筆の元に見出される。たとえば、近代フランス反ユダヤ主義の源泉の一つとも目されるヴォルテール『哲学辞典』（一七六四年）の「ユダヤ教徒」の項目中、トルコ人に代わってユダヤ教徒たちがパレスティナの荒野を耕しに行くべきであるという主張が展開されている箇所がそれだ。その後、マリー＝アントワネットの寵臣でヴォルテールとも交友があったシャルル・ジョゼフ・ド・リーニュが、『ユダヤ教徒に関する覚書』（一七九七年）のなかで、ユダヤ教徒たちは、往時よりも〈聖地〉で品行良く生活することを約束した上で、トルコ政府からユデアの土地を買い戻すべきであると説いている（Abitbol 1989 : 9-10, 247）。パレスティナに遠征軍を進めるボナパルトが、各国のユダヤ教徒集団の支持を取りつけようと、彼らの〈聖地〉帰還を約束したとされる「ユダヤ教徒たちへの呼びかけ」は、先述のとおり（第11章）、今日では偽書の疑いが濃厚となっているけれども、シャトーブリアンは『パリからエルサレムへの旅程』（一八一一年）のなかに、シオンに目を向けて止まないユダヤの民を離散地ではなくエルサレムで再び見出す日が到来せねばならないと書きつけ、ラマルティーヌも『東方旅行』（三五年）のなかで、〈聖地〉が「若きユダヤのナシオンによってふたたび満たされる」様を思い描いている。シャルル・フーリエは、最晩年の『誤った産業』（三五～三六年）のなかで、「ロチルドの大御所連がエズラやゼルバベルのようにユダヤ教徒たちをエルサレムに連れ戻し、〈かの地〉にロチルド王朝を築いてくれるであろう」として、実際にロチルドのパリ分家が乗り出すこととなる〈聖地〉支援事業を二〇年も先取りして見せていた。やや時代を経て、アレクサンドル・デュマ（フィス）は、一八七三年の戯曲『クロードの妻』のなかで、ダニエルというユダヤ教徒の登場人物の口から〈聖地〉帰還の必要性を滔々と訴えさせている。

他方、フランスのユダヤ教徒の側から〈聖地〉帰還の筋書きに言及した文献としてわれわれが知る最初の例は、ベール・イザーク・ベールの息子ミシェル・ベールが、一八〇一年、ヨーロッパの諸政府に対し、各国のユダヤ教徒にフランスのユダヤ教徒と同じ「解放」の道を歩ませることを促す趣旨で書き下ろした『諸国民と諸王の正義に対する呼びかけ』の結論部である。

> 各国の民は、いまや旧来の敵のうちに友と兄弟の姿を見ること、そして赦しと慈しみという人間の最大の幸福に身を委ねることとしか望んでいないこれらの人々［ユダヤ教徒］を、もはやはね付けることはしないでありましょう。
>
> しかしながら、もしもあなた方が、永遠の打ち克ち難き敵として、あなた方の不正な復讐心をわれわれに感じさせることを止めず、あなた方の憎悪の毒杯を最後の一滴まで飲み干すことを強いようとするならば、その時は、むしろわれわれを全面的に破壊する決断を下したまえ。とある一日をもって、あなた方の不幸な兄弟の殺戮が完成するような仕方で……！　なぜといって、死は、恥辱や隷属よりもまだ好ましいのですから。あるいは、もしもあなた方の方でそのような不正の所業に手を染める気になれないならば、少なくともその者たちを、悲惨の住処以外の何物でもなくなった土地から解放してやりたまえ。彼らが産声を上げるのを見た、その場所が、もしも彼らの祖国たり得ないのならば、むしろ彼らには、武器を手にし、彼らの古き真の祖国を征服するために出立することを選ばせたまえ……。彼らは、その神殿の廃墟の上で［…］、勝ち誇るか、あるいは死を見出すか、いずれかの道を辿るでありましょう。かつて、この不幸なナシオンの形成を目にした土地が、今度はその滅亡を目の当たりにすることとなるでしょう……。それでも、少なくともこのナシオンは、全世界がその過去の偉大さ、不幸、そして勇壮さを思い起こしながら、自分を凝視し、称賛し、そして追悼してくれるという栄誉にはあずかることになるのです（Berr, M. 1801 : 54-55 傍点引用者）。

一読して明らかなように、ベールにとっては、フランスを先例としてヨーロッパのすべての国においてユダヤ教徒住民が同胞として迎え入れられることが人類の平和と幸福のための必須条件であり、ユダヤ教徒たちが武器を手にして〈聖地〉の征服に向かう可能性は、万が一、その必須条件が満たされない場合の、あってはならない選択肢を構成している。キリスト教世界の少なからぬ文筆家たちが、ユダヤ教徒の〈聖地〉への帰還願望を代弁したつもりになり、そこに彼らの幸福の唯一の可能性さえ見て取ろうとするのに対し、ユダヤ教徒たちの側では、その帰還が、キリスト教世界における自分たちの「解放」が蹉跌した場合の仮想、いわば、あり得べからざる不幸のデフォルトとして観ぜられている点がきわめて興味深い。

一八一八年、アメリカのユダヤ教徒で、外交官から作家に転じたモルデカイ・マヌエル・ノアは、まずエリー湖とオンタリオ湖を結ぶナイアガラ川の中洲グランド島に「アララト」（ノアの箱船が洪水後に漂着したとされる山の名）と称するユダヤ教徒だけの象徴的国家を創設し、それを足がかりとして世界のユダヤ教徒たちのシオン帰還を実現してはどうかという案をまとめて、世界各地のラビたちに書簡で呼びかけた。しかしこの時、フランス「中央コンシストワール」の大ラビ、アブラハム・ヴィータ・デ・コローニャは、「アメリカであれ、別の土地であれ、聖書の預言には「ユダヤ教徒国家の」現実の再生に関する言及は一切見られない。ユダヤ教徒は終末を急がせるべきではない」と返答し、このヘルツル主義の先駆けをきっぱりと退けたという（Graetz 1989 : 239 ; Bensoussan 2002 : 29）。

他方、ある時期以降、フランス・ユダヤ世界の名士や文人たちに直接働きかけ、ユダヤ教徒の〈聖地〉召還をヴィジョンから現実の次元へ移行させせようとしたのは、イギリスからスイスに移植されたプロテスタントの至福千年思想の信奉者たちであった（Graetz 1989 : 364 以下）。この世がいったん終末を迎え、キリストが再臨した上で新たな至福の一千年が幕を開けることになるというキリスト教の伝統的な至福千年論に、そのための必要条件としてユダヤ教徒たちの〈聖地〉帰還を嵌め込む思想の型は、一七世紀以来、イギリスを中心に発展を遂げてきたのであったが、一八一七年、その思想の信奉者が何名かイギリスからジュネーヴに渡り、教説をうち広めたことから、スイスのカルヴァン派内部にも「目覚め」という至福千年論者の集団が形成され、さらにその内部の少数派として「イスラエルを愛する者たち」という潮流が生まれた。

ヌーシャテルの牧師アブラム＝フランソワ・ペタヴェルは、一八二六年、この「目覚め」の一員となり、ほどなく集団内部でユダヤ教問題を担当する代表格となった。彼は、布教と連帯構築の照準をフランスのユダヤ教徒集団に定め、まずは一八三七年、最寄りのアルザスでユダヤ教の新聞『再生』の編集に当たっていたシモン・ブロック（既出）に接触している。一八四六年、ロンドンで「世界福音連盟（World Evangelical Alliance）」が結成されると、彼はそのスイス支部の中心を担うこととなった。二月革命を経て、ペタヴェルによるフランス・ユダヤ教世界への働きかけはさらに活発化する。一八五一年から翌年にかけて、彼は息子ウィリアムをともなってフランス全土を経巡り、各地のユダヤ教代表者たちと面会を重ねながら、天上の王国を地上に実現するためにユダヤ教徒とキリスト教徒が手を携えるべきである旨、説いて回るのだった。のちに「世界イスラエリート連盟（ＡＩＵ）」の創始者の一人となるジュール・カルヴァロは、ユダヤ教とキリスト教の宥和というペタヴェルの思想には共鳴しながらも、その二宗教の融合、統一まで歩を進めようとする傾向には最後まで同調できなかったようだ（他方、のちの「世界イスラエリート連盟（Alliance Israélite Universelle）」という組織名が「世界福音連盟」の影響を受けていることは間違いあるまい）。この時、ペタヴェルは、ロチルド家の次男ギュスタヴとも面会し、ユダヤ教徒の〈聖地〉帰還の可能性について話し合ったが、ギュスタヴは、「一緒に暮らすのならば、トルコ人よりもフランス人の方が好ましい」と述べるにとどめたという。この時点で、フランスにおいてペタヴェルのユダヤ教徒〈聖地〉帰還説に理解を示した人物としては、のちに『パリ・ローマ・エルサレム』を世に問うこととなるジョゼフ・サルヴァドールくらいのものであり（Ibid : 372）、イジドール・カエンが編集長をつとめる『イスラエリート古文書』などは、このように「イスラエルへの愛」を唱えてやまないキリスト教の一潮流を「突飛」と評し、警戒感を露わにしていた。ただ、本来、『古文書』よりも正統派ユダヤ教に近い立場にあるはずの『イスラエリート世界』は、当時、ストラスブールからパリに移ったシモン・ブロックが編集長の座にあったためか、ペタヴェルの率先行動を一定の理解と称賛をもって報じていた。

一八五四年七月の『イスラエリート世界』には、既出ミュルーズの改革派ラビ、サミュエル・ドレフュスによる「イスラエリートの視点から見た東方問題」という書簡形式の長い記事が掲載された。これがフランスにおいてラビの立場から発せられた、おそらく最初にして、その後しばらくのあいだ唯一の〈聖地〉重視の訴えである（Chouraqui, J-M. 1987 : 42-44）。ドレフュスはまず、オスマン帝国をめぐる国際政治の動向と相俟って熱い視線が「東方」に集まるなか、フランスのラビ体制には〈聖地〉の位置づけに関する定見が、旧来、完全に欠落していたことを指摘するところから始める。ユダヤ教徒の〈聖地〉再定住を現実の可能性としてさかんに鼓舞する弁舌が、日々、キリスト教徒たちの側から繰り返される一方、ユダヤ教世界は、新たに祖国となったそれぞれの国家に忠誠を誓うことに熱心なあまり、本来、カトリック教徒にとってローマが有する重要性をみずからにとって備えているはずのエルサレムに対し、あまりに無関心にして冷淡ではなかったか。今こそ、フランスのユダヤ教指導層が率先して他国の同宗者たちに呼びかけ、エルサレムの町にユダヤ教世界の中心性を取り戻させる活動を始めるべきではないか、というのだ。しかしドレフュスは、言葉以前の「キリスト教シオニスト」たちが説いて止まないように、信徒集団を実際に〈聖地〉に送り込んだり、世界の富裕ユダヤ教徒がオスマン帝国から少しずつ〈聖地〉の地所を買い取ったりすることをもって、ユダヤ教にとっての〈聖地〉復興のための方途と考えているわけではない。ただ彼は、仏・英の政府による中東政策や各国のユダヤ教徒篤志家による〈聖地〉支援が、単なる政治や慈善の活動として行われるのではなく、ラビたちによる精神的な裏づけをともなった信仰行為の性格をも兼ね備えるべきである、と訴えているのだ。「たしかにモンテフィオーレやロチルドは、旧約のゼルバベルやネヘミヤの再来とならねばならないであろう。しかし、彼らの活動がいかに聖なるものであったとしても、大シナゴーグを建設するエズラなくしては、いずれ無に帰してしまうことであろう。」とりわけ西欧の「文明国」で脱宗教化が急速に進行する折、信徒をユダヤ教に繋ぎ止める求心力を〈聖地〉の精神的復興に期待する発想は、のちにザドック・カーン、エドモン・ド・ロチルドのもとにも見出される。

一八五八年の「モルターラ事件」（既出）は、ほどなく「世界イスラエリート連盟（AIU）」の発起人となる人々（カルヴァロ、カエン、ルヴァン）がペタヴェル牧師を介して「世界福音連盟」との絆を深める機縁となった。モルターラ少年の身柄をめぐるローマ・カトリックの強硬な姿勢は、それら二つの「連盟」にとって、モーセの法、福音書の精神、その双方に反するものと映ったからだ。一八六〇年、「AIU」の発足後は、その中心メンバーらが頻繁にロンドンを訪れ、「世界福音連盟」の代表者たちとユダヤ教・キリスト教間の協力関係について協議の場をもつこととなった。ペタヴェル自身は、一八七〇年、普仏戦争勃発の年に世を去ったが、死の直前、ナポレオン三世に宛てた手紙のなかで、彼は、フランスとプロイセンが即刻戦争を停止し、「ユダヤ教徒を流謫地から父祖の土地へ連れ戻す作業に共同で当たらねばならない」と強く進言している（Graetz 1989 : 365）。

一八六〇年には、後世の史書のなかでしばしば「原シオニズム（proto-sionisme）」を打ち出すものとして引き合いに出される二冊の書物、エルネスト・ラアランヌの『新しき東方問題』とジョゼフ・サルヴァドールの『パリ・ローマ・エルサレム』が時を同じくして刊行された。キリスト教出自の政府高官にして、事実上、ナポレオン三世の秘書の地位にあったラアランヌは、その四七頁の小著のなかで、ユダヤ教徒の歴史的宿命を高く評価し、彼らが近い将来に果たすべき偉大なる任務を素描する。ユダヤ教徒たちは、一八世紀にもわたる長い殉教の冠を戴き、祖先たちの土地に舞い戻り、そこで「いまだ経験に乏しい諸民族に文明を伝達する」ことによって、ヨーロッパとアジアの仲介者の役割を果たし、そこから「インド、中国へ、さらに開拓の余地を残す未知の諸列島にまで大いなる道を切り開かなければならない」というのだ（Laharanne 1860 : 38, 45）。ラアランヌの人物像やこの小冊子執筆の経緯などは今日なお不明であるが、サン＝シモン主義の影響を色濃くとどめつつ、おそらくナポレオン三世自身が中東地域に関して抱いていた野心を代弁するかたちで書かれたこの書物は、二年後、ドイツにおける政治的シオニズムの原典ともいわれるモーゼス・ヘスの『ローマとエルサレム』にふんだんに引用されることとなる。

他方、サルヴァドールの『パリ・ローマ・エルサレム』（Salvador 1860）は、たしかにパレスティナの土地に新たな生命力を吹き込む役割を担わされた民としてユダヤ教徒を称揚する趣旨を鮮明にしながらも、ユダヤ教徒の〈聖地〉帰還のヴィジョンを現実の地理と近々の時間軸の上に位置づけたり、具体的なユダヤ教国家創設の青写真を提示したりする意図で書かれたものとは到底思われない。むしろ、サルヴァドールの眼目は、先行する『モーセの律法』（一八二二年）、『イエス＝キリストとその教義』（三八年）のなかでその必要性が説かれていたように、ユダヤ教を、中世以来のタルムード主義からも、キリスト教のプリズムを通した虚像からも解き放ち、原初の普遍的一神教の状態に立ち返らせた上で、それを「エルサレム」という象徴の都市名にふたたび固着させることにあったと見るべきだろう（Sebban 2012 : 345-346）。実際、サルヴァドールが思い描く「新たなエルサレム」では、モーセのみならず、イエス、ムハンマド、ブッダ、ならびにヴォルテール、ルソーといった近代の哲学者たちも、人類への多大なる貢献をなした人物群として、等しく称賛、崇拝されなければならないとされている。アナトール・ルロワ＝ボーリューがいみじくも評しているとおり、「このフランス・ユダヤ教徒［サルヴァドール］は、ダビデの町をして、地球を合衆国と見立てた場合のワシントン、東洋と西洋の連邦首府のようなものにしてしまいかねなかった」（Leroy-Beaulieu 1893 : 430）。そして、ラアランヌの小著を高く買ったモーゼス・ヘスも、サルヴァドールの二巻の大著の方は、「新エルサレムを融合主義者たちの世界首都に仕立て上げようとする」単なる思想家の「夢想」として切り捨てているのだ（Hess 1862 : 138）。

他方、サルヴァドールの死から数年を経た一八八一年、その思想的後継者を自任するジェムス・ダルメストテールは、ロシアやドイツで勢いづく反ユダヤ主義の動向をも見据えた上で、先人の夢想にやや具体的な相貌をまとわせようと試みている。

現在、西洋が東洋に傾注している努力は、必ずや、ヨルダン川の歴史的谷間で微睡んでいる伝統と夢をふたたび目覚めさせることになろう。エルサレムのユダヤ教徒たちが陥っている深い堕落にもかかわらず、他日、西洋から生命力が少しずつ浸透していってそれらの屍を蘇らせる時、エルサレムは［…］東洋のユダヤ教の力を結集した、抗し難い吸引力の中心となるであろう。それはまた、ヨーロッパの一部にあって、キリスト教の土地では正義という預言者の期待の成就を目にすることのかなわなかった人々を惹きつけさえするだろう。ガリラヤの岸辺、古きカナーンの地に新しい国家が作られるかもしれない。その国家では、歴史の思い出と、近年のモスクワやプロイセンにおける迫害の帰結とが合力をなし、ユダヤ教の要素が支配力をふるうであろう（Abitbol 1989 : 37 に引用）。

むろん、このダルメストテールによる〈聖地〉再興論も、みずからの代に実現を見るべき事業ではなく、動詞を遠い未来形においた夢想として語られているにすぎない。一八七三年に他界したサルヴァドールはいうまでもなく、『イスラエルの預言者たち』（一八九二年）をもってユダヤ教とキリスト教の発展的融合による普遍宗教の創設を訴え、九四年、ドレフュス事件発生の直前に世を去ったダルメステテールにおいても、キリスト教の土地にあって〈大革命〉という正義の預言的成就に立ち会ったフランスのイスラエリートにはそのような未来国家の実現に乗り出す必要さえ存在しないという点が、当面、揺るぎなき大前提をなしているのだ。「シオニズム」の語にもさまざまな修飾語を被せることが可能だが、「宗教的シオニズム」や「政治的シオニズム」と並んで「空想的シオニズム」といったカテゴリーを用意するのでもない限り、サルヴァドールやダルメステテールの思想を「原シオニズム」として位置づけることは、かなり困難といわざるを得ない。

むしろ、そのような思想や夢想が活字として盛んに形を取り始めた頃、〈聖地〉のユダヤ教徒人口は右肩上がりの傾向を見せ、また、〈聖地〉のユダヤ教会衆の生活環境を改善に向かわせようとする地道な支援活動が、とりわけフランス・イスラエリートたちの手で実行に移され始めたことに目を向けなければならない。

〈聖地〉の状況

一世紀、ローマによる第二神殿の破壊以来、千数百年のあいだ、〈聖地〉のユダヤ教徒は、キリスト教徒よりもさらに少ない二〇〇〇〜五〇〇〇人の小規模集団をかろうじて維持してきたと考えられる。その低迷する人口曲線を最初に上昇に転じさせたのは、一八世紀末、東欧の「ハシッド（敬虔派）」たちであった。一七〇〇年頃、ガリツィアにハシディズムの潮流を興したバアル・シェム・トーヴことイスラエル・ベン・エリエゼル（通称「ベシュト」）の義兄、クティのアヴラハム・ゲルションが、一七四六年、〈聖地〉に移住し、一七六〇年、エルサレムで死を迎えて以来、彼を「ツァディク（義人）」として慕う「ハシッド」たちの小集団が、ぽつりぽつりと「アリヤー」を実践し始めたのである。ハシディズムを異端とみなす正統ユダヤ教の「ミトナゲド（批判者）」たちは、現実の〈聖地〉移住をシャベタイ派に類する偽メシア主義の軽挙として厳しく諫めたが、ナポレオンによるパレスティナ掌握の夢も潰えた一九世紀初頭、その「ミトナゲド」たちのなかからも「アリヤー」の実践者が現れ始め、実際に〈聖地〉に移り来て「ペルシーム（分離派）」を名乗るようになった（Neher-Bernheim 2001 : 142, 159-161）。そこには一八〇〇年代、とりわけリトアニアの一部の正統派ユダヤ教徒たちのあいだで、メシア到来のためには神の号令をひたすら待ち望むばかりではなく「下からの覚醒」も必要であるという終末思想上の意識変化が起こったことが関係していると思われる（Ibid : 162）。いずれにせよ、以後、一九世紀をつうじてロシア・東欧のアシュケナジたちによる宗教的「ア

パレスティナ（ヨルダン川から西）の宗旨別推定人口：単位＝千人（Della Pergola 2001 : 5）

	ユダヤ教徒（1890年以降は無宗教のユダヤ人を含む）	キリスト教徒	ムスリム	合　計
紀元1世紀前半	多数	－	－	2,500程度か？
5世紀	少数	多数	－	紀元1世紀を下回る数
12世紀末	少数	少数	多数	225以下
14世紀　黒死病の前	少数	少数	多数	225
14世紀　黒死病の後	少数	少数	多数	150
1533-1539	5	6	145	157
1690-1691	2	11	219	232
1800	7	22	246	275
1890	43	57	432	532
1914	94	70	525	689
1922	84	71	589	752
1931	175	89	760	1,033
1947	630	143	1,181	1,970
1960	1,911	85	1,090	3,111
1967	2,374	102	1,204	3,716
1975	2,959	116	1,447	4,568
1985	3,517	149	2,166	5,908
1995	4,522	191	3,241	8,112
2000	4,969	217	3,891	9,310

リヤー」の流れが細々ながらも維持され、一八七〇年頃には、数の面で先住セファラディ会衆をしのぐまでとなる。

その後、歴代パシャによる暴政、圧政（一八三一年まで）、ペスト禍（一二～一三年）、ギリシア独立戦争（二一～二七年）、第一次エジプト・トルコ戦争（三一～三三年）、ムハンマド・アリーの長子イーブラヒームによる政治改革（三三～四〇年）、サフェドを震源とする大地震（三七年）、第二次エジプト・トルコ戦争（三九～四一年）、列強によるエルサレム領事館設置（英は三九年、仏、露、普は四一年）、ダマスクス事件（四〇年）（既出）、クリミア戦争（五四～五六年）、ナポレオン三世によるレバノン派兵（六〇～六一年）、露土戦争（七七～七八年）など、一九世紀の政治・社会状況に重ね合わせて「イシューヴ（〈聖地〉のユダヤ教会衆）」の歴史を描き出す作業は本書の手に余る（Neher-Bernheim 2001 : 145以下、関谷 2003 : 410以下を参照）。ただ、のちのシオニズムとの関連において、とりわけ以下の三点に注目しておかなければならない。

（一）先住のセファラディ会衆が、北アフリカやイラクなどからの流入者を加えて緩やかな人口増を見せるかたわら、ロシア・東欧のユダヤ教徒たちによる宗教的「アリヤー」により、一八八一年、ロシアにおけるポグロムを待たずして、すでに〈聖地〉のアシュケナジ会衆は（内部に「敬虔派」と「分離派」の断絶を抱えながら）過去に例のない増大傾向を示し始めていた（その意味で、一八八一年に始まる流入の波を

「第一アリヤー」と呼ぶことは歴史的に不正確であり、混乱、誤解の要因にもなりかねない)。そして、そこには、一部の伝統的ユダヤ教徒たちにおける「アリヤー」意識の変化に加え、一八五〇年代の末以降、オスマン帝国が採用するにいたった門戸開放政策、ならびに黒海、地中海地域における鉄道網の発達と蒸気船の出現という、純粋に政治的、物理的な要素も大きく関わっていた(Neher-Bernheim 2001 : 204)。

(二) 従来、エルサレム、サフェド、ティベリアの三都市に集住し、みずから農耕作業に携わることがほとんどないまま、ヨーロッパ各地の〈流謫地〉から送り届けられる「ハルカー(分担金)」を生活の糧としてきた「イシューヴ」のユダヤ教徒たちのなかから(これも一八八一年、ポグロム避難者たちの流入を待たずして)、農地を取得し、進んで農耕に従事しようとする人々が出始めていた。たとえば、一八五九年、エルサレム西郊のモツァーに築かれた新居住地、あるいは、一八七八年、シャルル・ネテール(後出)の思想に共鳴したエルサレムの一部の先住ユダヤ教徒らが、ヤーファ(ヤッフォ)から一〇キロほど内陸のペタ゠ティクヴァに建設した農業開拓地などがその例である(Ibid : 199, 234)。

(三) やはり一八五〇年代末以降、オスマン帝国の内政改革、開放政策の結果、帝国臣民でない人間も、一定の条件下、きわめて煩瑣な手続きを経た上でのことながら、パレスティナで不動産を取得することができるようになったことをうけて、ヨーロッパのキリスト教諸教会(フランス・カトリック、イギリス国教会、ドイツ・プロテスタント、ロシア正教)が一斉に〈聖地〉における足場の再構築に乗り出し、イギリスとフランスのユダヤ教組織も、現地の同宗者たちへの支援に本腰を入れ始めた。ただ、それも束の間、一八八二年になると、ロシア・東欧からの移流民の急増に恐れをなしたオスマン帝国当局が、外国人の滞在を三か月に限り、土地の購入も禁止するようになる(Ibid : 197, 233, 237)。

アルベール・コーンとシャルル・ネテール

のちの一八八〇年代、ロチルド家の四男エドモン(後出)みずからがパレスティナのユダヤ教徒居住地の再興事業に乗り出すまで、同家による〈聖地〉支援策の実際を取り仕切ったのは、「ロチルド家のユダヤ教問題担当大臣」との異名を取るアルベール・コーンであった。

一七世紀末にアルザスからモラヴィアに移り住んだユダヤ教徒の家系に連なる父親のもと、ブラティスラヴァ(当時ハンガリー王国、現スロバキア)に生まれたコーンは、ウィーンで哲学とタルムード学を学ぶかたわら、アラビア語とシリア語を独学で身につけた(以下 Loeb 1878 参照)。さらにサンスクリット語とペルシア語の知識を身につけたいと思った彼は、一八三六年、パリ遊学の途上、フランクフルトでザーロモン・ロートシルト、ならびに親族の結婚式のためにパリから帰省していたザーロモンの娘ベティ(パリ家の当主ジェムスの姪にして妻）の面識を得て、たちどころにその博識と語学の才能を買われ、パリ・ロチルド家の家庭教師として雇われることとなった。こうしてコーンは、家庭内ではユダヤ教と古典語の住み込み教師として、銀行事業においてはジェムス専属の外交使節として重用され、のちには「パリ地方コンシストワール」の内部に設置された慈善局の会計（四八年）、さらには局長（五三年）に任ぜられるまでとなる。五九年、メッスからパリに移転した「フランス・イスラエリート神学校」が財政難と教授陣の不足に直面すると、コーンは、多額の寄付を行うのみならず、以後十数年間、無報酬でユダヤ教史の講義を担当することによって学校の経営を支えた（その初期の教え子の一人にザドック・カーンがいる）。サロモン・ムンクがモシェ・ベン・マイモン（マイモニデス）の『迷える者たちの手引き』（三巻、一八五六〜六六年）をアラビア語からフランス語に訳した際も、陰ながらコーンの大きな寄与があったのではないかと考えられている。

一八五四年、コーンは、ジェムス・ド・ロチルドの命により初めて〈聖地〉に赴き、エルサレムに病院と女子のための小学校を開設する事業に当たる。それまで〈聖地〉の医療は、イギリスのプロテスタント宣教師たちによって細々と維持されてきたが、当時、それに対抗して、モンテフィオーレ卿がユダヤ教徒専用の簡素な診療所を立ち上げたばかりであった（「対抗」というのは、かねてより、キリスト教徒の医師が治療行為と死の看取りをつうじて現地のユダヤ教徒を改宗に導くことが懸念されていたからである）。そこで、モンテフィオーレ卿の篤志を共有するジェムスとベティ・ド・ロチルドも協力を申し出、一八のベッドを備えた現地初の病院の建設に乗り出したのであった。医師としてドイツからノイマン博士が着任し、ユダヤ教徒、非ユダヤ教徒の別なく診療に当たった（Neher-Bernheim 2001 : 214-216）。五六年、ロチルド家の長男アルフォンスによる現地視察後、ベッドの数は五〇にまで増やされている（Weill, G. 1970 : 13）。

女子小学校の方は、同年、やはりモンテフィオーレ卿の出資により開校したもう一つの女学校ともども、現地の正統派ユダヤ教徒たちからの激しい抗議にさらされた。そのあまりの激しさに、モンテフィオーレ卿は三年後に学校の閉鎖を決断したが、ロチルド学校の方は、その後、経営母体をロンドン家に引き継ぎ、イスラエル国建国後の今日まで存続している（Neher-Bernheim 2001 : 218）。

一八五七年、モンテフィオーレ卿がスルターンと掛け合い、エルサレムのフルヴァー・シナゴーグ（ベイト・ハ＝ケネセト・ハ＝フルヴァー）の改修・拡張工事に着手する許可を取りつけると、かねがね〈聖地〉のユダヤ教会衆に深い関心を寄せていたジェムスとベティ・ド・ロチルドは巨額の資金提供を申し出、五八年には長男アルフォンスが現地に赴いて礎石を据えた（Ibid : 202）。六四年にようやく完成した新シナゴーグを、ロチルド家の人々は、ジェムスのユダヤ名をとって「ベイト・ヤアコヴ」と名づけたが、地元の信徒たちは、依然、「ベイト・ハ＝ケネセト・ハ＝フルヴァー」の旧名を用い続けた。

以後、ロチルド家は、表向きはあくまでもフランス・コンシストワールの名のもと（五八年、次男ギュスタヴが「パリ地方コンシストワール」の議長となり、七三年には長男アルフォンスがフランス「中央コンシストワール」の議長に選出される）、アルベール・コーンを有能な実務担当者として、〈聖地〉における公共事業（学校、慈善施設、職業訓練施設、共同農場、印刷所など）に莫大な資金を投じていくこととなる。しかし、これをもってロチルド家ないしフランス・ユダヤ教世界から示された言葉以前の「シオニズム」と解するのは適当ではあるまい。先にギュスタヴ・ド・ロチルドがプロテスタント牧師ペタヴェルに述べた言葉にはっきりと示されているとおり、この時点でロチルド家による〈聖地〉支援事業は、外部から同宗者の「入植」を促すものではなく、あくまでも現地の信徒たちの手による「イシューヴ」再興を手助けする目的のものだった。一八六〇年当時、エルサレムには約八〇〇〇人のユダヤ教徒が住んでいたとされるが、彼らは、ムスリム住民たちによる差別待遇に加えて、主としてイギリスのプロテスタント宣教師たちによる、かなり強引な、時として暴力的なまでの改宗活動に悩まされていた（Neher-Bernheim 2001 : 212-213 ; Antébi 2003 : 53）。ジェムス・ド・ロチルドとその片腕たるアルベール・コーンにとって、喫緊の課題は、古来、〈流謫地（ガルート）〉のユダヤ教徒に〈聖地〉のユダヤ教徒たちの生活を遠方から物理的に支えることを義務づけてきた「ハルカー（分担金）」の制度をある意味で近代化し、現地のユダヤ教徒にユダヤ教徒として生きる自信と尊厳を回復させるための公共・公益事業として編成し直すことにあったと考えられる。フランス・ロチルド家が一九世紀中葉にいたって「シオンの丘」を重視し始めたのは、現地のユダヤ教徒居留地（colonie, settlement）に本来の精神的価値を取り戻させるためであって、のちのシオニストたちのように、外部の人間を入植者（colon, settler）として送り込み、現地に物理的な場所を占有させるためではなかった。つまり、〈流謫地（ガルート）〉から〈聖地〉に送り込まねばならないのは大量の移民集団ではなく、一九世紀、西欧の〈流謫地〉の住民が浴するにいたり、異郷の同宗者たちに分配する余裕を持ち始めた「文明」の恩恵なのである。晩年、アルベール・コーンは、『イスラエリート世界』紙に寄せた一文のなかで、「ユダヤ教徒は、西洋にあってもっとも東洋的な民であり、東洋にあってもっとも西洋的な民である。言い換えるなら、彼らは、真の文明のもっとも良き仲介者なのである」（Ibid : 55）と述べている。

そのことは、初期「世界イスラエリート連盟（ＡＩＵ）」の構成員たち、とりわけシャルル・ネテールの〈聖地〉観にも、ほぼ共通していえることであった。

アルザスの古いラビの家門に生まれ、ストラスブールで聖俗両面にわたるしっかりとした教育を受けたシャルル・ネテールは、一八五一年、フランス製の雑貨・小物を国外に輸出する商社をパリに立ち上げる。その事業は瞬く間に成功を収め、ロンドン、プラハ、さらにはカイロにも支店網を張り巡らせるまでとなった。ネテール自身、東欧や中東を商用で頻繁に訪れるようになり、途上、各地のユダヤ教徒居住地の現状（多くの場合、惨状）を目の当たりにすることとなった。

他方で彼は、パリのロチルド家がすでに一八四〇年代から国内で着手していたイスラエリートの子弟のための職業訓練事業の会計を任され、五九年には「パリ・イスラエリート見習職・労働者支援会」の副会長に就任する。そうした経歴をつうじて、東欧や中東にもユダヤ教徒の青少年たちのための職業訓練施設を普及させる必要性の認識が彼の心に芽生えていった（Kaspi 2010 : 16 以下）。

一八六〇年に発足した「ＡＩＵ」が、ヴァンドーム通り一〇番のネテールの自宅を本拠にしていたことはすでに述べたとおりだ。以後、彼は、みずからの事業（また健康）も顧みず、東欧、中東、北アフリカのユダヤ教徒たちの生活条件改善を目的とする「ＡＩＵ」の活動に全霊を捧げることとなる。一八六七年、彼は、シリアからペルシアにいたる一帯で劣悪な生活環境に置かれたユダヤ教徒たちをパレスティナに誘導して新しい集団生活を始めさせると同時に、〈聖地〉の既存ユダヤ教徒会衆についても、国外からの「ハルカー」のみに依存する物乞い状態から脱し、みずからの手で生活の糧を得させるようにしなければならないという活動基本方針を「ＡＩＵ」執行部に提出する。翌六八年には、みずからエルサレムの「シオンの丘」に赴き、現地のユダヤ教徒たちの前で、早晩、彼らを劣悪な生活環境から解き放つことを確約する演説を行った。「ＡＩＵ」執行部も彼の発意に賛同し、現地に青少年のための農学校を建設する計画への支援を約束する。翌六九年にはイスタンブールに赴き、オスマン帝国の大宰相とシリア総督に謁見し、ヤーファ（ヤッフォ）近郊に二四〇ヘクタールの土地を取得して、ユダヤ教徒の子弟のための農学校を建設する許可も得た。こうして翌七〇年、開校に漕ぎ着けたのが、パレスティナ初の近代的農学校「ミクヴェ・イスラエル（イスラエルの望み）」である（名称は「エレミヤ書」一四の8による）。

一八六九年、アルベール・コーンは、四度目にして最後のパレスティナ視察の際、開校準備中の「ミクヴェ・イスラエル」を訪れてシャルル・ネテールに会い、帰国後、「ＡＩＵ」の例会で以下のような賛辞と展望を繰り広げた。

われわれは、神のお力を借りて、われらが民の子らを、その古来の生活様式に立ち返らせることができるだろう。いつの日にか、彼らが、ふたたび無花果《いちじく》とオリーヴの木陰で休らうことができますように。［…］私は、エルサレムの町が、その名にふさわしい文化と繁栄の拠点になることを望む。もちろんそれは、われわれ自身が皆、かの地に帰還するという意味ではない。われわれが皆、エルサレムの市壁のなかに居場所を見出すためには、われわれの数は余りに多くなりすぎたのだから。しかし、われわれの仲介によって手にすることとなった真実と慈悲の原則に感謝の念を抱く諸方の民が、われわれと力を合わせ、〈かの地〉に、「イスラエリート連盟」の家ではなく「世界連盟」の家を建てるということが、何故あってはならないだろうか？
（Antébi 2003 : 143-144）

ユートピア、理想主義との評に値するかも知れないが、この時点で、コーン、ロチルド家、ならびに発足間もない「ＡＩＵ」の海外事業が、単にユダヤ教の同宗者の福利厚生に限定されたものではなく、「フランス」と「文明」の標語のもと、鷹揚な普遍主義に貫かれていたことをはっきりとうかがわせる一節である。

シャルル・ネテール自身は、七三年まで「ミクヴェ・イスラエル」に滞在して指導に当たり、その後、現地出身の助手に運営を任せた。一八七四年に三〇名ほどだった生徒数は、一八八五年、六〇名を超えるまでとなったが、施設の運営は、教師陣の不足や、現地の気候に適した作物や品種を確定することの難しさに加え、近隣のムスリム住民たちからの苦情、さらには正統派ユダヤ教徒たちからの断罪にもさらされて、当初、困難を極めた。施設が揺籃期の危機を乗り越えてその後も存続し得たのは（今日ではフランス・イスラエル国共同運営の高等中学校となっている）、「ＡＩＵ」の副会長サロモン・アィユム・ゴルドシュミットの理解、ならびにネテールの死後、校長の座を引き継いだサミュエル・イルシュの功績によるところが大きい（Antébi 1999 : 283-289）。

ほかにもネテールは、一八七六〜七七年のイスタンブール（コンスタンティノープル）会議に出席してルーマニアとブルガリアのユダヤ教徒たちへの市民権授与を訴え、七八年のベルリン会議では、セルビアとモンテネグロのユダヤ教徒の立場を擁護し、八〇年には、マドリード会議でモロッコのユダヤ教徒の保護を西欧各国政府に訴えるなど、国際会議における「ＡＩＵ」代表としての役割を精力的に果たした。

一八八一年一一月、すでに重い病に冒されていたネテールは、当時オーストリア領ガリツィアのロシア国境近くに位置するブロドゥイ（現ウクライナ）に赴き、「ＡＩＵ」のドイツ人、オーストリア人会員たち、イギリスのキリスト教活動家ローレンス・オリファント、さらに「ホヴェヴェ・ツィヨン（シオンを愛する者たち）」を率いるロシアのラビ、シェムエル・モヒレヴェル（モハリヴェル）らとともに、ポグロムを逃れてロシア領内から逃れ出てくる二万四〇〇〇人のユダヤ教徒の救護活動に加わった。この時、彼らの尽力により、ブロドゥイの避難民のうち少なくとも八六〇〇人がアメリカ合衆国に向けて旅立つことができた。ネテール自身、逃避行の途中で親を亡くした二八人の孤児を「ミクヴェ・イスラエル」に引き取ることにした（Weill, G. 1970 : 8）。しかし、孤児はともかく、これらロシア・東欧出自の成人の難民をパレスティナに集団で送り込むことについて、ネテールは、いくつかの理由から否定的であった。まず、ロシアの「定住区域」への集住を余儀なくされて以来、農業の営みから切り離されていたアシュケナジ系のユダヤ教徒を、気候風土も言語環境もあまりに異なるパレスティナに集団で入植させることは、彼の目に時期尚早の冒険的行為と映った。「今、数百名の人々に［その入植を拒否することによって］一時的な不幸を味わわせることを恐れたがために、のちに数千人もの人々を不幸にするかもしれない、ということを考える必要があります」（イジドール・レーブ宛書簡、Anrébi 2003 : 151）。同時に彼が警戒したのは、このパレスティナ入植計画が、モヒレヴェル（モハリヴェル）の「ホヴェヴェ・ツィヨン」以外にも、オリファントを筆頭とするイギリスの福音主義者たちによって遂行されようとしている点であった。先述のように、イギリスのプロテスタント宣教師たちが〈聖地〉で繰り広げているユダヤ教徒改宗運動は、フランス・ユダヤ教世界にとって大きな懸念の種となっていた。この時も、イギリスにおいてユダヤ教徒の「シオン帰還」運動を指導するオリファントが、ロシア・東欧のユダヤ教徒の逃げ場所を〈聖地〉に確保してやるばかりでなく、そこで彼らをキリスト者として蘇らせることで「千年王国」の到来を早めるというキリスト教の改宗運動を主眼としていることは、ネテールの目に明らかすぎるほどだったのである。

ロンドンがブロドゥイに、タルムードに通じたユダヤ教徒を自称するアングロ＝サクソン人、オリファントをはるばる送り込んでくるというあたり、いかにも信用なりません。彼らは、ブロドゥイから避難民をなくして見せると称して、何週間も前から、ブロドゥイが新しい「出エジプト」のスエズ運河になるのだ、などと鳴り物入りで喧伝しています。聞いたところでは、オリファントはブロドゥイからブカレストに行き、そこでイスラエルの民をパレスティナに導いてくれるメシアを受け入れるための大がかりな準備を始めるのだとか（レーブ宛書簡、Ibid : 152）。

ブロドゥイからいったんパリに戻り、「ＡＩＵ」の執行部やエドモン・ド・ロチルドにロシア・東欧のユダヤ教徒難民の窮状について報告したあと、ネテールは、八二年九月、パレスティナに舞い戻る。その時すでに、「ミクヴェ・イスラエル」の一〇キロほど南に、「ホヴェヴェ・ツィヨン」に導かれたロシア・ユダヤ教徒の避難民数十名からなる入植地「リション・レ＝ツィヨン（シオンへの第一歩）」が築かれつつあった。ネテールがパリのイジドール・レーブに書き送った最後の手紙の一つには、「リション・レ＝ツィヨン」の新参者たちを哀れみつつ、おそらくその試みも短命に終わるであろうとの見通しが綴られている。しかし、避難民たちをパレスティナまで引率してきた「ホヴェヴェ・ツィヨン」の活動家ヨセフ・フェインベルグから、エドモン・ド・ロチルドに資金援助の要請をするための紹介状を書いて欲しいと依頼されたネテールは、同宗者としてそれを断ることはできなかった。フェインベルグが彼の手紙を携えてヤーファ（ヤッフォ）からパリに向けて出発した数日後、ネテールは病に倒れる。ブロドゥイでの無理がたたったのでもあろう、病状は急速に悪化し、一〇月二日、エルサレムのロチルド病院から駆けつけた医師の手当も虚しく、ネテールは息を引き取る。亡骸は、本人の希望どおり、「ミクヴェ・イスラエル」の敷地の一角に埋葬された。みずからの財、時間、体力、そのすべてを、世界中の恵まれない同宗者たちの福利に捧げた人間の五六年の生涯であった。

エドモン・ド・ロチルドの〈聖地〉

一八一〇年代、フランクフルトからパリに移ってロートシルトのフランス分家を創始したジェムス・ド・ロチルドと妻ベティのあいだには、長女シャルロットに続いて四人の男子が生まれた。末子のエドモン（左頁肖像）は、奔放で派手好きだった上の三人の兄（アルフォンス、ギュスタヴ、サロモン）とは異なり、少年時代から地味で控え目な学者気質、夢想家の趣をたたえていたという。上の二人の兄が父の事業を継いで銀行・鉄道事業を大きく発展させていったのに対し（三男サロモンは二九歳で若死にしている）、エドモンは版画や古銭の収集に没頭し、父や兄たちの事業にも、また世事や流行の遊興などにもほとんど興味を示さなかった。その彼が、長じて「ハ＝ナディヴ・ハ＝イェドゥアー（名の知れた寛大の人）」なるヘブライ語の異名を取り、〈聖地〉再興の最大の功労者として今日に語り継がれることとなったのは一体いかなる経緯によるものだったのか。

七月王政も終わりに近い一八四五年、ブローニュ＝シュール＝セーヌのロチルド家の館に生まれた彼は、フランクフルト本家のユダヤ教の伝統に可能な限り忠実であり続けようとする父母、ならびにユダヤ教の確かな学知を備えた家庭教師アルベール・コーンのもと、食餌規定（カシュルート）の遵守を幾分か弛緩させながらも、聖書ヘブライ語の学習と基本的な信仰実践を怠らない堅実なユダヤ教徒として成長した（のちに三二歳で妻として迎えたナポリ家のアデレード——エドモンから見て従兄の娘に当たる——の影響下、彼の後半生におけるユダヤ教実践はむしろ厳格さを増したほどである）（Antébi 2003 : 119）。一八五八年、コレージュ・ボナパルト（のちコレージュ・コンドルセ）に入学し、世俗の教育を受けながら、学年の前後で、レナック三兄弟、アナトール・ルロワ＝ボーリユー、アルトヴィグ・ドランブール、ジェムス・ダルメストテールなど、のちにフランス・ユダヤ学の中心人物となる面々と親交を持った。コレージュの記録上、六三年、彼が修辞級に進んだことは確かめられても、翌六四年、哲学級には彼の名前はもはや見当たらないという。六四年、兄サロモンが急死し、また六八年には父ジェムスが世を去ってい

エドモン・ド・ロチルド

るが、この頃のエドモンについては、絵画や版画の収集に没頭していたらしいことを除き、詳細はわかっていない。一八七〇年の普仏戦争時には、エドモンもトロシュ将軍の麾下、国民軍兵士として武器を取った。敗戦後、ロチルド家がフェリエールに所有していた城は、ヴィルヘルム一世、ビスマルク、モルトケらの逗留場所として接収されたが、いまやパリ・ロチルド家の当主となったアルフォンスは、これらドイツの要人たちとドイツ語で話すことを拒み、フランス語のみで押し通したという。

普仏戦争後、二六歳に達したエドモンは、兄ギュスタヴが議長をつとめる「パリ地方コンシストワール」直属の慈善局で、アルベール・コーンの仕事を補佐するようになった。その頃、「世界イスラエリート連盟（AIU）」の面々も同様の慈善活動に乗り出していたが、エドモンが彼らから一線を画そうとしたのは、先述のとおり、一八六〇〜七〇年代の「AIU」がイギリスの福音主義者たちとの関係を密にしていたためではないかと推測される（Ibid : 169）。シャルル・ネテール同様、エドモン・ド・ロチルドも、最終的にイエスの教えへの改宗を目的とするキリスト教福音主義者たちによるユダヤ教徒支援、「シオン帰還」説には、かなりの警戒心、敵愾心を抱いていたからである。父ジェムスが慈善活動を展開してきた〈聖地〉において、土着のユダヤ教徒たちが「千年王国」を説き回るプロテスタント宣教師たちの改宗活動に悩まされている実態については、エドモンもアルベール・コーンから詳細な説明を受けていたに違いない。

彼がコーンの後継者として着手した慈善活動には、ユダヤ教の過去を文化遺産として発掘、保存する仕事も含まれていた。一八七四年、イタリア旅行の折、ルネサンス期の有名なユダヤ教徒音楽家サラモーネ・ロッシによりマントヴァのシナゴーグのために作られた合唱集の楽譜を偶然見つけた彼は、それを持ち帰ってパリのナザレト・シナゴーグの合唱隊長サミュエル・ダヴィドに与え、作曲家ヴァンサン・ダンディの協力のもと、新しい典礼合唱曲として蘇らせた。続いてエドモンが大きな関心を寄せたのは、一八七〇年代、イギリスのパレスティナ考古学調査隊に雇われて重要な発掘を次々と成し遂げていたシャルル＝シモン・クレルモン＝ガノーの仕事である。

一九世紀後半のヨーロッパで、聖書考古学なる学問の一分野がいかにして産声を上げ、そして、その成果が同時代人の聖書観、歴史観にいかなるインパクトを与えたか、という点については別のところで論じた（菅野 2002 : 256 以下）。それまで聖書（とりわけ旧約聖書）の言葉として知り抜いていた「イストワール（歴史・物語）」が、二〇〇〇年以上の時を経て、地中から掘り出される「オブジェ」によって裏打ちされたり、覆されたりする時代が到来したのである。クレルモン＝ガノー自身の言葉によれば、その頃、「ついに魔法が解かれ、われわれは、古代世界のただなかで聖書の土地だけを例外にしようとする根強い秘匿主義に打ち克った」（Antébi 2003 : 99）。この聖書考古学が、イギリスの、しかもキリスト教福音主義者たちの息がかかった「パレスティナ調査基金」の主導で行われることに反発を覚え、地中の層の少なくともイエス以前の時代に属する部分の調査はユダヤ教徒の主導のもとでなされるべきと考えたエドモンは、以後、クレルモン＝ガノー、その他によるパレスティナ発掘調査に匿名で積極的な資金援助を行っていく。〈聖地〉を農地化するという「地表」の事業に乗り出す数年前、〈聖地〉の考古学という「地中」の事業に対する強い関心が、まずエドモンの心を占めていたわけだ。

一八七七年、アルベール・コーンが世を去り、コンシストワール慈善局の活動は、以後、三二歳のエドモンが、六歳年上のザドック・カーンと連絡を密にしながら引き継ぐこととなった。晩年のコーンがさかんに称揚していた「ＡＩＵ」の「ミクヴェ・イスラエル」事業について、当初、エドモンが特別な関心を抱いていた形跡はなく、カーンと頻繁に行き来していたシャルル・ネテールとも、彼自身は一八八一年まで面識がなかった（やはり、カーンやネテール以外の「ＡＩＵ」の主要会員たちの傾向――イギリス・プロテスタントとの連帯、そしてユダヤ教信仰実践の弛緩――への反感から、その活動とは一線を画そうとしていた様子がうかがわれる）。しかし、一八八一～八二年、エドモンの目を、もはや〈聖地〉の「地中」ではなく、その「地表」の事業へと決定的に見開かせる事態が発生した。前述、ロシアのポグロムによるユダヤ教徒・ユダヤ人の大量流出がそれである。

一八八一年一二月、ポグロムを逃れてきた難民たちが吹きだまりをなすガリツィアのブロドゥイからパリに一時帰還したシャルル・ネテールは、ザドック・カーンに付き添われ、初めてエドモン・ド・ロチルドに面会している（Ibid : 150）。詳細は不明だが、ロシア・ユダヤ教徒避難民たちの惨状についてネテールから直に報告を受けたエドモンが、以後、カーンと共同で難民のための慈善委員会を発足させることを約束したようだ。翌八二年五月、ふたたびブロドゥイからパリを経てヤーファ（ヤッフォ）に戻る途中、ネテールはエドモンと二度目の面会を行っているが、この時は、先にネテールがレーブ宛ての書簡のなかに描き出していたオリファントらイギリス福音主義者の動向も間違いなくエドモンの耳に入れられたはずだ。同年九月（ヤーファ（ヤッフォ）でネテールが死の床に伏した頃）、エドモンは、ザドック・カーンと「ＡＩＵ」の実力者ミシェル・エルランジェの仲介により、「ホヴェヴェ・ツィヨン」を指導するロシア人ラビ、シュムエル・モヒレヴェル（モハリヴェル）の訪問を受けている。そして一〇月初旬、パリ滞在中の「ホヴェヴェ・ツィヨン」代表者とザドック・カーンのあいだに交わされた取り決めは、「ＡＩＵ」が「ミクヴェ・イスラエル」周辺の土地を、一定期間、「ホヴェヴェ・ツィヨン」が連れて来るユダヤ教徒入植者たちに貸与し、必要な家屋、家畜小屋などの建設費用をエドモン・ド・ロチルド男爵の寄付によって賄うという内容であった。その頃、ネテールの紹介状を携えてパリにやってきたフェインベルグとも面会したエドモンは、一〇月二〇日、「ミクヴェ・イスラエル」の校長イルシュに宛てた手紙のなかで、以後、「ＡＩＵ」との合意の上、「ミクヴェ・イスラエル」を仲介として近隣の「リション・レ＝ツィヨン」に支援の手を差し伸べることにした旨、伝えている。

こうしてエドモン・ド・ロチルドが、父ジェムスの代から行われてきた〈聖地〉の「イシューヴ」再興支援からも、また「ＡＩＵ」が「ミクヴェ・イスラエル」をもって着手した中東一帯のユダヤ教徒（いわゆるミズラヒ）たちの農業集団化事業からも一歩踏み出し、ロシア・東欧のアシュケナジ・ユダヤ教徒集団の入植地を〈聖地〉に築くための支援事業に乗り出していった背景には、カーンやネテールを介して「リション・レ＝ツィヨン」を運営する「ホヴェヴェ・ツィヨン」から寄せられた要請があったことがわかる。以後、一八九〇年代までにエドモンは、「リション・レ＝ツィヨン」のさらに南に位置するエクロン、「ミクヴェ・イスラエル」の北東にあるペタ・ティクヴァ、ガリラヤ地方のサマリン（ジフロン・ヤアコヴ）、さらにはティベリア湖の北に位置するロシュ・ピナー、イェソッド・ハ＝マアラといった場所で「ホヴェヴェ・ツィヨン」の活動家たちが建設し始めた入植地を、匿名のまま（関係者のヘブライ語書簡のなかでは「名の知れた寛大の人」と呼ばれつつ）事実上の所有者として運営していくこととなる。一八八七年には、妻アデレードをともなって初めて〈聖地〉を旅し、これらの入植地を一つ一つ訪ねては、現地の指導者や入植者たちと直接言葉を交わしている（その後、彼の〈聖地〉訪問は、一八九三年、一八九九年、一九一四年、一九二四年の合計五回にわたった）。

「ホヴェヴェ・ツィヨン」の手引きでロシア・東欧からこれらの場所に移り住んでくる入植者たちを、エドモンが当初から永遠の定住者とみなしていたのか、あるいは、実際にそうした例も少なくなかったように、まずはポグロムの恐怖を逃れ、一定期間、それらの入植地で農業技術を身につけたのち、モーリス・ド・イルシュ（モーリッツ・フォン・ヒルシュ）の支援事業（一八九一年、「ユダヤ植民協会（ＩＣＡ）」として組織化）などをつうじて、北米や南米により適した定住の地を求めて旅立って行く一時的な滞在者とみなしていたのか、必ずしも判然としない。確かなことは、一八八二年、「ミクヴェ・イスラエル」周辺の土地への入植者として、モハリヴェル（モヒレヴェル）がラビとして指導するルザヌイ（現ベラルーシ）の会衆から、ラビ自身の見立てにより一一家族

〈およそ一〇〇人〉を選抜することが条件として課されたように、エドモンにとって、彼の資金援助を受けて〈聖地〉に移り住むのは正真正銘のユダヤ教徒でなくてはならず、いつしか信仰実践を弛緩させたり、あるいはそれを完全に遺棄したりしたユダヤ人の入植を奨励することなど、およそ想定の枠外であったということだ。

「ホヴェヴェ・ツィヨン」自体、ラビ、モヒレヴェル〈モハリヴェル〉に指導された宗教組織でありながら、〈聖地〉への入植という行為について、その活動家たちと出資者たるエドモンとのあいだには当初から微妙な価値観の相違があったことも指摘されている。「ホヴェヴェ・ツィヨン」の活動家たちが〈のちのシオニストたちの綱領を先取りする形で〉、古代イスラエルの系譜に連なる人間がパレスティナにあって物理的な空間を占めること自体に活動の意義を見出し始めたのに対し〈土地ないし領土としての〈聖地〉の中心性〉、エドモンは、むしろ〈聖地〉に全世界のユダヤ教徒の精神的源泉としての息吹を取り戻させることをもって事業の最終的な価値ととらえ、現実の人間集団の入植、定住はあくまでも二次的な要素とみなしていた〈精神の拠り所としての〈聖地〉の中心性〉。エドモンの伝記著者エリザベト・アンテビによれば、「そこにこそ男爵との係争点があった。男爵にとって、人間たちがそこ［〈聖地〉］にいるのは、道徳と宗教の安住の地を築くためであり、「イシューヴ〈座すること、住まうこと〉」とは、その使命を果たす限りにおいて意味をもつものであった」(Ibid : 207)。

折しも、レオン・ピンスケルがドイツ語で書いた匿名の小著『自力解放』〈一八八二年〉の思想を引き継ぐウィーンのユダヤ民族主義者ナタン・ビルンバウムが、みずから編集する定期刊行物『自力解放！』〈八五～九四年〉で「シオニズム〈Zionismus〉」という新語を用いたのが一八九〇年初頭のことである。ビルンバウム自身は、居住地の別や〈聖地〉移住の意志の有無によらず、「ユダヤ民族主義」の所在を明らかにするためにその語を用いたのであったが、九〇年代、それが瞬く間にユダヤ教徒難民の〈聖地〉入植を支援するイルシュ〈ヒルシュ〉、ロチルド両男爵の慈善活動を指す言葉として一般に流布してしまうのだった。皮肉なことに、のちに政治的シオニズムの提唱者となるヘルツルも、初めの頃は、これら西欧の富豪博愛主義者たちの活動に対する揶揄を込めて「シオニズム」の語を用いていた〈Oriol 2003 : 331〉。

ドレフュス事件期〈一八九四～一九〇六年〉をつうじて、上の兄アルフォンスはフランス「中央コンシストワール」の議長、下の兄ギュスタヴは「パリ地方コンシストワール」の議長の座にあった。それでなくとも普段からザドック・カーンと頻繁に連絡を取り合っていたエドモンは、この世紀の冤罪事件の内実について、かなり早い時期から核心の情報に触れる機会に恵まれていたに違いない。だが、ほとんどユダヤ教徒の範疇には該当せず、もっぱら非ユダヤ教世界〈とりわけ反ユダヤ主義陣営〉から「ジュイフ」の名を蔑称として貼りつけられた一陸軍将校の身に降りかかった悲劇に、エドモンの心がどれほど揺り動かされたものだろう。アンテビが慎重を期しながらも推測しているように、「当時、エドモン・ド・ロチルドの深奥の感情は、パリの名士連よりも、東欧の避難民たちの方に近いところにあったのかもしれない」(Antébi 2003 : 264)。

他方、オーストリアの同化ユダヤ人から一転して政治的シオニズムの提唱者となったテオドル・ヘルツルに対するエドモンの徹頭徹尾、警戒的な姿勢は、資料の上でもはっきりと追跡することができる。

一八九五年一月、ウィーンの日刊紙『ノイエ・フライエ・プレッセ』の記者としてドレフュス大尉の位階剝奪式を取材し、パリの民衆に染み渡った反ユダヤ感情の激しさを目の当たりにしたテオドル・ヘルツルは、同年五月、「ユダヤ植民協会」のイルシュ(ヒルシュ)男爵にパリで会見を申し入れている。六月二日、二二頁の覚書を携えてイルシュのもとを訪れたヘルツルは、パレスティナに向けた空前の規模の入植案を示し、資金面での援助を要請した。イルシュは「ユダヤ植民協会」の立場からできる限りの援助を約束しながらも、この男が「夢でも見ている」のではないかとの印象を禁じ得なかったという(Bredin 1992 : 289)。数日後、次なるエドモン・ド・ロチルドとの会見を期し、ヘルツルは「建白書」を執筆した。結局、この時はエドモンに会えないまま、ヘルツルはウィーンへ呼び戻されることとなったが、その「建白書」のなかには、すでに『ユダヤ人国家』(九六年二月)の構想が大方出揃っていた。

翌一八九六年七月、パリに舞い戻ったヘルツルは、ようやくエドモンとの会見を実現させる。七月一八日、ラフィット街のロチルド邸にて、「ユダヤ植民協会」のパリ支部を代表するナルシス・ルヴァンとエミール・メイエルソンの同席のもとで行われた会見は、ヘルツルが男爵にシオニズムの主旨を説明するという小講演会の趣を呈した。ヘルツルの話を聞き終えるや、エドモンは、彼を一一世紀、第一回十字軍を呼びかけたピエール・レルミットになぞらえ、計画の壮大さに呆気にとられた表情であったという。その実現可能性について、トルコのスルターンの同意を得ることの困難、パリ、ロンドンの既存ユダヤ教団体の抵抗など、男爵からいくつもの疑義が提出された。当面は現存のパレスチナ入植地の運営を充実させることで満足すべきであるとするエドモンに対し、ヘルツルは「入植地は小振りの国家であり、国家は大振りの入植地である。あなたは小国家を求め、わたしは大入植地を夢見ている、その違いにすぎない」と述べ、さらなる説得を試みたが、エドモンの理解を得るにはほど遠かった(Boyer 1991 : 91)。

のちのシオニストないしシオニズム支持派の書き手による歴史記述において、この一齣は、はるか遠方を見通すヘルツルの預言者的ヴィジョンと、目の前の困難に拘泥する慈善家エドモン・ド・ロチルドの近視眼的な現実主義の対比として描かれることが多い。しかし、たとえこの席上でエドモンが明白に口にしたわけではなかったとしても、彼にヘルツルの政治的シオニズムに対する力を到底許さなかった、宗教的、精神的理由の所在も明らかにしておくべきだろう。相当の時間を経た時点での回想であるため、事後に形をなした解釈や見解が混在している可能性も高いが、晩年のエドモンは、ある対話者に以下のように述べている。

私がパレスティナに努力を集中するようになったのは、二人のロシア・ユダヤ教徒［モヒレヴェルとフェインベルグ］の訪問を受けたからだと皆が考えているが、それは間違いだ。実際のところ、私がそうした考えに到達したのは、それよりもずっと前、フランスのユダヤ教徒たちの同化、とりわけ異宗派間結婚が恐るべき早さで進行しているのに気づいた時だった。私は、かつてはユダヤ教の牙城であったいくつかの名家が、われわれと袂を分かっていくのを見たのだ。［…］

そこから私はこういう結論に達した。ユダヤ教が、われらの偉大なる預言者たちの伝統に則して発展を続けることができるような土地をどこかに見つけなければならない。そして私は、それにふさわしい世界で唯一の場所がパレスティナであることを理解した。［…］

ユダヤ教の精神を維持すべく、それぞれの入植地に祈りの家と学校を建てることによって、われらのトーラー、そして農業の営み、その双方に愛着を抱く新しい世代を産み落とすことができる、と考えたのだ。

ここで言外にもはっきりと伝わってくるのは、ユダヤ教徒としての責任と深い危機感に根ざしたみずからのパレスティナ支援事業と、一、二世代前にユダヤ教信仰との絆を弛緩させ、みずからはほぼ信仰の非実践者となっていながら、周辺社会における反ユダヤ主義の隆盛により、もっぱら他者の視線を通じてユダヤ人なるものの自覚に立ち返った人間の政治的ヴィジョンとを、簡単に同一平面上に置いて欲しくないという気持ちではないだろうか。おそらく、その一日の会見において、ヘルツルが口にする「ジュイフ、ユーデ」という言葉と、エドモンが理解する「ジュイフ、ユーデ」の言葉は、どこかの地点で決定的なすれ違いを起こしており、後者からすれば、前者の発想と言葉遣いのなかに、ユダヤ教の精神性がほとんど感じられなかったのだ。ふたたびアンテビによれば、「エドモン・ド・ロチルド自身が打ち明けているとおり、彼は、長いこと、パレスティナにユダヤ教の精神的中心を見るアハド・ハアム（後出）の思想に共鳴していた。パレスティナを避難所とみなそうとする思想は、そのあとから折り重なってきたにすぎない。してみれば、単に反ユダヤ主義によってユダヤ人に変容したにすぎず、ほとんど宗教的であることのないオーストリア人［ヘルツル］に相対したエドモン・ド・ロチルドの苛立ちも無理からぬものであった」（Ibid :

271）。もしもそうであるとすれば、ヘルツルに相対した、その時その場でエドモンの口を突いて出た十字軍時代のキリスト教イデオローグ、ピエール・レルミットの名にも、比喩として相当の毒気が含まれていたことになる。

ザドック・カーンとシオニズム

その一方で、この頃、コンシストワールの慈善局の活動をエドモン・ド・ロチルドと二人三脚で押し進め、フランス・ユダヤ教の精神性をまさに公的に代表する立場にあったザドック・カーンの〈聖地〉観、シオニズム観は奈辺に位置づけられるのか。

カーンがユダヤ教指導者として〈聖地〉に言及した例はごくわずかしか記録にとどめられていないが、たとえば一八七二年、ある教説のなかで、イギリス・プロテスタントらによるユダヤ教徒〈聖地〉帰還説を睨んでのことなのか、パリの信徒たちに向けて「エルサレム」の意味を次のように教え諭していた。

> たしかに、神殿は、モリヤの頂に再び建てられることであろう。しかし、すでにユダヤ教は、みずからの運命がその聖なる建造物の存在自体に結びつけられているわけではないことを認識している。エルサレムはエルサレムのみにあるのではない。エルサレムは、信徒の集いが息づくあらゆる場所にある。誰かが、至高の御方を讃え、律法を学ぼうとして聖壇を築く、そのすべての場所にあるのだ（Ibid : 136-137）。

一八八一〜八二年、シャルル・ネテールと「ホヴェヴェ・ツィヨン」のモヒレヴェル（モハリヴェル）をエドモン・ド・ロチルドに引き合わせ、結果的に男爵が長期のパレスティナ事業に乗り出すきっかけを作ったのがザドック・カーンであったことは先述のとおりだ。同時に彼は、パリに流入してきたロシア・東欧ユダヤ教徒たちをつうじてレオン・ピンスケルの思想に興味を抱き、その『自力解放』（八二年）も早い時期に読破していたようだ。八七年、パリを訪れたピンスケルと面会して意気投合し、そのまま彼をエドモン・ド・ロチルドにも引き合わせている（Eisenmann 1975 : 34）。八六年、パリに住むロシア・ルーマニア出自のユダヤ教徒数名が、パレスティナに入植した同胞を遠方から支援するための組織「イシューヴ・エレッツ・イスラエル」を発足させていたが、カーンは、九〇年、「中央コンシストワール」の大ラビに就任した直後、その会長を引き受けている（おそらくエドモン・ド・ロチルドがその手の役柄として実名を表に出すことを徹底して拒んだためであろう）。その就任演説のなかで、カーンは〈聖地〉を指して、彼自身おそらく初めて「われらが父祖の地」という表現を用い、それが以後、生涯をつうじてエドモン・ド・ロチルドが愛用する定型句にもなったという

（Antébi 2003 : 132）。九四年には、カーンの呼びかけのもと、「ホヴェヴェ・ツィヨン」を筆頭にパレスティナ入植を支援するヨーロッパ各地の組織代表を一堂に集めた集会がパリで開催された。カーンの娘婿、ジュリアン・ヴェイユによれば、当初、「世界イスラエリート連盟（ＡＩＵ）」の書記イジドール・レーブが、水、食糧、建築資材、燃料、衛生、その他すべてに事欠くパレスティナの地はロシア・東欧のユダヤ教徒難民の受け入れ地として不適切であり、「ＡＩＵ」の活動を彼らのパレスティナ入植事業に深入りさせることには慎重であるべきとしたのに対し、カーンの方は、〈かの地〉が、余所の土地では考えられないような「感情面での吸引力」をユダヤ教徒の心に及ぼすものであることを重視し、あわせて、もしも入植者たちをして太古のヘブライ人の生活様式たる農業の営みに〈かの地〉において立ち返らせることができれば、ユダヤ教徒は金銭の取引によってしか生計を立てることのできない民である、という反ユダヤ陣営からの中傷に決定的な反証を突きつけることができるとして、あくまでもエドモン・ド・ロチルドと共同歩調を取ろうとしたという（Weill, J. 1912 : 107-108）。いずれにせよ、エドモン同様、カーンにおいても、〈聖地〉に赴き、〈聖地〉を耕すという行為が、ヘブライ語の「ゲウラー（贖い、再結集）」に深く結びついた信仰の行為としてとらえられていたことに変わりはない。

ユダヤ人国家建設計画への理解者を探し求めるテオドル・ヘルツルが、「ＡＩＵ」のナスシス・ルヴァンの示唆によりザドック・カーンに面会したのは、ドレフュス事件の発生後、カーンの周囲で覆面の行動委員会が活動を開始した一八九五年一一月半ばのことであった。新聞記者としてパリで四年を過ごしたヘルツルが、ルヴァンの示唆を受けた時点で、どうやらカーンの名前さえ知らなかったというところにも、フランス・ユダヤ教世界、あるいはユダヤ教一般に対するヘルツルの無知、無関心が露呈しているといえるだろう（Nicault 2007 : 184）。以後、二人のあいだに手紙のやり取りが始まり、ヘルツルのパリ来訪時には面談も重ねられた。しかしカーンは、九六年春、『ユダヤ人国家』のドイツ語原著を受け取って熟読し、周囲の人々にも読ませはしたものの、最終的にその著者に対しては「好意ある態度保留」（伝記著者ヴェイユの表現）を貫いた（Weill, J. 1912 : 186）。九六年七月、ヘルツルとエドモン・ド・ロチルドとの面会時には、休暇を過ごすスイスからわざわざパリに戻って立ち会う労を惜しんでヘルツルをがっかりさせているし、翌九七年八月、バーゼルで開かれた第一回「世界シオニスト会議」にも、ヘルツルからの強い要請があったにもかかわらず、カーンは出席せず、その場で戦わされる議論と採択される解決法が「ユダヤ教と世界中の同宗者たちの最大の利益」に繋がることを望む、とする短い祝辞を送るにとどめた。

バーゼルでの会議が閉幕したのち、九月一一日の『ル・ジュルナル』紙の長いインタヴューに応じて、カーンは以下のように述べている（のち『イスラエリート古文書』紙に転載）。

この［伝統的ユダヤ教における］シオニズムと今日のシオニズムのあいだには大きな違いがあります。かつての信仰の徒にとって、奇蹟をつうじてシオンを再建する役割を負っているのは、神に遣わされ、全権を身に備えたメシアでした。［…］昔の人々は、この神の約束に信を置いていましたから、現世的な手段でその目的に到達することなど思いも寄らなかった。ひたすら確信をもって待機し、この世の苦しみからみずからを慰めていたのです。

しかし、こうした精神状態も、フランス革命の影響、あるいは、むしろイスラエリートたち自身が呼び求めた諸原則の帰結には抗することができなかった。［…］一八〇七年の大サンヘドリンは、「あらゆるフランス・イスラエリートは、フランスをみずからの祖国とみなすことを宗教的義務として負う」と定めています。この教義が異口同音で受け入れられたあと、メシア信仰は——少なくとも大部分の信徒において——かつてと同じものではあり得なくなったのです。

メシアの観念は変容を遂げました。今、きわめて多数のユダヤ教徒にとって、メシアは、進歩、ついに実現した人間相互の兄弟愛、道徳と宗教における偉大なる真実の勝利［…］、すべてそういったものの象徴になったのです。結局、今日のジュイフたちのなかにあって、信仰を維持する人々の多くは、もはやメシアを一つの遠い希望としかとらえていません。つまり、かつてイスラエルの預言者たちが人類全体のために胸にした希望です。ただ信仰に懐疑を抱く人々にとってのみ、その教義がなにがしかの歴史的真実に姿を変えたわけです。［信仰者としてのジュイフにとって］シオニズムは、もはや存在理由を失っていました。今日のシオニズムの産みの親とみなされ得るのは反ユダヤ主義です。つまり、それはヨーロッパ文明の精神的退行に結びついているわけです。

信仰としてのメシア主義が内実を失ったのち、その型枠だけが無信仰のユダヤ人に引き取られ、それが、本来あるまじきもの、根絶すべきものであるはずの反ユダヤ主義に結びつけられた末に、新国家建設という政治的ヴィジョンに転化させられていくという一連のプロセスに、フランス・ユダヤ教世界の代表者として、不自然さ、不健全さを指摘せずにはいられなかったわけである。

さらにカーンは、ヘルツルが提唱するとおりにユダヤ教徒・ユダヤ人による国家がどこかに創設された場合、その国家の名称と定義をめぐって必ずや生じるであろう矛盾を次のように予見している。

ヘルツル博士とその弟子の皆さんも、専制主義的な神権政治を受け入れようなどとは一瞬たりとも考えていないはずです。彼らも、不寛容の帰結がどういうものであるか、よくよく心得ているので、彼らの憲法の第一行には寛容を命じる法を書き込まざるを得ないでしょう。しかし、その国家において、市民生活、政治、宗教に関する法律のいずれもユダヤ教の法でないとするなら、なぜ、その新しい国家が「ユダヤ国家」を名乗らなければならないのでしょうか。

以後、ヘルツルの書簡や日記におけるカーンへの言及は、時として反ユダヤ主義者の言葉と見紛うばかりの毒々しいものとなり（Nicault 2007 : 187）、翌九八年の第二回以降、「世界シオニスト会議」への招待もカーンのもとには届かなくなった。しかし、見解の相違や利害のずれはそのままに、人間関係をことさら遮断しないことをもって宗とするカーンは、その後も一九〇五年の没年まで、ヘルツルやその賛同者たちを温かくパリに迎え入れ、シオニズムの機関紙が創刊されれば必ずその定期購読者となり、パリのロシア・東欧系移民たちによるシオニスト団体の立ち上げや運営にも可能な限りの協力を惜しまなかった。そのように日常の水準でシオニズムに対して示された理解力、包容力から推して、右の『ル・ジュルナル』紙における彼の発言は、フランス大ラビという立場に縛られた表向きの擬装にすぎなかったのではないかとし、カーンの心の内奥に「隠れシオニズム」を見て取ろうとする説も後代のシオニストたちによって示されてきたが（Ibid : 190）、本書の著者はその種の見方には与することができない。

ベルナール・ラザールとシオニズム

エドモン・ド・ロチルドとザドック・カーンによるヘルツル主義の拒否が大きく宗教的な理由によるものだったとすれば、一度、ヘルツルの率先行動に賛同の姿勢を示したベルナール・ラザールが最終的に政治的シオニズムと袂を分かつこととなった理由は、また別の次元に属するものであった。

近年の研究からは、ラザールが、ヘルツルのユダヤ人国家創設計画に先立ち、まずアハド・ハアムの「文化的（ないし精神的）シオニズム」と呼ばれる思想に触れていたことが明らかになりつつある（Oriol 2003 : 332 以下）。アハド・ハアム（ヘブライ語で「民の一人」の意）の筆名で知られるアシェル・ヒルシュ・ギンツベルグは、一八五六年、キエフ（当時ロシア帝国領）近郊のハシッド派ユダヤ教徒の家庭に生まれ、商業と行政の世界で活躍するかたわら、レオン・ピンスケルの思想に共鳴し、「ホヴェヴェ・ツィヨン」運動に加わった。一八八九年、オデッサで「ベネ・モシェ（モーセの息子たち）」という下部組織を立ち上げたが、その方向性は、住処を追われたロシア・東欧のユダヤ教徒によるパレスティナ入植も視野に入れつつ、その前段階として、まずユダヤの民たる文化的、精神的統一性の形成を急がねばならないというものだった。

一八九四年の秋（ちょうどドレフュス事件の発生前後）、アハド・ハアムの同志で、当時、パリに活動拠点を移していたジャーナリスト、アブラハム・ルドヴィポルは、アハド・ハアムの思想をフランスの論壇に知らしめようと、出版ないし雑誌掲載のつてをラザールに求めた。当時、『反ユダヤ主義、その歴史と原因』をもって、信徒集団としてのユダヤ・ナシオンの終焉とそれにともなう反ユダヤ主義の自然消滅を結論づけたばかりのラザールにとって、それは、ポグロム以後、各地で多種多様の発展を遂げていたロシア・東欧のユダヤ・ナショナリズムと接する初めての機会であったに違いない。結局、アハド・ハアムのために活字媒体を見つけることには成功しなかったが、以後、ラザールはルドヴィポルを通じて、「ロシア・イスラエリート学生協会」（一八九二年発足）など、パリで結成されたロシア・東欧出自のユダヤ教徒・ユダヤ人団体との絆を深めていくこととなる。ほどなく形を取り始めるラザール自身のユダヤ・ナショナリズム思想にとっては、ドレフュス事件の趨勢と並んで（あるいはそれ以上に）、このパリに移植されたロシア・東欧系ユダヤ世界との接触が大きな意味をもったことは疑えない。

一八九六年二月、ヘルツルの『ユダヤ人国家』がウィーンとライプツィヒで刊行されると、ラザールは、ウィーンの著者に直接手紙を書き送り、フランス語版刊行予定の有無、そして、著書に打ち出された壮大な計画の実現のための具体的活動指針を問いただした（Wilson 1985 : 301）。同年七月、パリに舞い戻ったヘルツルはラザールに面会し、その日の日記に「感受性と知性に恵まれたフランス・ユダヤ人の見事な典型」と相手の第一印象を書きつけている。その後、ラザールの奔走も虚しく『ユダヤ人国家』の版元をパリで見つけることはできず、結局、そのフランス語訳は『ラ・ヌーヴェル・ルヴュー・アンテルナシオナル』誌の一八九六年一二月三一日号、一八九七年一月一五日号に二度に分けて掲載されることとなった。

一八九七年、ラザールは、ヘルツルの推挙によりベルリンのシオニズム機関誌『ツィーオン』のフランス語部門主幹をつとめることとなったが、そこにみずから掲載した二つの論説「自分自身であることとの必要性」（四月三〇日号）、「連帯」（五月三一日号）においては、従来のユダヤ同化主義をきっぱりと清算し、大胆なユダヤ・ナショナリズム論を展開しながらも、問題解決の方向をシオニズムのみに収斂させまいとする慎重さを感じさせている。同年夏、第一回「世界シオニスト会議」に際して、ラザールはヘルツルに手紙を送り、「非常に気にかかる一件」——ドレフュス事件を指す——のため参加要請に応じることができない旨を詫びながら、会議が開催に漕ぎ着けたことを祝福し、「私は、これまで以上にユダヤ民族の力と、その力がありのままに確認される必然性を信じておりますし、そのために全力をもって協力する覚悟でおります」とつけ加えた。

翌九八年、ドレフュス事件のなかで一定の役割を果たし終えたベルナール・ラザールは、「シオニスト行動委員会」に名を連ねることを受諾し、第二回「世界シオニスト会議」への参加意志を表明する。参加に先立ち、イギリスの『ユダヤ世界』紙のインタヴューに答えて彼は次のように述べていた。「私は植民ということに関して、つまりパレスティナでの新しい入植地の建設と産業の移植について好意的に考えています。ただし、私がそう考えるのは博愛主義的な理由によるのではなく、ある政治的視点に立ってのことなのです。フランスにシオニズムは存在しません。そして、私がシオニストであるといっても、それはフランスのユダヤ教徒・ユダヤ人数十万人のためではないのです。［…］問題は、劣悪な生活条件に疲れ果てた東欧の同胞たち数百万人をどうするかです。彼らにとっての未来をシオンに見出すという点において、わたしはシオニストです」(Ibid : 319)。

八月、バーゼルには前年の二倍近くに膨れ上がった三四九名の代表が集まり、全ヨーロッパで登録されたシオニスト団体の数も前年の一一七から九一三にまで急増したことが確認された。当日、ベルナール・ラザールが遅れて会場に到着すると、演壇ではマックス・ノルダウが基調演説の雄弁を繰り広げている最中であった。ノルダウは演説を中断し、片腕をラザールの方へ振りかざしながら、厳かに「ベルナール・ラザール、気高く果敢なる強者！」と言い放った。すると会場を埋め尽くした参加者たちは一斉に席を立ち、熱狂的な喝采をラザールに浴びせるのだった。開催期間を通してラザールの名は随所で採り上げられ、その都度、歓呼と喝采に包まれる。最終日、奇しくもアンリ中佐自殺（九八年八月三一日）の報がパリから届けられると、議場は「ベルナール・ラザール万歳！」の連呼に沸き立ち、彼に握手を求めて駆け寄る人々で熱狂的な空気に包まれた。しかし、それはドレフュス事件の陰の立役者たるベルナール・ラザールの労苦が一度に報われる瞬間であると同時に、ヘルツル主導のシオニズムに対する彼の疑念と失望が始まる瞬間でもあった。

まず、この第二回会議において、十分な議論を経ずに多数決で可決されてしまった「ユダヤ植民信託」の設立案をめぐり、ヘルツルとラザールのあいだに亀裂が走った。ユダヤ・ナショナリズムの命運を新しい銀行の成否に託し、「ユダヤ人＝大銀行家」という旧来の反ユダヤ主義的紋切り型を地で行くような事業を、なぜ、よりによってシオニズムの第一の原動力として制度化しなければならないのか、ラザールには到底理解できなかったのである。さらに政治的シオニズムに対するラザールの警戒心をかき立てたのは、ヘルツルによる非公式の外交活動であった。ヘルツルは、当初、ドイツ皇帝ヴィルヘルム二世がオスマン・トルコを宗主とするドイツ保護領としてユダヤ教徒・ユダヤ人の土地を確保することに理解を示し、手を貸してくれるのではないか、との期待を抱いた。九八年秋、皇帝のパレスティナ訪問に合わせ、ヘルツルらシオニズム指導部もコンスタンティノープル、エルサレムに足を運ぶ。一一月二日、一行はエルサレムでドイツ皇帝から拝謁を許され、パレスティナにおけるシオニズムの理想を直接説明する機会を得た。だが、当初の期待に反してドイツ帝国から具体的な支援を取りつけることはできず、皇帝の見解として、ただ、パレスティナにおける農業改良がトルコ帝国の福利に合致し、スルターンの宗主権を尊重して行われる限りにおいて好意的な関心を抱く、との公式声明が出されたのみであった。

ラザールにとって、こうしたシオニズム指導部の独走ともいえる外交活動は到底受け入れ難いものであった。仮にも既存大国の保護領としてユダヤ教徒・ユダヤ人の土地の確保を目指すという重要な方針決定は、公正な代表制を整備した上で、あくまでシオニスト会議の承認を経て行われるべきものではないか。また、外交活動を通じて特定の大国の庇護を取りつけることは、シオニズム運動が大国温情主義に依存し、ひいては列強による植民地争奪戦に加担するものであることをみずから認めることになりはしないか。しかも、そこには、国際政治に付き物の駆け引きがあった。ヘルツルは、ユダヤ教徒・ユダヤ人の苦境に対する救済策が見出されない限り、シオニズムがヨーロッパ諸国の革命勢力に指導者と活動員を供給し続ける反体制組織たらざるを得ないだろうとして、ドイツ皇帝の革命的社会主義に対する恐怖心を利用しようとしたのである（ラカー 1972 : 162）。ラザールの政治的シオニズムに対する不信は、のちにヘルツルが、パレスティナの宗主スルターンとのあいだに非公式の交渉を開始するに及んで決定的なものとなる。ヘルツルとスルターンのあいだには、トルコがシオニズムの要求を一部容れる代わりに、シオニズムの側では、当時、史上最大の規模で繰り広げられていたアルメニア人の大量虐殺を、西欧諸国の世論においてできるだけ低く評価させるために影響力を行使する、という密約が交わされたのではなかったか……（Ibid : 174）。

九九年一月、ベルナール・ラザールはヘルツルに手紙を書き送り、シオニズム指導部のパレスティナにおけるドイツ皇帝謁見の真意、「ユダヤ植民信託」のあり方、シオニスト会議の代表制改革について、質問を浴びせ、厳しい批判を展開する。ヘルツルも次第に苛立ちを隠しきれず、次のように応じるのだった。「私はシオニズムにおける可能主義者です。だからこそ、それまで夢や妄想にすぎなかったものを真面目な政治家たちに真面目に受け取ってもらえる一つの運動にまで発展させることに成功したのです。」「文学的な理想主義者は、貧しい人々の擁護という口実のもと、シオニズム指導者たちの評判を落とすことしか考えていない低級な弁士どもの格好の餌にならぬよう、注意するに越したことはありません」（Wilson 1985 : 326 ; Bredin 1992 : 312）。

決裂はもはや避けられなかった。一八九九年二月四日、ラザールがニースからヘルツルに宛てた長い訣別の手紙が、今日、エルサレム・シオニスト中央古文書館に保存されている。

私は、シオニズムとユダヤの民の利益を考える時、もはや文学者ではありません。また、普段から私の思考を導き、私の意見を決定づけるものがあったとしても、それは、得体の知れない政治家や三流弁士の大言壮語などではない。それどころか、私はずっと以前から、ある種の意見、観念、思考、傾向を持ち合わせており、それは、あなたを導き、また行動委員会を導いているものとは根本的に相反するものなのです。あなた方はブルジョワである。思考において、感情において、観念において、社会概念においてブルジョワである。あなた方はブルジョワの立場から一つの民を導こうとしている。貧しく、不幸な、労働者階級からなる、われわれの民をです。[…] あなた方は、一つの民を作り上げることよりも先に、財政として、外交として機能する一つの政府を樹立しようとする。かくして、あらゆる政府と同様、あなた方は、財政面、外交面での失墜の危険に委ねられているのです。あらゆる政府と同様、あなた方は真実を包み隠そうとする。穢れなど知らぬ体を装った民の政府になろうとしている。あなた方の至上の義務、それはつまるところ「民族的な恥をさらさないこと」なのです。しかるに、私は、その恥をさらすべきだと考えます。寝藁に腰をおろし、瓶の破片で潰瘍を引っ掻いている惨めなヨブの姿、それを人の目に触れさせるべきだと考えるのです。[…] われわれの民は、現在、もっとも卑しい泥のなかにおります。われわれとしては裾をたくし上げ、その民がうめき声を発している場所、喘いでいる場所、苦しんでいる場所まで迎えに行かなければなりません。われわれの民族(Nation) を再構成すること、私にとっては、それこそが、もっとも堅実で、もっとも力強い、何を措いてもまず成し遂げなければならない事業なのです (Bredin 1992 : 315-316)。

九九年三月二四日、ラザールはヘルツル宛の最後の手紙のなかで「シオニスト行動委員会」からの脱退を正式に表明する。こうして、当時 (後述のように一部のロシア・東欧系移民の小規模集団を除き)、フランス・ユダヤ世界とヘルツルのシオニズムを繋ぎ得ていたほとんど唯一の円環がはじけ飛んだのである。

シオンに行って、結局、金持ちのユダヤ人に搾取されるというのであれば、現状とどこが違うのでしょうか? しかしながら、あなた方がわれわれに提案しているのは、まさにそれなのです。つまり、この先、みずからの人種に属する人々によってしか抑圧されることがないのだという、愛国的な喜び。われわれはそんなものを望んでいるのではありません (Lazare, B. POST : 110)。

ヘルツルのシオニズムがしばしば「国家主義」と評される理由は、それがユダヤ教徒・ユダヤ人の国家建設を目指すものであったこと以上に、ユダヤ教徒・ユダヤ人という存在を考え、〈聖地〉パレスティナを眺めるに当たって、もはや領土、代議制、官立銀行、外交 (そして、その延長線上に軍事) という政治経済のパラダイムを介在させることしかできなくなっている点にある。「シオニズムは一つの民族を作り上げることよりも先に一個の政府を樹立しようとしている」というラザールの批判は、まさにその点を突くものであり、彼の思想は、期せずしてアハド・ハアムの「文化的（精神的）シオニズム」にきわめて近い位置を占めていたことになる。前章に見たとおり、そのラザール自身においても、もはやユダヤ教という信仰実践の絆によって結ばれていないユダヤ人の集団から「民」を作り上げるための根拠と方法が必ずしも十分練り上げられているわけではなかった。しかし、産声を上げたばかりの政治的シオニズムが、エドモン・ド・ロチルドとザドック・カーンにより、必ずしも〈聖地〉におけるユダヤ教精神の鼓舞に繋がるものではないようだと見透かされる一方、ベルナール・ラザールによっても、やはり真にユダヤの民族性、精神性に立脚していない「政府樹立」優先の挙動にすぎないとして退けられた事実は、二〇世紀シオニズム史、ひいては現代イスラエル史にも長い射程をもってのしかかっている。

むろん、ヘルツルとその信奉者たちとの決裂をもって、ラザールが、広い意味におけるシオニストであることを止めたわけではない。「シオニスト行動委員会」からの離脱後、彼は、いまやシオニズムの造反分子とみなされるにいたった「ホヴェヴェ・ツィヨン」のパリ支部会員として、ザドック・カーン、ナルシス・ルヴァンらとともに名を連ね、一九〇〇年三月には、フランクフルトで開催された同組織の大会にパリ代表として参加している（Oriol 2003 : 377）。最晩年に属するとおぼしきメモの断片には、「われ、シオンのために黙さず、エルサレムのために休まざるべし」という「イザヤ書」（六二の1）の引用に、「エレアザル・ベン・ヨナ（ジョナスの子エレアザル）、通称ベルナール・ラザール」というヘブライ名まで添えた決意を書き留めている（Ibid : 399）。それでいてなお、一九〇一年六月、当時、ジュネーヴ大学で化学を講じていた若きハイム・ヴァイツマン（のちの初代イスラエル国大統領）から青年シオニスト会議への参加を要請された際には、「私は、ほかのいかなる綱領にもましてバーゼルの綱領には束縛されたくありません」として、出席をきっぱりと拒否しているのだ（Ibid : 357）。

そして、このヴァイツマンとの往復書簡から、ラザールがヘルツルの主導権を受け入れることができなかったいま一つの理由の所在も明らかとなる。ラザールの目には、一八九七年の第二回大会以来、ヘルツルが、非宗教系の代表者たちの反対意見を封じ、みずからの方針を貫くための多数派工作として、ロシア・東欧の正統派ラビ集団を適度に抱え込み、彼らへの譲歩、妥協によって賛成票を操作していると映っていたのだ。

バーゼルの大会でガリツィアのラビたちの一群を目にした日、私は、ヘルツル主義のシオニズムが、まだユダヤ教徒たちに本質的な自由を授けるものになっていないことを理解しました。パレスティナに奴隷の一群を連れて行くことは、問題の解決になりません。［…］ユダヤ教徒には考えることを教えねばなりません。彼らを儀礼主義とタルムード主義の迷信から引き離し、これまでユダヤ教世界が輩出してきた合理主義の思想家たちとの絆を取り戻させてやらねばならない。［…］彼らの脳髄から、ユダヤ教の誤った信仰を抜き去り、加えて、彼らのなかで鬱陶しいラビ主義をかろうじて免れた人々のあいだにも染み渡ったキリスト教的偏見を取り去ってやらなければならないのです（Ibid.: 394）。

ここでわれわれは、おそらくニームでの幼少期にまで遡るラザールの反宗教思想の根深さを確認するとともに、ヘルツルの政治的シオニズムが、フランスにおいて、宗教、非宗教それぞれの立場から逆方向の疑義に付されていることに注目しておきたい。つまり、一方でヘルツルのシオニズムは、ザドック・カーン、エドモン・ド・ロチルドという信仰実践者の目に、ユダヤ教の精神性をほとんど欠落させたものと映り、他方、完全なる自由思想家たるラザールの目には、それが、本来とうに乗り越えられてあるべき宗教に執着する陣営とのあいだで、大会における賛成票集めの火遊びに耽っていると観ぜられるのだ。一八九七年のインタヴューにおいて、カーンは、創設されるべき国家が、ほぼ非宗教のものとして構想されつつ、なお「ユダヤ」の名を冠することの意味を問うていたが、ここでラザールは、同じ問いを別の方向からなぞり、当然、非宗教のものとして創設されるべき国家が、みずからの成立、存続のために宗教を利用しようとすることの是非を問題にしている。一九、二〇世紀の境目になされた、これら逆方向の二つの指摘もまた、その後のシオニズムにおける宗教の位置、ひいては現代イスラエルにおいて「宗教＝民族派（ダーティ・レウミ）」と呼ばれる潮流の起源にまで直結する射程の長い問題提起を構成するものだ（現代イスラエルにおける「宗教＝民族派」については、ラブキン 2004: 35 を参照）。

一九一四年まで

かくして、パリで発生したドレフュス事件を起爆剤とし、ヘルツルにおいて理念化されたばかりの政治的シオニズムは、同じパリで、ロチルド家、「世界イスラエリート連盟（AIU）」、「ユダヤ植民協会（ICA）」などによる慈善事業の形でしばらく前から存在していた〈聖地〉再興、ならびにロシア・東欧系難民たちの入植支援の実践活動と出会い、さらには当時、フランス語の論客として唯一人「ユダヤ・ナショナリズム」を掲げ持っていたベルナール・ラザールの思想とも触れ合いながら、それらすべてとあえなく決裂したのであった。フランス・シオニズム研究者カトリーヌ・ニコーがその著書の副題で「出会い損ない（une rencontre manquée）」と評したこの状態のもとで、二〇世紀の幕が開いたのである

(Nicault 1992)。以後しばらく、フランス・ユダヤ教世界の中枢部はシオニズムに関し、「存在理由が見当たらない」(パリ大ラビ、ジャック゠アンリ・ドレフュス)、「不条理な観念」(ジョゼフ・レナック)、「反ユダヤ主義の直接的な産物」(アルフレッド・ベルル)といった代表者、著名人たちによる極めて否定的な評言とともに「戦闘的反シオニズム」の牙城を形成していくこととなる(Nicault 1990 : 98-99)。とりわけ今日の目から特記に値するのは、ヘルツルの『ユダヤ人国家』のフランス語訳が雑誌に掲載された直後の一八九七年一月、『イスラエリート世界』紙上で、のちに「アラブ人問題」などと称されることとなる本質的な問題が過たずに提起されていることだ。

ヘルツルが言い忘れているのは、パレスティナのアラブ人住民をどうするつもりなのか、という点だ。彼らは、新しい到着者たちの波に押され、自分たちの方からどこか見知らぬ土地へと流れ出ていかねばならないのだろうか。あるいは、その古巣に住み続けることを許された場合でも、彼らの立場はどうなってしまうのだろうか。彼らは、生まれ故郷にいながらにして、外国人とみなされることになってしまうのだろうか(『イスラエリート世界』、一八九七年一月二九日)。

しかし、このように宗教系、非宗教系を問わずフランス古参のユダヤ世論が大きく反(ないし非)シオニズムに傾く一方で、前述のとおり一八八〇年代から、とりわけパリで急速に人口を増しつつあったロシア・東欧出自のユダヤ教徒・ユダヤ人居住区には、新たな人間集団の流入とともにあらゆる毛色のシオニズムが持ち込まれ、小規模の分派が形成されつつあった。

全体的な特徴としては、同じ「ユダヤ」「シオン」の語を掲げつつ、その事業ないし運動が辿っていった急速な世俗化(非宗教化)の傾向を指摘することができる。つまり、一八八〇年代、「ホヴェヴェ・ツィヨン」など宗教色を色濃くとどめたロシア・東欧発祥の諸組織が、マレー地区のユダヤ教徒移民集団のあいだでパレスティナ入植事業への支持(みずから入植の意志がない場合でも同胞の入植に対する支援)を細々ながらも取りつけたのに対し、一八八七年、ロシア公教育省が、中等教育機関への入学が認められるユダヤ教徒・ユダヤ人の割合を「定住区域」の学生総数の一〇パーセント(モスクワやサンクト゠ペテルブルグでは三パーセント、その他の場所では五パーセント)以内とする苛酷な「ヌメルス・クラウスス(定員制限)」を課したことの煽りを受けて、一八九〇年代以降、パリに学業や就業の機会を求めてやって来るユダヤ系の知識層(多くの場合、ユダヤ教との絆を弛緩させ、社会主義、無政府主義など進歩的思想に多かれ少なかれ傾倒した若者たち)が急増し、そのなかから、ほどなくパリにおける最初のヘルツル支持者たちが頭角を現してくるのだ。

そして、ロシア・東欧のそれぞれの出身地においてユダヤ教文化の特殊性からみずからを解き放ち、社会主義など、人間の宗旨や民族的帰属には無縁の普遍主義にいったん全面的に傾斜しながら、ポグロムに続く公的な差別待遇の辛酸を嘗めさせられた末、その束の間の普遍主義を非宗教的な民族主義という新たな個別主義へとふたたび一気に「屈折」させるにいたった、これらの学生・知識人層が、以後、移住先のパリで、既存のシオニズム諸組織を、ユダヤ民族主義と西欧同化主義という、一見、相矛盾する二方向に誘導しようと努めることとなる。つまり彼らは、一方で、難民の入植支援として認知され始めたパレスティナ事業に強力な民族主義の性格を付与しながら、もう一方で、それまでイディーシュ語をもっぱらとし、見た目にも明らかに東欧系とわかるパリ先住のユダヤ教徒集団に、西欧諸語（ドイツ語、フランス語、英語）の修得を促し、日常生活においても西欧式の習慣と思考様式を採用するよう、さかんに説き勧めるようになるのだ (Delmaire, J-M. 1987 : 75 ; Abitbol 1989 : 21)。

たとえば、のちにフランスにおけるシオニズムの代表的論客となるバリュク・アガニ（本名ブノワ・ボームガルテン）は、彼の父の世代において、シオニズム運動の内部に大きな偏向が生じたことを認めている。ポグロム発生を待たずして、一八七〇年頃、リトアニアからパリに移り住んだ彼の父ラザール・ボームガルテンは、近代社会にも開かれた自由な精神の持ち主ながら、ユダヤ教の学知と基本的信仰実践を決して疎かにしない人物であったという。一八八一年、主として南北アメリカ大陸における社会主義的なユダヤ入植地建設を志向する「アム・オラム（永遠の民）」という組織がオデッサで結成され、ほどなくその内部からパレスティナに視線を転じる分派「ベネ・ツィヨン（シオンの息子たち）」が枝分かれしたが、ラザール・ボームガルテンは、この「ベネ・ツィヨン」のパリ支部で書記をつとめるにいたった。この分派は、ほどなく「メヴァセレト・ツィヨン（シオンの伝令）」の名のもとに再編され、最終的にはヘルツルの政治的シオニズムに吸収されることとなるのだが、このイデオロギー的転回に大きな役割を果たしたのが、一九八六年、ヘルツルの『ユダヤ人国家』にいち早く共鳴した学生・知識人層による熱心なオルグであった。なかでも、ガリツィアに生まれ、ウィーンで中等教育を終え、八〇年代末、パリに移ってパストゥール研究所で助手の職を得たアレクサンデル・マルモレクのオルグ活動は大きな成果を収めていた。バリュク・アガニの回想によれば——

> 私の父自身、最初、「ヘルツルの」『ユダヤ人国家』を読んで肩をすくめ、その書物を純粋なユートピア呼ばわりしていた。他方、若きアレクサンデル・マルモレクの熱い弁舌は、たしかにかなり好感のもてるものだったし、大方の奥方連を虜にするものであった。しかし、なぜ彼は、単純で滋味豊かなイディーシュ語を用いるかわりに、聴衆の多く

がほとんど理解することのできない、かくも重苦しいドイツ語で話すことにこだわったのだろうか？（Abitbol 1989：22 に引用）

「メヴァセレト・ツィヨン」以外にもいくつか細々とパレスティナ志向を示していたフランスのユダヤ教徒・ユダヤ人諸組織は、こうしてはっきりとヘルツル主義を掲げる学生・知識人たちの強力な指導力のもと、一九〇一年、「フランス・シオニスト連合」としてまとめ上げられ、一八九九年に創刊されていた隔月紙『レコー・シオニスト』を事実上の機関紙とするにいたった。会員数も着実に増え、一九〇三年の第六回「世界シオニスト会議」（バーゼル）にはフランス代表として六名を送り込むこともできた。しかし、ヘルツルの死（一九〇四年）に加えて、折からの「ウガンダ計画」（一九〇三年、イギリス植民地相ジョゼフ・チェンバレンがユダヤ国家の建設地としてウガンダを提案）をめぐる議論がシオニズム指導層内部で泥沼の様相を見せるに及んで、「フランス・シオニスト連合」も求心力を失い、一九〇五年の第七回会議には三名分の代表席しか獲得できなかった。同年、『レコー・シオニスト』紙も休刊に追い込まれ、「フランス・シオニスト連合」はもはや名ばかりの存在となる。

その後も「メヴァセレト・ツィヨン」「アテレト・ツィヨン（シオンの冠）」といった団体は独自の活動を継続し、後者は『パリのユダヤ教徒（Der Yid in Paris）』なるイディーシュ語の新聞を自前で発刊したりもした。一九一三年には、マルクス主義系のシオニスト組織「ポアレ・ツィヨン（シオンの労働者たち）」のパリ支部も産声を上げている。しかし、全体としてフランスのシオニズム運動は、第一次大戦後にいたるまで、ドイツ・東欧とは対照的な低迷状態にとどまり、マレー地区の宗教色の濃い居住区においても、また、多くの場合、非宗教を標榜するロシア・東欧系ユダヤ人プロレタリアート組織においても、中心的な勢力とはなり得なかった。並行してフランスの古参イスラエリート世論も、一九〇四年、ヘルツルの死以降は、一時の激しいシオニズム批判を継続する必要性さえ失い、むしろ、カリスマ的指導者を失った運動が領土の選択をめぐる諍いのうちに四分五裂し、イデオロギーとして余命を数える段階に入ったとの観察をもっぱらとするようになった。

＊

ヘルツルのシオニズムとフランス・ユダヤ教世界の「出会い損ない」ののちも、エドモン・ド・ロチルドによる〈聖地〉復興と入植地支援の事業は着実な進展を遂げていた。

一九〇〇年前後、パレスティナ（ヨルダン川以西）では、五十数万の総人口のうち五万人ほどがユダヤ教徒によって占められていたと推測される（二五八頁の表を参照）。一八九九年、エドモンによる三度目の〈聖地〉視察の段階で、それまで彼がオスマン帝国臣民のユダヤ教徒を名義人として立てるなどして取得してきた二〇万ドゥーナム（一万八〇〇〇ヘクタール）の土地にも約四〇〇〇人の入植者が住み、主にオリーブの栽培に従事していた。「ホヴェヴェ・ツィヨン」、その他の団体や個人が所有する八万ドゥーナム（七二〇〇ヘクタール）の土地に住む約一〇〇〇人の入植者たちも、ほとんどの場合、エドモンからの少なからぬ資金援助を受けていた（Antébi 2003 : 279）。原則としてエドモンは、みずから〈聖地〉に投じた資金に関する記録を一切残さないこととしていたため、その総額は不明のままであるが、当時一八八二年から一八九九年までの時期に限っただけで、当時の小国の国家予算一年分に匹敵する額が入植地の建設と維持につぎ込まれたのではないかと推測されている（Ibid : 15）。

他方、「ＩＣＡ」の創始者イルシュ（ヒルシュ）男爵が、最終的に本拠をパリに据えたのち、一八九六年に世を去ると、その活動は実質的に「ＡＩＵ」（とりわけその書記ジャック・ビガール）に肩代わりされることとなった。九九年、男爵の寡婦クララが、莫大な遺産を「ＩＣＡ」に寄付して他界すると、「ＩＣＡ」は、事実上「ＡＩＵ」の姉妹組織となり、それまでイルシュ男爵の遺志により新大陸（とりわけアルゼンチンとカナダ）に限定されていたユダヤ難民の入植事業が、徐々に〈聖地〉にも振り向けられるようになった。この新しい状況をうけ、指揮系統の一本化を欲したエドモン・ド・ロチルドは、九九年末、みずから〈聖地〉で運営してきた入植地をすべて「ＩＣＡ」の管轄下に移し、同時に「ＩＣＡ」内に一〇名の構成員からなる「パレスティナ委員会（ＣＰ）」を設置して、みずからその委員長の座につく。一九〇一年には、「ＡＩＵ」発足当初からの会員で、当時、会長の座にあったナルシス・ルヴァンが「ＩＣＡ」の会長も兼ねることとなり、パレスティナ入植事業におけるエドモン・ド・ロチルド、「ＡＩＵ」、「ＩＣＡ」、それら三者の連携はますます強化された。ただ、「ＩＣＡ」の内部にあっても、すべてをパリに牛耳られることを快く思わないイギリスやドイツの会員、さらに、当時ほとんどドイツ出身者であったアメリカの会員たちのあいだでは、〈聖地〉におけるフランスの覇権にこだわるエドモン・ド・ロチルドの存在を危険視、ないし毛嫌いする傾向も根強かった（Ibid : 290）。

のちに書かれた多くのシオニズム史書において、この時期、エドモンの主導で行われた入植地経営に対する評価はまったくもって芳しくない。たとえば、エドモンが「植民者の能力を信用せず、彼の代理人による直接の監督と管理を強く要求」したため、博愛主義の装いのもと、「家父長的な体制」が出来上がってしまい、それが受益者のあいだに大きな憤激を呼んだのだという。また、植民者たちがエドモンの寛大さに依存し、彼の代理人のいいなりとなった結果、「主導性をすっかり失くした彼らは、困難に逢遇するといつでもパリの方を向くのに慣れてしま」うという弊害も生じたというのだ（ラカー 1972 : 116-117）。

実際、一九〇一年の初め、「シリア・パレスティナにおける入植者・労働者支援協会」の代表を名乗るロシア・東欧のユダヤ人たち（それまでエドモンが思想的に共感を抱いていたアハド・ハアムことアシェル・ヒルシュ・ギンツベルグもその一人だった）が、パレスティナ現地の入植者の不満を代弁するとしてパリに詰めかけ、エドモンに面会を求めたことがあった（Antébi 2003 : 280-284）。彼らいわく、エドモンの代理人たちによる入植地の運営は、経済的効率性を無視した非合理的なものである。たとえば、入植者たちの職種を農業に限定しようとするあまり、入植地で求められる農業以外の労働がすべてアラブ人に奪われる格好となっている。今後、入植地の運営は、遠方の出資者の博愛精神を満足させることではなく、現地の入植者たちの経済・社会的自立こそを目途とすべきではないか。そのためにも、現地の入植者団体の代表者たちからなる委員会を立ち上げ、入植地の運営方針をそれに一任すべきではないか、というのだった。のちに英語で出版されたエドモンの伝記によれば、この時、代表たちの意見を一通り聞き終えたエドモンは、怒り心頭のあまり、「イシューヴ（〈聖地〉のユダヤ教会衆）、それは私のことだ！」と叫んだとされ──あたかも「国家、それは私のことだ！」と言い放ったルイ一四世さながら──、それを耳にしたアハド・ハアムの怒りも負けず劣らずのものであったという。「ユダヤの民族的な諸力が、この二〇年間、ありとあらゆる努力を払ってきた末に、たった一人の人物が、『イシューヴ、それは私のことだ、私がすべてを作ったのだ』などと口にするとは、なんたる屈辱だろう」（Druck 1928 : 203）。

しかし今日のわれわれには、必ずしも従来のシオニズム史観のみにとらわれることなく、この種の逸話を読み解く目も求められているはずだ。たとえば、〈聖地〉の入植者は、まずもって〈聖地〉を耕す者とならねばならないという思想は、経済学や効率性以前の問題として、土地の「ゲウラー（贖い）」に関わるエドモンの宗教的信念であった。また、エドモンにとって、新たなるユダヤ教徒の〈聖地〉入植は、周辺のアラブ住民の仕事を奪うどころか、彼らを同時に利するものでなくてはならなかった。さらにこの頃、現地の代理人たちからの報告により、オスマン帝国と現地の宗教権威（ユダヤ教、キリスト教、イスラーム）が、新しいユダヤ入植者の急増に神経を尖らせつつあることを知らされていたエドモンにとって、現地の入植者団体になにがしかの代表権、自律権を認めるなど、長年にわたる地元当局との信頼関係に鑑みても、また土着の宗教組織に対する配慮の面からも、断じてあり得ないことであった。とくにオスマン帝国は、ボアジチ（ボスポラス）、チャナッカレ（ダーダネルス）両海峡の航行権をめぐって長年の係争状態にあるロシア帝国の臣民がパレスティナに急増し、ロシア領事館の庇護のもと、居留民保護協定で保障された権利を大手を振って行使し始めた状況に危機感を募らせていたのである。そのような折、パレスティナ情勢により的確な判断を下し得ていたのは、彼ら自身ロシア・東欧に身を置きながら現地パレスティナの入植者たちの不満を代弁すると称するユダヤ人代表連と、日々、代理人たちから届く報告書簡につぶさに目を通しながら、国際情勢の綾のなかで〈聖地〉入植のあり方を模索していたエドモン・ド・ロチルド、そのいずれだったのか？

同じ一九〇一年、テオドル・ヘルツルがオスマン帝国のアブデュルハミト二世に謁見して、ユダヤ人国家の建設について話し合ったり、ドイツでは、皇帝ヴィルヘルム二世の肝いりにより、パウル・ナータン、ジェムス・ジーモンらが中東におけるフランス系ユダヤ入植地の影響力に対抗することを目的の一つと掲げる「ドイツ・ユダヤ教徒支援協会（通称「エズラ」）」を発足させたりするのを見て（Kaspi 2010 : 59）、エドモンは内心穏やかならざるところがあったに違いない。しかし、そのエドモンの懸念もまた、従来、親シオニズム系の歴史記述において定説とされてきたように、みずからのパレスティナ事業に競合者が現れることを望まない彼の嫉妬心や独占欲に由来するものでは必ずしもなく、〈聖地〉が、もはや必ずしもモーセ信仰の実践者ではなくなったユダヤ出自の人々の政治的な介入によって諸列強の政争の具にされてしまうことに対する危惧、嫌悪に発するものであったことを理解すべきである。

一九〇四年、ヘルツルが世を去り、翌年、その盟友ダヴィド・ヴォルフソンを議長とする第七回「世界シオニスト会議」が開催される。以後しばらく、国家主権の樹立を先決とする政治的シオニズムが棚上げされ、代わって〈聖地〉における入植活動の現場を重視しようとする実践的シオニズムが徐々に優勢を占めるのを見て、エドモン・ド・ロチルドのシオニストたちに対する警戒心も幾分か和らいだようだ。この頃、エドモンは、「ＡＩＵ」や「ＩＣＡ」内部の強硬なシオニズム批判者たち（とりわけビガール）の反対を押して、みずからのパレスティナ事業の実行部隊としてシオニズムへの共感を表明する人物も雇い入れるようになる（Antébi 2003 : 328）。

一九一三年一一月には、秘書ガストン・ヴォルムセールの仲介により、エドモンとハイム・ヴァイツマンの初対面がパリで実現している。この時、ヴァイツマンは、九月、ウィーンの第一一回「世界シオニスト会議」で採択されたパレスティナにおける大学設置計画をエドモンに説明し、協力を要請した。その計画自体はエドモンの強い興味を惹きつけるところとなりながら、両者のあいだには、やはり〈聖地〉の存在意義をめぐって大きな見解の相違が横たわっていた。ヴァイツマンは、ヨーロッパ諸国の有名大学を模範とし、いつしかそれらと競合する可能性さえ秘めた総合大学の設立を思い描いていたのに対し、エドモンの方では、パレスティナの地に「ユダヤ」「ヘブライ」の名を冠して設置されるべき高等教育・研究機関として、ユダヤ教研究を中心に据えた人文学部、ならびに現地の緑化と食糧生産に関する研究に勤しむ農学部以外の必要は認められないのであった。のちの回想録においてヴァイツマンは、エドモンの構想を「まったくもって馬鹿げた」、「みすぼらしい哲学」として一笑に付している。しかし、この頃、世俗的であることを突き抜け、無神論、反宗教の域にまで達しつつあったシオニストたちの視点ばかりではなく、人が〈聖地〉に赴いて為さねばならないのは、まずもって信仰実践としての「ミツヴァー（良き行い）」である、という伝統的ユダヤ教の視点をも見失わないならば、このエドモン流へブライ大学構想のなかに一貫した宗教思想が脈打っていたことを正しく理解できるはずなのだ（Ibid : 319, 331）。

一九一四年の二月から三月にかけて、エドモンは四度目の〈聖地〉視察を行う。この時点で彼が運営する入植地は、ユデア地方に一五か所、サマリア地方に八か所、ガリラヤ地方に一六か所、トランス・ヨルダン地方に二か所、計四一か所を数えるまでとなっており、そのすべてを隈なく見て回ることは、六八歳という年齢のせいのみならず、もはや不可能となっていた。それでも、一五年ぶりに訪れたペタ・ティクヴァでは、見事に成長を遂げたオレンジの果樹園を飽かずに眺め、「ミクヴェ・イスラエル」では、農学校の生徒たちを前にして、ヤーファ（ヤッフォ）やへファ（ハイファ）など市街地の発展にもかかわらず、「君たち、そして君たちの子供たちだけは、農地を捨てて街場の人間になるようなことがあっては決してならない」と優しく教え諭した（Ibid : 325, 330）。その他、各地の入植地で、ロシア人、ポーランド人の入植者たちの歌と踊りによるさかんな歓迎を受けた「名の知れた寛大の人」は、場所によって一部の不満分子から口笛のやじを浴びせられることがあっても、「それも含めて、すべてがイスラエルなのだ」と静かに受け止めていたという（Ibid : 338）。

＊

研究者によって推定統計値はかなりのばらつきを見せるが、一九一四年時点で、パレスティナの総人口七〇万前後のうち、ユダヤ教徒は六万から九万人（八〜一三パーセント）を占めていたとされる。既存の都市部の住民と新たな入植地の住民の比率についても信頼に足る統計資料は残されていないが、のちにシオニズム史の上でさかんに称揚されることとなる「オリーム（アリヤーを行う人）」、すなわち荒野の開拓者」というイメージとは裏腹に、実際に外部から流入してくる新参者たちの八〇パーセントは、新たな入植地での開墾作業と農作業を厭い、既存の都市部に住み着いたのではないか、との指摘もなされている（Bensoussan 2002 : 164）。

Rabbin David Sintzheim » in Hadas-Lebel / Oliel-Grausz 1992.
Wickersheimer 1927 : Ernest Wickersheimer, *Les accusations d'empoisonnement portées pendant la première moitié du XIV*[e] *siècle contre les lépreux et les Juifs, leurs relations avec les épidémies de peste,* Anvers, Impr. de Vlijt, 1927.
Wilke 1997 : Carstein Lorenz Wilke, « Un judaïsme clandestin dans la France du XVIIe siècle » in Benbassa 1997b.
Wilson 1985 : Nelly Wilson, *Bernard-Lazare,* Albin Michel, 1985.
Yardeni 1971 : Myriam Yardeni, « La religion de La Peyrère et le « Rappel des Juifs » », *Revue d'histoire et de philosophie religieuses*, LI, 1971.

Seiter 2010 : Mathias Seiter, « Entre les nations : l'historiographie juive en Alsace-Lorraine » in Expériences croisées. Juifs de France et d'Allemagne aux XIXe et XXe siècles, sous la direction de Heidi Knörzer, Éditions de l'éclat, 2010.

Serfaty 1997 : Michel Serfaty, « Autour d'Abraham Ibn Ezra : contacts entre France du Nord et Espagne » in Gilbert Dahan, Gérard Nahon, Elie Nicolas (éd.), *Rachi et la culture juive en France du Nord au moyan âge*, Paris-Louvain, E. Peeters, 1997.

Sharif 1983 : Regina S. Sharif, *Non-Jewish Zionism. Its Roots in Western History*, London, Zed Press, 1983.

Shatzmiller 1974 : Joseph Shatzmiller, « Les Juifs de Provence pendant la Peste noire », *Revue des études juives*, no. 133, 1974.

Shatzmiller 1990 : Joseph Shatzmiller, *Shylock reconsidered : Jews, Moneylending, and Medieval Society*, University of California Press, 1990.

Simon-Nahum 1991 : Perrine Simon-Nahum, *La Cité investie. La « Science du judaïsme » français et la République*, Les Editions du Cerf, 1991.

Simon-Nahum 2004 : Perrine Simon-Nahum, « Samuel Cahen entre Lumières et science du judaïsme », *Romantisme*, no. 125, 2004.

Smith 2013 : Robert O. Smith, *More Desired than Our Owne Salvation : The Roots of Christian Zionism*, Oxford University Press, 2013.

Soulez / Worms 1997 : Philippe Soulez, Frédéric Worms, *Bergson. Biographie*, Flammarion, 1997.

Steinsaltz 2002 : Adin Steinsaltz, *Introduction au Talmud*, Albin Michel, 2002.

Strenski 1997 : Ivan Strenski, *Durkheim and the Jews of France*, Chicago / London, The University of Chicago Press, 1997.

Szapiro 1972 : Élie Szapiro, « Le Sud-Ouest » in Blumenkranz 1972.

Taïeb 1994 : Jacques Taïeb, *Être juif au Maghreb à la veille de la colonisation*, Albin Michel, 1994.

Tchernoff 1937: J. Tchernoff, *Dans le creuset des civilisations*, tome III : De l'Affaire Dreyfus au Dimanche rouge à Saint-Pétersbourg, Rieder, 1937.

Thibaudet 1923 : Albert Thibaudet, « Marcel Proust et la tradition française », *Nouvelle Revue Française*, 1er janvier 1923.

Touati 1996 : Émile Touati, « Le Décret Crémieux » in Attal 1996.

Travers 1841 : Nicolas Travers, *Histoire civile, politique et religieuse de la ville et du comté de Nantes*, Nantes, Forest, 1841, tome III.

Vial 1904 : Abbé L. Vial, *La Trahison du Grand Rabbin de France*, Arthur Savaète éditeur, 1904.

Viguier 2000 : Marie-Claire Viguier, « *Harcanot et Barcanot* ou les Juifs de la carrière de Carpentras et l'autodéfense », in Bordes-Benayoun 2000.

Wahl 1980 : Alfred Wahl, *Confession et comportement dans les campagnes d'Alsace et de Bade 1871–1939. Catholiques, protestants et juifs : démographie, dynamisme économique et social, vie de relation et attitude politique*, 2 vols, Strasbourg, Éditions Coprur, 1980.

Weill, G. 1895 : Georges Weill, « Les Juifs et le saint-simonisme », *Revue des études juives*, 1895.

Weill, G. 1970 : Georges Weill, « Charles Netter ou les oranges de Jaffa », *Les Nouveaux Cahiers*, XXI, 1970.

Weill, G. 1972 : Georges Weill, « Alsace » in Blumenkranz 1972.

Weill, G. 2000 : Georges Weill, « Aux origines de l'Alliance : l'affaire Mortara (1858–1861) » in *Émancipation et progrès. L'Alliance israélite universelle et les droits de l'homme*, Nadir 2000.

Weill, J. 1912 : Julien Weill, *Zadoc Kahn, 1839–1905*, Alcan, 1912.

Weyl, J. 1888 : Jonais Weyl, « La résidence des juifs à Marseille », *Revue des études juives*, tome XVII, 1888.

Weyl, R. 1992 : Robert Weyl, « Un rabbin alsacien engagé dans la tourmente révolutionnaire : le Grand

Reinharz 1998 : Jehuda Reinharz, « Zionism and Orthodoxy » in *Zionism and Religion,* ed. by Shmuel Almog and alt., Hanover / London, Brandeis University Press, 1998.

Révah 1953 : Israël Salvador Révah, « Le Premier établissement des Marranes portugais à Rouen (1603-1607) », *Annuaire de l'Institut de Philologie et d'Histoire orientales et slaves*, tome XIII (Mélanges Isidore Levy), 1953.

Révah 1959 : Israël Salvador Révah, « Les Marranes », *Revue des études juives,* tome CXVIII, 1959.

Révah 1961 : Isaraël Salvador Révah, « Autobiographie d'un marrane : édition partielle d'un manuscrit de João (Moseh) Pinto Delgado », *Revue des études juives*, tome CXIX, 1961.

Rodrigues 1829 : Eugène Rodrigues, *Lettres sur la religion et la politique,* 1829.

Roth 1929a : Cecil Roth, « Quatre Lettres d'Élie de Montalto : contribution à l'histoire des Marranes », *Revue des Etudes Juives*, no. 87, 1929.

Roth 1929b : Cecil Roth, « Les marranes à Rouen : un chapitre ignoré de l'histoire des juifs de France », *Revue des études juives,* no. 88, 1929.

Roth 1932a : Cecil Roth, *A History of the Marranos*, Philadelphia, Jewish Publication Society of America, 1932.

Roth 1932b : Cecil Roth, « Immanuel Aboab's Proselytization of the Marranos », *The Jewish Quarterly Review*, no. 23, 1932-33.

Roth 1937 : Cecil Roth, « L'ascendance juive de Michel de Montaigne », *Revue des cours et conférences,* XXXIX-1, décembre 1937-mars 1938.

Rozenbaum 1971 : Michel Rozenbaum, « La Vie et l'œuvre d'Élie Philotheo Montalto, juif portugais, médecin à la cour de Marie de Médicis et de Louis XIII », thèse pour le doctorat en médecine, Université Paris VII, 1971.

Saint-Gérard 2004 : Jacques-Philippe Saint-Gérard, « Le mot « Juif » et le mot *de* « Juif », à l'étrange réfraction des dictionnaires (1762-1900) », *Romantisme,* no. 125, 2004.

Salmon 2002 : Yosef Salmon, *Religion and Zionism. First Encounters*, Jerusalem, The Hebrew University Magnes Press, 2002.

Salvador 1822 : Joseph Salvador, *Loi de Moïse, ou système religieux et politique des Hébreux*, Ridan, 1822.

Salvador 1860 : Joseph Salvador, *Paris, Rome, Jérusalem, ou la question religieuse au XIXe siècle*, 2 vols., Michel-Lévy frères, 1860.

Samuels 2010 : Mauricc Samuels, *Inventing the Israelite. Jewish Fiction in Nineteenth-Century France*, Stanford, Stanford Universtiy Press, 2010.

Schnapper 1980 : Dominique Schnapper, *Juifs et israélites,* Gallimard, 1980.

Schwarzfuchs 1975 : Simon Schwarzfuchs, *Les Juifs de France*, Albin Michel, 1975.

Schwarzfuchs 1980 : Simon Schwarzfuchs, « L'opposition Tsarfat - Provence : la formation du judaïsme du Nord de la France », in *Hommage à Georges Vajda,* Louvain, Peeters, 1980.

Schwarzfuchs 1981 : Simon Schwarzfuchs, *Les Juifs d'Algérie et la France (1830-1855),* Jérusalem, Institut Ben-Zvi, 1981.

Schwarzfuchs 1989 : Simon Schwarzfuchs, *Du Juif à l'Israélite. Histoire d'une mutation 1770-1870,* Fayard, 1989.

Schwarzfuchs 1991 : Simon Schwarzfuchs, *Rachi de Troyes*, Albin Michel, 1991.

Schwarzfuchs 2005 : Simon Schwarzfuchs, *Les Juifs au temps des Croisades, en Occident et en Terre sainte,* Albin Michel, 2005.

Sebban 2012 : Joël Sebban, « Joseph Salvador (1796-1873) : penseur libéral et apologiste du judaïsme », *Revue des études juives,* juillet-décembre 2012.

Nahon 1968 : Gérard Nahon, « Inscriptions funéraires hébraïques et juives à Bidache, Labastide-Clairence (Basses-Pyrénées) et Peyrehorade (Landes). Rapport de mission », *Revue des études juives*, tome CXXVII, 1968 ; tome CXXVII, 1968 ; tome CXXVIII, 1969 ; tome CXXX, 1971.

Nahon 1970a : Gérard Nahon, « Note sur les registres des délibérations de la nation juive portugaise de Bordeaux, 1710-1790 », *Revue des études juives*, tome CXXIX, 1970.

Nahon 1970b : Gérard Nahon, « Papiers de la communauté des Juifs portugais de Paris de 1785 à 1790 », *Revue des études juives*, tome CXXIX, 1970.

Nahon 1996 : Gérard Nahon, « Le judaïsme algérien de l'Antiquité au décret Crémieux » in Attal 1996.

Nahon 2003 : Gérard Nahon, *Juifs et judaïsme à Bordeaux*, Bordeaux, Mollat, 2003.

Neher-Bernheim 2001 : Renée Neher-Bernheim, *La vie juive en Terre sainte : 1517-1918*, Calmann-Lévy, 2001.

Nicault 1990 : Catherine Nicault, « La réceptivité au sionisme de la fin du XIXe siècle à l'aube de la Seconde Guerre mondiale » in Birnbaum 1990.

Nicault 1992 : Catherine Nicault, *La France et le sionisme 1897-1948. Une rencontre manquée ?*, Calmann-Lévy, 1992.

Nicault 2007 : Catherine Nicault, « Zadon Kahn et le sionisme. Essai d'interprétation » in Kuperminc / Chaumont 2007.

O'Leary 2012 : Margaret R. O'Leary, *Forging Freedom: The Life of Cerf Berr of Médelsheim,* iUniverse, Inc., Bloomington, 2012.

Oriol 2003 : Philippe Oriol, *Bernard Lazare,* Stock, 2003.

Oriol 2007 : Philippe Oriol, « Zadoc Kahn et l'affaire Dreyfus » in Kuperminc / Chaumont 2007.

Pallière 1932 : Aimé Pallière, *Bergson et le judaïsme,* Félix Alcan, 1932.

Petition 1790 : *Pétition des Juifs établis en France, adressée à l'Assemblée nationale, le 28 janvier 1790, sur l'ajournement du 14 décembre 1789*, Imprimerie de Prault, 1790.

Pichon 2009 : Muriel Pichon, *Les Français juifs, 1914-1950. Récit d'un désenchantement*, Toulouse, Presses universitaires du Mirail, 2009.

Pleorson 1969 : Jean-Marie Pleorson, « Le Docteur Carlos García et la colonie hispano-portugaise de Paris, 1613-1619 », *Bulletin Hispanique*, no. 71, 1969.

Pluchon 1984 : Pierre Pluchon, *Nègres et Juifs au XVIIIe siècle. Le racisme au siècle des Lumières*, Tallandier, 1984.

Poirier 1998 : Véronique Poirier, *Ashkénazes et Séfarades,* Cerf, 1998.

Popkin 1987 : Richard H. Popkin, *Isaac La Peyrère (1596-1676) : His Life, Work, and Influence,* Leiden / New York, Brill, 1987.

Rabi 1972 : Wladimir Rabi, « De 1906 à 1939 » in Blumenkranz 1972.

Ravitzky 1996 : Aviezer Ravitzky, *Messianism, Zionism, and Jewish Religious Radicalism*, The University of Chicago Press, 1996.

Registre : *Le Registre des délibérations de la Nation juive portugaise de Bordeaux : 1711-1787*, introduciton et notes par Simon Schwarzfuchs, Fundação Calouste Gulbenkian, Centro cultural português, 1981.

Reinach, S. 1912 : Salomon Reinach, *Cultes, mythes et religions,* tome IV, Ernest Leroux, 1912.

Reinach, Th. 1884 : Théodore Reinach, *Histoire des Israélites depuis l'époque de leur dispersion jusqu'à nos jours*, Hachette, 1884.

Reinach, Th. 1889 : Théodore Reinach, « Une inscription latine et hébraïque conservée au musée de Narbonne », *Comptes-rendus des séances de l'Académie des Inscriptions et Belles-Lettres*, 33e année, no. 5, 1889.

Lazare, B. 1897a : Bernard Lazare, « Nécessité d'être soi-même », *Zion*, 30 avril 1897.

Lazare, B. 1897b : Bernard Lazare, « Solidarité », *Zion*, 31 mai 1897.

Lazare, B. 1992 : Bernard Lazare, *Juifs et antisémites*, édition établie par Philippe Oriol, Allia, 1992.

Lazare, B. POST. : Bernard Lazare, *Le Fumier de Job*, suivi de *Les Deux Étoiles d'Israël*, Champion, 1998.

Lehrmann 1937 : Chanan Lehrmann, *Bergsonisme et judaïsme*, Genève, Éditions Unions, 1937.

Lemalet 1992 : Martine Lemalet, « Berr Isaac Berr : un bilan contemporain de l'Émancipation » in Hadas-Lebel / Oliel-Grausz, 1992.

Lerner 2007 : Scott L. Lerner, « La Synagogue "parlante" de Zadoc Kahn » in Kuperminc / Chaumont 2007.

Leroy-Beaulieu 1893 : Anatole Leroy-Beaulieu, *Israël chez les Nations*, Calmann Lévy, 1893.

Lettre 1789 : *Lettre adressée à M. Grégoire, curé d'Emberménil, député de Nancy, par les Députés de la nation juive portugaise de Bordeaux*, le 14 août 1789 (coll. *La Révolution française et l'émancipation des Juifs*, tome VIII).

Lettre 1818 : *Lettre pastorale adressée par le consistoire central des Israélites de France aux consistoires dans la circonscription desquels il se trouve un ou plusieurs des départements qui viennent d'être affranchis des dispositions du décret du 17 mars 1808*, 1818.

Levy, L. 2000 : Lionel Levy, *La nation juive portugaise : Livourne, Amsterdam, Tunis, 1591-1951*, L'Harmattan, 2000.

Lévy, P. 1960 : Paul Lévy, *Les Noms des Israélites en France*, PUF, 1960.

Lévy, P. 2005 : Paul Lévy, *Hommes de Dieu dans la tourmente. L'histoire des rabbins déportés*, Safed Éditions, 2005.

Lewy 1938 : Hans Lewy, « Imaginary Journeys from Palestine to France », *Journal of the Warburg Institute*, Vol. 1, No. 3, January 1938.

Liber 1913 : Maurice Liber, « Les Juifs et la convocation des États généraux (1789) », *Revue des études juives*, tome LXIII, 1912 ; tome LXVI, 1913.

Loeb 1878 : Isidore Loeb, *Biographie d'Albert Cohn*, Durlacher, 1878.

Lukes 1985 : Steven Lukes, *Émile Durkheim. His Life and Work. A Historical and Critical Study*, Stanford University Press, 1985.

Lustman 2009 : François Lustman, « Samuel Cahen : une identité juive à la française », *Revue des études juives*, juillet-décembre 2009.

Malvezin 1875 : Théophile Malvezin, *Histoire des Juifs à Bordeaux*, Bordeaux, Charles Lefèvre, 1875.

Marrus 1972 : Michael R. Marrus, *Les Juifs de France à l'époque de l'affaire Dreyfus*, Calmann-Lévy, 1972.

Mathorez 1913 : Jules Mathorez, « Notes sur l'histoire de la colonie portugaise de Nantes », *Bulletin Hispanique*, tome 15, no. 3, 1913.

Méchoulan 1985 : *L'État baroque. Regards sur la pensée politique de la France du premier XVIIe siècle*, sous la dir. d'Henri Méchoulan, J. Vrin, 1985.

Memorbuch : *Un Obituaire israélite, le Memorbuch de Metz*, éd et trad. par Simon Schwarzfuchs, Metz, Société d'histoire et d'archéologie de la Lorraine, 1971.

Mendel 1949 : Pierre Mendel, « Les noms des Juifs français modernes », *Revue des études juives*, juillet 1949.

Meschonnic 2001 : Henri Meschonnic, *L'Utopie du Juif*, Desclée de Brouwer, 2001.

Messaoudi 2010 : Alain Messaoudi, « Renseigner, enseigner. Les interprètes militaires et la constitution d'un premier corpus savant « algérien » (1830-1870) », *Revue d'Histoire du XIXe siècle*, 41, 2010.

Michel 1870 : Francisque Michel, *Histoire de la navigation et du commerce à Bordeaux*, Bordeaux, Féret & Fils, 1870, tome II.

Moulinas 1992 : René Moulinas, *Les Juifs du Pape : Avignon et le Comtat Venaissin*, Albin Michel, 1992.

Barthélemy, 1995.
Iancu-Agou 2011 : Danièle Iancu-Agou, « Le patrimoine juif médiéval en France : entre histoire, archéologie et tradition orale » in Paul Salmona, Laurence Sigal (éd.), *L'Archéologie du judaïsme, en France et en Europe,* La Découverte, 2011.
Ingold WEB : Denis Ingold, « Regard sur la communauté juive de Soultzmatt », http://judaisme.sdv.fr/synagog/hautrhin/r-z/soultzmatt.htm
Ingold 2006 : Denis Ingold, « Les Juifs en Haute-Alsace au XVIIe siècle : le grand retour », *Revue d'Alsace,* no. 132, 2006.
Isser 1991 : Natalie Isser, *Antisemitism During the French Second Empire*, New York, Peter Lang, 1991.
Jama 2001 : Sophie Jama, *L'Histoire juive de Montaigne,* Flammarion, 2001.
Jarrassé 2004 : Dominique Jarrassé, « La synagogue de la rue Notre-Dame de Nazareth, lieu de construction d'une culture juive parisienne et d'un regard sur les Juifs », *Romantisme,* no. 125, 2004.
Jost 1840 : Isaak Markus Jost, « Rabbins de Metz depuis le commencement du XVIIe siècle jusqu'à nos jours », *Archives Israélites de France*, no. 1, 1840.
Kahn, L. 1894 : Léon Kahn, *Les Juifs de Paris au VIIIe siècle d'après les archives de la lieutenance générale de police à la Bastille*, A. Durlancher, 1894.
Kahn, Z. 1890 : Zadoc Kahn, *Discours d'installation prononcé au Temple Israélite de la rue de la Victoire, le 25 mars 1890, par M. Zadoc Kahn, grand-rabbin du Consistoire central des Israélites de France,* Maison Quantin, 1890.
Kanh, Z. 1892 : *Religion et patrie : deux allocutions prononcées à la synagogue de la rue de la Victoire, par M. Zadoc Kahn, grand rabbin*, Ancienne Maison Quantin, 1892.
Kanh, Z. 1899a : *La Bible, traduite du texte original par les membres du rabbinat français sous la direction de M. Zadoc Kahn*, A. Durlacher, 1899.
Kahn, Z. 1899b : *La Bible de la jeunesse, traduite de l'hébreu et abrégée par les membres du Rabbinat français sous la Direction de M. Zadoc Kahn*, A. Durlacher, 1899.
Kaspi 2010 : *Histoire de l'Alliance israélite universelle de 1860 à nos jours*, sous la direction d'André Kaspi, Armand Colin, 2010.
Klein, P. WEB : Paul Klein, « Salomon (Schlôme) Wolf Klein, Grand Rabbin de Colmar et du Haut-Rhin », http://judaisme.sdv.fr/histoire/rabbins/sklein.htm
Klein-Zolty 1982 : Muriel Klein-Zolty, Freddy Raphael, « Jalons pour l'étude de l'humour judéo-alsacien », *Revue des Sciences Sociales de la France de l'Est*, no. 11, 1982.
Kohn 2004 : Roger S. Kohn, « Les juifs en France du Nord dans la seconde moitié du XIVe siècle. Un état de question », in Dahan 2004.
Kuperminc / Chaumont, J.-Ph. 2007 : *Zadoc Kahn. Un grand rabbin entre culture juive, affaire Dreyfus et laïcité*, sous la dir. de Jean-Claude Kuperminc et Jean-Philippe Chaumont, Éditions de l'éclat, 2007.
Laffont 1999 : Jean-Luc Laffont, « La présence juive à Toulouse sous l'Ancien Régime », *Revue des études juives*, no. 158, 1999.
Laharanne 1860 : Ernest Laharanne, *La Nouvelle question d'Orient : Empires d'Égypte et d'Arabie ; reconstitution de la nationalité juive*, E. Dentu, 1860.
Lancre 1622 : Pierre de Lancre, *Incrédulité et mescréance du sortilège plainement convaincue*, N. Buron, 1622.
Landau 1995 : Philippe-Éfraïm Landau, *L'Opinion juive et l'affaire Dreyfus,* Albin Michel, 1995.
Landau 2001 : Philippe-Éfraïm Landau, « Olry Terquem (1782-1862). Régénérer les Juifs et réformer le judaïsme », *Revue des études juives,* janvier-juin 2001.
Lazare, B. 1894 : Bernard Lazare, *L'Antisémitisme, son histoire et ses causes,* Léon Chailley, 1894.

Furtado : Abraham Furtado, *Mémoires d'un patriote proscrit* in *Mémoires de Terreur : l'an II à Bordeaux*, éd. par Anne de Mathan, Bordeaux, Presses Universitaires de Bordeaux, 2002.

Gaullieur 1874 : Ernest Gaullieur, *Histoire du collège de Guyenne,* Sandoz et Fischbacher, 1874.

Gauthier 1965 : Robert Gauthier, *Dreyfusards !*, Gallimard/Julliard, 1965.

Ginsburger 1934 : Ernest Ginsburger, *Le Comité de surveillance de Jean-Jacques Rousseau, Saint-Esprit-lès-Bayonne. Procès-verbaux et correspondance, 11 octobre 1793-30 Fructidor an II*, préface de René Cuzacq, Lipschutz, 1934 (nouv. éd., Bayonne, Société des Sciences, Lettres et Arts de Bayonne, 1988).

Girard 1976 : Patrick Girard, *Les Juifs de France de 1789 à 1860, de l'émancipation à l'égalité,* Calmann-Lévy, 1976.

Girard 1989 : Patrick Girard, *La Révolution française et les juifs,* Robert Laffont, 1989.

Glenn 2005 : Menachem G. Glenn, *Rabbi Israel Salanter. Religious-Ethical Thinker. The Story of a Religious-Ethical Current In Nineteenth Century Judaism*, 1953 ; new ed., New York, Yashar Books, 2005.

Godfroy 2004 : Marie-France Godfroy, « Les exilés du Languedoc : cartographie d'une dispersion », et Noël Coulet, « Chemins d'un exil : la Provence ? », in Dahan 2004.

Goetschel 1992 : Roland Goetschel, « L'hostilité du monde hassidique à la Révolution française » in Hadas-Lebel / Oliel-Grausz 1992.

Golb 1985 : Norman Golb, *Les Juifs de Rouen au Moyen Âge. Portrait d'une culture oubliée*, Rouen, Publications de l'Université de Rouen, 1985.

Graetz 1989 : Michael Graetz, *Les Juifs en France au XIX*e *siècle. De la Révolution française à l'Alliance Israélite Universelle*, trad. de l'hébreu par Salomon Malka, Éditions du Seuil, 1989.

Green 1984 : Nancy Green, *Les travailleurs immigrés juifs à la Belle Époque : le "Pletzl" de Paris,* Fayard, 1984.

Greilsammer 1996 : Ilan Greilsammer, *Blum,* Flammarion, 1996.

Grossman 1988 : Avraham Grossman, « Ben Sefarad le-Zarefat : Ha-Kesharim ben Kehillot Yisrael she-bi-Sefarad ha-Muslamit u-ben Kehillot Zarefat » in A. Mirsky, A. Grossman and Y. Kaplan, eds., *Galut Ahar Golah,* Jerusalem, 1988, volume 2.

Grossman 1995 : Avraham Grossman, *Hakhme Tsarefat ha-rishonim : korotehem, darkam be-hanhagat ha-tsibur, yetsiratam ha-ruhanit*, Yerushalayim, Hotsaat sefarim a. sh. Y.L. Magnes, ha-Universitah ha-Ivrit, 1995.

Grossman 2006 : Avraham Grossman, *Rashi : R. Shelomoh Yitshaki*, Jerusalem, Centre Zalman Shazar, 2006 (*Rashi*, translated by Joel Linsider, London, Littman Library of Jewish Civilization, 2012).

Ha-Kohen : Joseph ha-Kohen, *La vallée des pleurs : chronique des souffrances d'Israel depuis sa dispersión jusqu'à nos jours* (1575), trad. par Julien Sée, Chez le traducteur, 1881.

Habermann 1945 : Abraham Meir Habermann, *Sefer Gezerot Ashkenaz ve-Tsarefat*, Yerushalayim, Sifre Tarshish, 1945.

Hadas-Lebel / Oliel-Grausz : Mireille Hadas-Lebel et Évelyne Oliel-Grausz (éd.), *Les Juifs et la Révolution française*, Louvain-Paris, Peeters, 1992.

Hagège 2006 : Claude Hagège, « Les gloses de Rachi, rabbin champenois du XIe siècle, document exceptionnel pour l'histoire du français *parlé* et de l'hébreu » in *Héritage de Rachi,* sous la direction de René-Samuel Sirat, Éditions de l'éclat, 2006.

Halévy 1825 : Léon Halévy, *Résumé de l'histoire des juifs anciens,* Lecointe et Durey, 1825.

Hess 1862 : Moses Hess, *Rome et Jérusalem : la dernière question des nationalités* (1862), Albin Michel, 1981.

Hyman 1991 : Paula E. Hyman, *The Emancipation of the Jews of Alsace. Acculturation and tradition in the nineteenth century*, New Haven / London, Yale University Press, 1991.

Iancu 1995 : Danièle et Carol Iancu, *Les Juifs du Midi, une histoire millénaire,* Avignon, Éditions A.

Chouraqui, J.-M. 1987 : Jean-Marc Chouraqui, « Les rabbins français, la Terre d'Israël et le sionisme (XIXème – début du XXème siècle) in Bensimon / Pinkus 1987.

Colbert : *Lettres, instructions et mémoires de Colbert,* Imp. Impériale, 1859, tome II.

Dahan 2004 : Gilbert Dahan (dir.), *L'expulsion des Juifs de France, 1394*, Cerf, 2004.

Darmesteter 1874 : Arsène Darmesteter, « Deux Élégies du Vatican », *Romania,* no. 3, 1874.

Dartmesteter 1881 : Arsène Darmesteter, « L'autodafé de Troyes (24 avril 1288) », *Revue des études juives*, no. 4, 1881.

Della Pergola 2001 : Sergio Della Pergola, « Demography in Israel / Palestine : Trends, Prospects, Policy Implications », IUSSP XXIV General Population Conference, 2001.

Delmaire, D. 1992 : Danielle Delmaire, « Intégration ? Assimilation ? Le témoignage onomastique dans quelques communautés juives, fin XVIIIe siècle, début XIXe siècle » in Hadas-Lebel / Oliel-Grausz 1992.

Delmaire, J.-M. 1987 : Jean-Marie Delmaire, « Les Amants de Sion en France (1884–1898) entre l'aliya et l'intégration » in Bensimon / Pinkus 1987.

Delpech 1972a : François Delpech, « La Révolution et l'Empire » in Blumenkranz 1972.

Delpech 1972b : François Delpech, « De 1815 à 1894 » in Blumenkranz 1972.

Delumeau 1971 : Jean Delumeau, Monique Cottret, *Le catholicisme entre Luther et Voltaire*, Presses Universitaires de France, 1971.

Druck 1928 : David Druck, *Baron Edmond Rothschild: The Story of a Practical Idealist*, sl, Hebrew Monotype Press, 1928.

Duclert 2006 : Vincent Duclert, *Alfred Dreyfus. L'honneur d'un patriote,* Fayard, 2006.

Dulaure 1827 : Jacques-Antoine Dulaure, *Histoire physique, civile et morale des environs de Paris*, tome VI, Guillaume, 1827.

Eibeshuts 1786 : *Recueil des lois, coutumes et usages observés par les juifs de Metz, en ce qui concerne leurs contrats de mariage, tutelles, curatelles, majorités, successions, testaments, etc., rédigé et translaté en français, en exécution des lettres patentes du 20 août 1742, enregistrées au parlement de Metz le 30 du même mois*, Metz, Ve Antoine et fils, 1786.

Einbinder 2002 : Susan Einbinder, *Beautiful Death: Jewish Poetry and Martyrdom in Medieval France,* Princeton, Princeton University Press, 2002.

Eisenmann 1975 : Jacques Eisenmann, « Zadoc Kahn : le pasteur et la communauté », *Les Nouveaux Cahiers,* XLI, 1975.

EJIW : *The Encyclopedia of Jews in the Islamic World*, 5 vols., Leiden, E. J. Brill, 2010.

Etkes 1993 : Immanuel Etkes, *Rabbi Israel Salanter and the Mussar Movement: Seeking the Torah of Truth*, Philadelphia / Jerusalem, The Jewish Publication Society, 1993.

Ezran 1992 : Maurice Ezran, *L'Abbé Grégoire, défenseur des Juifs et des Noirs,* L'Harmattan, 1992.

Faiguenboim 2009 : Guilherme Faiguenboim, *Dicionário sefaradi de sobrenomes : inclusive cristãos-novos, conversos, marranos, italianos, berberes e sua história na Espanha, Portugal e Itália / Dictionary of Sephardic surnames : including Christianized Jews, Conversos, Marranos, Italians, Berbers, and their history in Spain, Portugal and Italy*, Bergenfield, N.J., Avotaynu Inc., 2009.

Feuerwerker 1976 : David Feuerwerker, *L'Émancipation des Juifs en France, de l'Ancien Régime à la fin du Second Empire*, Albin Michel, 1976.

Fraenkel 1992 : Jonathan Fraenkel, *Damascus affair: « Ritual Murder », Politics and the Jews in 1840*, Cambridge, Cambridge Universtiy Press, 1992.

Fudeman 2008 : Kirsten A. Fudeman, « Restoring a Vernacular Jewish Voice: The Old French Elegy of Troyes », *Jewish Studies Quarterly,* vol.15, no.3, 2008.

qui devait avoir lieu à Luneville, au nom de tous les habitants de l'Europe qui professent la religion juive, Strasbourg, impr.de Levrault frères, an X (1801).
Berr-Bing 1787 : *Lettre du S. I. B. B. [Isaïe Berr-Bing], juif de Metz, à l'auteur anonyme d'un écrit intitulé : « Le Cri du citoyen contre les Juifs»*, Metz, Impr. de J.-B. Collignon, 1787.
Billy / Twersky 1927–28 : André Billy, Moïse Twersky, *L'Épopée de Ménaché Foïgel*, 3 vols, Plon, 1927–1928.
Birnbaum 1990 : Pierre Birnbaum (dir.), *Histoire politique des Juifs de France*, Presses de la Fondation natioale des Sciences politiques, 1990.
Birnbaum 2007 : Pierre Birnbaum, *L'Aigle et la Synagogue : Napoléon, les Juifs et l'État,* Fayard, 2007.
Birnbaum 2008 : Pierre Birnbaum, *Un récit de « meurtre rituel ». L'affaire Raphaël Levy, Metz 1669*, Fayard, 2008.
Blevis 2012 : Laure Blevis, « En marge du décret Crémieux. Les Juifs naturalisés français en Algérie (1865–1919) », *Archives Juives*, vol. 45, 2012.
Blumenkranz 1966 : Bernhard Blumenkranz, « Germany (843–1096) » in *The Dark Ages: Jews in Christian Europe, 711–1096*, ed. by Cecil Roth, Tel Aviv, Jewish History Publications Ltd., 1966.
Blumenkranz 1969 : Bernhard Blumenkranz, « Les premières implantations de Juifs en France, du Ier au début du Ve siècle », *Comptes-rendus de l'Académie des Inscriptions et Belles Lettres*, 1969.
Blumenkranz 1972 : Bernhard Blumenkranz, *Histoire des Juifs en France,* Toulouse, Privat, 1972.
Bordes-Benayoun 2000 : Chantal Bordes-Benayoun (éd.), *Juifs et la Ville*, Toulouse, Presses Universitaires du Mirail, 2000.
Bouche 1789 : Charles-François Bouche, *De la restitution du Comté Venaissin, des ville et état d'Avignon : motion imprimée sous l'autorisation de l'Assemblée nationale, par son décret du 21 novembre 1789*, Chez Baudouin, Imprimeur de l'Assemblée nationale, 1789.
Bouganim 2012 : Ami Bouganim, *Vers la disparition d'Israël ?*, Seuil, 2012.
Boyer 1991 : Alain Boyer, *Theodore Herzl*, Albin Michel, 1991.
Bredin 1983 : Jean-Denis Bredin, *L'Affaire*, Julliard, 1983.
Bredin 1992 : Jean-Denis Bredin, *Bernard Lazare, de l'anarchisme au prophète*, Éditions de Fallois, 1992.
Burns 1994 : Michael Burns, *Histoire d'une famille française. Les Dreyfus : l'émancipation, l'Affaire, Vichy,* Fayard, 1994.
Cabanel 2004 : Patrick Cabanel, *Juifs et protestants en France. Les affinités électives : XVIe-XXe siecle*, Fayard, 2004.
Cahen, G. 1972 : Gilbert Cahen, « La région lorraine » in Blumenkranz, 1972.
Cahen, S. 1831–51 : Samuel Cahen, *La Bible : traduction nouvelle avec l'hébreu en regard, accompagné des points-voyelles et des accents toniques avec des notes philologiques, géographiques et littéraires, et les principales variantes de la version des Septante et du texte samaritain*, 18 vol., chez l'auteur, 1831–1851.
Cahun 1886 : Léon Cahun, *La Vie juive,* Éditions Monnie, 1886.
Cerfberr 1817 : Alphonse-Théodore Cerfberr, *Observations sur les vœux émis par les Conseils généraux des départements du Haut et Bas-Rhin relativement aux mesures à prendre contre les juifs par suite du décret du 17 mars 1808*, 1817.
Chaumont, J.-Ph. 2007 : Jean-Philippe Chaumont, « Zadoc Kahn, administrateur du culte : un cas de figure pour une recherche dans les fonds des Archives nationales » in Kuperminc / Chaumont 2007.
Chazan 1970 : Robert Chazan, « The persecution of 992 », *Revue des Études juives,* no. 129, 1970.
Chazan 1974 : Robert Chazan, *Medieval Jewry in Northern France. A Political and Social History*, Baltimore, Johns Hopkins University Press, 1974.
Chouraqui, A. 1985 : André Chouraqui, *Histoire des Juifs en Afrique du Nord*, Hachette, 1985.

Alger, 12 juillet 1842) », *Archives Juives*, no. 39/2, 2006.

Assan 2012 : Valérie Assan, *Les Consistoires Israélites d'Algérie au XIXe siècle. L'alliance de la civilisation et de la religion*, Armand Colin, 2012.

Astruc 1882 : Élie-Aristide Astruc, « La question religieuse au XIXe siècle : Joseph Salvador », *Revue bleue,* 15 avril 1882.

Attal 1996 : Robert Attal (éd.), *Regards sur les juifs d'Algérie*, L'Harmattan, 1996.

Azulai : *The Diaries of Rabbi Ha'im Yosef David Azulai, Ma'agal Tov : The Good Journey*, translated by Benjamin Cymerman, Jerusalem, The Bnei Issakhar Institute, 1997.

Badinter 1989 : Robert Badinter, *Libres et égaux... L'émancipation des Juifs sous la Révolution française (1789–1791)*, Fayard, 1989.

Balasse 2008 : Céline Balasse, *1306. L'expulsion des juifs du royaume de France,* Bruxelles, De Boecke, 2008.

Baron 1928 : Salo Wittmayer Baron, « Ghetto and Emancipation », *The Menorah Journal*, no. 14, 1928.

Bataillon 1928 : Marcel Bataillon, « Sur André de Gouvea », *Revue historique de Bordeaux*, no. 2, 1928.

Beaufleury 1794/95 : Francia de Beaufleury, *L'établissement des Juifs à Bordeaux et à Bayonne depuis 1550*, An VIII (1794/95).

Bedos-Rezak 1985 : Brigitte Bedos-Rezak, « Tolérance et raison d'État : le problème juif » in Méchoulan 1985.

Benbassa 1997a : Esther Benbassa, *Histoire des Juifs en France, de l'Antiquité à nos jours*, Seuil, 1997, 3e édition revue et mise à jour, 2004.

Benbassa 1997b : *Transmission et passage en monde juif,* sous la dir. d'Esther Benbassa, Publisud, 1997.

Benbassa / Rodrigue 2002 : Esther Benbassa, Aron Rodrigue, *Histoire des Juifs sépharades. De Tolède à Salonique*, édition revue, augmentée et mise à jour, Seuil, 2002.

Benda 1900 : Julien Benda, *Dialogues à Byzance,* Éditions de la Revue Blanche, 1900.

Benda 1936 : Julien Benda, *La Jeunesse d'un clerc,* Gallimard, 1936.

Bensimon / Pinkus 1987 : Doris Bensimon, Benjamin Pinkus, *Les Juifs de France, le sionisme et l'État d'Israël*, actes du colloque international organisé en 1987 par l'Institut National des Langues et Civilisations orientales, 1987.

Bensoussan 2002 : Georges Bensoussan, *Une Histoire intellectuelle et politique du sionisme*, Fayard, 2002.

Berg 1992 : Roger Berg, *Histoire du rabbinat français (XVIe-XXe siècle)*, Éditions du Cerf, 1992.

Berr sd : *Plaintes et lamentations sur la mort du roi Louis XV, de glorieuse mémoire, ordonnées par les syndics de la communauté des juifs de Lorraine, et récitées dans leurs synagogues, après avoir fait distribuer des aumônes, composées par le rabbin de Lorraine et traduites par le Sr Berr-Isaac Berr le jeune*, Nancy, Imp. de P. Antoine, sd.

Berr 1782 : *Instruction salutaire adressée aux communautés juives, qui habitent paisiblement les villes de la domination du grand empereur Joseph II, glorieusement régnant, traduite de l'hébreux, du célèbre rabbin Naphtali Hertzweisel*, Berlin, 1782.

Berr 1790 : *Lettre du Sr. Berr-Isaac-Berr, négociant à Nancy, Juif, naturalisé en vertu des Lettres-Patentes du Roi, à Monseigneur l'Évêque de Nancy, Député à l'Assemblée Nationale*, 1790 (coll. *La Révolution française et l'émancipation des Juifs,* tome VIII).

Berr 1791 : Berr-Isaac Berr, *Lettre d'un citoyen, membre de la ci-devant communauté des juifs de Lorraine, à ses confrères, à l'occasion du droit de citoyen actif rendu aux juifs par le décret du 28 septembre 1791*, juif, citoyen actif, Nancy, H. Haener, 1791.

Berr 1806 : Berr Isaac Berr, *Réflexions sur la régénération complète des Juifs en France,* 1806 (coll. *La Révolution française et l'émancipation des Juifs,* tome VIII).

Berr, M. 1801 : Michel Berr, *Appel à la justice des nations et des rois, ou Adresse d'un citoyen français au congrès*

ブローデル 1949 : フェルナン・ブローデル『地中海』、第二巻、浜名優美訳、藤原書店、1992 年。
ペギー 1910 : シャルル・ペギー『われらの青春―ドレフュス事件を生きたひとびと』、磯見辰典訳、中央出版社、1976 年。
ボベロ 2000 : ジャン・ボベロ『フランスにおける脱宗教性（ライシテ）の歴史』、三浦信孝、伊達聖伸訳、白水社、2009 年。
ポリアコフ 1955 : レオン・ポリアコフ『反ユダヤ主義の歴史』第一巻「キリストから宮廷ユダヤ人まで」、菅野賢治訳、筑摩書房、2005 年。
ポリアコフ 1961 : レオン・ポリアコフ『反ユダヤ主義の歴史』第二巻「ムハンマドからマラーノへ」、合田正人訳、筑摩書房、2005 年。
ポリアコフ 1968 : レオン・ポリアコフ『反ユダヤ主義の歴史』第三巻「ヴォルテールからヴァーグナーまで」、菅野賢治訳、筑摩書房、2005 年。
ポリアコフ 1971 : レオン・ポリアコフ『アーリア神話―ヨーロッパにおける人種主義と民主主義の源泉』、アーリア主義研究会訳、法政大学出版局、1985 年。
ポリアコフ 1977 : レオン・ポリアコフ『反ユダヤ主義の歴史』第四巻「自殺に向かうヨーロッパ」、菅野賢治ほか訳、筑摩書房、2006 年。
ヨセフス : フラウィウス・ヨセフス『ユダヤ古代誌』、秦剛平訳、ちくま学芸文庫。
ラカー 1972 : ウォルター・ラカー『ユダヤ人問題とシオニズムの歴史』、新版、高坂誠訳、第三書館、1994 年。
ラブキン 2004 : ヤコヴ・M・ラブキン『トーラーの名において―シオニズムに対するユダヤ教の抵抗の歴史』、菅野賢治訳、平凡社、2010 年。
ラブキン 2012：ヤコヴ・M・ラブキン『イスラエルとは何か』、菅野賢治訳、平凡社、2012 年。

Abitbol 1989 : Michel Abitbol, *Les Deux terres promises. Les juifs de France et le sionisme,* Olivier Orban, 1989.
Abitbol 1990 : Michel Abitbol, « La Citoyenneté imposée : du Décret Crémieux à la Guerre d'Algérie » in Birnbaum 1990.
Adresse Bayonne 1790 : *Adresse présentée à l'Assemblée nationale par le député des Juifs espagnols et portugais établis au Bourg-Saint-Esprit lès Bayonne, 1er janvier 1790.*
Adresse Bordeaux 1789 : *Adresse à l'Assemblée nationale, par laquelle les juifs de Bordeaux demandent à être reconnus citoyens français, le 31 décembre 1789.*
Adresse Metz 1789 : *Adresse présentée à l'Assemblée Nationale, le 31 août 1789, par les députés réunis des juifs, établis à Metz, dans les Trois Évêchés, en Alsace et en Lorraine.*
Adresse Paris 1789 : *Adresse présentée à l'Assemblée Nationale, le 26 Août 1789, par les juifs résidans à Paris.*
Amson 1988 : Daniel Amson, *Adolphe Crémieux, l'oublié de la gloire,* Seuil, 1988.
Anchel 1928 : Robert Anchel, *Napoléon et les juifs,* Presses Universitaires de France, 1928.
Anchel 1946 : Robert Anchel, *Les Juifs de France*, Janin, 1946.
Anidjar 2008 : Gil Anidjar, *Semites: Race, Religion, Literature,* Stanford University Press, 2008.
Antébi 1999 : Élizabeth Antébi, *Les Missionnaires juifs de la France 1860–1939,* Calmann-Lévy, 1999.
Antébi 2003 : Élizabeth Antébi, *Edmond de Rothschild. L'homme qui racheta la Terre sainte*, Éditions du Rocher, 2003.
Askénazi 1999 : Léon Askénazi, *La Parole et l'écrit*, tome 1 : Penser la tradition juive aujoud'hui, Albin Michel, 1999.
Assan 2006 : Valérie Assan, « Isaac, alias Diogène, Tama, rabbin, négociant, armateur (Hébron, vers 1757 –

参考文献一覧【上巻】

＊外国語から日本語に訳された文献については、原著の出版年を指示記号のなかに掲げる。
＊欧文文献についてとくに記載がない場合、出版地はすべてパリである。
＊ sd = 出版年不明／ sl = 出版地不明

アサール 1984 : パウル・アサール『アルザスのユダヤ人』、宇京早苗訳、平凡社、1988 年。
有田 2000 : 有田英也『ふたつのナショナリズム―ユダヤ系フランス人の「近代」』、みすず書房、2000 年。
市川 2004 : 市川裕『ユダヤ教の精神構造』、東京大学出版会、2004 年。
市川 2009 : 市川裕『ユダヤ教の歴史』、山川出版社、2009 年。
臼杵 1998 : 臼杵陽『見えざるユダヤ人―イスラエルの〈東洋〉』、平凡社、1998 年。
オッフェ 1951 : フレデリック・オッフェ『アルザス文化論』、宇京頼三訳、みすず書房、1987 年。
菅野 1998 : 菅野賢治「試論ベルナール＝ラザール（上）―ドレフュス事件からユダヤ・ナショナリズムへ」、一橋大学研究年報『人文科学研究』第 35 号、1998 年 3 月。
菅野 1999 : 菅野賢治「試論ベルナール＝ラザール（下）―シオニズム批判を中心とする後期思想の展開」、一橋大学研究年報『人文科学研究』第 36 号、1999 年 1 月。
菅野 2002 : 菅野賢治『ドレフュス事件のなかの科学』、青土社、2002 年。
菅野 2008a : 菅野賢治「フランス・ユダヤ人の困惑―「ライシテ」への挑戦」、市川裕、臼杵陽、大塚和夫、手島勲矢編『ユダヤ人と国民国家―「政教分離」を再考する』、岩波書店、2008 年、所収。
工藤 2013 : 工藤晶人『地中海帝国の片影―フランス領アルジェリアの 19 世紀』、東京大学出版会、2013 年。
グレゴリウス : トゥールのグレゴリウス『フランク史―一〇巻の歴史』、杉本正俊訳、新評論、2007 年。
ケラー 1966 : ウェルネル・ケラー『ディアスポラ』（上）（下）、追川由和、天野洋子訳、山本書店、1982 年。
佐藤 1986 : 佐藤茂行「サン・シモン教について―サン・シモン主義と宗教的社会主義」、北海道大学『經濟學研究』35(4)、1986 年 3 月。
サルトル 1946 : ジャン＝ポール・サルトル『ユダヤ人』、安堂信也訳、岩波新書、1956 年。
ストラ 1991-94 : バンジャマン・ストラ『アルジェリアの歴史―フランス植民地支配・独立戦争・脱植民地化』、小山田紀子、渡辺司訳、明石書店、2011 年。
関谷 2003 : 関谷定夫『聖都エルサレム―5000 年の歴史』、東洋書林、2003 年。
ドレフュス（ア）1901 : アルフレッド・ドレフュス『ドレフュス獄中記―わが生涯の五ヵ年』、竹村猛訳、中央大学出版部、1979 年。
ドレフュス（マ）1978 : マチュー・ドレーフュス『事件―マチュー・ドレーフュスの回想』、小宮正弘訳、時事通信社、1982 年。
ハーメルン : グリュッケル・ハーメルン『ゲットーに生きて―あるユダヤ婦人の手記』、林瑞枝訳、新樹社、1974 年。
平野 1997 : 平野新介『ドレフュス家の一世紀』、朝日新聞社、1997 年。
ブルム 1935 : レオン・ブルム『ドレフュス事件の思い出』、稲葉三千男訳、創風社、1998 年。

Histoire des Juifs en France, Toulouse, Privat, 1972.

343 頁　ザドック・カーン　Paula E. Hyman, *The Jews of Modern France*, Oakland, CA, University of California Press, 1998.

345 頁　ヴィクトワール通りのシナゴーグ　*The Jewish Encyclopedia*, New York, KTAV Publishing House, 1901.

359 頁　アルフレッド・ドレフュスと妻リュシー、息子ピエール、娘ジャンヌ　*Histoire*, no. 173, numéro spécial, « L'Affaire Dreyfus », janvier 1994.

363 頁　晩年のラファエル、ジャネット・ドレフュス　*Une tragédie de la Belle époque. L'Affaire Dreyfus*, Comité du Centenaire de l'Affaire Dreyfus, 1994.

377 頁　ベルナール・ラザール　Jean-Denis Bredin, *Bernard Lazare*, de Fallois, 1992.

403 頁　エドモン・ド・ロチルド　Virginia Cowles, *The Rothschilds: A Family of Fortune*, London, Futura Publications, 1975.

図版出典一覧【上巻】（※特に記載のない場合、出版地はパリ）

14 頁　7 世紀末、ナルボンヌのユダヤ教墓碑　Béatrice Philippe, *Être Juif dans la société française, du Moyen Âge à nos jours*, Éditions Complexe, 1997.

31 頁　ラシ（16 世紀の版画）　Guillaume de Paris, *Postillae maiores totius anni cum glossis et quaestionibus*, Lyon, 1539.

42 頁　オーギュスト・ミジェット作「1095 年、第一次十字軍によるメッスでのユダヤ教徒虐殺」、油絵、1866 年　Auguste Migette (1802-1884), « Massacre des Juifs à Metz par les premiers Croisés 1095 », 1866.（Musées de la Cour d'or, Metz, France 所蔵）

150 頁　ジャコブ・ロドリゲス＝ペレール　Béatrice Philippe, *Être Juif dans la société française, du Moyen Âge à nos jours*, Éditions Complexe, 1997.

164 頁　ストラスブール大聖堂南門のシナゴーガ像　同上 .

175 頁　1660 年頃、アルザス側から見たブライザッハとライン川の中洲　Martin Zeiller, *Topographia Alsatiae*, Kassel, Bärenreiter-Verlag, 1664.

183 頁　セルフ・ベール　Simon Schwarzfuchs, *Les Juifs de France*, Albin Michel, 1975.

215 頁　ベール・イツハク（イザーク）・ベール　*Les Juifs et la Révolution française*, sous la direction de Bernhard Blumenkranz et Albert Soboul, Toulouse, Privat, 1976.

229 頁　1791 年 9 月 27 日の政令（デクレ）　*Les Juifs de France. De la Révolution française à nos jours*, sous la direction de Jean-Jacques Becker et d'Annette Wieviorka, Liana Levi, 1998.

247 頁　大サンヘドリン（1807 年）　Béatrice Philippe, *Être Juif dans la société française, du Moyen Âge à nos jours*, Éditions Complexe, 1997.

248 頁　ダヴィド・ジンツハイム　同上 .

250 頁　「大ナポレオンがイスラエリートたちの信仰を復活させる」　同上 .

278 頁　「モーレ・ユーダイコ」の宣誓をさせられるブロツワフのユダヤ教徒、17 世紀の版画　*The Jewish Encyclopedia*, New York, KTAV Publishing House, 1901.

285 頁　ジェムス・ド・ロチルド（ヤーコプ・マイヤー・ロートシルト）　Virginia Cowles, *The Rothschilds: A Family of Fortune*, London, Futura Publications, 1975.

291 頁　『フランス・イスラエリート古文書―歴史、評伝、書誌、文学の月刊誌』創刊号　*Archives israélites de France*, Tome I, 1840.

302 頁　「新しいコンシストワール寺院の落成式典」、『リリュストラシオン』紙、1852 年 4 月 17 日　Dominique Jarrassé, « La synagogue de la rue Notre-Dame de Nazareth, lieu de construction d'une culture juive parisienne et d'un regard sur les Juifs », *Romantisme*, no. 125, 2004.

303 頁　ナザレト・シナゴーグの内陣、1869 年 1 月 13 日『ル・モンド・イリュストレ』紙、バルバンによる版画　同上 .

315 頁　アドルフ・クレミュー（ルコント・デュ・ヌイによる肖像画）　Bernhard Blumenkranz,

菅野賢治（かんの けんじ）
1962年、岩手県生まれ。パリ第10（ナンテール）大学博士課程修了。東京理科大学理工学部教授。専門はフランス語フランス語圏文学、ユダヤ研究。
著書に『ドレフュス事件のなかの科学』（青土社、2002年）ほか。
訳書にレオン・ポリアコフ『反ユダヤ主義の歴史』（全5巻、筑摩書房、2005-2007年）、ヤコヴ・M・ラブキン『トーラーの名において――シオニズムに対するユダヤ教の抵抗の歴史』（平凡社、2010年）、同『イスラエルとは何か』（平凡社、2012年）ほか。

フランス・ユダヤの歴史（上）
――古代からドレフュス事件まで

2016年8月30日　初版第1刷発行

著　者――――菅野賢治
発行者――――古屋正博
発行所――――慶應義塾大学出版会株式会社
〒108-8346　東京都港区三田2-19-30
TEL〔編集部〕03-3451-0931
〔営業部〕03-3451-3584〈ご注文〉
〔　〃　〕03-3451-6926
FAX〔営業部〕03-3451-3122
振替　00190-8-155497
http://www.keio-up.co.jp/
装　丁――――鈴木　衛（写真提供：ユニフォトプレス）
印刷・製本――株式会社加藤文明社
カバー印刷――株式会社太平印刷社

Printed in Japan ISBN 978-4-7664-2360-0

慶應義塾大学出版会

フランス・ユダヤの歴史（下）

二〇世紀から今日まで

菅野賢治 著

アメリカに次ぐ〈ディアスポラ（離散地）〉のユダヤ人口を擁する、現代フランス。両大戦間期のアシュケナジ移民、ヴィシー政権下の迫害から、戦後アルジェリア等からのセファラディ移民の流入をへて、シオニズム賛否に揺れる現代まで、「フランス人」と「ジュイフ」の二重性を生きる人々の感性を探る。

A5判／上製／384頁
ISBN 978-4-7664-2361-7
◎4,500円

◆主要目次◆

表示価格は刊行時の本体価格（税別）です。